优酷人文 ·梅毅说中国史·

天命无常

五代十国

Five Dynasties and Ten Kingdoms Period

上

梅毅 著

SPM 南方传媒 | 广东人民出版社
·广州·

总 序

公元前221年，秦王嬴政统一六国，结束了自春秋战国以来五百余年的混乱和纷争，建立了中国历史上第一个大一统帝国。自兹伊始，书同文，车同轨，中国第一次实现了政治、经济、文化的全面统一……合久必分，分久必合，在如风的历史往事之中，上千万平方公里的泱泱大国不知不觉已巍然屹立于世界民族之林。在中国漫长的历史发展进程中，大一统国家繁荣昌盛的梦想，一直是仁人志士孜孜以求的目标。中华文明国家，在亚洲的大地上熠熠闪光，渐渐成为谁也无法否认的、历史的、文化的泱泱大国。

作为多民族共同体，中华民族在数千年漫长的历史进程中，淬炼成为一个不断自我超越、海纳百川的伟大族群！在几十个世纪漫长的岁月里，一代又一代，我们的人民不断地汰陈除旧，克服恐怖、征服、杀害与残暴，消融野蛮与暴戾。最终，凭借着淀积忠信与平和的伟大民族人格，在千万里广袤的神州大地上，我们一次又一次让铁与火最终归于沉寂。

作为亚洲乃至全世界最重要的文明古国之一，毫无疑问，中国一直是古代世界各族群所向往的具有灿烂文明的核心国家。曾几何时，中原王朝多次内争，草原民族铁骑也多次入侵，对大一统国家造成了短暂的分裂。但是，这些变乱不仅没有使中华文明成为“暴力秋风”下的落叶，反而给这条东方巨龙体内灌注了勃勃生机和新鲜血液。恰如凤凰涅槃，每一次的历史“蹉跌”，都会成为我们这个伟大民族重焕荣光的巨大契机。时移世易，古代中国的历史边界总会有所变化，但我们中华民族的心理疆界，却一直随着历史的递嬗而日益清晰，永远骄傲地印刻于那些光芒四射的年代。年年岁岁，岁岁年年，我们的人民血肉相融，逐渐形成如今这样一个由一种强大的共同文化基因纽带相凝而成的文明共同体。中华文明和中华民族，正是在不断遭受外来冲击和撞击的过程中，日趋走向强大和完善的。

往事如风。历史上的中华帝国，毫无例外，在每次巅峰过后都会出现自我封闭的情况，其中既有文人墨客对自身文明过度自豪与陶醉，也有帝王将相坐拥大好河山后患得患失的内心惶恐。各代王朝，虽然经历了多次的分崩离析，但中国的历史文化积淀从未真正停止过，中华文明的链条从未断绝过，以“仁义礼智信”为核心的儒家道德传统从未失落过，“温良恭俭让”的做人原则从未被抛弃过。在中华民族历史发展进程中，野蛮可以暂时战胜文明，但自秦汉以来日渐成熟的中华文明，迭代更新，以无比的韧性冲破历史的宿命，在旧基础上不断建立起更加强有力的道德保障和上层建筑。共同的文明历史抉择，大一统的国家主体向心意识，日益成为独具特色、坚韧不拔的民族凝聚力。

在多年的写作以及讲课过程中，我一直试图把目光集中在中国大历史中那些饶有趣味的节点，透析那些光荣历史的高光时刻或黑暗历史的波折时段，细述中华历史上那些富含隽永意味的个人和历史事件，试图以崭新、独特的眼光和情感，追溯中华大家庭历史上的恩怨情仇，探寻长眠于历史却仍旧顽强跳动、永不停歇的沉沉脉搏，用文化的视角化解隐藏在历史深处的血雨腥风，解析大一统国家历史长河中曾经鲜活的血肉人生。

我深信，读者若能浸润于这套宏阔的中国历史长卷，将获得三重深刻的滋养：

其一，登高望远。通过系统性的阅读，可对中国数千年宏大、深远的历史脉络形成相对完整而全面的把握，在恢弘的时空坐标中掌握基本的历史知识，并提升思想认知，获得精神境界的跃升与成长。

其二，洞幽烛微。对中国历朝历代跌宕起伏的历史进程、关键人物命运的抉择、重大事件的深远影响以及那些塑造了历史走向的生动情节和微妙细节，建立起整体性的把握和更深层次的洞察，从而让自己告别浮光掠影、一知半解式的“普通历史爱好者”，蜕变成较为“内行”且拥有历史纵深感的“历史思想者”。

其三，鉴古知今。从鲜活历史人物的成败得失中，从王朝更迭的兴衰律动与社会运行的底层逻辑中，透彻把握人性的永恒博弈，汲取有益的千年智慧，熔铸为关照当下、启迪未来的明镜。

岂容青史尽成灰！历史，绝对不是枯燥的文字，其中蕴含着我们中华民族与众不同的东方大智慧，闪耀着我们祖先筚路蓝缕的苦难辉煌。数千年光辉岁月的熊熊火焰，文明大熔炉中的血脉相融和精华凝聚，不断地证明我们这个伟大民族数千年来始终是那么坚毅、高贵、坚韧和勇武。在未来的历史荣光中，我们还将并必然向新一代讲述我们祖先曾经的蛰伏和沉睡，与他们一起分享这样一种绝妙的感觉：飘摇于历史的绝壑之巅，从来无惧任何危险和考验。让我们畅游在历史的长江和黄河里面，悉心感受那种不断进取、飘然上升的欢乐洪涛。

位卑未敢忘忧国。作为一个历史研究者和书写者，我二十多年来一直勤于笔耕。近十年以来，优酷平台一直秉承“文化长期主义”的价值取向，支持我主讲的“梅毅说中国史”系列节目 1500 多集的录制和播出。如今，广东人民出版社更是不辞辛劳，陆续出版我这套全新的中国史系列。为此，我特向优酷和出版社的同人表示深深的谢意！

2025 年 8 月

前　言

五代十国：被遗忘的大分裂时代

五代十国，是我们中国历史上一段大分裂时期。在这一时期，朝代与国家之间更迭的速度之快、皇帝非正常死亡之多，世所罕见。短短几十年的时间里，骄兵悍将们为所欲为，称王称帝。中原一带，相继出现了后梁、后唐、后晋、后汉、后周五个政权；而南方地区还相继或同时存在吴国、南唐、吴越、闽、南汉、前蜀、后蜀、南楚、荆南（南平）等九个小国，北方则有北汉，总共有十个地方割据政权。细细推究，五代各朝各国，内外混战不止，演变错综复杂，触目惊心，故事性很浓，血腥气更浓，确实让我们后人无限叹惋。

从现代意义而言，“五代十国”是对中国古代历史上五代（907—960）以及十国（902—979）这段历史的合称。简单计算，如果“五代”从朱温篡唐的公元907年开始，到赵匡胤“陈桥兵变”黄袍加身建立北宋的960年止，只有短短五十四年时间。这五十四年间，中原先后出现了梁、唐、晋、汉、周五个朝代，史称后梁、后唐、后晋、后汉、后周。五个朝代中，维持时间最长的是朱温创立的后梁，其实也仅有十七年。祚（zuò）命排第二的是后唐，十四年；后晋第三,十一年；后周第四,九年；国祚最短的要数刘知远创立的后汉，满打满算才四年。让人记忆深刻的是，即使五代各政权有国如此短命，一朝一代之内，因血腥权位之争造成的帝王更替，频率之快在中国历史上仍超乎寻常。

后梁作为存在时间最长的国家，其太祖朱温登上皇位只有五年，就被次子朱友珪弑杀；朱友硅上台不久，又被弟弟朱友贞以“讨贼”的名义逼杀。后唐，从其庄宗李存勖建国的 923 年十月开始到 926 年三月，仅三年时间，这位历史上的传奇帝王英雄就被自己的禁卫军士兵射死。李存勖义兄李嗣源随后继位，被称为后唐明宗，仅仅七年之后，933 年，其儿子秦王李从荣就企图谋权篡位，结果兵败身死。儿子入宫要杀人，李嗣源这老头子惊骇过度，吓死在御床之上。李嗣源另一个儿子李从厚继位仅一年，又被与他同辈的后唐明宗养子李从珂篡位。

仅仅从五代中国祚最长的后梁、后唐这两代就可以看出，当时王朝帝位异动之频，旷古难见。而帝位走马灯般变动的后果，就是兵戎相见和政局动荡永不停歇。兴，百姓苦；亡，百姓苦!

五代十国中的“十国”，几乎与中原地区的“五代”同时期存在。这十个割据政权，除了北汉之外，多数时间在形式上都臣服于统治中原地区的“五代”。相较于统治中原大部分地区的五代，十国割据政权在寿命上一般都更长。朱温称帝的当年，他任命部将高季兴出任荆南节度使（这个政权国名“荆南”，是根据它所处地理位置而来）。非常黑色幽默的是，高季兴建立的这个弹丸小国，寿命居然长达五十七年，相比朱温建立的只有十六年寿命的后梁，可谓“寿比南山”了。十国在中国历史上存在感很低，主要原因就是这些割据政权名号混乱，或称帝或称王，官职废置不常，制度紊乱，都属于“关起门来做天子”，终究不像个真正的国家。而且，这几个蕞尔小国也如中原地区的五代一般，内斗激烈，你死我活，杀戮不已。

中国历史上，五代十国的国君大多不遵循礼制，穷兵黩武，上下颠倒，缺乏道德感和责任心。在这五十多年时间内，帝王将相很少有以救万民于水火为己任而进行的仁德攻伐，其间充满的是各藩镇割据政权和武夫悍卒出于阴暗私欲的暴力行动。而且，五代十国改朝换代的方式，往往都是骄兵悍将功高震主弑君夺位的翻版。除了后周两位皇帝以外，近乎一代坏过一代。

五代十国鲜有“得人心者得天下”的帝王。恰如后唐权臣安重荣所言：“天子，兵强马壮者为之，宁有种耶？”（《旧五代史·安重荣传》）那些勃勃武夫们的文化素质普遍不高，崇尚武力，轻视文化，根本不受儒家封建伦理的束缚，更不相信君权神授的观念。为此，后汉大将史弘肇曾经高言：“安朝廷，定祸乱，直需长枪大剑，至如毛锥子，焉足用哉。”（《旧五代史·史弘肇传》）正是由于人性和人心的败坏，导致了半个多世纪五代政权的更迭像走马灯一般让人眼花缭乱。正因为五代十国带来的只有混乱，中原和南方地区的经济一直难以复苏。饱受战乱之余，普通百姓的生活困苦不堪，兵役、劳役、赋税沉重，各种天灾人祸接踵而至。

五代十国，除了朝代和国家更替令后世眼花缭乱，大臣大将们对待君主也毫无节义，不伦不礼；国君与藩镇之间，随意违逆父子兄弟友爱慈怜之情。背叛和反叛，成为人世间的常态，社会风气令人绝望。除此之外，五代十国政权的更迭，还给日后的中原王朝带来不尽的隐患和隐忧。特别是“儿皇帝”石敬瑭向契丹割让燕云十六州，让中国北方失去了对抗草原武装势力的屏藩。此外，定难军（后来的西夏）的独立与静海军（交趾，后来的越南）的脱离，都是日后中原王朝不愿提及的国家大痛。

综上种种，我们可以看到，五代十国对中国历史所起到的积极意义很少。五十多年间，战事频繁，枭雄豪杰众多，斗争杀伐近乎疯狂。在令人瞠目结舌的历史大戏中，残酷杀戮居多，少有仁义之战，而能够让后世封建王朝治国者借鉴的人杰表率，确实也是不多。这段时期，没有什么特别让后世人感动的忠义故事，有的只是令人痛心疾首的道德沦丧；没有特别出名的榜样人物，有的只是嚣张跋扈的乱臣贼子。

正是由于五代十国这段历史太血腥，人性太扭曲，道德太沦丧，中国儒家的“三纲五常”被破坏殆尽，所以，后世的宋元明清各朝，出于君权神授的理念，对这段历史都有意无意地进行隐藏，很少着重提及，其目的就是想让自己的王朝避免重蹈覆辙。五代十国的主流模式，是频繁上演的政权旁落，是骄兵悍将的功高震主，所有这些，都是后世历朝历代任何帝王不希望发生的。

特别值得深思的是，以明君明主著称的宋朝开国皇帝赵匡胤，其帝位也正是通过篡夺的方式获得的。公元 960 年，后周诸将发动“陈桥兵变”，赵匡胤似乎被迫“黄袍加身”，其实“你懂的”，正是他要从后周孤儿寡母手中夺取政权。此后，他为了防止这一历史现象反复重演，以“杯酒释兵权”的温和手段卸掉了武夫武将们的权柄，这才使得五代皇权篡夺模式得以最终谢幕。即便如此，宋太祖赵匡胤后来意外身亡的历史悬案，其实仍有着浓厚的五代十国色彩。

作为中国历史黑暗季世的五代各朝，特别是朱温建立的梁朝，实际上从宋朝初期开始才被视为正统王朝。为什么呢？这是因为宋朝君臣当时具有明确的政治目的和非常迫切的现实需要。对此，明末清初大儒王夫之的分析可谓一针见血：“宋之得天下也不正，推柴氏以为所自受，因而溯之，许朱温以代唐，而‘五代’之名立焉。”赵氏篡夺后周政权，对外号称是双方自愿的禅代，其实也是乱臣贼子行为。所以，当时宋朝礼部官员就认为：“国家受禅于周，周木德，木生火，合以火德王。”这种所谓的“以火德王”，表示宋朝为了证明赵宋政权的政治合法性，所以搬出“五德转移”的政治学说，对外宣称赵宋堂堂正正继承了后周正统。既然宋朝之前的后周属于正统王朝，那么，追根溯源，也要将后周以上的四代都标榜为正统。由此，五代才成为五代。

宋朝初年，为什么必须强调前面五代王朝传承的正统性呢？

王夫之对五代十国的历史有着沉痛的反思和精彩的点评，字字珠玑，发人深省：

> 合称五代者，其所建之国号，皆不足称也。朱温，盗也，与安禄山等，李存勖、石敬瑭、刘知远，沙陀三部之小夷，郭威攘窃无名，故称名。周主（柴）荣，始不与谋篡逆，受命为嗣，而有平一天下之志，故称周主愈于夷盗之流，要之，皆不足以为天子。称五代者，宋人之辞也。夫何足以称代哉？……朱温、李存勖、石敬瑭、刘知远、郭威之琐琐，窃据唐之京邑，而遂谓之代乎？……且此五人者，何尝得有天下哉？当朱温之时，李克用既与敌立，李茂贞、刘仁恭、王镕、罗绍威亦拥土而不相下，其他杨行密、徐知诰、王建、孟知祥、钱镠、马殷、刘隐、王潮、高季兴，先后并峙，帝制自为，分土而守，虽或用其正朔，究未尝奉冠带、祠春秋，一日奔走于汴、雒也。……秦、隋之不道也，抑尝立法创制，思以督天下而从其法令，悖乱虽多，而因时救弊者，亦有取焉。下至王莽之狂愚，然且取海宇而区画之，早作夜思，汲汲于生民之故。今石敬瑭、刘知远苟窃一时之尊，偷延旦夕之命者，固不足论；李克用父子归鞑靼以后，朱温帅宣武以来，觊觎天步，已非一日，而君臣抵掌促膝、密谋不辍者，曾有一念及于生民之利害、立国之规模否也？所竭智尽力以图度者，唯相搏相噬、毒民争地以逞其

志欲。其臣若敬翔、李振、周德威、张宪之流，亦唯是含毒奋爪以相攫。故（朱）温一篡唐，（李）存勖一灭温，而淫虐猥贱，不复有生人之理，迫胁臣民，止供其无厌之求。制度设施，因唐末之稗政，而益以藩镇之狂为……初无君天下之志，天下亦无君之之心，燎原之火，旋起旋灰，代也云乎哉？……（《读通鉴论·卷二十八·五代上》）

纵观中国古代历史，最值得后人自豪的时代应该有两个：大汉帝国和大唐帝国。汉家鹰扬，唐家龙舞，值得后世中国人无限神往。而汉、唐之后，皆进入大分裂时期。其中，东汉之后是极其著名的三国时期。因罗贯中老先生那部人所共知的《三国演义》，经过数百年渲染传唱，三国英雄如今早已是家喻户晓，曹操、刘备、诸葛亮、关羽，包括刘皇叔那位“乐不思蜀”的宝贝儿子阿斗，近乎妇孺皆知。从黄巾起义算起，三国只有短短近百年历史，其间上演了一幕幕惊心动魄的历史活剧，过程曲折，斗争激烈，戏肉多多，让我们今天的人依旧震撼不已。

相比之下，唐朝之后的大分裂时期，即五代十国时期，其知名度似乎小太多了。假如有一本同样以罗贯中冠名的《残唐五代史演义》流传于世，在民间叙事中，五代十国的英雄恐怕也是寥寥无几。而实际上，五代十国存在时间虽然相对较短，但这期间出现的国家、政权，以及政治军事人物也很多，他们的人生际遇，他们的努力拼搏，他们的爱恨情仇，其实比演义和虚构架空故事还要吸引人。

如果从对后世中国历史的影响程度看，五代十国的历史意义，其实不在三国之下，甚至影响更大。从正面角度讲，赳赳武夫赵匡胤陈桥兵变建立宋朝之后，一惩五代时期军阀混战的弊病，加强了中央集权，抑制武人，一开中国“重文轻武”之先河，对后世中国产生了极大影响。从负面角度看，五代后晋时，石敬瑭为了换取契丹的帮助南下消灭后唐，割让燕云十六州给耶律德光，使得中原王朝的北部屏障完全归于游牧民族控制。此后漫长的冷兵器时代，中原政权时常受到善于野战的游牧民族的压制，塞外游牧民族屡屡坐大，对后世中国历史产生了极为深远的影响。

五代中疆域最大的后唐，领土面积还不到二百万平方公里，只有唐朝国土面积的六分之一，人口也只有一千万左右。所以，五代最大的特征就是内弱外强，权力分散。五代的开国君主，最初都是藩镇节度使一类的人。他们的臣子之中，有一大半是过去的老同事、老战友，个个手握重兵，野心勃勃。为了笼络这群部下，多数皇帝上位之后只能对他们厚加赏赐、加官进爵，或者互相结成姻亲，以此来换取他们的忠心。即便如此，这些赳赳武夫还是抱着“天子轮流做”的想法，每隔几年就搞一次兵变，运气好的就能直接改朝换代。由此，形成了一个无解的恶性循环。五代十国的君王，大部分出身草莽，没有受过多少教育。后唐明宗李嗣源，在五代帝王中以“明君”著称。令人愕然的是，这个人甚至大字不识，显然根本应付不了复杂的治国问题。

仔细分析，我们还可以发现，五代十国的政治道德非常缺乏，君君臣臣所遵循的都是赤裸裸的现实主义的权力逻辑。每个觊觎帝位的节度使之所以要造反，不仅仅是因为皇位诱惑太大，还因为他们时常受到所在团体内部的压力。五代十国称王称帝的那些节度使和他们的亲信，不单纯是上下级关系，他们还处于老哥们合伙创业，都跃跃欲试的状态。每个节度使名下的那些广大封地和剽悍军队，就是他们的账面资产。一旦夺取皇位，等于成功实现了“上市敲钟”。从 907 年到 951 年，陆续有五个军事集团成功“IPO”。在这样的榜样力量感召下，每一个骄兵悍将都在想，下一个成功“上市”当皇帝的，凭什么就不能是我呢？而且，每次改朝换代之后，都会有一大批人因为机缘巧合的突击“入股”而获得超额奖赏。相比于老老实实熬军功“做实业”，背叛和反叛似乎更加省心省力，完全值得大赌一把。作为五代人物之一的赵匡胤当然也很清楚，即使他自己不想当皇帝，他那些把兄弟们也会按捺不住，推波助澜。所以，在 960 年，他完全“复刻”了九年前后周开国皇帝郭威的做法。他先是派人散布契丹入侵的消息，然后趁着恐惧之风弥漫之际，忽然把开封禁军拉出城表演出征的把戏。接下来的陈桥驿，似乎他本人在酣睡之中就被“黄袍加身”，郭威先前成功的大戏再度上演。而后，赵匡胤率领大军返回开封，逼迫柴荣的儿子禅位，近乎兵不血刃地终结了后周王朝。当时，赵匡胤除了殿前都点检（禁军总指挥）这个身份，还兼任归德军节度使。归德军治所位于河南商丘，这地方是春秋战国时期宋国的属地，人杰地灵。赵匡胤自然觉得这个地名很吉利，所以，由他开创的新王朝就叫“宋”朝了。

赵匡胤之所以能够成功坐上帝位，基本上还是按照五代时期标准的“篡国指南”程序，按部就班走下来的。命运特别青睐这位勃勃武夫，正因为郭威和柴荣去世都很早，他夺权的速度才能够骤然加快。刚刚建立的大宋，疆域狭促，面积只有一百万平方公里出头，人口还不到一千三百万。如果统治稍有不慎，如果赵氏兄弟缺乏中兴气度，很有可能重蹈五代的“亡国流程”。毕竟，作为皇帝老同事的那些节度使们一直野心勃勃，对皇权毫无敬重之心。但凡赵匡胤当时也随波逐流，沉溺于享乐，我们今天的史书很有可能就是“六代”而不是五代了。

正因为赵匡胤本人经历过五代之乱世，沉毅多谋，才最终突破武人格局，开始正视国家和民生的迫切需求。在后周两代皇帝先前所建立的雄厚政治和经济基础上，最终开创性地建立起崭新的政治制度。赵匡胤由匹夫而为天子，这是“时势造英雄”；赵皇帝殚精竭虑敢于进取，继而实现了“英雄造时势”。从唐末的安史之乱到宋初的五代结束，中国经历了将近两个世纪的武人专权。在此期间，权斗不休，山河残破，民生凋敝。最终，大英雄赵匡胤横空出世，一举终结了延续已久的乱世，把近乎完全失控的政治秩序重新带回稳定的轨道，开创了中华文明新时代。

本书，我们主要给大家讲述宋代之前那段波澜壮阔、风起云涌，让人惊奇万状的五代十国历史。

目录

第一章
草莽化龙出砀山：后梁兴衰（上）

盐贩子纵横天下

说起“满城尽带黄金甲”，大家第一个想到的可能是张艺谋导演的那部电影，却很少有人知道这句诗背后的历史。这诗来自唐朝黄巢所作《不第后赋菊》：“待到秋来九月八，我花开后百花杀。冲天香阵透长安，满城尽带黄金甲。”这是黄巢“高考落榜”之后，愤然写下的一首诗。诗中充满豪阔的暴戾之气，杀意阵阵，但又拥有雄迈意境，至今流传不绝。

黄巢家世，数代都是以贩盐为生。在我国古代，盐可是硬通货，非常值钱。所以黄巢算是一个当时不愁吃喝的中产子弟，不仅能学武强身，还可以像殷实人家子弟一样习字读书。毕竟是读书人出身，当时黄巢也有自己的宏伟抱负。他曾写过一首《题菊花》的诗：“飒飒西风满院栽，蕊寒香冷蝶难来。他年我若为青帝，报与桃花一处开。”诗中说的“青帝”，就是掌管春天的神，传说中的五天帝之一。这诗意思就是说：“我黄巢要是有一天发达了，肯定要把世界变得更美好！”

理想丰满，现实骨感。黄巢屡考屡败，最后心灰意冷，恼羞成怒回家继承了祖业，接着当盐帮首领。他为了赚大钱，肆无忌惮地贩卖私盐。由此，黄巢的心境也逐渐从“蕊寒香冷蝶难来”的沮丧，变成了“我花开后百花杀”的宣泄和愤恨。

此时的大唐，完全没了当年“贞观之治”和“开元盛世”的辉煌，只剩宦官专权、牛李党争、藩镇割据……除了这些上层内斗，还有接连不断的水旱、蝗灾。朝廷不作为便罢了，还苛捐杂税一大堆，逼要百姓钱粮！老百姓活得那叫一个苦啊，卖儿卖女，甚至是人吃人的记载，不绝于书。忍无可忍、走投无路的老百姓，最终不少人选择跟着狠人造反。其中，以盐贩子王仙芝的摊子最大，而站在王仙芝身后的，便是黄巢“黄大胆”。一开始，两人的合作非常愉快，几乎是连战连捷，打得朝廷是一点脾气都没有。但面对唐廷的招安政策，两人发生了分歧：王仙芝只想和唐朝讨价还价，弄个大官做做，但黄巢不甘于此，于是就选择了单飞，两人也因此分道扬镳。

单飞后的黄巢，起初在中原一带继续战斗。后来在唐廷精锐的重重围剿下，只好转到南方流窜作战。在这期间，黄巢辗转于今江西、浙江、广东、湖南等地，在连败当地官军的同时，实力也逐渐得到了恢复。他内心欢喜——是时候去长安追逐伟大梦想了。于是，唐乾符六年（879）年底，黄巢举兵北伐，他利用唐朝各藩镇各自为战的良机，带着号称六十万的大军，进占了东都洛阳。

洛阳失守，众人都知道这意味着什么。只知道吃喝玩乐的小皇帝唐僖宗李儇（xuān），连夜带着贴身佞幸们仓皇逃往蜀中避难去了。皇帝撒丫子逃了，整个京城大乱，军士及百姓争先恐后闯入皇家府库盗取金帛。其实，这样的乱象已经不是一次两次了，长安（今陕西西安）的官员百姓们早已见怪不怪。最后，在唐朝金吾大将军张直方万分热情张罗下，留守京城的大唐官员们一个挨着一个伏跪在灞上柳桥边，迎候黄巢。

当时，黄巢的入城仪式非常热闹。《资治通鉴》对这段历史的记载极为精彩："（巢）乘金装肩舆，其徒皆被发，约以红缯（zēng），衣锦绣，执兵以从，甲骑如流，辎重塞途，千里络绎不绝。"当时长安百姓还不知道害怕，夹道聚观。黄巢大将尚让高呼："黄王起兵，本为百姓，非如李氏不爱汝曹，汝曹但安居毋恐。"（黄巢大王起兵是为了百姓，不像姓李的不爱你们，你们尽管安居乐业，不必害怕）同时，路上碰见一些穷困老百姓，黄巢兵将还会装老好人，抢着施舍钱物，借此来拉拢长安百姓。没多久，黄巢建号称帝，国号"大齐"，改元"金统"。至此，这位昔日的落第之人，终于实现当年的梦想，只是他的这梦想却要以数百万人的性命做注脚。

进入长安没多久，黄巢军队就暴露出它的掠夺本性，他们四处烧杀抢掠，繁华的长安城瞬间变成了人间地狱。据《新唐书·逆臣下》记载："富家皆跣而驱，贼酋阅甲第以处，争取人妻女乱之，捕得官吏悉斩之，火庐舍不可赀（zī），宗室侯王屠之无类矣。"黄巢军对长安进行了疯狂的洗劫，先是李氏王公贵族们遭殃，接着是当地的地主富豪，最后就连普通平民百姓都未能幸免。

原本在长安准备考试的年轻士子韦庄，正好目睹了这一场暴行，为此写下了那首二百三十八句总共一千六百多个字的《秦妇吟》。此诗借一位逃难妇人之口，生动描述了黄巢给长安带来的深重灾难："家家流血如泉涌，处处冤声声动地"，"旧里从兹不得归，六亲自此无寻处"；"尚让厨中食木皮，黄巢机上刲（kuī）人肉"，"六军门外倚僵尸，七架营中填饿殍"；"华轩绣毂（gū）皆销散，甲第朱门无一半"，"内库烧为锦绣灰，天街踏尽公卿骨"……诗人满眼所见，活脱脱一幅人吃人的地狱画卷，令人刻骨铭心。韦庄这首《秦妇吟》后来和汉乐府《孔雀东南飞》、北朝乐府《木兰诗》，并称为"乐府三绝"。

黄巢军队的所作所为，引起长安百姓怨声载道。这些军人在都城周围只顾着杀人掠物、享乐为上，没有立刻追击外逃的唐僖宗，因而给了唐廷喘息的机会。

唐朝中和元年（881）五月，唐军诸道勤王兵赶到，包围长安城。战事胶着之间，唐朝义武军（治今河北定州）节度使王处存等将领，曾率军一度攻入长安城。饱受黄巢叛军摧残的长安百姓们一片欢腾，忍不住兴高采烈地走出家门，拾起地上的羽箭送给唐军，或者干脆捡起瓦砾石块直接追打黄巢溃兵。不料，唐军赶走黄巢叛军后，转头就变脸。接下来，让人瞠目结舌的一幕出现了：唐朝正规军将领竟纵兵肆意掠抢，强奸妇女，无恶不作。

长安百姓是刚送走了瘟神，又迎来了豺狼。王处存也够自私自利的，他手下这些军人夺回长安城后，唯恐他人抢夺了功劳，并没有把这消息报给其他几路友军。黄巢探明消息后，马上挥军反攻。迎战的唐军舍不得丢掉抢来的财物，身上负重太多跑不动，一战大败，被杀死的倒有十之八九。王处存倒是溜得快，侥幸捡回一条小命，最后只好带着残兵败出城去。

击退唐军后，黄巢对长安百姓先前迎唐军的行为痛恨至极。于是，他下令对城内百姓进行疯狂报复，大杀大抢，并美其名曰“洗城”。初步压制住唐军反扑后，黄巢自以为大局已定，便一头扎进后宫，每日沉溺于醇酒美妇。同时，他大量起用阉竖、佞臣，让这些人来辅佐自己治理朝政军事。另外，他还用严刑酷法来对待昔日的弟兄们，经常因为一些小过错就把功臣处死。由此，这位黄“皇帝”麾下将士日益寒心，内外局势也愈发糜烂。

黄巢虽然称帝，但他只是长安周围地区的“皇帝”，其势力范围东不出同州（治今陕西大荔）、华州（治今陕西渭南），西不过兴平。关起门来当皇帝，听着舒服，但地盘太小往往容易缺乏粮食补给。更何况，长安本就是一个粮食供应比较紧张的地区。为了支撑长安城内庞大的粮食需求，此前唐朝是依靠漕运将山东（指太行山以东地域）和江南的粮食运抵长安的。现在的黄巢军队，已有数十万之众，被唐军团团包围，外边的粮食根本运不进来，加上遇上了严寒天气，他们很快便陷入严重缺粮的困境。

反观唐廷，僖宗皇帝在蜀地虽然属于逃难，但诸道入贡，蜀地本身也非常富足，根本不愁物资补给问题。而且，唐朝廷作为正统政权，大量出台高额的悬赏。唐朝的各地节度使们都想趁乱搞钱、搞名声，壮大自己的势力，于是都朝长安杀来。最要命的是，唐中和二年（882），黄巢旗下的大将朱温眼见黄巢政权撑不了多久了，竟然把同州当作投名状，变节降唐，由此拉开了黄巢覆亡的序幕。

无赖朱温忽崛起

历史总是充满各种巧合。在中国历史上，曾出现过两位姓朱的开国皇帝，一位是众所周知的明太祖朱元璋，另一位就是梁太祖朱温。这两人同姓不说，家乡也很近，一个在沛县（今属江苏徐州），一个在砀山（今属安徽宿州），两县相距不过百里。另外，他俩的出身也很像，都是身处大动荡时代的社会最底层，穷得快吃不上饭的那种。不过比起朱元璋，朱温还算好点，毕竟他爹朱诚是个乡村教师，好歹算个小知识分子家庭出身。而朱元璋他爹朱五四，那可是正儿八经在黄土地上望天刨食的泥腿子一枚。

朱温有两个哥哥，大哥叫朱全昱（yù），二哥叫朱存，他排行第三，小名叫朱阿三或者朱三。相传朱温出生时，天显异象，隔着老远就能看到朱家破房子上边冒着一大片的耀眼红光。邻居都以为朱家失火了，忙抄起水桶、端着脸盆赶去救火。谁知冲到朱家门口一看，根本没有火灾，有的只是新生儿的啼哭声。当然，正在啼哭的就是朱温了。如此记载，都是当时编写皇帝生平的文人拍马屁的俗文。

朱温这个天生瘟神，青少年时身体倍棒，但他打小就是一个“问题青少年”，上房揭瓦，天天挨打。老二朱存也是个淘气人物，两人时常凑在一块弄棒使棍，惹是生非。不管朱家父母怎么教训和责罚，两兄弟照样我行我素。好在老大朱全昱比较靠谱稳重，能听父母的话静下心读书。随着三兄弟逐渐长大，饭量也跟着猛增。都说半大小子，吃垮老子。朱温他爹只是一个教书匠，赚的钱就那么点儿，逐渐不堪重负，最后竟抑郁成疾撒手人寰了。顶梁柱没了，家里又穷，朱温他娘王氏只好带着三个孩子，在萧县地主刘崇家当老妈子。至此，母子几个人才有了一个安身之地。

都说穷人的孩子早当家，但朱温却是个例外。朱温每天睡到中午十二点才起床，然后找老妈要吃要喝，吃饱了就蹲在村头侃大山，直聊到太阳下山。老妈王氏不待见他，地主刘崇厌恶他，村里人耻笑他，只有刘崇家老太太怜惜他。有一次，朱温兜里没钱，就盯上了雇主刘崇家厨房的那口大铁锅，他趁人不备，扛起铁锅就往外溜，结果恰好被刘崇堵在门口。刘崇怒从心起，将朱温上上下下一通好打。最后还是刘家老太太可怜朱温这个没爹的穷孩子，上前阻止了殴打，还把朱温揽在怀里，说：“你不要小看阿三，他将来必成大器！”刘崇哪信这话啊，但碍着老母亲的面，对朱温这个天生杀才也就不了了之。

如果日子就这么过下去，朱温或许会成为一个成功的农村街溜子。但是，命运的小齿轮忽然开始转动，把他带到了一个崭新的方向。

青少年时代的朱温，虽然游手好闲、不务正业，却有一身好力气，走马斗狗都有一手。乱世之中，这身板、这脑子就成为他立身兴业的吃饭本事。只要遇到贵人，即便是朱温这样的泼皮无赖，照样可以乘龙上天。朱温的第一个大贵人，便是私盐贩子黄巢。朱温二十三岁那年，黄巢率众造反，大唐王朝风云突变。世道乱了，朱温乐了，他寻思着，如果能和黄巢一起干，或许可以实现自己大碗喝酒、大口吃肉的梦想。于是，朱温召开家庭会议，一番商讨后，把老娘王氏交给大哥朱全昱照顾，他和二哥朱存两人就一起到黄巢军中去投军打仗。

朱温从军后，可谓如鱼得水，他那自小打架斗殴养成的凶悍劲头，使他变成战场上的勇猛无敌斗士，打起仗来完全不要命；而从小就养成的狡猾奸诈，也转化为军事上的足智多谋。朱温屡战屡胜，杀人无数。但他二哥朱存就没那么好运了，这个朱老二没多久就不幸战死，朱温朱老三则因功被补为队长。这可是朱温的第一次升迁，也算是他拿二哥脑袋和自己力气换来的官职。

朱温二十八岁那年，黄巢攻陷长安，唐僖宗仓皇出逃成都。随后，朱温领兵驻扎在长安城外的东渭桥。这个地方是长安城重点防守区域，是长安的门户，可见黄巢对他非常信任。这时，唐将诸葛爽正好带着代北行营的兵马，驻扎在栎（yuè）阳。于是，朱温被派去招降诸葛爽。他发挥了当年在村头侃大山的精髓，直接把诸葛爽给忽悠投降了。黄巢一看，这小子不错，打仗、招降样样精通，于是对朱温越发看重。

黄巢自立为帝之后，大封功臣。朱温作为得力干将，被封为东南面行营都虞候，而后被委以重任，前去攻占邓州（今属河南）要地。这仗朱温打得很漂亮，不仅成功拿下邓州，还俘虏了刺史赵戒，有效阻止了从荆襄地区北攻的唐军，稳定住黄巢新建的“大齐”政权东南面的局势。朱温凯旋之时，黄巢亲自到灞上劳军，这种待遇绝对算“殊荣”了。朱温也不负黄巢的期望，在接下来的几年里，凭借着自己的勇猛和智慧，屡战屡胜，从一名小兵迅速成长为黄巢手下有头有脸的高级将领。这时的朱温，可谓意气风发，帮黄巢抢钱、抢粮、抢地盘，攻无不克。但是，在这个乱世，江湖上扬名立万的人物非常多，哪一个都不是省油的灯。很快，朱温就遇到了一个难缠的对手，那便是唐朝的河中（治蒲州，今山西永济蒲州镇）节度使王重荣。这位王重荣，简直就是朱温的命中克星，“帝（朱温）时与之（王重荣）邻封，屡为（王）重荣所败”。

中和二年（882）二月，黄巢任命朱温为同州防御使，让朱温自行攻取同州。客观地说，同州在长安和河中军阵的中间地带，战略地位很高，其治所在大荔，管辖今天渭南诸县。这种任命再次表明，黄巢确实很信任朱温。事实上，朱温也没有辜负黄巢这位好领导，他很快就攻克同州，圈下了一块小地盘。但可惜的是，这块小地盘刚好处在唐军收复长安的战略地带上。他还没站稳脚跟，王重荣便带着三万唐军杀了过来。

说来也巧，王重荣的河中节度使职务，得来的也挺有戏剧性。王重荣原本是唐朝河中节度使李都帐下的马步军督虞候，黄巢攻入长安后，随即分兵攻打李都的大本营蒲州。李都无力抵挡，就顺势降了黄巢。李都投降了，但黄巢却没把这个唐朝大将当自己人看，没完没了地向他要这要那。时间一长，李都扛不住了，匆匆把烂摊子丢给了手下的王重荣，然后跑到成都投奔唐僖宗去了。这下，本来只是小官的王重荣白白捡了一个大便宜，他当仁不让，自称“留后”河中，然后把黄巢委派到军营中的官吏尽数诛杀，重新打起唐朝旗号。唐廷为了鼓动王重荣讨伐黄巢，很快就正式任命他为河中节度使。

对于黄巢对自己的出战任命，朱温一开始其实内心是拒绝的，因为他刚和自己的“女神”结婚没多久，两人正处于蜜里调油、如胶似漆的新婚期。朱温眼中的“女神”便是原宋州刺史张蕤（ruí）的女儿。两人的缘分早在多年前就开始了。某次外出踏青，年轻的朱温偶然间遇到外出上香的张氏，一见倾心，他想起了讲古艺人提到的汉光武帝刘秀和他的第二任皇后阴丽华邂逅的故事。当时，他引用光武帝的原话对二哥朱存说：“为官当做执金吾，娶妻当得阴丽华！”可见，青年时代的朱温就野心不小，要效仿光武帝，努力干一番事业成功之后，迎娶张氏美人到家。恰逢乱世，朱三终于抱得美人归，得偿所愿。

朱温一开始很不情愿去同州和王重荣死磕，却也不敢违抗黄巢的命令。君命难违，如果不想失去现在的权力和地位，就只能乖乖领命出兵。但朱温没想到，唐朝这个王重荣居然是个硬骨头，死活都打不下来。情急之下，朱温只能厚着脸皮，向黄巢求援，一连发出十封求救信。此时，朱温渐渐意识到了：大唐朝并不是那么容易推翻的，如果黄巢这位老大哥继续这么折腾下去，估计大家迟早都要玩完，自己的脑袋也早晚要搬家。于是，他开始在心里打起了小算盘，思考着自己的未来出路。

背刺黄巢降大唐

朱温与唐朝河中节度使王重荣在河中进行一番较量后，意识到黄巢的“大齐”政权迟早要完蛋，便在心里打起了退堂鼓。

但这时的朱温，明面上肯定是不能马上背叛黄巢的，内心也充满了纠结和挣扎。毕竟黄巢这位老大哥对他好得没话说，尤其是当他攻下南阳、凯旋长安时，黄巢这位“大齐”皇帝还亲自到城门口迎接，给足了他面子和里子。所以，现在如果背叛黄巢，将来难免要背上不忠不义的骂名，但要是继续跟着黄巢干，恐怕早晚得把命搭进去。

就在朱温内心纠结的时候，有一件事让他对黄巢产生了严重不满。当时，朱温和王重荣在河中府也就是今天的山西永济地区正面硬刚上了。虽然王重荣本人的节操下限很低，曾经投过黄巢，后来回投唐廷，整个就是小人做派，但这个人毕竟是唐朝正规军将领出身，又善于权术诡计，他手下几万兵马也都不是盖的。几次交锋下来，朱温吃了很大的亏。眼瞅着自个就要顶不住了，他连发了十封求救信给黄巢。但这些求救信，都被当时黄巢的另一爱将、左军使孟楷给拦截了。

一直以来，朱温都瞧不太上这位孟楷，对他嗤之以鼻。而孟楷呢，作为黄巢手下“老员工”，也看不惯朱温。但黄巢对朱温非常看重，各种赏赐不断，让朱老三出尽了风头。为此，孟楷心里那叫一个柠檬酸啊。此时，新仇旧怨一股脑儿涌上心头，孟楷就把朱温派人送来的求救信都揉吧揉吧直接扔了，黄巢愣是一封都没看着。朱温压根儿就想不到孟楷会这么做。眼看好久没有救兵，他还以为是黄巢本人跟他过不去。

而唐廷那边，确实非常豁得出去。为了对付黄巢，不惜放钱放权，诱导各路军队先后卖力冲杀黄巢军队。面对铺天盖地的唐军围攻，黄巢很快就被打得找不着北，此时根本无力顾及朱温。眼见黄巢这个草台班子即将散架，底下“员工”都快没饭吃了，朱温难免又打起自己的小算盘。

于是，一场足以改变历史的幕僚会议召开了，参加者只有事主朱温和他的两大幕僚：谢瞳和胡真。谢瞳、胡真两人都是人精，毕竟他俩在朱温手下也干了好几年，早就看懂了朱温的心思，更何况自个儿还靠人家混口饭吃呢，肯定不能拆人家的台子驳人家的面子。秘密会议上，两人主动提出：“不要跟着黄巢干了，没前途，咱赶紧换个东家吧。”而朱温呢，其实也早就打定了背叛黄巢的主意，于是马上表态说：“我意速决，尔又如是，复何疑哉！”所以，朱温这一会议，与其说是考虑保黄巢，不如说是让谋士给自己背刺黄巢这一行为进行心理安慰，从而减轻自己叛主背恩的负罪感。

所谓识时务者为俊杰，经过一番激烈的思想斗争之后，朱温做出了他一生中最重要的一个决定：即刻杀掉黄巢的监军严实，率部投降王重荣。为了在唐廷内部找棵大树靠着，投降后的朱温厚着脸皮，跪地哀求，要认王重荣做他的老娘舅（因为王重荣和朱三他妈都姓王）。王重荣当然明白朱温作为黄巢手下大将的能力和分量，自然是笑纳了朱温这个“干外甥”。然后，在新任大舅王重荣的举荐下，朱温可谓平步青云，扶摇直上。

唐僖宗听闻此事后，十分高兴，朱温这一归顺不要紧，还把收复长安的同州通道打通了，回京城打马球指日可待，这朱温就是老天爷送给自个的惊喜。于是，唐僖宗当即就接纳了朱温，小手一挥，封他为左金吾卫大将军，还让他担任河中行营副招讨使，赐名“朱全忠”，就是希望朱温能够就此忠于朝廷、忠于自己。随着此后立功益多，朱温又被封为宣武、宣义、天平、河中四镇节度使。这下好了，整个北方的黄河流域，基本上都是他朱全忠的地盘了。

朱温的突然叛变，刺激到了本就内外交困的黄巢。不过这时的黄巢也顾不上这些了，因为相比唾弃朱温的小人行径而马上去报复，当务之急还是考虑如何保住自己的性命。尤其可怕的是，朱温开了一个坏头，黄巢底下不少人也跃跃欲试，想从唐朝“反贼”摇身一变成为“忠臣”。当然，朱温反水之后，需要反杀老领导来向新领导表忠诚，如果不经过这一关，他的人生道路也就到头了。所以，此后朱温非常卖力地帮唐廷打仗，像疯狗一样围剿黄巢。

中和三年（883），黄巢败出长安。虽然失败，元气犹存。他又开始了他最擅长的流动作战，先打下蔡州（治今河南汝南），又再攻陈州（治今河南周口睢阳区）。在陈州有个叫赵犨（chōu）的唐朝刺史，早就预料到黄巢离开长安后会来到他这里，早就深挖洞、广积粮，积极备战，耐心等待黄巢军队的到来。

当时进攻陈州的前锋，正是黄巢的爱将孟楷。孟楷先是整没了朱温这个碍眼的人，后又在击降蔡州一役大显身手，难免志骄意满。结果，他一个不小心就落入赵犨的圈套，一战下来，把自己小命给玩完了。黄巢听闻爱将孟楷被干掉了，悲痛万分，怒火中烧。他亲自率领全军屯于溵（yīn）水，“掘堑五重，百道攻之”，彻底跟赵犨耗上了。但赵犨愣是扛住了黄巢军的报复性攻击，将陈州唐军全部收缩进城，严防死守。黄巢攻了十个月，都没能打下来。

说来也好笑，仗都打成这样了，黄巢还不忘摆出他的皇帝架子。围城期间，他竟然在陈州北面城下建起了一座宫殿似的“八仙营”，立宫室百司，大搞排场。所有这一切，都无法掩盖他缺粮的困境。由于这几年征战频频，百姓们无法安心耕田生产，黄巢军队当时想抢粮都没地方抢了，毕竟民间也没有多少粮食积储。这倒难不倒黄巢手下，他们四处搜索——不是搜粮，而是搜那些他们能见到的百姓！然后，把那些可怜的人们带回军营，活生生扔到一个特大号的石磨里碾碎，连皮夹骨带肉进行烤煮，然后作为军粮食用。出于种种恶意，他们还把这种人肉军粮的生产基地称作“舂磨寨”。一开始，黄巢军队只是就近掠人杀来吃。等周边的人吃光后，便把魔爪伸得更远，“纵兵四掠，自河南许、唐、邓、显、郑、汴、曹、徐等数十州，咸被其毒”。这帮叛军，完全变成了一群吃人恶魔。他们围困陈州城将近十个月，竟然吃了三十万老百姓！

陈州之战，其实并不完全是黄巢和赵犨之间的对抗。黄巢当时真正的对手，还是他的老部下、老朋友朱温，以及唐朝的河东（治太原府，旧称晋阳，今山西太原晋源区）节度使李克用。赵犨守了陈州六个月后，就突围出去搬了外援。唐僖宗派来的第一支救兵，便是黄巢之前的小弟朱温。此时此刻，让朱温对付前老板黄巢还是够呛，私下里他可不想拼光自己的家底。怎么办？搬救兵呗。然而，朱温看了看，周围没一个指望得上的藩镇节度使。唐廷的禁卫军更是银样镴枪头——个子高，穿得好，类似于搞杂耍的仪仗队。于是，他干脆请了个远一点的人过来帮忙，那就是千里之外的李克用。李克用是沙陀族人，从小在马背上长大，素有“飞虎子”之称，特别能打。因为他瞎了一只眼，所以外号“独眼龙”。李克用手下有唐朝最精锐的一支骑兵：沙陀骑兵，当时的战斗力绝对冠绝天下。先前大唐联军之所以能够把黄巢赶出长安，就有这支沙陀军的一份功劳。所以，李克用部队算得上是黄巢的大克星。收到信后，他便带着五万兵马，千里迢迢地从北方赶来要跟黄巢死磕。李克用千里奔袭，纵横决荡，乘胜追击，一直杀到黄巢的老家山东曹州冤句（yuānqù，今属山东菏泽市牡丹区）。

一战下来，黄巢部众被李克用冲击得七零八落，非死即降。当然，黄巢手下那些人要降也要降对人，好歹朱温是曾经的战友。老战友应该念及旧情，而后一起富贵，于是黄巢手下大将张归霸、葛从周等人都投降了朱温。后来，朱温进入陈州，赵犨亲自拜迎，顺势也归附了朱温。陈州老百姓为感谢朱温解陈州之围，还给他建造了生祠。朱温得了声望不说，还得到地盘和人才，可谓名利双收，成为陈州之战的最大赢家！从此开始，朱温逐渐坐大，开始图谋自己的发展。

大破魔王秦宗权

原名为朱温的朱全忠，趁着陈州之战迅速壮大了自己的势力。但他并未满足于此，继续四处征战，吞并各路藩镇，扩充自己的地盘和兵力，一路高歌猛进。

毛泽东曾经评价朱全忠说：“处四战之地，与曹操略同，而狡猾过之。”对比朱全忠和曹操，我们可以发现他俩的事业发展轨迹确实有一些相同之处。而如果说他们在成功路上遇到的困难程度，朱全忠是要稍大于曹操的。曹操初创业时，遇到的都是一些像“黑山贼”那样的小兵，而且他发迹时，东汉末年军阀也还没有形成规模，连袁绍这样的“巨咖”都还在四处奔饭食。朱全忠呢，虽然当时他成为名震一方的宣武军（治汴州，今河南开封）节度使，但围绕在他身边的，全是一些凶猛虎狼：西北有孙儒，正北有朱瑾、朱瑄两兄弟，东北有齐克让，正东有时溥，南有王敬荛（ráo），西南有赵犨……这些人，还只是和朱全忠地盘直接接壤的军阀，算是二线人物；另外还有实力强劲的一线军阀，比如平卢的王敬武，魏博的乐彦祯，成德的王镕，河阳三镇的诸葛爽，盘踞洛阳的李罕之，以及当时的第一实力派河东的李克用，等等。在这些藩镇中，朱全忠顶多算一个三流军阀。更何况，在他所在的河南地界上，还有个非常强势的秦宗权。所以，朱全忠面临着随时被巨兽们吞噬的危险。

中和四年（884）六月，黄巢兵败身亡，但中原战火并未平息。黄巢败亡的细节，此处就不细说了。唐朝的蔡州节度使秦宗权，迅速收编了黄巢的残部，实力大增。此后，秦宗权纵兵四掠，祸乱天下，前后攻下二十余州，一跃成为中原地区实力最为强大的军阀集团。

秦宗权为人极其残暴狠毒，说他是“食人魔王”也毫不为过。据《旧唐书》记载：“贼首（秦宗权），皆慓（piāo）锐惨毒，所至屠残人物，燔（fán）烧郡邑。西至关内，东极青、齐，南出江淮，北至卫、滑，鱼烂鸟散，人烟断绝，荆榛蔽野。”他的军队，简直就是一群疯狂的野兽，走到哪里就屠戮到哪里。整个中原地区深受其苦，几乎成了无人区。老百姓死的死、跑的跑，根本没人种地缴纳军粮。秦宗权眼看没粮了，也和黄巢一样，下令捕杀百姓，然后把百姓尸体当作军粮！为了能长时间保存，他还让人把尸体用盐腌制起来，出征时带着一起走。所作所为，令人发指！

秦宗权是个残暴不仁的大魔头，与黄巢相比，他对中国历史进程的影响力，其实也不遑多让。唐僖宗在位时爆发的黄巢之乱，长达九年。黄巢之乱被平灭之后，紧接着就是为期六年的秦宗权之乱，两个人可谓“无缝衔接”。而且，秦宗权还打着“黄巢接班人”的旗号，于光启元年（885）二月在蔡州建制称帝，依然沿用黄巢的国号“齐”。也就是说，“大齐政权”一直存在了十五年。

秦宗权对五代的影响很大。大唐的掘墓人朱温就是靠灭掉秦宗权发家的。在这一过程之中，他既锻炼出一支强兵，又得到大义归唐的名声，得势后篡唐称帝，拉开了五代序幕。

秦宗权对十国的影响也不小。南方九国中有几个小国的建立，都是受秦宗权直接或间接影响而产生的。第一个就是盘踞湖南建立“马楚”的马殷，他原本是秦宗权旗下头号大将孙儒的部下。后来孙儒和秦宗权两人不合，孙儒被派去经略淮南。接着孙儒兵败被杀，军队便由同乡兼心腹的马殷继承。马殷败逃湖南后，经过多年发展，逐渐建立了楚国，史称“南楚”或“马楚”。可以说，马殷的原始班底，是秦宗权蔡州兵的余脉。第二个则是福建闽国的王绪、王潮、王审知等人，以及他们旗下的光州军，他们同样也是秦宗权曾经的部属。另外，“荆南”之所以能够独立成为一国，也是因为秦宗权老部下赵德諲（yīn）父子经营多年打下的基础。后来的“南平王”高季兴，其实就是捡了赵德諲父子的一大便宜。

秦宗权本人的发迹，确实还得“感谢”黄巢。黄巢败逃长安后，又开始了他的流动作战，当时第一站去的就是秦宗权所在的蔡州。那时的秦宗权，本来不过是唐朝一个小小的郡牙将。恰好赶上唐朝忠武军叛乱，秦宗权趁乱驱逐了蔡州刺史，才占据了蔡州。唐廷为了让秦宗权死心塌地为其卖命，承认了他对蔡州的掌控，封他为蔡州节度使，由此蔡州正式成为秦宗权的地盘。接下来，秦宗权迎击黄巢军，结果却屡遭败绩，只能退缩回蔡州城。但黄巢却不饶他，一直猛打。最后秦宗权扛不住了，为了保全实力，索性投降了黄巢。

黄巢军势强的时候，秦宗权当缩头乌龟求活。当黄巢军遭唐军围剿开始走下坡路时，秦宗权便偷偷使坏，最后抢了黄巢残余的地盘和人马甚至是他的国号，当上了“大齐皇帝”。秦宗权称帝后，一直想要吞并汴州，尽得中原地区。当时占据汴州的就是朱全忠，而汴州又是一个四战之地，进可攻但退不可守，很容易被人挤兑。但这难不倒狡诈凶狠、流氓成性的朱全忠，他拉拢一批消灭一个，非常懂得运用合纵连横的手段来打破汴州四面受敌的状态。

说起来，秦宗权看不惯朱全忠，其实也不是一天两天了。他曾多次输给朱全忠，对此感到十分耻辱，一心想要雪耻。于是，秦宗权和朱全忠两人就在河南展开了地盘争夺战。秦宗权自以为手中的兵力要比朱全忠强十倍，此战必胜。没想到，朱全忠私下早就扩招了万余人马，加强了兵力。两虎相争，先下手为强。朱全忠抢先突袭，主打一个出其不意和先发制人，亲自带兵强攻对方营寨。秦宗权果然没有防备，朱全忠接连攻克四座营寨，斩杀万余人。当时，秦宗权这个江湖老鸟竟被朱全忠这个新进小弟摁在地上暴打，颜面尽失。他恼羞成怒，不惜下血本，集中全部兵力进攻汴州，誓要把朱全忠军队消灭干净。

面对秦宗权的疯狂进攻，朱温采取了一个“借力打力”的战略。他先是抓住时机，出兵解围当时被秦宗权暴打的陈州刺史赵犨，和他结成儿女亲家。由此，获得对方资助，缓和了自家军粮紧缺的问题。随后，朱全忠又卑辞厚礼，以“唇亡齿寒”的利害关系，暗地里联合了周边其他的藩镇势力，共抗秦宗权。

没多久，朱全忠在天平军（治郓州须昌县，今山东东平县西北）节度使朱瑄、泰宁军（治兖州，今山东济宁市兖州区）节度使朱瑾兄弟俩，以及义成军（治滑州，今河南滑县东南）三大援军的增援下，在汴州北郊的边孝村向秦宗权发起反攻。这场大战，双方人马拼力厮杀，从天明战到午后，苦战足足六个时辰。

最后，朱全忠大破秦宗权军，杀二万余人，缴获牛马辎重不计其数。秦宗权落败之后，乘夜逃跑。逃到郑州时，想起自己屡屡败给朱全忠，秦宗权感到羞耻难当，为了泄愤，竟然下令屠城，大肆焚掠！经过此战后，秦宗权实力大损，只能龟缩在老巢蔡州当乌龟。

唐朝文德元年（888），朱全忠再次率主力围攻蔡州，相继攻陷黎阳、孟州等地。五月，朱全忠率宣武军，在龙陂大败秦宗权军队，进逼蔡州城下。至此，穷途末路的秦宗权陷入众叛亲离的境地，最后竟被自己手下的将士打断了双腿，送给了朱全忠。朱全忠将秦宗权送回京师，被唐朝京兆尹孙揆公开斩首示众。临刑前，他恬不知耻地为自己辩解："宗权岂反者耶？顾输忠不效耳！"（我秦宗权岂是反贼？我对朝廷一片忠心，只是没机会重新投效罢了。）听到这个愚蠢的辩护，围观的百姓纷纷嗤之以鼻。这样一个擅自称帝、残暴不仁，以吃人为乐的大魔头，竟然还声称自己忠于大唐朝廷，真是滑天下之大稽。

对朱全忠本人来说，秦宗权是他命中的一大劫数。渡过这道难关，他的前程便光明无限。剿灭秦宗权后，朱全忠在中原地区迅速崛起，成为中原各藩镇的领袖。这场战争，也让唐廷对朱温刮目相看，加封他为检校太尉，兼任中书令，又进封为东平王。从此，他受到唐廷大大的重视，资源和权力也大量向他倾斜，使他成为能够与河东节度使李克用对峙的强藩。

兄弟反目斗十年

朱全忠成功搞掉了秦宗权，大胜之后并没有闲着，而是继续疯狂扩张自己的势力范围。势头正旺的朱全忠，确实让其他藩镇节度使眼红了，十分羡慕嫉妒恨，其中就包括郓州天平军节度使朱瑄、兖州泰宁军节度使朱瑾两兄弟。

说来也巧，朱温、朱瑄、朱瑾这三人不仅同姓朱，还同样是从砀（dàng）山县走出来的。而且，朱瑄和朱瑾两兄弟对朱全忠有过救命之恩，三人还拜过把子。想当初，朱全忠被秦宗权所攻，情势十分危急，就向周边的郓州朱瑄求救。朱瑄马上派出自己军中最勇猛的将领，也就是他的堂弟朱瑾前去援救，成功击退了秦宗权。事后，朱全忠十分感激，就和朱瑄拜了把子。后来秦宗权又再次大举进攻，朱全忠再次向朱瑄、朱瑾兄弟求援，二人依旧毫不犹豫地出兵相助，最后合力灭掉了秦宗权。

此后，朱全忠与朱瑄、朱瑾两兄弟逐渐有了嫌隙。此前，朱全忠仅凭着四万汴州兵就多次打败了有十多万兵力的秦宗权。在后来的联军作战中，汴州兵的勇敢更是给朱瑄两兄弟留下了深刻的印象。为此，他们一方面眼馋这些勇武善战的汴州兵，想要收为己用；另一方面，又觉得这些强悍的汴州兵在老哥们朱三朱全忠手里，日后肯定会对自己构成威胁。于是，两兄弟暗地里偷偷用重金去挖朱全忠的墙脚。

起初，朱全忠手下确实有些将士没能顶住诱惑，明里暗里投靠了朱瑄两兄弟。很快，朱全忠知道了二朱所为。朱全忠本不是什么忠义之人，他也早就对朱瑄两兄弟的强悍精兵垂涎三尺，做梦都想吞并了对方。只不过，先前碍于对方的战斗力，加上朱氏两兄弟对自己又有过救命的情分，一直没找到合适的借口。现在，朱瑄和朱瑾在暗地里搞小动作，正好给了朱全忠口实。于是，他先是假意让一些部下继续投靠朱瑄，然后大张旗鼓地写信给朱瑄，指责他招纳自己汴军的叛徒。朱瑄作为一方诸侯，当然受不了朱全忠的斥责，立马回信还击，言辞激烈。如今双方翻脸了，朱全忠就有了充分的理由出兵攻打对方。

光启三年（887），朱全忠派大将朱珍、葛从周等率领军队人马，和朱瑄、朱瑾在曹州（治今山东菏泽）开战，就此拉开了唐末长达十年的藩镇之战。汴军势如破竹，曹州、濮州（治今菏泽市鄄城县）接连失守。很快，朱温在郓州和朱瑄展开激战。一番手忙脚乱之中，朱瑄想到了诈降，派人送信说要带领全城投降，只求保住性命。朱温手下大将朱珍傻傻地不疑有诈，带兵进城，结果直接中了朱瑄的埋伏，伤亡惨重，只能狼狈逃回汴州城。朱瑄趁机反攻，夺回了濮州和曹州。自此，三朱之间的友谊小船算是彻底翻了。

此后，朱全忠与朱瑄、朱瑾又战斗多次，朱全忠赢多输少。眼看形势不利，朱瑄连忙找人结盟，首选目标就是朱全忠的对家：河东地区的李克用。唐廷围剿黄巢时，朱全忠和李克用当时还有相助的情分在，但后来朱全忠恩将仇报，在上源驿想烧死李克用，两人由此结下了世仇。朱全忠和李克用之间的恩怨，我们后文再仔细讲。所以，李克用一听要干死朱全忠，二话没说就答应了。

景福元年（892），朱全忠再次大举进攻朱瑄，他派出长子朱友裕为先锋，自己在后压阵。没想到，朱瑄居然趁夜突袭，大败朱友裕。大意轻敌的朱友裕失败后，连自己的营房都不要了，只顾玩命逃跑。朱瑄趁机占据其营房，设下陷阱等待朱全忠。毫不知情的朱全忠带兵进驻时，突然被埋伏的朱瑄士兵一阵冲杀，死伤过半，就连副手李蟠都被朱瑄所杀。最终，朱全忠在部将拼死掩护下，侥幸逃过一劫。

朱全忠遭遇此败，心中非常不甘，加紧练兵，半年后再次整兵出征。这一次，他把矛头指向了驻守徐州的唐朝感化军节度使时溥。在众多的节度使中，时溥的能力并不算强，但是他的运气比较好，属于老天爷强行喂饭的那种：先是内部兵变，被人推上了节度使的高位；后是意外得到黄巢的首级，拔得巨功头筹，被唐廷封为巨鹿郡王。不过，时溥有个最大的问题，那就是他把运气当成了实力，高估了自己不说，还得罪了朱全忠这个不能得罪的小人。时溥和朱全忠的梁子，是在讨伐秦宗权时结下的。起初，唐廷任命时溥为都统，但时溥讨贼打仗毫无效果，所以唐廷换朱全忠来当都统。朱全忠上任之后，时溥还自称都统，这就让朱全忠很不爽。后来秦宗权进犯扬州，朱全忠派兵前去援救。从宣武到淮南，需要经过时溥的地盘，结果遭到拦阻。如此恶气，朱全忠怎能忍？于是没等秦宗权彻底覆灭，他就开始攻打时溥。

令朱全忠没想到的是，时溥竟是一块非常难啃的骨头。他俩之间的战争，竟然持续了六七年之久。在这期间，时溥又和朱瑄、朱瑾成了盟友，还和朱全忠手下叛将孙儒有往来。最最关键的，还是徐州战略地位的重要性。时溥所在的徐州，本身就是一大块肥肉，地理位置“东襟黄海、西接中原、南屏江淮、北扼齐鲁”，可谓得天独厚。可以说，徐州就是门户中的门户、枢纽中的枢纽。

朱全忠的地盘在汴州，属于四战之地，周围窥视的虎狼太多。想要挣脱这个困境，就必须开辟新的地盘，把势力延伸出去。徐州呢，刚好就在汴州旁边。朱全忠如果拿下了徐州，开辟出东线战场，就可以把势力延伸到东海之滨，那样一来，他就如同挣脱牢笼的鸟儿，就此展翅高飞。所以，朱全忠准备不惜一切代价拿下徐州。为了这场战役的胜利，朱全忠几乎是倾巢而出。时溥的七万大军，一下子就被朱全忠打掉了三万多人。遭遇大败后，时溥也不敢硬刚了，慌忙写信给盟友朱瑄，请求对方马上支援。

朱瑄接到时溥的求救信后，感觉挺尴尬。现如今，他和朱全忠已经是死敌了，从自身角度来说，他并不愿意看到徐州被朱全忠吞并；从道义上来讲，他和时溥还有盟约，有出兵相助的义务。但现如今，朱全忠的军队实力实在太强了。朱瑄前一阵子实在是被老朱打怕了，不敢再跟他打擂台。思来想去，朱瑄想了一个折中的办法，他决定写一封信给朱全忠，劝他得人饶处且饶人：“（黄）巢、（秦宗）权继为蛇虺（huǐ），毒螫中原，与君把臂同盟，辅车相依。今贼已平殄，人粗聊生，吾弟宜念远图，不可自相鱼肉。或行人之失辞，疆吏之逾法，可以理遣，未得便睽和好。投鼠忌器，弟幸思之！”简单来说，这封信就是一封劝和信，又或者是求和信。但他们两人闹掰也不是一天两天了，所以朱全忠根本就没搭理朱瑄。

景福二年（893）四月，徐州城破在即，万念俱灰的时溥，只得带着全家登上徐州的名楼燕子楼，举火自焚。至此，朱温又兼并了时溥的感化军。由此，他所在的汴州开始冲破周围藩镇的包围圈，战略生存空间扩展数倍。时溥死后，他的一位小妾刘氏被朱全忠所获。朱全忠把她赐给谋士敬翔。当然，这个女人先被老朱尝了鲜，对她宠爱有加，封她为“国夫人”。

乾宁元年（894），朱全忠与朱瑄、朱瑾两兄弟的多年对战逐渐明朗化。此前，他们来回打了多次，互有胜败，谁也奈何不了谁。朱全忠拿下徐州后，实力再次大大增强，于是亲率大军进攻郓州，大军屯驻在鱼山（位于今山东东阿）。朱瑄得知后，马上和朱瑾合兵一处，直奔鱼山。就在双方交战之时，天地风云忽变，东南风大起，朱瑄两兄弟马上顺风发起进攻。而朱全忠的汴军，一时间被这阵妖风吹得东倒西歪，还没交战就显出一副溃败之象。

称霸四方无人敌

朱全忠和朱瑄、朱瑾两兄弟反目成仇，在鱼山再次展开大规模激战。就在两军交战之际，东南风大起，朱瑄兄弟顺风发起猛攻。可是还没够上敌阵，风向突然转变成了西北风。朱全忠当机立断，让士兵顺风纵火。战场瞬间烟焰漫天，直接把对方的视野全给遮没了。朱全忠乘势发起了反攻，最终大获全胜，杀敌万余人，在鱼山下筑起了京观。“京观”，就是古代战争中，战胜的一方为了炫耀武功，威慑敌人，特意把敌军的尸首全部堆积起来，然后封土筑成一个金字塔状的大土堆。

屡遭败绩的朱瑄、朱瑾两兄弟，不敢再和朱全忠正面硬刚，急忙向河东的李克用求救。要说打别人，李克用可能会迟疑，但一提打朱全忠，他便毫不犹豫，立即派出大将安福顺兄弟三人带着五百精骑火速增援。大家可千万不要小看这五百精骑。虽然数量少，但这可是李克用“鸦儿军”精锐中的精锐，是可以一当百的存在。可谁承想，就算有了李克用的援军相助，朱瑄兄弟俩还是没能逆转战场劣势。

乾宁二年（895），朱全忠派养子朱友恭进围兖州。朱瑄一看兄弟有难，就亲自带兵去救援。谁料半路上就撞进了朱友恭的埋伏圈，不仅自己所带粮饷成了对方的战利品，就连一起随军的蕃将（非汉族将领）安氏兄弟也被迫“做客”汴梁成为俘虏了。没办法，朱瑄兄弟俩再次向李克用求救。李克用二话不说，再次派出大将李承嗣和史俨，率领千骑飞奔南援。但是，仅仅靠这数千人去揍朱全忠，显然不太够。所以李克用还安排了后手，派了养子李存信率三万大军驰援。从这事可以看得出来，李克用在对付朱全忠一事上，还是下了不少功夫的。

不过，李克用所在的河东地区核心地域位于今山西西南部，并不直接和郓、兖二州相连。如果他要去救援朱家兄弟俩，就必须借道——从唐朝当时魏博节度使罗弘信的地盘上路过。老实说，朱全忠和李克用两位大佬神仙打架，让夹在中间的罗弘信一直很难受。他的地盘位置非常尴尬，正好就卡在两位大佬地盘的正中间。可以说，当时谁掌握了魏博（又称天雄军，治今河北大名，辖今河北南部、山东北部），谁就掌握了战争的主动权。罗弘信作为平平无奇的小老弟，两边是谁也得罪不起。好在他端得一手好水，每当朱全忠进攻郓、兖二州时，他就给朱全忠送钱送粮送衣物，用实际行动给予支持；等到李克用要派兵过境去救援郓、兖时，他也一视同仁，大家都是好兄弟，我绝不拦你，一路开绿灯放行。罗弘信就像是一株墙头草，风吹哪边哪边倒。虽然日子过得战战兢兢，但好歹维持着一种微妙的平衡。

随着李克用军队不断加入，朱全忠压力山大。毕竟李克用的实力有目共睹，如果和他正面交锋，朱全忠绝不敢打包票说自己必胜，何况他还要分心对付朱瑄、朱瑾兄弟。所以，魏博罗弘信的最终站队，对朱全忠来说至关重要。先前罗弘信三番两次都借道给李克用，朱全忠对此十分不爽。于是，他派人前去敲打罗弘信，说："太原志吞河朔，回戈之日，贵道堪忧！"（李克用野心勃勃，等他得胜回师，你就危险了。）

好巧不巧，李克用这次借道出了一点意外，导致罗、李两人关系急剧恶化。本来嘛，罗弘信几次三番都同意了借道给李克用，一直以来也没出什么事。但是，这一次带兵过境的是李克用的养子李存信。李存信治军不严，纵容手下士兵在魏博境内大肆劫掠百姓，这仿佛坐实了朱全忠先前的说法。为此，罗弘信被彻底激怒，马上派出大军，狠狠揍了李存信一顿，并把魏博镇内的河东军队驱逐出境。远在河东的李克用不明就里，误以为罗弘信和朱全忠勾搭上了，于是亲自带兵攻打魏博。这下，双方就真的结下梁子了。

乾宁三年（896），李克用一路势如破竹，摆出一副要把魏博夷为平地的架势。罗弘信自知抵挡不住，只得赶紧向朱全忠求援。朱全忠深知魏博的重要性，不容有失，便派了超级猛将葛从周去帮忙。葛从周算是朱全忠帐下的名将之首，他一把虎头枪耍得精妙绝伦，人称"山东一条葛，无事莫撩拨"。这一战，葛从周大放光彩，几乎全歼了晋军，活捉了李克用的长子李落落，甚至还差点俘虏了李克用本人。李落落是李克用最疼爱的一个儿子，为此，李克用甚至不惜丢掉脸面，派人向朱全忠低声下气求和，声称只要能放回李落落，他愿意从此和朱全忠冰释前嫌，永结同好。但朱全忠早就下定决心和李克用一撕到底，于是，他想出一条毒计，让人把李落落交给了罗弘信。

至此，一个难题摆在了罗弘信面前：对李克用的儿子李落落，是杀？还是不杀？罗弘信非常犹豫，但朱全忠使者煞有介事，一直在帐外等着他的答复。他明白，这个选择决定着后边朱全忠方面对自己的支持。如果杀掉李落落，等于罗弘信就是交了一份投名状，以后只能彻底倒向朱全忠这边，再也没有和李克用交好的可能；如果不杀，虽然能示好李克用，但自己肯定会在朱全忠那里落下一个态度摇摆的口实。日后，如果魏博镇再被人围困时，朱全忠肯定不会拼命地来救援自己了。最终，罗弘信决定一条道走到黑：既然投奔了朱全忠，那就投奔到底吧。

随着李落落的人头落地，罗弘信和李克用的死仇算是彻底结下了。不得不说，朱全忠这招借刀杀人之计确实非常高明。一颗李克用儿子的人头，就换来了罗弘信的彻底忠诚，魏博藩镇从此成为朱全忠的坚实屏障。这样一来，河东地区通往郓、兖的通道就彻底断了。从此之后，李克用继续派兵支援郓、兖地区变得非常艰难，就是先前派出去的李承嗣等人，他们想要回河东都难。到了这般境地，李克用只能隔空送祝福给朱瑾、朱瑄兄弟俩了。

趁你病，要你命。朱全忠再次派出大将葛从周和庞师古攻伐郓州。经过多年的拉锯战，朱瑄的地盘被蚕食殆尽，最后仅剩下郓州一城。毕竟朱瑄在郓州经营多年，城池坚固，易守难攻。为了能守得更久，朱瑄还让人在郓州城的四周挖了一条护城河来阻挡进攻。结果呢，却是挖了个寂寞。汴军趁夜搭了一座浮桥，实施突袭，成功越过了护城河，一举攻入城内。朱瑄只得弃城出逃，途中狼狈不堪，躲藏到一户农家中。结果，这家农户反手就把他给出卖了。最后，朱瑄全家被斩于开封城的汴桥之下。

兖州的朱瑾方面，命运也好不了多少。当时他正好带人外出筹措粮食，只留下儿子和康怀英、阎宝等人留守。朱全忠的大将葛从周等人知道消息后，马上乘虚进袭兖州。康怀英等人见大势已去，选择献城投降，兖州就此落入朱全忠手中。没了地盘的朱瑾，只能和晋将李承嗣等人一起投奔淮南（治所在今江苏扬州）节度使杨行密去了。这个杨行密，就是后来十国之一吴国之主。正是在朱瑾和李承嗣等人的帮助下，淮南军的陆战水平很快有了不小的进步，为不久后和朱全忠的大战做好了准备。

兖州丢失后最苦命的，还是朱瑾的妻子。当时她被堵在兖州城里，后被人带到了朱全忠面前。朱全忠见她姿色可人，便强睡了她，一睡就是好多天，甚至还把人带回家里准备长期霸占。看着丈夫大摇大摆地把朱瑾妻子带到自己面前，朱全忠的妻子张氏并没有直接发火，而是抱着朱瑾的妻子痛哭，说道："兖、郓与司空同姓，约为兄弟，以小故恨望，起兵相攻，使吾姒（sì，嫂子）辱于此。他日汴州失守，吾亦如吾姒之今日乎！"（当年因为都姓朱，他们三人结为兄弟。结果却因为一点误会，起兵攻杀，如今让嫂子你受到如此屈辱。如果将来汴州失守了，我怕是也难逃这样的命运啊！）听到张氏这么说，朱全忠也不敢留人了，最后把朱瑾妻子送到佛寺出家为尼。

杀秦宗权得河南，杀时溥得徐州，杀朱瑄、朱瑾得郓州、兖州，又拉拢了魏博的罗弘信，至此，河东的李克用也被自己死死压制住……可以说，这时候的朱全忠已经成为唐末最大的藩镇势力，为他之后称帝打下了坚实的基础。

凤翔夺帝开大战

在皇权至上的时代，臣子的权力都由皇帝赋予，而信任就是这一切权力的基石。在中国历史上，东汉、唐朝和明朝，无疑是宦官最为猖獗的三个时代。尤其是唐朝，宦官的权力一度大到可以左右皇帝的废立。随着唐朝各地藩镇相继崛起，这些军阀各自为政、相互征伐，朝廷的统治力逐渐式微，一些朝中大臣也暗中和藩镇勾结，皇帝逐渐失去了对外朝的信任。作为每日陪在皇帝身边的人，宦官们就逐渐变成了皇帝的助手，染指皇权。可以说，唐朝宦官势力的崛起，其实最开始是皇帝刻意培养的结果。正是在宦官的帮助下，唐朝的许多军政大权从外朝向内廷转移，形成了以皇帝为核心、以宦官为基础的内廷权力中心。

到了唐昭宗李晔（yè）这一代，唐朝已然显现出败亡的迹象。李晔继位时，年纪和现在刚毕业的大学生差不多。年轻人嘛，总怀有一腔热血。但摆在他面前的现实问题是，作为皇帝所能掌控的领地，不过就河西、山南、剑南、岭南四道数十个州而已。初生牛犊不怕虎，唐昭宗没有气馁，他雄心壮志地接下了这个烂摊子。不论结果如何，他都要为李唐王朝的振兴拼上一把。他先是铲除了田令孜、杨复恭这两大权宦，随后又亲手组建了自己的京师护卫队，至此，他自以为大唐肯定可以重新强大起来。但现实很快给他狠狠泼了一盆冷水，朝廷军队和藩镇几次交锋，后果堪忧。尤其是在讨伐凤翔（治凤翔府，今陕西宝鸡市凤翔区）节度使李茂贞时，唐昭宗不仅赔去了大半禁军，还折损了宰相杜让能。老实说，唐昭宗真的不是不努力，也不是没有才能，只是先辈们给他留下的烂摊子实在是太烂了。被现实痛击后的唐昭宗也逐渐开始摆烂起来，整日里饮酒作乐。

皇帝本人不作为了，但宦官和文官集团之间还是斗得热火朝天。

天复元年（901），京城再一次爆发内乱。以宰相崔胤为首的文官集团和以韩全诲为首的宦官集团，矛盾日益激化。起因呢，是崔胤向皇帝进言，希望收回被宦官长期把持的神策军指挥权。神策军是皇宫里的警卫部队，谁掌握了这支部队，也就等于掌握了朝政大权，关键时刻还能以此保命。很明显，崔胤等人目的不纯，他们想先收了这群宦官专权保命的资本，然后再彻底解决掉宦官问题。韩全诲等宦官当然不干，所以这事就陷入了僵局。怎么办呢？文官集团认为，既然宦官手上有神策军，我们也该找个有军权的盟友，于是崔胤等人就向外寻找帮手。

说起这位宰相崔胤，《旧唐书》点评道："长于阴计，巧于附丽，外示凝重而心险躁"，此人一路向上，就是靠着阿谀奉承和阴谋诡计才做到官运亨通的。崔胤宰相之位的得来，其实还多亏了朱全忠的力保。这两人可谓互惠互利，各取所需。所以，当崔胤想找帮手的时候，第一个想到的就是朱全忠。而朱全忠呢，也迫切需要在唐廷里找一个能在朝堂上为他说话的代言人，于是双方一拍即合，开始频繁往来。

为此，韩全诲等宦官有了强烈的危机感。他们知道，仅凭手中这点神策军，是无法和朱全忠这样的强藩抗衡的，于是他们勾搭上了住在长安隔壁的老李——凤翔节度使李茂贞。李茂贞原名宋文通，因救护唐僖宗有功，获赐“李茂贞”之名。巧合的是，朱全忠的名字也是唐僖宗取的。而最后，恰恰是这两个所谓的“大唐忠臣”坑掉了大唐。而且，李茂贞还是最先“坑爹”的那一位。作为曾经平乱的功臣，李茂贞在唐廷有着不俗的威望，又在凤翔一带经营多年，实力雄厚。这些成就和实力，也让他有了更大的野心。于是，当韩全诲找上门时，李茂贞马上就答应了。

天下没有不透风的墙。没多久，崔胤就知道自己的密谋泄露，还得知太监们已经和隔壁的李茂贞勾搭上了。崔胤马上矫诏，让盟友朱全忠带兵进京帮衬。收到信后，朱全忠马上调集重兵，马不停蹄向长安奔去。韩全诲等宦官闻讯后，自知实力不敌，直接劫持了唐昭宗，逃往隔壁的凤翔。由此，唐昭宗落到了李茂贞手里。得到皇帝后，李茂贞大喜过望，觉得自己终于可以实现“挟天子以令诸侯”的梦想了，但他万万没想到的是，韩全诲大公公除了给他带来了一个傀儡般的皇帝，还给他带来了一个难缠的敌人。

本来，朱全忠一直觉得皇帝早晚会是自己的囊中之物，没想到，反被李茂贞抢先给截胡了。怒火中烧，老朱带着七万大军直逼凤翔城下，强势要求李茂贞交出皇帝。李茂贞当时手握重兵，威震西陲，但无论是在威名上还是在兵力上，他都不及朱全忠。他手里唯一一张王牌，就是昭宗皇帝。于是，他假借唐昭宗的名义，向各个藩镇发出勤王诏书，希望各位忠臣来救。此外，他还多次矫诏，命令朱全忠撤军。此时的皇帝诏书不过就是一张废纸，朱全忠完全没搭理。当然，面子的事情还是要做的，该哭诉哭诉，该出兵出兵。总之，在整个争夺皇帝的过程中，一个说誓死保卫皇帝，另一个说誓死解救皇帝，老朱老李两人都是极尽表演之能。

就在这时，河东李克用忽然加入战局，攻取了属于朱全忠的慈州（治滏阳，今河北磁县）和隰（xí）州（治今山西隰县）。面对李克用这个强敌，朱全忠自然不敢怠慢，亲自率领主力对晋军展开反击。这次反击，朱全忠不仅收复了被晋军占领的失地，还一度围攻李克用的老巢晋阳。李克用虽然最后竭力保住了晋阳，夺回了一些失地，但实力大损，再也无力救援凤翔。

解除了李克用的威胁后，朱全忠再次率领大军围攻凤翔。没有援军相助，李茂贞只好硬着头皮自己上，但基本是胜少负多，最后只能坚壁清野，死守凤翔。好在凤翔城防十分坚固，朱全忠短时间内根本奈何不了，只能把城池团团围住。每天夜里，朱全忠的汴军都击鼓鸣角，鼓声震得城中好像在地震一样。两军每天还嗷嗷声不断，互相叱骂，城下围困的汴军骂城上的守军是“劫天子贼”，城上的凤翔守军则骂城下的汴军是“夺天子贼”，场面十分混乱，也十分热闹。

这年冬天雪很大，再加上被围时间久了，粮食极其短缺，凤翔城中出现了很多冻死、饿死的人。就连李茂贞本人也坐困愁城，穷得只能拿出喂猪狗的那些吃食来招待皇帝了。唐昭宗不得已，只能派宦者到集市上倒卖二手衣物以供日用之需。他的御马，只能用浸过水的松木片剁碎后来喂。后来，城内一些百姓实在饿得受不了，直接晕倒在街上。人刚倒地，马上就有一群饿昏了头的人凑上前，甚至不等对方完全挂掉，就直接用小刀挖了对方的血肉来吃。最后，城内竟然出现了真正的人肉生意，一斤人肉值一百钱，仅比狗肉贵一倍而已！城内都折腾到这个地步了，李茂贞依然还在坚持，继续和朱全忠死扛。

耗到后半场，朱全忠先打退堂鼓了。这倒不是因为什么弹尽粮绝的问题，而是因为他是客场作战，不能离开自家地盘太久，毕竟周围还有一群虎狼之师在觊觎。再加上天公不作美，居然连续多日下大雨，汴军营地里瘟疫流行，军心日益涣散。为此，朱全忠不得不考虑撤军。在这个关键时候，大将高季兴和刘知俊闪亮登场了，他们劝说道：“天下英雄，窥此举一岁矣。今茂贞已困，奈何舍之去？”（全天下的人都盯着这里，现在李茂贞已经快要撑不住了，您干吗要放弃啊？）

高季兴更是为朱全忠出谋划策，制订了一个“死间计”，就是假意撤兵，然后派间谍进城，把这个消息告诉李茂贞，引诱对方出城作战，再围而歼之。这个计策真管用，李茂贞果然上当，率领军队冲进了朱全忠的埋伏圈。经过一番激战，李茂贞兵力剩下不到十之三四，实力大大折损。至此，李茂贞再也挺不住，只好向朱全忠妥协议和，交出昭宗皇帝。

凤翔之战，获利最大的自然是朱全忠。皇帝到手后，他不仅获得“回天再造竭忠守正功臣”称号，还被朝廷封为诸道兵马副元帅，进爵“梁王”。无论是朝中声望，还是地盘实力，当时的唐朝之内再也无人可与之匹敌。

第二章

杀兄弑父洛阳血：后梁兴衰（下）

白马之祸除异己

凤翔之战，朱全忠大获全胜，当了梁王，唐昭宗也得以再次返回长安。不过，这次昭宗皇帝深知自己的“高级囚徒”境遇，对朱全忠说：“宗庙社稷，是卿再造；朕与戚属，是卿再生。”意思就是说：“我们老李家的唐朝都是你再造的，你朱全忠说一，朕绝不说二，全听你的！”没多久，朱全忠和宰相崔胤就联手处死了数千名宦官。不管是退休在家的，还是出差在外监军的太监，近乎无一幸免。自中唐以来长期专权的宦官势力，受到了彻底打击，再也无法掀起大的波澜。

回到长安的唐昭宗，由此成了彻头彻尾的孤家寡人。大批朝臣遭到诛逐，剩下的都成了朱全忠的奴仆。朱全忠还不放心，留下侄子朱友伦担任宿卫都指挥使，率领二万步骑留驻皇宫；又安排心腹蒋玄晖等人，严密监控宗室和百官，把京城牢牢掌控在自己手中。安排好一切之后，朱全忠启程返回了老巢汴州。

朱全忠离开京城之后，宰相崔胤开始不安分起来。朱全忠和崔胤的合作，本来就是各取所需，当双方走到利益分岔口，自然会分道扬镳。崔胤野心勃勃，想要独揽朝政，但他并不希望大唐灭亡。毕竟，他只有借助唐廷这个外壳才能实现个人利益的最大化。崔胤见朱全忠势力越来越强大，甚至有了篡位的野心，心里也开始忧虑起来。他表面上不动声色，继续和朱全忠交好，但内心却有了防范。崔胤心想：先前那群宦官之所以那么嚣张，现在朱全忠之所以能够遥控朝廷，就是因为他们手里都掌握了禁军兵权。如果我把禁军兵权掌握到自己手里，是不是就可以摆脱对朱全忠的束缚了呢？

于是，崔胤写信给朱全忠，表示说："李茂贞辈近日又复故态，蠢蠢欲动。长安不可不为守御之备。关东未宁，淮南仍嚣，太师不能全力保卫京师。京师除贵贤侄所领之外，旧六军十二卫俱皆名额空存，编制实无。朝议拟召募壮士，恢复旧额，使东讨无西顾之忧，国家有根本之固。"（隔壁李茂贞这些人又开始搞事了，长安也该有防备的计策。关东、淮南地区都没有安定，都靠太师您东征西讨，所以不能全力顾及京师安全。京城除了您侄子所领的军队之外，原先的六军十二卫兵额都是空的，没有真正编制。朝廷现在准备招募战士，恢复从前的名额，由此可以使得东讨之事没有西顾之忧，国家也能够稳固根本。）基本的意思就是告诉朱全忠，我担心你现在很忙顾不过来，不如我帮你扩招点人，补充一下京城兵力，好让你没有后顾之忧。朱全忠虽说是大老粗出身，但也阴贼过人，一下子就看穿了崔胤的花花肠子。他表面上马上答应崔胤的请求，暗地里却派人伪装成百姓混到招兵队伍中，借此监视崔胤的动态。崔胤对此毫无觉察，一心投入招兵、练兵之中。

没多久，京城忽然发生了一件大事：朱全忠的侄子朱友伦在打马球时不慎落马身亡。朱全忠得知后，既悲又怒，马上怀疑是崔胤派人干的，即刻把涉事的相关人员全都处死。而后，他马上安排另一个侄子朱友谅接替朱友伦的职位。不等崔胤羽翼长成，朱全忠就密表昭宗皇帝，举报崔胤专权乱国，离间君臣，请求诛杀崔胤及其同党数十人。此时，唐昭宗无力阻止，只能应允。于是乎，崔胤等人身死族灭，下场无比悲惨！崔胤为了自己的权力欲望，不惜牺牲大唐江山和昭宗皇帝的安危，与虎谋皮，最终落得身死族灭的下场。想想那些曾经被崔胤陷害的忠臣良将，崔胤也算是罪有应得。

事情发展到这个地步，朱全忠好像不篡位称帝，都对不起他手中这么多的地盘和权势。不过呢，饭要一口一口地吃，事要一步一步地做。为了方便操纵朝局，他以李茂贞要搞事情为由，逼迫昭宗皇帝迁都洛阳。形势比人弱，半点不由人。唐昭宗只能再一次泣别长安。这位倒霉的皇帝离开长安其实也不是一次两次了，不管是主动还是被迫走的，他早已习以为常。只是谁也没想到，这将是他最后一次看到长安巍峨的宫殿了。

被迫离开长安的，不只是昭宗皇帝，还有长安百姓。他们根本来不及收拾行李，就被朱全忠的士兵逼着离开家乡。百姓们纷纷咒骂："都怪贼人崔胤召来了朱温，害我们颠沛流离！"你看，当时就连普通老百姓都知道朱全忠的“司马昭之心”。要知道，历史上权臣篡弑之前，都喜欢逼皇帝迁都，一来可摧毁前朝的政治象征，二来能树立自己的威权。历史上，高欢、董卓、曹操都干过这事。为了不留后患，朱全忠还让人拆毁了长安城的房屋，并把拆下来的木材全部顺着黄河运到洛阳用于都城重建。辉煌了近三个世纪的长安城，自此沦为一片废墟。

另一边，凤翔李茂贞、卢龙刘仁恭、西川王建，以及淮南杨行密等藩镇大佬，互通信息，组成新联盟，以“兴复大唐”为由头，意图联手讨伐朱全忠。朱全忠本来想先率兵西讨凤翔，但又担心唐昭宗在洛阳生变使得自己陷入被动，于是，他干脆一不做二不休，让养子朱友恭以及手下氏叔琮和蒋玄晖等人，见机做掉唐昭宗。天佑元年（904），蒋玄晖带人入宫。当时昭宗皇帝正在寝宫中休息，开门的是妃子裴氏。面对来势汹汹的蒋玄晖等人，裴氏毫无惧意，直接质问对方：“急奏何以兵为？”（你们前来奏事，带刀想干嘛？）来人没跟她废话，一个兵士直接手起刀落，一刀就把裴氏砍死在当地。昭仪李氏见状，急忙大喊：“宁杀我曹，勿伤万岁。”（要杀就杀我们，别伤害陛下！）显然，蒋玄晖等人是不会听她的，直奔皇帝杀去。昭宗皇帝酒醉中惊醒，穿着单衣绕着柱子想逃。李昭仪连忙用自己的娇小身板去护着昭宗，结果被人一刀砍成两段。紧接着，大唐皇帝李晔也被捅了个透心凉。何皇后闻讯赶来，见状只能跪地哀哭，求蒋玄晖饶她一命。蒋玄晖看何皇后凄婉可怜，楚楚动人，就动了恻隐之心，加上来杀人之前老朱也没下令杀尽宫内女人，于是就饶了何皇后一命。事后，蒋玄晖对外声称，李氏、裴氏二妃弑君；然后，他奉朱全忠之命矫诏立昭宗皇帝第九个儿子辉王李祚（zuò，后改名李柷，chù）为帝，这就是唐朝末帝“唐哀帝”，时年仅十三岁。

朱全忠得知任务顺利完成，马上从征战途中返回洛阳。他开始演戏，趴在皇帝的棺木上大哭：“奴辈负我，令我受恶名于万代！”（手下这些奴才害我背负这千古骂名啊！）演完这场戏后，朱全忠翻脸无情、卸磨杀驴，随便找了个理由，就把朱友恭、氏叔琮等人降职远调，随后又赐令自尽，杀他们灭口。朱友恭死前大喊：“卖我以塞天下之谤，如鬼神何！行事如此，望有后乎！”（出卖我来堵住天下人的指责，老天有眼，你朱三迟早也会绝后！）一不做二不休，朱全忠紧接着又打起了皇子的主意。于是，他指使蒋玄晖邀请昭宗皇帝的九个儿子到九曲池参加宴会。等把这几个青少年灌醉后，让人拿弓弦直接全部活活勒死！

朱全忠在杀人篡权，唐廷朝臣却还在结党相争。宰相裴枢、崔远、独孤损等人，仗着世家豪门出身，轻视和排挤其他庶族出身的同僚。当时同为宰执大臣的柳璨，是书法大家柳公权的族孙，但到他这一代时，家境已经没落，人脉凋零，一直被裴枢等人瞧不起。对此，柳璨内心愤恨不已，报复心日益膨胀。柳璨这人非常善于钻营，很快就抱上了泥腿子出身、手握枪杆子的朱全忠的大腿。朱全忠一直被这些士族官僚们看不起，所以，他内心早就对这些满嘴仁义道德的士大夫不爽。

天祐二年（905）五月，天空中出现了一颗彗星，宽大的彗尾横贯了整个天空。柳璨趁机列出一份长长的仇人名单，交给朱全忠说："占卜的人说，'君臣俱灾，宜诛杀以应之！'"鼓动朱全忠把名单上的人，全都杀掉以应天灾。朱全忠的得力谋士李振同样是庶族出身，先前曾多次科考落榜，所以，他把那些世族名门、科考晋升的朝臣都视为眼中钉、肉中刺。此时，他也力劝朱全忠："此辈常自谓清流，宜投之黄河，使之浊流！"在柳璨和李振等人的煽动下，朱全忠哈哈笑着同意了。于是，在滑州（治今河南安阳滑县）白马驿，朱全忠派人一夜之间杀掉了裴枢等三十多个在朝大臣，杀人后就地抛尸黄河喂鱼，史称"白马驿之祸"。

在这场灾祸中，被杀掉的几乎都是唐朝世家门阀安排在朝中的代言人。自此之后，世家门阀的政治影响力下降至冰点，寒门庶族开始真正崛起，使得五代接二连三地出现了许多出身寒门的实力派，比如敬翔、桑维翰、王朴、赵普等人。所有这些人，都是从最底层兢兢业业做起，最终位至宰辅。寒门庶族，从此登上历史舞台，成为一股不可忽视的政治力量。白马驿之祸，彻底清除了忠于李唐的旧臣官僚，终结了唐朝多年以来的"士庶党争"的顽疾；同时，它也标志着朱全忠篡位路上的障碍被一扫而光。

篡唐称帝震天下

有些人，天生带有时代色彩。作为唐末乱世登场的第一位枭雄，朱温的口碑一直非常差，就连他建立的后梁王朝，后世也大都不认可，直到北宋才勉强承认。但乱世奉行的是丛林法则，你不在餐桌上，就会在菜单上。秩序，都是靠人头和鲜血换取的。朱温本人对于王朝合法性这件事，似乎一直不太在意，他曾说："借使我不受九锡，岂不能作天子邪？"言语之中，显示出对帝王神器的蔑视。

白马驿之变后，朝中反对朱全忠称帝的势力为之一空。于是，朱温开始催促柳璨和蒋玄晖等人，要他们加快逼迫唐哀帝"禅让"帝位。柳璨和蒋玄晖等人商议后，觉得这事不能太着急，尤其是白马驿事件刚过去不久，朝内朝外舆论还未平息，这时马上禅让很容易引起民愤。于是，他们给了朱温一个"策划案"，这个方案遵循了魏晋以来权臣篡位的标准流程套路：先封大国，然后加九锡之礼，老朱一番辞让后，再"被迫"接受；紧接着，唐朝当今小皇帝"主动"下禅位诏书，走完三辞三让的过场后，朱温再正式登基，祭告天地。这些繁文缛节的过程，确实耗时比较长。对此，老朱大为恼怒，觉得又麻烦又太慢。

于是，蒋玄晖亲自去和朱温解释说："唐祚已尽，天命归王，愚智皆知之。玄晖与柳璨等非敢有背德，但以今兹晋、燕、岐、蜀皆吾敌，王遽受禅，彼心未服，不可不曲尽义理，然后取之，欲为王创万代之基业耳！”（唐朝气数已尽，天命归属梁王您，无论愚笨还是聪明的人都十分清楚。但考虑到现在晋、燕、岐、蜀都是咱们的劲敌，如果梁王您突然接受禅位，他们心里必定不服，所以我们应该设法尽礼尽义，然后再取得帝位。这样做，其实只想为梁王您创建万代基业罢了。）

结果，朱温根本不听，指着蒋玄晖鼻子痛骂道：“奴果反矣！”（你这奴才果然反了！）蒋玄晖吓得要命，他立即告辞回洛阳，和柳璨商议马上行九锡之礼，同时还把朱全忠说的话传达给大家。柳璨更害怕了，他化担心为动力，马上入宫，胁迫唐哀帝说：“人望归梁王，陛下释重负，今其时也。”（梁王众望所归，陛下应该马上把帝位让给他！）

就在柳璨、蒋玄晖等人日夜筹谋改朝换代之际，何太后也派宫女传信，乞求蒋玄晖在哀帝禅让后放过他们母子。这位何太后就是先前提到过，唐昭宗被杀之时被蒋玄晖饶过的昭宗皇后，人称“积善皇后”。何氏是侍女出身，被昭宗皇帝看上之后就一直陪伴在其身边，后成为宠妃。先前昭宗皇帝逃到华州时，她被封为皇后。从那时起，基本上昭宗皇帝逃到哪儿，她就跟到哪儿。后来她儿子李祚被拥立为傀儡皇帝，也就是唐哀帝，她便成了唐朝的太后。何太后很幼稚，觉得当初蒋玄晖既然愿意留她一命，现在肯定还会放过她，所以才派人前去蒋玄晖那里求情。谁料想，唐朝的宣徽副使王殷、赵殷衡等人，嫉妒蒋玄晖专权，想要取其位而代之，就趁机游说朱全忠，诬陷蒋玄晖私通何太后，故意拖延时间，目的就是要等候时机谋害梁王恢复唐朝江山。赵殷衡后来改名换姓，叫做孔循，到五代后唐时成为一个著名的大臣。

朱温听闻后勃然大怒，当即密令王殷等人在积善宫缢杀何太后，逼迫唐哀帝下诏，宣称何太后因为私通蒋玄晖，秽乱宫闱，所以自杀谢罪，并追废何太后为庶人。另外，朱全忠还遣使去洛阳诛杀蒋玄晖，将他车裂，然后焚尸都门外。随后，他又以唐哀帝名义将柳璨贬职流放到崖州（治今海南三亚），没多久，就派人在半路斩杀了柳璨。柳璨自己也没有想到，刚帮朱温屠杀完朝中老臣，自己这个功臣没等到朱温称帝当开国功臣，就面临被杀的命运。临死之前，柳璨悔恨地高声自骂："负国贼柳璨，死宜矣！"其实，不管是蒋玄晖、柳璨，还是之前被搞死的朱友恭、氏叔琮等人，他们都是朱全忠弑杀昭宗皇帝的知情人。朱全忠想做天下新主，怎能容忍这些知晓他黑幕的人苟活于世呢？因此，无论他们怎么做，最终肯定难逃一死。

没了蒋玄晖、柳璨等人的羁绊，朱温和他的草台班子肆无忌惮地推进篡位，连三辞三让的流程都不愿表演。唐天祐四年（907），唐哀帝被迫禅位，朱全忠登基自立为帝，史称"梁太祖"，改国号"梁"，史称"后梁"，改元"开平"。至此，延续近三百年的大唐王朝正式灭亡，五代十国拉开了序幕。

唐哀帝禅位后，被降封为济阴王，搬到曹州，被严密监视。唐哀帝虽然被废，但河东的李克用、凤翔的李茂贞等人依旧拥戴他为皇帝，并用他的名义号召天下勤王。对此，朱温肯定放心不下。为绝后患，一年后老朱派人将这位少年皇帝毒死，然后以王礼埋葬。唐哀帝被杀的时候，年仅十七岁。比起他横遭一刀的老爹唐昭宗李晔，以及那些被活活勒死乱丢乱葬的兄弟们，唐哀帝好歹还留一全尸得以风光埋葬。

经过三十年的血海拼杀，朱温终于为自己搏来了属于他的那一份荣华富贵。为了顺应天意，朱全忠还改名叫朱晃（huǎng）。毕竟“全忠”是唐帝赐名，而朱全忠不仅不“全忠”，还“全叛”，实在是讽刺。

这人呀，遭逢喜事精神爽，自然少不了大吃大喝来庆贺。朱温为了庆祝自己登基，在宫中举办庆功派对。跟随朱温的大臣武将，有一个算一个，都热热闹闹来恭贺。前半场，大家喜气洋洋，团坐在一起，边吃边聊好不快活。派对举行到后半场，该说的、该喝的、该赏的都差不多了，朱温也喝了不少，开始和几个老哥们玩起掷骰子的游戏，全然没有皇帝架子。这时，一个人突然站了起来，起身抢走了朱温手里的骰子，对他大声斥责说：“朱三，尔砀山一百姓，遭逢（唐）天子用汝为四镇节度使，于汝何负？而灭他唐家三百年社稷，吾将见汝赤其族矣！”（你朱三原本不过是砀山的一个苍头老百姓。大唐皇帝看得起你，封你做四镇节度使，结果你恩将仇报，转头就抢了人家三百年的江山。我看啊，老朱家迟早因你遭受灭族之祸！）紧接着，这位爷就掀翻了朱温的赌桌，一桌子金银财宝纷纷滚落到地上。当时，朱温酒醒，被气得脸色发黑。

不得不说，说话这人是真的勇敢。不过此人敢说这话，自有他的底气，因为他是朱温的同胞大哥：朱全昱。朱全昱说完这番话后，现场气氛一度十分紧张，周边的多位“安保”，也就是御林军兵士，已经拔刀等待朱温的命令。朱温咬碎钢牙，看在亲哥的份上，只能咽下这口气，摆了摆手，让众人马上散场。事后，朱全昱不但没有受到任何处罚，朱温还给他的儿子们都封了爵，好吃好喝地照料着。朱全昱是个老实人，不愿接受朱温的好意，自己搬回了砀山老家。后唐灭后梁之前，这位朱爷病逝故乡，算是得了一个好死。朱温自己后来的下场就没那么好了，他被儿子谋杀不说，死后他那些儿子们还相互残杀。后来，后唐的李存勖（xù）灭掉梁国，老朱家举族被诛杀，没一个人能活在世上。

朱温建立后梁，是五代第一个“吃大螃蟹”的帝王，但他之所以迫不及待篡唐，并不是因为他已经有了足够强大的力量能统一中原。恰恰相反，朱温唯恐人心不服，才急赤白脸马上称帝。后梁的开国，其实不过是唐末藩镇割据的进一步加剧。

朱温名义上叫“皇帝”，其实他只是唐朝末年一个大藩镇而已。他所占领的土地面积，只有现在两三个省那么大。他自称皇帝，只不过是在自己地盘上自娱自乐罢了。当时唐朝不少割据势力，根本不承认他的皇帝尊号。比如朱温的宿敌李克用，直接以唐朝宗室自居。虽说他的李姓是唐帝赐的，但并不妨碍他打着复辟唐朝的名头继续与朱温作对。而其他一些割据势力，比如淮南的杨行密、西川的王建等人，里里外外都是不服。有了朱温的这次挑头称帝，他们不甘落后，日后也纷纷称王称霸、为王为帝，最终造成五代十国的混乱局面。

草根朱温也爱民

说起曹操，很多人记得他多疑狡诈，但也认可他任人唯贤，统一北方，对汉末中国北方社会发展做出了重大贡献。但一说到朱温，历史上人们对他的评价几乎是一边倒。有的说他弑君篡位，没有一点仁忠道义；有的说他不顾人伦，居然睡自家儿媳；有的说他嗜血滥杀，不仅屠杀宦官殆尽，还屠杀了许多士大夫，就连自己人也不放过。不光是现在的人对他恶评如潮，一千多年来，朱温的口碑就没好过。自五代后唐以来，历代在朝或在野的知识分子，但凡一提到朱温，几乎都是咬牙切齿，毫无正面评价。其中，最具代表性当属欧阳修，他在《新五代史·梁家人传》开头说："梁之恶极矣！自其起盗贼，至于亡唐，其遗毒流于天下。天下豪杰，四面并起，孰不欲戡刃于胸。"而明朝狂人李贽也称朱温为"篡弑巨盗"；王夫之更是把朱温骂得一文不值，把他和乱世巨恶侯景、安禄山相提并论。

朱温的后梁王朝，是在篡唐基础上僭立的，所以历史上人们对它的认可度非常低。从后唐起，包括此后一脉相承的后晋、后汉、后周等朝代，但凡提到朱梁政权，政治立场都非常一致：拒不承认朱梁王朝的合法性，都把它称为"伪梁"。反而是从后周孤儿寡母之手篡国的宋太祖赵匡胤，出于各种考虑，才正式承认朱温的梁朝为正统。

但就是这么一个文人笔下十恶不赦的恶棍流氓朱温所建立的“伪梁”，却是五代中除了后周之外对老百姓最“仁慈”的政权，甚至比后周还要更好一点。南宋文人洪迈向来对朱温没什么好感，但他却在《容斋随笔》里记载了这样一段话：“梁祖之开国也，外严烽候，内辟污莱，厉以耕桑，薄其租赋，士虽苦战，民则乐输，二纪之间（二十四年），俄成霸业。及末帝与庄宗对垒于河上，河南之民虽困于辇运，亦未至流亡，其义无他，盖赋敛轻而丘园可恋故也。”大意是说，朱温开国，对外防止外敌入侵，对内避免自然灾害和盗贼，狠抓农业生产，奖励农耕，减轻租赋，尽可能让老百姓有地可种、有粮可吃，所以二十多年间就成就了帝业。即使朱梁政权末期和后唐政权不断征战，中原百姓仍然乐于缴纳赋税，为朱梁提供源源后勤支持。当地百姓们之所以毫无怨言地咬牙供应梁国军需，究其原因，还是因为梁朝的租赋轻，老百姓总感觉生活有盼头，所以留恋家乡不愿离开梁国的统治。

历史上仁君的标准有很多种，但最根本的一条标准就是爱民，就是得让老百姓有饭吃。在这一方面，其实朱温做得还是不错的。毕竟他来自底层，从小饱一顿饿一顿，受尽别人白眼，深知底层人谋食的不易。所以，朱温当政后，并没有特别苛剥百姓以满足自己的私欲，而是选择了轻徭薄赋，让老百姓不用交那么多的赋税，保证他们吃得饱，能有点小钱。仅仅就这么一项惠民政策，在唐末混战中，朱温就能很快恢复自己辖区内的农业生产，使中原地区的赋税成为梁朝数十年征战的经济支柱。对于大量从各地逃难到后梁的百姓，朱温也能妥善安置，配发土地让他们得以从事生产。所以，在后梁时期，梁朝境内的百姓过得算是比较不错的，甚至比晚唐时要好一些。

根据《旧五代史·周太祖本纪》记载，当年朱温发兵攻打淮南杨行密时，虽然城没占成，却抢到了几十万头耕牛。这些牲畜在生产力低下的古代，绝对算是一笔天价财富。因为只要有了耕牛，百姓的耕作效率和生产积极性就可以大大提升。抢到了这么多耕牛，朱温并没有据为己有或者分赐众将，搞什么牛肉宴之类的，而是把这些牛全分给了当地的贫苦百姓，他只收了一点微薄的租子而已。后梁灭亡后，后唐、后晋和后汉三朝却继续收取这几十万头牛所产生的租子。我们可以想想，过了这么多年，当年的那些牛早就死光了，而“自是六十载，时移代改，牛租犹在，百姓苦之”。当初朱温借耕牛给老百姓，本来是善政，但梁朝灭亡之后，后来的几个朝代一直按照梁国的规矩继续向百姓要钱。这种赋税，一直到了后周才被周太祖郭威废除。

和那些坚信“刀枪就是硬道理”的藩镇相比，朱温实在是好太多了，至少他并不是一个完全信奉“刀枪至上”理念的人。朱温当皇帝之后，曾经不止一次严令手下：不论军衔多高、有多少人马，在政务方面一律要听从驻扎地地方官的管理，违者严惩不贷！正是因为这道命令，无论朱温当藩镇之时的汴军还是后来的梁军官兵，对地方百姓的滋扰大大减少。此举不仅确保了地方的稳定，更为百姓从事生产创造了良好条件。

另外，朱温还时常对手下将领进行约束，禁止他们在各地专横霸道。朱温的爱将寇彦卿某次上朝时，因为途中有人没来得及避让，他的随从竟然把那人给打死了。朱温并没有因为寇彦卿功臣的身份而袒护他，而是进行严惩，不仅让他拿出钱财赔给死者家属以赎罪，还连降他的官职。与之相反，后来梁晋争霸的胜利者李存勖，灭梁之后却是纵容酷吏孔谦，对原来朱梁统治下的老百姓进行挖地三尺式的盘剥，什么猪羊柴炭、山谷商路，几乎全都搜刮干净。为此，朱梁百姓对新皇帝李存勖极为失望。

那么，为什么后代对朱温的恶评这么多呢？这其中很大一个原因，就是朱温得罪了当时的文人。众所周知，古代文人是掌握笔杆子的。尤其是史书史料，几乎就是文人墨客的独家作品。在古代，你如果想万古流芳，可以得罪皇帝，可以得罪大臣，可以得罪别的人，就是不能得罪文人。你一旦进入文人的“黑名单”，他们的如刀之笔一定不会放过你。尤其是朱温搞的那场震惊全天下的“白马驿事件”，深深刺痛了历代自诩为清流的知识分子，他们自然对朱温这个“伪皇帝”恨之入骨。一代又一代的文人执掌史书的书写，在这种情况下朱温的名声怎能好得了？

虽然朱温对文人士大夫确实是刻薄了点，但他杀的都是他认为对他事业无用的文人。对于那些有真才实学、有救国安民之策的文人，他其实还算是比较敬重的。朱温称帝后专门下诏，让文臣武将举贤不避亲，推荐一些既有文才，又有品德的优秀人才，借此来扩大人才选拔途径。对那些身份低下、有能力但没地方施展的人才，朱温也都会特加擢拔任用。

不算文痞李振，朱温帐下其实才子如云，比如他的两大幕僚谢瞳、敬翔都有大才，还有“才名震天下”的贴身文胆李琪，以及“颇知书”的司马邺。这个司马邺不是晋朝那个皇帝司马邺，而是五代时期的名臣。“颇知书”这三个字并非“很知书”的意思。颇，“略”的意思，就是说这个司马邺虽然对经史子集不是很懂，但很懂得政治治理之术。尤其是敬翔，后梁头号幕僚长，朱温的首席谋士，他是中下层落第举子出身，业务能力很扎实，不但长于辞章，更擅于时政和地理，所有“山川郡邑虚实，军粮多少”，他都无所不知。尤其是，敬翔所写文章通俗易懂，朱温这个大老粗甚是喜欢。为了让这个“智囊”对自己死心塌地，朱温不惜将自己的宠姬刘氏赐给刚刚丧偶的敬翔作续弦。虽然这种笼络方式怪异了一点，但要知道，朱温好色可是非常出名的，对于他来说，这相当于忍痛割爱了。

如上所述，作为后梁皇帝的朱温做了一些所谓好事，那么，他是好人吗？

其实，历史人物往往是复杂的。尽管朱温也有好的一面，但综合来说，此人的确算不上什么好人。尤其是在私德方面，他的历史名声更是臭得不能再臭。后世文人在他篡唐原罪的基础上，又深扒、再加工了一些他的大花边新闻。从后梁灭亡之日起，一个暴戾、好色、“爬灰”的朱温形象就一直深入人心。而他所开创的后梁，也自然成为后人嘴中万恶的“暴梁”“桀梁”“伪梁”。所谓“爬灰”，读过《红楼梦》的人都知道，其实就是民间对公公和儿媳私通的诙谐叫法。简单来说就是，当爹的道德伦常败坏，给自家儿子扣绿帽子。

荒淫残暴说朱温

作为一朝皇帝，朱温在历史上的知名度远不如“挟天子以令诸侯”的曹操，这和他的德行有亏有很大关系。中国不少皇帝都有好杀、好色两大毛病，朱温尤为突出。

第一是好杀。所谓“君王一怒，血流千里”，这话用在朱温身上一点都不虚。朱温这家伙没干过多少好事，成天东打西杀，专以屠戮为乐。为了当皇帝，他一路走来不知杀了多少人。在朝堂上，杀宦官，杀李唐宗室，杀士族文臣。在战场上，敌军自不必说，就连俘虏也难逃一劫。就说钜野之战吧，朱温大败天平节度使朱瑄万余人，几乎将对方兵力全部歼灭，还俘虏了三千多残军。傍晚打扫战场时，突然刮起了大风，扬起了沙尘暴，朱温抬头看天，竟说这是因为老天嫌他杀人杀得不够，于是把俘虏全部斩杀了。

甚至是对自己人，朱温也是各种杀杀杀。他有一套非常残酷的军队管理方式，名为“跋队斩”：每次战斗时，将领如果阵亡或是被俘虏，那么跟着他的士兵一律会被问斩。由于战败的下场过于惨烈，导致他的队伍逃兵非常多，于是他又想出了一个损招——在士兵的脸上刺字。中国历史上这种给军人脸上刺字的做法，就是从这个时候开始的。这办法后来还被幽州的刘仁恭父子“发扬光大”，他们不仅在士兵脸上刺字，还在士兵身上刺上“一心事主”的字样。更绝的是，朱温对待功臣也是毫不留情，狡兔未死却已开始烹走狗。比如氏叔琮、朱友恭、黄立靖、邓季药等人，都是曾经为他老朱立下赫赫战功的大将。特别是黄立靖和邓季药，他们被杀的原因竟然是朱温检阅部队时发现他们手下士兵的战马“马瘦”！对于为自己浴血奋战的功臣，他竟连稍微像样一点的罪名都懒得想，说杀就杀。

朱温的嗜杀，还体现在他的日常生活中。有一次，朱温去游园，走累了坐在大柳树下休息。闲来无事，他盯着大柳树瞧了好一会，自言自语：“此木宜为车毂。”（这树不错，适合做车轱辘。）朱温身边的人都默不作声，但旁边几个知识分子模样的游客却附和道：“的确适合。”结果朱温听后勃然大怒，骂道：“书生辈好顺口玩人，车毂须用夹榆，柳木岂可为之！”（你们这些穷酸书生就是顺口胡说八道，做车轱辘得用榆木，柳木怎么能行！）于是下令把附和他的这几个文人游客全都砍杀在当地……关于朱温残暴不仁的故事，真是史不绝书。翻开朱温的传记，他手中屠刀上的血迹，就从来没有干过。

第二是好色。身为皇帝，他理所当然地觉得“天下美女都是我的”。皇帝的女人有三宫六院之多，本不是什么新鲜事，大家对历史中皇帝的这种行为都能接受。但是，朱温却是荒淫无度，毫无下限，尤其喜欢给别人戴绿帽，就连自己的儿媳妇都不放过。本来他是有个好老婆的，他也十分宠爱和尊重她，可惜这个人就是死得太早。朱温的妻子张氏，和他是老乡，都是砀山人。但和朱温的草根出身不同，张氏是一个富家千金，她爹张蕤（ruí）曾经是宋州刺史，所以张氏自幼便受到良好的教育，不仅容貌出众，举止端庄，而且为人处世还很有礼有节，张弛有度。张氏嫁给朱温后，家中事无巨细，可以说都是由张氏决定。朱温呢，也被她收拾得服服帖帖。除了内事，每当外出作战遇到难题，朱温也会向她请教，张氏总能一针见血地给出恰当的建议。有时朱温在外带兵，只要收到张氏的传话，朱温心里再怎么疑惑不解，都会立刻收兵返回。

作为最亲近的枕边人，张氏深知自己丈夫的缺点，知道他疑心病重，脾气暴躁，经常因为小事而大开杀戒。对此她很是担心，长此以往会导致上下离心。因此，张氏总是找机会徐徐进言，叮嘱朱温要冷静自持，团结众人一致对外，减少内耗。也许是天妒红颜，张氏未能等到朱温称帝的那一天。临终前，她仍然为朱温操碎了心，叮嘱他要“戒杀远色”。可见，这位张夫人非常了解她的老公朱温，知道他究竟是一个怎样的人。

张氏在世时，多多少少还能管得住朱温。张氏病逝后，朱温就彻底放飞了自我，一发不可收拾。前朝的后宫三千佳丽，以及前朝公主、民间美女什么的，对老朱来说简直是弱爆了。他和历史上的曹操一样，喜欢玩的都是一些劲爆刺激的，像什么大臣部将的老婆小妾，甚至自己儿子们的媳妇什么的，他都兼收并蓄。总之，对老朱来说，似乎只有别人家的媳妇才是最香的。在朱温权力覆盖范围下，只要是他看上的女人，几乎无人可以幸免。

梁朝乾化二年（912），朱温兵败蓨（tiáo）县（今河北景县）之后，在行军途中生病，于是，他在手下张宗奭家中休养，顺带避个暑。张宗奭本名叫张言，唐昭宗曾赐名“全义”。后来他归降了朱温，为了表示自己诚心归属，他便避朱全忠的讳，请求朱温重新赐名，于是就成为“张宗奭”。早年间，张宗奭曾被人围困在洛阳，当时城中粮食都吃光了，只能靠吃木屑来熬。最后朱温伸出了援手，才让他和全城军民捡回了性命。为了报答朱温的救命之恩，归降后的张宗奭对朱温非常卖命，尽心尽力为这位“恩主”提供各种后勤保障。

话说回来，朱温在张宗奭家中休养，一住就是好几天。在这些天里，好不容易恢复了精气神的朱温，竟然把张宗奭的老婆、女儿，以及几个儿媳全都给睡了个遍。气得张宗奭的儿子肝都炸了，拔刀要去砍了这个老淫棍。然而，张宗奭这个乌龟王八头，竟然拦着自家儿子，苦苦相劝道：“吾为李罕之兵围河阳，啖木屑以为食，惟有一马，欲杀以饷军，死在朝夕，而梁兵出之，得至今日，此恩不可忘也。”简单来说就是：老朱是咱家的救命恩人，他爱咋地就咋地吧，咱就当报恩了。或许是因为这份“大度”，朱温对张宗奭就从没亏待过，日后又是加官进爵，又是厚加赏恤的。能屈能伸的张宗爽呢，心中无愧，统统照单全收。

对于张宗爽这个人，有的人对他嗤之以鼻，有的人骂他是无耻小人，但同时代的洛阳百姓却把他视为再生父母，还为他建祠修庙。即便到了宋真宗时期，洛阳有些老人还念念不忘他的好。其实，在吃人乱世里，张宗爽也只是一个无法掌握自己命运的小人物。但他却能在这种境遇下，把他的河南尹做得有声有色，造福洛阳百姓近二十年之久。史载："京畿无闲田，民户数十万；家家有蓄积，水旱无饥民。"虽然苦了自己一家子女，对于洛阳老百姓来说，张宗爽确实是一个难得的好人。

另外，梁朝宰相敬翔的妻子刘氏也值得一提。在黄巢之乱中，刘氏被黄巢的手下尚让所虏。后来黄巢败亡，她曾一度沦为烟花女子，被节度使时溥看中，成了时溥的人。时溥死后，刘氏又被朱温看上了，成了朱温的人。朱温非常宠爱这个刘氏，大家都尊称她为"国夫人"。后来敬翔丧妻，朱温为表示对他的宠信，于是便把刘氏赐给了敬翔做妻子。但刘氏可不是一个安分的主儿，她嫁给敬翔后，依旧公开出入朱温的寝宫，和这位朱三皇帝旧情人藕断丝连，甚至和外边藩镇将领们也有枕席来往。而敬翔呢，人家是宰相肚里能撑船，撑大大的船。毕竟，正是有了刘氏这位老婆，才能保证他在朱皇帝跟前的富贵荣华。

当然，最耸人听闻的，还是朱温的爬灰事迹。丝毫不知廉耻为何物的老淫棍朱温，居然把主意打到了自家儿媳们身上！他趁儿子们外出征战之机，用"侍疾"的名义，把儿媳们全都叫到了宫里“照顾”自己。照顾着照顾着，老朱就把儿媳们弄到自己龙床上去了。更离谱的是，都被老爹扣绿帽了，他那几个儿子居然毫不生气，甚至还利用自家媳妇向老爹争起宠来。争宠的目的只有一个，那就是大梁皇帝的宝座。恰恰是朱三皇帝的不伦之恋，才导致了后来的祸起萧墙。

诸子争权内乱始

大千世界，无奇不有。前有曹操好人妻，后有后梁太祖朱温步后尘。但朱温这人比曹操更没下限，居然连自己的儿媳妇都睡，简直让人毁尽三观。都说上梁不正下梁歪，朱温的儿子们也很奇葩，他们明知道自己被自个儿老爹扣绿帽了，居然不感到羞愤，反而利用自家媳妇，连连向老爹献媚邀宠！

根据记载，朱温一共有七个亲儿子，五个义子：长子郴王朱友裕，英年早逝；次义子博王朱友文，深得朱温喜爱；三子郢王朱友珪，小名“遥喜”，生母是身份低微的亳州营妓；四子均王朱友贞，也就是后来的梁末帝。除了这几个，朱温的其他儿子，大多没什么出息，历史上也没什么详细记载，比如福王朱友璋、建王朱友徽、贺王朱友雍、康王朱友孜等，就是一群只知道吃喝玩乐的公子哥，文采方面一塌糊涂，领兵打仗更是输多赢少，没一个中用的。

自从朱温建梁称帝以来，他始终没立过太子。这倒不是因为他无子可选，而是因为他的儿子实在是不够看。当时的后梁，正处于群雄环伺之中。朱温自己都怀疑，他上一秒把家业交给儿子，下一秒就会被别人吞噬得干干净净。因此，直到朱温感觉自己快要挂掉时，才打算把大梁皇帝的宝座交给他自认为相对靠谱的义子朱友文。

为什么义子也有继承权呢？这还得从五代十国时期非常流行的“收义子”风气说起。据不完全统计，在五代中原王朝的十三位皇帝中，以义子身份上位的有三人，分别是后唐明宗李嗣源、后唐末帝李从珂（kē）、后周世宗柴荣。而以义子身份做到相位的，《旧五代史》中载有三十四人，《新五代史》中记载有三十三人。仅史籍中记载的著名义子，数量都有这么多，没被载入史籍的各级官吏和民间的义子，更是不可胜数。可见，当时收义子之风，具有相当大的规模。

针对这一社会风气，欧阳修在《义儿传》中说道：“世道衰，人伦坏，而亲疏之理反其常，干戈起于骨肉，异类合为父子。开平、显德五十年间，天下五代而实八姓，其三出于丐养。盖其大者取天下，其次立功名、位将相，岂非因时之隙，以利合而相资邪！”也就是说，这种通过模拟血缘关系缔结而成的养父子关系，实质上只不过是一种特殊的利益交换。在义养关系掩盖下，义父和义子各取所需：义父压榨义子的利用价值，使义子成为自己实现政治图谋的工具；义子们则借助义父的权势和资源，不断提升自己的实力、地位和声望。

五代时战争频繁的客观形势，决定了藩镇头子的那些义子大多是一些骁勇刚猛、擅长骑射、战功显赫的武夫悍卒。这一点，河东李克用所豢养的“十三太保”义子团表现得尤为突出。除了具有军事特长，各藩镇头子的义子们还有其他的过人之处，他们能为义父经营的事业提供各种各样的帮助。比如朱温的义子朱友文，他就非常会敛财，能够保障军队的后勤物资供应，所以被朱温倚为心腹，朱温对他的宠爱，也远超其他儿子和义子。朱温不仅让朱友文担任开封尹、建昌宫使，在自己领兵外出时，还让朱友文留守京师，稳定后方。这个朱友文字德明，本来姓康，叫康勤。

朱温的亲儿子们，难道就没一个能看的吗？有，朱温的长子叫朱友裕。朱友裕从小就聪慧多智，文韬武略都不俗，年少时就跟着他爹一起征战沙场。而且，和他那个凶狠残暴的爹不一样，朱友裕为人宽厚，深受将士们的敬爱。可惜，天妒英才，还没等朱温称帝，朱友裕就在征战中病死了。除了朱友裕外，剩下那几个亲儿子，朱温还真的一点都看不上眼。

在选择继承人这个问题上，朱温还有一个非常荒唐的考量因素。前面提到，朱温把自家的儿媳全都睡了一个遍，众儿子们非但不愤怒，还以此向老爹争宠。在这众儿媳中，朱友文的妻子王氏是最漂亮的一个，“伺候”得朱温十分满意。朱温病重时，王氏更是衣不解带地天天床上床下照顾他。所以，尽管朱温没有正式立朱友文为太子，但在对王氏的爱屋及乌下，朱温也是非常倾向于朱友文的。

乾化二年（912），朱温重病卧床不起，眼见自己快要不行了，于是把传国玉玺交给干儿媳王氏，嘱咐道："吾知终不起，汝之东都，召友文来，吾与之诀。"（我怕这次是病重不能活了，你去一趟东都吧，把友文叫来，我和他亲自诀别，以大事相付。）当时朱温说这些话的时候，可能真的病糊涂了，竟忘了三儿子朱友珪的妻子张氏也在现场。于是，王氏走后不久，张氏忙连夜回府，找到朱友珪痛哭说："大家以传国宝付王氏，怀往东都，吾属死无日矣！"（皇上把传国玉玺给了王氏，要传位给人在洛阳的朱友文，咱们全家就要完了！）接着，夫妻俩抱头痛哭。

按理说，长子朱友裕离世后，朱友珪这个年龄比较长的亲儿子是最有机会登上皇位的人。可惜，他的生母不过是亳州的一个小小营妓，身份过于低微。早年老朱在亳州打仗时，穷极无聊，就和一个营妓睡了一个多月。谁料临走时，对方说自己怀崽了。但当时朱温老婆张氏还活着，老朱惧内，不敢把这个营妓带回家里。一年后，营妓报喜，说是生下一大胖小子。老朱大喜，于是给朱友珪起了个小名，叫"遥喜"。说实话，这个营妓是军营里的窑姐儿，这个儿子的血缘存疑。日后，朱温本人也不怎么待见这个儿子，觉得这个朱友珪爱耍小聪明，难成大器。朱友珪对朱温呢，也是没什么敬爱之心，觉得老朱给自己戴绿帽，又偏爱义子，内心多愤懑不满，暗地里搞了很多小动作。

这些小动作，朱温早就看在眼里，他知道朱友珪是个不安分的主。于是，他一边派王氏召唤朱友文，一边下诏将朱友珪调任莱州刺史。当时朱梁国内被贬官的人，大多会随后被赐死。朱友珪看到调令诏书，害怕自己迟早也要完，情急之下，他乔装打扮混入左龙虎军，找到了当时的统军将领韩勍（qíng）。晚唐时，韩勍就开始跟朱温混了，但朱温老年生病后，性情喜怒无常，猜忌手下大臣和老将，经常随便找个借口就把人给送上西天。韩勍曾经犯过一些错，老朱留有一些旧账还没算，为此，他担心哪一天老朱忽然发怒，也会直接把他给送上断头台。于是，朱友珪和韩勍两人一拍即合，决定联手行动。

农历六月初一夜里，韩勍亲自带着五百牙兵，跟着朱友珪等人悄悄潜入宫中。他们趁着夜色，破关而入，忽然冲入朱温寝殿之中。这时的老朱，刚刚喝了一大碗苦药，迷迷糊糊要睡，忽然听见宫人惊叫奔跑，忙睁开大眼珠子，挣扎着抬起头，怒喝道：“是谁在造反？！”

朱友珪此时也胆壮，咬牙切齿回道：“不是外人！”

等老朱看清是三儿子朱友珪时，眼中喷血，恨恨道：“我早就知道你不是个好东西，恨不得早早杀了你！你如此悖逆，天地岂能容你！”

早就愤懑不满的朱友珪，也扬指叱骂：“呸！你这个罪该万死的老贼！”

当时，朱友珪手下有一个叫冯延谔的仆从，想在主人前立功，扛着大刀就朝老朱砍去。眼见老命要完，老病的朱温竟然从床上蹿身而起，慌忙绕着大殿内的柱子躲闪。为此，小冯大刀三次都砍到了柱子上。不大工夫，老朱力竭跌倒，被一刀捅肚，连肠子都被捅了出来，稀里哗啦掉了一地，就此一命呜呼。朱友珪见状，让人用破毯子包起老朱的尸身，在寝殿里随便刨了个坑埋掉，秘不发丧。

随后，朱友珪贼喊捉贼，以护驾孝子的面目出现，以朱温名义矫诏，宣称："博王朱友文谋逆，派兵攻入禁宫，但我儿郢王朱友珪忠孝，诛灭朱友文，保护朕躬。朕受惊病情加剧，危殆垂死，国事暂由郢王处理。"

朱友珪公开矫诏，下令赐死二哥朱友文，还派四弟朱友贞亲自到东都洛阳去监杀。老实说，朱友珪这套把戏着实不怎么高明。等确认朱友文被杀之后，六月初五，朱温死后第五天，朱友珪才公开了父皇死讯，然后自己继位登基，成为后梁的第二任皇帝。但朱友珪这个皇位坐得并不安稳，还没熬过一年，他就被人给废了，史称"梁废帝"。

杀兄上位朱友贞

话说朱友珪断然发动政变，在弑杀老爹朱温后，又将二哥朱友文灭门，自己坐上了龙椅，成为中国历史上唯一一位生母是营妓出身的皇帝。

朱友珪上台后，为了巩固自己的统治，大肆封赏大臣将领，借此笼络人心。但大家都清楚他弑父篡位的事实，并不吃他这一套。特别是朱温的义子朱友谦反应最为激烈，当时直接就反了，投靠了后梁宿敌晋王李存勖。由此，朱友珪真忙坏了，他一边忙着讨伐朱友谦，一边又因为朱友谦的叛变更加猜忌朝中功臣，甚至解除了朱温心腹宰相敬翔的实权。朱友珪这么一折腾，搞得朱梁君臣之间的关系愈发紧张，国内日益离心离德。

在一片反对声中，朱友珪挨到了梁乾化三年（913）的正月，他迫不及待地要祭祀太庙，改元“凤历”，以彰显自己的正统。可是，国内国外，没人承认他的这个正统。除了弑父登位这事外，朱友珪的出身也是他一大“瑕疵”，因为朱友珪的生母是一个营妓，血缘本身就存疑，再加上朱友珪这人能耐不大，作恶不少。面对朱友谦的反叛、杨师厚的跋扈，朱友珪当时应对都非常不得体，所以始终得不到群臣诸将的尊重和支持。再加上他当上皇帝后，和他老爹朱温一样残暴无常，荒淫无道，搞得梁朝上下人心惶惶，民怨沸腾，为不久后的垮台埋下了伏笔。

在这种局面下，早就觊觎帝位的均王朱友贞，暗地里开始打起自己的算盘。若论血缘，朱友贞无疑是最合适的那个人，他的生母是朱温正妻张氏，所以他才是朱温的嫡子。朱友贞不仅继承了张氏的美貌，长得非常俊美，性格也非常沉稳敦厚。后梁建国后，他被封为均王。那么，为什么朱温不传位给嫡子朱友贞呢？原因无他，只因朱友贞喜欢和文人打交道。朱温本人一直就讨厌那些乱七八糟的文人，在黑暗的五代季世，如果没点杀人不眨眼的刚狠性子，早晚会被人吃掉。特别是朱温晚年时，遇到了一个致命的对手——河东地区大藩镇头子晋王李克用的儿子李存勖。

柏乡之战中，百战天下的朱温，竟然被年轻的李存勖打得灰头土脸，成为江湖笑柄。朱温自己都被打成这样了，以儿子朱友贞的文弱性格和能力，他又能奈李存勖几何？所以，老朱压根就没考虑过让朱友贞当皇帝。

朱友贞这人虽然平时话少，爱装深沉，但也不是真正的厚道老好人，他早就觊觎大梁皇帝的宝座了。在朱温被杀的那场政变当中，哥哥朱友珪得到了部分禁军的鼎力支持。当时作为东京马步军都指挥使的朱友贞，他的态度史书中没有明确记载。但事关皇位归属，想必朱友贞当时对朱友珪的行为至少是持默认、观望态度的，可能内心还想来一招“螳螂捕蝉、黄雀在后”。朱友珪刚上台时，对弟弟朱友贞还是比较信赖的，特意安排他前去监杀当时最大的皇位竞争者朱友文。朱友贞为了取信于朱友珪，还真就领命去做了。事后，哥哥朱友珪对他加官进爵不说，还给他汴州大镇的管辖权。但朱友贞并非久居人下之人，义兄朱友文没了，而他这个哥哥朱友珪没一点帝王的样子。

在一次宴会上，朱友贞悄悄拉住了姐夫赵岩，求教他要如何对自己哥哥取而代之。这个赵岩，便是当年血战黄巢的那位陈州刺史赵犨的儿子。后来赵犨归附朱温，立功不少。因为关系比较铁，非常过命，两人结了儿女亲家。背靠自己老赵家的军方背景和朱三皇帝的亲戚关系，赵岩在朝廷上也是分外吃香，屡次担任禁军要职。说来也好笑，老爹扶梁，儿子帮忙亡梁，也算是一个历史小奇观。不过赵岩并非后梁国灭的罪魁祸首，他只是在朱氏兄弟的内斗中，四处煽风点火来取利罢了。

面对朱友贞这位小舅子的提问，赵岩非常给力，直言说："此事成败，在招讨杨令公耳。得其一言谕禁军，吾事立办。"（大事成败，全看杨师厚，如果他肯为我们出头，对京城的禁卫军发令，我们的大事肯定能成。）这位杨师厚可不简单，当时他手里握着连李存勖都忌惮不已的"银枪效节军"，还占据着后梁重镇魏博，可谓后梁国家柱石般的人物。所以，赵岩才劝说朱友贞要和杨师厚交好。

于是，朱友贞马上派心腹马慎交前往魏州（治今河北邯郸大名县东北）见杨师厚，说："郢王朱友珪篡弑，大家现在都愿意拥戴人在大梁的均王朱友贞，如果您也赞成此事，可取不世之功！"同时，还许诺事成之后，"赏赐您劳军钱五十万缗，还可以兼职统领藩镇"。杨师厚本来还在犹豫不决，他手下心腹将士劝说道："郢王朱友珪亲弑君父，贼也；均王朱友贞举兵复仇，义也。奉义讨贼，何君臣之有！如果均王破贼一朝成功，明公您到时候何以自处？"就这样，杨师厚被说服了。

得到杨师厚支持后，朱友贞马上开始行动起来，派人暗地里到洛阳，和赵岩、袁象先等人商定计策。这个袁象先，是从哪里冒出来的呢？原来，赵岩把朱友贞之前说的事，告诉了当时的洛阳禁军主管袁象先。袁象先和朱家兄弟其实也是沾亲带故，他是朱友贞的姨表兄、朱友珪的姨表弟。不说别的，就凭袁象先洛阳禁军主管的地位，就证明他绝对是举足轻重的大哥级人物。袁象先听杨师厚也遥相参与，知道这事肯定成了，于是也倒向了朱友贞这一边。

在这之前，梁国怀州（治今河南沁阳）的龙骧军曾经作乱逃散，朱友珪一直派人大肆搜捕余党。一旦逮住，就诛灭全族。这件事闹了将近一年多，就连驻守在开封的龙骧军部队也受到波及。朱友贞就利用这个机会，伪造了一份朱友珪的诏书，要调龙骧军入洛阳。然后，朱友贞趁机派人恐吓他们说："天子以怀州屯兵叛，追汝辈欲尽坑之。"（皇帝借怀州龙骧军叛乱的事，想要趁机搞死你们所有人。）

龙骧军众人很害怕，不知道怎么办，跪求朱友贞指一条生路。朱友贞也乐得装好人，趁机煽动他们起兵反朱友珪。于是，他拿着朱温的画像，哭着说："先帝与你们一起血战三十多年才取得帝位，如今先帝尚且被人所弑杀，你们肯定也难逃一死！"然后又假惺惺地说："汝能自趣洛阳雪仇耻，则转祸为福矣。"（不如你们杀向洛阳先下手为强，肯定能够转祸为福。）不得不说，朱友贞这一手煽风点火、借刀杀人的表演，可比朱友珪之前的矫诏登基高明多了。到了此时，龙骧军将士纷纷表示愿意支持朱友贞，拥戴他上位。

两日之后，袁象先等将领带着数千禁军冲入宫中，人手一把雪亮长刀，到处寻找朱友珪。朱友珪一看大事不妙，赶紧跑路。慌忙之中，他带着媳妇张氏和仆从冯廷谔，一路向北逃到北垣墙楼下，想要翻墙逃跑。但是，痛定思痛，朱友珪转头一想，现在墙里墙外全是要自己命的人，根本就逃不掉，与其被别人抓住后折磨致死，还不如自己了结了痛快。于是，朱友珪把手中的刀交给冯廷谔，让他先杀掉张氏，然后再送自己上西天。冯廷谔砍了张氏之后，心软不忍再动手，朱友珪大怒：“怎么？莫非你想看着我被他们千刀万剐吗！”无奈之下，冯廷谔只能从命，手起刀落，一刀结果了朱友珪。然后再反手一刀，又了结了自己。这位小朱三（朱友珪刚好排行第三）的“皇帝瘾”过得不长，至此满打满算也就八个多月。

朱友珪死后，京城又是乱成一锅粥，士兵们大肆掠夺财物，朝廷百官也纷纷逃散。赵岩和袁象先忙派人去大梁，迎朱友贞回京城即帝位。但朱友贞不愿去洛阳当皇帝，说：“大梁国家创业之地，何必洛阳！”于是，朱友贞在东都开封即位，即“梁末帝”。称帝之后，他废除“凤历”年号，又改回“乾化”，追废哥哥朱友珪为庶人。

这次兵变立帝，标志着唐中叶以来藩镇兵变的发展变化，即由原来的兵变立节度使，发展到兵变立皇帝。同时，这也是五代历史上通过兵变拥立皇帝的第一次。此例一开，影响甚大，后来者有样学样。在这场行动中，朱友贞居中策划，赵岩串联各方势力，袁象先负责执行，杨师厚在外作为军事倚仗。这些人布局缜密，行动迅雷不及掩耳，可见朱友贞确实也是个玩弄阴谋的好材料。

但这时的后梁，早已是别人手中待宰的羔羊。内有强藩跋扈，外有强敌窥伺，紧接着当上皇帝的朱友贞还频出烂招，朱梁集团就这样在一片内忧外患之中，逐渐走向灭亡。

内忧外患梁末帝

历史是一个循环的怪圈。朱温弑帝上位，朱温的儿子朱友珪也弑父上位，另一个儿子朱友贞同样是弑兄上位。本质上，他们并没有什么区别，都是搞政变弑君上台的。这种近乎强抢的皇位，几乎没有什么合法性。因此，朱友贞对功臣将领的猜疑程度，丝毫不亚于哥哥朱友珪。尤其是大将杨师厚，手握重兵，又占据着魏博重镇，手段十分强硬，态度也非常嚣张。朱友贞表面上对这位老伯父有求必应，暗地里却是咬牙切齿，只能选择暂时容忍。

这时的朱梁，表面上看里外和谐，但实际上早已暗流涌动。虽说朱友贞在男女关系上没有他爹朱温那么荒唐，但他在政治治理方面比较昏头。此人生平有两大爱好：一是亲小人远贤臣，二是爱跟打不过的对手较劲。而他武力夺位的行为，也刺激了其他兄弟的野心。康王朱友孜首先举起反叛的大旗，甚至曾一度攻入朱友贞的寝宫。

朱友孜是朱温的第八子。朱温篡唐称帝时，封诸子为王，只有朱友孜因为年幼，没有对他进行册封。后来朱友贞称帝，朱友孜才被封为康王。朱友孜是个重瞳子，就是一个眼睛里有两个眼瞳，这其实是一种病理现象。不过在古人看来，重瞳是天赋异禀之相。历史上几个知名的重瞳子，成就都不小。比如仓颉，他是上古黄帝时期造字的圣人；比如虞舜，三皇五帝之一；再如项羽，他成就稍稍差点儿，那也是史上一代雄王霸主。所以，朱友孜成年之后也以此自诩，觉得自己命中注定要当皇帝，一直在等待机会。

贞明元年（915）九月，朱友贞的爱妃张德妃去世。张德妃是猛将张归霸的女儿，在朱友贞还是均王时两人就结了婚，感情一直很好。朱友贞上台后，一直想立张氏为皇后，但张氏以“皇帝尚未祭祀天地”为由拒绝了。后来，张德妃生了一场大病，眼看时日无多，朱友贞匆忙册立她为德妃，结果她当晚就去世了，时年二十四岁。康王朱友孜正是看准了这个机会，趁朱友贞为张德妃发丧时，在寝殿里埋伏了几名心腹，准备直接送哥哥朱友贞上西天。可惜他找的几个刺客水平太菜，很快就被朱友贞发觉到异常，而后更是顺藤摸瓜，直接查到了朱友孜头上。朱友贞当晚第六感发作，竟然梦到有人要害自己，刚刚惊醒，就听到寝殿内有刀剑之声，于是大喊“来人”！很快，卫士们搜到了刺客。怒极之余，朱友贞亲自斩杀刺客，挫败了这场未遂的政变。结果，朱友孜没把哥哥送上西天，反倒把自己和全家送上了西天。

康王之乱虽很快就被平定，却给朱友贞留下了深刻的心理阴影，从此朱友贞不再信任任何一个宗室。紧接着，他下令把衡王朱友谅、惠王朱友能、邵王朱友诲三兄弟一同幽禁在东京开封。在朱梁即将要灭亡的时候，朱友贞担心宗室趁机作乱，下令将三人处死，紧接着就连贺王朱友雍、建王朱友徽也没能幸免。等于说，朱友贞杀尽了自己兄弟。

康王谋刺之后，朱友贞用人全凭裙带。所以，他身边环绕的不是姐夫赵岩，就是张德妃的兄弟张汉鼎、张汉杰、张汉伦、张汉融等外戚势力。朱友贞不仅让他们担任亲近官职，参与朝廷谋议，每次出兵还会让他们担任监军。这些人如果有才有德也就算了，奈何他们都是一些德薄才鲜之辈。平时玩点阴谋诡计还算在行，但对治国安邦、带兵打仗全部一窍不通。特别是赵岩，自视甚高，借着国舅的身份一直卖官鬻爵，大肆安插亲信，朱梁全天下的贿赂，有一半都进了他的家门。而且，这位赵岩嫉贤妒能，唯我独尊，把后梁政治搞得乌烟瘴气，元气尽伤。虽然老臣敬翔、李振等人名义上负责国家大事，但实际上所有的政令根本难以下达。于是，李振干脆称病不出，不问政事，任由赵岩等人胡来。敬翔呢，独木难支，每次进谏，朱友贞都是左耳进、右耳出，根本不加采纳。

亲小人远贤臣也就罢了，朱友贞还喜欢和打不过的对手较劲。其实朱友贞刚上台时，他手上的牌面，并不比河东的李存勖逊色多少。首先，梁朝将星如云，葛从周、杨师厚、刘鄩（xún）、王彦章等人，放在整个五代大历史中，都是第一梯队的名将，完全有能力护住梁朝。同时，梁朝的战略空间也比河东的沙陀李氏要广阔得多。而且，当时的梁朝南线基本无忧，因为南方诸国不是陷入内乱，就是向朱梁称臣，梁朝可以抽出全部兵力对付河东。反观李存勖方面，周遭群狼窥视，南有梁朝朱友贞，北有契丹耶律阿保机，东有大燕刘守光，压力不是一般的大。简单来说，朱友贞只要不乱出牌，他是完全可以在保持既有局面的同时，大力寻求突破，甚至逐渐消灭河东势力的。

但朱友贞和他爹朱温一样，是个喜欢过河拆桥的人，利用完杨师厚上台后，转头就打起了他的主意。杨师厚位高权重，朱友贞轻易动他不得，只能暂时按兵不动。贞明元年（915），杨师厚命好，自己病死了。于是，朱友贞如释重负，开始磨刀霍霍，要把魏博军进行拆镇重组。这一举动，直接让魏博六州（魏州、博州、相州、贝州、卫州、澶州，今河北南部和山东北部一带）炸开了锅。最后，魏博军竟然以六州之地，全部倒戈加入了李存勖的河东军。得到魏博重镇之后，沙陀李氏的局面一下子就打开了。李存勖直接就是饮马黄河，将战线向前推进了数百里。晋军距离黄河南岸的汴梁，只有一鞭之遥。这时，朱友贞再怎么后悔都晚了。

即使事情发展到这个地步，其实朱友贞还是有挽回余地的，那就是无限信任前方的大将刘鄩，放开手让他去干。但朱友贞却根本信不过刘鄩。当时，这位刘将军在前线被迫要打持久战，就上表请求朝廷发粮保证资源补给。朱友贞呢，觉得花钱痛心，下诏谴责刘鄩劳师费粮，甚至还怀疑他是要诈骗自己国库的军粮，不但派出监军全程监视，还不断催促刘鄩出战。

刘鄩是有梁一代颇有作为的将领，曾经屡立战功。后唐庄宗李存勖评价他说："刘鄩用兵，一步百计；喜以机变用兵，长于袭人。"老实说，在后期的梁晋争霸赛中，如果不是有刘鄩的东挡西杀，李存勖早就打进汴梁了。而且以刘鄩当时的江湖地位，只要他肯低下头拜码头，李存勖肯定会把他当亲爹供起来。不过，刘鄩曾经深受朱温大恩，誓死忠于梁国，是根本不可能背叛梁朝的。所以，无论刘鄩受了多大委屈，他都是打碎牙往肚子里咽。但是，就是这么一位能给梁朝续命的大将，最终惨死在朱友贞的猜忌之下。

梁贞明六年（920），梁朝的冀王朱友谦再次叛变，又倒向晋国（李克用、李存勖为晋王的河东集团并未正式建国，但为了行文方便，以"晋国"指称）。朱友谦原名朱简，是朱温的义子之一，也是个典型的骑墙派人物，哪里强往哪里倒。这不是他第一次归附晋国了，早在朱友珪当皇帝的时候，他就已经叛变过一次。后来经过朱友贞招抚，他重新归附了梁朝。但朱友谦一直没和晋国断绝联系，双方依旧一直有往来。不久，朱友谦军队占领了同州，希望朱梁朝廷委任他儿子朱令德为同州留后，还上表朝廷请求旄节斧钺。朱友贞不同意，朱友谦大怒，再次倒向了晋国。朱友贞听闻朱友谦又叛变了，马上派刘鄩、尹皓、段凝等人前去讨伐朱友谦。

刘鄩和朱友谦，两人其实是儿女亲家。念在姻亲关系份上，刘鄩派使者送檄文给朱友谦，向他说明利害关系，希望他再次回降梁朝。但等了一个多月，刘鄩非但没等来朱友谦的回头，反而被李克用义子李嗣昭率领的晋国援军打败。战败之后，因为副将尹皓、段凝两人平时就对刘鄩各种羡慕嫉妒恨，他们就罗织各种罪名，说刘鄩故意拖延时机，养寇成患，才让朱友谦等来援兵。朱友贞作为皇帝，也担心刘鄩会成为第二个杨师厚，所以在小人的怂恿之下，最后派人鸩杀了刘鄩。

刘鄩死了，后梁在梁晋战场上不得不越来越倚重几名后起之秀：谢彦章、贺瑰、戴思远、霍彦威等人。其中，谢彦章和贺瑰被称为梁朝的“双绝”，一个善用骑兵，一个善将步兵。特别是谢彦章，是梁国名将葛从周的养子，深得义父兵法真传。而且，他军容严整，军纪严明，李存勖对他都颇为忌惮。不久之后，本来是合作战友的贺瑰和谢彦章却在作战意图上出现了矛盾，贺瑰就怀疑谢彦章有投敌嫌疑。于是，贺瑰搞了一场鸿门宴，在酒宴上埋伏士兵杀掉谢彦章等人，然后上报朱友珪。人都死了，朱友珪也没办法。晋王李存勖听说后非常高兴，说道：“彼将帅如是，亡无日矣。”没多久，贺瑰本人也战死。自此之后，朱梁能用的将帅，那是一个不如一个。至此，朱友贞不得不起用功臣老将：王彦章。

无力回天终国亡

乱世，是猛人的舞台。很明显，梁末帝朱友贞根本不是那块料。自从魏博丢失后，后梁威望骤降，各地藩镇态度暧昧：湖南的马殷和南平的高季兴，开始暗通晋国的李存勖；岭南的刘龑更是公然称帝，建立了南汉政权。朱友贞深陷梁晋交战中，对一切只能听之任之。另外，梁朝宗室内部也是叛乱不断，朱友贞的堂兄朱友能，因为横行不法导致陈州民变，后来他自己也发动叛乱。如此种种，严重影响了后梁统治的稳定。

外有李存勖的步步紧逼，内有宗室的叛乱不断，朱友贞终日惶惶不安。在这样紧张的环境下，朱友贞愈加犯浑，不仅和功臣老将貌合神离，甚至还听信小人之言，对功臣老将开始各种猜疑和掣肘，连功勋大将刘鄩也被小人攻讦而死。所以，他手中能用的人越来越少。

梁朝龙德三年（923），晋国在李存勖的英明指挥下，高歌猛进，攻占了郓州。这一消息传来，后梁朝野上下一片惊恐。老宰相敬翔急得偷偷在鞋里藏了根绳子，进宫之后大哭着对朱友贞说："先帝取天下，不以臣为不肖，所谋无不用。今强敌未灭，陛下弃忽臣言，臣身不用，不如死！"（先帝打天下时，多少都会听进我的话。现在强敌环伺，陛下却弃我不用，不听我的，我不如死了算了！）说完，老头就甩出绳子找地方挂，闹着要上吊自缢。虽然朱友贞头脑不清醒，但他毕竟不是个暴君，赶紧让人拦着。

朱友贞看老人家如此激愤，就问他有什么建议。敬翔一听，马上就不哭了，急忙回道："事急矣，非彦章不可！"这个"彦章"，指的就是后梁名将王彦章。王彦章是跟随朱温开国建梁的功勋老臣，曾经为后梁立下了汗马功劳。因为善使铁枪，人送外号“王铁枪”。可惜的是，朱友贞一直猜忌朱温一朝的功勋老臣，王彦章并没能得到重用。在老敬翔的以死相劝下，朱友贞终于松口，任命王彦章为北面招讨使，但同时安排段凝作为副手。段凝原名段明远，是个靠着裙带关系升官的关系户。在朱温一朝时，他靠着妹妹段氏一路升职加薪。后来朱友贞上位，段凝更是和国舅赵岩、张汉杰等人勾结，组成了一个利益共同体。朱友贞一直听信赵岩等人的话，所以，派段凝给王彦章当助手，实际上就是朱友贞放在王彦章身边的一个人形监视器。

朱友贞召见王彦章，问他什么时候能攻克敌人。王彦章回答得信心十足，表示三天就行。当时殿上一堆的围观听众，都大笑不已，觉得王彦章简直是不自量力。王彦章没有辩驳，因为他知道事实胜于雄辩，面子是要自己靠实力挣回来的。

于是，会后王彦章提枪纵马，率军飞驰了两天，迅速到达滑州。落脚后，王彦章明面上大摆酒宴，让大伙儿尽情吃喝；暗地里却派了六百甲士手持巨斧，载着冶炼工匠和燃火工具，顺流而下直扑德胜口（今河南濮阳附近）。酒过半巡，王彦章又借口出去方便，偷偷带着数千精锐士兵，突袭德胜南城。

这时天下着小雨，晋军守将朱守殷正赏雨悲秋呢。他万万没有想到，梁国的王彦章会如此神速逼近，所以全程没有一丁点防备。王彦章当机立断，首先破坏掉连接德胜南北两城的铁锁浮桥。浮桥被砍掉，黄河那边北城的晋军就无法支援南城，只能眼巴巴地隔岸看着南城被抢走。此时，正好是王彦章向朱友贞承诺的第三天。等晋国大将朱守殷反应过来时，早已来不及。

其实早在几天前，晋王李存勖就收到了消息。得知朱梁派出了王彦章这名老将，他大惊言道：“彦章骁勇，吾尝避其锋，非守殷敌也。然彦章兵少，利于速战，必急攻我南城。”（王彦章很能打，连我都要避其锋芒，朱守殷更是敌不住的。但他兵力有限，定会速战速决，急于攻打南城。）于是，李存勖马上带着亲军奔赴德胜城。然而，还没等他赶到战场，就收到南城战败的消息。事已至此，李存勖干脆连北城也不要了，让人拆掉房屋，建造木筏，顺流东下，退守杨刘（五代时黄河重要渡口，位于今山东东阿以北杨柳村）。王彦章哪里肯罢休，马上带着军队杀奔杨刘。两军隔河对峙，互有胜负，战局陷入胶着。

然而，就是这样一名护国忠臣，也难逃奸臣所害。王彦章生性刚强，最是瞧不起溜须拍马、趋炎附势之徒，一直看不惯赵岩、张汉杰等人，认为是他们败坏了朝政。在出征之前，王彦章曾誓言：“待我胜利归来，必诛奸臣以谢天下！”赵岩等人知道后，心中惶恐，相互表示说：“我们宁愿被沙陀人所杀，也不想被王彦章干掉。”这些小人害人挺在行，决定先下手为强。刚好，他们早就在王彦章军中安插了自己人段凝。段凝呢，一直就对王彦章“羡慕嫉妒恨”。于是，两伙人联手起来搞事。朝内朝外，他们在朱友贞面前诋毁王彦章，隐瞒他的战功，夸大他的败绩，还诬陷他喝酒误事，所以对梁军久攻不下。

朱友贞本来就不怎么相信王彦章，在赵岩等人的唆使下，一道圣旨召回了王彦章，委任段凝为前线大军的主帅。王彦章接到圣旨时，绝对是晴天霹雳，但君命难违，只得马不停蹄赶回了京城。他入殿之后，冲到朱友贞面前，用朝笏在地上画图示意，陈述自己战场不利的原因。赵岩、张汉杰等人反应非常迅速，借题发挥，弹劾王彦章对皇帝“不恭”，迫令他回家。后来，晋军又攻向兖州，直逼梁国京城。朱友贞焦急万分，环顾满朝文武，却找不到一个可用将才，只好再次召王彦章出战。然而这次出战，王彦章无疑是往火坑里跳。当时后梁的主力部队都跟着段凝打仗去了，京城里只有刚招募来的五百个新兵蛋子，毫无作战经验。更无语的是，朱友贞还派了张汉杰监军，摆明了就是不信任他。但是，王彦章还是领命出战了。当时这位老将，毅然决然，带着赴死之心前去抗敌。结果可想而知，王彦章孤掌难鸣，一退再退，一败再败，最后被晋军生擒。晋王李存勖当然赞叹老将的勇武，特意面见他，问道：“尔善战者，何不守兖州而守中都？中都无壁垒，何以自固？”（你这么聪明，为什么不守在兖州，反而去守中都？中都没修防御工事，怎么可能守得住？）

王彦章回答说：“大势已去，非人力可为。”李存勖惜才，几次招降他，但他不为所动，坚决不降。他说：“我和陛下您血战十多年，如今兵败力尽，不死还要怎样呢！我深受梁朝大恩，除了这条命也没什么好报答的。更何况，我早上还是梁朝的人，晚上就变成您晋朝的人，那我哪还有脸见天下人！”最终，王彦章被晋军斩杀，时年六十一岁。

龙德三年（923）十月，李存勖攻陷汴州，逼近京城开封。当时的京城，早已无险可守。朱友贞急忙召群臣问策，但群臣皆无言以对。宰相敬翔表示说："纵使张良再生，也是回天无力。"没多久，宫中大乱，众人纷纷逃离，就连传国玉玺也被人趁乱摸走。历史总是惊人的相似。众叛亲离的朱友贞，自知亡国难免，于是喊来禁军将领皇甫麟，让他亲手杀掉自己。皇甫将军不忍下手，朱友贞痛言："我和晋人有世仇，反正横竖都是难逃一死，与其被仇敌羞辱致死，还不如你杀掉我，别让我落入贼人之手受尽侮辱才死！"皇甫麟被逼无奈，只好一剑捅死了朱友贞，随后也自刎殉主。这一幕，和此前梁朝的废帝朱友珪，可谓惊人的相似。

李存勖攻入汴梁后，听闻朱友贞自尽，怅然而叹道："敌惠敌怨，不在后嗣。朕与梁主十年对垒，恨不生见其面。"（我们梁晋两家从前有仇有恩，梁主作为朱温后嗣，其实和我本人没有什么大过节。十年争杀，真遗憾我没能在他活着的时候见到他。）虽然如此说，但李存勖最终没有放过已死的朱友贞，还是派人把他的人头割下来，用漆刷了一遍，而后藏于太庙中。随后，他下令处死了赵岩、张汉伦等朱梁大臣。至于那位梁朝的老宰相敬翔，感念于梁朝恩德，自己选择自缢殉国。

后梁末帝朱友贞，为帝十年，在五代君主中算撑得比较久了。同时，他也是五代君主中不可多得的仁厚君主，但总体来说，这个人属于"仁而无武，明不照奸"。对此，史学大家司马光的评价，可谓一针见血：“均王（朱友贞）膏粱之子，材（才）不过人，弃敬翔、王彦章，而用赵岩、张归霸以与庄宗（李存勖）为敌，能无亡乎！”

无论如何，朱友贞还算是一个血性男儿，国亡自尽，宁死不降。至此，后梁灭亡，历时十六年。

第三章

朱李血仇燎晋阳：梁晋争霸（上）

朱李结怨上源驿

唐末五代，是中国历史上一大乱世，政治纷争不断，战火连绵，大小军阀藩镇此起彼伏。纵观这段不到百年的历史，纷纷扰扰，犹如一团乱麻。各个政权之间不但你死我活打得头破血流，自家内部也闹得天昏地暗，其间还夹杂着各种身份的切换，以及各路大佬之间的私人恩怨。如果对历史脉络不清晰，肯定看得让人大呼脑子不够用。

细细梳理这段历史，我们会发现梁晋争霸是五代伊始的主线。其中，“梁”指的是以汴梁为根据地建立梁朝的朱温政权，“晋”指的是曾经被唐廷封为晋王的河东李克用及其子李存勖政权。唐末，朱温和李克用都是唐臣，两人一开始并没有什么交集，关系不冷不淡，直到一件事发生后，两人的嫌隙和矛盾才愈演愈烈。而这事，要从唐廷围剿黄巢开始说起。

唐中和三年（883），唐廷为平定黄巢之乱，召唤各地节度使围攻长安，沙陀族的李克用便是其中一支队伍。“沙陀”原本是西突厥的一个部落，被称为“处月”（新旧《唐书》皆载沙陀乃

“西突厥别部处月种”）。这个部落主要生活在今新疆巴里坤湖周边，因为当地有一片名为“沙陀”的大沙漠，所以他们又自称为“沙陀突厥”。在突厥语中，“处月”和“朱邪”是同音异译，都是“沙碛（qì）”的意思，沙陀族人便以“朱邪”作为族人的姓氏。

由于和内地路远隔绝，沙陀曾受过回纥和吐蕃的侵扰和压迫。后来实在是受不了，就转投了大唐。几经辗转后，这个部族定居在河东地区（指今黄河以东的山西大部、河北西北部等地）。此后，沙陀就不断地为大唐立功：唐武宗时期平定泽潞叛乱，唐宣宗时期跟吐蕃作战，唐懿宗时期平息庞勋之乱，等等。唐懿宗时的沙陀首领叫朱邪赤心，因屡立战功，被赐予国姓，改名为“李国昌”。而李克用呢，就是李国昌的第三个儿子。唐僖宗继位后，由于争地盘的缘故，李氏父子和唐廷闹得很不愉快，双方竟然兵戎相见。毕竟和大国相抗没底气，李国昌、李克用被唐军打败后，父子俩一度逃到了北方，流浪鞑靼（今蒙古高原）。既然沙陀两个“匪首”跑了，唐廷便自以为掌控了沙陀部队这把快刀。没想到，汉官根本管不住沙陀人。黄巢攻陷长安后，奉命平叛的沙陀军在行军途中肆意扰民。当时唐朝派出的监军代北太监陈景思认为，只有李克用才能管得住他们，于是上疏请求唐僖宗把李克用从鞑靼召回来。李克用这才重新回归唐廷，统率起沙陀大军。

李克用眼看唐朝国乱，有大机会，便欣然受命前往长安去征讨黄巢。听说李克用到来，黄巢军队兵士个个害怕，惊恐说道："鸦儿军到了。"李克用仅仅用了四个月，就把号称百万大军的黄巢叛军赶出了长安。长安收复后，他位居首功，被唐僖宗封为河东节度使。之后，李克用又率军援救陈州，解了朱温之围，然后一路追击黄巢，连夜追到了黄巢的老家冤句（又作"宛朐"或"宛句"，故城在今山东菏泽市西南）。这次大胜，不仅俘虏了黄巢的小儿子，还缴获了黄巢的"皇帝"仪仗和龙袍、符印等。随后，李克用带着无数的战利品返程，途中路过汴州，就在封禅寺休军整顿。

作为汴州的"地主"，朱温热情得不行。毕竟李克用先前曾帮他解了陈州之围，所以他一定要请李克用这位"大恩人"入城。入城后，朱温在上源驿舍（位于今开封市内）用最高规格的宴席来接待这位沙陀统帅。当时，这两位唐朝节度使，还不知道他们即将开喝的这场宴席真可谓一次"历史性的宴席"。这可是日后五代时期后梁、后唐两个开国君王的第一次碰头。

宴会刚开始时，大家都喝得非常尽兴，气氛十分热烈。不满三十岁的李克用，年轻气盛，屡胜之余骄矜异常。数杯美酒下肚后，他"乘酒使气"，开启了嘴炮模式。估计他在内心深处，很看不起朱温这个曾经的黄巢叛军降将，对着朱温就是一顿骂骂咧咧，句句揭老朱的老底。都说酒后吐真言，酒话往往也是真话。朱温大脸蛋子嘟噜着，心中很不爽，不过他当时也没敢当场翻脸，强忍怒气向李克用连连敬酒，硬是把这位沙陀哥们灌得东倒西歪、烂醉如泥。

宴会结束后，朱温黑着大脸走出驿舍。当时全程陪着老朱的，是一个叫杨彦洪的小弟。看老大朱温脸色黑得深沉，再回想起刚才宴席上的种种，他马上就猜到了原因。作为一个合格的小弟，他自然要为老大排忧解愁，于是凑上前对朱温说："老大，这李克用狗东西也太嚣张了，竟敢这么编排您，还笑得浑身乱颤响彻屋宇，这气咱不能不出！"接着，他附在朱温耳边，细细说了自己的计划，最后还不忘提醒老朱："胡人急则乘马，见乘马则射之。"（胡人一急就会骑马逃跑，一旦见到骑马的，咱们就要马上射箭。）

怒从心头起，恶向胆边生。朱温说干就干，马上安排人用兵车和木栅封锁了驿舍四周，然后派重兵包围了上源驿。而后，又搬来一堆可燃之物，准备发起突袭。细想一下，老朱这人着实心胸狭隘。先前被围陈州时，如果不是李克用长途奔波来救援，朱温还不一定能打得赢旧主黄巢呢。现在人家李克用不过是趁着醉酒多调侃了几句，他朱温就不但忘记人家的救命之恩，还要点火烧死人家，着实忘恩负义。

这时的李克用，醉得人事不省，根本不知道外面发生了什么。幸亏他的亲兵薛志勤、史敬思等人还清醒着，拼死顶住打进来的梁军。侍从郭景铢见状，急忙吹灭了屋里的蜡烛，把李克用拽到地上，用冷水把他给泼醒，告诉他："朱温包围驿舍要杀人啦！"原本还迷迷糊糊的李克用，立马酒醒了大半，一把拿起弓箭，就和大家一起突围。奈何酒劲没过，他头晕眼花的，射出去的箭软弱无力，丝毫不见了平日的神武。还是薛志勤比较给力，一箭一个，射死梁军数十人。

这时，朱温的人越聚越多，开始向驿舍投掷火把，准备把李克用等人变成“烤猪”。但是，这人要是命不该绝，他就绝对死不了。就在烟火四合之时，一场大雨突如其来，浇灭了熊熊大火。大火浇熄之后冒起的烟雾，使得周围一片白茫茫，根本看不清人。李克用等人便趁机翻墙突围，边打边逃。经过一座桥时，桥那头密密麻麻全是冲上来的梁军。好在沙陀亲兵骁勇无比，一个顶五个，真可谓人挡杀人佛挡杀佛，硬生生杀出了一条血路。特别是史敬思，拼死冲杀，为李克用等人断后，最后力竭战死，被朱温兵士剁成了肉酱。

围攻驿舍时，朱温就在不远处观战。小弟杨彦洪为了表现自己，一直冲锋在前，带头围杀，但他好像突然忘了先前自己提醒朱温“胡人急则乘马”的话，为了杀李克用夺头功，竟飞身跃骑一匹高头大马，紧追李克用不放。晚上天黑，又下着雨，电光闪过之际，朱温看见一人纵马狂奔，马上亲自张弓搭箭，使尽全力射出，只一箭就把杨彦洪给射了个透心凉。可见，这杨彦洪真真是个“不作不死”的典范。李克用等人呢，当时为了逃跑方便并没有骑马，而是一直徒步疾跑，最后竟然逃出生天。

李克用等人跑了，驿舍内完全不知道发生什么事情的唐朝监军宦官陈景思和他三百多个随从就没那么好运了，被梁军杀得一个不剩。陈景思呢，就是先前向唐僖宗建议把李克用从鞑靼召回的那个太监。这场事变，史称“上源驿之变”。

李克用跑回了自家大本营，本想带兵杀回报仇，但他老婆刘氏劝道：“公比为国讨贼，救东诸侯之急，今汴人不道，乃谋害公，自当诉之朝廷。若擅举兵相攻，则天下孰能辨其曲直？且彼得以有辞矣。”（您本来为国讨贼，救东面诸侯之急。如今朱温不顾道义想害您，您应该向朝廷申诉，如果擅自举兵相攻，天下人难辨其中的是非曲直，还给了对方脱辩的借口啊。）李克用觉得夫人说得非常有道理，于是带兵离开。同时，他派了人送信，叱骂朱温。

朱温果然是个无耻小人，脸皮很厚，回信表示：“前夕之变，仆不之知，朝廷自遣使者与杨彦洪为谋，彦洪既伏其辜，惟公谅察。”（那天晚上的事情我确实不知情，是朝廷使者和杨彦洪合谋要害您啊。如今我帮您把杨彦洪杀了，希望您予以谅察。）

李克用当然不信，直接上书向唐廷告状。朱温也不甘落后，也告状说李克用要造反，两人互相掰扯。但这时的唐廷，早已失去充当仲裁者的能力，只能装聋作哑和稀泥。

虽然这时朱温、李克用并没有正式开打，但梁子算是彻底结下了，后来逐渐演变成不可说解的世仇，斗得那叫一个天昏地暗。由此，这两家藩镇在中国北方大地上，开始了历时四十多年的争霸赛。

横行河东李克用

说起唐末枭雄李克用，很多人对他的印象，都是为人忠义，为唐朝平定叛乱有功，是唐朝的死忠粉。尤其是清朝严遂成一首《三垂冈》诗，把他夸得像一个唐朝纯臣大英雄似的：“英雄立马起沙陀，奈此朱梁跋扈何。只手难扶唐社稷，连城犹拥晋山河。风云帐下奇儿在，鼓角灯前老泪多。萧瑟三垂冈下路，至今人唱百年歌。”读了这首诗，不少人不禁为李克用的“忠勇”感慨连连。然而，当我们细读唐末五代那段历史的时候，很容易就发现，其实李克用这货并不比朱温好上多少。但比起黑料缠身的朱温，后世文人对李克用的洗白力度，可真的不是一般的大。

李克用是内迁的沙陀族富贵子弟，比起朱温这个无赖，出身起点那可不是一般的高。早在贞观年间，人家祖上就开始跟着唐太宗李世民混，世代袭承沙陀都府都督。到了他爹朱邪赤心这一代，因为平定庞勋之乱有功，唐懿宗亲自赐名朱邪赤心“李国昌”，等于这个沙陀爷们就成为唐朝的“国姓爷”了。为了表示诚意，唐懿宗还把李国昌的牒谱，归纳到大唐郑王（李元礼）这一脉。这般操作，可就和唐朝对功臣那种普通赐姓不一样了，真真是纳入大唐宗谱的赐姓！所以，后来李克用这一脉就一直打着李唐宗室的旗号，在江湖上大张旗鼓地“招摇撞骗”，甚至李克用儿子李存勖建立的政权也叫“大唐”，就是五代后唐。如果真讲血缘，这沙陀老李家和大唐老李家没有一毛钱的关系。

李克用从小就继承了沙陀人的战斗天赋，十三岁时就射得一手好箭。有一次，有人指着空中的两只雕说：“你能一箭双雕吗？”李克用大笑，“弯弧发矢，连贯双雕”，看得一旁的人纷纷叫好。尤其是李克用一只眼睛还是失明的，当时江湖人称“独眼龙”。他一只眼就能一箭双雕，可见其功夫非常厉害，真正是“一目了然”。李克用十五岁就随父出征，冲锋陷阵，屡建奇功，被军中将士赞为“飞虎子”。在大唐江湖上，李克用绝对是挂得上号的人物。

话说回来，很多人都说李克用是唐朝忠臣，其实他们父子都曾背刺过唐廷。沙陀军一向强大，为大唐立下不少战功，但随着唐末各地起义频发，唐廷摇摇欲坠、朝夕难保。虽然李克用父子端着唐廷的碗，吃着唐廷的饭，但人的贪心是无限的，野心难免膨胀起来。唐廷为了打压李国昌，给他调了个云州（治今山西大同）刺史的职位。小日子过得好好的，谁想离开老窝啊？于是李国昌竟然以生病为由，拒不赴任。他儿子李克用更是做事出格，直接就把唐朝大同防御使段文楚给做了，霸占云州，自任“节度留后”。这个段文楚背景也不简单，人家可是忠烈家属。他的祖父段秀实，就是唐德宗时期在朝堂上用笏板击打反贼朱泚的那位忠烈之士。

李克用擅杀地方将帅，这一下直接捅了马蜂窝。唐廷虽然日薄西山，但毕竟还是大唐啊，随即就和李克用父子俩死磕起来。在唐军讨伐下，他们终是势单力薄，经营了数十年的家底接连败光，狼狈如丧家之犬，北逃到鞑靼地界。直到黄巢之乱发生，才给了李克用东山再起的机会。没多久，唐廷修书一封，和李克用父子重修旧好。此后，李克用终于迎来了人生逆袭的时刻。他率领着沙陀军，鼓起勇气直扑长安。当一身装备狂拽酷炫的沙陀军出现在长安城郊外时，黄巢士兵纷纷惊恐大叫："鸦儿军来了！"因为李克用有个别号叫"李鸦儿"，所以他带领的军队通常被叫做"鸦儿军"。

在追剿黄巢时，李克用战绩累累，捷报频传。当时的李克用才二十八岁，"于诸将最少"，却是"兵势最强，诸将皆畏之"。尤其是梁田陂一战，李克用率领沙陀军大破黄巢十五万军队，"俘斩数万，伏尸三十里"。没多久，李克用打跑了黄巢，收复长安，立下头等大功，被唐廷任命为河东节度使，出镇太原。抚今追昔，谁能想到，两年前他还在大草原上喝西北风呢。要知道，这河东道藩镇（治今山西太原西南，领有太原府及石、岚、汾、代、忻、辽、朔、蔚、云等诸州）可是当时天下第一大镇，临近大漠，拥有数量庞大的优质作战马匹。太原又一直是军事重镇，也是唐朝的龙兴之地。从此之后，李克用一路开挂，在唐末藩镇大战中所向披靡，横扫河北、中原各藩镇，成为天下最强藩镇的代名词。

李克用的发迹，不知道让多少人眼红，朱温便是其中一个。没多久，老朱便在上源驿策划了一场骇人的大火。朱温策划很周全，几乎把李克用的退路全都堵住了。但千算万算，唯独没算到老天会突降暴雨，浇灭了大火，让几乎无路可逃的李克用逃出生天。这事之后，两人由小嫌隙变成大仇怨。这时的唐廷虚弱不堪，唯一能做的就是和稀泥。为了安抚李克用，唐廷封他为“陇西郡王”。

李克用当时表示妥协，并不是因为他尊重唐廷，而是因为他刚刚得到河东等新地盘，根基不稳，不敢轻举妄动；另外，他也不想劳师远征，让自己陷入被动的境地。在本质上，李克用和朱温都是唐末乱世逐鹿天下的野心家，都是为了自己的利益在打拼。当然，无论当时还是后世，李克用的口碑都比朱温要好一些，这和他多次所谓的“勤王”行为息息相关。

唐朝光启元年（885），邠（bīn）宁（治邠州，今陕西彬州市）节度使朱玫图谋废立，想要扶持襄王李煴（yùn）为帝，另立朝廷，他特意派人请李克用相助。李克用直接发出檄文，号召天下“共讨反贼”，声称自己已发蕃、汉兵三万，誓要“进讨凶逆”，保卫大唐江山。

唐朝乾宁二年（895），河中地区的王氏家族为了争夺节度使继承权大闹纠纷。为什么呢？河中节度使王重荣去世后，由他弟弟王重盈继任。王重盈病死之后，他的嫡子王珙（gǒng）和义子王珂两个人为了争夺继承权大打出手，由此掀起一场轩然大波。王珂呢，不仅是王重荣义子，还是李克用的女婿，自然得到李克用的全力支持。但王珙却勾搭上了关内的邠宁藩镇王行瑜、凤翔藩镇李茂贞，以及华州藩镇韩建等三镇节度使。这里说一下，前任凤翔节度使是李昌符，因对唐僖宗不敬被朝廷斩杀，由禁军将领李茂贞接替；而前任邠宁节度使朱玫，则是因为另立天子被部下王行瑜斩杀和替代。三镇联名上表，说王珂本来就不是王重盈的亲儿子，是“异类”，是“家奴”，根本没有继承资格，请求朝廷让王珙继承父职。唐昭宗左右为难，想到当时还是李克用拳头更硬一些，于是就下诏让王珂继位。

李茂贞三人非常气愤，便以“河中内乱”为由，拥兵入朝，擅杀宰相李纬等数人。他们本想废掉唐昭宗另立吉王李保，但因为害怕李克用的沙陀军，所以也不敢轻易废立。李克用得知此事后，立即以“勤王讨逆”为名发兵南下，指责三人“称兵诣阙”之罪。李茂贞三人得知沙陀军要来，确实吓得不知所措。当时，王行瑜、李茂贞都想挟天子以令诸侯，很想挟持唐昭宗作为保命人质，所以，这两人竟在长安城内打了起来。作为香饽饽的唐昭宗，只好趁着两人火拼，逃到终南山去暂避。此后，李克用一一击溃了三人联盟，把昭宗皇帝迎回京城。唐昭宗感激不已，进封李克用为晋王，赐号“忠贞平难功臣”。

老实说，李克用当时是有机会挟天子以令诸侯的。但李克用非常清醒，他清楚地知道，如果自己公然废黜皇帝或挟持唐廷，就会把自己放在火炉子上面烤，成为众矢之的。所以，每当有唐朝的藩镇挟持皇帝、公行废立的事情发生时，李克用就会以“大唐忠臣”的面目出现，打着“勤王讨逆”的旗号大张挞伐，目的就是收取实利和笼络人心。这种手法，也正是他胜过朱温、李茂贞等人的地方。

实力强劲遭围攻

李克用虽然对皇权也有觊觎之心，但他比朱温等人要聪明得多，坚持以“勤王讨逆”的忠臣面孔出现在人前。在救援河北、河中等地之后，他也不像朱温那样乘人之危，既不捞地盘也不抢人抢钱，帮忙出完力就回自个儿的河东老家，活脱脱一个好大哥形象。然而，即便李克用如此小心翼翼，唐廷也始终没有放下过对他的猜忌与忌惮。

唐朝大顺元年（890），云州赫连铎、幽州李匡威，以及汴梁朱温三大节度使，联手上表唐廷，要求讨伐李克用这位沙陀大佬。在此前的蔚州一战中，李克用刚被这三镇军阀给联手打败，实力和声望都大大受创：大将安金俊饮箭而亡，石君和被人生擒，申信投降了赫连铎。得知李克用走背运，唐昭宗暗喜：如今正是一个痛打落水狗的好时机，只要干掉李克用，天下还有谁敢无视唐廷的存在？还有谁敢小瞧咱这个皇帝？但瘦死的骆驼比马大，李克用真不是那么好打的。这要是打赢了还好，如果打输了，那后果简直不敢想。于是，唐昭宗在唐廷内部召开了会议，召集大家一起商量这事。

宰相张浚首先表示：“先帝再幸山南，沙陀所为也。臣常虑其与河朔相表里，致朝廷不能制。今两河藩镇共请讨之，此千载一时。”（“王重荣事件”发生时，就是因为李克用兵临长安，逼得僖宗皇帝流亡。如今他势头越来越大，迟早会和河北藩镇里应外合，朝廷再也没法控制他们了。现在几大藩镇都共同要求讨伐李克用，这可是千载一时的好机会。）

张浚提到的王重荣事件，是指唐光启元年（885）时，宦官头子田令孜联合邠宁节度使朱玫、凤翔节度使李昌符，前去攻打河中节度使王重荣。当时，朱玫和李昌符都和朱温交好。都说敌人的敌人就是朋友，于是王重荣便伪造诏书说："此乃朱温之谋也！"然后派人送给李克用。李克用收到后，信以为真，八次上书请求讨伐朱温，但唐廷都没有同意。于是，李克用发兵援助王重荣，最后导致田令孜挟持唐僖宗连夜逃跑，李克用军队大摇大摆进了长安城，一顿抢掠火烧。

朝议之时，左军中尉杨复恭杨大公公强烈反对讨伐李克用："先朝播迁虽藩镇跋扈，亦由居中之臣措置未得其宜。今宗庙甫安，不宜更造兵端。"（先帝流浪虽然出于藩镇跋扈，但事出有因，而且也怪朝中大臣不给力。现在社稷好不容易才安定下来，不应再搞事情兴起兵端了。）

杨复恭这个人，是唐末有名的宦官。而张浚呢，他原本是依附杨复恭起家。后来杨复恭受到另一个叫田令孜的宦官排挤，在皇帝面前失宠，于是张浚又转投田令孜，典型的谁大腿粗就抱谁。再后来，杨复恭重新得势，对张浚这个墙头草非常痛恨，就变着法儿打压他。唐昭宗对杨复恭专权行为非常不满，知道两人有冤仇后，竟晋升张浚为宰相，使他因祸得福。其实，张浚这人没啥真本事，最大特点就是能吹，张嘴就来，靠嘴吃饭，他一度觉得自己就是大唐的谢安，一副“挽狂澜于既倒舍我其谁”的姿态。张浚这副嘴脸，正好投了唐昭宗的喜好，因为他整天都在做中兴大唐的梦，所以，君臣两人很有共同语言，唐昭宗格外亲近和倚重张浚。

此外，张浚非要打李克用也是有原因的。他曾听别人说李克用私下里看不起自己：“张公好虚谈而无实用，倾覆之士也。主上采其名而用之，他日交乱天下，必是人也。”（张浚这人就是个空口虚谈的草包，成事不足败事有余，皇上惑于他的名声而大用他，以后搞得天下大乱的，一定是这个人！）闻听此言此语，张浚怒火中烧。而且，李克用还和他的死对头杨复恭深有交情，那更要搞他了。于是，张浚假模假样地对昭宗皇帝说：“陛下如此英明睿智，竟内外受制于强臣，臣窃以此痛心！”这话把唐昭宗感动得不行，直问张浚到底该怎么办。张浚就劝皇帝：“召强兵以服天下。”于是，唐昭宗在长安大规模招兵，凑了个十万大军。可这十万新兵蛋子真要打起仗来，还抵不上人家李克用的三千精兵。

在这场朝廷会议上，其实大多数人都不同意出兵。但张浚、孔纬两位宰相一唱一和，硬是把这事儿给敲定了。尤其是张浚，把鬼谷子的纵横术发挥到了极致，在他嘴里，李克用被埋汰成安禄山第二、史思明翻版。当然，一般开大会的主要功能，往往不是为了讨论，而是为了通过。有意思的是，历史记载一般都说唐昭宗是在张浚的要求下才勉强出兵的，最后唐朝政府军战败的黑锅自然也就扣到了张浚头上。毕竟说谁不对，都不能说皇帝不对。

唐昭宗决定出兵后，便下旨削掉了李克用的官职和爵位，还把他从李唐皇家“户口本”上划了出去（绝属籍）；然后，任命张浚为招讨使，京兆尹孙揆为副使，汴梁朱温为河东南面招讨使，幽州李匡威为河东北面招讨使，云州赫连铎为河东北面招讨副使。从西、南、东北三个方向夹击李克用。

就在唐朝大军即将出发的时候，一个好消息传到了长安：河东地区发生内乱，潞州（治今山西长治）大将李克恭被部下所杀，随后举州投降了朱温。这件事情的发生，好像老天都偏向唐昭宗这边。对此，张浚更是壮志满满，似乎已经看到了胜利的那一刻，整个人都飘了，竟大言不惭地对皇帝说：“等臣解决了外患，就能来为陛下您清除内忧了！”

内部虽然发生兵乱，李克用毕竟不是吃素的，手中拳头硬得很。更何况，他在唐廷内部还有杨复恭等人作为内应，消息灵通。面对三方来攻，李克用丝毫不慌：首先，张浚带着的这一群中央禁军，不过是一堆绣花枕头，中看不中用，根本不足为虑；死对头朱温虽然实力强劲，但他地盘四周的敌人太多，为了防止捡了芝麻丢了西瓜，朱温定不会全力出击，对自己构不成重大威胁；只有李匡威、赫连铎这一路人马，才是自己真正的劲敌。于是，李克用只派了少量人马去对付张浚和朱温，自己亲率主力北上迎击赫连铎和李匡威。

潞州归降朱温后，由于地理位置的特殊性，防守起来很是困难。唐朝的潞州位于今天山西长治一部分以及河北涉县地区，地理位置非常重要。朱温就想送个顺水人情，将潞州这个烫手山芋扔给张浚。张浚不知道内里，还以为捡了个大便宜，马上派孙揆去接管。没多久，新任昭义节度使孙揆就走马上任去了。他这人特爱摆排场，“建牙仗节，褒衣大盖”，仪仗队浩浩荡荡，好不威风。没想到，路上被李克用的义子李存孝三百伏兵给一竿子打尽。孙揆本人被生擒，扭送到李克用面前。

李克用挺爱才，撺掇孙揆给自己干。没想到，孙揆到这地步还摆起了官架子：“吾天子大臣，兵败而死，分也，岂能伏事镇使邪！”（我可是天子大臣，兵败被杀是分内之事，怎能给你一个小小节度使当小弟！）好良言劝不住真该死的鬼。李克用暴跳如雷，马上让人把孙揆给锯了。但行刑士兵平时哪里用过锯刀，折腾了好大一会，把孙揆上上下下锯了几次，都找不到锯人的窍门。最后还是孙揆自己指点，大骂道：“死狗奴，锯人要先用木板夹住身体才可以嘛！”行刑的士兵这才恍然大悟，用木板夹着孙揆，然后重新上锯。一直到死，孙揆都骂不绝口。

可见，孙揆好歹是个有骨气的唐朝大臣。相比之下，宰相张浚就比较没眼看了，他只会龟缩在晋州（治今山西临汾）城里，坚守不出。李克用觉得这人也没啥用处，意思意思打了两天，就退营五十里之外。张浚等人见状，趁机弃城狂逃。由此，晋州就这样落在了李克用手里。晋州辖今临汾市及其周边一带。

张浚无能，赫连铎无功，孙揆被擒杀，加上被唐廷倚为心腹的朱温正忙于进攻德州（治今山东德州陵城区）等地，扩展自己的地盘，而镇翼和魏博两个藩镇，一直坐山观虎斗，此次讨伐李克用，唐廷可以说是败绩累累，一无所获。唯一有收获的，还是那个两手一把抓的朱温：他不仅在征讨中提高了声望，还利用李克用在战后的喘息之机一举拿下了魏博藩镇，和对方结成了儿女亲家。由此，使得河朔三镇中最为强大的魏博镇成为之后数十年间梁军进攻河东的桥头堡。这也使得朱温在随后的梁晋争霸中，从一开始就占据了有利位置。

十三太保李存孝

唐廷联合三大藩镇节度使，讨伐河东李克用。这次河东之战，李克用可谓大获全胜。在击溃三路军队之后，他特意派人送信给唐廷，诉说自己的“冤情”：

臣父子三代，受恩四朝，破庞勋，翦黄巢，黜襄王，存易定，致陛下今日冠通天之冠，佩白玉之玺，未必非臣之力也。若以攻云州为臣罪，则拓跋思恭之取鄜（fū）、延，朱全忠之侵徐、郓，何独不讨？赏彼诛此，臣岂无辞！且朝廷当阽（diàn）危之时，则誉臣为韩、彭、伊、吕；及既安之后，则骂臣为戎、羯、胡、夷。今天下握兵立功之人，独不惧陛下他日之骂乎！况臣果有大罪，六师征之，自有典刑，何必幸臣之弱而后取之邪！今张浚既出帅，则固难束手，已集蕃、汉兵五十万，欲直抵蒲（州）、潼（关），与（张）浚格斗；若其不胜，甘从削夺。不然，方且轻骑叩阍（hūn），顿首丹陛，诉奸回于陛下之扆（yǐ）座，纳制敕于先帝之庙庭，然后自拘司败，恭俟鈇锧。（“司败”中的“败”字在古代有时与“则”相通，司败就是司法机关的意思）

这份诉冤表，与其说是诉冤，不如说是一封恐吓信。特别是最后那段话，完全就是凶狠的威胁，意思是我已经集合五十万大军与朝廷军队一决高下，如果输了我就任凭朝廷发落；否则的话，我就单人独骑跪倒在陛下您的座位之前，在皇帝陛下您的膝下哭诉冤屈……

收到信的唐昭宗，心中五味杂陈，欲哭无泪。早知今日何必当初，怎么就冒冒失失去挑李克用这块硬茬呢？最后，唐昭宗不得不向李克用低头认错，下发诏书，好言好语哄着对方。经过这场战斗后，唐昭宗的声望可以说是降至谷底，唐廷的权威也荡然无存。

虽然李克用胜利了，但作为胜利的一方，他并没有因此得到什么好处。他不仅地盘没有扩大，反而还损失了不少兵力。在打败众多藩镇的同时，李克用还树立了同样多的敌人。另外，唐廷对他的公开讨伐，也大幅降低了李克用的声望。这个事件也充分说明，李克用虽是个军事上的巨人，却是政治上的矮子。

值得一提的是，在这场战役中大放光彩的，就是李克用的义子“十三太保”李存孝。现在人们常说的“十三太保”，有时特指李存孝一人，有时指的是李克用的十三个儿子：大太保李嗣源，二太保李嗣昭，三太保李存勖，四太保李存信，五太保李存进，六太保李嗣本，七太保李嗣恩，八太保李存璋，九太保符存审，十太保李存贤，十一太保史敬思，十二太保康君立，十三太保李存孝。除了三太保李存勖外，其他十二个爷们都是李克用的义子。

李存孝排名第十三，也是“十三太保”里最有名的一个。李存孝原名安敬思，年幼时在兵乱之中被李克用家族掳为俘囚。长大后，李存孝精通骑射，骁勇冠绝，是个难得的将才。李克用爱才如渴，一直有招揽之心，便将李存孝收为第十三个义子。别看他们一口一个义父义子的，其实李克用也只比李存孝大两岁而已。为了笼络人心，收义子这种手段在唐末和五代时期还挺常见的。

李存孝这人，在民间传说中非常有名，绝对的晚唐第一猛将。就连盖世铁枪王彦章，在李存孝手下也走不了两回合，所以历史上还有“王不过霸，将不过李”这样的说法。其中，“霸”说的是西楚霸王项羽，“将”指的就是李存孝。李存孝常年跟着李克用南征北战，立下了不少汗马功劳。在夺取山西泽州和潞州等重大战役中，他都打出了“每战无不克捷”的威名。李存孝在《残唐五代史演义》中的地位，相当于《说唐传》中的赵王李元霸，人称“飞虎将军”。《残唐五代史演义》还说他天生神力，达到了“恨天无把、恨地无环”的夸张程度。

真实历史中，要说李存孝最高光的一场仗，就是重夺潞州之战。我们前面提到，唐昭宗正准备联合朱温等三镇军阀讨伐李克用，当时镇守潞州的晋将冯霸率众叛乱，杀死了刚刚上任的节度使李克恭，然后举州投降朱温。潞州的突然背刺，让李克用雪上加霜。因为当时的李克用，相当于要四线同时作战：西线是唐朝的中央军，东线是镇州和魏博，北线是赫连铎和李匡威，南线是朱温所率大军。这些藩镇都是打着朝廷的名义出战的，占据舆论主动位置。那些原本和李克用关系不错的藩镇，一时间都不敢出兵相助，生怕引火烧身。可以说，李克用处在一种孤立无援的尴尬状态中。根据史书记载，在重夺潞州时，李存孝先是拣选三百精骑在长子一带的山路上设伏，静候唐廷派来接管潞州的新任昭义节度使孙揆。孙揆毫无防备，一路大张旗鼓，大搞排场，结果一行人马刚到西谷，就被李存孝给打了个正着。结果很干脆，李存孝这三百人轻而易举地打败了孙揆的三千朝廷禁军，还一举生擒了孙揆。随后，泽州（治今山西晋城）吃紧，李存孝又率五千骑兵驰援。

当时的泽州统帅叫李罕之，他早年曾落发为僧，后又落草为寇，先后加入黄巢、诸葛爽、李克用等军事集团。李罕之力大无比，生性残暴，有个绰号叫“李摩云”。但这时的老李，早已大不如前，根本挡不住朱温梁军的猛攻。李存孝赶到时，梁军正在城外搞心理攻势，正好听到他们隔空喊话："你们的粮食最多能再支持十天半月，再不投降，李相公您怕是连个藏身的地洞都没有了，到时候可怎么活啊！"听到这话，李存孝直接带着五百骑兵，绕着梁军军营高声叫阵："俟尔肉馔军，可令肥者出斗！"（爷爷今个儿就要拿你们的肉来犒军当军粮！你们赶紧挑几个胖子出来战斗受死吧！）

梁军里有个叫邓季筠的勇将，看到李存孝这么嚣张，非常来气，他也是久经沙场的名将，曾经参加过黄巢军队，后来兵败归降了唐廷。邓季筠自恃骁勇，本着"士可杀不可辱"的精神，带着人就到阵前应战。哪承想，只一个回合就被李存孝给活捉了。朱温的另一员大将李谠（dǎng），也被打得大败而逃。之后，梁军遭到李存孝率领的五百骑兵的单方面屠杀，损失战马千余匹。梁军惊魂未定，当夜就灰溜溜地逃了。李存孝乘胜追击，俘斩数万。由此，泽州之围就这么被解了。紧接着，李存孝又马不停蹄地奔袭潞州。驻守潞州的梁将葛从周等人见势不妙，连忙弃城逃走。于是，李存孝兵不血刃，成功收复了潞州。

短短不到一个月的时间，李存孝就三败宣武军，一战成名天下知。这场重夺潞州之战，以李存孝的大获全胜而告终。这场战役，也成为李存孝一生的高光时刻。但是，这其中少不了朱温的放任，正是他当时坐视不管，从侧面成就了李存孝的大名。

朱温当时的战略目标并不是占据潞州等地，更不是击溃李克用，而是趁机夺取魏博镇。因为，当时的朱温非常清楚自己和李克用之间的实力差距。这次几处藩镇的合作联攻，如果能拿下李克用自然是好；如果拿不下，也不能让自己白忙活一场。尤其在当时背景下，如果朱温全力把李克用清理出局，最后不过是白白便宜了唐昭宗。所以，还不如趁机扩大自己的地盘和实力，让自己尽快成长起来。更何况朱温身处“四战之地”的汴梁，更急需摆脱目前的困局。在这种战略考量下，他自然不会全力以赴去对付李克用。所以，当唐朝的魏博节度使罗弘信拒绝给自己借道后，朱温更是有了理由，马上率主力进攻魏博。朱温五战五胜，最后罗弘信只得向朱温求和，后来两人还结成了儿女亲家。不过，此时魏博镇的罗弘信和河东李克用的关系，还没有彻底恶化。

话说回来，李存孝这位义子如此善战，如果李克用能好好利用，肯定能够发挥他无穷的威力。可是有一句话说得好：武功再高，也怕暗中菜刀；关系再铁，也怕世道人心。

名将之死看成败

说起李克用这位晚唐枭雄，最出名的就是他那被称为“十三太保”的华丽将官团，随便拎一个人出来，都能独当一面。其中不仅出了后唐李嗣源、李存勖这两代皇帝，还有一名绝世名将李存孝。当时的李克用军团，可以说是威震中原、势压群藩。但是，偏偏就是这么强大的一个团队，后来居然被朱温几度围城，李克用最后还落得个郁郁而终的下场。

结束乱世，从来不是单凭拳头就能解决的，还需要强大的政治经营智慧。当时，朱温不仅在汴州收编了一大帮黄巢军的残兵败将，连葛从周、张归霸等在内的黄巢旧将猛将，都向他投降；就连秦宗权、时溥这些河南地方实力派，也先后被他吞并。所以，朱温终于从一个只有弹丸之地的小军阀，一跃成为一方霸主。相比之下，李克用就是个典型的武夫，只知四处征战，完全不善经营。他虽然用拳头打下了不少地盘，却治理得乱七八糟，军纪也松松垮垮。经常一个地方刚攻并，还没巩固好，另外一个已表示臣服的地方又背叛而去，他一直把自己陷入东奔西走、手忙脚乱的被动地位。虽然李克用打了很多仗，看上去战果累累，但其实都是虚的，没多少实际收获。

李克用的部下，大多是之前跟着他一起发家的。这群人多蛮横强暴，恣行杀掠，喜欢到哪儿抢哪儿，跟悍匪没什么两样。再加上李克用对他们很是纵容，他们根本就无所谓法纪与军纪。这些大将平时欺侮官吏，甚至于白天掠夺百姓，酗酒赌博。到了战时，更是烧杀抢掠、无所不为。李克用对此早已习以为常。

但是，他的长子李存勖看不惯这种现象，主张整顿军纪。

李克用反而认为儿子年轻不懂事，说："此辈从吾攻战数十年，比者帑藏空虚，诸军卖马以自给。今四方诸侯皆重赏以募士，我若急之，则彼皆散去矣，吾安与同保此乎？俟天下稍平，当更清治之耳。"（这帮人跟着我打了这么多年仗，现在军费紧张，他们都靠卖马来维持生计。各地诸侯都用重赏方法去招募士兵，我要是逼得太紧，他们都跑了怎么办？还是等天下稍微太平点，再慢慢整治他们吧。）李克用这番话，跟北齐高欢的言辞简直是同一个调调。

晋兵这么横暴，不但使其他地方的百姓苦不堪言，就连河东地区的自家百姓也深恶痛绝。李罕之担任泽州刺史时，李克用任由他抢掠百姓，几乎把泽州、晋州、绛州一带搞成无人区，连续十年里都是烟火稀疏、田地荒芜（“田无麦禾，邑无烟火者，殆将十”）。

李克用军队攻克邻近藩镇城池之后，一般都会换上自己信任的晋将做统帅，驻扎在当地。这种做法就让一些原来的旧镇部将非常不满，心里憋着一肚子怨气。这些人暗中等待着时机，一有风吹草动，就会纠集起来，重夺帅位。为了这些统帅之位，李克用手下诸将经常互相抢夺。失败的一方，固然记恨得势的一方，但更多的还是怨恨李克用一凭己意，赏罚不公。由此，造成了不少人离心离德。这方面的典型，当属“李存孝事件”。

李克用当初吞并潞州时，原节度使孟方立兵败自杀，李克用便让堂弟李克修来当节度使。李克修治理很有成效，当地百姓好评不断。此人生性节俭，不喜欢铺张浪费。当李克用前来视察时，李克修只准备了一桌简陋的酒席。此举，竟然惹恼了李克用，觉得李克修轻视自己，对他一顿怒骂斥责，外加一顿棍棒打罚。李克修有理难辩，怨愤难平，最后竟然活活郁闷死了。于是，李克用便让弟弟李克恭接任。李克恭和李克修可不一样，是个娇贵恶少，行事嚣张跋扈。有这个人到来，潞州军民逐渐心怀不满，人心背离。没多久，李克恭就在潞州兵变中被手下军将弄死全家。自此，潞州节度使的职位便空缺了下来。后来晋军能够成功收复潞州，李存孝毫无疑问是第一功臣，他本就认定自己可以接任节度使的职位。没想到，李克用却让十二太保康君立接替了这个职位，只给李存孝一个汾州刺史的名位。为此，作为屡立战功的十三太保干儿子，李存孝非常恼怒。

唐朝景福元年（892），李克用派李存孝、李存信搭档，前去讨伐唐朝藩镇王镕等人。结果，这两人平时就有矛盾，所以都逗留观望，拖延不前。李存信是十三太保中的四太保，也是李克用的义子，其实李克用只比他大四岁。史书记载此人："通黠多术，会四夷语，别六番书，善战，识兵势。"简单来说就是，李存信为人狡猾多智，军事理论素质很强，还懂许多少数民族"外语"，属于典型的全面型人才。不过在当时，李存孝可比李存信要出彩得多，也更深得李克用器重。对此，李存信肯定是羡慕嫉妒恨，时不时挑拨离间李克用和李存孝的关系。这一次，李存信又找到了机会，回去后就在李克用面前挑事，说："李存孝有二心，故意避开王镕军队不打。"

李克用开始还不信，但因为李存信不停地进言，他内心便开始动摇。李存孝得知消息后，非常不安。毕竟他常年跟随李克用，知道自己这位义父是一个怎样的人。为图自保，李存孝竟鬼使神差地跟朱温勾搭上了；后来，在李克用亲自征讨王镕的情况下，他跑到王镕地盘上商讨军机，等于在背后给李克用狠狠捅了一刀。李克用得知后，怒不可遏，直接出兵讨伐李存孝。这对曾经的义父义子，终于撕破了脸，公开决裂。让人无语的是，作为唐朝大藩镇头子的赵王王镕，后来居然在李克用的压力下调转枪口，直接拿出了二十万斛军粮，协助李克用去攻打李存孝所在的邢州（治今河北邢台襄都区）。李存孝没想到王镕说变就变，一时间被打了个措手不及。这种关键时刻，一个靠谱的谋士就显得尤为重要了。

当时，李克用不单单围困了邢州，还派人绕城挖壕筑垒，打算把义子干儿李存孝给困死。李存孝方面则不断带兵出击，试图重创义父李克用一方的军队。此时，李存孝手下有一个叫袁奉韬的，假装诸葛亮，对李存孝说："大王惟俟堑成即归晋阳，尚书所惮者独大王耳，诸将非尚书敌也。大王若归，咫尺之堑，安能沮尚书之锋锐邪！"（晋王只等沟堑挖成，就会回晋阳了。您所畏惧的只是晋王而已，一旦晋王走了，这咫尺沟壑又怎么能挡得住您的兵锋呢？）这段文言文中的"大王"指晋王李克用，"尚书"指李存孝。李存孝也是脑子搭错线了，居然还觉得袁奉韬说得很对，就这么眼睁睁看着李克用军队将邢州围得密不透风，导致自己最后插翅也难飞。

在邢州城被困半年之后，城中的粮食终于吃完，再也守不下去了。走投无路的李存孝，带着众人登上了城墙，跪着对李克用哭诉："儿蒙王深恩，位至将帅，苟非谗慝（tè）离间，曷欲舍父子之深恩，附仇雠（chóu）之党！儿虽褊（biǎn）狭设计，实存信构陷至此，若得生见王面，一言而死，诚所甘心。"（爹爹您对我那么好，让我做到将帅高位，如果不是小人谗言陷害，我哪能抛舍父子恩情背叛您啊！都是李存信陷害我的，您如果能让我见一面，听我倾诉，我死都甘心！）

李克用听了也是一阵心痛，于是派自家媳妇刘氏入城慰谕。最终，刘夫人成功带着李存孝回来。李存孝伏地痛哭道："儿子立功之后，李存信嫉恨相逼，以至于干出这等蠢事！"李克用当时也恼火，骂道："你在写给王镕的信里大肆毁谤我，难道这也是李存信逼你干的吗！"一挥手，命令将李存孝押回了太原。

作为一方霸主，怎么处理李存孝，李克用需要多方考虑。权衡利弊，嘴上不说，李克用心里确实喜欢这个能打又好用的义子，肯定不舍得杀他。于是，他表面假装下令，要把李存孝车裂处死，而且还让所有人都来看叛徒的下场。但他当时暗地里却想，军营内其他将士特别是李存孝的那些义兄们，肯定会来给李存孝求情。然后，自己再顺坡下驴，重罪轻罚，把李存孝留下令他继续为自己卖力。没想到的是，李存孝这人平时过于目中无人，嚣张跋扈，人缘太差了，当时当地竟然没一个人来求情。所以，李存孝十几个太保兄弟们，要么低头看蚂蚁，要么仰头晃脖子，谁都不敢跳出来触霉头。没有了给自己下台阶的"托"，李克用自然如意算盘落空，只能假戏真做，真把李存孝这名虎将给车裂了。当然，当时造成这个情况的，也有另外的可能：李克用盛怒难测，十三太保都不敢在风头上逆他龙鳞惹祸上身。

李存孝虽然死了，但他造成的影响却似乎远未结束。李克用如此御下无方，赏罚不明，完全是自断左膀右臂，此后河东军队实力也大打折扣。所以，李存孝之死，也成为李克用和朱温双方实力此消彼长的转折点。从此之后，他的军力日趋下降，而朱温方面却日渐增长。

背后插刀刘仁恭

在晚唐藩镇中，本来李克用实力最强，既有强悍的沙陀兵，又有“十三太保”这个超级将团。但为什么李克用却越混越差，最后变得比朱温弱呢？原因在于，李克用在经营地盘和驾驭部下方面，都有很大的不足。李存孝作为晋王李克用集团的一代猛将，最后被他亲自下令车裂而死。到了后来，李克用每次被朱温打得找不着北的时候，都悔恨不已：“若是吾儿存孝在世，岂容贼人猖狂！”可以说，李存孝的死，加速了李克用集团的衰落。

除了这些原因外，李克用对前来投降的邻道将帅，也不能很好地识别，以至于养痈遗患，在家门口自树仇敌，最终反噬自身。有时候，李克用就像是一个心机单纯的人，对于自己信任的人几乎是零设防。只要不触及底线，他总会以铁哥们的态度对待来人，百般维护，甚至无比放纵，比如说他对待刘仁恭，完全就是养痈贻患。

刘仁恭，原本是唐朝幽州（治今北京）节度使李匡威的部将，领兵镇守蔚州［治今河北蔚（yù）县］。唐朝时，幽州节度使又称范阳节度使、卢龙节度使，统管今天河北北部、北京、天津、辽宁西部等地区。唐景福二年（893），李匡威去援救被李克用痛殴的成德（治恒州，今河北正定）节度使王镕。出征前，李匡威按例举行饯别家宴。没想到李匡威喝多了酒，竟睡了自家弟弟李匡筹的漂亮媳妇！李匡筹怒不可遏，戴绿帽毕竟不是谁都能接受得了的，尤其这帽子还是亲哥给送的。于是，李匡筹趁李匡威出差打仗，忽然在家发动政变，自封卢龙（治幽州）留后，接管了所有的军政事务，并拒绝亲哥李匡威再次回到幽州。为此，他还特意派出军队，驱逐大哥李匡威。由此，幽州局势顿时一片混乱。

不久，一群因为错过调防日期而延迟归家的士兵们因为过于思家，忽然暴动，推举刘仁恭为老大，跟着他造了李匡筹的反。刘仁恭遂率领他们回师攻打幽州。这其中，无疑掺杂了一些人为的情绪煽动。反是反了，也是冲动所致。但这一仗的结果是刘仁恭大败而逃，最后只能投奔河东李克用。

对于刘仁恭这人，李克用早有耳闻。因为在唐光启元年（885）卢龙攻易州的那场战役中，正是此人出其不意用挖地道的进城方法攻陷了城池。那一次，刘仁恭一战成名，另外还得了个“刘窟头”的外号。李克用想利用刘仁恭来谋取卢龙那个地方，于是便收留了他，给了他非常多的赏赐。钱财不说，田地、兵马赠送了不少，还提拔他为寿阳镇将，给予他极大的信任。

在当地享福一年后，刘仁恭坐不住了。因为他是一个很有政治野心的人，他做梦都想打回老家幽州，找回自己的场子。于是，刘仁恭找到李克用的智囊，一个叫盖寓的。盖寓虽然是李克用的谋士，但因为不会行军打仗，所以在史书中出现的次数不多。但论在晋王李克用府中的地位，他和朱梁高级谋士敬翔相当，甚至比敬翔还要高一些。毕竟刘仁恭是从卢龙走出来的，所以他和盖寓讲了很多关于卢龙的内部消息，明里暗里地表示，如果让自己做向导，晋王攻取幽州指日可待。盖寓吃了喝了拿了刘仁恭的，还真挺会办事，马上就安排刘仁恭去见李克用。李克用当然心动，马上给了刘仁恭一万将士，让他去攻打幽州。然而，刘仁恭吹牛吹得响，但能力却很有限，打了几次都没能拿下幽州，结果可以说是非常打脸。于是，李克用随即加派养子李存审率河东主力前往攻伐，这才最终得手。战后，李克用让李存审留守卢龙。因为刘仁恭非常熟悉卢龙的情况，李克用也让他顺便留在当地，协助李存审镇守。这一留，李克用就等于给自己留了个定时炸弹。

作为一个无家可归的降将，刘仁恭的一切全部来源于李克用。按理说，他应该对李克用感恩戴德才是，但李克用一回晋阳，他就开始打起自己的小九九。他的第一招，就是借刀杀人。当时，卢龙军里有高思继、高思承兄弟，骁勇善战是众所周知的，哥俩在卢龙军中很有威望。李克用占据幽州后，便把他们都升为都将，分掌幽州的原有兵马。幽州兵马全是能打善战的豪杰，战斗力爆表。这让刘仁恭十分忌惮。不过，刘仁恭没急着动手，因为他知道，以高家兄弟的脾气和行事风格，肯定会先和留驻幽州的河东军部队发生冲突。

不出刘仁恭所料，戍守在幽州的李克用河东军仗着自个儿“征服者”的身份，在幽州地区胡作非为。高家兄弟秉公执法，处置了不少河东兵卒，这就引发了河东驻军的强烈不满。这事很快有人就上报给李克用。李克用责问刘仁恭原因，刘仁恭把黑锅全都盖到了高家兄弟头上，说了他俩不少坏话。不得不说，刘仁恭是真的黑，高家兄弟是真的冤。李克用恼怒之下，竟然下令把高家兄弟给“咔嚓”斩杀了。此时，刘仁恭这头又反过来装好人，把高家兄弟的儿子收养到自己帐下，当亲儿子一样养护起来。这一手刀头抹蜜的水平，可以说是相当相当高。由此，卢龙士兵对刘仁恭好感度飙升，对李克用和河东军的反感就越来越深了。而幽州内的人心变化，李克用一点都不知道。

后来，李克用攻打盘踞在关中的藩镇王行瑜，抽调原本驻防卢龙的李存审部队从征。李存审走后，刘仁恭就成为卢龙地区实际上的大哥大。李克用呢，还傻兮兮地向唐廷表奏，推荐刘仁恭为卢龙军节度使，让刘仁恭正式成为卢龙地区“一把手”。自此之后，大权在握的刘仁恭，开始对李克用各种阳奉阴违。

唐乾宁三年（896），李克用攻打魏州藩镇。因为兵力吃紧，命令刘仁恭率军驰援。可是，此时的刘仁恭却以“契丹犯边”为由，一直按兵不动。过了一年，李克用又兴兵去救盟友朱瑄，再次向刘仁恭调兵，多次派人去催促。结果，刘仁恭再次放了李克用的“鸽子”。几次下来，李克用忍不住亲自发书责问。没承想，刘仁恭居然直接把信摔到地上，对着李克用使者破口大骂，还扣押了李克用留在幽州的官吏和不少河东士兵，甚至还用高薪来诱惑河东将领投奔他。如此一来，刘仁恭便彻底和李克用撕破了脸。

李克用万万没想到，被自己充分信任、委以重任的刘仁恭，最后竟然背叛了他，气得亲自率军征讨这个白眼狼。李克用过于自信，根本没把刘仁恭及其燕军看在眼里，开战前还喝了个酩酊大醉。大战当天，刚好是个大雾天气，啥都看不清，但李克用下发军令，必须开打，河东军不得不出发。结果军队走到蔚州木瓜涧（位于今河北涞源县东南）时，因为地形不熟，中了燕军大将杨师侃的埋伏，一战下来，死伤大半。当时狂风突起，暴雨倾盆，使得刘仁恭的燕军不得不提前撤出战场。否则，估计李克用率领的河东军当时就全军覆没了。事发之后，李克用知道是自己错了，但作为头领，还死要面子，自己不反省不说，反而一而再再而三地埋怨手下将领，臭骂道：“吾以醉废事，汝曹何不力争！”（我醉酒耽误了事，你们怎么不自个儿给力一点！）

木瓜涧这场战役确实有点戏剧化，大名鼎鼎的李克用竟然被小人刘仁恭算计了。但有一点可以肯定的是，自此之后，刘仁恭彻底摆脱了李克用的控制。后来，刘仁恭又把目光投向了李克用的死敌朱温，派人把斩下的河东士兵首级全部用大箱子装上，用多辆大车运输，全部献给朱温示好。瞧着大箱大箱的脑袋，朱温高兴坏了，这时候他巴不得与刘仁恭结盟，于是马上奏请唐廷加封刘仁恭为“同平章事”，享受宰相待遇。由此，朱温这个狠人和刘仁恭这个小人勾搭在一起，对李克用形成了两面夹击的态势。

李克用识人不清，用人失误，一味扶植刘仁恭，上演了一场“农夫与蛇”的故事，最终导致自己腹背受敌。尤其是，幽州和河东地域相连，刘仁恭的反叛，给了李克用很大的压力。后来魏博镇的罗弘信也和李克用彻底翻脸，归降了朱温。朱温势力日渐壮大，李克用却还在原地踏步，他的基本盘依然还是河东地区那一亩三分地。他总是这般跨境作战，等于一直消耗自身的实力。一来二去，朱温一方便逐渐占据上风。

你打我杀忙不停

自上源驿结怨以来，朱温和李克用就成为不共戴天的死敌。朱温非常清楚李克用的实力，他几次联合其他几个藩镇大佬一起围攻李克用，想借此消耗李克用实力；同时又暗戳戳地不断蚕食或是结盟周边的藩镇，以图在战略上对河东形成包围后，再来完成对李克用的绝杀。

此时的朱温，手下战将如云，有葛从周、庞师古、张存敬、王彦章、朱友裕等人，丝毫不输于李克用的“十三太保”军团。

经过这几年的谋划，朱温占据了黄河以南的中原地区，本人又身兼宣武（治汴州，今开封）、义成（治滑州，今河南滑县东南）、天平（治郓州，今山东东平西北）三镇节度使；黄河以北的魏博镇，是朱温的忠实盟友；再往北的卢龙刘仁恭，刚和李克用闹掰，正主动寻求与朱温结盟。反观李克用，基本盘还是河东地区。他手下一些实力大将，比如李存孝、康君立等人，相继身死；又因为不善经营，军纪不整，识人不清，用人失误，一些归降或是交好的藩镇，时常叛离。就拿李罕之这货来说，不念旧情，直接把泽州和潞州两大军事重镇作为“见面礼”，转头就抱上了朱温大腿。至此，李克用的河东局势，变得极为被动。

就在两大巨头小打小闹的时候，卢龙刘仁恭先跳了出来，搞了个大动作。原来，唐昭宗乾宁五年（光化元年，898），刘仁恭在木瓜涧大败李克用军队，趁机大败义昌（治沧州，今河北沧县东南）节度使卢彦威，兼并沧、景、德三州，以其子刘守文为义昌节度使。此时的刘仁恭整个人都飘了，信心和野心同时爆棚，起了兼并河朔三镇的野心。而此时，刘仁恭的老邻居魏博镇因早前同朱温和李克用频发战斗，实力已经被消耗得七七八八。同年，魏博节度使罗弘信还病死了，接任者是他十七岁的儿子罗绍威。刘仁恭觉得，自己可以一鼓作气把罗绍威这个年轻仔给拿下，于是光化二年（899），他带着十万大军，马上开干。刘仁恭的卢龙大军一路势如破竹，每攻陷一城，必定屠掉一城，烧杀劫掠，无恶不作。最后，卢龙兵马杀到魏州城下。此时魏州的治所，在今天河北大名县大街镇。

见刘仁恭如此凶残恐怖，魏州军民同仇敌忾，上下一心，坚守城池。刘仁恭猛攻了好几天，都没能攻破魏州城。罗绍威这小伙子倒也聪明，赶紧找盟友朱温求救。朱温没有丝毫犹豫，马上派出头号大将葛从周以及猛将李思安、张存敬，带着五万精锐梁军，驰援魏州。朱温之所以这么重视魏州战局，可不只是为了拉罗绍威一把。先不说魏博的地理位置非常关键，容不得半点闪失；就说如果能趁此机会一举拿下刘仁恭的卢龙镇，就可以从南、东南、东三面对李克用展开战略包围。所以，朱温非常上心，不敢怠慢。

刘仁恭这边，派出了儿子刘守文和女婿单可及，率军五万，先行攻打李思安这支汴梁援军。出征前，刘仁恭为了给儿子打气，给他猛灌鸡汤："你比李思安勇猛不下十倍，定要把李思安和罗绍威都生擒活捉喽！"可惜，刘守文可没他爹刘仁恭说得那么厉害，对手方李思安可是朱温手下头号金牌战将般的存在，史书这样赞扬他："鹰扬飙卷，擒贼于万众之中，出入自若，如蹈无人之境。"

双方刚一交锋，李思安竟然节节败退，似乎真像刘仁恭说的那样，此人只不过是一般鼠辈。刘守文很开心，李思安一路退，他就一路追。一个退，一个追，眼看李思安就要插翅难飞。突然间，李思安不退了，掉过头迎面回冲过来。紧接着，后边又杀出了一支人马。原来李思安玩的是引君入瓮，瓮中捉鳖。刘守文军队直接被打了个措手不及，一时之间死的死，伤的伤。最后，在李思安的两面夹击下，卢龙军大败，三万人被擒被杀，全被包了饺子。战斗中，刘守文单枪匹马侥幸逃脱，刘仁恭的女婿单可及战死阵中。单可及本是幽州勇将，号称“单无敌”。刘仁恭的幽州军失去单可及，可谓元气大伤。

话说两头。刘仁恭一边派儿子刘守文阻击李思安援军，自己一边加紧了对魏州城的攻势。梁将葛从周，也已经带着八百精骑，趁夜潜入了魏州。天一大亮，汴魏联军就和刘仁恭大军展开了殊死搏斗。城外卢龙军势大，于是葛从周就效仿项羽破釜沉舟，给城内外的士兵们打气：“退路已断，全给我拼命上！”说完，他就下令守城的士兵把城门死死关紧，决不许放进任何一个人。而出城的士兵们一看退路没了，更是爆发出一种视死如归的精神，奋勇杀敌，最终大败刘仁恭的主力。

此后，朱温、罗绍威联军经过多场战斗，击败刘仁恭的幽州大军。梁将李思安、张存敬打法凶悍不要命，刘氏父子被追杀得七零八落，八座大营全没了，十万大军几乎全军覆没。从魏州到沧州（治今河北沧州市东南）五百里范围内，尸体一个挨一个，跟叠罗汉似的。刘仁恭父子俩烧营北逃，最后只能躲在幽州城内苟延残喘，写信给朱温乞和。朱温因补给困难被迫罢兵，但卢龙军镇从此势衰力弱。

残唐五代，是个真正的“没有永远的朋友，也没有永远的敌人”的时代。此后几年，刘仁恭依违摇摆于朱温、李克用之间。

对刘仁恭这货，李克用恨不得他赶紧挂掉。所以，当刘仁恭被朱温打得找不到北转头又向自己求援时，李克用是真的不想搭理他。尤其是唐哀帝天祐三年（906），朱温大举攻卢龙，刘仁恭危在旦夕而向晋军求救，李克用正好乐见其成。

不过，李克用的儿子李存勖站了出来，苦心劝说李克用："此吾复振之道也，不得以嫌怨介怀。且九分天下，朱氏今有六七，赵、魏、中山在他庑下，贼所惮者，惟我与仁恭尔；我之兴衰，系此一举，不可失也。"李存勖言外之意就是，如果等朱温搞定了刘仁恭，势力就会越来越强，我们对他更加无力抗衡；目前最起码刘仁恭还能帮咱分担一些火力，牵制朱温。毕竟是亲儿子说话，李克用深觉有理，于是派兵出援。

眼见刘仁恭不能马上被消灭，朱温又把目标转向了成德（治镇州，今河北正定）节度使王镕。成德镇又称恒冀镇、镇冀镇，是安史之乱后唐朝在今河北地区设置的一个藩镇。唐末到五代时，该藩镇一直割据河北，属于河朔（河北）三镇之一。

王镕的祖上其实是回鹘贵族阿布思部的遗族，远祖名叫"没诺干"，后来被成德节度使王武俊收为养子，所以后世子孙都改了"王"姓。王镕十岁就继任成德节度使，因为年幼继位藩镇之主，难免经常遭人惦记。最后，王镕抱上了李克用的大腿，常年为晋军供应粮草。但王镕和李克用的关系并不牢靠，两家三番两次为争夺地盘开打。结果还是王镕实力不济，只得献帛五十万匹，和李克用言和归好。

面对朱温军队的汹汹来势，王镕非常识时务，于是派判官周式持白旗出城谈和。为什么选周式去呢，因为他和朱温有旧交。朱温一见到周式，大骂道："我曾多次写信派人去劝王镕归降，可他就是不听！现在我都已经兵临城下了，想让我退一步，想都别想！"

周式呢，还真是个很不错的外交人员，他没有被朱温的气势所吓倒，反而认真给他分析："镇州密迩太原，困于侵暴，四邻各自保，莫相救恤。"（我们镇州离太原太近了，周边邻居谁也顾不上谁。）这是地理原因。"王公与之连和，乃为百姓故也。"（为保百姓平安，咱成德王镕只能交好李克用。）这是大道理。"明公为唐桓、文，当崇礼以成霸业。"（朱将军您是大唐的齐桓公、晋文公，要想当霸主，就要讲道德、讲信义，不能只拼武力。）这是彩虹屁。"镇州虽小，城坚食足，明公虽有十万之众，未易攻也。况王氏秉旄五代，时推忠孝，人人欲为之死，庸可冀乎！"（当然，咱地方虽小，但城池坚固，粮食充足。王家世代又镇守成德，以忠孝传家，深得民心。我们定会为王氏死战到底，即使您大军临城，不见得能够成功。）这是展示硬气。

周式这番话，确实有理有据，进退有礼。朱温从来不是意气用事之人，很快便转怒为笑，一把拉起周式，笑着对他说："与公戏耳。"（刚才都是和您开玩笑呢。）然后又把他请到帐中，商量议和的事情。最后，王镕把长子王昭祚以及几名大将子弟做人质，并拿出二十万花绢犒劳朱温军队。朱温呢，把自己的女儿嫁给了王昭祚，等于双方结成了儿女亲家。从此，成德镇就成为继魏博镇之后，朱温在河北的第二个铁杆盟友。

搞定成德的王镕，还剩个义武军王郜（gào）。义武军（治定州，今河北定州）是河北军阀中实力最弱的一个，地盘只有易、定两个州。王郜能在这里立足，完全是因为亲爹前节度使王处存和李克用是儿女亲家，等于有李克用这个大后台撑腰。王处存死后，王郜继任节度使。作为李克用的女婿，王郜当然不可能像王镕那样说投降就投降。于是，他派了自家叔叔王处直率五万大军，正面迎战朱温军队。

磨刀霍霍向太原

搞定了成德的王镕后，朱温把目标转向了义武的王郜，派大将张存敬进攻定州。因为背靠李克用这座大山，王郜一点都没带怕的，派了自家叔叔王处直率军迎战。

一开始，王处直的计划是：依城设寨，等梁军疲惫后再反击。但孔目官梁汶提出了反对："昔幽、镇兵三十万攻我，于时我军不满五千,一战败之。今存敬兵不过三万，我军十倍于昔，奈何示怯，欲依城自固乎！"（当年卢龙和成德两镇合兵共三十万来攻，我方兵力才不到五千，结果还不是一战就把他们给干趴下了。现在张存敬梁军不过三万，我方兵力可是以前的十倍啊，怎么就这么躲在城里当缩头乌龟示弱呢？）

王郜一听，顿时热血上头，马上让王处直率军迎战。结果两军交战后，王处直大败，兵力损失了大半。王部此时后悔得肠子都青了，直接下令把出馊主意的梁汶给斩了。随后，王部弃城逃往晋阳投奔岳父李克用去了。军中无主，大家推举王处直为留后。这时候，梁将张存敬已经完全包围了定州城，朱温也率军抵达城下。迫于形势，王处直只能向朱温低头，他登上城楼，对朱温高声喊道："我们义武镇一直忠于朝廷，对您也从未冒犯，现在您打我作甚？"

朱温回答："谁让你们跟着河东李克用混！"

王处直解释说："吾兄与晋王同时立勋，封疆密迩，且婚姻也，修好往来，乃常理耳；请从此改图。"（我哥王处存和晋王李克用当年一起讨伐黄巢，共立大功，封疆紧邻，加上两家又结了儿女亲家，所以一直交情非常好，这也是人之常情吧。但现在我侄子他自己先跑了，我愿意从今天起投奔您。）

王处直所说的他哥哥王处存和李克用"共立大勋"指的是，收复长安后，唐廷论功行赏：论勤王举义，王处存居第一；论收城破贼，李克用第一。表明态度之后，王处直将自己的侄孙送到朱温军队作为人质，又送绢十万匹，犒赏梁军将士。

朱温也知道定州城城高沟深，一时可没那么容易拿下，再加上自己一直以来奉行"远交近攻"的外交方针，所以就非常痛快地接受了王处直的求和，撤兵离开。不久，朱温还上表唐廷，正式封王处直为义武节度使。从此之后，王处直开始了对定州地区长达二十二年的统治，成为唐末五代时期北方重要诸侯之一。

朱温走了，但他的打手张存敬却没有走。这时，刘仁恭又派儿子刘守文来攻打义武，想要东山再起，大军就驻扎在易水河畔。朱温得知消息，马上让张存敬去偷袭，一战斩杀六万余人。经此一战，刘仁恭兵力损失殆尽，再也无力与朱温抗衡，只能主动请降。本来朱温这时候是不打算接受刘仁恭投降的，但是后方突然传来战报，说李克用已派兵攻陷了河阳怀州（治今河南沁阳，辖今焦作、济源等地），他不想两线作战，只好答应了刘仁恭的求和。

朱温这次出兵，打遍河北未逢敌手，史书上说："由是河北诸镇皆服于全忠"。这里之所以用了个"服"字，是因为朱温只是打赢了河北诸镇，并不是直接统治河北，附近那几个藩镇只是同盟而已，关系不一定牢靠。但河北诸镇的倒向，对李克用来说却是非常要命的，这使得河东的地位更加孤立，失去了继续向东进攻的可能性。

在河北取得巨大胜利后，朱温接着就把目标锁定在河中地区。河中府是唐代设立的行政区，治所在今山西永济一带。当时的河中节度使王珂是李克用的女婿，两人可以说是站在一条船上的。王珂不仅给李克用提供进入关中的行军便利，还提供军资粮草，并出动队伍配合作战。刚好这时，京城长安又出事了：宦官刘季述作乱，废掉唐昭宗，改立太子李祐为帝。宰相崔胤心急火燎，马上派人到汴梁向朱温求救，来帮助唐昭宗复位。由此，河中这块地就更加不得不打了。因为只有掐住了河中，才能斩断李克用和长安之间的联系。朱温出兵长安时，也才可以免受侧背之扰，还能控带关辅。这可以说是一举两得。

于是，朱温对手下大将张存敬等人说：“王珂恃太原之势，侮慢藩邻，骨肉相残，自大其事，尔为我持一绳以缚之！”（王珂这货就是仗着他岳父李克用的威风，嚣张跋扈，到处欺负左右藩镇，你们一定要替我把他逮住了。）于是，朱温就派张存敬带着三万先遣部队，从汜水渡过黄河，由含山出其不意地偷袭绛州、晋州。

此时，绛州（唐末治今山西运城新绛县新绛古城）和晋州（治今山西临汾西南）那些守将们还沉浸在春节假期的欢乐余韵中。更要命的是，他们竟然没有任何防备，直接就被打了个措手不及。因为王珂的备战重点全都集中在前线，后方没有进行任何的部署。张存敬的大军一到，王珂手下的绛州刺史陶建钊、晋州刺史张汉瑜相继举州投降。晋州和绛州一丢，等于掐断了王珂和李克用之间的联系。此外，朱温还派重兵扼守住两州，断绝李克用的援兵之路。然后继续挥师西南，一路高歌猛进，直奔河中。

王珂夫妻俩，此时连连向李克用告急，多次派人送信求救。王珂的妻子，也就是李克用的女儿，还在信中质问亲爹：“贼势攻逼，朝夕为俘囚，乞食大梁，大人安忍不救？”（叛军势盛，你女儿我都要被人抓俘虏送到大梁做奴隶了，你这个当爹的怎么还忍心不来救我？）但这时的李克用实力早已不如从前，分身乏术。而且，现在通往河中的路还被人给堵了，救援难度不是一般的大。李克用只能回道："今贼兵塞晋、绛，众寡不敌，进则与汝两亡，不若与王郎举族归朝。"（如今叛军控扼晋州和绛州，众寡不敌，如果爹爹率军救你，父女都会被叛军俘虏。实在是没办法啊，要不你跟你家夫君一块弃城投奔皇帝好了。）

眼看让李克用相救这条路走不通，王珂又找上了凤翔节度使李茂贞。李茂贞这人素来目光短浅，根本就没搭理他，连个回信都没有。王珂一看四处求救无望，只能"自救"，准备听从岳父李克用的建议，去长安找皇帝避难。于是，他派人赶紧去备办船只，但河中将士们此时早已对王珂失去信心，对他爱搭不理的。王珂觉得底下的人要造反，就找来牙将刘训呵斥怒骂。

刘训回道："天地良心，咱要有造反的心思，我就自断双臂！"

王珂问："事情发展到这个地步，你还有啥好主意？"

别说，刘训还真有一个想法："公若携家夜济，人必争舟，一夫鸥张，大事即去。不若迟明以情谕军中，愿从者犹得其半。不然，且为款状以缓梁兵，徐图向背。"（咱现在人心浮动，如果您弃城乘夜渡河逃跑，容易引发争船骚乱，到时候大事去矣。不如黎明时分晓谕诸军，应该能够有一半人愿意和您同行。不然的话，就先假意表示投降稳住梁军，然后咱再考虑后边的事。）

王珂非常认同刘训的话，然后他又想起了自家叔父王重荣。毕竟王重荣曾经对朱温有大恩，先前两人还以舅甥相称，是朱温攀附的老舅。如此算下来，朱温还是自己干表哥呢。于是，王珂登城对梁将张存敬说："吾于汴王有家世事分，公宜退舍。俟汴王至，吾自听命。"（我和你家汴王有老交情，你先退军，等汴王到了，我自然会俯首听命。）张存敬自然知道这事，马上就答应了。

朱温收到消息后，喜出望外，赶紧从洛阳赶往河中，他还特意去王重荣的墓前祭拜了一番，上演了一场舅甥情深的大戏。老朱这一招，直接赢得了河中百姓的好感。王珂听说朱温亲自前来，为了表示诚意，也搞了一出"面缚牵羊"的投降仪式。朱温见状连忙阻止，大呼："太师阿舅之恩，何时可忘耶？郎君若以亡国之礼相见，黄泉其谓我何"？（我太师舅舅对我的恩情，刻骨铭心！郎君你千万使不得，以这样的亡国之礼和我相见，日后和舅舅地下相见，他还不得骂死我呀！）王珂见朱温这么会说话，也就以常礼相待，换上新衣服迎接朱温入城。入城之后，朱温马上让张存敬出任河中节度使，假模假式地让王珂全家搬到汴梁和自己做伴。这个王珂毕竟是李克用的女婿，面子上这些过场走完，朱温忽然派人让王珂来军中面见自己。半道上，他就派人把王珂勒死在华州驿站之中。

河中地区一丢，李克用的势力范围就被压缩到只剩下太原以北以及泽州、潞州两个地方。这时候的梁晋形势完全明朗。无论是地盘、人力还是财力，朱温都全部碾压李克用。而且从地缘上看，朱温已经完成了对李克用的战略包围。于是，朱温磨刀霍霍，对李克用发起了大规模的进攻。

六路兵围河东危

时来天地皆同力，运去英雄不自由。短短数十年间，朱温和李克用的实力，就形成了极大的反转。如果要说事业起点，李克用显然是高于朱温的。但照目前发展下来，李克用的基本盘还有河东一大块，但实力却在多年征战中被大量消耗，不仅接连损失多名猛将，就连周边盟友也是非死即叛。反观朱温，不仅盘下了河南、山东等地盘，魏博、卢龙、成德等河北诸镇也相继投靠，前不久还把河中地区给啃了下来，等于他已从原来的三流军阀，一举成为众多藩镇中的龙头大佬。

咱们现在打开五代版图可以发现，朱温当时的邻近藩镇，只剩下杨行密、李茂贞、李克用三位。虽说现在实力强大了，但朱温还不会笨到同时挑战三大重镇，于是他决定采取“分而击之”的策略。对于李茂贞和杨行密，朱温对他们没有多大仇多大怨，能说服的就说服，不能说服的晚些时候再打服。唯独李克用这死对头，朱温是绝对不会放过的。之前一系列的北上征伐，就是为了跟李克用算账报仇。现在的朱温，早已对河东形成了半月形的战略包围。特别是拿下河中之后，李克用的老巢太原已经处于门户大开的状态。

看着朱温日渐强势，唐昭宗非常担忧，生怕哪天他就兵临长安掀翻自家政权。于是，昭宗皇帝赶忙下诏，让李克用和朱温两家务必和好。李克用也不是不识时务的人，现在的局势明摆着对自己非常不利，他早已无力和朱温继续正面抗衡。所以，他特别听唐昭宗的话，乐得一个顺水推舟，主动向朱温示好，派人带着厚礼和求和信，送到朱温面前。

虽是求和，李克用的使者却表示道："朱公您虽有十数万兵马临境，但我晋王也有五部烈马强兵，你我一旦开战，必是两败俱伤，生灵涂炭。"这些话语，让朱温老大不高兴：你这是威胁我还是想咋地？由此，他更加坚定了要攻打李克用的心思。但此时妻子张氏病危，他要急着回去看媳妇，暂时还不能出兵太原，于是就顺水推舟，假装好言好语道："晋王跟我本来就是兄弟，只是因为一点小事闹翻了，这么多年来一直在斗气。现在，皇上都下诏和解了，晋王既然有这个意思，我朱温又岂敢不从？"为了进一步麻痹对方，朱温还让敬翔用自己的名义回了一封信，言辞非常恭敬谦虚，另外还送了点小礼物，派使者回访太原，替自己拜见李克用。

送走了"和平使者"，朱温快马加鞭回到汴州，见自家媳妇没出什么大事，又马不停蹄开始了各方调度。等准备差不多了，他找了个借口向唐廷上奏："我自从接到诏令后，就谨遵圣意，当月就把军队从河中撤回了河阳，还写信、派使者去太原求和。太原那边，也派使者来求和，但李克用回复我的书信之中，言辞颇多不敬，同时他又派重兵布防潞州，攻占泽州，明显心思不纯。所以，为臣我决定攻打泽、潞二州，一路打到太原去。李克用写给我的信，我也一起呈上，请皇上您看清他这阳奉阴违的嘴脸。”

唐光化四年（901），已经晋封为唐朝梁王的朱温，几乎是倾巢而出，派出数路强兵围攻李克用。《旧五代史》等史籍，都详细记载了朱温的作战蓝图：

第一路，梁军宿州刺史氏叔琮领兵五万，从太行路一直扑向泽、潞二州。第二路，梁军泰宁节度使葛从周，率领兖、郓大军，自土门关（旧称井陉口，位于今河北石家庄市鹿泉区）入，进攻晋阳东部。这两路都是朱温的精锐部队，是这次行动的主力。第三路，梁军洺州刺史张归厚率昭义军（治潞州上党，今山西长治）从马岭方向杀入，攻击太原的东北方。第四路，梁军晋州刺史侯言率军，杀奔太原西南部的汾州。洺州（治今河北永年东南）、晋州这两路兵马都来自最近被朱温征服的地区，军力较弱。第五路，魏博都将张文恭率魏博军，从磁州新口方向大举杀入，攻打晋阳东南方向的辽州（治今山西左权）。第六路，义武节度使王处直率本镇兵马，从飞狐杀入，攻打太原北部的蔚州。魏博、义武这两路现在都是朱温的附庸，实力不差。六路大军声势浩荡，来势凶猛，从不同方向扑向李克用的老巢太原。

这是朱温第一次向河东地区发动大规模的攻略战。

氏叔琮一路过关斩将，取沁州、下泽州（治今山西晋城）、破潞州：沁州刺史蔡训，昭义节度使孟迁，以及晋军都将盖璋、李审建、王周等人，纷纷出降；泽州刺史李存璋，弃城而走。接下来，在降将李审建的引导下，氏叔琮率部直扑太原，很快攻至晋阳城下。这时，张归厚一路也攻克了辽州，李克用委任的辽州刺史张鄂举城归降。侯言一路攻克汾州，汾州刺史李瑭早就据城叛晋，主动迎师，于是侯言便和氏叔琮合兵，共赴太原。

朱温这次出兵，进行得出奇顺利，只用了十来天，太原以南的泽、潞、沁、汾、辽五州，就纷纷落入梁军之手。各路兵马最后会师围猎于晋阳城下，和氏叔琮的军队烽火相应。氏叔琮到达晋阳城下后，日夜叫阵挑战，声势迫人，搞得晋阳城内军民终日恐慌不已。

这时李克用才如梦初醒，发现自己上了朱温的当，大骂朱温是卑鄙无耻的奸诈小人：你原来一边假意和自己修好，一边又暗中出击。不过，乱世之中，本就没有什么仁义、道德、信誉可讲，李克用只能面对现实。他日夜登城防御，带着太原军民顽强抗击，闭门坚守，忙得连睡觉、吃饭的时间都没有。当时正值雨季，晋阳城终日阴雨绵绵。大规模的降水，导致土筑的城墙多处坍塌毁坏，李克用连忙让人随时修补。同时，他还让手下大将李嗣昭、李嗣源等人紧急成立“夜袭队”，从城内挖凿暗门密道，趁夜偷袭梁军的营垒。虽然每次偷袭都有收获，但对朱温军队根本形不成致命性打击。晋阳城被围二十多天，危在旦夕，城中军队一度想弃城北遁了。

不过，糟糕的雨天天气不仅给守城的李克用带来影响，对于攻城的梁军来说，也不是什么好事。连续多日的降雨，不仅让城外的汴州军没有干柴可以生火做饭，还让道路变得非常泥泞，粮草运输受到了严重影响。同时，军营地皮潮湿，卫生条件恶劣，不少兵士因此生了疟疾，造成了大量非战斗减员。这时，晋将李存进在洞涡驿一带成功击退梁军，切断了梁军的粮运路线。而河东大将李嗣昭等人多次夜袭骚扰，导致围城的梁军苦不堪言，日生恐慌。正是因为兵老师疲，梁军斗志丧失，人人思归，不再具备持续客场作战的条件。为此，大将氏叔琮不得不向朱温请求撤军。朱温见太原一时难以攻取，随便找了个“粮运不济”的台阶，就坡下驴，撤兵散去。

李克用也不是好惹的人，他趁梁军回撤之机，派大将周德威、李嗣昭等人率五千沙陀骑兵出城追赶。而狂拉好多天肚子的梁军士兵们，因为双腿无力，没法跑得太快，就被晋军杀得大败。后来，晋军相继收复了汾州等地，叛将李瑭也被擒杀。至此，李克用的太原第一次“反围剿”战役取得险胜。

无论如何，瘦死的骆驼比马大，朱温军队此次失利只不过是小挫败。朱温的实力依然强大得离谱，随时可对河东再度发起进攻。这时候，唐廷忽然又出事了：宰相崔胤因和宦官争权失败，就假借昭宗皇帝的名义给朱温发密信，让他带兵入关勤王。这对于朱温来说，是一个绝好的机会。如果事成，他便可以趁机入主朝廷，实现自己“挟天子以令诸侯”的夙愿。于是，朱温暂时顾不上对付李克用，兴冲冲地率领人马直奔长安而去。

坚守孤城显狼狈

说起来，李克用每到生死关头，总有那么一分天助。上一次上源驿大火熊熊，一场大雨消退了火势，让他逃过被火烧的死局；这次朱温兵发六路，围攻太原，最后也是因为大雨连绵不绝，导致梁军后勤被拖垮，梁军不得不撤军，李克用才在大雨帮助下，再次逃过一劫。

本来朱温还打算休息一阵，再继续对河东李克用出手，但此时宰相崔胤连发密信，让他带兵入关勤王。于是，朱温就打着"誓死捍卫天子"的旗号，和凤翔节度使李茂贞先掐了起来。李茂贞细胳膊拧不过粗大腿，十万火急向李克用求援。当时李克用元气尚未恢复，但本着唇亡齿寒的道理，还是派了李嗣昭、周德威等人前去救援。李克用当时玩了围魏救赵之计，趁着河中空虚，相继攻占了慈州、隰州，又趁势进逼晋州、绛州。朱温收到消息后，不敢怠慢，派侄子朱友宁和晋州刺史氏叔琮带兵前往阻击。晋军手脚也很快，没多久晋将李嗣昭就偷袭成功，占领了绛州城。但好景不长，绛州又被梁军给夺了回去。李嗣昭和周德威等人只好退到隰州南部的蒲县，跟梁军展开对峙。

没多久，朱友宁和氏叔琮也带着十万梁军，浩浩荡荡地扎营在蒲县之南。当时，梁军横陈十里，而晋军不过才数万人，又是深入敌后，他们为此心惊胆战。梁将氏叔琮敏锐察觉到这一情况，马上抓住战机，一边让人猛攻对方营寨，一边带人偷偷在晋军的退路上设伏，来了一个前后夹击。最后，梁军大胜，俘斩晋军上万人。在危急时刻作出正确判断，并能够及时作出正确的应对，从这一点来说，氏叔琮实在是一名不可多得的将才。朱温收到捷报后，大笑道："杀蕃贼，破太原，非氏老不可。"（杀李克用，克晋阳，还得是靠氏叔琮氏老啊！）没多久，晋将李嗣昭率晋军主力后撤，周德威则率精骑断后。结果被梁军发现，朱友宁和氏叔琮当即又发动大军，全力追杀。晋军根本无法抵挡，被杀得丢盔弃甲，粮草和辎重也都尽弃无遗，就连李克用的儿子李廷鸾也被梁军擒杀。在一路往太原逃跑时，李嗣昭和周德威两人还相互甩锅，由此结下了梁子。李克用得知战败，赶紧派了王牌大将李存信前去迎战。结果，李存信率部刚走到清源就遇到梁军，众寡不敌，只好退兵后撤。

唐天复二年（902）三月，朱温命令氏叔琮等人乘胜继续进击晋阳，争取一举消灭李克用势力。梁军一路气势如虹，连取慈、隰、汾三州，进逼晋阳。没多久，氏叔琮就兵临晋阳城下，四面设营围城。对于氏叔琮来说，这是他第三次领兵攻打晋阳了：第一次止步于洞涡驿，被周德威击杀了一员猛将后，狼狈不堪地撤兵；第二次因为天灾人祸下大雨，不得不撤军。这第三次，氏叔琮志在必得。

对李克用而言，晋阳这一次被围困，形势比上一次还要严峻。至少第一次晋阳被围时，城中兵马济济，梁军一时还奈何不了。而如今呢，战败的晋军主力尚未归来，梁军竟来得如此神速，城中兵少将寡。为此，李克用依然忙得连吃饭、睡觉的时间都没有，昼夜在城楼上指挥御敌，几乎到了崩溃的边缘。而梁将氏叔琮却完全相反，他一改之前猛攻的作风，没有第一时间死命攻城，而是悠哉地穿着宽松的大袍，在城下四处巡视，妥妥的“伤害性不大，侮辱性极强”。

面对梁军的挑衅和示威，已经四十六岁的李克用早已不复当年之勇。看着晋阳城下的梁军，刀枪如林，呼声如雷，这位平生神勇无敌的统帅突然生出弃城逃跑的心思，于是，他找手下众人商议：是否要放弃晋阳城，退保云州？

李克用这个想法，遭到了大多数将领的反对，大将李嗣源等人开口劝道：“儿辈在此，必能固守。王勿为此谋，动摇人心。”（只要我们这些儿子在，就一定能守住太原。正所谓一步退，步步退，大王您千万不要有这种想法呀，将士们要是知道消息，更会无心奋战了！）

众人之中，只有大将李存信支持李克用，说：“现在关东、河北都受制于朱温。我们兵寡地蹙，如果继续坚守晋阳孤城，一旦梁军环城修筑堡垒、开挖壕沟围困成形，到那时我们就插翅难飞了。如今情势危急，不如出城先暂时投靠鞑靼，然后再想后路。

两拨人各有各的道理，李克用拿不定主意，最后还是媳妇刘氏说：“存信，北川牧羊儿耳，安知远虑！王常笑王行瑜轻去其城，死于人手，今日反效之邪？且王昔居鞑靼，几不自免，赖朝廷多事，乃得复归。今一足出城，则祸变不测，塞外可得至邪。”（李存信，不过就是北川一个放牧的娃娃出身，他能有啥远见！大王您曾经还笑话王行瑜轻率弃城奔逃，最终死在别人手中，难道您现在也要效仿他吗？当初您寄居在鞑靼时就险些被害，幸亏朝廷要剿灭黄巢，才下诏把您召回东山再起。况且，您现在一旦出城，福祸难料，能不能逃到塞外都很难说！）刘夫人一番话，犹如醍醐灌顶，李克用恍然醒悟，打消了离城出走的念头，坚定了守城决心。

没多久，外出的周德威、李嗣昭等人带兵回到了太原。他们绕过氏叔琮军队从另一面入城，只比氏叔琮主力大军晚到一点点。稍后几天，不断又有溃兵回到太原。就连李克用的弟弟李克宁听说梁军来犯，也急忙赶到了晋阳，即刻表示说：“此城吾死所也，去将何之！”（晋阳就是我的丧身之地，我哪都不会去的！）当时大家都知道，这是一场生死之战，所以，晋军上下齐心，坚守抗战。李嗣昭和李嗣源等人又故技重施，多次带着“敢死队”出城夜袭梁军营寨。

就在晋阳上下众志成城、形势开始好转的时候，梁军内部也开始发生了变化。在晋军夜以继日的骚扰下，梁兵们终日神经紧绷，不得安宁。恰好此时又爆发了严重瘟疫，不少士兵纷纷倒下。这两件事，搞得梁军上下焦头烂额，斗志渐渐丧失。但让氏叔琮更受打击的是，老板朱温人还没到晋阳前线，就带军转回河中地区与凤翔的李茂贞争抢皇帝去了。毕竟对现在的朱温来说，相比于搞死搞垮李克用，还是抢夺唐昭宗这个“奇货”更要紧一些。尤其是经过接二连三的大战后，现在的李克用基本上没什么可怕的了。所以，尽管太原此时唾手可得，但朱温还是放弃了。他不但自己从前线回到河中，还让朱友宁回军向西，带走了大批军队和物资。

朱友宁一走，晋阳城内的压力大为减轻。在一番此消彼长之后，两军强弱发生了对调。冷静下来的氏叔琮，见好就收，只坚持了十一天就拔营而去。上次从晋阳撤军时，氏叔琮被沙陀骑兵尾随掩杀，遭受了很大损失。这次他学了个乖，摆了个疑兵迷魂阵：在撤退的沿途高岗上，插满旗帜，还留下几匹战马来回驰骋，让其扬起高高的尘土，做出有伏兵的样子。晋军追兵赶到时，远远就瞧见了梁军的旗帜和战马，担心对方埋伏有大量兵力，于是勒紧缰绳，掉转头收复慈、隰、汾三州去了。

这次朱温军队打来，太原一共被围了七天，虽然最后得以保全，但这场仗对李克用的打击是巨大的。辛辛苦苦大半辈子，差点一夜就被打回原形。作为原来的北方霸主，李克用愣是被朱温打成了太原城主，他能够控制的疆域一天比一天缩小。从此之后，李克用只能蜷缩在晋阳埋头养伤，不敢再轻易和朱温正面硬刚，只能忍痛看着老冤家朱温横行关中，篡唐建梁，开国称帝。

朱温称帝讨潞州

公元 907 年，这一年里发生了很多事情。朱温篡唐建梁，开国称帝，正式开启了中国历史上五代十国的大分裂时期，而梁晋争霸也即将迎来下半场。早在晚唐时，各地藩镇割据势力就蠢蠢欲动，只不过他们的实力比不过河东的李克用，后来又比不过逐渐崛起的朱温，只能在这两方势力中来回站队。

朱温称帝后，向天下发布诏书，禁止各路诸侯继续沿用唐朝年号，必须向梁朝称臣。一些实力小的藩镇哪里敢跟朱温对着干，只能乖乖听话照做。只有晋、岐、蜀、吴这四镇不买朱温的账，敢于公开叫板，依旧以大唐遗民自居，继续使用唐朝年号，坚决不认朱温的梁朝。其中，“晋”是河东的李克用，是四镇中最强的一个；“岐”是凤翔的李茂贞，他和朱温一直有过节；“蜀”是西川（今四川西部地区）的王建；“吴”是淮南的杨行密。后面两个实力比较差一点，但也都不是好惹的。除此之外，南方还有五个比较大的势力，分别是吴越、湖南、荆南、福建和岭南。当时，晋、岐、吴、蜀四方想联合这五镇一起攻打朱温，于是就发了一篇征讨朱温的檄文。但是，南方五镇并没有什么反应。这种形势，让李克用等人投鼠忌器，不敢贸然向朱温发难。

其实，南方五镇也是各怀鬼胎。吴越的钱镠、湖南的马殷和福建的王审知，这三家和朱温没仇没怨，自然是袖手旁观。毕竟对他们来说，谁当皇帝都一样，只要自己能过得舒舒服服就行。而荆南的高季兴，原本就是朱温提拔起来的，算起来，他还是朱温的“孙儿”。高季兴早年曾是汴州富豪李让的家奴，后来李让被朱温收为义子，改名为“朱友让”，高季兴也在机缘巧合下入了朱温的法眼，让朱友让把高季兴收为义子。有这么一层关系在，高季兴自然是不会反对“爷爷”朱温的。而岭南的刘隐，之所以能当上唐朝的节度使，是因为他贿赂了朱温，现在自然也没什么理由要反对朱温。而朱温呢，称帝后对这南方五镇也是大加笼络，封官赐爵：封钱镠为吴越王，湖南马殷为楚王，福建王审知为闽王，岭南刘隐为南平王；授高季兴同平章事（宰相衔）。都封王拜将了，这五镇自然俯首称臣，哪还愿意跟着晋、岐、吴、蜀四方一起攻打朱温呢？

至于魏博、成德、幽州（卢龙）这河北三镇，跟朱温的关系错综复杂，但起码现在还保有名义上的盟友关系。魏博的罗绍威，是第一个投靠朱温的盟友，曾请朱温帮忙消灭过魏博牙兵；成德的王镕，一开始和李克用关系较好，但后来在朱温的强权下，被逼改了站队，还和朱温结了亲家；至于幽州，因为夺权内乱，刘仁恭的儿子刘守光为求自保，也投靠了朱温。

这里还要顺便说一下幽州的内乱。前文我们讲过，刘仁恭是个小人，他对自己居然能在两大势力之间崛起称雄幽州，感到非常得意，逐渐变得骄奢淫逸，大做坏事。他不仅在大安山上大修宫殿，广纳美女供自己享乐，为了能大振雄风，还专门找了道士炼丹，另外希望自己能够长生不老。不过所有这些事情都不算稀奇，一般皇帝都爱这么干，即便刘仁恭只是个“土皇帝”，也肯定有样学样。但过分的是，这个刘仁恭居然抢夺辖区内老百姓的金属钱币，然后全都藏到山里，以至于民间做买卖时，老百姓都是拿黏土做的钱进行交易。

平日里，刘仁恭非常宠爱一个叫罗氏的小妾，这姑娘长相挺耐看，简直就是狐狸精一枚。一天，儿子刘守光不小心撞见了罗氏，惊为天人，他垂涎小妈美色，竟然上手勾搭，放倒推倒，代替自家老爹子荐寝出力，和罗氏开始云雨之欢。后来，东窗事发，刘仁恭气得差点厥过去，当即叫人把刘守光五花大绑痛打了一顿，逐出幽州城。也巧了，正好这时梁将李思安奉朱温的命令带兵前来攻打幽州，而刘仁恭一直只顾淫乐，城中没有一点点的戒备。关键时刻，还是他那个偷小妈的混账儿子刘守光跳了出来，从城外引兵驰援，竟然一举击退了李思安。事后，刘守光马上宣布自己为卢龙节度使，派人把自家老爹抓住后软禁起来，还把他爹的美女小妾们照单全给收了。

刘仁恭的另一个儿子，也就是刘守光的哥哥刘守文收到消息后，直接气得喘不过气来，对手下军将发怒道："不意我家生此枭獍，我生不如死，誓与诸君往讨此贼！"（没想到我家竟然出了这么一个禽兽不如的玩意，我一定要和你们一起讨伐他！）于是亲自带兵讨伐。可惜刘守文实力不济，接连吃败仗，最后还派人向契丹军队求援。刘守光呢，既害怕哥哥带着契丹军再打过来，又怕朱温趁机偷袭。两相权衡之下，他决定向朱温称臣求和。

称帝后的朱温，虽然实力是天下第一，但他也没有号令天下的绝对实力，因为当时各地藩镇都心怀鬼胎。不过对朱温来说，最让他忌惮的还是河东的李克用。在梁晋争霸的前期，朱温就像一支潜力股，越变越强，而李克用却是慢慢地由强变弱，逐渐处在下风。有好几次，李克用的老巢太原差点儿就被梁军给占领了。好在天不绝晋，梁军两次围攻太原的关键时刻，都因为内部暴发疾病等原因，不得不撤兵后退。在梁晋争霸漫长的对抗中，朱、李争夺的重点，多集中在北方的潞州、邢州（治今河北邢台县）和铭州，其中又以潞州最为关键。

潞州古称上党，今山西长治，位于梁晋交界处，地势险要，关口众多，易守难攻，历来是兵家必争之地。对李克用来说，潞州不仅可以屏护太原，还能作为南下的跳板。拿下潞州，再攻下泽州、相州（治今河南安阳），就能紧逼魏博重镇。而对朱温来说，拿下潞州就能直通太原，把战火烧到晋国老巢去。

一开始，潞州是被李克用控制的，由他弟弟李克恭驻守。后来潞州发生叛乱，李克恭被部下冯霸所杀。冯霸担心被李克用报复，就携潞州投奔了梁。此后，潞州几经易手，但大多数时间里都被朱温控制。到了唐天祐三年（906），朱温又想着去搞刘仁恭，大举进攻沧州。刘仁恭不敌，又向李克用求援。李克用非常痛恨刘仁恭的反复无常，本来不想答应，但他儿子李存勖很精明，劝说他爹："今天下之势，归朱温者什（之）七八，虽强大如魏博、镇、定莫不附之。自河以北，能为温患者独我与幽、沧耳，今幽、沧为温所困，我不与之并力拒之，非我之利也。夫为天下者不顾小怨，且彼尝困我而我救其急，以德怀之，乃一举而名实附也。此乃吾复振之时，不可失也。”（现在天下绝大多数人都向朱温归附，就连魏博、镇、定这些强藩都给他跪下了。大河以北地界，只有咱们和刘仁恭还能跟朱温相抗衡，如果不跟刘仁恭联手，对我们是不利的。干大事者，不忌小怨，更何况我们在刘仁恭最艰难的时候还帮助过他，我们现在是以恩报怨，还能获得德义的美称。这正是咱们重整旗鼓的大好时机，千万别错过了！）

李存勖这一番话说得有理有节，于是李克用这才同意出兵援救刘仁恭，还用了个围魏救赵的计策，出兵攻打潞州，借此分散朱温的兵力。

朱温万万没想到，此时为他据守潞州的昭义节度使丁会，竟然举州叛梁降晋，还跪在地上对李克用哭道：“会非力不能守也。梁王陵（凌）虐唐室，会虽受其举拔之恩，诚不忍其所为，故来归命耳。”（不是我丁会没本事守城，而是梁王朱温老贼欺凌唐朝皇室。他虽然对我丁会有私恩，但我却实在不能容忍他的所作所为，所以这才来投靠您。）于是，李克用就这么再次接过潞州的控制权。鉴于潞州对自家的重要性，李克用让自己的义子李嗣昭出镇潞州，拱卫太原的大门。

朱温当然不甘心潞州就这么被李克用夺走。称帝后不久，他便下令发兵十万，围攻潞州。可惜，之前为他屡次夺回潞州的猛将葛从周，因为中风打不了仗。朱温就把这个重任交给了葛从周的接替者康怀英。潞州之战就此打响。

英雄迟暮怅恨死

后梁开平元年（907），为了夺回潞州这块战略重地，朱温派出大将康怀英率兵围攻潞州。康怀英，本名康怀贞（后梁末帝朱友贞即位后，他才避讳改名），原本是淄青节度使朱瑾部下，后来投降朱温，便一直跟随葛从周东征西讨。葛从周因病辞官后，他又在氏叔琮手下做事。在前半生征战中，康怀英带领部队多次以少胜多，屡立战功。尤其是在凤翔围困战时，康怀英作为前锋，俘获甲士六千多人、马二千匹，风头一时无两。

临行前，朱温为康怀英摆酒壮行，先是一顿猛夸："卿位居上将，勇冠三军，向来破敌摧锋，动无遗悔。"紧接着又说自己对他的优待："高爵重禄，我亦无负于卿。"然后拿韩信和叛将丁会的事来敲打他："夫忠臣事君，有死无二，韩信所谓'汉王载我以车，衣我以衣，食我以食，食人之禄，死人之忧'。我每思韩信此言，真忠烈丈夫耳！如丁会受我待遇之恩，不谓不至，怀黄拖紫，裂土分茅，设令木石偶人，须感恩义。一朝反噬，倒戈授人，苟有天道明神，安能容此！大凡辜恩负理，忠良不为。"跟着又提出此战必胜的要求："晋人新得上党，众心未叶和，以十万之师，一举可克。"最后送上祝福："我今扫境内委卿，卿当勉思竭尽。况予当置酒高会，望卿歌舞凯旋！"于是，康怀英带着朱温的期望和疑心，忐忑不安地开始了他的潞州之行。

潞州这边，守城的是李克用的义子李嗣昭。这哥们儿虽然没有“王不过霸、将不过李”的李存孝那么猛，但也不是泛泛之辈。李嗣昭接手潞州后，早就料到朱温迟早会打上门，所以提前做好了各种准备。面对来势汹汹的十万梁军，李嗣昭丝毫不慌，闭城坚守，养精蓄锐，打算用拖延战术，耗死远道而来的梁军。

康怀英杀到潞州城下后，不敢有半点懈怠，几乎是玩命地攻城，日夜不停地发动猛攻。但半个月过去了，却没有获得任何实质性的进展。康怀英不甘心，于是改变战术，准备打持久战，在城外挖沟建堡，把潞州城给重重围困起来。远在太原城的李克用也没闲着，派出了头号大将周德威，带着名将李存璋、李嗣本、史建瑭、安元信、李嗣源等精锐前往潞州驰援。同时又派兵攻打潞州北面的泽州，想切断梁军的军需补给线和退路。

在赶往潞州的路上，周德威在高河遇到了梁将秦武的援军。两军一碰面就打了起来，经过一番激战后，秦武败退。周德威顺利抵达潞州外围，和城中的李嗣昭遥相呼应，对围城的梁军形成夹击之势。但梁军毕竟人多势众，周德威不敢硬拼，于是采用了以骑兵袭扰的战术，时不时杀入梁军包围圈撩一把，破坏他们的沟壕堡垒，袭击打劫他们的粮道。可时间一长，周德威兵力不足的劣势就暴露出来了，梁军很快就做出了有效应对。由此，双方陷入了僵持。

为了打破僵局，李克用和朱温都使出了浑身解数。为了策应周德威的战术，李克用派出两路大军，佯攻晋州和洺州，从而迫使朱温分兵支援、牵制梁军；朱温则像一个赌急眼的赌徒，他见康怀英久攻不下，一怒之下贬康怀英为行营都虞候，让亳州刺史李思安接替了主帅之位。不得不说，朱温此时出了一个昏招，毕竟临阵换帅可是兵家大忌。

在五代十国的名将群像中，李思安这人还挺另类的。《旧五代史》用了“鹰扬飚卷”四个字来形容李思安的身手。飚（biāo），意思是暴风。简单翻译一下，四个字就是说他这人身手非常快，像雄鹰展翅、狂风席卷那样，飞扬呼啸于战场之上。李思安玩得一手好飞槊，每次带头冲锋时，他都在敌军中左冲右突，如入无人之境，敌方大将不是被他斩首就是被他生擒。因此，敌军看到李思安旗帜往往魂飞魄散，朱温呢，自然看到这位爷就喜笑颜开。但李思安最大的一个问题就是：稳定性太差。只要是他主导的战役，不是赢得惊天动地，就是败得惨不忍睹。

而晋将主帅周德威，也是一名杰出的将领。骑马射箭自不必说，行军打仗更是行家。《旧五代史》形容他：“骁勇，便骑射，胆气、智数皆过人”。当然，周德威最拿手的，是他仅凭借远处烟尘的浓度就能够判断敌人兵马的多少，从而做出正确的应对。那么，当周德威对上李思安，这场潞州之战会是怎么样的呢？

李思安昼夜兼程赶到潞州，连气都没喘匀，就观察起了战场形势。他觉得康怀英原来弄的沟壕堡垒还不错，但还差点意思，于是让人在外面再修筑了一重，跟康怀英的部队形成“夹寨”之势。这样一来，既可以内防城中兵士突围，又可以外防晋军援军来救。整个潞州城被封锁得严严实实，跟个铁桶似的。同时，李思安又征调山东百姓运粮支前，另外修建了一条保护粮道的“夹寨”，俨然垒高粮足，虎视眈眈。

周德威侦知后，多次派遣轻骑去断梁军的粮道，同时又和部下诸将轮番出击，昼夜偷袭对方的“夹寨”：你出他归，你撤他出，不间断地进行各种骚扰。这就搞得梁军防不胜防，白天黑夜都睡不好觉，被折腾得都快神经衰弱了。李思安气得七窍生烟，却又无可奈何，最后只得据寨坚守，加紧猛攻潞州城。

而潞州城里的守城大将李嗣昭也是个硬骨头，他一直坚守不出，跟梁军打起了持久战。所以，梁军对潞州城的围攻战，逐渐形成了“外面打得热闹，里面打得胶着”的局面。梁军当然也想来个软的，多次派人入城诱降，但李嗣昭根本不吃这一套，直接把诏书烧了，使者也给杀了。李嗣昭一面整备军械，登城拒守，一面还要安抚士民，鼓舞士气。为了给守城兵民壮胆，李嗣昭特意在城墙上摆起了酒宴，高奏起了声乐。梁军看见后，气得在墙外乱箭齐射。没想到，正好有一箭射中了李嗣昭的脚。李嗣昭也是个狠人，面不改色心不跳的，暗地里趁着没人注意，悄悄把箭拔了出来，全当治脚气了，然后若无其事地继续和大家谈笑风生。

这潞州战场一僵持，就僵持了大半年。梁、晋两方先后多次往潞州增兵，两军阵地也是犬牙交错，呈现出“你中有我，我中有你”的态势，谁也没占到一点便宜。开平二年（908），晋国突然传来了李克用病逝的消息。

李克用年轻时，是一个响当当的人物，十三岁就能一箭双雕，人送外号“李鸦儿”；十五岁就随军出征，冲锋陷阵总是一马当先，军中人称“飞虎子”。但自从朱温崛起后，李克用就逐渐势弱，多次处于下风，几次被朱温堵在家门口，被压得几乎没有还手之力。遥想当年，作为天下第一强藩，晋军横扫黄巢，勤王争天下，风光无限啊。后来屡战屡败，李克用不免心中郁愤，渐渐多病。李克用生病是在上一年冬天的十月，根据史书记载，他所得的病是“疽发于首”，也就是头上生了毒疮，或者是脑瘤什么的。据说当时晋阳城墙无故自坏，有人就说这是不祥之兆。到第二年的正月初一，李克用突然病情加重，初四那天，嘎巴一声血管爆裂，死了。

李克用生病之后，长子李存勖一直随侍左右。临死前，李克用交给他三支箭，要儿子替他报三个仇：一是消灭世仇朱温和他的梁朝，二是铲平刘仁恭，三是击败和他长久有怨的契丹部落。这三大敌人，都是李克用的平生大恨。当时，只有二十四岁的李存勖，接过老爹留下的三支箭，成为新一代晋王。不过，他这接班之路非常不顺，开局就是个逆风局：外有强敌朱温虎视眈眈，内有叔父李克宁搞事情。那么，李存勖会如何应对呢?

第四章

子承父志灭朱梁：梁晋争霸（下）

稳坐晋阳李亚子

后梁开平二年（唐天祐五年，908）正月，这一年，河东晋阳城的新年过得很是萧条。自打入年以来，大街小巷就开始戒严，闲杂人等一律不许随意走动。军府之内，更是气氛凝重，一堆人围在床边，看着躺在病榻上出气多进气少的李克用，个个都是满脸愁容，心情沉重。没过一会儿，李克用挣扎着醒来，他知道，自己是挺不过这一关了，但心中还有太多的不甘！人，不能和命争，他最后也只能作一声沉重的叹息，勉力强撑着精神，先是要交代后事。他把长子李存勖叫到身前，宣布把自己的晋王之位传给他，同时交给他三支箭，每一支都承载着李克用的深深恨意和未竟之志。

“一矢讨刘仁恭，汝不先下幽州，河南未可图也。”刘仁恭叛晋降梁，多做小人，李克用对他恨得牙痒痒。“一矢击契丹，且曰安巴坚与吾把臂而盟，结为兄弟，誓复唐家社稷，今背约附贼，汝必伐之。”契丹酋长耶律阿保机（安巴坚）背信弃义，作为曾经的兄弟，本来一起发誓要恢复大唐帝业，如今居然在朱温称帝后就抱上人家的大腿，李克用同样痛恨。“一矢灭朱温，汝能成吾志，死无憾矣！”至于和朱温的争斗，可以说是李克用一生的执念，他希望儿子能帮他完成这最后的复仇。交代完长子后，李克用又嘱托自家弟弟李克宁，说：“亚子交给你了，你不要辜负我！”说到“我”字时，李克用已是忍不住痛苦，一声狂呼，大叫而亡，享年五十三岁。

虽然李克用生前交代过弟弟李克宁等人，说：“此子志气远大，必能成吾事，尔曹善教导之。”（李存勖这孩子定能成就我的事业，你们要好好教导他。）但李存勖的接班之路，走得并不顺畅。李存勖是李克用二老婆曹氏所生。他打小就善于骑射，胆略过人，又爱读《春秋》，精擅音律，可以说是文武双全，深得李克用宠爱。十一岁时，李存勖随父征战，后又跟着父亲一起入朝献捷。唐昭宗当时看见李存勖时，就非常喜欢他，笑着对李克用说：“此儿有奇表，可亚其父。”（你这儿子将来肯定和你这个当爹的要有一比。）然后又拍着李存勖的肩膀说：“儿将来之国栋也，勿忘忠孝于予家。”（你将来肯定是国家栋梁，别忘了继续效忠我们大唐皇家啊。）所以，李存勖因此得了个“李亚子”的外号。

此时，接替父亲晋王王位的李存勖刚满二十四岁，虽说他文武双全不是什么贵族弱公子，但不知道出于什么原因，此前李克用从没让他单独带过兵打过仗。所以，直到李克用归天，李存勖都没什么能拿得出手的战绩，在河东军中并没有什么威望，自然镇不住场面。无论是李家近亲，还是那些义子名将，对他其实都非常不服。相比之下，李存勖的叔父李克宁就不同了。在河东军内，如果说李克用是大当家的话，那么李克宁就是名副其实的二当家。凡是李克用参与的大战，每战都有这个弟弟的身影，他是李克用身边的铁杆元老。李克宁一直深受李克用信任，身任振武军节度使，手握重兵，威望甚高，不论军事还是民政，大小事基本由李克宁自己决定，他可谓晋国名副其实的实权派人物。因此，不少人都觉得，李克用死后，晋王的位置应该让弟弟李克宁来坐。

另外，李克用还收了很多的义子。这些义子们个个骁勇善战，威武非常，在战场上立了不少功劳。李克用呢，也非常宠爱和重用他们，衣服、礼秩等待遇都非常好，和自己的嫡子李存勖没什么区别。这就让这些义子们产生了一种错觉，觉得自己也有资格继承晋王之位。所以，李存勖继位后，这些义子多不服气，觉得这小伙子不堪大任。所以，他们很不给李存勖面子，不是请假不上班，就是见面不打招呼。其中，李存颢和李存实这两个义子，还暗中前去鼓动李克宁造反："兄终弟及，自古有之。以叔拜侄，于理安乎！天与不取，后悔无及。"（自古就有兄终弟及的例子。你一个做叔叔的还要叩拜侄子，于理不合！现在老天给你机会，你不争取，以后后悔也来不及！）

李存勖自然知道大家的心思，他聪明地以退为进，主动向叔父李克宁示弱，要把位置让出，当众对叔父宣称："儿年孤稚，未通庶政，虽承遗命，恐未能弹压大事。季父勋德俱高，众情推伏，且请制置军府，候儿有立，听季父处分。”（侄儿我年纪小，没有治理经验，虽然承接父亲的遗命接班，恐怕无法担当大任。叔父您德高望重，大家都服您，还是您担当大事吧，等我日后年长有了功劳，再听您委任我干事吧。）

老实说，以李克宁当时实力来看，他只要点头答应，军府内外应该是没什么人敢说闲话的。但李克宁向来都听哥哥李克用的话，哥俩儿感情一直不错。哥哥走之前，还特意嘱托自己照顾好他的儿子，如今李存勖这孩子像待宰的羔羊一样，可怜兮兮地求自己主事。李克宁心一软，就没有答应李存勖的请求，还站出来给他撑腰，说：“亡兄遗命，属在我儿，孰敢异议者！儿但嗣世，中外之事，何忧不办。”（王兄临终让侄子你继位，谁敢不从！侄儿你尽管继位，内外之事，不愁办不了！有我在呢。）此后，在面对李存颢等人的鼓动和挑唆时，李克宁也非常义正词严，表示说：“吾家三世，父慈子孝，先王土宇，苟有所归，吾复何求也！汝勿妄言，我且斩汝！”（我家三代以来都以父慈子孝闻名天下。先王把社稷也安排得好，我肯定没有所求了。你们再胡说，我就杀了你们！）

李克宁态度确实坚定，但李存颢等人还没放弃，于是他们找上了李克宁的媳妇孟氏。孟氏这个北地妇人向来刚强蛮横，很有野心。她觉得李存勖这个侄子一没威望，二没资历，三没水平，唯一的优势就是他是李克用的亲儿子，但自家老公也是李克用的亲弟弟啊，自然可以争一争。还别说，枕边风就是硬，孟氏不消停总逼迫李克宁动手，使得这位怕老婆的汉子心志动摇，最后竟然被说动了，开始和李存颢等人密谋推翻李存勖。他们的计划很简单：先把李存勖喊到李克宁家中做客，趁机做掉他身边的张承业等亲信，然后拥立李克宁为节度使；而后，带着河东九州归附朱温，把李存勖母子作为礼物一并送给朱温。这种立场变化太快了，李克宁为了达到目的，居然不惜向朱梁割地称臣，放弃祖上好不容易打下来的河东基业。

当时，有个叫史敬熔的文吏，此人年轻时就在李克用帐下侍奉，深受李克用的信任。李克宁很想知道晋王府中的情报，于是就找到史敬熔，把自己的计划告诉了他。没想到，史敬熔假装答应，转头就入府告诉了太夫人曹氏。曹氏大惊，赶忙告诉了李存勖。李存勖吓得亡魂皆散，立刻通知李存璋和张承业。李存璋和张承业两人都是李克用临终前给李存勖安排的顾命大臣，也是遗嘱的见证人。其中，张承业原本是唐朝时派到河东当监军的宦官，但张承业和一般的监军宦官不同，他作风正派，有勇有谋，经常给李克用提一些实用的建议，所以两人关系处得非常好。当年“白马之祸”发生时，朝中宰相崔胤和朱温诛杀全朝宦官之后，又以皇帝名义下诏各镇节度使诛杀各个地方上的监军宦官。李克用舍不得杀张承业，来了个偷梁换柱，找个死囚顶包，等于是救了张承业一命。为此，张承业感激涕零，发誓对李克用竭力效忠。

听到李克宁等人要造反，张承业勃然大怒：“臣受命先王，言犹在耳，存颢辈欲以太原降贼，王欲何路求生？不即诛除，亡无日矣。”（先王临终前的嘱托，言犹在耳。没想到李存颢等人竟然想以太原为筹码投降朱温贼子，到时候王爷您还能活命吗？倘若不及时处理这些叛徒，我们离灭亡也就不远了！）

别看张承业太监出身，办起大事那叫一个雷厉风行。张公公出主意，决定“以其人之道，还治其人之身”，也搞鸿门宴，让李存勖以自己的名义宴请诸将。酒过三巡，菜过五味，李存勖忽然摔杯为号，事先埋伏好的甲兵们一拥而上，把李克宁、李存颢等人即刻拿下。李存勖确实站在道德制高点上，当众责问叔父：“儿初以军府让季父，季父不忍弃先人遗命。今已事定，复欲以儿子母投畀豺虎，季父何忍此心！”（侄儿我早就说过要让位给叔父您，但您不忍心违背我父亲的遗命拒绝了。现在大事已定，却出尔反尔要把我和我娘一同送给朱温那个豺狼虎豹！叔父您怎么忍心干出这等事！）事已至此，李克宁也没什么好说的，长声哀叹不已。就这样，默默之中，李克宁等人当天就被斩杀。一场围绕晋王王位的纷争，以李存勖的胜利而告终，他也正式成为晋阳城实际上的执政者。

然而，内乱虽平，外患犹存，潞州之围仍悬而未决。那么，李存勖会怎么做呢？

三垂冈一战成名

李存勖接班后，先稳定了晋国内政。接着，他开始着手解决潞州之围的困局。这不仅关乎太原政权的生死存亡，还直接关系到李存勖的王位能否坐稳的问题。由于先前李克用一直没让自己的亲儿子正经带过兵打过仗，导致李存勖在晋军中的威望和地位一直不高。所以，这次战役对李存勖来说就显得非常重要。

梁军围攻潞州已有大半年之久，除了不断加码往里砸兵力和粮草，前线总指挥都换了好几茬，从康怀英换到李思安再换到刘知俊，最后连朱温都亲自出马了。可见，朱温对潞州势在必得。朱温刚到泽州，就收到李克用去世的消息。刚开始，他还以为这是李克用为了迷惑自己放出来的烟雾弹。直到后来才确定，李克用是真的已经咽气了。而李克用刚死，李存勖这毛头小子刚上任，晋阳就闹出内乱来，大将周德威都被从前线召回了。再一看潞州城守军，被困了这么长时间，城里的资源都快耗光了，现在已经是强弩之末。所以，朱温觉得拿下潞州指日可待，他压根儿就没把李存勖看在眼里。相比之下，他更担心的是隔壁的凤翔李茂贞乘虚来攻截断他的后路。于是，朱温决定从泽州还师，只留下刘知俊继续围攻潞州。

说来也奇怪，大将周德威正和梁军打生打死，李存勖却突然把他给叫回去。其实这事也很简单，就是李存勖猜忌周德威手中的兵权，怕他造反去投降朱温，毕竟自家叔父李克宁就是前车之鉴。周德威本人自然明白李存勖的猜忌，马上从潞州赶回晋阳。为了避嫌，他直接把大军留在城外，自己一个人进的城。哭祭过李克用后，周德威执臣子之礼，拜见了新任晋王李存勖。

两人一见面，李存勖就开启了试探，说父亲临终前提及："嗣昭忠孝，定不负我，重围不解，似与德威有隙，德威难忘旧怨，吾甚忧之，绝不忍再有存孝之事。待吾丧毕，以吾命谕之，若不解重围，我死不瞑目。"（我父王临终对我说：李嗣昭是忠孝之人，肯定不会背叛我。潞州重围一直不解，似乎周德威和李嗣昭有旧怨不肯配合作战，我非常有忧虑，怕李存孝之事再度发生！等我死后，把我的谕令转达给周德威，如果潞州重围不解除，我死不瞑目。）

周德威听后，马上叩头解释说："解围潞州的事，并不是我不给力。我到达之后屡次打败梁军，后来梁军搞了一个围城的夹寨，非常坚固，又躲在里边不出战，求战不成，而我手头的兵力又不够攻破夹寨的，希望大王明察！"接下来，周德威表明自己的态度："先王遗命，不敢不遵。今后（吾）定当释去私怨，与嗣昭同心协力。"（既然先王有遗命，我不敢不遵行！今后肯定和李嗣昭尽释前嫌，同心效力！）

探明周德威态度后，李存勖放心了，就开始做战前总动员。他先是对众将讲明潞州的重要性："上党（潞州），河东之藩蔽；无上党，是无河东也。"紧接着说明目前己方的优势："朱温所惮者独先王耳，闻吾新立，以为童子未闲军旅，必有骄怠之心。"

然后提出自己的作战方案："若简精兵，倍道趣之，出其不意，破之必矣。"最后他再给大家鼓个劲、打个气："取威定霸，在此一举，不可失也！"李存勖这番发言，获得众将的一致认同，大家心中也想，这位年轻人先前没打过什么仗，忽然之间，却像战神出世一般。

于是，在朱温离开潞州的第十二天，李存勖身穿孝服，亲率精锐从太原出发，每日行军百里，疾驰六天之后，到达潞州外围的三垂冈（位于今山西长治市郊）。这地方，李存勖小时候曾来过一次。当年邢州大捷后，李克用曾路过三垂冈在此休整。在众人推杯换盏之际，随行的伶人奏起曲调凄苦的《百年歌》，哀叹岁月无情，人生易老。当时，在座将士们无不黯然落泪，就连惯于戎马生涯的李克用，也不禁被乐曲伤感的旋律感染。而当年年仅五岁的李存勖，正好偎依在李克用膝边。李克用低头看着自家儿子，转而笑道："老夫壮心未已。二十年后，此子必战于此。"（老夫我年纪虽然不小了，仍壮心不已！二十年后，我这个儿子必定在此显神威，帮我征伐天下！）

故地重游，回忆起往事，李存勖忍不住感慨万千：这仗必须打赢，更要赢得漂亮！于是，他下令全军隐蔽集结，悄悄摸摸，就在梁军眼皮子底下潜伏，静待战机。等到天微微亮时，大雾开始弥漫，十步之外基本就看不清东西。于是，李存勖便借着大雾的掩护，直捣梁军的夹寨。此时的梁军，还都在睡梦之中呢。先前被周德威每天搞偷袭，梁军一直疲惫不堪。后来听说周德威走了，他们总算是松了一口气。再加上围困潞州也一年多了，梁军都觉得城里的晋军用不了多久就会投降，所以这些军士们逐渐松懈，连外围岗哨都撤掉了。由此，才导致今天李存勖突然来袭时，梁军完全没有防备。梁军忽然发现晋军出现在营中，惊慌失措，一片大乱。

李存勖抓住战机，趁势分兵三路：周德威部攻西北角，李嗣源部攻东北角，自己随后压阵。在三路大军的猛攻下，李嗣源一部军士率先攻破东北角的夹寨。这位李嗣源，就是后来的后唐明宗，他同时还是“十三太保”中的大太保，是一位极为出彩的猛将。每次上阵，他都身先士卒，人送外号“李横冲”。李嗣源带人攻入夹寨后，见人就杀，见营就烧。紧接着，西北角的周德威部也攻入夹寨，边杀边放火，杀到哪里哪里就火光一片，尸横一片，气势锐不可当。而梁军呢，就像一群没头的苍蝇，懵懵懂懂的，被杀得东逃西窜。

这时，梁军前任总指挥李思安刚被罢免，继任的刘知俊还在来的路上。所以，当时梁军军衔最高的就是行营副招讨使符道昭和都虞候康怀英。符道昭见控制不了局面，赶紧拍马逃命。谁知他一阵乱鞭，竟把马打惊了，左蹦右跳，直接把他给掀下了马背。这时，周德威正好赶到，手起刀落，一刀就将符道昭剁成两段。康怀英倒是比较幸运，在手下的拼死保卫下，最终逃回汴梁。刘知俊听闻前线战败后，也掉头跑路了。

这一仗梁军大败，丧命和逃亡的将士数以万计，丢下的粮草军械更是堆积成山。周德威亲自骑马来到潞州城下，高声呼叫李嗣昭开门。李嗣昭愣了，揣摩着可能是周德威投降朱温之后来骗城的，愣是没开城门。周德威只好立马城下，说出一番肺腑之言，李嗣昭还是不敢开门。周德威只好请出李存勖本尊，经过一番言语，李嗣昭终于相信梁军确实已经大败溃逃。他马上打开城门，出城拜见李存勖，与周德威也重归于好。这场战役，就是历史上著名的“三垂冈之战”，也称“夹寨之战”。

朱温在开封收到战败的消息后，惊叹不已，叹息说：“生子当如李亚子，克用为不亡矣！至如吾儿，豚犬耳！”（生儿子就要生李亚子这样的人。有这个儿子在，李克用等于就是没死！唉，和李亚子相比，我的儿子们就跟猪狗一样没用！）

三垂冈，不仅见证了沙陀李家父子梦想的传承，还宣告了一代战神李存勖的崛起。在这场战役中，李存勖长途奔赴，奇袭取胜，展现了自己卓越的军事才能，成功把潞州解救了出来，确保了太原南线的战略安全。这场大胜，为以后晋军兵下太行，逐鹿中原打下了牢固基础。同时，李存勖的三垂冈大胜，还使得自己彻底坐稳了晋王宝座，赢得了李嗣源、李嗣昭等将士的尊重和信任。福无双至今日至，李存勖此行还收获了一个美娇娘，就是梁将符道昭的妻子侯氏。这位侯氏不仅人长得漂亮，还温柔贤惠，善弹琵琶，得到李存勖的宠爱。而后外出打仗时，李存勖总会让侯氏女扮男装跟着自己一起行军。为此，晋军将士都称侯氏为“夹寨夫人”。这个称呼，后来逐渐讹传成“压寨夫人”一词。

总之，夹寨之战影响是巨大的，可以说彻底改变了晋梁大战的历史走势。它不但让已经濒于灭亡的河东重获生机，还重创了朱梁军事指挥层，为日后李存勖灭梁埋下了伏笔。

一触即发战柏乡

三垂冈之战，是梁晋双方实力消长的重要转折点。对于家大业大的朱梁来说，丢点粮草兵马不算什么，但致命的是军事领导层的受损：康怀英战败后，逐渐丧失了勇气和信心，而李思安也被证明了不堪大用，加上葛从周等人逐渐老去，以及朱温对昔日功将的猜忌和滥杀，朱梁方面能用的猛将越来越少。

李存勖呢，作为新生一代晋王，大胜之后回到晋阳，休兵行赏，厉行改革，下令让各州县举荐有贤才的人，罢斥贪婪残暴的官吏，减轻百姓田租赋税，抚恤孤寡穷民，申冤雪案，严抓奸盗，河东境内逐渐安定下来。尤其是潞州被围一年之久，城中百姓饿死大半，满目疮痍。解围之后，李存勖放宽法律，减免租税，劝课农桑，打击盗寇。短短一两年，就让潞州恢复了生气。同时，他还整顿军纪，加强队伍训练。从此之后，晋军上下一条心，齐心协力共同对敌。可见，和内耗的朱梁相比，李存勖的晋国如日中天，充满活力。

但客观来说，三垂冈之战李存勖能取胜，侥幸成分居多。首先是朱温军队自大轻敌，撤去了侦察兵，给了李存勖偷袭的机会。其次是老天帮忙，天降大雾助力晋军，为李存勖创造了有利条件。所以，这场胜利并不能有效缓解晋国当时面临的严峻形势。梁国依然强大，晋国依然危机四伏：北有契丹骑兵的威胁，东有大燕刘守光的窥视，加上义武的王处直、成德的王镕、凤翔的李茂贞、魏博的罗绍威，还有一直虎视眈眈的大梁皇帝朱温。对李存勖来说，他现在能做的，就是通过一场场硬仗，一个一个地啃掉这些硬骨头。

再看朱温这边。朱温称帝后，年纪大了身体不好，脾气还越来越差，整天猜忌功臣。同时，他还老猜忌梁国下面各个藩镇，大搞“分镇”“移镇”的削藩把戏，结果搞得一团糟，出了许多乱子，简直就是重蹈李克用当年的覆辙。虽然河北等藩镇向朱温称臣，但仍保有自己的独立政权，并不受朱温直接控制。对此，朱温一直耿耿于怀。

开平四年（910），成德节度使王镕的母亲病逝，派人来洛阳报丧。朱温派人到镇州吊唁，好巧不巧，梁国使者遇到了晋国的使者，回家后就跟朱温打报告说：“这王镕好像暗中和晋国有来往啊。镇州、定州兵力强盛，恐怕日后难以控制。”使者一席话，让朱温坐不住了，毕竟成德镇王镕可没有魏博那么听话，先前在梁晋交战中一直试图保持中立。还有，义武的王处直也是个不安分的主，虽然现在挂着朱梁“北平王”的头衔，但之前他向来就交好晋国，说不定哪天又投靠李存勖。没多久，魏博节度使罗绍威去世，朱温原本准备让罗绍威次子罗周翰继任，但想到王镕有二心，还有那个王处直也不安分，于是就决定让这三镇节度使来个地盘大对调。

就在这时，燕王刘守光发兵屯驻涞水（今河北保定涞水县）。涞水在义武镇辖下的易州东部，临近成德辖境，似乎刘守光是要偷袭成德军。朱温得到消息后，觉得机会来了，马上遣军三千进驻成德镇所属的深、冀二州。他表面上说是要帮助王镕击退燕军，实际上是等待时机吞并成德军。梁军占据深州后，梁将杜廷隐忽然关闭州城，杀光了戍守深州的成德军军士。得知此事后，王镕突然生出兔死狐悲之感，手下部将石公立就劝他起兵反梁。王镕还在犹豫之际，又传来了冀州失守的消息。这下王镕傻眼了——成德辖下总共有镇、赵、深、冀四州之地，眨眼工夫就丢了一半家当，他悔得肠子都青了。

王镕没办法，只能下定狠心和朱温决裂。但单靠一己之力，他肯定干不过朱温，于是便派人去找王处直，叫他一起反朱温。王镕心里还是没底，觉得他俩加在一起还是抵抗不了朱温的梁军，于是又找幽州的刘守光一起干。刘守光和他爸刘仁恭一样是个小人，只想做后边扑螳螂的黄雀，根本不管王镕死活。王处直呢，深恐王镕完蛋后自己会成为朱温的下一个目标，于是两人一拍即合，一块派人去找河东的李存勖，要推举他做“反梁盟主”。

李存勖方面，收到了王镕的求救信。不过，在是否救援成德的问题上，晋国高层发生了严重的分歧。大多数人认为：“镕久臣朱温，岁输重赂，结以婚姻，其交深矣，此必诈也。”（王镕一直依附朱温，不仅每年都送钱，后来还结了儿女姻亲，他们的关系可不是一般的深。这两个人极有可能是在演戏，目的是使用诈计，引诱我们进军。）所以，大家一致建议李存勖坐山观虎斗，先看一看再说。

可以说，晋国将领们的这些想法还是比较稳妥的。本来嘛，河北就是朱梁的属地。河北乱了，头疼的只有朱温。可如果晋国出兵，那局面就不一样了。正所谓兵凶战危，这要打赢了还好说，要是输了，后果肯定波及自家，到时候河东就危险了。

李存勖虽然理解手下人的想法，但他并不支持自家人想法。他觉得，王镕不一定是真心归降朱温的。王镕向梁国称臣的底线，就是成德镇的独立自主，他先前更多是迫于朱温军事压力而屈服。再说了，这是一个千载难逢的好机会。要是打赢了，晋国就能一举跨过太行山，重新在河北地区站稳脚跟，扭转梁强晋弱的局势，在梁晋争霸中夺回主动权。

思之良久，李存勖态度非常明确地对众人说："王镕现在求我们出兵，恐怕也是出于利害的选择。他在唐朝时对朝廷还时叛时降呢，怎么可能甘心一直做朱温的臣子？现在事情发展成这样，各方谁还会顾得上儿女私情！如果我们因为怀疑就不去救他，那就更中了朱温的计了。我们应该立刻发兵，如果我们晋、赵两家协力，肯定会击败梁军！"于是，李存勖派头号猛将周德威率部屯驻赵州（治今河北正定），紧接着自己也率军东进，两人会合后，又一起进驻野河北岸，和梁军夹河对峙。

这边的朱温，本来是想给王镕制造压力敦促他早点献地。没承想，王镕竟然叛梁附晋，而且李存勖现在已经率军拦在了赵州。对朱温来说，成德军他是势在必得的。只要拿下了成德军镇，他就能在河东东线插上一刀，随时可以发动对河东太原的突袭。于是，朱温派出了手中的“王炸组合”：任王景仁为北面行营招讨使，韩勍（qíng）为副使，李思安为前锋，率八万大军出征成德军。这支大军气势汹汹，其中就包括了朱温打天下的“龙骧”军和“神捷”军。同时，朱温还让魏博军配合王景仁的主力，一起北上作战；大将阎宝和“双枪”王彦章，率二千精锐骑兵殿后，作为机动接应。由此可见，梁国的老朱是拿出厚厚家底来打这一仗的。

朱温这阵势看着厉害，却有一个致命漏洞。梁军的主帅王景仁，其实是个“二流主帅”，他根本掌控不了梁军的指挥权。王景仁本名王茂章，淮南王杨行密的老乡，最早是跟着杨行密一起打仗的。杨行密死后，他的长子杨渥继位，非常忌惮王景仁的勇武。为了避祸，王景仁先是就近奔逃到吴越避祸，吴越王钱镠不想得罪邻居杨渥，就让他去洛阳拜见朱温。朱温非常欣赏王景仁，就留下他为自己所用。朱温的曾祖叫朱茂琳，为了避朱温祖讳，王茂章改名为王景仁。所以，这个王景仁是后来加入朱温集团的，属于外人，即使他有统兵之才，但在梁军中毫无根基。但也正是因为王景仁没有军队根底，他带头统兵朱温反而更放心，因为这位大将肯定不会背叛自己。也正因为这个原因，王景仁统兵没有威望，大大削弱了梁军战力。所以，打起仗来，王景仁根本指挥不动韩勍、李思安这两位梁国悍将。

现在摆在李存勖面前的，也有一个烦恼：即使三镇合兵后，总兵力加起来还不到二万。与梁军那八万大军对比，过于悬殊，更别提梁军里还有“龙骧”和“神捷”两支精锐部队。双方兵力如此悬殊，李存勖如何应对呢？

狭路相逢智者胜

李存勖援助成德镇的王镕，又会同义武镇的王处直，等于三镇联军共同对抗朱温。但三镇合兵总共才不到二万，而对阵的梁军却是八万之多。当然，李存勖方面也不是什么优势都没有，虽然兵力总数少，却拥有成规模的三千沙陀铁骑突击力量，战斗力堪比盛唐时李世民的玄甲军。

所以，当时李存勖最担心的倒不是梁军的人多势众，而是内部的反水。毕竟成德镇的王镕是因为情况危急才急于和自己结盟的。李存勖就怕王镕扛不住压力临场吓软蛋，反而拖了自己后腿。好消息是，李存勖在前来的路上生擒了几个梁军士兵，从他们口中撬出了一条重要信息，朱温遣将发军之时曾公然对将帅下令说：“镇州反覆，终为子孙之患。今悉以精兵付汝，镇州虽以铁为城，必为我取之！”（王镕反复无常，迟早是个祸害。如今我把国内精兵强将都给了你们，就算镇州是用铁铸的城墙，你们也得给我拿下对方！）得到了朱温图谋赵国的重要人证，李存勖马上派人把俘虏送给王镕，由此彻底坚定了王镕背梁归晋的决心。稳住王镕，李存勖没有了后顾之忧，开始集中精力对付梁军的王景仁。此时，晋军已经到达距离柏乡（今河北邢台市辖县）三十里外。

梁军虽然兵力占优，却并不打算在旷野中直接和沙陀骑兵硬刚。梁军主帅王景仁此前一直在淮南地区打仗，以善于防守而著称。在过往战役中，王景仁往往自甘示弱，而后伺机派精兵反击，最终取得战争的胜利。现在，他虽然改投到了朱温麾下，还是习惯用自己的老套路，还是使用类似的防御反击战术。所以，晋军曾多次前来挑衅，他都无动于衷，稳如老狗。

晋军见梁军没动静，也没敢贸然进攻，就在离柏乡五里的野河北岸扎了营，继续派出沙陀骑兵骚扰梁军。沙陀骑兵一边绕着梁军营地射箭，一边开启嘴炮模式，大骂不止。晋军开骂没多久，脾气暴躁的梁将韩勍就坐不住了，直接带着三万兵马冲了出来，分成三路向晋军进击，准备教训这群满嘴臭气的河东兵痞。不得不说，这三万人马的装扮非常酷炫，盔甲上装饰的都是金银绸缎，在阳光下闪闪发光，给人的视觉冲击非常震撼。

晋军被梁军这一身土豪金亮瞎了眼，一时之间呆呆发愣，竟不敢上前迎击。对比之下，晋军军服寒酸土气，士气不由得逐渐低落起来。这时，周德威站了出来给众人打气："彼皆汴州天武军，屠沽庸贩之徒耳；衣铠虽鲜，十不能当一，擒获一夫足自富，此乃奇货，不可失也。"（这些人是汴州天武军，别看他们装备好，其实都是一群杀猪卖酒卖货的贩子出身。别看他们衣服铠甲鲜亮招摇，真打起仗来，十个也打不过你们一个。如果你们想要发家致富，抓住他们一个人就够了！如此奇货就在眼前，还不赶紧去抢！）打仗有时候就是打心理战，听周德威这么一说，晋军士兵士气大振，眼冒金光，纷纷要求出战。此时周德威只有一千精骑，自然不能和梁军正面硬刚，就使出游击战术，在梁军两侧来回袭扰，率领晋军在梁军阵中往返冲杀了四次，斩俘好几百人。不过，梁军中不少军人也是百战之士，人数又多，很快又占据了上风。周德威且战且退，一直退到野河岸边。梁军见晋军背水一战，生怕这些人急了拼命，也退回自己营地。

经过这次小试牛刀，朱温手下统帅王景仁发现，晋军其实也不敢硬碰硬。于是乎，他就稳扎稳打，依托自身军事优势，不顾周德威的小规模骚扰，在柏乡筑壁垒、屯大营、修浮桥，想在适当时候从中路突击，一举歼灭晋军的生力军。对此，周德威看在眼里急在心里，同时意识到了梁军的强大，觉得这样下去不是办法。思前想后，周德威决定先示弱，向李存勖进言："梁兵甚锐，未可与争，宜少退以待之。"（梁军现在气势正足，不能硬刚，咱应先稍微往后退却一下，等梁军士气耗尽再出手。）

李存勖呢，反而觉得应该速战速决，说："我提孤军救难解纷，三镇乌合之众，利在速战，卿欲持重，吾惧其不可使也。"（我们孤军远来救难解危，这三镇兵马都是临时凑起来的，要想取胜就得打快点。你想稳扎稳打慢慢来，我怕到时候三镇兵马不听使唤！）

周德威强烈反对李存勖的想法，说：“镇、定之兵，长于守城，短于野战。且吾所恃者骑兵，利于平原广野，可以驰突。今压贼垒门，骑无所展其足。且众寡不敌，使彼知吾虚实，则事危矣。”（义武和成德善于守城，他们打野战就不行了。而咱们的优势是沙陀铁骑，属于野战高手，可以奔驰追击。现在梁军壁垒坚厚，咱们的骑兵优势根本施展不开。要是被他们摸清了咱们的底细，知道咱们兵力虚实，那以后就更危险了。）

李存勖看到周德威当面顶撞自己，非常不高兴，耍起小性子，转头就回帐篷里睡觉去了，不再理睬众人。周德威感到很惶恐，也很无奈，只好去找监军张承业帮忙。因为李存勖很信任和尊重张承业，对这位太监叔叔一直是言听计从。

周德威对张承业说：“大王骤胜而轻敌，不量力而务速战。今去贼咫尺，所限者一水耳。彼若造桥以薄我，我众立尽矣。不若退军鄗邑，诱贼离营，彼出则归，彼归则出，别以轻骑掠其馈饷，不过逾月，破之必矣。”［大王现在刚取得一场胜利就开始轻敌，自不量力寻求速战速决。如今我军和梁军就隔着一条河，如果他们造了桥直接冲过来，我们马上就要因为敌众我寡而全部被消灭掉。我军如果能退守鄗（hào）邑，引诱梁军离开营垒，不停骚扰他们，再用轻骑去抢夺他们的粮草军需，不出一个月，必能击破梁军！］鄗邑位于今河北柏乡县固城店镇。

张承业也认同周德威的说法，于是入帐劝说李承勖。李存勖年少时就随父征战，哪能不明白这个道理。此前他负气躲着睡觉，只不过是一时拉不下面子，现在早就气消了。没等张承业说完，李存勖就同意了周德威的建议。刚好，晋军抓到了梁军的一个俘虏，得知王景仁数日前就已经在偷偷造浮桥了。擦了擦冷汗，他马上下令军队撤退到鄗邑，按周德威的计划行事。

晋军大部队虽然撤退走了，周德威还带着小股游骑，四处袭击梁军的运粮补给线。由于沙陀骑兵来去如风，以步兵为主的梁军经常被牵着鼻子走。没多久，人数庞大的梁军就出现粮食供不应求的问题。不但人没得吃，马也没得吃，以至于梁军有大量战马饿死。为此，许多将领和老兵都迁怒于王景仁，觉得这位懦弱的统帅只会防守不会进攻，简直是浪费自身兵力优势。在这种压力下，王景仁不得不修改自己一贯的战术风格。

梁开平五年（911）正月，周德威又带着兵跑到梁军阵前开骂。这时的王景仁，哪还有之前的沉稳。备受压力的他决定放手一搏，直接集结全军，倾巢攻击晋军。如此，正中周德威下怀，他且战且退，把梁军引到了鄗邑以南的平原上。接下来，两军便在野河沿岸展开了交战。当时，梁军分为东西两阵，横七竖八地占了六七里地，史书形容其“戈矛如束，嚣声若雷”。激战中，梁军四次被打散，然后又迅速重整起来。战况一度激烈得让人喘不过气来。李存勖本想全力出击，但被周德威一把拦住：“观梁兵之势，可以劳逸制之，未易以力胜也。彼去营三十余里，虽挟糗粮，亦不暇食，日昳（dié）之后，饥渴内迫，矢刃外交，士卒劳倦，必有退志。当是时，我以精骑乘之，必大捷。”（梁军气势正盛，可以劳逸结合打击他们，不能想着一下子就打败他们。梁军离开大本营三十多里地，即使身上带着干粮也没有时间吃。太阳偏西过后，战斗已久，他们肯定饥渴难耐，刀枪逼临之下，必生撤退厌战之心。到时候，咱们再以精兵全力出击，肯定大捷！）李存勖觉得这招非常妙，就按周德威的计划行事。

两军激战，一直打到快天黑，梁军此时疲惫不堪，又饿得前胸贴后背。周德威见时机已到，立即指挥军队发起全面反扑，两面夹击梁军。由于梁军主帅王景仁和其他梁将不和，造成梁军不能获得有效的统一指挥。东线的魏博镇军队看情况不妙，提前一步跑路。周德威抓住机会，高喊："梁军跑了！"西线梁军一听，以为友军被晋军打垮了，也吓得四散而逃。晋军趁机追杀，大获全胜，"斩首二万级，获马三千匹"，俘虏陈思权等梁将二百八十五人，缴获战利品多多，"铠甲兵仗七万，辎车锅幕不可胜计"。梁军统帅王景仁等仅剩数十骑连夜逃归。此战过后，朱温引以为傲的龙骧、神捷两军，几乎全军覆没。

柏乡之战，是梁晋争霸的一个重要转折点。原本强势的梁军，因为此战损失太大而一蹶不振。由此，战争主动权落入晋军手中，双方就此攻守易势。

大燕皇帝刘守光

柏乡一战，朱温可以说是栽了个大跟头。虽然梁朝还是天下第一强国，但统治力明显减弱。特别是成德镇王镕、义武镇王处直，这两人从此彻底倒向了晋国的李存勖。而李存勖呢，在接连打赢了三垂冈和柏乡这两场硬仗后，终于可以喘过一口气，再次和义武、成德这两镇战略结盟，重建起河东的东线防御体系。

谁也没想到，身经百战的头号枭雄朱温，居然会被李存勖这个年轻后生打得满地找牙。李存勖的横空出世，一改之前河东屡被汴梁欺负的窝囊形象，扭转了河东在战略生存上的被动态势。不过，朱温虽然败了，但虎威还在，梁朝的整体实力还是很强的，只不过是从原来的大象瘦成了河马；而晋国呢，却是由原来的兔子胖成了豹子。柏乡大战后，梁、晋进入了短暂的休整期，双方都在积蓄力量准备下一场大战。一直盘踞幽州在一旁吃瓜看戏的刘守光，这时候开始心思活络起来。

刘守光这个人，是原幽州大佬刘仁恭的次子，因为搞了他爹的爱妾罗氏，被他爹刘仁恭赶出幽州。后来刘守光政变夺权，囚禁了他爹刘仁恭，最后更是杀光他哥刘守文一家，独占幽州。由于一切发展得都很顺利，他就觉得自己是天命之子，开始各种作妖，在幽州荒淫无度，残暴至极。平时他最喜欢干的，就是把得罪自己的人关到铁笼子里用火烧，烧完了还用铁刷子帮人刷脸，把人家的脸皮给活扒拉下来。

柏乡之战后，刘守光看李存勖这个毛头小子都能把朱温打得落花流水，心想自己这个"天命之子"肯定更牛啊。于是，他就准备搞点事情。他先找上了成德镇的王镕，表示说："燕有精兵三十万，顾愿率二镇以从晋，然谁当主此盟者？"（我们燕国有三十万精兵，也想凑个热闹跟随晋国一起灭梁国。不过这么多人一起干，肯定要有一个带头大哥，你觉得谁行呢？）刘守光的潜台词就是：我想当你们的大哥。

早在柏乡大战之前，王镕就曾派人向刘守光求援过。结果，派去的使者连刘守光脚指头都没见着，就被灰头土脸赶回来了。现在仗打赢了，刘守光又觍了个大脸说自己要当大哥。对此，王镕肯定是气不打一处来。既然如今自己都和李存勖结盟了，王镕不敢怠慢，赶紧派人把这事告诉了李存勖。

李存勖知道后，冷笑连连，心想刘守光这货脸可真大。不过，无论如何，晋国现在情况也不是很妙：南有朱梁进攻，北有契丹侵袭，中间还有幽燕、镇定等割据势力捣乱，晋国可以说是陷入多面作战的不利境地。而且，他爹李克用死前留下的三支箭里，有一支就是要他夺取幽州。于是，李存勖决定先拔除刘守光这根刺。“欲使其灭亡，必先使其疯狂”。深知刘守光膨胀，李存勖就先使“捧杀术”，他联合成德的王镕、义武的王处直、昭义的李嗣昭、振武的周德威、天德的宋瑶等五镇节度使，遣使奉表，一起给刘守光送了个“大礼包”，共尊他为“尚父”。“尚父”在中国古代可是个很尊崇的称呼，取自周武王和姜尚姜太公之间的典故，简单说就是拿对方当干爹看。这个头衔，汉朝的董卓和唐朝的郭子仪都得过，虽然是尊称，但那要看放在谁身上。如果德不配位，“尚父”这词就充满讥讽。李存勖这招，就是要让刘守光先飘得更高，然后再摔得更惨。

刘守光还真就爱吃这套，竟然真的以为李存勖他们是怕他，扭头就派人去洛阳找朱温讨官去了。刘守光这货要的官职是“河北都统”，也就是先前唐朝河北道诸镇的最高级别长官，具有征调、节制各方军镇兵马的实权。朱温也是个人精，哪会看不出刘守光那点小心思，但他看破不说破，表面功夫做得做足，先是顺水推舟封了刘守光为“尚父”，然后给了他一个“河北道采访处置使”的官职。这官职听着高大上，但实际上只是负责考核、弹劾所属州县官吏的职务，军权其实一点没有，就是个虚衔而已。刘守光呢，文化水平不高，也没察觉其中差异，还以为自己真成事了，马上让人张罗册封大典。

对于这个册封大典，刘守光非常上心，秉持着精益求精的精神，每一处都仔细询问。他很真诚地问大典负责人：“此仪注何不郊天改元？”（这仪式怎么没有祭天改元的部分？）

那位负责人一脸懵逼，忙答道：“此天子之礼也，尚父虽尊，乃人臣耳。安有郊天、改元者乎？”（祭天改元是皇帝干的事，尚父虽然尊贵，但仍然是人臣，没这仪式的权限啊。）

听到这话，刘守光当场就气炸了，怒摔梁国的诏书文件大骂道：“我大燕地方二千里，带甲三十万，东有鱼盐之饶，北有塞马之利，我南面称帝，谁如我何！今为尚父，孰当帝者？公等促具帝者之仪，予且为河朔天子！”（我大燕地方两千里，带甲三十万，东有鱼盐之富饶，北有塞马之便利。我要做大燕皇帝，谁还能把我怎么样！如今我都当成尚父了，谁还能当皇帝呢！你们马上为我准备称帝仪式典礼，我现在就在河北这地方当皇帝过过瘾。）刘守光这一下，把他手下的大臣给搞蒙了。于是，大臣们纷纷上奏劝谏，但越劝刘守光就越是来劲，甚至还找人把铡刀、砧板抬出来，摆在地上说："敢谏者斩！"

梁开平五年（911），刘守光在幽州悍然称帝，改元"应天"，国号"大燕"，史称"桀燕"。为什么加个"桀"呢？就是因为刘守光这人过于残暴。对于刘守光要当皇帝这事，有个叫孙鹤的大臣一直拦着。孙鹤本来是刘守光他哥刘守文的部下，后来沧州城投降，孙鹤就跟了刘守光。面对孙鹤的阻拦，刘守光的手段非常残忍，他先让人拿泥巴把孙鹤的嘴糊死，然后从脚开始一寸寸地凌迟，还让手下众人分食这位谏臣的肉！孙鹤吐出嘴里的泥巴，到死都在大喊："不出一百天，一定会有讨伐的大军打来！"没想到，孙鹤一语成谶。

刘守光擅自称帝的行为，可把朱温气得不轻。本来朱温年纪大了，一直生着病，现在更是被刘"皇帝"气得雪上加霜，很想立刻就去收拾他。李存勖方面，派出太原少尹李承勋前去祝贺刘守光被册封为"尚父"，但到达幽州的时候刘守光已经称帝。刘守光称帝后，更是狂妄自满，竟然膨胀到要李承勋对自己行三拜九叩的臣子礼。李承勋当然不干，毕竟自己是李存勖的人，又不是你刘守光的臣子。刘守光一气之下，竟然当庭杀了李承勋。事后，他还非常淡定，丝毫不担心李存勖会打过来找茬，反而和将领们策划起自己出兵攻打镇州和定州的事情。

梁乾化元年（911）十一月，刘守光发二万兵出幽州南下。义武镇王处直很害怕，马上向李存勖求援。这时的李存勖，恰好刚收到了李承勋的死讯，悲愤交加之下，决定举兵伐燕。他派周德威率军三万，和王镕的部将王德明、王处直的部将程岩等人，合军北进。三路大军一路势如破竹，连克祁（qí）沟、涿州两地，兵锋直指幽州城下。祁沟在今河北保定涿县西南三十里，《水经注》中的“奇沟”就是指祁沟。

这时的刘守光，得知李存勖大军压境，悔得肠子都青了。他称帝不过半年，不久前还幻想着做大做强，没想到眨眼间，自己就被三镇兵马大军压境。好在他不愧是刘仁恭的种，脸皮厚是家传。眼见情况不对，马上转头向朱温朱皇帝上表认错，痛哭哀求朱皇帝出手相救。朱温就和当年李克用对付刘仁恭一样，虽然也恨透了刘守光这个表里不一的反复小人，但如果失去了刘守光对幽州的牵制，李存勖肯定就把幽州给吞并了。如此一来，他李存勖南下中原可就毫无阻碍了。无奈之下，朱温也只能捏着鼻子伸出援手，顺带想报一下先前三垂冈和柏乡之战的耻辱。

很快，朱温带病御驾亲征，带着号称五十万（实际二十万）的大军，浩浩荡荡地从洛阳出发，直扑河北。十日到达魏州，扎下中军大营后，朱温开始分兵派将：让杨师厚部进围枣强（今河北衡水市辖县），贺德伦部兵围蓨县（今河北景县），以此声援幽州。不得不说，朱温这一招围点打援，和李克用当年救援刘守光的策略如出一辙。那么，幽州之战会如何发展呢？

李存勖攻克幽州

话说刘守光妄自尊大建立大燕国，史称“桀燕”。称帝后，他发兵二万，南攻容城，结果反被李存勖、王镕和王处直三镇兵马联兵合围。情急之下，刘守光哀求朱温，朱温亲自率领大军前往支援。颤颤巍巍地，朱温从洛阳出发。因为先前柏乡大败，他一直耿耿于怀，再加上人老了，一生病就容易反反复复，脾气也变得更加暴躁。他一路上打死、赐死了好几个官员，就连手下大将李思安也没能逃过一死。随行人员人人自危，日惊夜忧。

途中，朱温偶遇了一支几百人的侦骑，以为是晋军大部队来了，急忙丢下出行用的帐幕，率兵逃奔枣强，和部将杨师厚会合。杨师厚负责攻打的枣强，虽然是个小城，城中守军不过数千，但全都死战到底，杀伤梁兵近万人。可惜，枣强军民还是抗不过杨师厚的数万大军，最终城陷，城中无论老幼全部被杀，血流满城。梁军攻破枣强后，会合三军，一起进攻蓨县。

驻扎在赵州的晋将李存审，这时候手上只有几千人马，而朱温渡河时号称有五十万大军。李存审深知自己手头这点人明显不够看，把脑袋都愁秃了，于是就有人建议：“要不咱跑路吧？”李存审却摇头说：“吾王方有事幽蓟，无兵此来，南方之事委吾辈数人。今蓨县方急，吾辈安得坐而视之？使贼得蓨县，必西侵深冀，患益深矣。当与公等以奇计破之。”（晋王在幽蓟一带用兵，没有兵马派到这里，如今蓨县危急，吾辈怎能坐视不救？如果叛军攻陷蓨县，接下去肯定会西攻深州和冀州，到时候危害可就大了，我应该和诸公设奇计击破叛军！）

很快，李存审就想到了一个法子，他亲率八百精骑，扼守下博桥，接着派史建瑭、李嗣肱等人，分头去活捉梁军散兵。这两人都是打仗能手，尤其是史建瑭，他把自己部下分成了五队，每队各一百人，一队往衡水，一队往南宫，一队往信都，一队往阜城，还有一队自己带着深入敌军，只要遇见梁军散兵就活捉，先后俘获了数百人。这几百人被捉到之后，几乎全被处死，只留下一两个被折腾得缺胳膊瘸腿的，让他们赶紧回去报信，说："为我语朱公：晋王大军至矣。"（替我转告朱温：晋王大军到了！）

事情办完后，李存审又让史建瑭等人假扮成出来放马的梁军士兵，混进蓨县外的梁军大营。混入敌营后，史建瑭等人就跟饿虎扑羊一般，马上开始搞破坏，到处杀人放火，嘴里还不停大喊着："晋军来了！晋军来了！"梁军一时分不清真假，直接乱成一片。也是赶巧了，那几个被放回去报信的人也回到了梁营中，向朱温报告说："不远处有大批晋军人马集结！"朱温一听，连忙烧毁营垒，连夜逃跑。结果因为夜深看不清方向，在冀州境内绕了一大圈，直到第二天早上才回到贝州（治今河北清河故城）。事后，朱温派人侦查晋军动静，探子回报："晋军实未来，此乃史先锋游骑耳。"（根本没什么晋王大军，是史建瑭轻骑兵搞的鬼！）

朱温万万没想到，自己竟然也有被人戏耍的一天，气得差点背过气去，再加上刚受了不少惊，又奔波劳累了一夜，他的病情越发严重，甚至连轿子都坐不住了。这种情况下，朱温无心恋战，只得率军回撤。

回去后没多久，朱温就被自己的亲儿子朱友珪给弑了。朱友珪弑父篡位后，自己的事都管不过来，哪还顾得上刘守光？而梁军一撤，幽州就失去了强援，刘守光就成了热锅上的蚂蚁，只能死守幽州。

晋将周德威见幽州城池坚固，担心兵力不够用，向晋阳请求支援。李存勖对幽州是志在必得，要人给人，要钱给钱，马上派李存审带兵前往增援。有了援军加持，周德威信心大增，立即对刘守光实施战略合围，四面筑垒，打算跟他来一场持久战。

眼看着周德威步步紧逼，刘守光只能硬着头皮，派出头号骁将单廷珪对阵迎战。这个单廷珪，可不是《水浒》里那位绰号“圣水将”的梁山好汉，而是幽州第一骁将，曾经打遍幽燕无敌手。他带兵呼啸而出，犹如下山猛虎，势不可当。晋军一时难以抵挡，只得退守龙头岗。虽然单廷珪骁勇善战，但他这人恃才傲物，非常自负。他见着周德威，不但不害怕，还指着周德威挺枪大吼：“周阳五（周德威小名）速来送死！”然后直奔周德威而去。

周德威见状毫不畏惧，直接侧身一避。好悬！单廷珪只差一点点，就刺到周德威的后背了。说时迟那时快，只见周德威在避开枪尖的一瞬间，反手一锤，一下子把单廷珪打下马去，周边的晋兵随即一拥而上，把单廷珪就这么给活捉了。燕军本来就兵少，士气也很低落，现在见主将被擒，更没了斗志，四散溃逃。周德威乘胜追击，斩敌三千余人，又俘获了李山海等燕军将校五十二人。随后，在周德威的带领下，晋军一路扫荡了除幽州城之外所有的燕国境土。至此，幽州彻底成了一座孤城。刘守光赶忙再派使者到梁国求援。但朱梁此时内部又有动荡——朱友贞发动政变，弑兄上位，朝野上下完全自顾不暇。北边的契丹呢，也觉得刘守光是个言而无信的小人，拒不援救。

走投无路的刘守光，只能派人表示认怂服软，要求与晋国结盟和好。对此，周德威讥笑道："大燕皇帝尚未郊天，何雌伏如是邪！予受命讨有罪者，结盟继好，非所闻也。"（大燕皇帝还没郊天呢，怎么就要服软了？我只奉命讨伐罪人，请和结盟，不关我的事。）刘守光也不尴尬，拿出了一贯不要脸的气势，继续觍着脸求和，甚至还向晋军献上了绢千匹、银千两、锦百段，求生欲非常非常强。见刘守光百般求饶，周德威便传信告知了李存勖。

李存勖得知后，马上亲临前线，单骑来到幽州城下。刘守光硬着头皮登上城墙，冲着城下可怜巴巴地喊："今日俎上肉耳，惟王所为也。"（我现在就是砧板上的肉，大王您想怎样就怎样。）看到这位昔日的强梁老贼如此低三下四，李存勖可怜他，折弓为盟，许诺刘守光出降后待以不死。没想到，刘守光脑回路非常清奇，故作姿态，突然说自己在城内收拾收拾，改天再正式出降。原来，有一个叫李小喜的燕将，在关键时刻制止了刘守光的投降举动。李小喜一直以来助纣为虐，很受刘守光喜爱，所以，刘守光对他总是言听计从。没想到的是，当天晚上，李小喜竟然自己抢先出城投了降，还反过来带人攻城。

刘守光打仗不行，逃跑速度倒是很快。在幽州快要城破时，他连忙带着大老婆李氏、小老婆祝氏以及三个儿子，乔装打扮后趁乱混出城，想去沧州投奔兄弟刘守奇。由于逃跑仓促，几个人没带什么干粮，跑得脚都肿了，肚子也饿得咕咕直叫，只好先躲进一个山洞里休息。望见山下有一个村庄，刘守光便让祝氏下山去讨点饭吃。祝氏平时骄横惯了，根本没把那些农户放在眼里，指挥手下几个士兵吆五喝六的，等于直接暴露了自己的身份。刘守光平时坏事做尽，当地百姓对他是恨之入骨，得知这个贼头就在山洞里，便毫不犹豫就把他们全“卖”给了晋军。

没多久，李存勖在晋阳举行了隆重的献俘礼。刘守光言而无信，李存勖也不饶他了。临刑前，刘守光高呼：“守光死不恨，然教守光不降者，李小喜也。”（我刘守光死而无恨，但当时是李小喜叫我不要投降的！）于是，李存勖就把李小喜召来对质，李小喜怒骂道：“汝内乱禽兽行，亦我教邪？”（你自己乱伦父妾、囚父杀兄，难道也是我教的？）看到李小喜以下犯上，李存勖觉得此人也不是什么好人，就下令先杀了李小喜。刘守光看到李小喜身首分离，急忙求饶道：“守光善骑射，王欲成霸业，何不留之使自效？”（我刘守光善于骑射还是很能干的，大王您想成霸业，不如留下我为您效劳！）这种表现，和吕布被绞死前对曹操说的话基本类似。此时此刻，刘守光两个老婆看不下去了，跪在一旁冷冷地道：“陛下，事已如此，生亦何益？”（陛下，事到如今，您活着还有什么意思呢？）随即，二人引颈就死。刘守光呢，还不如他两个老婆有骨气，一直到死都在不停地哭泣求饶。

李存勖懒得听刘守光再废话，直接下令兵士开斩，把他脑袋卸了下来。刘仁恭那个糟老头子虽然被儿子软禁许久，如今还全须全尾活着呢。而后，这老头被李存勖长途跋涉押带到李克用墓前。李存勖以沙陀人特有的复仇方式，亲自用刀刺取了刘仁恭的心头血，剖心挖肝，来祭奠李克用的在天之灵。

持续了两年之久的幽州大战，至此彻底结束，李存勖大获全胜。灭燕之后，李存勖又将目光放到了魏博身上，这是朱梁在河北的最后一块地盘了。

兵不血刃得魏博

吞并幽州后，李存勖班师回朝。晋将周德威坐镇幽州，成为新的卢龙节度使。这时的李存勖，再也不用担心来自北方的威胁，整个卢龙军都被晋国吞入腹中，李存勖也因此实力暴涨，晋国的发展态势是越来越好。

反观朱梁那边，却是乱成一锅粥：先是朱友珪弑父上位，再有兄弟阋（xì）墙，朱友贞弑兄夺位，整个梁朝深陷内乱。朱友贞这位“梁末帝”，是出了名的志大才疏。他有朱温的野心，却没有朱温在军事和政治上的能力。同时，他又继承了朱温多疑猜忌的性格，对大臣、武将各种不放心，各种搞事情，弄得梁朝内部矛盾丛生。其中，朱友贞最为猜忌的，就是梁国的魏博节度使杨师厚。

杨师厚是五代名将之一，最早是河阳节度使李罕之的部下，后来投奔了朱温。从加入朱梁大军到朱梁建国，杨师厚可是战功赫赫，接连打败了李茂贞、王师范、赵匡凝、刘知俊等各地强藩。可以说，有一半的朱梁江山，都是杨师厚帮忙打下的。到了朱温晚年，杨师厚已经稳坐梁国武将的头一把交椅，成为朱梁王朝的国家柱石。前面我们说过，朱友贞之所以能成功当上皇帝，也是全靠杨师厚的支持。所以，朱友贞上位后，立马封了杨师厚为邺王，加检校太师、中书令，朝廷大小事情，全都会先问过杨师厚。

杨师厚位高权重后，人就开始飘了，搞起了之前“牙兵”那一套，组建了一支八千人规模的私人卫队，因为这些士兵多用锋锐长枪作为武器，所以号称“银枪效节军”。所谓“牙兵”，是唐末五代时特有的一种军士名称，他们是节度使的私兵，专属于节度使个人。“牙兵”最初由安史之乱后唐朝的魏博节度使田承嗣设立。田承嗣是河朔地区第一个疯狂扩军的人物，他在魏博疯狂招人入伍，还拼命搞钱买兵器装备，短短几年间就拥兵数十万。然后，他从中挑选出一万精锐作为自己的亲兵，这就是牙兵史上赫赫有名的“魏府牙军”。这些牙兵，属于世袭的职业军人，在军队中他们的家族姻亲盘根错节，自发形成了一个巨大的利益共同体。牙兵虽然战斗力强，但他们始终信奉“弱肉强食”的丛林法则，军纪从来都不好。晚唐五代之际，他们一旦看领导不顺眼，就直接干掉，另换一个。所以，当时天下甚至流传着这样的说法：“长安天子，魏府牙军”。

杨师厚成立的“银枪效节军”，几乎整合了朱梁军队所有的强悍精锐，这些兵将曾多次大败李存勖的沙陀精骑，名震天下。杨师厚给他们的待遇也非常优厚，什么福利都有。所以这些人也对杨师厚忠心耿耿，愿意为他卖命拼命。同样，“银枪效节军”也是一群桀骜不驯的家伙，除了杨师厚，他们丝毫没把朱梁朝廷放在眼里。

杨师厚晚年时，生活作风非常腐败堕落。本来河朔地区是没有上元节夜游这一风俗的，但杨师厚为了自己享受，硬是让魏州百姓家家户户立灯杆、挑灯笼。他自己还花钱修建了彩舫，在御河里游玩，极尽声色之娱。这还不算完，他还要给自己刻个功德碑，找人采集巨石，用数百铁车壮牛来拉运，一路上撞毁了很多的建筑，百姓都称之为“碑来”。碑来，悲来！没想到这碑刚一到魏州，杨师厚就一命呜呼了。

杨师厚的死，不仅让晋国的李存勖欣喜若狂，更是让梁帝朱友贞欢呼雀跃。李存勖高兴我们懂，是因为他少了个强敌；但杨师厚毕竟是朱梁王朝的人，怎么朱友贞这个皇帝主子也这么兴高采烈呢？其实原因很简单，就四个字：功高震主。杨师厚因为手握重兵，根本没把朱友贞这个皇帝放在眼里，对朝廷的事情也是指手画脚，稍不如意就像骂孙子一样指责朱友贞。所以，当时朱友贞这个皇帝当得非常憋屈。

梁乾化五年（915），杨师厚挂了，朱友贞终于获得了解脱，但对魏博镇怎么办呢？毕竟魏博是天下雄镇，也是五代梁晋争霸格局中非常重要的一个战略要地。魏博牙兵骄横难制，天下知名。朱友贞非常担心这群兵大爷，万一哪天哪根筋不对，他们就会突然割地自治。杨师厚死了，现在要如何才能妥善处理魏博牙兵问题呢？

这时，梁国佞臣赵岩就跳了出来，他给朱友贞出了个主意，说："魏博为唐腹心之蠹，二百余年不能除去者，以其地广兵强之故也。罗绍威、杨师厚据之，朝廷皆不能制。陛下不乘此时为之计，所谓'弹疽不严，必将复聚'，安知来者不为师厚乎！宜分六州为两镇以弱其权。"（魏博镇一直是唐朝的心腹之患，二百多年来都尾大不掉，历来地广兵强。先前像罗绍威、杨师厚占据后都把它当成自家后院，朝廷都拿他们没办法。陛下您应该赶紧把魏博分一分，削弱它的势力，把六州分为两镇，免得日后再出个像杨师厚这样的人。）话里话外，赵岩就一个意思：拆分！

朱友贞听了，觉得赵岩这个姐夫特聪明，立即鼓掌赞成，下令把魏博军镇一分为二：割相、卫、澶三州为昭德军（治相州，今河南安阳），派张筠当节度使；以魏、贝、博三州为天雄军（治魏州，今河北大名），派贺德伦当节度使。为了防止分镇时出现意外，朱友贞还派出了开封尹刘鄩以及号称“王铁枪”的猛将王彦章，率兵六万越过黄河，名为讨伐镇州、定州，实则是协助贺德伦、张筠前去赴任。

所谓的分镇，就是要分开治理。魏博牙兵这几百年来都是父子相承、互为婚姻的，彼此盘根错节不知道经历了多少代，早已形成了一个庞大的关系网。魏博军兵一听说要分镇搬家，纷纷炸开了锅。后来又听说，梁国大将刘鄩带兵越过了黄河，猛将王彦章更是带着五百先锋部队，已经进入了魏州。面对朱梁的强硬手段，魏博军兵愤怒不已，骂道：“朝廷忌吾军府强盛，欲设策使之残破耳。吾六州历代藩镇，兵未尝运出河门，一旦骨肉流离，生不如死。”（朝廷眼红咱们魏博兵强马壮，分镇就是想摧毁我们的力量！咱们这六州历来都是一块藩镇，武器从来没有出过河门。一旦骨肉分离，真是生不如死啊！）

当天晚上，魏博军兵就开始闹事了。魏州城顿时闹翻了天。他们纵火大掠，劫持了节度使贺德伦，包围了在金波亭屯兵的王彦章。幸亏王彦章勇猛，杀出重围。当时，乱军中有个叫张彦的，被乱军推举为首领。于是，张彦逼着贺德伦向朱梁朝廷报告，请朱梁收回成命，恢复魏博旧有模式。朱友贞接报后，直接一口拒绝，只任张彦为刺史，并要求他服从安排，速速分镇。张彦一看和平解决没有希望了，直接撕碎了诏书。他知道，单靠他们魏博镇这些人，肯定是斗不过朱梁朝廷的，于是，他又逼着贺德伦写信，向晋王李存勖求援。

面对天上掉下来的大饼，李存勖笑得嘴都要咧到后脑勺了，马上亲率大军，直奔魏州。但李存勖也没有高兴到昏头的地步，他担心魏军有诈，并没有直接进城，而是在城外按兵不动。贺德伦此时派人去慰劳李存勖军队，偷偷告诉他说："除乱当除根。"然后又偷偷告了张彦的状，说这个魏博首领非常狡诈凶残，力劝李存勖先除掉张彦这人。

于是，当张彦等人欢天喜地出城来拜见时，李存勖对他说："汝陵（凌）胁主帅，残虐百姓，数日中迎马诉冤者百余辈。我今举兵而来，以安百姓，非贪人土地。汝虽有功于我，不得不诛，以谢魏人。"（你欺凌主帅，残害百姓。短短几天就有上百人前来找我诉冤。我今天举兵前来，是为安抚百姓，绝非贪图土地钱财。虽然你对我有功，但为了向魏州百姓谢罪，我不得不把你杀掉！）很显然，李存勖内心也不喜欢这帮骄兵悍将。而且，现在杀了他们还能收买魏州的人心。诛杀张彦为首的几人之后，剩下的魏博乱兵全部畏服了。李存勖呢，更是大胆地把"银枪效节军"收编为自己的亲军，并改名为"帐前银枪军"。进入魏州城后，贺德伦献上魏博节度使符印，李存勖正式接管了魏博。

魏博的倒向，从某种意义上，是梁晋争霸的又一个重要转折点。李存勖成功夺取魏博控制权后，晋国才正式成为和梁国势均力敌的对手。正如王夫之所言："汴晋雌雄之势，决于河北……河北归汴，则扼晋之吭（háng）；河北归晋，则压汴之脊。"从此之后，李存勖形成了对朱梁居高临下的有利态势，为日后灭梁、开创后唐王朝，埋下了重要伏笔。

尽收河北欲伐梁

因为魏州城莫名其妙地被对家李存勖给抢走了，大梁皇帝朱友贞现在很慌。但这时的他只有一个解决办法，那就是趁着李存勖还没在魏州站稳脚跟，赶紧把地盘给夺回来。可惜，朱友贞的能力水平跟李存勖比起来，简直就是一个青铜和一个王者。他仅仅只是简单下了一条命令，命令梁将刘鄩寻机收复失地。

虽然朱友贞是一个军事青铜，但刘鄩可不是。刘鄩打仗，素来以用兵变化如神闻名，有“一步百计”的美誉。魏博兵变后，刘鄩应变迅速，布防及时。梁晋双方马上就在附近的洹水一线，展开了对峙。

正所谓知己知彼百战不殆，刘鄩知道李存勖作战向来有个习惯，喜欢战前观察地形。于是他便针对这一点，在河流附近的丛林里，埋伏了足足五千的兵马，给李存勖布了个天罗地网。没多久，梁军果然等来了前来侦察的晋军，李存勖直接被包了饺子。好在这次他带出来的，恰恰是刚在魏博收服的那支威猛牙兵，也就是“帐前银枪军”。这支军队骄悍异常，战斗力更是一流，李存勖率众冲杀，拼死作战，好不容易才逃出了重围。

一计不成，刘鄩又心生一计。他看河东精锐大多集中在魏州战场，后方兵力空虚，就打算绕道偷袭，直抄对方的老巢太原。为了麻痹李存勖，刘鄩还使了一招“空城计”，让手下士兵扎了很多稻草人，在草人身上绑上旗帜，然后让毛驴驮着在城墙上来回地走，摆出一副戒备森严的假象。等李存勖发现不对劲时，刘鄩早就带着主力开溜两天了。可惜刘鄩非常不走运，整个行军途中连日下大雨，道路泥泞不堪，烂泥都有一尺多深，只能拉着藤葛、树木，龟速前进。这就给了晋军充足的时间应对，他们一边派人快马加鞭回太原报信，一边派出骑兵追赶刘鄩大军。

刘鄩走到乐平时，得知前方晋阳已有防备，后方又有追兵接近；更重要的是，自家的干粮快要吃完了，士兵们都人心惶惶。眼见奇袭太原的计划泡汤，刘鄩突然想到，临清是魏博镇屯粮的地方，如果自己能够拿下，一方面可以解决吃饭问题，另一方面又可以切断晋军粮道，于是整军准备转道临清。结果没想到，却被晋将周德威抢先一步。这下刘鄩可是前有狼后有虎，只能再次变道，带人经堂邑县（治今山东聊城东昌府区堂邑镇）进据莘县，筑起堡垒固守。李存勖呢，也带兵赶到莘县。两军烟火相望，一连交锋数日，谁也奈何不了谁。堂邑现在是山东的一个镇，唐朝五代时属于河北道博州。

刘鄩在莘县一守就是半年。深沟高垒的，晋军也拿他没办法。可随着刘鄩和李存勖对峙的时间越来越长，梁帝朱友贞越发不满。加上刘鄩又不断上奏要粮，表示说："臣无奇术，但人给粮十斛，尽则破敌。"（但凡给我每个士兵十斛粮食，我定能破敌！）但朱友贞到底是个打仗的门外汉，加上身边又有一群小人煽风点火，而刘鄩要的这每人十斛粮食，可不是一个小数字，大约相当于现在的一千二百多斤，于是他直接以讽刺语气怼回去："将军蓄米，将疗饥耶？将破贼耶？"（将军你积蓄粮米，这是要治疗饿病还是要破贼啊？）催促刘鄩速战速决。

刘鄩无奈，只能找部下商议对策。他本想让大家统一口径，集体抗命，没想到众将一听皇帝催战，个个热血上头，居然纷纷要求出战。这可把刘鄩气坏了，就直接给他们每人送上一盆黄河水，命令他们一次性喝光。众人面面相觑，不敢乱动。刘鄩训斥道："一器犹难，滔滔之河，可胜尽乎？"（这一盆水都难一口喝光，那滔滔黄河又岂能一口喝干？）其实刘鄩这是在借水喻事，告诉大家：现在的晋军不比从前，莽干是不行的。虽然刘鄩不想出战，但实在是扛不住皇帝的一再催促。无奈之下，他最终还是硬着头皮带着一万精兵，偷袭镇、定大营的晋军，打了对方一个措手不及。虽小胜一场，但很快晋军主力便前来支援，刘鄩扛不住晋兵的强攻猛打，只好慌忙鸣金收兵，退回莘县，再次坚壁不出。

时间又过去了半年，刘鄩和李存勖还在莘县耗着。李存勖率军远征，客场作战，再这么耗下去，就要得不偿失了。李存勖心想，既然咱强攻不成，那干脆来个引蛇出洞，于是亲自去前线犒劳军士，扬言自己要回晋阳去了，留下李存审等人守着。也不知道是皇帝朱友贞给的压力太大还是怎样，刘鄩听说这个消息之后还就真的相信了，马上挥师直捣魏州。李存勖见大蛇出洞，马上杀了个回马枪，率军包抄了刘鄩的七万兵马。刘鄩四面受敌，部众纷纷溃散，最终只有数十骑跟着他越过黄河，狼狈逃回了滑州。

与此同时，梁朝的匡国节度使王檀，得知晋军都被拉到魏州战场去了，趁着太原空虚，赶紧带着河中三万兵马，一路畅通无阻杀到了晋阳城下，开始昼夜攻城。幸亏太原当时有个叫安金全的退休老将，自请迎战，带着数百人夜袭梁军，重挫梁军锐气。没多久，潞州的晋将石君立，也带了五百精骑驰援晋阳。此时王檀受到两面夹攻，兵力死伤十之二三，只好仓促退兵。由此，晋阳转危为安。梁帝朱友贞听说刘鄩大败而归，王檀也无功而返，忍不住仰天长叹："吾事去矣！"

宜将剩勇追穷寇，这话一点没说错。李存勖一听后方危机解除，便乘胜追击，先后攻下了卫州、磁州、洺州等地。梁朝昭德节度使张筠弃相州逃走，梁将阎宝也望风而降。除黎阳一城外，河北之地尽入李存勖手中。至于梁朝统帅刘鄩，接连战败，朱梁朝廷内部不断有小人群起攻之。最后，梁帝朱友贞赐给刘鄩一杯毒酒让他上路。一代名将，就此凋零。

梁晋争霸，强也河北，弱也河北。现在晋国崛起的过程，也就是先前朱梁强大的过程，都是同一个路数，核心就是先争得河北诸镇。从此，胜利的天平开始逐渐向李存勖倾斜。现在的李存勖，踌躇满志，已经开始摩拳擦掌，准备大举南征伐梁。但就在这时候，晋军后方传来一个消息：契丹的耶律阿保机，亲率三十万大军进围幽州！

后梁贞明二年（916），耶律阿保机正式称帝，建元“神册”，国号“契丹”，也就是“辽”的前身。耶律阿保机呢，也就是后来的辽太祖。契丹是北方游牧民族之一，部落众多，各部为地盘、猎物一直争夺不断。耶律阿保机继承汗位后，进行了一系列大刀阔斧的改革，使得契丹日渐昌盛；后来兼并契丹八部，平息了内部纷争。早在称帝之前，他就一直对中原王朝虎视眈眈，曾多次发起战争。但这时的中原已是群雄逐鹿，不仅梁、晋两家打得火热，河北等地的藩镇势力也时有摩擦。为了增强实力，打击对手，他们经常找契丹作为外援打手，就连李克用和朱温都曾和契丹结过盟。所有这一切，都给阿保机提供了向中原发展势力的契机，他也开始琢磨着怎么往南扩张。

说来也巧，耶律阿保机刚解决了搞事情的弟弟们，安定了契丹内部，晋国就爆发内乱，这就给了他插手中原的机会。当时，李存勖的弟弟李存矩留守新州搞后勤，不断为前线补充士兵、粮草。唐末五代时期的新州，就是今天的河北涿鹿。李存矩是个典型的沙陀旧式贵族代表，莽撞人也，只懂打仗不懂经营，不仅把新州的青壮年都强拉去当兵，还逼着百姓“卖十牛易一马”，老百姓都怨声载道。李存矩对自己手下的部将苛刻得很，抢人儿女，任意凌辱。最后，士兵终于无法忍受，奋起造反，杀死了李存矩，拥立卢文进当新州的老大。

得知后院失火，李存勖马上派猛将周德威带兵三万前去平叛。卢文进看形势不妙，就带着众人投奔了契丹。耶律阿保机于是就借此机会，发动了对中原的战争。

夹河混战的开端

李存勖尽收河北，和朱梁军队在黄河一线展开激烈对战。没想到李存勖后院失火，晋将卢文进率众兵变，并北上投奔了契丹人。卢文进等人的投靠，让契丹的耶律阿保机大喜过望。这卢文进不仅对中原了如指掌，还是一个职业军人，知道很多关于晋国的情报，懂得中原各种攻城器械和战法。对一直觊觎中原的阿保机来说，得到此人简直就是如虎添翼，锦上添花。于是，在卢文进的协助和向导下，耶律阿保机出动三十万大军南下，一路攻城略地，打到了幽州城下。

耶律阿保机为什么能进军这么神速呢？除了卢文进带路，其实周德威也是要负一点责任的。幽州是中原王朝防御北方游牧民族入侵的战略要地，本身又地势险要，易守难攻。早年间，刘仁恭父子掌控幽州时，他们对幽州边防就非常重视，弄得跟铁桶一般。刘守光还曾给契丹人摆了一道鸿门宴，也就是五代史上著名的“牛酒之会”。在酒宴上，刘守光直接擒住了契丹王子，然后借此狠狠敲诈了契丹人一大笔金银财宝，还逼对方盟誓，从而保证幽州边境十年无战事。但当周德威镇守幽州后，他自恃勇武，从不修整幽州边防，全心全意只想着如何配合李存勖南下灭梁。由此，幽州边防守备逐渐削弱，这才给了耶律阿保机可乘之机。

契丹人乘胜包围了幽州，对外声称有百万大军。周德威前脚刚狼狈逃进城，后脚耶律阿保机就带军赶到。站在城头一望，挂着毡毯的大车和毡帐布满了山上山下，外边几乎全是契丹的人马。契丹人多也就算了，叛将卢文进为了邀功表忠心，还传授了契丹人许多攻城技巧，又是派人挖地道，又是派人架云梯、垒土山，不分白天黑夜，四面发起进攻。有了卢文进的指点，契丹人加班加点攻城。幽州城顿时岌岌可危。

据城坚守的周德威，苦不堪言，马上派人向李存勖求援。这时的李存勖，正在河北和梁将刘鄩及其残部对峙。得知消息后，他顿感头大：想分兵救援，又怕兵力分散后压制不住梁军，失去当前的优势，但要是不去救援，又怕失去幽州，契丹乘势南下，导致自己腹背受敌。就在李存勖愁得头都要秃的时候，大将李存审主动请战："周德威社稷之臣，今幽州朝夕不保，恐变生于中，何暇待虏之衰！臣请身为前锋以赴之。"（周德威是国之栋梁，如果幽州早晚受困，恐怕城内生变，没时间等待贼寇攻城力竭再出击了，我自请为前锋，为国家击贼！）另外，大将李嗣源和阎宝，也同样积极请战。李存勖看到三人战意高昂，非常高兴："昔（唐）太宗得一李靖犹擒颉利，今吾有猛将三人，复何忧哉！"（当年唐太宗只有李靖一人，便擒住了颉利可汗。现在我有三位猛将，我还担心什么啊！）于是迅速作出决定，带兵北上解围。

契丹军力虽强，毕竟是客场作战，后勤跟不上，此时随军的牛羊已经被吃掉了大半；再加上盛夏暑热，耶律阿保机实在是受不了，于是留下大将耶律曷鲁和卢文进继续攻城，他自己回老巢避暑去了。耶律阿保机这一撤，晋军便有了机会。晋将李嗣源、李存审和阎宝等大将，率七万步骑开赴幽州前线。这三人都是晋军中的佼佼者，他们一致认为契丹以骑兵为主，有平原冲击优势，又靠四处掠夺来补给后勤，所以，扬长避短乃重中之重。于是，他们决定绕开平原，走山路迂回前进，若是途中遇到契丹大军，那就据险抵拒。

李嗣源身先士卒，带着三千名骑兵为大军开路，不断沿着山涧向东挺进。直到离幽州还有六十里时，契丹人才发现了这一股晋军。受山地地形影响，契丹人只能在山上不断尾随晋军。每到山谷等开阔地带时，双方就会展开一番激战。李嗣源也不是盖的，一路上拼死血战，费了九牛二虎之力才走出了山口。没想到，当时迎接晋军的，竟是严阵以待的上万契丹铁骑。李嗣源见状，便带着百余骑兵，豪迈无匹地冲到前方，用鞭指着契丹大军说："汝无故犯我疆场，晋王命我率百万大军，直抵西楼，灭汝种族！"（你们无缘无故侵犯我们疆域，晋王叫我率领百万大军直接杀到你们契丹首府西楼，尽灭尔等种族！）说完就杀入敌阵，三进三出，生擒契丹队帅。契丹人从来没有见过这种阵势，阵脚直接被打乱，再加上李存审等后续援军相继赶来，契丹招架不住只能后撤。

小胜一场后，晋军继续向幽州进军。接下来，便来到了契丹骑兵擅长的平原地带。为了应对契丹骑兵的冲击，李存审想出了一个办法，他让每个士兵都准备了一个形似鹿角的大木叉。每当契丹人冲过来时，马上把叉柄插入地下，叉头露在地上，迅速构筑好便捷的“盾墙”，然后躲在里边对外边万箭齐发，如此一来，直接将平原野战变成了另类的守城战。契丹人一时躲闪不及，人马死伤不说，更是把道路都给阻塞了，只能仓促回撤。就这样，在三十万契丹大军前后阻截之下，七万晋军竟奇迹般地向前推进，成功抵达幽州城外。

很快，双方再次摆开阵仗，展开决战。当时契丹人不知道晋军援兵多寡，摸不清人数虚实。于是，李存审下令让人燃烧柴草，制造了大量的烟雾，一时间浓烟滚滚，遮天蔽日，把契丹人的视线给挡了个严严实实。紧跟着，晋军大鸣金鼓，吸引契丹人注意力，然后出其不意，忽然率军杀出。契丹兵马一时反应不及，被杀了个人仰马翻。

如此接连几次失利后，契丹军将终于放弃了围困幽州，带着残部灰溜溜地往北逃去，一路上丢弃的车乘庐帐、铠甲兵仗不计其数，漫山遍野到处都是。晋军乘胜狂追，俘斩敌众以万计。经过两百多天的苦战，幽州城终于成功解围，晋军援军得以入城和周德威会合。见到友军入城，周德威感动得抱住李存审等人痛哭。

这一场幽州保卫战，是一次著名的以少胜多、以步制骑的经典战役；同时也是五代这一时期里中原王朝抵抗草原游牧民族内侵的一次辉煌胜利。但是，这场战役仅仅只是开始，更残酷的战争还在后面。

契丹败退后，晋国北方边境暂时无忧。李存勖再次挥师南下，和朱梁政权继续较劲，争夺黄河的各个要塞。后梁贞明三年（917）十一月，天气寒冷，黄河结冰。李存勖听说后，感慨说道："用兵数岁，限一水不得渡，今冰自合，天赞我也。"（打了这么多年，都是因为受黄河限制，没法过河作战。如今河床自己结满了冰，真是老天都在帮我啊！）于是，他迅速屯兵魏州，准备渡河作战。

在黄河南岸，矗立着一座叫杨刘的小城。杨刘是朱梁黄河防线的中枢，在今天山东东阿以北的杨柳村，唐宋时期一直是黄河的重要渡口。杨刘距离郓州不过百里，是魏州通向郓州的重要渡口。如果晋军能拿下杨刘小城，便可凭借此城作为跳板，向四周展开猛攻。如此一来，黄河南岸的军镇都将被纳入晋军的打击范围，就连朱梁都城汴梁也会岌岌可危。当时的杨刘，梁朝守军不过三千人，他们沿黄河布下了数十里的防线，列栅相望，城下还挖有深堑作为防御。但这些栅栏哪里抵挡得住勇猛的沙陀兵，一下子就被晋军砍得七零八落。而且，李存勖还别出心裁，让兵士用野草芦苇去填深堑，竟然还真就给填满了。填平深堑后，李存勖从四面发起进攻，当天就攻下了杨刘城，抓获了梁朝的杨刘守将安彦之。

正在洛阳举行祭天大典的梁帝朱友贞听说杨刘失守了，吓得不知所措，连忙停止了祭天，匆匆赶回汴梁，准备调兵遣将夺回杨刘。但原来的梁朝统帅刘鄩已经因为之前的接连兵败，被贬为了亳州团练使。无奈之余，朱友贞任命河阳节度使谢彦章，带领数万兵马前去夺回杨刘。那么，谢彦章这一仗会怎么打？是否能在梁晋争霸中，为朱梁扳回一局呢？

猛将死战胡柳坡

经过多年征战，晋军势力渐盛，占据了黄河以北的广大地区。梁军固守黄河以南，和晋军隔河对峙。晋王李存勖趁着黄河结冰，趁势夺下了杨刘城。朱梁猛将谢彦章，率军数万想前去夺回。

谢彦章是朱梁第一名将葛从周的义子，在行军打仗方面，尽得葛从周真传。很快，他就带兵来到杨刘城下，准备攻城。没想到李存勖反应迅速，马上带着人马赶了过来。情急之下，谢彦章城也不攻了，连忙在杨刘城外掘堑筑垒防守，随后又让人掘开黄河堤坝，放水淹人。这大水虽然阻隔了晋军援军前进的步伐，但也把附近的百姓淹死无数。

李存勖到达后，想看看这水有多深，于是亲自乘船测量。结果发现，水最深处也就没过一把长枪，便有信心渡河击敌。两天之后，河水回落，李存勖亲自率军过河。在李存勖的带头下，晋兵发现这漫散的河水才没到膝盖，也都感到振奋，很快一鼓作气，登上了黄河南岸。谢彦章望见晋军来攻，连忙出营对战。晋军一拨接一拨地过河攻营，但都被谢彦章率领的梁军给打回去了。李存勖看这么强攻下去不是办法，于是佯装畏难逃跑。跑到水中央时，看到梁军追上来，他即刻扭头杀了个回马枪。梁军冷不防被杀了个措手不及，一时之间被冲得七零八落，溃不成军。即使英勇有智谋，但形势不饶人，谢彦章只得仓皇逃走。这一仗下来，梁军伤亡上万，黄河河水都被染得血红。

梁军的溃散，给了李存勖极大的信心，他准备一鼓作气，一举灭掉朱梁。于是，李存勖集兵数十万，从魏州进抵杨刘城，分兵攻掠郓、濮二州。晋军抢完后就直接跑路，顺着黄河驻扎在濮州（治今河南濮阳濮城镇）麻家渡。这个地方位于今天河南范县西南濮城东北，五代时是黄河渡口。梁帝朱友贞听说消息后，心惊肉跳，又派出大将贺瑰领兵十万，前去和谢彦章部会合。贺瑰等人不敢轻易和李存勖交锋，只能屯驻在濮州北侧的行台村，和晋军展开对垒相持。李存勖多次发兵诱敌，但梁军始终龟缩不动。

李存勖脾气劲爆，且艺高人胆大，就自己带着百多个骑兵，前往梁军营前骂战。他冒险深入，好几次陷入包围圈差点出不来，幸亏有大将李绍荣奋力保护才得免于难。这个李绍荣，本名元行钦，原来是刘守光的部下，后来投降晋国，做了李存勖的随身护卫。李存勖生性好战，时常不管不顾冲锋陷阵，元行钦多次保护他，于是李存勖就任命他为散员都部署，赐姓名为李绍荣。

众将得知消息后，都劝说李存勖不要再冒险了。特别是大将李存审拉住他的马，声泪俱下地请求晋王不要再以身犯险，表示说战场上冲锋陷阵的事情，交给我们这些武将就行。悻悻然，李存勖只得退回营中。改天，发现李存审不在，李存勖便吐槽说“老子妨人戏！”［老头（李存审）妨碍我玩！］可见，李存勖居然把要命的战争当成一场游戏，可见他是多么恃勇轻佻，难怪梁将王彦章管他叫“斗鸡小儿”了。当时，他又瞒着众将领，悄悄地带着十几个骑兵渡河，结果中了敌方埋伏，遭到梁军五千精兵伏击，被包围了几十圈，浴血奋战多时，最终才突围而出。不过话说回来，这李存勖虽然多次因为轻敌被围，但他每次都能死里逃生，确实也是历史中的一大传奇。

梁晋双方就这么对峙了百来天，谁也拿谁没办法。就在这时，梁军内部居然发生了内讧：梁帅贺瑰居然直接先斩后奏，冤杀了谢彦章！谢彦章和贺瑰都是当时的梁朝名将，一个擅统骑兵，一个擅统步军，两人名声不相上下。但这两人相处可不融洽，尤其贺瑰这人，小肚鸡肠一个，觉得谢彦章根本不配和自己齐名。一天，谢彦章和贺瑰一块巡防，贺瑰发现一处绝佳的扎营之地，于是兴奋指着说：“这里可以搞个栅垒。”谢彦章当时没吱声，贺瑰也没多想。不承想，这地方第二天就被晋军占领了。贺瑰十分气恼，怀疑谢彦章通敌卖国，所以那日才对自己的建议避而不答。

说来也巧，两人在战略问题上也多有分歧。贺瑰想要速战速决，但谢彦章前几次曾和晋军交手过，觉得晋军现在实力强盛，又是远道而来，主张固守待援，等待最佳时机再反击。按理说谢彦章这理由没啥毛病，但贺瑰却觉得，谢彦章就是在故意搞鬼。此后，他更是不断在梁帝面前说谢彦章的坏话，又和曹州刺史朱珪密谋，暗中搞了一场“鸿门宴”，把谢彦章和他的亲信孟审澄、侯温裕等人在酒席上全给砍死了。随后，贺瑰颠倒黑白，向梁帝朱友贞报告说谢彦章等人谋叛。朱友贞无奈，只好让贺瑰接管谢彦章的职务。表面上看，梁军只是更换了主将，兵力未损。但实际上，这场内讧已经为梁军的失败埋下了伏笔。因为被杀的谢彦章等人都是梁军中的杰出骑兵统帅，他们的被杀，使得梁军失去了优秀的骑兵指挥。

李存勖听说这件事情后，忍不住大笑三声：“彼将帅自相鱼肉，亡无日矣。贺瑰残虐，失士卒心，我若引兵直指其国都，彼安得坚壁不动！幸而一与之战，蔑不胜矣。”（仗都还没开打，敌人将帅之间就先内部残杀，梁国离灭亡不远了。贺瑰残虐不仁，不受士卒爱戴，如果我军直捣敌都汴梁，他们怎能坚壁不出迎战呢？但凡他们出战，我军肯定一举而胜！）

此时李存勖的想法，一如既往的冒险大胆，勇武生猛。晋将周德威忍不住跳出来，提醒道：“梁人虽屠上将，其军尚全，轻行徼利，未见其福。”（虽然梁军大将谢彦章被杀，但他们整体兵力并没有受损。如果我们贸然深入敌境，风险太大了。）

李存勖自出道以来，可以说是连战连捷，虽偶有波折，但最终的结果都是胜利。所以，他也是自信心爆棚。如今他一门心思就要去攻灭朱梁，根本听不进周德威的劝告。李存勖下令，让军中老弱全部返回魏州，然后烧掉营寨，全军轻装上阵，绕过贺瑰部队，直奔汴梁杀去。梁将贺瑰得知消息后，马上弃营追赶。贞明四年（918）八月，晋军到了胡柳坡（一作胡柳陂，位于今河南濮阳东南；一说山东鄄城西北），立栅扎营。隔天，贺瑰也带着梁军尾随而至，横亘结阵数十里。李存勖看贺瑰这家伙居然敢追过来，就想马上出击，周德威急忙劝阻："我军现在深入敌人腹地，行事一定要小心谨慎。这里距离大梁城很近，梁军内心深处都惦念自己城里的家人，内怀激愤之情。如果我们不用计策，难以成功。大王您暂且按兵不动，让我周德威率领骑兵骚扰梁军，使得他们难以休息。等到晚间他们营垒未立、又饿又累的时候，我们再一举出兵打废他们！"

但此时志骄意满的李存勖，对周德威讥讽道："前在河上恨不见贼，今贼至不击，尚复何待，公何怯也！"（原先在黄河边时，您总是怅恨见不到贼兵前来。如今叛军主动送上门来，还等什么呢，您怎么如此胆怯啊！）说完，也不等周德威反驳，李存勖就带兵杀了出去。周德威不得已只好紧紧跟随。或是心有所感，周德威临行前立马长叹道："吾无死所矣！"（我这次恐怕性命要交代了。）

李存勖仗着手中有勇锐的"帐前银枪军"，在梁军中往来冲杀，势不可挡。没多久，梁军左翼就被彻底击溃，梁国大将王彦章率溃部向西败走。好巧不巧，晋军的辎重部队也在西边。辎重部队不是作战队伍，眼见梁军直冲过来，直接被吓得四散狂逃，顺带冲乱了周德威部队，使得场面顿时混乱不堪。此时王彦章马上反应过来，趁势带人掩杀周德威大营。结果，周德威父子战死，部队顷刻间全线溃散，连带着晋军阵型也被冲散。贺瑰趁机集结梁国兵力，对晋军发动猛攻。眼看形势危急，李存勖急中生智，匆忙跑到高处骑马站立，让晋军以高坡为中心，迅速重新聚集。此时，贺瑰正好带兵占领另一处高坡，李存勖便指着高喊道："今日得此山者胜，吾与汝曹夺之！"经过一番恶战后，混乱的晋军还真就攻占了这处高坡。贺瑰没办法，只好带军跑到高坡的西边，重新列阵对峙。

激战了一天，晋军人困马乏，不利再战，于是有人建议先收兵回营，明天再战。但大将阎宝却表示说："大王您如今率军深入敌境，乘高而下奋击叛军。叛军没有营垒，傍晚时分必然思归，届时派出精骑扰之，让他们没有吃饭休整机会，一旦他们退却，我们必定乘胜大败叛军！"不仅阎宝如此说，李嗣昭、李建及也建议李存勖接着再战。李存勖呢，热血上头，立即传令全军出击。结果，这一仗打得无比惨烈，双方将士死伤无数，兵力损失竟然各有三分之二。最后，梁军还是不敌，丢下大批辎重全线溃败而逃。

对李存勖来说，胡柳坡一战其实是一场得不偿失的消耗战，就连猛将周德威也死于混战之中，勉强算是一场惨胜。李存勖听说周德威战死，哭得十分悲痛："丧吾良将，是吾罪也！"（痛失如此猛将，真是我的罪过啊！）此后，由于晋军损失惨重，暂时无力再次渡河南攻。李存勖便在德胜口一带，修筑南北两寨，以便随时渡河袭扰梁国军队。

五帝同战德胜城

梁晋在胡柳坡大战后，对战双方属于两败俱伤，损失惨重，都无力再继续拼杀，于是各自退兵休战。经过这场残酷血战，李存勖也意识到，不可能一举灭掉梁国，于是带兵北退，留大将李存审在德胜城（今河南濮阳市境内）一带修筑南北两寨，聚粮屯兵，把这里打造成自己进攻朱梁的前哨基地。德胜位于澶州南面，是魏州通向汴州的重要渡口，对梁晋双方来说，极具战略性价值。之后，李存勖便带兵回了魏州休整。德胜城有南北二城，南城在今濮阳市东南五里，北城位于今濮阳市区。

贞明五年（919），李存勖离开前线以后，梁朝统帅贺瑰乘机整军再战，猛攻德胜南城。贺瑰十分清楚，如果能够攻占德胜南城，李存勖的所有作战方案就都将成为纸上谈兵。占领德胜南城之后可以就地固守，如此就和德胜北城的晋军隔河对峙，让晋军的骑兵无用武之地。为此，贺瑰想到了一个办法，他让人把十余艘战船用竹索连在一起，船外面用牛皮蒙着，横摆在黄河之上，宛如一座浮城，使得晋军船只无法渡河，借此切断了德胜南北二城的联系。

得知消息后，李存勖亲自领兵救援。赶到德胜北岸，李存勖对这河上突然冒出来的“违章建筑”毫无办法。毕竟他是生长在北方的勇士，熟悉马上冲锋，对于水面作战并不在行。眼见德胜南城就要撑不住了，李存勖急得没法子，在军中重金悬赏对策。与三国时期相比，梁军这种做法不就是铁索连环船嘛，要是使用火攻、夜袭什么的，肯定能够搞定。

重赏之下必有勇夫。关键时刻，李建及站了出来。其实他也没想到什么好的解决办法，唯一的想法就是拼死硬刚。于是他挑选了三百死士，身着重铠，手持利刃，悄悄摸到河中央，砍断梁军连结战船的竹索。然后，又让人用木瓮装满柴草，浇油点火，顺流烧船。风急火大，船上的梁兵不是被烧死，就是掉入水中淹死。李建及这做法，可以说是歪打正着，和当年黄盖火攻曹营的做法有点类似。随后，晋军乘势发起进攻，一举攻破了梁军的水上防线。贺瑰见此情景，知道继续围攻德胜南城，有害无益，便无奈地撤兵到行台村。回到行台村后，贺瑰感觉哪哪儿都不得劲儿，手下将士不给力，打仗老打不赢，而皇帝给的压力山大。没多久，贺瑰就在当地病死了。

贺瑰死了，梁帝朱友贞便任命开封尹王瓒，成为梁军新任主帅。王瓒这人还是有点儿本事的，治军严整，军纪严明。他一上任，就一改贺瑰之前的断联思路，亲率五万大军，从黎阳渡过黄河，抢了晋军的澶、魏等州。被晋将李嗣源拦阻之后，梁军又在德胜城上游十八里的杨村夹河筑垒，随后，又在河中建起一座浮桥，连通两岸。王瓒这一举动非常强势：你要敢从德胜入境，戳我大梁老窝，我就敢从杨村北上，去晋阳捅你根据地。李存勖发现，以前是贺瑰不得不和他争夺德胜南城，现在却是他不得不和王瓒争夺杨村北城了。为了使自己立于不败之地，李存勖征发当地数万苦力，日夜不停地扩建德胜北城。

王瓒也明白李存勖的小心思，不断发动骚扰性进攻。这场仗，一打就是快两年，双方前前后后大战了百余场，各有胜负。有一次，晋将石敬瑭和刘知远一块出城作战，不承想被梁军包了饺子。虽然这两人都很勇猛，要闯出包围圈也不是什么难事，但偏偏石敬瑭坐骑的披甲一不留神被梁军砍断了，装备受损，石敬瑭差点就从马上摔下来。关键时刻，刘知远跟了上来，马上把自己的马换给了石敬瑭，然后又为他殿后，掩护他冲出了重围。梁军胆小，怀疑对方有埋伏，也就没敢追。从此，石敬瑭对刘知远这位小弟青眼有加。

就在李存勖和王瓒打得如火如荼、难解难分的时候，晋军后方出现了地方叛乱，晋将张文礼反了，而契丹军队也来凑了个热闹。这一场变故，不仅大大地牵制了晋军军力，还给了梁军进攻的机会。但当王瓒率军进至戚城时，却遇到了晋军猛将李嗣源，梁军交战不利，大将李立被晋军俘获，最后王瓒不得不退了回去。后来晋军探骑报告说，梁军在离杨村五十里的地方搞了个粮库。李存勖一听就乐了，亲自率队前去劫粮，不想却正中王瓒的埋伏，晋军顿时被打得溃不成军。多亏李绍荣，也就是元行钦，他望见晋王旗帜，单马驰来，砍杀敌军，拼死将李存勖救出。当时李存勖哭着道："富贵和你共享！"从此，李绍荣深受宠信。

李存勖不甘心失败，又进攻王瓒，获马千余匹，俘斩万级，乘胜在曹、濮一带大肆掳掠。没有办法，王瓒只能退守杨村北城。梁帝朱友贞听说王瓒惨败的消息后不放心，就将他召回，改任戴思远掌军。戴思远呢，这人比较保守，从不轻易出战。他上任后，继续前任王瓒的作战方略，夹河而阵，一直与晋军对峙。所以，李存勖一时间还真没什么办法能治戴思远，于是双方进入了中场休息阶段。

趁着这个空当，李存勖就想跑去镇州，先把先降复叛的张文礼给解决了。不凑巧，他还没出发，这消息就被梁军统帅戴思远给知道了，于是暗中谋划，要趁李存勖不在的时候，一举把德胜北城给拿下来。计划很好，但现实发展总是出人意料。梁军里出现了一个叛徒，为了抱上李存勖大腿，他把戴思远的计划当作投名状，直接送给了李存勖。

于是，李存勖将计就计，对外声称自己率兵外出，德胜城似乎只有李存审一个晋国大将守城，暗中呢，李存勖派李嗣源在戚城埋伏。在戴思远倾巢出动的那天，李存勖让几百骑兵先假装不敌，一路诱敌深入，带着戴思远大批梁军跑进伏击圈。等梁军一到，李存勖就带着三千铁骑，给梁军来了个迎头痛击。李嗣源的养子李从珂也没闲着，他本来是跟着李存勖在中军中，梁兵到达后，他虎胆英雄，竟然带着十余人马伪装混入梁军，斧劈眺楼，斩落梁军指挥旗帜，斩首数人而归，使得梁军内部大乱。这次大战的结果是梁军大败，戴思远带着残兵败将往杨村方向不断撤退，路上还发生了大规模踩踏事件。一仗下来，梁军直接损失了两万多人马，老本都快赔光了。

此次德胜城之战，在当时只是一场规模不大的混战，但参战阵容却非常豪华，竟然包含五代这段历史中三个朝代的五个皇帝，分别是：后唐庄宗李存勖，后唐明宗李嗣源，后唐末帝李从珂，后晋高祖石敬瑭，后汉高祖刘知远。此战虽然在五代十国算不上什么让人印象深刻的大战，但五位帝王共同参与其中，这在中国历史上却是极其罕有的事情。

再说回之前讲到的张文礼反叛之事。张文礼，本来是刘仁恭裨将，后来据城为乱，兵败后投奔赵王王镕，被王镕收为义子干儿。此人性阴险，多奸谋。赵王王镕呢，自从和李存勖结盟后，就直接摆烂起来，奢靡昏聩，佞佛求神，宠任小人，小日子过得非常舒坦。不久，他杀掉跋扈军将李宏规，使得李宏规手下五百多兵士恐惧被杀。心地阴险的张文礼，趁机煽动这些人一起发动兵变，尽杀王镕一家几百口，然后又向王镕的盟友李存勖报丧，请求自己担任成德节度使，还劝李存勖赶紧称帝。李存勖收到来信后，怒火中烧，但自己现在正和朱梁军队夹河苦战，抽不出手来，只能暂时先答应了张文礼的请求。

张文礼虽然得到李存勖任命，内心却十分不安。他深知和王镕是好友的李存勖迟早会兴师问罪，于是暗地里就勾搭上了朱梁政权和契丹军队。但他没想到的是，他送出去的信件多次被李存勖手下截获，还总是被送回自己那里以示警告。张文礼这人本来就疑神疑鬼，既怕李存勖清算他，也怕王镕旧将报复他。赵王王镕旧将符习得知主人被害，便上书李存勖，要求率军讨伐张文礼。此举正中李存勖下怀，于是任命符习为成德留后，并派大将史建瑭和阎宝相助。

本以为这就是一场平平无奇的平叛，李存勖万万没想到，他竟会在这一战中，接连损失了多名猛将。那么这是怎么一回事呢？

魏州称帝建后唐

贞明六年（920），成德军将张文礼煽动兵变，族灭赵王王镕。王镕旧将符习向晋王李存勖自愿请缨，率兵前往讨伐。一开始，晋军进军非常顺利，大部分州县都望风而降。张文礼原先肚子上就长有一个毒疮，如今听说晋军来势汹汹，这个坏蛋直接就被吓死了。张文礼死后，他儿子张处瑾主政，继续负隅顽抗。紧接着，晋军直接围困了镇州，掘开漕渠灌城。本来一切进展挺顺利，结果没想到，晋国一代猛将史建瑭居然在围城时被流矢射中而死。

一直和成德镇唇齿相依的易定节度使王处直，得知李存勖军队讨伐镇州，害怕自己被吞并，也赶忙派人向契丹求援，引契丹军南下，结果呢，这个王处直被义子王都囚禁，而后王都宣布自己继任节度使。没多久，契丹出兵响应，进围定州。李存勖闻讯，急率五千铁骑北上救援，先后在新城、望都大败契丹军，解除了定州之围，而后乘胜追击契丹军队至幽州。但与此同时，晋军在镇州周围却连连失利，损兵折将。

当时，镇州已被围困数月，城中粮食渐渐耗尽，张处瑾派人出城寻粮。晋将阎宝轻敌，防备不足，竟然被张处瑾军队打得节节败退，不仅被敌人烧了营寨，还被抢走了大量的粮草辎重，对方搬了几天都没搬完。遭遇如此大败，阎宝深以为耻，竟然羞愤成疾，很快病死在军营之中。于是，李存勖派出李嗣昭接任。李嗣昭挺能打仗，在镇州附近设伏兵，大败敌军。仗虽然打赢了，没承想这位李嗣昭大意了，骑马指挥之时，竟然被敌军军卒射中了脑门，抢救回到军营，当夜就死掉了。

李存勖得知这个消息，还挺不信邪，又派出李存进攻打镇州。但李存进也因为大意，竟然被张处瑾的弟弟张处球偷袭得手，混乱中被杀，死时六十六岁，也是一位晋国花甲老将军了。李存勖无可奈何，只好又派出李存审去打镇州。这次终于没出什么意外，李存审率领大军攻破镇州，把张文礼的尸体挖出来鞭尸之后，还把他的三个儿子张处瑾、张处球、张处琪以及他们的母亲和同恶之人，都敲折胫骨后送到闹市。镇州军民深恨张氏子弟，把这几个贼人凌迟之后吃掉解恨。镇州这场平叛历时一年多，李存勖接连折损了史建瑭、李嗣昭、阎宝、李存进等四员猛将，代价确实很大，不过成德镇总算被直接并入晋国版图，不再像过去那样一直是半独立状态了。

梁晋争霸，是从朱温和李克用开始的，在他们相继身死后，这场大戏继续到下一代上演。原本占据优势的朱梁政权，自朱温死后便深陷内乱，兄弟阋墙，君昏臣乱，上下猜忌，将帅不和，实力变得越来越拉胯；而晋国却在李存勖的统领下，越战越勇，东取河北，西并河中，南击后梁，北却契丹，一路过关斩将，越来越强，李存勖也因此荣耀满身。早在后梁龙德元年（921）时，不少藩镇诸侯就劝李存勖称帝，就连李存勖的手下大将和谋士们，为了从龙之功，为了手中的富贵和利益，也都接二连三地上表劝进，要李存勖尽快称帝。此时此刻，可以说是众望所归。

李存勖自己呢，心中也有这意思，但他表面还是很装，对众人的劝进一直欲拒还迎。他还训斥手下说："昔王太师亦尝遗先王书，劝以唐室已亡，宜自帝一方。先王语余云：'昔天子幸石门，吾发兵诛贼臣，当是之时，威震天下，吾若挟天子据关中，自作九锡禅文，谁能禁我！顾吾家世忠孝，立功帝室，誓死不为耳。汝他日当务以复唐社稷为心，慎勿效此曹所为！'言犹在耳，此议非所敢闻也。"（从前王太师王建曾写信给我爹，说唐室已亡，可以自帝一方，但我爹说："早年我率兵诛贼臣，声名威震天下。如果那时我就挟天子令诸侯，又有谁能阻止我称帝？但咱家世代忠良，为国藩篱，我怎能干那种事败坏自家名声呢？"我爹言犹在耳，你们千万别再提起此事了。）听话听音，李存勖手下那些人也自然明白，晋王嘴里说的是一回事，心中想的又是另一回事，他就是想找个好一点的"正当理由"。于是，晋国各地藩镇、各级将佐文臣的“劝进表”如雪片般飞来，千方百计为晋王谋划。

还真就很凑巧，后梁龙德二年（922）正月，魏州一个叫传真的僧人，自称得到了当年黄巢攻破长安时弄丢的传国玉玺。传真表示说，自己原以为它只是一块普通玉石，放在自己家里珍藏了四十年，直到准备卖掉时，才被人认出来，这才知道这块玉石原来是传国玉玺。于是，传真就将玉玺献给了李存勖。那些劝李存勖称帝的人，自然不会放过这个大好机会，纷纷向李存勖恭贺：“大王得此国宝，这一定是上天命大王登基之兆，请大王早日登基！”

戏台搭好了，李存勖也就顺水推舟地开始准备黄袍加身。晋国监军张承业在晋阳听说这事后，顾不得重病未愈，命人用肩舆匆匆将自己抬往魏州。张承业可以说是晋国的二把手，威望高不说，个人能力也很突出。因为李克用对自己有救命之恩，张承业一直以来对晋国都是尽心尽力，竭尽忠诚。但这人还是有些不懂事，他和李克用一样，都认为自己是唐朝旧臣，誓要恢复大唐荣光，始终以唐朝的河东监军自居。而且，张承业也一直天真地认为，李存勖和自己一样，是一个十分难得的唐朝忠臣，他见到李存勖被他人煽动想称帝，就苦心劝诫道：

大王您家世代效忠唐室，几次三番救唐于患难之中，后来更是发誓要打倒朱氏逆贼，恢复大唐宗社。所以老奴三十多年来，一心为晋国聚财养兵。现在河北初定，朱贼国贼也还在，如果您马上着急称帝，这可就不是咱们当初征伐的本意了。您这样做，那些一直跟随的人，可能会离心离德啊。您何不先灭掉朱氏，报了各位先王的深仇大恨，然后再找一个唐室的后代推立为帝，南扫吴国，西取蜀地，合天下为一家？到那时，即使唐高祖、唐太宗再世，又有谁敢和您相争天下呢？老奴我没有别的意思，只是想助您成就万世霸业而已……

结果证明，张承业这位大公公还是高估了自己的影响力。虽然他在晋国地位非同一般臣僚，又对李存勖有扶立之功，李存勖本人见面也一直亲切地喊他为“七哥”，但李存勖还是委婉拒绝了他。因为称帝这事，不只是李存勖的个人意愿问题，还夹杂了河东诸将的个人利益在里面。所以，李存勖只能对张承业托词说：“这并不是我本意，但我手下诸将都在劝我称帝啊。”听李存勖如此说，张承业自知无力回天，当场大哭不止：“这三四十年来，各地诸侯浴血奋战，本意都应该是为了恢复唐朝霸业啊，现在大王您却要自立为帝，真是误了老奴我！”

有意思的是，张承业大公公返回晋阳以后，就一病不起。李存勖得知这个消息后，居然暂时收起了称帝的打算。直到一年后，也就是唐天祐二十年（后梁龙德三年，923），张承业病逝，李存勖才在魏州称帝。但他称帝后并没有遵循惯例以自己的王号

“晋”作为新朝的称号，而是继续沿用“唐”为国号；而且，他在灭梁之前，一直沿用唐昭宗时的“天祐”作为年号，此后才改元“同光”。紧接着，李存勖追赠父祖三代为皇帝，和唐高祖、唐太宗、唐懿宗、唐昭宗四位帝王并列为七庙，以表示自己是大唐的合法继承人。但实际上我们知道，李存勖的“大唐”和李唐王朝毫无血缘关系，他本人其实是突厥别部沙陀族出身。为了区别于李渊建立的唐朝，史书一般称李存勖建立的“大唐”为“后唐”，李存勖就是后唐庄宗。

这时，李存勖的地盘不小，有魏博、成德、义武、幽州、河东、河中、昭义等十三个节镇五十个州，算是五代十国时期统治疆域最广的朝代。“时梁、晋、吴、蜀四分天下，后唐以一灭二，天下四分已得三分”，如果不出意外，李存勖距离统一天下似乎只有一步之遥。

闪电奔袭灭后梁

梁晋争霸这场大戏已上演近四十载。初代的朱温和李克用，因黄巢之乱而崛起，后因上源驿大火结仇。现在，这个接力棒传到朱友贞和李存勖手中。这场持续近半个世纪的争斗，即将落幕。

李存勖年纪虽轻，但不愧是一个天生的军事家，比他那老爹李克用可厉害多了。他不仅拿下了河北大片地区，还把战线拉到了黄河沿岸，和朱梁军队在杨刘、德胜一带，你来我往地打了八年，史称“夹河大战”。虽然李存勖胜多负少，但灭梁进度却是慢得像蜗牛爬。这固然和朱梁军队本身实力强劲有关，但也和契丹频繁侵扰北边、牵制晋军有关。经过十多年的征战，晋国的实力越来越强盛，终于一跃超过了朱梁，在藩镇诸侯和大将们的劝进下，李存勖在魏州称帝，建立后唐政权。

公元 923 年，后唐虽然建国，但当时脚跟并没有站稳：契丹不断侵扰幽州，直逼河北；朱梁政权派出大将董璋急攻泽州，意图吞并昭义镇，等于直接威胁后唐政治中心太原的安全。所以，初生的后唐朝廷，可以说是险象环生。正好这时，有个叫卢顺密的梁将前来投降，他向李存勖献计说：“现在梁军主力都在潞州、泽州一带，郓州兵力空虚，守军不满千人，现在去偷袭，准能得手！”李存勖当机立断，派李嗣源率领五千精兵，进抵郓州，趁着大雨滂沱之际发起突袭，成功拿下郓州。此后，李嗣源因功被李存勖委任为天平军节度使。郓州，其治所在现在的山东泰安东平县。

梁帝朱友贞听说郓州丢了，急得像热锅上的蚂蚁。自从和晋国苦战以来，梁军由一开始的贺瑰，到王瓒，再到戴思远，主帅走马灯似地不停换。现在，梁末帝又在老臣敬翔以死相谏下，换上了被誉为“王铁枪”的大将王彦章。王彦章不负众望，一上来只用了三天时间就成功拿下德胜南城，接着乘胜追击，一路砍瓜切菜，拔掉了晋军数座营寨，一扫之前的颓势，梁军士气顿时大振。

收到消息的李存勖不敢怠慢，马上让朱守殷放弃德胜北城，装载军需器械顺河而下，协助李周固守杨刘城。他自己呢，则亲自率领人马奔赴前线督战。李周这个人非常擅于防守，守城之能冠绝天下，梁军好几次几乎就要攻破城墙了，都是他带着兵给挡回去的。不过再厉害的守将，也架不住敌人人多势众。为此，李周连连告急。但李存勖对李周却是很有信心，一路不紧不慢，路上还不忘打猎，对左右人说："李周在内，何忧！"等李存勖赶到时，梁军早把杨刘城围成了个铁桶，连只苍蝇都飞不进去。

就在李存勖不知如何应对之时，谋士郭崇韬站了出来，说："王彦章这家伙率领大军把守要道，明显是想东进攻击郓州州城东平。如果我们再不南进，他铁定得手！"说了自己的战略分析后，郭崇韬又提出个高招："我们可以在博州东岸修个新城，巩固防线，既可以接应东平，又能分散叛军的兵力。不过，如果王彦章发现后直接逼近捣乱，修城计划恐怕就泡汤了。所以，希望陛下您招募敢死之士天天在阵前和王彦章挑战，牵制住他，让他无法东进，我十天之内肯定把城修成！

听郭崇韬如此说，李存勖眼睛一亮，立马批准了这个计策。果然，郭崇韬的修城计划进展得特别顺利。但王彦章也不是吃素的，几天后得知消息，立马带着几万人的"拆迁队"气势汹汹地赶去拆城杀人。好在郭崇韬这"包工头"手脚麻利，只用了六天时间就把新城给修好了。等王彦章一到，郭崇韬一边亲自上前线督战，一边派人通知李存勖。很快，李存勖援军赶到，如此一来，后唐军声威大震。王彦章一看形势不对，赶紧撤军，退守邹家口。这样，晋军通往郓州的路就打通了，战局看上去对后唐非常有利。

得知前线战败，梁帝朱友贞又听信小人谗言，直接撸掉王彦章，换上草包段凝。这段凝真不愧是个草包，很快就把郓州丢了。为了阻挡后唐大军西进的步伐，他居然让人掘开了酸枣的黄河大堤，水灌曹州、濮州、郓州等地，还美其名曰“护驾水”。李存勖得知消息后，不由冷笑道：“决水成渠，只不过白白淹了农田，又怎么挡得住我军！”不巧的是，忽然有消息传来，晋朝大将李继韬竟然以潞州为投名状，投靠了朱梁政权。朱友贞觉得这是天赐良机，于是马上安排了四路兵马反击，打算全力向后唐发动一次总攻。

不出意外的话，要出意外了。梁朝有个指挥使康延孝，带着手下跳槽到了李存勖这边。康延孝原是太原地区的粟特族胡人，早年跟李克用混过，后来因为犯错害怕被定罪就投奔了朱温。对于当时梁军决河的行为，康延孝觉得朱梁政权已大失人心，就再次叛逃到了后唐阵营。作为归诚的朱梁叛将，康延孝很会来事，把朱梁的虚实、布防、动向等所有他知道的军事机密，统统告诉了李存勖，同时，他还建议李存勖避实击虚，直接从郓州直捣汴梁。

老实说，康延孝这建议很让李存勖心动，但后唐现如今的状态，着实不太好。连年苦战，后唐的国力早已透支，损兵折将不说，军需后勤保障也大大被消耗。这时泽州、潞州又久攻不下，粮草早已支撑不了多长时间。长久以来，因为打仗不停对老百姓横征暴敛，后唐国内出现了大量流民；北方的契丹又蠢蠢欲动，时常侵扰北边。经济拖不起，军事又不能速胜，后唐可以说是内外交困。而且，晋国内部不少将士也嚷嚷着：要拿郓州和朱梁交换卫州、黎阳两地，双方先以黄河为界议和，等国力恢复过来、粮草充足后，再做打算也不迟。

成大事者，不谋于众。做重要决策的时候，真不能听一大堆人聚在一块七嘴八舌，得找头脑清醒的明白人讨论一下，才能权衡利弊得失。此时，李存勖又想到了从前给自己出谋划策的郭崇韬，找他来商量大计。作为后世公认的五代大战略家，郭崇韬对李存勖的心思把控得十分到位，一套说辞慷慨激昂，滴水不漏。李存勖呢，听得是眉飞色舞，斗志昂扬。于是，他听从郭崇韬的建议，决定放开了豪赌一把。为了这场即将到来的决战，他可以说是押上了全部的身家性命和国运。出征之前，其实他心里也很没底，所以还给自己的妻儿交代了后事，对爱妻刘氏说道："如果我这次打仗回不来，你就带着全家在宫内自焚吧。"此情此景，大有慷慨悲歌不回头之意。

安排好大事之后，李存勖亲率大军，调头而东，从杨刘城渡河，直奔郓州和李嗣源会师，然后命令李嗣源为先锋，半夜进军，渡过汶河，攻破中都（时属东平州汶上县，今山东济宁市辖县），俘杀梁国大将王彦章。

搞定了梁国猛将“王铁枪”，李存勖手下大部分将领都劝他乘势东进，先打通河北，稳固过后再与梁朝争锋。但康延孝和李嗣源两个人挺激进，主张兵贵神速，希望李存勖能够率领大军乘虚直杀汴梁。经过一番深思熟虑，李存勖下定决心，当晚就让李嗣源带着前锋部队先行出发，他自己呢，隔天也带着数万兵马尾随在后。大军行进迅速，两天后就到了曹州（治今山东曹县西北）。惊惧之余，梁国的曹州守将直接开城投降。

此时的汴梁城内，梁帝朱友贞早已慌得要命，急忙派一个叫张汉伦的大臣去通知段凝回来勤王。没想到的是，当初段凝挖开黄河堤坝搞的所谓“护驾水”，不仅阻挡了张汉伦送信的道路，还阻断了段凝大军的回援路线。即使段凝能够获得消息，他要回兵救援，也只能远道渡河，这就会花费更多的时间。但问题在于，兵贵神速，现在的汴梁根本就等不起。果然没多久，李存勖大兵就逼临汴梁城下。

晋军袭击开封时，先前梁国的败军之将王瓒官职为开封府尹。后梁末帝听说晋军将至，自登建国门楼，日夜垂泣，时不时拿着国玺对王瓒说：“吾终保有此者，系卿耳。”他希望王瓒能够率领兵士登城守备，为梁国尽忠。谁料想，等到李嗣源大军开到封丘门时，王瓒却开门迎降。朱友贞呢，自知难逃一死，便让亲信皇甫麟将他杀死，自此后梁灭亡；梁国老臣敬翔也在家中自尽。几天后，朱梁百官都向李存勖投降，梁国统帅段凝也率大军到达汴梁近郊，向晋国军队投降。

从李存勖决定奔袭汴梁到入城，前后仅仅用了不到八天时间。至此，朱温朱老三处心积虑打造的朱梁帝国便分崩离析了。长达四十年之久的梁晋争霸，也就此落下帷幕。

第五章

战神陨落朝纲乱：后唐风云（上）

战神皇帝李存勖

说起后唐庄宗李存勖，不少人对他的第一印象就是“战神”下凡，武功赫赫。别说今天的人，就算古人对他的评价也很高。不仅史学大家欧阳修说：“举天下之豪杰，莫能与之争。”就连李存勖老爹李克用的宿敌朱温都曾感叹过：“生子当如李亚子！”

纵观李存勖的前半生，他有地位显贵的出身加持，有问鼎中原的少年意气，有平定幽燕的势如破竹，有慑服魏博的光武之风，有破釜沉舟的八日灭梁。放到现在，肯定是妥妥的大男主剧本。剧本内容，无疑是围绕着他那无数战功而展开的。历史学家吕思勉曾这样评价他：“后唐庄宗为人颇似唐太宗，其用兵之剽悍，或且过之。”也就是说，如果从用兵勇悍方面讲，李存勖比唐太宗李世民还高出一截。

李存勖是唐末沙陀贵族李克用的长子。沙陀族是西突厥的一支，作风剽悍，战力超群，祖上几辈都为唐朝立下了赫赫战功。到了李存勖爷爷朱邪赤心一代时，被唐懿宗赐姓“李”，正式入了李唐的宗谱。在古代，编入宗室族谱就是皇族。虽然这老李家的皇族不是“999 纯金”的，但铂（bó）金也不失它的尊贵，所以日后他们家的身份也随着水涨船高。到他爹李克用时，更是被唐昭宗封为“晋王”，坐拥河东第一大镇。那时全天下最出名的军队，就是李克用旗下的沙陀骑兵，堪称当时最精锐的部队。

李存勖这个沙陀贵种从小就展现出超乎常人的军事天赋。他不仅熟读兵书，更是精通骑射，十一岁就随父出征，小小年纪就在实战中崭露头角（只是鲜少亲自领兵）。唐昭宗曾见过少年时的李存勖，称赞他是将来的国之栋梁，夸赞说“此子可亚其父”，因此得了个“李亚子”的美名。他爹李克用更是对儿子寄予厚望，把他当成了自己的骄傲。

李克用晚年时，和朱温多次战争失利。当时的仇家朱温连战连捷，十分天下已有其六七，就连沙陀老巢太原也遭到过两次围城。对此，李克用回天乏术，忧形于色。年方十七岁的李存勖却不急不躁，劝他爹说：“盛衰有常理，祸福系神道。家世三代，尽忠王室，势穷力屈，无所愧心。物不极则不反，恶不极则不亡。今朱氏攻逼乘舆，窥伺神器，陷害良善，诬诳神祇（qí），以臣观之，殆其极矣。大人当遵养时晦，以待其衰，何事轻为沮丧？”（凡事物极必反，盛极必衰。咱家三代尽忠王室，纵使失败也问心无愧。朱温虽然强大，但作恶多端，攻逼皇帝，意图篡国，迟早会自取灭亡。您现在要做的就是保存实力，等待时机，不要灰心丧气。）

听儿子如此说，李克用深觉有理，一改之前的鲁莽进攻作风，开始转变策略，养精蓄锐。可惜，上天留给李克用的时间不多了。后梁开平二年（唐天祐五年，908），他在太原病逝。临终前，李克用把晋国交到二十四岁的李存勖手上，还给了他三支箭：愤愤言道“梁，吾仇也；燕王，吾所立，契丹与吾约为兄弟，而皆背晋以归梁。此三者，吾遗恨也。与尔三矢，尔其无忘乃父之志。”也就是说，这三支箭分别代表了朱梁、燕王刘守光和契丹，他嘱咐儿子一定要为自己报仇。李存勖接过了这三支箭，从此肩负起重整河山、实现父辈遗志的重大使命。每次出征时，他都会把这三支箭从祖庙取出，背着它们冲在战场的最前线。等打完胜仗，再送箭回庙。

李存勖的军事成功，堪比逆袭“爽剧”。他刚继位时，既有内忧亦有外患。内部，老臣功将欺他年少，拥兵自重，甚至试图政变篡位，改拥立他的叔父李克宁；外部呢，仇人朱温步步紧逼，把晋国压缩在晋北一隅，围困潞州重镇足足一年之久。李存勖丝毫不慌，他先是以迅雷不及掩耳之势，设计捕杀了暗地搞事情的叔父李克宁，稳住了内部局势。接着，利用朱梁军队的骄横和麻痹大意，发动奇袭，一举斩杀梁军主帅符道昭及上万名梁兵，在三垂冈一战成名，彻底解除了潞州危局。

潞州得胜后，李存勖没有马上展开对朱梁的反攻，而是选择回到晋阳，着手整顿内政、整肃军纪。在他大刀阔斧地改革下，晋国很快便呈现出焕然一新的面貌。随后，李存勖正式开启了他“三支箭的征程”。他不仅经常亲临战场，更喜欢身先士卒，用他的话来说就是："定天下者，非百战何由得之，安可深居帷房以自肥乎！"（大丈夫当身经百战来夺取天下，怎能躲在屋子里空长一身肉呢！）也正是因为他拥有这一份一往无前的豪气，以及这种将生死置之度外的勇气，才取得了无与伦比的成就。

柏乡之战，李存勖力排众议，发动奇袭，大败后梁主力。朱温引以为傲的"龙骧""神捷"二军全军覆没。这一战，李存勖不仅逆转了梁强晋弱的局势，将战争主动权抓在了自己手里，更是一举奠定了江湖地位，被时人封以"战神"的称号。战后，李存勖策马来到野河畔，意气风发地说道："予为儿童时，从先王渡河，今其忘矣。方春桃花水满，思一观之，谁从予者？"（我从少年起就随父王渡河，现在忘了当时情形。如今春天桃花盛开，江水盈满，正想去看一下，谁追随我共渡呢？）

从此之后，李存勖的人生就像开挂一样，东征西讨，战无不胜。他巧计挑起桀燕纷争，灭了刘仁恭、刘守光父子，收复燕地；以七万步骑混合旅，大破契丹三十万之众，迫使契丹北逃；以八日闪电奇袭，一举吞灭朱梁，一血国耻家仇。经过十五年衣不解带的征战，李存勖终于完成了他爹临终前三支箭的遗愿，一统北方。

唐天祐二十年（923），李存勖在魏州称帝，延续"大唐"国号，建立后唐。之后，他又继续出兵灭前蜀，收荆南，平楚削吴，击败吴越、闽、南汉等小国。李存勖战神之名，威震四方。所以，后唐成为五代十国时期，国家疆域最大的中原王朝。

李存勖和朱梁抗衡，打的是“为唐复仇”的旗号。所以，他在灭梁后，第一件事就是拆毁朱氏宗庙，追贬朱温、朱友贞两帝为庶人。梁末帝朱友贞自杀殉国，李存勖找不了他的茬，于是就打算掘开朱温的陵墓，劈棺戮尸。但经河南尹张全义力劝，最终只是铲平了朱温墓地阙室。这个张全义，其实就是当时最大的“绿帽子王”，没错，就是那个妻子、儿媳、女儿全被朱温睡了一遍的张宗奭（shì）。“张宗奭”是朱温赐的名，投奔后唐后改回了张全义。

当年张全义为了报答朱温的救命大恩，拦住自家儿子不要去报妻子被辱之仇。现在，他又为了救命之恩，拦住李存勖戮尸泄愤。从个人层面上来说，好像他人品挺厚道。但是，后世的宋儒胡寅批评道：“张全义怀全忠私遇，甘于贱辱，夫岂知帝王惩戒之大方？”（张全义出于对朱温的个人私情，甘于贱辱，他哪能了解帝王的深谋远虑和万全谋略呢？）清朝乾隆帝更是直接骂道：“张全义屡易臣节，于李唐故主之恩蔑如，何独惓惓贼（朱）温，曲为保护？真是别具肺肝！”（张全义多次变主，对大唐故主的恩情丝毫不放心上，却唯独偏袒朱温这个贼人，不知他是什么别样心肝！）

攻占朱梁国都后，李存勖下令肃清朱梁宫掖。朱梁妃嫔们怕死，纷纷跪拜哭求，乞求能免一死。唯独贺王朱友雍的妃子石氏，面色凛然，昂首挺胸地站着不拜。这一行为成功引起了李存勖的注意。他见这石氏长得好看，气质又好，不禁产生了兴趣，想让她入宫侍奉。石氏也是刚烈，直接瞪大眼睛，愤怒大骂："我乃堂堂王妃，岂肯事你胡狗？头可斩，身不可辱！"结果可想而知，这位美人当即被杀。接着，李存勖又被一阵娇弱哭声吸引，看到一身白衣的梁末帝妃子郭氏。郭氏泪眼婆娑，眉宇间尽是楚楚可怜，梨花带雨。李存勖好言好语劝慰了一番，让她先回宫。他心情大好之余，朱梁宫城内的那些妃妾们，或留或遣，大多数都逃过了一死。当天晚上，李存勖就召郭氏侍寝。这郭氏呢，只能宽衣解带，任由仇家男人睡了。这种结果，也算是老淫棍朱温爱睡别人媳妇的一种孽报吧。

都说打江山易，守江山难。接下来，李存勖的帝王之路又会怎么走呢？

高开低走反差大

李存勖的前半生，绝对是一出逆袭剧本的大男主。自从他接过晋王爵位后，一路上打怪升级，征服河朔三镇，灭桀燕，退契丹，八日闪电灭梁。梁晋三十年恩怨，自此了结。纵观梁晋战史，李存勖的"战神"形象被展现得淋漓尽致。

当李存勖意气风发地进入汴梁城时，所有人都想到了一个人，那就是光复大汉天下的光武帝刘秀。当初王莽篡汉，天下人都以为刘氏已亡，王氏当兴。谁都没想到会跳出来一个"位面之子"刘秀，让汉室死而复生，使汉朝国祚又延续了近二百年。而继刘秀之后，李存勖再发神威，在朱温篡唐十六年后，再次实现华丽的剧情大反转，兴复大唐皇室。虽然从血缘上来讲，他这个后唐和唐朝是八竿子都打不着的关系，但在法统上，后唐皇帝就是妥妥的李唐宗室。毕竟从大唐宗室属籍算，这位后唐皇帝李存勖，算是大唐郑王李亮的后人（李亮是唐高祖李渊的叔叔）。

灭梁后，李存勖正式以大唐神都洛阳为东都，以大唐故都长安为西京，废除朱梁的律法和官制，全面恢复大唐旧制。至于原来的朱梁官员，除了跟着陪死殉国的宰相敬翔以外，宰相李振以及权贵赵岩、张汉杰等人，都被李存勖以“逆臣”的名义处死，然后又把唐朝旧臣郑珏、萧顷等十一人以“助梁篡唐”的罪名流放。但明眼人都能看出，这不过是做个姿态。朱梁昔日的一些奸佞之徒，比如段凝、霍彦威、温韬、袁象先等人，不但赦罪留任，还被赐以国姓“李”：段凝赐名李绍钦，霍彦威赐名李绍真，温韬赐名李绍冲，等等。可笑的是，李存勖堪称一代赐名“狂魔”。其中的温韬，如果从大唐方面看，罪不可赦：此贼曾盗掘唐朝诸帝皇陵，犯下的罪孽完全和朱温相等，但李存勖却未予追究罪责。后来，这些人更是通过对刘皇后的大肆贿赂，越混越好，获得李存勖的宠信和提拔。

后唐灭梁，威震天下。岐国、楚国、吴越国、闽国、南平国等割据政权，争先恐后称臣称藩。值得一提的是，岐国就是当年和李克用相爱相杀的“岐王”李茂贞建立的地方割据政权，据有关中凤翔一带，强盛时辖有二十余州。但后来它屡被后梁、前蜀所败，最终只剩七州之地。深知自己势力较弱，李茂贞始终不敢称帝。后唐刚灭梁时，他曾以叔父的名义自居，写信恭贺李存勖光复大唐。等李存勖定都洛阳后，他深感不安，派儿子李从曮（yǎn）入京朝贡。李从曮在洛阳被后唐军的声势震惊，回报给李茂贞。李茂贞深感恐惧，上书请行“藩臣之礼”。李存勖对这位老叔还是非常尊重的，改封他为“秦王”。不久后，李茂贞得到善终，终年六十九岁。

在李存勖战神威名下，唐朝昔日的大多数藩镇都入贡称臣，唯独前蜀不肯臣服。朱温篡唐后，蜀王王建拒不承认朱温梁朝的正统性，他在成都自立为帝，史称“前蜀”。王建死后，他年仅十七岁的儿子王衍继位，世称“前蜀后主”。王衍奢侈淫靡，大兴土木，委政于宦官、狎客，纵容太后、太妃卖官鬻爵，导致朝政败坏，贪腐成风。他还喜欢四处巡游，强制沿途州县供应食宿，百姓真是苦不堪言。后唐同光三年（925），庄宗李存勖派李继岌、郭崇韬为主帅，率六万大军攻打前蜀。大军所到之处，州县无不迎降，很快就进逼成都城。最后仅花了七十天时间，就把立国十八年的前蜀消灭掉了。前蜀所辖的十个节镇、六十四州、将近二百五十个县尽入后唐版图。

一切好像都在朝着美好的方向发展。如果不出意外，李存勖将又是一个流传千古的盛世明君。然而，接下来的故事，却朝着奇怪的方向滑去。当大家都在期待天下一统、开创盛世时，李存勖这个英勇的战神皇帝却在不到四年的时间里身死名灭，在历史中光速陨落。

作为一代战神，李存勖战绩累累，荣耀满身。常胜总是会让人飘飘然，李存勖逐渐变得骄狂不可一世起来。灭梁后，荆南节度使高季兴曾到洛阳朝见，等他回到自家地盘后，对手下人说："新朝百战方得河南，乃对功臣举手云，'吾于十指上得天下'。矜伐如此，则他人皆无功矣，其谁不解体！又荒于禽色，何能久长！"（新朝无数苦战刚拿下中原，皇帝便对功臣们吹嘘说是他自己十指得天下，如此骄傲，等于是抹杀了众将的战功，众心解体啊。皇帝本人又耽于享乐，估计他的日子长久不了！）不仅高季兴如此说，另外一个割据小国吴国的宰相严可求也说："闻唐主始得中原，志气骄满，御下无法，不出数年，将有内变！"这两人其实也不是什么深谋远虑的预言家，但他们从李存勖的种种表现里，确实精准地预见了他的结局。

打天下的时候，李存勖战神附体，英勇盖世。但坐天下时，他绝不算是一个好皇帝，至少远没梁太祖朱温做得好。李存勖称帝后，因为是打着"兴复大唐"的旗号，曾下诏寻访唐室的遗老旧臣，迎入朝廷封官授爵，苏循这个人借此重新出山。苏循本来是唐朝臣子，当年唐朝末帝禅位时，就是他捧着禅让册文亲手呈送给朱温的。那时的他不仅一副谄媚相，还拜舞祝呼，歌颂朱温应天顺人。为此，当时不少人都骂他是"唐之鸱枭，当今之狐魅"。鸱鸮（chīxiāo），猫头鹰一类的鸟，喻指邪恶之人。

这位苏循一见到李存勖，当即摆出唐朝大臣见帝王的礼数，三番跪拜，流涕称臣，高呼万岁。后唐初建，李存勖手下的文武百官都还不怎么会朝贺，苏循这一番表演，直接击中李存勖痒痒肉，乐得都不知道怎么宠他才好。隔天，苏循又不知道从哪儿找出三十管大笔，说这是皇帝专用的“画日笔”，特意入朝献给李存勖。可见，苏循这彩虹屁的功夫可谓炉火纯青，给了李存勖莫大的新鲜感和荣耀感。一高兴，李存勖就让苏循在旧任礼部尚书的基础上，兼任河东节度副使。文武高职，汇于一身。

眼看苏循风光无限，唐朝旧臣里的一些投机钻营之徒纷纷出笼，沐猴而冠。不少唐朝没被杀掉的贵族和没落士族也纷纷跳出来抱大腿，比如豆卢革、韦说、卢程等，都被李存勖任命为高官。这些人，基本上都是自我标榜的“名家”“名流”，没有什么真本事。这些旧唐官吏任职后，不但败坏了后唐新王朝的政治，还侵蚀了一些颇有谋略见识的将领。所以，唐末的腐败世风，竟然又在后唐弥漫开来。

一个萝卜一个坑，朝中高位也就那么点，那些后唐功臣又做什么官呢？据《五代十国方镇年表》数据统计：在后唐庄宗朝的三十七个藩镇中，除去定州、延州、夏州、凤翔、泾州、灵州六个世袭藩镇，其余藩镇四年共有一百五十人次任节度使。其中，由后梁降将担任的达五十人次，如果加上张全义、朱友谦这些原后梁的地方实力藩镇，二者相加为六十八人次，占人次比例的百分之四十五。甚至邓州、安州等节度使，也一直由后梁人员担任，后唐本身的政治势力始终未能进入。而由河北幽州、沧州、镇州等将领担任的重要职位，也有十五人次。其余藩镇节帅，李存勖亲族、外戚二十七人次，亲信二十一人次，后唐功臣宿将仅有十八人次出任过节度使，其中还多是一些李克用在世时就有大功在身的元老宿将。可见，在灭梁之战中立下首功，并且是李存勖本人核心势力的河东军事集团，在新帝手中只分配到约百分之十二的利益。显然，李存勖是在猜忌他们，刻意压制自己的功臣集团人员。

由此我们可以看到，那个曾经荣耀满身、身负希望的战神皇帝，逐渐在骄奢淫逸中堕落，渐渐变成一个骄傲自大、刚愎自用、好大喜功、猜忌功臣的享受者。最终，短短时间之内，他就在作死的道路上一去不复返。那么，李存勖是怎么花样作死的呢?

伶人天子肆意作

李存勖的一生可谓高开低走，从一个骁勇善战的战神皇帝，到心满志骄、花样作死的伶人皇帝，可谓一部从“五好青年”到“八坏中老年”的堕落史。对于李存勖为何堕落，《旧五代史·庄宗纪史论》是这么回答的：“骄于骤胜，逸于居安，忘栉沐之艰难，徇色禽之荒乐。外则伶人乱政，内则牝鸡司晨。靳吝货财，激六师之愤怨；征搜舆赋，竭万姓之脂膏。大臣无罪以获诛，众口吞声而避祸。夫有一于此，不亡何待?！”

很多人以为，李存勖是称帝灭梁后才开始堕落的。但其实早在那之前，他就出现了这样的兆头。而在当时，他的左膀右臂很厉害，文有河东总管大太监张承业，武有河东第一名将周德威，这两人内外配合辅佐，李存勖最终实现“复兴大唐”的人生目标。从本性上来说，李存勖和齐桓公姜小白、前秦苻坚是同一类人。这种人都非常感性化，待人真诚，但心智又特别不成熟，身边必须有家长式的大臣时刻看管着。

先来说说李存勖的第一个“监护人”：张承业。他一生忠于唐朝，始终以唐朝官职自居，辅佐了李克用、李存勖两代晋王。尤其是李存勖即位之初，张承业帮他除掉了意图篡权的李克宁，稳定了河东政局。在后半场的梁晋争霸中，都是张承业在后方打理内政，招抚流民，发展生产，征集兵马、物资，有力地配合了李存勖在前线征战，为晋军提供了充足的后勤保障。因此，李存勖对张承业也很尊重，平时以“七哥”相称，逢年过节都会登门拜望。第二个“监护人”周德威就更不用说了，他战功赫赫，作战经验丰富，在潞州之战、柏乡之战等各大战役中，都给了李存勖非常有效且给力的建议和帮助。

李存勖打仗厉害，但同时也是个好玩叛逆的主，花起钱来大手大脚，喜欢赌博和打赏伶人。有一次，他想要钱去耍，故意在府库设宴，还让长子李继岌给张承业跳舞助兴。显然，张承业不能只是鼓掌完事，只好捧个钱场，把随身带的玉带和骏马拿出来打赏。但李存勖想要的是金钱，于是指着钱库说：“和哥（李继岌小名）无钱使，七哥与此一积，宝马非殊惠也。”（孩子缺钱，七哥你拿点钱赏他就好，你给他宝马这些东西干吗？）张承业回答说："郎君哥劳，承业自出己俸钱。此钱是大王库物，准拟支赡三军，不敢以公物为私礼也。"（我给小哥的是我自己兜里的钱，但库钱是国家的，要拿来给大王养兵的，我可不敢动。）

事情到这里，如果李存勖温言嘉勉、避席谢过的话，那将会成为历史上的一桩佳话。可惜的是，李存勖借着酒劲，有的没的讽刺挖苦张承业。张承业听着，可能心里也有点不舒服了，说："臣老敕使，非为子孙之谋，惜钱为大王基业，王若自要散施，何妨老夫？不过财尽兵散，一事无成。"（我就是大唐的外派太监，没有后代，我省钱也是为了你们老李家的家国大业。大王您愿意散发钱财，又何必理会我呢？你想用就用吧，大不了最后钱没了，兵也散了，一事无成而已。）

李存勖恼羞成怒，向侍从索剑，想要杀张承业。张承业一把抓住李存勖的衣袍，一把鼻涕一把泪地痛哭道："仆荷先王遗顾，誓为本朝诛汴贼，为王惜库物，斩承业首，死亦无愧于先王，今日请死！"（老奴受先王重托，誓要诛灭贼梁。今天为了爱惜府库钱财这事死在这儿，那我也是无愧的！您赶紧下手。）旁人见苗头不对，就上来拉架。后来，这事惊动了曹太夫人，她连忙派人把李存勖叫过去。李存勖慌了，怕他妈责罚，忙向张承业赔酒道歉，但张承业没有接受。后来还是曹太夫人亲自带着李存勖，上门赔礼道歉，这事儿才算过去。这事说明，李存勖还是有很强的无赖恶少习气，只是大敌当前、天下未定，不得不有所顾忌收敛。后来他要称帝，当时已卧病在床的张承业表示强烈反对，以死相劝，结果活活被李存勖气死了。

那么，另一个监护人周德威呢？这人走得比张承业更早。当年，李存勖初入江湖，在军事上还能听得进周德威的建议。但随着他连胜朱温、朱友贞父子，个人声威达到顶点，渐渐膨胀了起来。在胡柳坡之战中，在时机不对、准备未充分的情况下，他自恃勇猛，根本不听周德威的意见，下令强行进攻梁军。反对无效的周德威，只能硬着头皮上战场，最后战死。

没了周德威和张承业这两位“监护人”，李存勖在花样作死的道路上，那可是一路狂奔。用了仅仅不到四年时间，就把自己给作没了。尤其是没了张承业的管制，李存勖就像是爸妈离家后那种欢天喜地的熊孩子，肆意玩耍。李存勖出身高贵家庭，通晓音律，自幼便喜欢唱戏，没事儿就去戏班子那儿听戏学戏，自己时不时还上台哼上两句。灭梁称帝后，李存勖更是沉迷于这一爱好，甚至达到了走火入魔的地步。他不但收养了一大批伶人，经常和伶人们一起上台演出，甚至还给自己取了个艺名“李天下”。所以，当时和后世李存勖也被戏称为“伶人皇帝”或“伶官天子”。

一次，李存勖和众伶人嬉戏。他心血来潮，突然大喊：“李天下，李天下在哪里？”要知道，“李天下”三字可不是谁都敢应声回答的。听到李存勖这么叫唤后，伶人们大都噤若寒蝉。这时候，一个叫敬新磨的伶人直接越过众人，冲到李存勖面前，抬手就给他两记响亮的耳光。李存勖顿时就被打蒙了，其他伶人吓得三魂出窍。要知道这可是一怒浮尸千里的皇帝，敬新磨这位名角肯定是要玩完了。没想到，敬新磨不但不慌，居然还笑着说："李天下者，一人而已，复谁呼邪？"（李天下，只有皇帝一人，除此之外，还有谁能叫呢？）听他这么一说，李存勖非但不怒，还重赏了敬新磨。

这敬新磨可不是一般伶人，非常会玩这种"给一巴掌、赏一嘴甜"的把戏。某日，敬新磨到殿中奏事，不巧被宫里的一条恶犬追逐，他不得不躲到柱子后边闪避，窘态百出。敬新磨见皇帝乐得在一边吃瓜看热闹，不出手搭救，于是大喊道："陛下毋纵儿女啮人！"（陛下，您快管管您的孩子吧！）李存勖一听就怒了，要知道他出身沙陀族，非常忌讳"狗"这个字眼，当场就要拉弓射杀敬新磨。敬新磨知道话说得过头了，急忙喊道："陛下无杀臣！臣与陛下为一体，杀之不祥。"（陛下不能杀我，我和陛下同为一体，杀我不吉利！）这话一出，李存勖就非常好奇了，忙放下手里的弓箭问缘由。敬新磨直接来了一波"谐音梗"，解释道："陛下开国，改元同光，天下皆谓陛下同光帝。且'同'，'铜'也。若杀敬新磨，则同无光矣。"（陛下开国年号是'同光'，天下人都称您为'同光帝'。'同'和'铜'同音，铜需要磨才能保持光亮。若陛下杀了我这个'磨'，那同（铜）就没有光了。）李存勖听完乐了，就这么饶了敬新磨。

如果只是平时这般在宫内消遣，倒也无伤大雅。但李存勖毫无分寸，居然把这帮伶人拉到朝堂上来治理国家，还让他们充当耳目，掌握机密事务。早在称帝之前，李存勖就因任用伶人杨婆儿为刺史而贻误战机。胡柳坡之战中，伶人周匝被梁军俘虏，因伶人陈俊、储德源的保护而免死。灭梁后，周匝为报救命之恩，“垂泣推荐”两人当刺史。李存勖二话不说，当下就答应了。要知道，这刺史相当于现在的省长，下辖数州县，地位仅次于节度使。当时许多跟随李存勖南征北战、立下大功的将士都没机会当上刺史，听说两个戏子当了，无不由衷愤慨。

另外还有个叫景进的戏子，因为他比一般大臣更方便出入皇宫，李存勖就经常找他吃外边大臣的“瓜”。景进便由此大进谗言，干预朝政。群臣皆敢怒而不敢言，有的甚至反过来巴结这位皇帝的好哥们，以保求富贵。如此种种，无疑更加助涨了伶人的气焰。这些人擅作威福，陷害贤能，搜刮民财，穷奢极欲，为所欲为。

李存勖的快速倒台，除了有伶人助力外，还有一个人影响非常大，那就是他的妻子刘皇后。那么，这个刘皇后究竟都做了什么呢？

一代祸水刘皇后

老话常说，娶妻当娶贤，娶妻不贤毁三代。我们看中国历史就会发现，历史上的雄主，基本上都娶了一个贤内助好老婆。比如汉武帝的卫皇后，汉光武的阴皇后，唐太宗的长孙皇后，等等，都是一流的贤内助。即便是梁太祖朱温，人家也有一个非常好的老婆张氏。李存勖他爹就更厉害了，有两个：正室刘氏和李存勖生母曹氏，两人情同姐妹，共同辅佐李克用。但李存勖是个例外，他的刘皇后，除了颜值高能在线之外，其他的那叫一个一言难尽。

刘氏出生在一个贫寒的单亲家庭里，打小就跟着她爹四处混饭吃。五六岁时，她被李克用的副将袁建丰手下掳走。袁建丰见她乖巧可爱，是个美人坯子，于是就送到了李克用宫里当侍女。李克用的妃子曹夫人（也就是李存勖亲妈），见这女孩子长得漂亮，人又聪明伶俐，觉得她是个可塑之才，于是就让人教她各种才艺。这些东西，刘氏基本一学就会，很快便技压群芳，深得曹夫人喜爱。在曹夫人的精心培养下，长大后的刘氏，吹拉弹唱样样精通，人也长得美艳绝伦，成了一代尤物。

李存勖是个孝顺孩子，经常探望自家亲妈。一次家宴上，曹夫人让刘氏表演助兴。本就精通音律的李存勖一听，惊为天人，一颗心就这么沦陷了进去。曹夫人见状，就把刘氏赐给了自家儿子做妾。当时，李存勖已有正室韩氏和二房伊氏，刘氏作为第三位妻房，被封为魏国夫人。

不要看刘氏出身卑微，她也有一个皇后梦。刘氏充分发挥自己的歌舞特长，努力争宠，不久便生下了长子李继岌。因为父子俩长得很像，所以刘氏母子深得李存勖的宠爱。刘氏呢，也因此实现了“弯道超车”，生生挤掉先行入宫的姐姐们，获得了李存勖的专宠。在讨伐朱梁的十多年间，李存勖都只带刘氏一人随军。为了牢牢抓住这份专宠，刘氏使出各种手段，不给其他嫔妃任何机会进见皇帝。

李存勖称帝后，有意立刘氏为皇后。但论资排辈的话，是万万轮不到刘氏的，因为她前边还有正妻韩夫人和侧室伊夫人。李存勖一时觉得挺难办。就在这时，两个重量级的人物为刘氏送上了神助攻。宰相豆卢革和枢密使郭崇韬，二人联名上奏，请立刘氏为皇后。李存勖便顺势立了刘氏为后，封韩氏为淑妃，伊氏为德妃。韩夫人等都愤愤不平，但又无可奈何。因为这不是李存勖第一次这么做了。根据宗法制度，皇帝以庶出继位，当以嫡母为皇太后，尊生母为皇太妃。但李存勖称帝后，却将嫡母刘氏尊为皇太妃，尊生母曹氏为皇太后。后来刘太妃赴太后宫中拜贺，李存勖生母曹太后为此羞惭不已，惶惶不安。刘太妃说："愿吾儿享国无穷，使吾获没于地以从先君，幸矣，复何言哉。"（只要孩子安好，江山能永驻，咱能不愧于先王就很好啦！）

李存勖的这位刘皇后手段厉害不说，嫉妒心还非常重。李存勖灭梁后，曾多次召幸过梁国的郭妃（朱友贞妻妾）。刘氏得知后，生了醋意，就开始闹开了，逼得李存勖把人送往别处，为尼终生。这事传开后，大家都知道这位刘氏不可小觑，争先恐后送钱讨好于她，其中就有不少梁朝旧臣和节度使，比如段凝、袁象先等人。后来，刘氏当上皇后，更是肆无忌惮。李存勖有段时间非常宠爱一个爱姬，长得花容月貌、倾国倾城，还给李存勖生了个儿子。刘皇后觉得李存勖这个爱姬严重威胁到了自己的皇后地位，居然强行逼迫李存勖把这个爱姬送给了别人！在当时，有一个叫李绍荣（原名元行钦）的大将，这个人曾救过李存勖的命，是李存勖的恩人兼心腹。得知李绍荣的老婆病死了，李存勖特意把这位大将喊进宫来慰问："尔新丧妇，其复娶乎？吾助尔聘。"（听说你妻子没了，现在想再娶一个吗？我可以帮你。）"李绍荣还没有回答，一旁的刘皇后看到机会来了，马上指着李存勖的爱姬说："帝怜行钦，何不赐之？"（陛下您心疼元将军，不如把她赐给他吧！）李存勖内心自然是一万个不愿意，但他又是好面子的人，刚才在爱将面前夸下海口，自然不可能当面拒绝，只好先假装同意。没想到刘皇后趁热打铁，把李存勖的爱姬直接打包送出宫了，让李存勖想反悔都来不及。事后，李存勖郁闷无比，好几天都称病不吃饭。但为了收买人心，只能接受如此事实了。

俗话说，儿不嫌母丑，狗不嫌家贫。这位刘皇后虽有美貌，又有手段，但人品却是极差。刘氏她爹后来听说女儿富贵嫁个皇帝有出息了，马上就找上门，希望父女俩能相认团聚。但当时刘氏为了争皇后的位置，正发愁自己门第出身的事情，和李存勖几位夫人正斗得水深火热呢。如此地位低贱的亲爹出现，让刘氏恼怒至极，她这辈子都不可能会承认这个穷爹的。于是，在宫内当着众人的面，刘氏勃然大怒，怒斥亲爹说道："妾去乡时，略可记忆，妾父不幸死于乱兵，妾时环尸恸哭而去。此田舍翁安得至此！"（我小时候离开家乡的时候还有记忆，我爹死于乱兵之手，我当时还围着他的尸体转了好几圈痛哭呢。这个乡巴佬怎么敢到这里来认亲！）于是，她让人把她亲爹给暴打了一顿，直接给轰走了……

当上了皇后，刘氏一直都非常在意自己的出身。为了稳固自己的后位，保住长久的富贵，她决定找个拿得出手的新娘家，就认了张太师张全义为义父。张全义是历仕唐、后梁、后唐三朝的官场老油条。先前他能在后梁朱温手下混得风生水起，又能在归降后备受李存勖厚待，除善于委曲求全外，更惯于敛财贿赂君王保全家族性命和官位。李存勖呢，非常喜爱这位人精老臣，所以他到这位大臣家中吃饭喝酒时，有时候也会带上刘皇后一起，显得君臣亲热无猜。一来二往的，刘皇后就看上了张全义他家，有权有地位不说，关键是这老头子家里还非常有钱。

一次，刘皇后随李存勖到张全义家中做客。张全义很有眼力见儿，把准备好的奇珍异宝全都献了出来。刘皇后看得那叫一个两眼发光，决心傍上这个权贵兼富豪，于是趁着酒劲，奏请李存勖说："妾幼失父母，见老者辄思之，请父事全义。"（妾从小失去父母，每每见到张老，都想念我自己的爹爹。妾想认他作干爹！）张全义一听，被吓得连连推辞。毕竟，这刘皇后可是一个连亲爹都不认的狠角儿。奈何刘皇后一再坚持，李存勖也帮着一起劝说。迫于形势，张全义不得不答应，还送了刘皇后一大笔见面礼当"改口费"。当然，认了干女儿之后，张全义送礼送得更勤了，除了逢年过节外，每天都会送一些好东西给刘皇后，从没间断过。

大概是因为从小穷怕了，刘皇后觉得没钱就没有安全感。在当上皇后前，她就已经和伶人、宦官勾结一块，受贿索贿，左右朝政。后唐的一些地方节度使觐见李存勖，都要先贿赂刘氏，才能得到李存勖的召见。当上皇后后，刘氏更是肆无忌惮，大钱小钱都不落下，毫不要脸地打着“皇家特产”的名头，安排人到集市上，高价叫卖宫中的柴草果品，肆意敛财。得到钱财之后，她一半留给自己，另一半则用来孝敬佛祖。因为她觉得自己能当上皇后，靠的是佛祖保佑。当然，刘皇后这种“杂货铺”买卖进项，赚的也就是些零花钱，大头还是要靠她之前的老本行：公然索贿。后唐各州县藩镇进贡纳税，必须准备两份，一份是给皇帝李存勖的，另一份是给刘皇后的。所以，刘氏所在的皇后中宫，可谓财物堆积如山，富裕无比。

按理说，信佛的人大多都心地善良，但这刘皇后却是个例外。刘皇后虽然搞钱有一套，但让她掏钱可不容易，她简直就是个一毛不拔的铁公鸡！她自私自利得很，她的小金库只对佛家开放，别的是一概不理。

同光三年（925）秋，洪水肆虐，百姓流离失所，各地赋税无法及时上缴，军队粮饷告急。为了解决这个问题，朝廷提前征收下一年的夏秋租税。老百姓们本来就饿肚子，结果还要再交税，就在路边绝望大哭。刘皇后作为一国之母，本应督促皇帝勤政，解百姓忧苦。但她眼里只有钱，完全不顾百姓死活，甚至怂恿李存勖纵情享乐，整日打猎游玩。寒冬腊月里，一帮人肆意狂欢，强盗横行一般，每到一处都要求地方提供物资挥霍，吓得地方官吏都逃到山谷避难。

转年，形势更加恶化，不仅赶上大旱，还发生大大小小的兵变。出现叛乱了，朝廷必定要出兵平叛，一打仗就要动用军队，军队一开拔就要用粮饷。但朝廷的府库，早已捉襟见肘。后唐高官知道刘皇后这些年没少圈钱，底子厚，于是给李存勖出主意，希望刘皇后拿出一些私房钱来支援军需。李存勖同意，但刘皇后不同意，她板着脸说道："吾夫妇得天下，虽因武功，盖亦有天命。命既在天，人如我何？"（我们夫妻得天下，虽然是刀枪拼出来的，其实也是上天注定的，别人能把我们怎么样！）后来呢，实在说不过宰相和皇帝，刘皇后才极不情愿地拿出自己的"脂粉钱"，还抱着小儿子李满喜，如同疯妇般上朝大闹："诸侯所贡，给赐已尽，宫中所有惟此耳，请鬻以给军。"（各地节度使送给我的东西，我都赏赐给别人了，现在就这些东西了，如果不够，把这小孩子卖了还能凑点钱作军资！）官员们一看刘皇后如此撒泼，直接被吓走。

在刘皇后带领下，后唐贿赂之风大盛。由于李存勖的纵容，刘皇后手中的权力越来越大。当时刘皇后的命令，几乎和皇帝的圣旨无异。有这样贪婪的皇后，自然便有善于敛财的官吏。其中，有个叫孔谦的大臣，就靠着一流马屁精功夫赢得了李存勖青睐。他不仅善于揣摩上意，更是个敛财高手，深得刘皇后和李存勖的欢心，竟获封为"丰财赡国功臣"。为了搜刮更多的民脂民膏，孔谦竟然打着“改革”的幌子，绕过藩镇，直接向州县催税，甚至恢复了之前被废除的苛捐杂税。有了孔谦这个样板，其他官吏纷纷效仿，百姓负担日益沉重，苦不堪言。

宦官复权乱朝纲

说了伶人，说了刘皇后，咱们现在来说说宦官。有的人可能很好奇，先前唐朝那些宦官不是早就被朱温和晚唐宰相崔胤两人联手杀尽了吗？其实不然，当初那些宦者还是有一些漏网之鱼的，比如被李克用调包保下的大太监张承业。其他一些没人保、人又机灵的，收到消息后，早就躲到和朱温对着干的河东等地界避难去了。

李存勖自号中兴唐室，得天下后，在制度方面出台了不少所谓的新举措，而再次重用宦官，便是其中之一。李存勖特意下令：“内官不应居外，应前朝内官及诸道监军并私家先所畜者，不以贵贱，并遣诣阙。”（前朝宦官不应该待在外廷，但凡前朝宦者、先前各藩镇的监军太监和私人豢养藏留的宦者，一律送回朝廷。）当时李存勖身边已有宦官五百人左右，这道敕文发布后，直接涨到千人以上。我们要知道，宦官擅权，可是当初唐朝灭亡的一大关键因素啊。

自古以来，宦官里头就没几个好的。《旧五代史》记载，宫内宦官曾经非常夸张地给李存勖讲，说唐朝皇帝在女人方面非常有情调。李存勖听后那叫一个神往，也要享受这种待遇，于是让宦官到全国各地去给自己挑选美女，充实后宫。折腾完了天下女子，宦官又以“洛阳宫殿的规模远远小于长安城”为由，劝李存勖大兴土木。遥想李唐皇家宫阙，李存勖叹息自己的局促：“富有天下，岂不能办一楼”，遂丝毫不顾当时的民力艰难，大修宫殿。

由于宦官懂得迎合上意，拍马屁的功夫又是一流，大多数受到了重用，有的担任内诸司使，有的充作藩镇监军，很多人还被李存勖视为心腹。有了权力，公公们腰杆子就硬了。一些下到藩镇的宦官监军恃宠争权，到地方指手画脚不说，对地方长官也是颐指气使，使得各藩镇愤怒不已。当然，宦官干政后，自然少不了排挤一些实力权臣，尤其是对当时的后唐“二当家”枢密使郭崇韬，一直怀恨在心。

郭崇韬是李克用河东集团的老臣子，他最初跟着昭义节度使李克修（李存勖的堂伯父）做事，李克修死后就到了李克用身边，长期充当执掌机要的谋臣角色。李存勖继位之后，郭崇韬先任中门副使，后来又成了唯一的中门使，真正进入了河东集团的核心决策圈。

作为“头号智囊”，郭崇韬跟随李存勖一起南征北战，在击败契丹、平定河北、建立后唐等一系列活动中立下奇功，由此深得李存勖的器重。也正是在郭崇韬的大力支持下，李存勖率奇兵突袭汴梁，仅用了八天便消灭仇敌朱梁，一雪国耻家仇。当李存勖志得意满地坐在皇帝宝座上时，力推郭崇韬为灭梁第一功臣，拜为“赵国公”，兼任两镇节度使，执掌朝廷枢密事务。这还不算，李存勖觉得加官进爵差点意思，不能表达出自己对郭崇韬的厚爱，于是大手一挥，额外赐他丹书铁券、享免死十次的殊礼。可以说，当时老郭的权势和名望都无人能及。

郭崇韬位兼将相，以天下为己任，但这个人气量狭窄，脾气暴躁，刚愎自用。李存勖的宠臣请他办事，多数都遭到断然拒绝，因此宦官和伶人都对他咬牙切齿。早些时候，有一个叫李绍宏（本名马绍宏）的宦官，和郭崇韬共同担任枢密使职位。郭大人为了自己一人独揽大权，就安排了一个低调怕惹事的宦官张居翰取代了李绍宏，把李绍宏改为宣徽使。为此，李绍宏非常不满，但当时又敢怒不敢言，只能暗地里纠集其他宦官一起攻击郭崇韬，每天都在李存勖那里说他坏话。郭崇韬呢，对这些诋毁攻击根本没带怕的，毕竟自己劳苦功高，皇帝再怎么糊涂，也不可能听太监的话疏远自己。

大权在握的老郭，府宅门前早晚都是车马满满的，人人都想巴结他。在这种状态下，想保持清醒的头脑，戒骄戒躁，确实不是一件容易的事。一次，郭崇韬和宰相豆卢革、韦说两人一起闲谈，提到了李唐王朝的中兴名将汾阳王郭子仪。豆卢革问郭崇韬：“汾阳王本太原人徙华阴，公世家雁门，岂其枝（支）派邪？”（汾阳王本是太原人，后来才搬到了华阴。您老家在雁门，两家离得那么近，又都姓郭，难道是同族吗？）郭子仪是谁啊，那可是挽狂澜于既倒、扶大厦之将倾、平定安史之乱的大功臣。

豆卢革这么问，明显是想往郭崇韬脸上贴金。

郭崇韬和郭子仪一家，可谓毫无瓜葛。但受人吹捧久了，郭崇韬就有点飘了，心中更是得意。尤其是李存勖称帝后，一心效仿唐朝旧制，也看重起门第之别来，先后起用了豆卢革、卢程、韦说等没落士族为宰辅。但这类人都是那种偏爱标榜自己“名家”“名流”身份的人，没什么实际才能。郭崇韬作为一代权臣，自然不愿意在门第上落了下风，于是顺坡下驴道：“遭乱，亡失谱牒，尝闻先人言，上距汾阳四世耳。”（因为战乱，我家的族谱丢失了，但我听家里老人说起过，我这辈儿上隔汾阳王有四代人吧……）豆卢革很会凑趣：“然则固从祖也。”（这样说来，汾阳王肯定是您的叔祖啦！）

从此，郭崇韬就以名门子弟自居，同时也开始重视别人的门第，就连过去立功的旧臣也不屑一顾。有人向他求官，他就为难道：“深知公功能，然门地寒素，不敢相用，恐为名流所嗤。”（我晓得你功劳大、才能高，但你家门第实在太低，我不敢交予你重任，免得被名流大家耻笑。）就这样，不但李存勖宠幸的伶人、宦官记恨他，就连朝廷上过去的功臣们也怨恨他。郭崇韬不懂团结，任意排挤他人，渐渐树立了不少政敌，自己开始走向死路。

智将谋臣难顾身

灭梁后的后唐政权，表面风光无限，暗地里却是腐朽不堪。

皇帝李存勖宠信伶人和宦官，导致朝政混乱，政治黑暗。刘皇后干政敛财，搜刮民脂民膏，加剧了朝廷的财政危机。朝廷的宰相百官，又多是一堆无真才实学的人，只凭门第论高低。就连一代谋臣郭崇韬，最后竟也深陷“名门”漩涡无法自拔，只认门第不认人，得罪了一大批出身平凡的官员。加上郭崇韬又刚愎自用，多次拒绝伶人和宦官的拉拢，尤其被伶宦记恨，不断在皇帝耳边搬弄是非。对于这些攻击，自恃深受皇帝重用的郭崇韬，完全没有放在心里。

但是，随着朝中越来越多的人反感他、排挤他、构陷他，郭崇韬终于意识到危险了。毕竟“三人成虎”的道理大家都懂。于是呢，他开始心生退意，对左右人说：“我现在树敌太多，说不定哪天就遭殃了。不如我换个地方做官，还能安安稳稳地享受几年清闲。”那些人肯定不干啊，赶忙劝道：“不可！你一旦失势，就像离开了水的神龙，连小蝼蚁都能欺负你，你还是再想想吧。”于是，有人出了个主意：“这样吧，咱不如先提个离职申请。陛下这么看重您，肯定不许你走。小人再怎么诬陷，也伤害不了您和陛下的关系。然后再趁现在皇后没立，咱迎合陛下心思，请求立刘氏为后。这样不但陛下高兴，就连刘氏也会感激。到时内有刘氏撑腰，外有陛下庇护，谁能奈何您呢？”

郭崇韬一听，觉得这计策非常可行，于是按计行事。他多次上书请求辞去枢密使之职。但李存勖每次都没有同意，各种安抚。接着，郭崇韬又上书请求立刘氏为皇后，刘氏因此顺利登后位。但刘氏呢，真不是一个懂感恩的主，郭崇韬依旧饱受宦官、伶人的诽谤和陷害。

其实，只要郭崇韬和李存勖一直保持良好的信任关系，就可以一直大树不倒。但坏就坏在，他们现在早已不是灭梁期间那对亲密无间的君臣了。那么，这对君臣的友谊小船，是什么时候开始出现裂痕的呢？或许，是从李存勖开始胡作非为、花样作死开始的吧。郭崇韬确实一直以天下为己任，对李存勖的各种过火行为都直言不讳。忠言逆耳啊，李存勖对郭崇韬当然日益不满了，尤其是他身边还有伶宦一直拱火。

前面说到过，宦官曾以“洛阳宫殿不如长安”为由，劝李存勖大兴土木。当时宦官那酸酸又带着淡淡感慨的语气，深深刺激了李存勖的虚荣心：同样是皇帝，凭什么人家就能那么享受，我就这么憋屈，不行，我也要搞大宫殿！这时，宦官趁机上眼药说：“郭崇韬常不伸眉，为孔谦论用度不足，恐陛下虽欲营缮，终不可得。”（郭大人总是抱怨，和孔谦总说国库空虚，所以，陛下您修殿建楼的钱，怕还是拿不出来吧。）

于是，李存勖便准备从内库出钱办事。这个内库就相当于是皇帝的小金库。坐稳帝位之后，宦官们劝李存勖，把天下的赋税、贡品分为内、外两库。其中，州县上缴的入外库，充作国家经费用；藩镇上供的拨入内库，充作皇室小金库，专门供给皇帝用来宴饮、游玩以及赏赐之用。后唐当时州县上供有限，而藩镇却是财大气粗，进贡给皇帝小金库的财产数量，远远超过国库的收入。也正因为如此，外库总是财政紧张，而内府却珍货山积，富得流油。

但建楼修殿这么大的事，隐瞒不了。李存勖便打算先和郭崇韬说明情况，省得到时他又跑来跟前叨叨的，于是派人给郭崇韬透风："今岁盛暑异常，朕昔在河上，与梁人相拒，行营卑湿，被（披）甲乘马，亲当矢石，犹无此暑。今居深宫之中而暑不可度，奈何？"（今年夏天热得太厉害。朕先前在河上和梁国打仗，披甲乘马，面对矢石，都没有像今天感觉这么热。如今住在深宫里，真受不了如此暑热，怎么办呢？）

郭崇韬竟然直接回道："陛下昔在河上，敌未灭，深念雠耻，虽有盛暑，不介圣怀。今外患已除，海内宾服，故虽珍台闲馆犹觉郁蒸也。陛下倘不忘艰难之时，则暑气自消矣！"（以前陛下心怀国仇家恨，虽然盛暑酷热也不觉得。现在大仇已报，海内降服，所以身处皇宫闲馆还是觉得暑热难当。如果陛下您不忘先前的艰难困苦，自然暑热自消。）还别说，郭崇韬这段话，既包含着佛家"心静自然凉"的经典论断，又体现出了主观唯心主义的哲学内涵，非常非常有水平。一时之间，李存勖被堵得无言以对。

郭崇韬走后，宦官又跳出来说："崇韬之第，无异皇居，宜其不知至尊之热也。"（我听说郭大人的府邸，比皇宫还豪华，又怎能体会到陛下的暑热呢。）这下倒好，李存勖再也不能忍了，心想你郭崇韬自己大宅子大院子那么会享受，却总对我上纲上线，这次我偏要建楼！于是乎，他马上让人大兴宫殿，征调近万人服役，耗费巨大。老郭呢，自然还不知道自己被宦官摆了一道，仍然入宫，继续劝说李存勖："今两河水旱，军食不充，愿且息役，以俟丰。"（现在两河之地连遭水旱，军粮又告急，希望陛下暂时停止营造，还是等丰年再建吧。）

于国于民来说，郭崇韬的建议肯定正确。但是，他忽略了李存勖身为一国之君的感受。类似这样的事情，发生过不止一次。虽然看着都是鸡毛蒜皮，但日积月累下，君臣自然会慢慢离心，更何况，宫里面一直还有伶宦在添油加醋、煽风点火。不久之后，又发生了"罗贯事件"，最终导致两人关系出现巨大裂痕。

河南令罗贯，原来的官职是礼部员外郎，性格刚正不阿。郭崇韬非常欣赏他的才能，委派他去河南当县令。罗贯上任后，办事从不避权豪，一切按规矩办事。伶官宦者为人说情，或委托办事的书信，几乎堆满了罗贯的几案，他一封不看，全都转交给了郭崇韬。郭崇韬为此就弹劾伶宦结交外臣，希望李存勖能加以管制。所以，罗贯呢，因此得罪了那些小人。同时，罗贯的上级领导，也就是河南尹张全义也对他颇有微词。老张觉得罗贯太过生猛，不懂人情变通，而他背靠朝廷郭崇韬这座大山，使得老张更是心生猜忌。于是，老张就派自己的心腹婢女到刘皇后那里，诬告罗贯。刘皇后便和伶宦一起，在皇帝面前诋毁罗贯。一个小县官，竟惹得满朝权贵咬牙切齿，连皇后都说他不是，这不得不让李存勖注意。但他一个皇帝，真不好直接下令去杀一个小县令，只能暗中积攒怒火。

恰逢皇太后驾崩，李存勖又忙于命令手下建造陵寝。某天，李存勖亲自去视察工程进度，结果一路上道路泥泞，还坏掉了好几座桥，搞得他一路走得非常难受。于是，李存勖怒问是谁负责这里。宦官们回答说，是罗贯。好，这下抓住把柄了，罗贯很快被李存勖下令抓进监狱，进去当天就被打得体无完肤。隔天，皇帝就下诏要斩罗贯。郭崇韬得知消息后，急忙为罗贯求情："道路失修固然有错，但罗贯罪不至死啊。"

此时的李存勖，安乐生活过惯了，人也变得越来越偏激、固执、偏听偏信。面对郭崇韬的求情，李存勖越发觉得，郭崇韬就像伶人宦官说的那样：作风不正，爱搞私人小圈子，私立党派。于是大怒道："太后灵驾将发，天子朝夕往来，桥道不修，卿言无罪，是党也。"（太后灵驾入陵要走这段路，朕朝夕往来也要走这段路。如此重要的路，罗贯竟然不修道桥，你竟说他没罪，你们肯定是结党营私啊！）

李存勖"结党营私"的大锅都扣下来了，郭崇韬却还继续苦谏："陛下以万乘之尊，怒一县令，使天下谓陛下用法不平，臣之罪也。"（陛下是堂堂一国至尊，竟怒杀一小小县令，必会让天下人觉得陛下用法不公，此乃臣之罪啊！）

见郭崇韬又拿老一套来压自己，李存勖更加忍无可忍："既公所爱，任公裁之。"（既然你这么喜欢他，那你看着办吧！）说完就拂袖而去，直接起身回宫。郭崇韬不依不饶，在后面追着继续理论。逼得李存勖赶忙把殿门关了，把郭崇韬给挡在门外。

虽然李存勖话是这么说，但人肯定是不会交给郭崇韬处置的。隔天，罗贯就被杖杀，活活打死，尸首还被放在府门前示众。罗贯之死，并非全因他的失职，更多的是李存勖在借他来表达自己对郭崇韬的不满。

就这样，李存勖和郭崇韬君臣友谊的小船翻了，但一时间还不至于立即沉没。毕竟李存勖还需要郭崇韬，需要他为自己处理政务，更需要他继续为自己开疆拓土。

伐蜀主将难挑选

李存勖和郭崇韬君臣之间的关系越来越紧张，郭崇韬开始寻求各种自保之法。恰好这时，伐蜀之事开始提上日程。郭崇韬自认为找到了一个新出路，却不知这将会是他的末日之路。

李存勖建国灭梁后，唯独吴、蜀两国自恃有险可守，实力强大，一直不肯称臣。为此，李存勖便一直在考虑用兵吴、蜀的问题。荆南节度使高季兴朝见之时，李存勖就曾询问过他："朕欲用兵于吴、蜀，二国何先？"（我想对吴、蜀用兵，先打哪个好？）高季兴回答道："吴地薄民贫，克之无益，不如先伐蜀。蜀土富饶，又主荒民怨，伐之必克。克蜀之后，顺流而下，取吴如反掌耳。"（吴国地薄民贫，拿下了也没什么好处，不如先伐蜀。蜀地向来富饶，蜀主又荒淫无道，百姓怨恨已久，必能一举攻克。灭蜀之后，顺流而下，攻取吴国易如反掌。）

高季兴这一回答，可以说毫无破绽。毕竟自古以来，中原政权统一天下，都是先平蜀再克江南，比如晋平蜀吴、隋灭南陈都是这样的步骤。然而言语之中，也暗含着老高自己的小心思。要知道，蜀道艰险，易守难攻。高季兴深知李存勖想吞并吴蜀、一统天下的意图，但他却推荐了最难走的那条路。吴蜀灭不灭亡，或者说谁先灭亡，哪个结果会对自己荆南老窝产生更大的隐患，这才是高季兴关心的重点。他鼓动李存勖先去攻打更加困难的蜀地，就是希望后唐的兵力能够陷在蜀中地区。即使蜀国不敌被灭，后唐兵力也会被消耗大半，从而没有余力继续攻伐。这样一来，他自己的一亩三分地才能安全。当然，李存勖看不出高季兴的私心，觉得他的意见有道理，就决定先蜀后吴。

正所谓“知己知彼，百战不殆”。为了更好地掌握敌人的虚实，李存勖派遣客省使李严出使入川。李严从洛阳来到成都，一路所见所闻，都是蜀主王衍的荒唐行径：大兴土木、四处巡行、沉迷女色、荒淫无道。不过，李严这次入蜀主要目的是做生意，就是用马匹交换蜀宫中的一些奇珍异宝。但是，蜀国法律却严禁奇珍异宝流入中原，只有做工粗糙的才被允许，当地人都把这些劣质品称为“入草物”。李严回去后，把这些情况原原本本汇报给了李存勖，还趁机进言：“衍童騃（sì）荒纵，不亲政务，斥远故老，昵比小人。其用事之臣王宗弼、宋光嗣等，谄谀专恣，黩货无厌，贤愚易位，刑赏紊乱，君臣上下专以奢淫相尚。以臣观之，大兵一临，瓦解土崩，可翘足而待也。”（王衍昏庸无道，不理政事，远贤臣亲小人，致使朝政混乱，奢靡之风盛行。依我之见，只要咱们大兵一到，蜀国必将迅速崩溃。）

前有高季兴的鼓动，后有李严的激励，李存勖更加坚定了要伐蜀的决心。但这主将的人选，着实让李存勖费了不少脑细胞。曾经叱咤风云的“十三太保”，现在除了李存勖本人，仅剩下义兄李嗣源还能够独当一面。但李嗣源的情况呢，在当时却略微特殊。奇袭灭梁，李嗣源当记首功，李存勖甚至一度激动地抱着他慨然道：“吾有天下，卿父子之功也，天下与尔共之！”当然这话听听就好，你要是当真你就完犊子了。

多年来，李存勖一直对李嗣源心存芥蒂，始终无法对其坦诚相待。究其根源，就是那场胡柳坡之战。当时，李存勖初战败退，战场局面一度十分混乱。李存勖困守土山，和各部队失去了联系。李嗣源当时得不到李存勖的消息，未经请示，便擅自率众撤退过河。由此，差点让李存勖陷入绝境。事后，李存勖非常不满，质问李嗣源道：“公以吾为死邪？渡河安之？”（你该不是以为我死了吧？你自己渡河先走，想到哪里去呢？！）所以，芥蒂的种子那时就已种下。

李存勖称帝后，猜忌功臣宿将，李嗣源自然也在猜忌之中。一次，李嗣源带兵北征，路过兴唐，正好兴唐府库中有皇帝专用的上等铠甲。李嗣源因战事紧张，向东京副留守张宪申请领取五百铠甲，以供军需。张宪觉得事急从权，加上李嗣源也不是什么过分的请求，于是在没来得及请示皇帝的情况下，就直接批了。其实，几百件铠甲事小，但不经请示就直接拨给李嗣源，其性质就得另说了。李存勖得知消息后，直接大怒道："宪不奉诏，擅以吾铠给嗣源，何意也？"（张宪没有诏令就敢私自把我的铠甲给了李嗣源，什么意思？！）不但罚了张宪一个月的俸禄，还命他亲自去追回铠甲。

又有一回，因为李嗣源忙于北防契丹，顾不上在晋阳的妻儿老小，于是上表请求，让他的养子李从珂担任晋阳内牙马步都指挥使，方便在空闲之余常回家看看。李存勖一听，直接黑脸，斥责道："嗣源握兵权，居大镇，军政在吾，安得为其子奏请！"（李嗣源位高权重，居然还不知足，军政大权都在我手里，他竟敢为一己私欲给儿子求官！）于是贬李从珂为突骑指挥使，让他带领几百人戍守石门镇。石门镇靠近契丹，一旦契丹入侵，这一批人可谓首当其冲要挨宰。李嗣源见状，又急又怕，反复上书解释。许久之后，李存勖才勉强放过李从珂。

在李嗣源一事上，其实郭崇韬也没少掺和。他嫉妒李嗣源功高权重，担心他威胁到自己的地位，私下曾对人说："总管令公非久为人下者，皇家子弟皆不及也。"[总管令公（李嗣源）可不是久居人下那种人，连李氏皇家子弟都比不上他。]于是，他多次劝说李存勖召回李嗣源，借机收了他的军权，甚至建议寻机除掉他。李存勖虽然猜忌李嗣源，却也明白防御契丹责任重大，他还需要李嗣源一直在北方为自己打仗呢，所以没有采纳郭崇韬的杀人建议。

李存勖不信任李嗣源，那主将到底该选谁呢？李存勖只好召集众人，共同商讨。宣徽使李绍宏首先开口：“绍钦有盖世奇才，虽孙、吴不如，可以大任。”（李绍钦有盖世奇才，赛过孙膑、吴起，可以担当大任。）这个李绍钦，就是之前的后梁将领段凝，投顺后唐后被赐名“李绍钦”，他平日里总是讨好巴结李绍宏，所以李绍宏推荐他。郭崇韬反驳：“段凝亡国之将，奸谄绝伦，不可信也。”（段凝不过是亡国之将，狡猾奸诈，绝不能信任他！）

众人又推荐李嗣源。郭崇韬本就忌惮李嗣源，再次摇头道：“现在契丹战事正酣，李总管离不开河朔。”接着他提出自己的建议：“魏王地当储副，未立殊功，请依故事，以为伐蜀都统，成其威名。”（魏王李继岌身为储君，却没立过大功。希望陛下依照前朝旧例，让他总领兵马伐蜀，借此机会成就威名。）

但是李继岌年纪尚轻，缺乏军事经验，李存勖担忧道：“孩子还小，怎能独自承担如此重任？还需要找个得力的副手辅佐才行。”李存勖考虑再三，扭头对郭崇韬说：“我看非你莫属。”

郭崇韬想都不想，欣然接受，表示必将鞠躬尽瘁，辅佐李继岌。不得不说，在这一场伐蜀人选的谋划中，郭崇韬可谓埋下了许多心思。表面上听去，他是为储君李继岌着想。实际上他更多的还是出自对自身安危的考虑。郭崇韬很清楚，现在自己和朝中权贵势同水火，只能先暂时远离朝廷是非，但自己同时还得抓住机会立下大功，以求将来能够自保。再者，这统帅人选他也不是随便就能选的。李继岌既是李存勖嘱意的继任者，还是刘皇后的亲生儿子。推他当统帅，帮他立功立威，不仅能投李存勖所好，还能取悦刘皇后，甚至还能趁此机会和储君李继岌搞好关系。等将来李继岌上台了，自然是少不了自己的好处。

最终，李存勖敲定了出征人选，即刻点兵准备出征。此次伐蜀，阵容非常强大：魏王李继岌为西川四面行营都统；郭崇韬为东北面行营都招讨制置使，总领一切军事决策；荆南节度使高季兴为东南面行营都招讨使，凤翔节度使李继俨为都供军转运应接使，同州节度使李令德为行营副招讨使；另派李绍琛、张筠、毛璋、董璋、李严等人，分别担任军中各级将佐。而后，六万大军，浩浩荡荡地杀向西川（治成都府，今四川成都）。那么，这场伐蜀之战将会如何展开呢?

势如破竹灭前蜀

同光三年（925）十一月，经过一番筹划，李存勖终于敲定了出征人选，六万唐军磨刀霍霍，杀奔蜀地。

出征前，郭崇韬心中记挂着一份恩情。当年，李存勖继任父亲李克用的晋王王位后，曾任孟知祥为中门使。孟知祥深知前两任中门使的结局都很惨，害怕会步他们的后尘，于是请求外任，还派妻子去哭请太后恩准。于是，李存勖便改任孟知祥为马步军都虞候，并让他推荐继任人选，孟知祥便推荐了郭崇韬。因此，郭崇韬对此事一直非常感激。如今，郭崇韬决定回报这份知遇之恩，他特意向李存勖推荐："孟知祥信厚有谋，若得西川而求帅，无逾此人者。"（孟知祥才华出众，忠诚可靠，是平蜀后镇守西川的不二人选。）李存勖一听，马上同意，毕竟孟知祥还是自己堂姐夫兼好友呢。谁承想，这位孟知祥，日后竟成为五代十国中后蜀的开国皇帝！但那是另一段传奇了，咱暂且不说。

同光三年（925）十月，后唐大军出征号角吹响。排阵斩斫使李绍琛（原名康延孝，后梁降将）和李严，领三千骁骑和一万步兵为前锋，率先冲向蜀地。一行人刚到凤翔（今陕西宝鸡），招讨判官陈乂突然称病，想留守宝鸡。这种临阵退缩的行为惹怒了李严，他怒斥道："陈乂见利则进，惧难则止。今大军涉险，人心易摇，宜斩以徇。"（陈乂见好处就上，一见困难就退缩。现在我们大军身处险境，人心非常容易动摇，应该将他杀掉以儆效尤！）别说，这招效果显著，自此军中无人再敢退缩。

唐军先锋部队日夜兼程。巧的是，蜀主王衍这边，也带着数万人一路北上。不过人家不是为了迎战，而是为了去秦州（治今甘肃天水）游玩。当时，蜀国的天雄节度使王承休对王衍说："秦州盛产美女，陛下应去玩一玩。"这句话，惹得王衍心驰神往。蜀国群臣纷纷反对，徐太后、王宗弼（王建养子）等人更是极力劝谏，前秦州节度判官蒲禹卿上言两千余字，结果都没能阻止王衍的玩心。后唐和前蜀这两票人，一路自北向南，一路自南向北，若非目的地不同，没准会在途中相遇。没多久，王衍一行人来到汉州（治今四川广汉），稍作休整。武兴节度使王承捷得到情报，赶紧上奏王衍，说："唐兵已向南杀奔而来！"王衍却觉得这是大臣们为阻止他出游秦州，故意谎报军情，于是他"将计就计"，大吹特吹："吾方欲耀武！"（来得正好，我正想炫耀一下咱们蜀国的威武！）说罢，继续向北出发。一路上，王衍还和随行的人饮酒赋诗，丝毫不在意唐军动静。

对于后唐来说，这场伐蜀之战其实并不轻松。当时后唐国内正遭遇饥荒，粮草供应不足。凤翔节度使李继俨在凤翔掘地三尺，也没能凑齐大军的口粮。缺粮缺物资怎么打仗啊，军队上下都很悲观。没多久，郭崇韬带大部队顺利进入"川蜀咽喉"大散关。作为伐蜀实际总指挥，郭崇韬见蜀地山川险峻，不仅兵力难以铺展，粮草运输也成问题，于是稳扎稳打，慎重行事。他充分利用《孙子兵法》中"取用于国，因粮于敌"的战略原则，指着大山上的蜀军堡垒说："吾辈进无成功，不得复还此矣。当尽力一决。今馈运将竭，宜先取凤州，因其粮。"（如果我们前进途中不能成功，就别想再回到这里。必须和蜀军决一死战！现在粮草快没了，咱们得先把凤州拿下，解决粮食问题！）

岂料，众将多数都不同意郭崇韬的方略，认定蜀地险固，不可冒进，建议大军按兵不动，先观察观察情况再作打算。郭崇韬呢，也一时拿不定主意，于是找翰林学士李愚商量。李愚说："蜀人苦其主荒淫，莫为之用。宜乘其人心崩离，风驱霆击，彼皆破胆，虽有险阻，谁与守之！兵势不可缓也。"（蜀人早就不堪忍受王衍的荒淫，不愿为他卖命。咱正好可以利用蜀国人心坍塌之时，给他们来个雷霆一击。蜀军因失败而吓得魂飞魄散，即使有险关险地，谁又会卖命守护呢！）

恰好此时，先锋部队李绍琛传来捷报：蜀国威武城（位于今陕西凤县东北）已被顺利拿下，蜀将唐景思、周彦等人相继投降，缴获城中粮草二十万斛补充军需。如今应该趁热打铁，大军直奔凤州。郭崇韬听后大喜，率军迅速前进，在凤州城下和李绍琛部会合。蜀国的武兴节度使王承捷一看这阵势，根本不敢迎战，以凤、兴、文、扶四州全境出降。郭崇韬兵不血刃，收获大礼：不仅得兵八千、获粮四十万斛，还确保了后路的安全，免致唐军腹背受敌。此时，郭崇韬大喜言道："平蜀必矣！"

王衍这边呢，一行人已经到达了利州（治今四川广元）。他从威武城逃回的蜀兵口中得知：前方战败，王承捷已经不战而降。王衍这才相信唐军真的打来了。当时，王宗弼和宦官宋光嗣建议蜀军坚守利州，只要利州不丢，唐军必不敢孤军深入。王衍觉得有道理，但为了保险起见，他又让随驾的清道指挥使王宗勋、王宗俨、王宗昱，领兵三万迎战唐军。然而，这一切都只是徒劳。

唐军势如破竹，长驱直入。蜀国的兴州（治今陕西略阳）都指挥使程奉琏见状，率本部五百人前来投降，并主动请命为唐军修桥铺路。随后，兴、成两州刺史王承鉴、王承朴，相继弃城而逃。李绍琛轻松拿下两州，继续进逼利州。在三泉（位于今陕西汉中市宁强县西北阳平关），李绍琛大战王宗勋三蜀将，斩首五千余人，得粮十五万斛。至此，唐军得粮威武城二十万斛、凤州四十万斛、三泉十五万斛，郭崇韬再也不用从后方调拨粮草，完全实现了以战养战的效果。唐军士气大振，一路上摧枯拉朽，所向披靡。

面对唐军的强大攻势，蜀国各镇节度使们纷纷选择投降。随着魏王李继岌和郭崇韬进驻兴州，蜀国各地掀起了一股“投降热”：武德（治梓州，今四川三台县）留后宋光葆，以梓、绵、剑、龙、普五州投降；武定（治洋州，今陕西汉中西乡县）节度使王承肇，率洋、蓬、壁三州投降；山南（治兴元府，今陕西汉中市）节度使王宗威，以梁、开、通、渠、麟五州投降；阶州（治今甘肃陇南武都区）刺史王承岳，以阶州投降；天雄（治秦州，今甘肃秦安）节度副使安重霸，以秦、陇二州投降；峡路（治夔州，今重庆奉节）招讨使张武，以夔、忠、万三州投降；武信（治遂州，今四川遂宁）节度使王宗寿，以遂、合、渝、泸、昌五州投降。

王衍听闻三泉战败后，立刻脚底抹油，从利州一溜烟跑回成都，留下王宗弼在利州驻守，还让他等王宗勋三人回来后马上将这些败将斩首。但王宗弼不傻，实际上，唐军还没到利州，他就连夜跑路了，途中还碰巧遇到先前战败的王宗勋三人。同是天涯沦落人，相逢何必下死手？王宗弼索性把诏书拿给三人看。最后，四个大男人竟一起抱头痛哭起来，商量着一起向唐军投诚。恰巧，郭崇韬写信给王宗弼，陈说利害，劝他马上投降。没想到的是，王宗弼看完信后，竟然一路撤回了成都。他是怎么想的呢？难道他骨子里就是一个蜀国忠臣吗？

其实，对王宗弼来说，投降是板上钉钉的了，但怎么投、投多少，这可得好好盘算。之前投降的那些人，哪个不是献上几座城池对唐军表忠心的？如果自己仅仅只是表示归顺，不仅不能给新主人留下深刻印象，还不利于自己日后的前程发展。所以，他决定为唐军送一份大礼：蜀都成都和蜀主王衍！

王宗弼回到成都后，自称西川兵马留后，马上派兵囚禁了王衍以及后宫众人，还把内库的金银财宝全部搬到自己家中。这还不算，他的儿子王承涓狐假虎威，竟跑到后宫抢走了王衍的几个宠妃带回家里淫乐。随后，王宗弼又用王衍的名义，希望后唐大臣李严前来交涉受降事宜。毕竟李严先前作为使者到过蜀国，也算是老熟人了，交接起来不会太尴尬。李严为尽快促成受降事宜，欣然奔赴成都。

十七天后，李存勖的儿子魏王李继岌率领后唐大军赶到成都。李严引导王衍及蜀国百官，在升迁桥举行受降仪式：王衍身着白衣，口中衔玉璧，手里牵着羊，颈上还系着草绳。跟在他身后的蜀国高官，也都光脚抬着棺，号哭待命。皇帝衔币牵羊，大臣舆榇（chèn），这是国家投降最正规的仪式。王衍的意思到了，李继岌也不能没有表示。于是，他亲自接受玉璧，郭崇韬为王衍解除绳索，焚毁棺榇，表示接受投降并宽恕对方的罪行。至此，前蜀宣布灭亡，成为十国中最先灭亡的政权。

后唐大军从出师到灭蜀，前后仅用了七十天，共得蜀国全境六十四州、二百四十九县，兵三万，还有数不尽的金银钱粮。郭崇韬的功劳簿上，再添一笔灭蜀大功。

然而，在灭蜀后不久，郭崇韬便遭遇灭门之祸。这是怎么回事呢？

挑拨离间谗功臣

唐军一路攻城拔寨、势如破竹，仅用了七十天就成功灭掉前蜀。

蜀国灭亡的消息传开后，天下震动。荆南高季兴收到消息时，正在吃饭，筷子都不禁掉到地上。想到当初自己鼓动李存勖伐蜀的事，不禁懊悔道："是老夫之过也。"高季兴原本指望后唐和蜀国大战三百回合，互相消耗。没想到，蜀国竟然这么不给力。惊讶之余，他又开始担心自身安危。谋士梁震安慰道："不足忧也。唐主得蜀益骄，亡无日矣，安不知其不为吾福！"（您不必担忧。唐主得蜀后，肯定会更加骄傲自满，这样他离灭亡的时间就不多了，说不定就是我们的福分呢！）不得不说，梁震确实看到了问题的关键。伐蜀对于后唐来说，并非全是好事。之前一些潜伏的矛盾，在灭蜀后逐渐显现并持续尖锐化，不仅导致郭崇韬满门被灭，还加速了李存勖的灭亡。而这一切的导火线，简单用四个字概括就是：分赃不均。

按理来说，灭蜀之功，李绍琛位列第一。但作为首席功臣的李绍琛，却得不到应有的荣誉和尊重。李绍琛手下有一个叫董璋的，平日里就和郭崇韬关系很好。老郭经常跳过李绍琛，找董璋议事，这让李绍琛非常不爽，但他不敢当面质疑郭崇韬，只能私下里找董璋威胁道："吾有平蜀之功，公等朴樕（pú sù）相从，反呫嗫（chè niè）于郭公之门，谋相倾害。吾为都将，独不能以军法斩公邪。"（我有平蜀大功，你不过是我手下随从，却时时到郭公门下嘀嘀咕咕，想找茬害我。我身为都将，信不信我按军法斩杀你！）朴樕，意思是丛木、小树；呫嗫，形容低语。这话一出，吓得董璋赶紧找郭崇韬哭诉，求郭老给自己换个岗位。

为了保护董璋，郭崇韬上表李存勖，任董璋为东川（治梓州，今四川三台县）节度使。听到消息后的李绍琛，大受刺激，直接高声表示反对："吾冒白刃，陵（凌）险阴，定两川，璋乃坐有之邪。"（我冒着生命危险真刀真枪，历经艰险，平定两川。董璋他凭什么坐享其成？！）郭崇韬冷笑一声："你李绍琛莫非是想造反！怎敢违反我的节度管理！"李绍琛当时钢牙咬碎，毕竟他自己是当年主动从后梁投靠过来的人，虽有勇气，但骨气却没几分。听郭崇韬如此说，也不敢再多言，只能快快而退。由此，郭崇韬就这样得罪了李绍琛。但他本人并不觉得有何担心，官大一级压死人，自己权大势大，李绍琛肯定不敢乱动。

灭蜀后，还有许多重要的事务需要处理，比如旧将的招抚，官吏的设置，军队与朝廷的往来奏报，等等，这些基本全由郭崇韬一人处理。蜀国的大臣将领们，都争着给郭崇韬和他的儿子郭廷诲大送特送珍宝，而名为大军都统的魏王李继岌，却被冷落在一边。李继岌这小伙子当时很年轻，二十岁左右，倒没什么野心和架子。再加上他也知道，自己这趟主要是跟着郭将军学习的，所以也没什么不满。但李继岌身边宦官们就很有意见了，尤其是太监李从袭。他见郭崇韬父子拿好处拿到手软，自己却没有机会捞到一点油水，就千方百计地在李继岌面前挑拨是非。而郭崇韬呢，向来憎恨宦官，还曾私下对李继岌说："大王他日得天下，骟马亦不可乘，况任宦官！宜尽去之，专用士人！"（大王您将来掌管天下，骑马的时候连"骟马"都不要骑，更别说亲近宦官了，应该把他们全部驱除出宫，还是用那些有真才实学的读书人吧。）此类话语，后来被宦官们知道了，更对郭崇韬恨得咬牙切齿，天天在主子面前说郭崇韬的各种坏话。

郭崇韬本人也有些不太注意，他毫不避讳地住进了蜀国降将王宗弼家里。王宗弼是个很会钻营的小人，他花重金贿赂李继岌和郭崇韬，希望蜀国灭亡后，二人能保荐自己做西川节度使。李继岌对王宗弼这等卖主求荣的小人很是不喜，耷拉着脸说道："此皆我家物，奚以献为。"（这些珍宝都是我家的东西，哪用得着你来献！）而郭崇韬呢，收宝物、收美人之后虽然表面上答应，却一直拖着不办。因为这么重要的位置，他是要留给他恩公孟知祥的。但人家王宗弼不知道啊，还以为是郭崇韬自己想干。既然自己当不了，不如推郭崇韬一把，搞个举荐之功，于是他联合蜀中那些投降的大臣拜见李继岌，请求留下郭崇韬镇守蜀地。

宦官李从袭马上抓住机会，借此大做文章，对李继岌说：“郭公父子专横，今又使蜀人请己为帅，其志难测，王不可不为之备。”（郭家父子专权，现在又暗中联络蜀人保举自己，图谋不轨，大王不可不提防！）被宦官这么一提醒，李继岌也心生猜忌，于是对郭崇韬说：“主上倚侍中如山岳，不可离庙堂，岂肯弃元老于蛮夷之域乎！且此非余之所敢知也，请诸人诣阙自陈。”（主上最器重您了，怎会把您这元老功臣丢在这种蛮夷之地呢？况且这事我也没有权力做主，还是让这些人到京城面君，等皇上定夺吧。）

至此，李继岌和郭崇韬两个人产生了很大的嫌隙。这事还没完，郭崇韬后来又向王宗弼索要数万缗犒军钱，但王宗弼却吝啬不肯出钱，结果导致士卒们怨声载道，还在夜间纵火喧闹，让郭崇韬给个说法。于是，郭崇韬就想杀了王宗弼来表明自己的清白。于是，他上奏李继岌，以不忠之罪，将王宗弼、王宗勍、王宗渥三人灭族，抄没全部家产。对于王宗弼之前的卖国行为，蜀人都愤恨至极，他被杀之后，老百姓们纷纷上前用小刀割取他的尸体，争吃他的肉解恨。

当然，前蜀投降大臣中死的并不止王宗弼一个。没多久，前蜀国降将王承休、王宗汭到达成都归降。王承休是王衍宫内的男宠太监，一直率领精锐兵马在天水不敢出战；王宗汭是王衍父亲王建的养子，先前屯兵秦州。成都被围之后，王宗汭与王承休由文州（治今甘肃文县）、扶州（治今四川九寨沟）往南经越羌人占据的不毛之地，且战且行，得知王衍投降后，最终也只能投降。李继岌呢，似乎天生对这种奸佞祸国的小人很不来电。他之前讽刺过王宗弼，这回又当面挖苦王承休、王宗汭，责问道："居大镇，拥强兵，何以不拒战？"（你们两个人占据大镇，手握强兵，为何不抵抗？）

听李继岌如此发问，两个人心中打鼓，战战兢兢回答道："我们害怕大王的神威。"

李继岌又问："那为什么不早点投降？"

答道："那是因为大王的军队还没有入境。"

李继岌又问："跟随你们进入羌地的有多少军队？"

答道："一万两千人。"

李继岌接着问："现在活着回来的有多少？"

答道："两千人。"

李继岌冷冷一笑说："可以偿万人之死矣。"（现在可以为万人偿命了。）于是，李继岌一挥手，命令手下卫士把王承休、王宗汭等人全部处死。注意啊，这种大事，平时都是由郭崇韬拍板才能执行的。但这次李继岌没找郭崇韬商量，而是自己直接处理了。由此可见，两人矛盾日渐深重。

不久，后唐皇帝李存勖下诏，命令投降的蜀主王衍及其家人宗族去洛阳。结果走到半路，后唐发生兵变，李存勖怕生出祸乱，决定对王衍等人痛下杀手，发出密旨："王衍一行，并宜杀戮。"后唐太监、枢密使张居翰看到诏令，内心不忍，将"一行"

改为“一家”，算是保全了跟随王衍来朝的蜀中官员、仆役等千余条人命。讽刺的是，就在三个月之前，李存勖还向王衍保证过他的生命安全与荣华富贵，信誓旦旦地说：“三辰在上，一言不欺！”王衍被杀，终年二十八岁。王衍的母亲徐氏，临刑时悲愤大喊：“吾儿以一国迎降，反以为戮，信义俱弃，吾知其祸不旋踵矣！”（我儿子带着整个国家诚心投降，却反遭杀戮。你们背信弃义，很快就会天降大祸！）王衍的妾刘氏生得貌美，行刑的人便有意手下留情。但她宁死不屈，说：“家国丧亡，义不受辱！”最终慷慨赴死，为前蜀留下了最后的尊严。

王衍死了，但蜀地局势瞬息万变。一直想着如何自保的郭崇韬，最终还是没能平稳着陆，而是死在了川蜀这片大地上。郭崇韬悲剧的源头就在于，他灭蜀后逗留迟迟不归，被势同水火的宦者们死死咬住，纷纷进谗说他想造反。当然，郭崇韬逗留蜀地也有自己的苦衷。虽然顺利灭蜀，但蜀地盗贼四起，啸聚山林，郭崇韬担心大军撤离后，这些盗贼肯定成为后患，于是让任圜（huán）、张筠分头去招抚讨伐，由此耽误了回京。而远在洛阳的李存勖，听信伶宦谗言，疑心郭崇韬是故意拖延不回，于是派太监向延嗣前去催促，并让他暗中观察郭崇韬是否有意造反。那么，面对这场试探，郭崇韬是如何应对的呢？

名臣郭崇韬之死

李存勖听信伶宦谗言，疑心郭崇韬暗中谋反，于是派宦官向延嗣前去催促他回京，并暗中观察郭崇韬的一言一行。很显然，郭崇韬之后的命运如何，很大程度上取决于向延嗣回去后怎么向皇帝汇报。郭崇韬本来就厌恶伶宦之辈，过往又多有矛盾。这次向延嗣前来，他既没亲自去郊外迎接，见了面也没给人家好脸色。由此，导致向延嗣十分生气。太监一生气，后果很严重！

本来在魏王李继岌身边的宦者李从袭一直仇视郭崇韬，此时他敏锐地察觉到，扳倒郭崇韬的绝佳机会随着向延嗣的到来而到来了。太监见太监，看着就是亲，他给原本就满腔怒火的向延嗣再添一把火，说："魏王，太子也；主上万福，而郭公专权如是。郭廷诲拥徒出入，日与军中骁将、蜀土豪杰狎饮，指天画地，近闻白其父请表己为蜀帅；又言'蜀地富饶，大人宜善自为谋'。今诸军将校皆郭氏之党，王寄身于虎狼之口，一朝有变，吾属不知委骨何地矣。"（魏王贵为太子，郭公却这般专权跋扈。他儿子郭廷诲更是前呼后拥，每天都和蜀中将领及豪杰，喝酒玩乐，指天画地。最近听说，他还向他爹请求担任蜀地统帅，还劝他爹说蜀地富饶，应该好好为自己打算。如今蜀地全是郭氏的人，魏王现在就像是进了虎狼之口。一旦有变，我们这些人肯定死无葬身之地呀！）

向延嗣对此深以为然，即便李从袭不说，他一样会抓住机会置郭崇韬于死地。回京后，向延嗣耍了个心眼。他没有直接向李存勖汇报，而是先到魏王李继岌的生母刘皇后那里添油加醋地挑拨了一番。刘皇后一听，大惊失色：李继岌是自己的儿子啊，又是储君，要是自己这个儿子没了，估计皇后位子也难保。情急之下，刘皇后就跑到李存勖面前，哭得梨花带雨，让皇帝赶紧想办法救自家儿子。

此前，李存勖听闻蜀人联名奏请郭崇韬统领两川，心里就很有意见。现在又听了向延嗣的汇报和刘皇后的担心，心里对郭崇韬的怀疑和猜忌更深了。不过，迄今为止，所有这些都只是一些猜测，还不足以证明郭崇韬真的有反心。接着，李存勖又派人查蜀地府库清单。这一查，直接查得李存勖诧异不已："人言蜀中珍货无算，何如是之微也？"（都说蜀地珍奇无数，怎么登记在册的这么少？）向延嗣趁机进言："臣闻蜀破，其珍货皆入于崇韬父子，崇韬有金万两，银四十万两，钱百万缗，名马千匹，他物称是，廷诲所取，复在其外。故县官所得不多耳。"（臣调查过了，据蜀人消息，郭家父子灭蜀时私吞了很多的蜀地珍宝。郭崇韬一人就捞了黄金上万两，白银四十万两，钱百万缗，名马千匹，另外还有其他一些财物。就连他儿子郭廷诲，也捞得不清不楚多了去了。如此一来，自然没给朝廷剩多少。）

坦白讲，郭崇韬父子贪是贪了，但数额肯定没这么大。可惜老郭上缴国库的数目，和李存勖原本的心理预期相差太大。李存勖本就指望着用这笔钱好好挥霍一把，没想到最后却是进了郭崇韬的腰包。动我钱财要你命，李存勖大发雷霆，密令即将动身赴任西川节度使的孟知祥："闻郭崇韬有异志，卿到，为朕诛之。"（听说郭崇韬有异心，你到了之后，立即替朕杀了他！）郭崇韬好歹是自己先前一手提拔起来的，两人关系非常密切。为此，孟知祥劝道：“崇韬，国之勋旧，不宜有此。俟臣至蜀察之，苟无他志则遣还。”（郭崇韬是国家功勋旧臣，应该不至于谋反。还是等为臣我到蜀地调查一番，要是他没有异心，我就把他遣送回来。）

虽然李存勖对郭崇韬动了杀心，但也没有铁了心一定要杀他。当时李存勖同意孟知祥的提法，但这位皇帝仍然不放心，因为他也不是很信任孟知祥，怕他和郭崇韬背后有勾搭。于是，李存勖又另外派宦官马彦珪，先于孟知祥出发，火速赶往成都试探郭崇韬。如果郭崇韬即刻奉召班师就算了，但若是还故意推迟逗留的话，马上就做掉他。

马彦珪临走之前，特意去见了刘皇后，说：“臣见向延嗣言蜀中事势忧在朝夕，今上当断不断，夫成败之机，间不容发，安能缓急禀命于三千里外乎？”（我看蜀中形势已刻不容缓，但皇上现在却还犹豫不决。要知道，祸乱发生往往就是一瞬间的事情，到时候又怎么有时间，在数千里之外再请旨呢？）刘皇后一听就慌了，又去找李存勖哭诉。李存勖劝道：“传闻之言，未知虚实，岂可遽尔果决？”（现在还没搞清状况，哪能急于动手？）救子心切的刘皇后可不管三七二十一，见李存勖说不动，就自己下了一道教令，让人在成都的儿子李继岌先做掉郭崇韬。

马彦珪轻装简行，自然比孟知祥更早到达成都。此时，李继岌正着手准备回京的事宜。马彦珪把皇后教令拿给李继岌看，李继岌犹豫不决：“大军垂发，彼无衅端，安可为此负心事！公辈勿复言。且主上无敕，独以皇后教杀招讨使，可乎？”（大军就要启程，郭崇韬也没什么造反迹象，我怎么能做这种负心之事？再说皇上并没下旨杀他，只凭皇后教令而为，这难道真的可以吗？）李从袭等随行宦官全都下跪哭劝道：“既然皇后教令都到了，万一被郭崇韬知道了，途中忽然搞事情，那就更没救了！”于是乎，一群宦官极力劝说李继岌当断则断，马上下手。李继岌到底还是年轻，定力不行，又有亲妈皇后的教令，只能顺从他们的建议。

于是，李从袭向郭崇韬传令，说魏王李继岌请他议事。郭崇韬不疑有他，欣然前往。郭崇韬刚准备登上台阶，恍惚间抬头看到李继岌的贴身侍从李环逆着光迎面走来。当郭崇韬看清李环阴沉的脸色，疑惑之际，李环突然抽出了藏于袖间的铁檛（kuǎ），猛然当面一砸。郭崇韬没有任何心理准备，脑袋被铁锤瞬间击碎，直接死在当地。紧接着，他的儿子郭廷诲、郭廷信也相继被杀。没过多久，他其余三个儿子也被朝廷派人斩杀。

郭崇韬这一生，对沙陀李家可谓鞠躬尽瘁，最终却死在李家人之手，结局确实令人唏嘘。在五代将相中，郭崇韬才识出众，忠贞为主，多年以来屡建奇功，西平蜀地更是功高盖世。这个人有智慧有能力，却缺乏一个政治家的刚毅气魄，也缺乏审时度势的周全和团聚人才的度量，更缺乏改革弊政的勇气和决心！灭梁之后，后梁旧臣和藩镇对他争相贿赂，郭崇韬一律照单全收。有亲信规劝他，他说："吾位兼将相，禄赐巨万，岂借外财！但以伪梁之季，贿赂成风，今河南藩镇，皆梁之旧臣，主上之仇雠（chóu）也，若拒，其意能无惧乎！吾特为国家藏私室耳。"（我位兼将相，俸禄和皇帝赏赐的钱财多了去了，根本不需要外财。但伪梁一朝贿赂成风，如今河南那些藩镇头头都是伪梁旧臣，从前都是皇帝仇家。如果我拒收他们贿赂我的珍宝，他们肯定心中害怕。现在我收下他们的财物，不过是为了稳住他们。这些钱，就当我替国家暂时保管了。）很显然，郭崇韬这种为求安定而迁就姑息的做法，助长了伪梁降臣们的不正之风。不过，他当时说到做到，最终把这些钱全捐了用来犒军。

郭崇韬虽擅长谋国，却拙于谋身。他虽有意改革官场风气，结果却为了追逐那虚妄的声誉，而深陷"名门"漩涡；更是仗着功高权重，行事轻率随性，不仅得罪了功勋旧臣，还触怒了权贵伶宦，严重削弱了自己的威望，致使在朝中日渐失去支持与拥护；后来为了求自保，更是力捧忘恩负义的刘皇后上位，以至于最后让自己进退失据。当然，这也不能全责怪他一人，当时上有贪鄙帝后，下有奸佞群小，贪官如毛，暴吏成群，凭郭崇韬一人之力，又如何能扭转呢。

郭崇韬被杀，太过突然，军营内很多人都不了解什么情况。都统推官李崧对李继岌说："今行军三千里外，初无敕旨，擅杀大将，大王奈何行此危事！独不能忍之至洛阳邪？"（我们现在离京三千里外，没有皇帝命令而擅杀大将，您为何要干这么危险的事情，难道就不能忍到洛阳再说吗！）李继岌确实有些后悔，但事已至此，多说无益，只能找书吏伪造皇帝命令，对外宣谕郭崇韬意图造反才被杀。郭崇韬的左右亲信们得知消息后，或逃或躲了起来，只有掌书记张砺到魏王府哭了很长时间。随后，李继岌让任圜接替郭崇韬总管军政。不久，孟知祥率领僚佐赶到成都。得知郭崇韬被杀，他只能尽力抚慰吏民，犒赏将卒，算是勉强稳定住了局势。

如今，郭崇韬已死，后唐大军即将返程。几乎没人能想到，郭崇韬死后造成的蝴蝶效应，将从成都迅速向外扩散。从洛阳到河中，再到魏博，最终引发了一场巨大的动乱，将后唐皇帝李存勖带入万劫不复的深渊。

第六章

沙陀李家危机伏：后唐风云（中）

人心惶惶动乱起

有句话叫作：牵一发而动全身。郭崇韬就是后唐的这“一发”。郭崇韬的死，直接引发了同光四年（926）的一系列动乱。

郭崇韬死后，宦官马彦珪立刻返回洛阳复命。李存勖得知郭崇韬死讯后，将错就错，下诏历数郭崇韬的罪行，将郭崇韬全家灭族。李存勖的屠刀下得太快太狠，瞬间在朝廷引起轩然大波，群臣对此议论纷纷。为此，李存勖特意派出伶宦，暗中观察群臣动态和民心民意。大权在握的宦者伶官们一不做二不休，誓要对郭崇韬的政治势力赶尽杀绝。睦王李存乂是郭崇韬的女婿，于是伶宦对李存勖说：“存乂对诸将攘臂垂泣，为崇韬称冤，言辞怨望。”（李存乂对着诸将捋衣出臂，哭喊着要为郭崇韬鸣冤，言辞激烈，对朝廷的怨气很重。）这李存乂不是外人，还是李存勖同父异母的弟弟。李存勖偏听偏信宦者之言，马上逮捕弟弟，没过几天就下令把这弟弟给做掉了。

这只是个开始。李存乂被杀后，河中节度使李继麟也因牵连此事，无辜被灭满门。李继麟原名朱友谦，是梁朝朱温的养子，先前反对朱友珪弑君自立而投降了李存勖。梁朝灭后，朱友谦投降朝廷，被赐名李继麟，当时赏赐无数。第二年，又被加封为太师、尚书令，赐免死铁券。李继麟仗着和皇帝李存勖关系不错，又在新朝很吃得开，面对伶宦的无礼索财，他分文不给，由此引起了众伶宦的恶意报复。唐兵伐蜀前，李继麟在河中挑了一些精兵，让儿子李令德带着一起随军出征西川。这事呢，后来被伶人头目景进得知，便对李存勖说："河中人有告变，言李继麟与郭崇韬谋反；崇韬死，又与存乂连谋。"（河中有人来告发，李继麟原本打算和郭崇韬一起谋反。现在郭崇韬死了，李继麟又和李存乂合谋。）众宦官你一言我一语的，一起劝说李存勖该杀就杀，以绝后患。

于是，李存勖屠刀再次挥起。他先调李继麟为义成节度使。当天夜里，就派蕃汉马步使朱守殷带兵包围李继麟的住所，把他赶到徽安门外，恢复他的原名朱友谦，宣布皇帝旨意，直接杀掉。为了斩草除根，李存勖又派人火速送诏令给魏王李继岌和郑州刺史王思同，即刻处决朱友谦随军的两个儿子朱令德（武信节度使）和朱令锡（忠武节度使）。随后，又派河阳节度使李绍奇前往河中，把朱氏一家全部灭口。李绍奇来到河中朱友谦的家中，朱友谦的妻子张氏带着全家二百多口来见李绍奇，哀求朝廷只杀朱氏宗族，不要滥杀无辜的家中仆人。作为当年生擒王彦章的勇将，李绍奇还是有点正义感的，虽然圣命难违，但他还是答应了张氏的请求，放过了朱家仆人、婢女等一百多人的性命。张氏临死前，还特意拿出了之前李存勖赐给朱友谦的免死铁券，对李绍奇嘲讽地说："此皇帝去年所赐也，我妇人，不识书，不知其何等语也。"（这是皇上去年所赐之物，我一妇道人家，不识字，不知道这上面写的是什么。）李绍奇不知如何回答，只能羞愧地低下头。随后，张氏带着朱家百余口从容赴死。朱友谦的旧将史武等七人，也因受连坐被族诛。

郭崇韬、李存乂、朱友谦等重臣接连被杀。一时间谣言四起，各地藩镇人心惶惶。祸事还在继续蔓延，镇守北方的成德节度使李嗣源同样被谣言中伤波及。不过和郭崇韬、朱友谦等人不同，李嗣源在朝中人缘很好。李存勖派去监察李嗣源的朱守殷，就私下劝李嗣源说："您现在功高盖主，不如赶快找机会回到自己的封地弃权自保吧。"李嗣源虽然遭猜忌被冷遇，但他从没反心，于是回答道："我一片忠心，天地可鉴！是福不是祸，是祸逃不过，一切还是顺应天命吧。"事实上，李嗣源当时的情况，并不像他说的那般轻松惬意。由于伶宦专权，祸乱朝纲，很多功臣旧将都难以自保，李嗣源已经多次陷入危险境地。如果当时不是李存勖身边太监、宣徽使李绍宏暗中保护和尽力周旋，李嗣源的结局肯定不会比郭崇韬强多少。

事情复杂多变，但当时后唐国内的人都不清楚，李存勖杀郭崇韬定的罪名到底是啥。其中民间谣传最多的就是："郭崇韬干掉了李继岌，在蜀地自己称了王，这才落得个全家被灭的下场。"与此同时，李存勖密令伶人出身的邺都（位于今河北大名东北）

监军史彦琼去杀朱友谦的儿子、时任澶州刺史的朱建徽。因为是皇帝密令，所以没什么人知道内情，守城的人只见史彦琼夜半时分纵马匆匆出城，也不知他去哪。史彦琼无故出城的消息传出后，一些看热闹不嫌事大的人又纷纷传播谣言说："刘皇后把李继岌的死怪在皇帝身上，一气之下弑君了！所以才火急火燎地召史彦琼回去商量对策……"在不知道真相的前提下，这些个谣言听着还挺像那么一回事的。不管你信不信，反正在远离京城的魏博六州，有很多的邺都守军都信了。在谣言的传播影响下，一场动乱很快就发生了。

同光四年（926），带兵戍守瓦桥关的魏博指挥使杨仁晸（zhěng）戍守期满，正要带兵返回魏州休整。走到贝州（治今河北清河县）时，李存勖得知魏博军府邺都空虚，怕他们回去后会生变，于是下令让他们就地驻守。士兵们因为不能回家，心情很是浮躁郁闷。在一个平平无奇的夜晚，杨仁晸部下有个叫皇甫晖的，闲来无事，和一帮哥们聚众赌博消遣。结果皇甫晖的手气贼差，连输了好几把，心里很是不爽。他人不爽了，就想趁着人心浮动，搞点事情发泄发泄。

于是，皇甫晖提刀带棒，带着几个人鼓动杨仁晸说："皇上之所以能得天下，全靠咱魏博军的力量。咱们为他戎马征战十多年，好不容易天下大定，皇上不念旧功，反而更加猜忌咱们。咱们刚辛苦为他戍边一年多，好不容易等到期满，正高兴可以回家了，结果距离家乡咫尺之遥，皇帝他一句话，就让我们不能回家！现在听说皇后弑君，京师大乱，我们希望能和您一起回到邺都，事后再请表朝廷。如果皇上平安在世，为这事兴兵讨伐咱们，就凭咱们魏博的雄厚兵力，也丝毫不带怕的。说不定这还是咱们重新获得荣华富贵的机会呢！”

杨仁晸呢，人不傻，我一堂堂指挥使当得好好的，没理由参与这种掉脑袋的事，于是脑袋摇得像拨浪鼓一样，马上拒绝皇甫晖。皇甫晖看杨仁晸人不合作，胆气一鼓，就把他杀在当地。随后，找了一个小校官表示要推举他当头儿。结果人家小校官一听，头摇得比拨浪鼓还要快，皇甫晖又把他给杀了。当时，效节指挥使赵在礼听说皇甫晖作乱，衣带还没来得及系就想翻墙跑路。结果动作慢了一步，刚爬到一半，就被追上来的皇甫晖拽住双脚，硬生生从墙上拖了下来。皇甫晖也不多废话，直接把杨仁晸和那小校官的两颗人头往他面前一丢，赵在礼当场就吓跪了，只能顺从皇甫晖。就这样，赵在礼被迫成为叛乱的首领。紧接着，皇甫晖便拥护着赵在礼，一把火烧了贝州城，顺势南下，抢掠临清、永济、馆陶等地。

此后，有贝州残军逃回邺都，报告说：乱军即将前来攻击。监军史彦琼伶人出身，此时刚刚去澶州杀掉朱友谦的儿子朱建徽回来。都巡检使孙铎等人急忙去见，请求授予军士们打仗的武器，即刻登城防备。史彦琼演戏唱曲非常在行，但根本就不懂军事，他当时想得挺多，怀疑孙铎等人有其他想法，就直接拒绝说：“我接到哨探报告说，叛军这会刚到临清，到邺都的话怎么说还要六天时间，咱们到时再做防备也不晚。”

孙铎苦口婆心地多番劝说，但任凭他怎么说，史彦琼就是不答应。当晚，乱军前锋就猛攻邺城北门，弓弩乱发。当时史彦琼所带的一众军队就在北门楼上，听到乱军的呼喊声，顿时被吓得一哄而散。史彦琼更是直接单人匹马，逃奔洛阳。乱军蜂拥入城，孙铎苦战不敌，被迫撤出邺都。赵在礼占据邺都宫城之后，纵兵大掠。

李绍琛哗乱西南

话说李存勖听信伶宦谗言，冤杀大将郭崇韬、朱友谦等人后，功勋老臣人人自危，军校士卒愤愤不平。就在人心惶惶之际，魏博军士兵皇甫晖忽然发难，推军校赵在礼为首发动叛乱，而后长驱南下，迅速攻占了邺都的宫城。后唐的邺都留守王正言无奈，只得率僚佐出迎。众人推赵在礼为魏博留后，并上奏朝廷：魏博大局已定，不服来战！

李存勖得知魏博军镇再叛的消息，急忙召开御前会议，商讨平叛之事。接替郭崇韬出任枢密使的李绍宏，便推荐了李绍钦担任讨贼主帅，这个李绍钦就是被灭梁国的那个段凝。李绍钦作为后梁旧将，马上选兵点将，清一色选的全是和自己玩得好的后梁旧将。此举，让李存勖非常担心，怕他到时候直接带人转投到魏博叛军那边去了，于是李存勖下诏罢免了他。刘皇后知道消息后，劝慰李存勖说：“陛下勿忧！邺都兵变不过是小事一桩，让李绍荣去即可。”

李绍荣原名叫元行钦，早年是燕王刘守光的部将，后来投降了李存勖，他多次奋力杀敌，营救李存勖。李存勖对这位救命恩人感激言道：“富贵与卿共之！”李存勖称帝后，封元行钦（李绍荣）为武宁军节度使。此时，李存勖对李绍荣的信任度还是比较高的，再加上有刘皇后推荐，便任命他为邺都行营招讨使、招抚使，领三千骑兵前往招抚；同时发诸道兵继进，作为后备队前去镇压。

屋漏偏逢连夜雨。这边平叛魏博的队伍还在路上，那边刚拿下的西川也出事了。魏博叛乱前，魏王李继岌正带着伐蜀大部队折返。为防西川发生意外，李继岌特意留下军中数位骁将协助节度使孟知祥镇守成都。不出意外的话，意外还是发生了。当时，魏王李继岌率军刚走到武连，碰巧遇到朝廷派来宣旨的使者，宣称河中节度使朱友谦谋反已被诛杀，责令李继岌火速诛杀朱友谦之子、当时人在随州的武信节度使朱令德。李继岌思虑片刻，便派部下董璋去执行这个任务。

这个董璋，是大将李绍琛的手下军将，当时和郭崇韬关系不错，曾多次越过直属领导李绍琛，直接和郭崇韬一起议事，后来，他更是在郭崇韬的举荐下，得到了李绍琛想要却得不到的东川节度使职位。所以，郭崇韬被杀后，李绍琛内心深处还是多少有点幸灾乐祸的，甚至还特意当着董璋的面嘲讽：“公复欲咕嗫（niè）谁门乎？”（你这厮又准备到哪家门下串老婆舌头呢？）

失去靠山的董璋，只能低声下气，连连谢罪。

当时，李绍琛正率后军驻扎在魏城，同李继岌的大部队相隔了大概三十里路程。董璋从李继岌处领命，率队去随州诛杀朱令德的时候，必然要路过李绍琛所率部队。李绍琛听闻董璋又接到了个美差，心里本就不爽，没想到董璋路过时竟然还无视了自己，连个招呼都没打就扬长而去。李绍琛被气得鼻子都歪了，只能喝酒发泄发泄，最后借着酒劲对部下诉苦道："国家南取大梁，西定巴、蜀，皆郭公之谋而吾之战功也；至于去逆效顺，与国家犄角以破梁，则朱公也。今朱、郭皆无罪族灭，归朝之后，行及我矣。冤哉，天乎！奈何？"（皇上南取汴梁、西定巴蜀，郭崇韬运筹帷幄之功最大，而我战功最大。至于朱公朱友谦，去逆效顺，在灭梁一事中也付出了不少。现在郭崇韬、朱友谦两位大人都被冤杀灭族，回朝之后，恐怕就要轮到我了。苍天啊，冤枉啊！我到底该怎么办呢！）

李绍琛部下多为河中人士，早年都跟随过朱友谦。一听李绍琛这样说，众将士的怒火瞬间被点燃。河中将领焦武等人还带头在军门口号哭："西平王朱友谦有什么罪过，竟然满门被诛杀！我们这些河中旧将，怕也逃不了像西平王老部下史武那样被杀的命运。既然如此，我们绝不东行回去！"得知军心可用，李绍琛便趁势带人重回川蜀，自称西川节度使，并向成都发檄文，诈称奉诏接替原先抵达的节度使孟知祥，还布告蜀中招募人马，三天内就聚集了五万多人。

李存勖的儿子魏王李继岌听说后军发生兵变，立即命任圜为副招讨使，携同董璋率兵数万，追击李绍琛，自己在利州等待消息。没想到他这一停留，就导致了后边李存勖在和李嗣源的相斗中落于下风，但这是后话。而任圜这人也不简单，长得儒雅风流，又熟读兵书，善于辩论，长于谋略，深受李存勖赏识。李存勖甚至在他母亲去世后，夺情任用，马上委任他为潞州观察使，不让他辞职回家守孝。

任圜马不停蹄，终于在汉州追上了李绍琛的部队。他采纳掌书记张砺的提议，把精兵埋伏在后面，用董璋带来的老弱士卒去引诱对方，力求打一个漂亮的伏击战。李绍琛瞧不起任圜这个文弱书生，又见他手下士兵都面黄肌瘦的，于是就没把他放在眼里，直接率众出击。李绍琛就这样一脚踏入任圜的伏击圈，结果招致大败，损失了数千人马。这一战，李绍琛士气大挫，只好暂时躲在汉州避战不出。但汉州不比西川其他城池，它没有坚固的城墙工事，仅仅是弄了一些木头作为栅垒。于是任圜围困汉州城几日后，就直接放火烧了这些栅垒。眼看城池即将被摧毁，李绍琛无奈，只能率余部出城迎战。

双方酣战之时，突然有一队人马从后面杀向李绍琛部。李绍琛部顿时溃不成军，只能拼命杀出重围，向绵竹方向逃走，最后随行的只剩十余骑。任圜乘胜追击，直接俘获了李绍琛。而这支从天而降的队伍，正是西川节度使孟知祥派来的。原来，孟知祥在看到李绍琛檄文后，预料他会进攻成都，先是组织人力挖战壕、竖栅垒，做好了成都的防御工事；然后，他又派了马步都指挥使李仁罕和骁锐指挥使李延厚，带兵去半道拦截李绍琛。行军途中，正碰上李绍琛和任圜两军酣战，于是他们就趁机杀了出来。

作为川蜀东道主，孟知祥亲自前往汉州犒军，和任圜、董璋置酒畅饮，还把囚禁李绍琛的槛车拉到酒席中间。孟知祥猛饮一大杯酒，对李绍琛问道："公已拥节旄，又有平蜀之功，何患不富贵，而求入此槛车邪？"（你既身为军中大将，又有平蜀大功，富贵可谓指日可待，为何要自寻死路进到这槛车中呢？）李绍琛苦笑回答说："郭侍中佐命功第一，兵不血刃取两川，一旦无罪族诛；如绍琛辈安保首领？以此不敢归朝耳。"（郭公郭崇韬辅佐皇帝功居第一，兵不血刃就夺取了东、西两川，结果还不是蒙冤被灭族！像我这样的碌碌小辈，又哪能保得住自己脑袋呢？所以我才不敢回朝的。）听到这话，孟知祥虽然心有所动，但当着众人之面也不好多说什么，只能让任圜等人将李绍琛押回洛阳。后来，任圜一行人走到凤翔时，李存勖派来的太监向延嗣带来诏书，下令将李绍琛就地处死，同时恢复了他原来的姓名"康延孝"。朱友谦和康延孝这两人，都是最先叛梁投唐的，如今先后被杀。

得知李绍琛已经被抓获并押送回京，魏王李继岌便继续带着大部队加速东返。此时的李继岌还不知晓，遥远的魏博正在进行一场艰苦的战斗。当时，李存勖派李绍荣前去魏博平叛。李绍荣来到邺都后，先是按照既定计划实行招抚。乱将赵在礼见朝廷没有直接动武，心情非常激动，毕竟他不是自愿搞事情的，于是马上派人送羊酒犒军，并登城喊道："将士经年离去父母，不取敕旨奔归，上贻圣忧，追悔何及？若公善为之辞，尚能改过自新。"（将士们远离父母，归乡心切，没有皇帝诏旨奔归邺都，引起皇帝担心，现在我们都非常后悔！倘若您能说服皇帝，免除我们死罪，我们还能改过自新。）赵在礼当时态度很明确，只要能给我们城内这些人一条生路，有话好商量。

但有的人不想好好商量，就想搞事情，那就是胁迫赵在礼起兵的皇甫晖。那么，这场谈判又会是怎么一个走向呢？

平乱不成反被逼

李存勖派武宁军节度使李绍荣前往邺都招抚，本来一切顺利，李绍荣也把皇帝的诏书给了赵在礼等乱将过目。赵在礼等乱将态度明确，表示说将士们只是归乡心切，所以才做了这等乱事，只要朝廷承诺免除死罪，一切都好商量。没想到就在这时候，跟着李绍荣一起来的监军史彦琼跳了出来，他一想到自己之前大意丢失邺都，狼狈逃回洛阳的情景，就忍不住发飙道："你们这些反贼，破城之日必将你等碎尸万段！"史彦琼这句话，让城上的乱军瞬间炸开了锅。原本就不想投降的乱将皇甫晖，一把夺过皇帝诏书，将其愤然撕毁，誓要和朝廷死磕到底！

李绍荣见状，心里不禁暗自痛骂坏事的史彦琼。既然招抚不成，那便攻城吧。邺都作为久战之地，城防建设那是没得说。李绍荣多次强攻，都无法破城。但比攻不下城池更糟糕的是，邢州、沧州等河朔各州县相继叛乱，河北大地再次燃起战火。坐镇洛阳的李存勖再也坐不住了，如果不抓紧时间采取行动，必定会失去整个魏博军镇。李存勖原本准备御驾亲征，但宰相、枢密使全都表示反对，认为皇帝不可轻易离京，便力推当时在京养老的成德军节度使李嗣源前去平乱。李存勖虽然猜忌李嗣源，但眼下的确无人可用，最后在忠武节度使张全义、宣徽使李绍宏的极力相劝下，只好同意派李嗣源率亲军进讨。

没想到李嗣源这一去，竟然出了很多意外。李存勖犯了一个致命错误，那就是不该让已经背叛过自己的从马直，也就是亲兵卫队跟着李嗣源走。从马直指挥使郭从谦，原来是个唱戏的伶人，艺名叫郭门高。别看郭从谦是个伶人，但这个人不仅善于表演，还真能上阵杀敌。李存勖当年在德胜城和朱梁军队作战时，招募勇士出阵，郭从谦慨然应征，表现十分出色，杀敌胜利而回，从此受到李存勖的宠信和重用。后来，李存勖从诸军中挑选勇武之士组建自己的亲军，设置了四个指挥，号称“从马直”。郭从谦因战功累累，从军使一直升到指挥使，成为一个手握禁军的重量级伶官。但郭从谦后来在李存勖最困难的时候选择了背刺，主要和两个人的死有关。

郭从谦很敬佩郭崇韬，一笔写不出两个“郭”字，就把他当作叔父来侍奉，同时呢，他还是睦王李存乂的养子。郭崇韬和李存义相继被冤杀，郭从谦愤愤不平，私下结交从马直军校，对着他们哭诉两人的冤情。后来，从马直军士王温等五人杀掉军使作乱，遭到擒杀。李存勖当时还开玩笑地对郭从谦说：“汝既负我附崇韬、存义，又教王温反，欲何为也？”（你先是背叛我站在郭崇韬和李存义一边，现在又教唆王温造反，你想要干什么？）说者无心，听者有意，郭从谦以为李存勖对自己有所察觉，心里非常不安。因此，当从马直随李嗣源出征时，郭从谦便暗中对军校们说：“主上以王温之故，俟邺都平定，尽坑若曹。家之所有宜尽市酒肉，勿为久计也。”（主上因为先前王温造反的事，准备等邺都平定之后，把你们全部坑杀。但凡家里有钱的，赶紧买酒买肉快活一下吧，反正活不了多久了。）这话一出，从马直这些禁卫军人人自危。所以，这事也成为后来邺都城下从马直军士兵变和兴教门之变的伏笔。

皇帝李存勖亲自下达军令，李嗣源不敢怠慢，火速率军赶到邺都，驻扎在邺城西南。因考虑到军士们长途跋涉，车马劳顿，李嗣源下令军中立营休息，等清晨再攻城。没想到，当天晚上意外就发生了。半夜，有一个叫张破败的从马直军士，突然聚众作乱，杀都将，烧营寨，鼓噪着直逼中军而来。李嗣源见状还算镇定，高声呵斥道：“你们要干什么！”

军士们回答：“我们跟随主上已有十年，百战得天下。现在主上忘恩负义，欺凌我们，驻守贝州的同胞们只是想尽快回家，主上不仅不体谅、饶恕他们，反而说攻下城后，要把这些魏博军全部坑杀。近来，主上的从马直亲军中几个士卒喧哗争胜，事起之后主上就要把我们全部杀掉。我们确实不想反叛，但就是怕死啊。现在我们大伙商量，想和城里的人联手，击退朝廷派来的各路军队，希望主上依旧在河南当皇帝，令公您在河北当皇帝，作为军民之主！”

李嗣源一听众人想让自己和皇帝李存勖划河而治，眼泪立即刷刷而下，掏心窝子规劝说：“现在你们主动自首还来得及，兴许朝廷会宽恕你们。”但乱军准备充分，还是坚持要反。李嗣源只好叹息一声道：“既然你们不听我的，想怎样就怎样吧，我自己回京。”乱军见李嗣源不配合，纷纷拔出利刀，把他团团围住。事情发展到了这个地步，李嗣源的参谋安重诲、武宁节度使李绍真（就是原后梁降将霍彦威），都使劲用脚去踩李嗣源，暗示他先假装答应。无奈，李嗣源只好同意，士兵们就拥着他想进入邺都。此情此景，邺都里面的叛军并不知道，完全不了解城外攻城部队已然发生了戏剧性变化。他们在皇甫晖的带领下，从城里呐喊杀出。城内乱将皇甫晖手起刀落，将骑马走在最前面的张破败斩于马下。看到张破败被杀，城外乱军顿时溃散，只剩下李嗣源、李绍真两人，呆立在原地进退无路。

好在城内乱军首领赵在礼很快赶了过来，李嗣源这才得以进城。赵在礼带着众人拜见了李嗣源，哭着谢罪说：“将士们辜负了您，我等日后不敢不听从您的命令！”李嗣源为了脱身，开动脑筋诓骗赵在礼说：“凡是要做大事的，必须有足够的兵力。现在城外士兵被打得四处流散，我愿帮你去集结他们。”赵在礼还挺给面子，没多想便答应了。李嗣源便和李绍真立即出城，寄宿在魏县，慢慢收集散兵，恢复军力。

当李嗣源被乱军裹挟时，李绍荣正领着万余人马驻扎在城南。李嗣源先前曾派牙将张虔钊、高行周等人前往李绍荣处，邀他合作，共同对付赵在礼等乱军。但李绍荣怀疑李嗣源使诈，不仅不响应，还把来的使者扣押了。随后，李嗣源被逼入城，李绍荣更是直接拔营而去。他这一走，可坑苦了李嗣源。李嗣源在魏县，当时兵不满百，又没武器，还担心赵在礼看破自己的计划，一度十分落魄。好在李绍真带着五千镇州兵一起来投，李嗣源这才逐渐恢复了些许士气。五千人马自保有余，平叛不足。这样拖着终究不是办法，李嗣源便打算带兵回到自己原来的驻防地，向李存勖请罪。但李绍真和中门使安重诲都认为此举不妥，劝道："您身为元帅，不幸被乱军劫持。李绍荣不战而退，回朝后肯定会反咬一口，将责任全推在您身上。您如果现在回到封地，便会落人口实，留下把柄。不舍昼夜赶回洛阳，面见皇上，兴许还能证明自己的清白。"这位安重诲本是粟特胡人、晋王李克用手下大将安福迁的儿子。

李嗣源觉得他们这番话很是在理，果断从魏县开拔，准备进京面圣。途中路过相州（治今河南安阳），遇到马坊使康福。康福知道李嗣源的处境，为助他成事，给了他官马数千匹。李绍荣呢，撤退到卫州（今河南卫辉）后，马上派人飞报李存勖，说李嗣源通敌谋反。李嗣源得知这个消息后忐忑不安，连续上表申辩，但接连送了好几份奏章，皇帝都毫无回音。李嗣源更慌了，不知所措。正在这个时候，有一个人跳了出来。这个人的跳出，改变了李嗣源的命运，让他从一个被猜疑、忐忑不安的大将，转变成为名传千古的一代帝王。

这个人，便是李嗣源的女婿石敬瑭。

李存勖痛失军心

后唐天成元年（926），这大概是李存勖这辈子过得最煎熬的一年。这一年发生了太多的事情：郭崇韬等人接连被杀，李绍琛哗乱西南，魏博之乱引发河北各地乱军四起……后唐局势变得越来越糟。这时，国内又连年闹饥荒，百姓民不聊生。租庸使孔谦因仓储空虚，肆意克扣军粮以补亏空，惹得洛阳守军怨言四起。宰相们怕由此引发士兵哗变，便联合上奏李存勖，请求开放内库以充军需。本来李存勖想答应的，但守财奴刘皇后一万个不同意。

当朝廷内为了犒军筹钱正闹得热闹时，朝廷外的李绍荣等人也在勾心斗角。前面我们讲到，李绍荣退保卫州后，上奏李存勖说李嗣源通敌谋反。李嗣源为表忠心，一天内多次派人送信到洛阳表冤申诉。李存勖本来就不信任李嗣源，但他现在还需要李嗣源帮他守住江山，只能努力稳住李嗣源，于是他召来时任金枪指挥使的李嗣源长子李从审，对他说：“吾深知尔父忠厚，尔往谕朕意，勿使自疑。”（朕深知你爹的忠厚，你亲自去转告朕的意思，让他不要再有疑虑，安心替朕办事。）随即便派他前去谈判。没想到，李从审刚到了卫州，就被李绍荣给抓了。眼见李绍荣打算杀人灭口，李从审赶忙大喊道：“公等既不亮吾父，吾亦不能至父所，请复还宿卫。”（你们既不相信我爹，我也回不到我爹身边，那还是让我回到京城宿卫皇帝吧。）李绍荣呢，觉得李从审这人没什么用处，把他放回去对自己也构不成什么威胁，于是就答应把他放了。李从审一来一回，什么事都没干成。但李存勖非但不怪罪，还觉得李从审忠心不二，赐名“李继璟”，待他如同亲生儿子一般。由于李绍荣占据卫州，此后李嗣源的所有奏书，全都被李绍荣截获。李嗣源想到之前郭崇韬的悲惨结局，心里非常慌，不知道下一步到底该如何走。

关键时刻，左射军使石敬瑭跳了出来，力劝李嗣源当机立断：“事成于果决而败于犹豫，安有上将与叛卒入贼城，而他日得保无恙乎！大梁，天下之要会也，愿假三百骑先往取之；若幸而得之，公宜引大军亟进，如此始可自全！”（但凡大事，都是成于果决而败于犹豫。古往今来，有哪一位大将被叛军挟持入城了，日后还能保全性命的？大梁城是兵家必争之地，我愿带三百骑兵先夺取大梁城。如果我成功了，您马上率军随后进驻，只有这样才能保全您自己。）

这个石敬瑭，正是日后历史上备受诟病的千古罪人“儿皇帝”。石敬瑭是沙陀族人，他爹臬捩（niè liè）鸡曾在李克用手下当过差，屡立战功，官至洺州刺史。他爹死后，石敬瑭便跟着李嗣源混。石敬瑭从少年时代起就属于沉默寡言有心机的那种人，喜欢读兵书，善于骑射，打仗勇猛过人，曾数次解救李嗣源于危急之中，所以逐渐成为李嗣源的心腹，深受倚重，后来更是成了李嗣源的女婿。

石敬瑭劝完，突骑指挥使康义诚也接着劝道："主上昏庸无道，惹得天怒人怨，军民愤恨。您如果听从大家建议，就能有活路，要是想坚守大臣节操，那必死无疑。"

在众人的相劝下，李嗣源想了很久，最后决定和乱军合流，让谋士安重诲发布檄文，召集人马，准备夺取大梁城。历史真是给李嗣源开了一个大玩笑，他本是奉皇帝李存勖之命，率兵过来平定魏博之乱的，没想到到头来，他自己这个平叛的领军，最后竟然扭头成了叛军领袖。

没多久，李嗣源举兵造反的消息便传回洛阳。河南尹张全义得知消息后，想到自己当初还极力推荐李嗣源去平乱，如今出了这档子事，恐脱不了干系要被连坐。他越想越是惶恐不安，最后竟然被自己给吓死了。而李存勖这头，为了防止亲军生乱，派怀远指挥使白从晖扼守洛阳桥；同时还忍着肉痛，从内府中拿出金银丝帛犒赏军队。东西到手之后，士兵们丝毫不领情，愤恨骂道："我等妻儿老小早已被饿死了，还要这些有何用！"

没多久，李绍荣从卫州退回洛阳，上奏称李嗣源意欲袭取汴梁，希望李存勖亲自前往关东招抚。重压之下，李存勖还是御驾亲征了。临行前，伶官景进还不忘劝李存勖，先处理掉还在路上的亡国之君王衍等人。所以，前蜀的王衍之所以被杀，就是因为后唐内部事变而发。

李存勖派李绍荣先行，自己率卫兵随后。这时候，李嗣源的亲信大多从李存勖身边逃走了。有人劝李嗣源的儿子李从审也尽早脱身，李从审却一直不肯离开。对于李嗣源，李存勖依旧还抱着一丝希望，屡次派李从审去找他爹谈判。但李从审总是推辞，表示愿死于殿前，以明忠心。但臣子哪能屡次都违抗得了圣命，后来李存勖得知李嗣源在黎阳，就强行派李从审前去。结果，李从审在半路上碰上了李绍荣。这次李绍荣可就没放过他，直接把他给杀掉了。李从审一死，李存勖就彻底失去了说服李嗣源的可能性。

此时，李嗣源的前锋石敬瑭已顺利攻下大梁城。李存勖忙命龙骧指挥使姚彦温率三千骑兵前去夺回。因为姚彦温和他不少部下都是汴梁人，李存勖在他出发前还刻意抚慰一番："汝曹汴人也，吾入汝境，不欲使他军前驱，恐扰汝室家。"（你们都是汴梁人，朕到你们的境内，之所以不让他人担任先锋，是怕惊扰了你们的家人啊。）说完还特意厚赏了他们，然后就让他们出发了。没想到，姚彦温听说李嗣源已经先一步赶至大梁城，马上就向对方投诚了。为讨好李嗣源，姚彦温还把黑锅扣到李绍荣头上，说："京师危迫，主上为元行钦（李绍荣）所惑，事势已离，不可复事矣。"（京师危难至此，都是因为皇上误听信了李绍荣的话。现在皇上大势已去，我辈很难再奉他为主了。）李嗣源听闻冷笑道：“你自己都不忠，有什么资格说别人！”于是夺了姚彦温的军印，没收了他麾下的三千骑兵。

李存勖听说李嗣源已经占据了大梁城，姚彦温也率众投降，顿时神情沮丧，登高长叹道：“吾不济矣！”汴梁坚城已失，再往前走无疑是羊入虎口，李存勖马上下令回师。李存勖出征时，带了二万五千人马，到如今已经逃走了一万多。一行人经过罂子谷时，士兵们先前长途跋涉，倍感疲倦，现在又加上峰峦险峻，道路难走，一个个都怨声连天，不愿向前。李存勖便抚慰士兵说：“刚才接到报告说，魏王李继岌又进贡西川金银五十万两，等回到京师，朕全部赏赐给你们！”将士们此时丝毫不领情，冷冷地回道：“陛下的赏赐已经晚了，大家都不会再感念圣恩了！”

李存勖悔恨万千，就向内库使张容哥要锦袍玉带来赏赐将士们。张容哥当众回答说，那些东西早就赏赐完了。一士兵听了，情绪激动，直接大骂道：“害皇帝失去社稷，都是你们这群伶宦坏人造成的！”说着就拔刀冲过去要砍人。所幸周围人及时阻拦，张容哥才没被砍死。经过此事，张容哥也失去了活着的勇气，他对伶宦们叹道：“明明是刘皇后吝啬至此，现在大家却全都怪罪我们。不久之后大事发生，咱们这些人迟早会被碎尸万段，我实在是等不了那一天的到来。”说完，他就投河自尽了。

很快，李存勖一行人就走到了洛阳石桥西，他置酒摆宴款待诸将。酒宴上，已被现实沉重打击到一蹶不振地步的李存勖，悲痛问道："卿辈事吾以来，急难富贵靡不同之；今致吾至此，皆无一策以相救乎？"（你们跟了朕这么久，咱们都是急难同当、富贵同享。如今朕沦落到这种地步，你们难道没有人有办法可以救我吗？）听皇帝如此说，李绍荣等百余名将领面面相觑，只能纷纷抽刀断发，立誓以死报国。李存勖悲从中来，不由得和大家一起抱头痛哭。

当晚，疲惫不堪的李存勖回到洛阳城中。没多久，他收到一则消息：魏王李继岌的征蜀大军即将抵达洛阳。这个消息对李存勖来说，实在算得上一大喜讯。李继岌所部毕竟还有数万人马，只要他能及时赶回，自己绝对还有翻盘的希望。于是，李存勖亲自上洛阳东门阅兵，宣布隔日便再行东征。

那么，李存勖究竟能不能借此逆风翻盘呢？

庄宗命丧兴教门

话说李存勖听闻李嗣源谋反，决定亲征反击。结果出师不利，无果而返。等回到洛阳后，李存勖刚好收到魏王李继岌征蜀大军即将抵达洛阳的好消息，于是他又摩拳擦掌准备东征，想逆风翻盘。可惜，前半生已将人品用尽的李存勖，并没有等到翻盘的机会。

天成元年（926）四月清晨，旭日东升。李存勖一早起来，正在美美地吃着早餐，忽然听到宫城兴教门外一片喧嚣声。他急忙拿起武器，带着贴身侍卫前去查看。等到了地方，只见他曾经非常信任的亲兵统领郭从谦，正带着他的亲兵从马直，气势汹汹地向他冲杀而来。要说李存勖也是心大，之前我们就说过，郭从谦是李存义的养子，平时又尊称郭崇韬为叔父。李存勖冤杀了这两人，郭从谦能不对此深怀怨恨吗？尤其是李存勖还曾开玩笑问过，你郭从谦是不是要跟着郭崇韬等人一起反叛啊。虽然当时李存勖就是开个玩笑，但君疑臣臣必死啊，这给郭从谦埋下了深深的心理阴影。现在，他听说李嗣源占领了大梁城，一呼百应，声势浩大，不少藩镇大将都已投效他。为了自保，郭从谦也暗中投靠李嗣源，在京城发动兵变。

话说回来，李存勖看见乱兵领头的居然是郭从谦，气不打一处来。事态紧急，他也只能赶紧带人抵抗。由于大军早已集结在洛阳城外等候东征，李存勖一时间难以调集城外人马，只能带着诸王和近卫骑兵奋力迎击。郭从谦抵敌不住，只能带着乱军退出兴教门外。李存勖见状，赶紧让人把城门关上，然后又急召蕃汉马步使朱守殷，命令他火速带城外驻军前来增援。朱守殷曾是李存勖幼时家奴，李存勖也挺信任他的。但就在李存勖最需要人帮助的时候，朱守殷却拉着队伍跑到邙山树林里休整去了。毕竟他和李嗣源关系一直不错，事到如今，朱守殷根本没有要搭救李存勖的意思。

李存勖等了半天都不见朱守殷人影，心中焦急，正要遣人去催。忽然间，烟雾漫天，兴教门火势熊熊。原来，乱军猛攻兴教门不下，一怒之下放火烧了宫门，再次鼓噪着要冲入城来。这次的人数，比之前的还要多了一倍。前两天还跟李存勖断发明志的李绍荣等部分将领，一看情势不妙，纷纷丢下李存勖全跑了。只有指挥使李彦卿、军校何福进、王全斌等十余人，忠心护主，力战不退。李存勖以皇帝之尊亲自厮杀，突然一支箭飞来，不偏不倚，正好射中他的面门，大叫一声，李存勖摔落马下。一旁的鹰坊使善友见状，忙上前搀扶住他的胳膊，匆忙扶下门楼，到了绛霄殿屋檐下面，一把拔出李存勖面上的箭头。忽然拔箭，一股血柱顿时直冲出来。李存勖失血过多，急切想要喝点东西补补。

此时此刻，刘皇后以实际行动给我们演绎了什么叫“夫妻本是同林鸟，大难临头各自飞”。当时刘皇后正在收拾财宝准备逃跑，听说皇帝丈夫中了箭，都懒得前去看一眼，只让人送去一些浆酪。这位财迷皇后肯定不懂什么医学，按现在的医学来解释，人在失血过多的情况下，容易出现口渴、烦躁等症状，这是血容量不足、血压降低的表现。浆酪性寒，恰恰是失血过多患者不能喝的。喝这种奶制品，会加速患者死亡。《资治通鉴》中胡三省的注释说道，正是刘皇后这种行为才导致李存勖即刻死亡：“酪，乳浆也。凡中矢刃伤血闷者，得水尚可活，饮酪是速死也。”而且，李存勖中箭之后，身边没有专业的御医，只有鹰坊使善友负责救护，他竟然贸然“抽矢”，也就是直接拔出箭头。很显然，这样做是极其错误的救护措施，会导致大量流血……果然，一代英杰皇帝李存勖，饮下浆酪后不久，就一口气上不来，双眼一闭，骤然殒命，年仅四十二岁。

李存勖，确实死得悲惨又憋屈。纵观李存勖的一生，他奋斗过、辉煌过、堕落过。四十二年的人生轨迹，李存勖走出了一条先升后降的抛物线：他前半生以沙场战神出世，并岐国，灭前蜀，得凤翔、汉中及两川之地，震动南方割据诸国。一旦失去生存压力以及进取的目标和动力之后，他便光速堕落，恣意享乐不说，还疏远猜忌功臣，纵容皇后和伶宦干政，横征暴敛又吝惜钱财，以至于百姓困苦、藩镇怨愤、士卒离心。在灭梁后不过三年，他就败光了先前千辛万苦取得的一切，最终走向凄凉悲情的人生结局。他整个的人生过程，足够精彩，足够深刻，也足够值得后人反思。

李存勖从一个进取之主，堕落为骄奢淫逸之君，继而众叛亲离迅速败亡，我们不能把锅全丢给那些伶宦之辈。亡国灭身这口锅，还得由李存勖自己来背。作为历史典型人物，北宋欧阳修对他的评价最为妥帖：“满招损，谦受益。忧劳可以兴国，逸豫可以亡身，自然之理也。故方其盛也，举天下之豪杰，莫能与之争；及其衰也，数十伶人困之，而身死国灭，为天下笑。夫祸患常积于忽微，而智勇多困于所溺，岂独伶人也哉！”

李存勖死后，鹰坊使善友还真是一个“善良的朋友”，他找来一堆宫内丢弃的木制乐器覆盖在他的尸身上，然后一把火烧了尸体。而另一边的刘皇后，早就让人一把火烧了嘉陵殿，然后带上金银珠宝，跟着李存勖的弟弟申王李存渥等人，从师子门仓皇出逃。原本候在城外的朱守殷，听说李存勖已经死了，马上率领手下驰马冲到宫中搜刮珍玩，还抓了好几十个宫娥彩女和优伶回自己家享用。而后，各路军队也陆续闯入洛阳城中大肆劫掠。

这场事变，史称“兴教门之变”，是后唐乃至五代史上的重要转折点。事变之前，后唐已经基本完成了天下的统一。假以时日，天下恢复稳定很有希望。而事变之后，后唐国力大大削弱，继位的新君也性格不够刚强。不久后，蜀地的孟知祥割据自立；李存勖生前臣服的南方各国，又恢复到分裂状态，天下再度陷入混战之中，对中国大一统进程造成了极大阻碍。

洛阳大乱之际，李嗣源正从汴梁率军赶来。一行人刚走到婴子谷（今河南荥阳市西），听闻李存勖死了，李嗣源非常伤感，哭着对诸将说：“主上平时很得人心，就是被这群伶宦小人蒙蔽，才落到今天这个地步，如今我等该怎么办呢？”从当时种种表现来看，李嗣源应该是无意帝位的，此番前来洛阳，初衷很可能也有救驾的意思在里面。皇帝李存勖意外身死，形势急剧变化，却一步步将李嗣源送上皇帝宝座。或者说，早在李嗣源占据汴梁的那一刻起，他此后的一切行动，都显得那么顺理成章。没多久，李嗣源便收到大滑头朱守殷的报告，说京城现在内部大乱，诸军焚掠不止，希望他赶紧来洛阳救场。李嗣源火速进发，到达洛阳后，立即下令禁止焚烧抢掠，并从灰烬中拾取了一些李存勖的骸骨，隆重安葬。

紧急事务处理完毕，李嗣源为表明自己的立场，特意找来了朱守殷，对他说：“公善巡徼（jiào），以待魏王。淑妃、德妃在宫，供给尤宜丰备。吾俟山陵毕，社稷有奉，则归藩为国家捍御北方耳。”（你好好保护好都城，等待魏王李继岌回来。别忘了好生赡养主上的后宫妃嫔。等皇帝陵墓修好入土为安，社稷安定、天下有主了，我就回我自己的藩镇，继续为国家守卫北方领土。）总之一句话，我李嗣源现在来洛阳绝不是来当皇帝的。

你李嗣源不想当，但不代表别人不想你当，甚至还以为你是在欲拒还迎。很快，宰相豆卢革就带着百官找上门，劝李嗣源即皇帝位，李嗣源当面拒绝了他们的请求：“吾奉诏讨贼，不幸部曲叛散；欲入朝自诉，又为绍荣所隔，披猖至此。吾本无他心，诸君遽尔见推，殊非相悉，愿勿言也。”（我奉皇上的命令去讨伐乱贼，不幸部队背叛逃散，辜负了主上的重托。我本想入朝亲自向皇帝解释情况，却被李绍荣故意阻拦，以致发展到现在这个地步。我本无他心，各位大人突然要拥戴我登基为帝，实在违背了我的初衷，希望各位大人不要再提这事了。）

李嗣源当时到底想不想当皇帝？目前我们无法断定。或者说，李嗣源认为时机还不成熟。后来，在百官的一再要求下，李嗣源勉强答应了暂且“监国”当代理皇帝，等魏王李继岌回京后，再行让位。

李嗣源被拥继位

在五代历史中，李嗣源是一位不可忽视的重要人物。在早期河东集团中，他并不显眼。当时军界一线人物有周德威、李存孝、李存信、李嗣昭等人。虽然李嗣源出道早，但在这一大票虎狼中，他是不显山不露水。但谁也没想到，就这个看上去平平无奇又目不识丁的李嗣源，居然能把一代战神李存勖成功挤下了历史舞台，并为后唐王朝开创了一代盛世。

前边我们讲到，李嗣源前去邺都平叛，后被叛兵要挟拥为头领，攻占大梁城，再到李存勖身亡，带兵到洛阳救场，然后在百官的劝说下，婉拒帝位暂且监国。李嗣源的一切行动，看似被人推着走，一切事情都发生得那么顺其自然。巧合多了，就难免让人产生“阴谋论”的想法。毕竟不想当皇帝的将军不是好将军，李嗣源也不是一个无所欲、无所求的圣人，面对帝位的诱惑，他又怎能不动心呢？只不过呢，这李嗣源也是个演技派，为了在政治上立于不败之地，他先来了一手以退为进，声称要扶李存勖的儿子魏王李继岌当皇帝，自己先监个国。

那么李继岌现在在哪里呢？洛阳变乱时，李继岌带着伐蜀大军紧赶慢赶才走到兴平，一路是风尘仆仆。可惜，到底还是晚了一步，如果李绍琛这家伙不在西川捣乱，可能也不会意外频发。洛阳如今是不敢回去了，李继岌只能一路向西，从兴平退到武功（今陕西咸阳武功县）。后来，他听从宦官李从袭的建议，准备重整旗鼓继续东行。刚到渭南，吕知柔等心腹就基本上跑得差不多了，最坏的就是先前的心腹太监李从袭，为了讨好李嗣源，他居然对李继岌说：“大势已去，大王应当自图进退！”言外之意就是，大王您赶紧死吧！说完，这个坏蛋太监自己也赶紧跑了。

李继岌四顾茫然，心里那叫一个悲凉，最后，这位年轻的王爷只得让仆夫李环用绳子送自己一程。这个李环，就是先前锤杀郭崇韬的那个人。李环当时还下不去手，对李继岌乳母说，我不忍心面对面杀掉大王。如果他非死不可，你劝他以背对我就好了……于是，李继岌脸朝下趴在床上，呜咽不止。李环走过去，用绳子从背后勒死了这位魏王。李继岌死后，后唐的征蜀大军便没了效忠对象。于是，副将任圜便率领大军归附了李嗣源。至于那位罪恶滔天的太监李从袭，不久也被李嗣源手下军将李冲杀掉。

在说李嗣源即位之前，先说说李存勖那一帮兄弟、儿子以及亲信的结局。

亲信李绍荣（元行钦）逃出洛阳后，准备投奔河中永王李存霸，结果在路上被村民抓住，打断了双腿，遣送回了洛阳。李嗣源见到李绍荣后，想起自己儿子被杀都是这个人害的，于是大骂道："我儿子有什么地方对不起你，你竟然杀了他！"李绍荣倒也硬气，直接回怼："先皇何负于尔？"（那先皇又有什么地方对不起你，你竟然反叛他！）李嗣源被噎得半晌无言，醒过味来下令把李绍荣推出去斩了，恢复他原来的名字元行钦，以示他不是大唐纯臣。

刘皇后和小叔子申王李存渥，两个人从洛阳逃奔晋阳。路上刘皇后耐不住寂寞，竟和小叔子睡到了一块。两人到了晋阳之后，晋阳守将李彦超不接纳他俩。李存渥便继续逃，逃到风谷时，他的部下贪财把他杀了。刘皇后呢，待在晋阳不敢再跑，吓得削发为尼进入寺庙躲藏，想苟且偷安接着活下去。对于这种误君误国的红颜祸水，李嗣源又怎会留她活在世上，立即派人到晋阳把她杀了。再往后，到了后晋石敬瑭当皇帝，刘氏才被追加谥号为“神闵敬皇后”。刘皇后，这个民间流传名叫刘玉娘、正史却有姓无名的美妇人，她出身微贱却不可思议地登上皇后宝座；她母仪天下，却不配做贤妻良母；她鞭笞生父，认权臣为父；她挖空心思敛财，却舍命不舍财；她皈依佛祖，却和小叔乱伦；她最后横死，堪称史上的奇葩皇后。

李存勖的三弟永王李存霸，也逃到晋阳。李存霸怕李彦超不愿收留自己，于是主动削发，穿上僧服去拜见李彦超，希望能以出家为僧为条件，换取对方的庇护。李彦超呢，本来答应先向新主子反映情况再说。但李彦超的部下却不想惹祸，直接上前将李存霸乱刀砍死。李存勖的七弟通王李存确、八弟雅王李存纪，在混乱中藏匿民间，后来有人秘密报告给了新任枢密使安重诲，这人也挺毒，以李嗣源性格慈善为由，瞒着李嗣源把这两人秘密干掉了。过了一个多月，李嗣源才听说这事，为此不但狠批了一顿安重诲，还为两个小王爷伤心了好久。李存勖四弟薛王李存礼，以及李存勖的几个小儿子：李继嵩、李继潼、李继蟾、李继峣（yáo），这几个人都在兵乱后不知所终，肯定都死于乱军之中了。李克用一脉唯一幸运存活下来的，只有李存勖二弟邕王李存美，他是一个中风偏瘫患者，对李嗣源没有任何威胁，所以他能一直住在晋阳，自生自灭。

从对李存勖这一系列相关亲属人员的清洗来看，要说这里边没有猫腻都没人相信。尤其是从整个事件的结果来看，李嗣源是最大的受益者，他成了后唐皇帝，掌握了国家大权。尽管史书中都说他是被部下胁迫的，部下还瞒着他把李存勖一脉赶尽杀绝，但他最后当了皇帝是不争的事实。至于他是不是真的被胁迫？是不是真的不知道部下暗地里干的事情？那只能大家见仁见智了。现在的我们只能说，李嗣源目睹了这一切的发生，然后顺其自然、顺理成章地登基当皇帝，从此再无任何的障碍和阻拦。

同光四年（926）四月，在百官的再三劝进下，李嗣源终于“勉为其难”地同意继位。他身穿斩衰（zhǎn cuī，亦作“斩縗”）之服，即位于李存勖的灵柩之前，从此开启了属于自己的时代，史称“后唐明宗”。这位新出炉的皇帝李嗣源，沙陀族人，小字邈佶烈。李嗣源从小擅长骑射，能仰射飞鸟，控弦必中，十三岁便随军效力。老晋王李克用爱惜李嗣源勇武，收他为义子，赐姓名为“李嗣源”。李克用养子众多，其中李嗣源位列第一，民间一般称他为“大太保”。十七岁时，在朱温和李克用结怨的上源驿事件中，李嗣源英勇救父，在乱兵流矢之中将义父李克用救出，因而备受李克用重用，得以统领亲兵。随后，李嗣源随义父李克用南征北战，在征剿黄巢叛军、对抗朱温等一系列战事中，立下赫赫战功。李克用为了嘉奖李嗣源，将他麾下五百骑兵命名为“横冲都”。从此，两河地区皆称李嗣源为“李横冲”。

传奇人物，肯定都有些传奇故事，李嗣源自然也不例外。在李嗣源还没发迹时，当时知名的相师周玄豹就曾预言过，说他的相貌贵不可言。但李嗣源做人相当低调，身为武将，他不是领命带兵打仗，就是带手下人修理兵器装备，极少和别人争执，也从不居功自傲。有一次，他和诸将聚会，那些人纷纷玩命吹嘘自己有多英勇、立过多大战功，李嗣源直接一句话就秒杀了全场，只听他淡淡说道："公辈以口击贼，吾以手击贼。"言下之意，就是嘲讽这些将领只会满嘴跑火车，光说不练假把式。李嗣源此言一出，众将都觉得羞愧难当，再不提那些所谓的"丰功伟绩"。而且，李嗣源这个人廉洁自律，从不贪图财物。有一回，李克用让他到自己府中，亲切对他说："为了表彰你的功劳，我府上的东西你可以随便拿。"李嗣源左看看右看看，最后就只拿了几千文钱和几捆丝帛，回去后还全分给了部下。这要是换作别的将领，估计把自己累死也要拿走更多的东西。

从晋国至后唐，李克用死后，随着一线名将周德威、李嗣昭、李存审等人的相继陨落，李嗣源的出镜率越来越高。李存勖即位后，作为义兄的李嗣源，更是立下赫赫战功：平幽州、战契丹、灭后梁，除了一次不光彩的私自撤离之外，几乎没有任何污点。尤其是在灭梁最后一战中，李嗣源更是表现突出，以至于当时的李存勖都发出"要和李嗣源平分天下"的感慨。

也许冥冥之中自有天意。后来位高权重的李嗣源虽屡遭皇帝李存勖的猜忌和小人构陷，却总能化险为夷。李存勖被杀后，李嗣源先监国，后即位，最终走上了人生巅峰，当上了皇帝。

现在，李嗣源可以睥睨四方，豪迈地对外宣称：“这是朕的新时代！”

乱世明君创小康

“兴教门之变”发生后，后唐明宗李嗣源顺利接过李存勖的权杖，以六十岁高龄即位。从此，五代后唐进入了李嗣源时代。虽然李嗣源出身低微，不像李存勖那样能够吟诗作赋、卖弄文雅，但他却是五代以来头一位被大家公认的明君。这个人深知民间疾苦，在位期间励精图治，把原本岌岌可危的中原局势迅速稳定了下来，开创了五代史上第一个小康盛世。

李嗣源大字不识，没什么文化，但极具政治头脑。朝中有大臣认为大唐气数已尽，加上李嗣源又和李克用没什么血缘关系，应当另起炉灶，重定国号。李嗣源听了直摇头，说：“吾年十三事献祖，献祖以吾宗属，视吾犹子。又事武皇垂三十年，先帝垂二十年，经纶攻战，未尝不预。武皇之基业则吾之基业也，先帝之天下则吾之天下也，安有同家而异国乎。”［我十三岁就跟着献祖（李国昌）力拼，他视我如己出，恩宠有加。后来又跟了武皇（李克用）三十年，跟随先帝（李存勖）二十年，几乎参与了整个建国全过程。所以，武皇的事业就是我的事业，先帝的天下就是我的天下，哪里需要改什么国号。］

李嗣源这个决定，无疑是明智的。毕竟不管是三十年的养育之恩，还是二十年的知遇之恩，他和李克用父子之间的关系，不是说断就能断的。如果他现在和李家父子划清界限，更改国号，不但自己成了无根之人，还会被天下人视为忘恩负义之人。一旦有地方藩镇拿这个做文章作乱，他在政治上就会变得非常被动。所以，李嗣源还是沿用大唐国号，连年号都照旧称为“天成”，接着又以嗣子之礼，在李存勖灵柩前举行继位仪式，本分情分两全。但天下人心里都明白，李嗣源的大唐跟李存勖那时候的大唐，完全不是一回事了。

解决了国号问题，实诚老头李嗣源开始收拾李存勖留下的烂摊子。如果说李存勖是个居安忘危的典范，那么李嗣源就是个居安思危的样板。戎马疆场四十年，李嗣源什么苦活、累活都干过，如今当上了皇帝，他却还能时刻保持清醒的头脑，不忘民间疾苦和军旅艰辛。这就是他和李存勖最大的区别。李嗣源监国那阵，曾让人核查后宫的人数。不查不知道，一查吓一跳，后宫居然还剩下千余名妙龄佳丽。好在李嗣源这个人不贪恋美色，他直接把这些年轻女子全部遣散出宫。随后又裁汰宫中冗员，最终只留下宫女百人、宦官三十人、鹰坊二十人、御厨五十人、教坊百人。如此精简的宫廷机构，在中国历史上可是少见的。值得一提的是，在那些被遣返回乡的女人中，有个姓柴的妃嫔，后来嫁给了一个叫郭威的大头兵。这个女人还有个侄子叫柴荣。这爷俩，后来成了五代后周的皇帝，但这是后话。

处理完后宫这些杂事，接下来便是一系列的人事任免和纪律处分。鉴于当时的百姓对朝廷的苛刻法令、横征暴敛等恨之入骨，为了安抚民心，李嗣源首先拿租庸使孔谦开刀。孔谦是李存勖时代管财政税收的高官，很多苛捐杂税项目都出自他之手。为此，李嗣源处死孔谦之后，还废除了他制定的所有苛敛之法，同时撤销了租庸使和内勾司，而后，依照旧例设盐铁、户部、度支三司，由宰相一人专门管理。不久，李嗣源又斩杀了曾盗掘唐陵的李存勖宠臣李绍冲（也就是中国历史上臭名昭著的盗墓贼温韬），还有那个靠贿赂得显于后唐的原后梁佞臣李绍钦（段凝），以泄民愤。

李嗣源深知伶宦误国之害，他罢免了各道监军使，命诸道藩镇尽诛当地的宦官。无论是逃到山里，还是逃到庙里剃度当和尚的，不少监军宦者都被揪出来杀了头。至于伶官，首先把爱挑事作妖导致李存勖身死的郭从谦等人，全部下令诛杀，其他大部分被放逐。随后，李嗣源还搞了一次大规模的“复名”活动。先前被李存勖赐名的臣子，比如武宁节度使李绍真、忠武节度使李绍琼、贝州刺史李绍英、齐州防御使李绍虔、河阳节度使李绍奇、洺州刺史李绍能等人，都纷纷请求恢复他们原有的名字：霍彦威、苌从简、房知温、王晏球、夏鲁奇、米君立，等等。五代史为什么乱，原因之一就是名字乱，往往一个人有两个名字甚至更多。

一朝天子一朝臣。李嗣源开始搭建自己的朝廷班子：任安重诲为枢密使，张延朗、孔循为枢密副使，任圜和郑钰为中书侍郎，豆卢革和韦说为门下侍郎。不过没过多久，豆卢革和韦说两人就被罢相外贬，随即又被流放赐死。前边我们讲过，豆卢革和韦说这两人是因为出身高门，所以才被李存勖任职高官。李嗣源即位后，本也没想把他们撸下来，但这两人实在是太会作了。豆卢革和韦说仗着资历深厚，有些瞧不上李嗣源这个大老粗，对新皇帝态度不够恭敬。李嗣源虽然读书少，却也不糊涂，尽管他暂时隐忍了，但并不等于一直容忍，他只是还缺个借口诛杀二人。

当时，后唐朝廷刚经历动荡，李嗣源为恢复民生，厉行节约，连百官也得跟着一块缩减工资以补贴财政。没想到，豆卢革和韦说却敢顶风作案，各种搞特殊。当时百官工资都是从五月开始发放，而且很多时候拿不到现钱，基本用物品来折价代替。结果呢，豆卢革父子不但从正月就可以领工资，拿的还都是现钱。韦说更加出格，不仅把孙子当作儿子，上表朝廷求官，混了个近侍的美差；同时还收受贿赂，为他人谋官。豆卢革和韦说以权谋私、贪赃纳贿，这就让李嗣源不能忍了。当时有个叫萧希甫的大臣，李嗣源原本想让他当谏议大夫，结果被豆、韦二人千方百计地阻挠。萧希甫便记恨上了这两人，于是趁机诬奏二人："豆卢革强占民田，放纵田奴杀人；韦说抢夺邻居水井，争夺井里宝物。"虽然经过查证，韦说所谓抢夺的水井中只有一个破锅，但李嗣源本就想拿这两人做治腐典型，于是豆、韦二人双双丢官丢命。经过这次高压反腐，李存勖在位时的不良官场风气得以扭转，百官们再不敢轻易以身试法。

李嗣源对贪腐行为确实零容忍，他整顿吏治，铁腕反腐。掌书记王惟吉贪污，被剥夺了历任告敕，流放绥州；亳州刺史李邺贪污腐败，直接被赐死。即便是面对女婿石敬瑭的亲戚，同时又是自己外甥女婿的史彦珣，李嗣源也毫不手软，直言“王法无私，岂可徇亲”，将其斩首示众。供奉官丁延徽监守自盗、贪赃枉法，后唐权贵多为他求情，李嗣源怒道：“食我厚禄，偷我仓储，期于决死！苏秦说我不得，非但卿言！”同样坚决地处死了丁延徽。

李嗣源深知自晚唐变乱至今，民生凋敝，老百姓太需要休养生息了。为此，他命令各州将账簿送到中书省，由中央来征收赋税，禁止滥征捐税。他还通告各镇节度使、防御使，对地方税收名目进行严格控制，除了法定节日向朝廷纳贡外，不得随意向百姓敛财，更不得对过往商客乱设名目收费。后来，他又分别解除了曲禁、铁禁，允许民间百姓自行制曲酿酒、铸造铁质农杂具。另外，李嗣源还严禁高利贷，严禁土地兼并，与民休息。

总之，李嗣源登基不满一年，就在后唐国内做了很多工作。虽然这些改革极其有限，但比起李存勖同光年间的横征暴敛、竭泽而渔，却是不可同日而语了。后唐朝廷官吏各司其职，君臣一心充实财政，短短几年内，社会便逐渐奔向小康。

安重诲专权独断

男人可以在战场上杀得血染盔甲，在政界也可以争得你死我活。李嗣源以六十岁高龄即位，毕竟年纪不小，所以朝政大多托付给枢密使安重诲和宰相任圜。虽然这两人都对李嗣源忠心耿耿，但互相之间却各种不对付。

先来说说安重诲。安重诲是李嗣源的佐命功臣，从年轻时就一直为李嗣源鞍前马后，深受宠信。李嗣源即位后，安重诲凭借拥戴之功，出任左领军大将军、枢密使、山南东道节度使，累任侍中兼中书令、护国军节度使，总揽政事。但安重诲出自内迁的粟特胡族，粗通文墨而不晓治理之道。史书中如此评价他："志大才疏，不能回避权宠亲礼士大夫，求周身辅国之远图，而自恣胸襟。"这些话，就是说他志大才疏，不懂官场规矩和如何保全自己，但他确实是瞧不起文人学士，做事全凭意气，志向虽大而能力根本跟不上。安重诲当上枢密使后，也是骄矜跋扈，排斥异己，擅作威福。一次，他外出路经御史台门口，殿直马延因办公有急事无意间骑马横冲他的仪仗队前导，他竟然当即拔剑把马延斩于马前。

再来说说任圜。任圜原来是李克用、李存勖时期的老臣，这个人英俊潇洒、能言善辩，深得李克用喜爱，还把自家侄女嫁给任圜为妻。后来，任圜还参与了伐蜀之战，平定了康延孝（李绍琛）之乱。魏王李继岌死后，任圜带着二万六千人马回到洛阳，把军队交给了李嗣源。于是李嗣源便提拔他为中书侍郎、同平章事，总领三司，主管财政大权。任圜确实是个难得的人才，不仅打仗厉害，治理政务也是一把好手。任圜上任后，选贤任能，杜绝私门，执政一年，"府库充实，军民皆足，朝纲粗立"。如此出色的任圜，自然引起了安重诲的强烈妒忌。

没多久，安重诲和任圜的政界争斗就爆发了。豆卢革和韦说被罢免后，宰相职位就空了出来，李嗣源便让安重诲和任圜荐举人选。人事任免向来最是敏感，安重诲和任圜两人，一个仗着自己是李嗣源的铁杆兄弟，一个仗着自己是李克用的侄女婿，平时就互不买账，这次自然更是要抓住机会党同伐异。

选任朝议之中，安重诲听从枢密副使孔循的建议，先后推荐了太子宾客郑钰和太常卿崔协。而任圜呢，则举荐了御史大夫李琪。孔循平日就和李琪不和，于是极力阻挠，说："李琪虽然有才，但气度不足，还贪财不廉，并不适合当宰相。"接着，他便拉着安重诲一起力推崔协。

安重诲和孔循两人沆瀣一气，任圜相当不爽。当着皇帝李嗣源的面，任圜愤然说道："重诲未悉朝中人物，为人所卖。协虽名家，识字甚少。臣既以不学忝相位，奈何更益以协，为天下笑乎！"（安重诲不熟悉朝中官员，难免被人利用。崔协虽出身名门，但知识水平和能力却很一般。连我都觉得自己学问浅陋而忝列相位，怎么可以再加个没文化的崔协，岂不是被天下人笑话！）这话一出，任圜可谓一下子得罪了三个人：一是事主崔协，挡人升职，日后少不了拉扯；二是安重诲，说他没有识人之明，被人利用了；第三个就是皇帝李嗣源，也是任圜最不该得罪的人。要说没文化，李嗣源才是更没文化的那个，目不识丁不说，平时奏章都是安重诲代读给自己听的。

李嗣源虽然听着不太舒服，但也明白这话有道理，再加上自己心里也有其他人选，于是沉吟道："宰相一职，责任重大，你们再商量一下。不过我在河东时，就觉得冯道挺不错，博学多才，又与世无争，应该可以出任宰相。"一听这话，孔循知道崔协当宰相的计划泡汤了，情绪一上头，退朝时竟连招呼都没跟李嗣源打一个，直接一甩衣服就走了，临走前还不忘放狠话："天下事一则任圜，二则任圜，圜何者？使崔协暴死则已，不死会须相之。"（天下的事都是任圜说了算，任圜到底是什么人啊！如果崔协暴死就算了，不然我一定把他扶上相位！）此后一连几天，他都称病不出。李嗣源只好让安重诲去做他的工作，他才上了朝。

为了推崔协上位，安重诲还私下找任圜商量，想让崔协先做个备选。没想到，任圜态度非常刚，直接回怼："明公舍李琪而相崔协，是犹弃苏合之丸，取蜣（qiāng）之转也。"（你不要李琪要崔协，这不就好比丢了苏合香丸，捡了个屎壳螂堆的粪球嘛。）安重诲听完后，气得脸都绿了，于是不再和任圜继续废话，反正决定权又不在他手上。

此后，安重诲和孔循两人，天天在李嗣源面前夸崔协，同时紧抓李琪不廉洁的这个点，坚决反对李琪入相。不廉这个经济问题很要命，李嗣源对此深恶痛绝。李嗣源即位后，第一个祭刀的孔谦，就是因为经济问题掉了脑袋。最后，李嗣源决定任冯道、崔协两人为同平章事，进入宰相领导班子。崔协入选，既让安重诲觉得皇帝偏向自己，又把任圜气得够呛。虽然任圜没敢公开指责，但平时还是会流露出不满的情绪。李嗣源一碗水没有端平，使得朝中两大权臣的争斗愈演愈烈。

由于任圜性格刚直，敢说敢做，他这种强硬的做派，得罪了不少朝中权贵。根据朝廷旧制，朝中官员出差的差旅费由户部负责，而户部恰好归任圜管辖。安重诲便提议改为由宫中负责，让他这个枢密使来管辖。封建官场潜规则，名义上是争事做，实际上是争权争利。在官场上摸爬滚打了几十年，任圜自然知道安重诲的背后用心，于是坚决反对。因此，两人在朝堂上吵得不可开交。一天，他俩又是吵得像一对斗红了眼的公鸡，李嗣源烦得躲回了后宫。后宫妃嫔见他满脸不开心，便借机上任圜眼药，说道："妾在长安宫中，从未见宰相奏事如此放肆，莫非轻视陛下不成？"李嗣源听完这话，脸色立即沉了下来。毕竟这位老皇帝是武将出身，不通文字，内心其实非常在意朝中文官对自己的态度，于是便同意了安重诲的提议。因为此事，任圜逐渐失去了李嗣源的信任。很快，任圜就干不下去，主动请辞，回老家磁州养老。李嗣源见他去意已决，便同意了。任圜回家啦，但安重诲却没有就此罢休。

天成二年（927），宣武军节度使朱守殷发动兵变，很快就被朝廷镇压了下来。朱守殷这个人我们前面讲过，他本来是李存勖家奴，关键时刻耍滑头，在李存勖死后投靠李嗣源。李嗣源对朱守殷不错，升他为中书门下平章事、河南尹、判六军诸卫事。次年，改任宣武军节度使。当年九月，李嗣源突然御驾出行准备去汴州巡视，朱守殷闻讯大惊，以为是要剥夺自己的封地搞自己。于是，他先下手为强，袭杀不肯从乱的都指挥使马彦超，而后闭城拒守。李嗣源这边出奇兵，以迅雷不及掩耳之势直抵汴州城下，朱守殷大惊。皇帝都带大军杀来，城内军民争相出降。绝望之余，朱守殷先让军士把自己家族之人全部杀掉，而后伸出脖子，让亲信随从砍下自己的脑袋，以免被捕之后受辱加受罪……

安重诲心恨任圜，于是便借此事，诬告任圜和朱守殷勾结，又暗派使者到磁州赐死任圜。端明殿学士赵凤曾哭劝道："任圜义士，安肯为逆！公滥刑如此，何以赞国？"（任圜是个讲道义的人，不可能叛逆，您这样滥用刑法，怎么能治理好国家？）赵凤说了半天，也没能说服安重诲。使者赶到磁州宣布旨意后，任圜便把全家聚在一起，聚族酣饮，饮鸩自尽，从容赴死，自始至终没有一点犹豫。

任圜任宰相期间，选贤任能，政绩颇佳，在五代时期算得上是一位贤相，结果不幸遭小人诬陷，无辜毙命。李嗣源明知任圜冤死，却未加追究，反而下诏历数任圜的"罪状"。此后，安重诲更是大权独揽，变得越发膨胀起来。

暗流涌动不消停

在李嗣源的励精图治下，后唐国势有所起色，百姓日渐富裕，使本已十分衰败的朝政呈现出"中兴"的小康局面。但实际上，后唐局势并不稳定。邺都兵变，李嗣源被拥立为皇帝，这是五代第二次兵变立帝。和其他几次相比，这次虽非有预谋的兵变立帝，但仍使得骄兵悍将无法无天，为祸益烈。从此之后，不少藩镇头子接连觊觎皇位，阴谋篡夺的事情也更多了。

前面说到，天成二年（927），李嗣源准备视察汴州。还没到当地，民间就谣言四起，说皇帝准备东下淮南，讨伐那些拥兵自重的藩镇。驻守汴州的宣武军节度使朱守殷听闻消息后，心中忐忑不安，疑心自己即将大祸临头。他手下判官孙晟着急，劝朱守殷不如先发制人。于是朱守殷头脑一发热，据城固守，拒绝李嗣源到汴州巡视。李嗣源怒火中烧，派宣徽使范延光率先发起进攻，随后又派女婿御营使石敬瑭前去增援。很快，汴梁城就被攻破。朱守殷见大势已去，先是派人杀了自己全家人，再让手下把自己斩杀。孙晟还好，趁乱逃往淮南。朱守殷的叛乱，让李嗣源怒火难消，他下令对朱守殷鞭尸，将首级悬于洛阳城门上整整七日，这才稍解心头之恨。

平息朱守殷之乱后，后唐并未因此恢复太平。天成三年（928）四月，义武节度使王都在定州举兵叛乱，后唐又起反叛风波，这次叛乱，距离朱守殷之乱仅隔半年。这次的王都之乱，与朱守殷之乱有很大的不同。朱守殷之乱是纯粹属于藩镇头子作乱，而王都之所以叛乱，主要还是因为他和李嗣源属于两个完全对立的势力。

王都是前义武节度使王处直的义子，从唐末到后唐李存勖、李嗣源时代，义武军始终处于一种半割据状态，只是表面上臣服于中央朝廷，实际上一直保持着相当大的独立性。义武军不但可自行任免镇内刺史以下的官员，而且收缴的赋税也可以自主使用。当年，李存勖为了笼络王都，还特意让儿子李继岌娶了王都的女儿。因为这层姻亲关系，让王都在李存勖时代很吃得开。但没想到，龙袍最后却穿在了李嗣源身上，李继岌死了，王都皇亲国戚的身份也没了，于是他就把账都算在李嗣源头上。尤其是李嗣源在枢密使安重诲的建议下，一直力推“削藩”，明白宣布：各个藩镇重要官职必须由中央委派，赋税还必须按朝廷规定上缴。为此，义武军以前享受的特权逐渐被剥夺。再加上近年来，契丹南下侵扰比之前更加频繁，朝廷在幽州、易州之间大量屯兵，往来不断。王都每次看到朝廷兵马从自家门口路过，都感觉心惊胆战，生怕朝廷突然搞偷袭，把自家老窝给端了。听闻朱守殷被杀的消息，王都更害怕了，于是便想联合卢龙镇赵德钧、成德镇王建立、归德镇王晏球三大节度使，想要一起割据河北，组团和李嗣源抗衡。谁知王建立和王晏球两人不愿加入，反而很快将王都的阴谋密奏给了李嗣源。

李嗣源早就对王都看不顺眼了，只不过之前帝位还没坐稳，不敢轻易下手。现在听说王都有异图，马上公开和王都翻脸，下诏罢免王都官爵，正式任命归德军节度使王晏球为北面行营招讨使，任命横海节度使安审通为副使，郑州防御使张虔钊为都监，征调各道军队，合力讨伐叛臣王都。王都深知自己根本不是李嗣源的对手，于是向北方的辽国（即契丹）请求支援。当时辽主耶律德光刚继位不久，也想借此机会建立功勋，巩固权威，便毫不犹豫派了大将托诺率军南下。有了辽军相助，王都信心大增，在曲阳（今河北保定市辖县）城南和后唐军队展开大战。

王晏球毫不退缩，直接正面硬刚，他高举宝剑，振臂高呼道："王都匹夫不知兵，不足惧哉！一战必可擒此贼！敢退半步者，斩！"看到主帅如此勇猛，后唐军队士气高涨，骑兵争先前进，直冲敌阵，步兵也紧随其后，如潮水般杀向叛军。在这种凶猛无畏的攻势下，王都军队大溃，尸体漫山遍野，辽国援军也被杀了过半，四散北逃。王都在几名护卫亲兵保护下才免于一死，逃回了定州城。王晏球乘胜追击，将定州团团围住。耶律德光得知消息后，再次加派人手，派遣七千铁骑救援定州，试图扭转战局。结果在唐河（今定州市北面）一带，托诺率领的辽军遭遇到了王晏球的迎头痛击。辽军损失惨重，一路遭到后唐军队追杀，最终有幸逃回辽国的不过才几十人，几乎被团灭。此后，耶律德光再也不敢轻易出兵助阵王都叛军。

辽国援军没了，王都手上只剩下一枚冒牌皇子。这人是谁呢？原来，当初李存勖在河北征战时，顺手捡到一个被人遗弃的小孩子。李存勖见之欢喜，把他带回养在宫中，赐名叫李继陶，小名"得得"。李嗣源即位后，觉得李存勖这养子没什么威胁，于是把他放出宫去。后来，李继陶就被定州的王都收留。此时，王都病急乱投医，居然让李继陶穿着黄袍坐在城墙上，指着他对王晏球说：“此庄宗皇帝子也，已即帝位。公受先朝厚恩，曾不念乎？”（这是庄宗皇帝的儿子啊，现在已经继位。您受先皇厚恩，难道一点都不念旧情吗！）王晏球自然知道李继陶只是李存勖的养子，高声喝道：“公作此小数竟何益？吾今教公二策，不悉众决战，则束手出降耳，自余无以求生也。”（您搞这些小动作有什么好处呢？我给您指两条路，要么带人出来决战，要么就束手投降，除此之外没有什么活路！）

王都既不敢出战，也不愿投降，就这么困守定州，一直跟王晏球干耗着。时间久了，自然是弹尽粮绝。思来想去，王都便打算和辽将托诺一起突围北逃。还没收拾好行李，早怀二心的定州都指挥使马让能忽然率众打开城门，放后唐军进城。王都走投无路，只好举族自焚。契丹将领托诺被生擒，后来被押到洛阳当众处斩。

围困定州城时，王晏球每天都用私财犒赏士卒，自始至终没有妄杀一人。收复定州后，王晏球因功受封天平节度使，成为一代名将。经过定州一战，契丹的耶律德光也被打怕了。在随后一段时间里，辽朝和后唐在边境地区，虽然还有一些小规模的军事活动，但双方基本保持了和平，这为后唐实现短暂的“小康社会”奠定了基础。史书中称：“明宗下诏责诮契丹，契丹后数遣使至中国，求归惕隐等，辞甚卑逊，辄斩其使以绝之。于是时，中国之威几于大震，而契丹少衰伏矣，自晏球始也。”惕隐是辽朝官职，指代辽朝大将托诺的尸体。

平定朱守殷和王都之乱后，各地藩镇看到了李嗣源平叛的决心与能力，都不敢再出来招摇，对朝廷也是服服帖帖。一时间，作为中原皇帝，李嗣源的威望直线上升，但东、西两川依旧暗流涌动。尤其是西川节度使孟知祥和东川节度使董璋，两人分别占据地势险要的川蜀，还都手握重兵。

孟知祥曾经是李存勖的心腹旧勋，两人还有姻亲关系（孟知祥娶李克用长女为妻，等于是李存勖姐夫），他更是一度昧下两百万缗犒军钱。为此，李嗣源手下的枢密使安重诲断言，孟知祥必有不服之心，日久必反。而后，他不顾李嗣源“罢诸道监军”的命令，让客省使李严为西川监军，意图加强对西川的控制。对朝廷此举，孟知祥非常恼怒，一怒之下直接斩杀了李严。事后，后唐朝廷竟不敢和孟知祥直接翻脸，只能暂时安抚。至于董璋，安重诲觉得此人不错，对他大肆拉拢，想用他来压制孟知祥的势力。当时，董璋儿子董光业在洛阳做宫苑使，也在朝中为他父亲造势，拉拢朝臣。由此，董璋逐渐变得骄横跋扈起来，野心渐长。

天成四年（929），李嗣源准备在南郊祭祀，派出客省使李仁矩前往两川，命西川资助一百万缗钱，东川资助五十万缗钱，以供祭天之用。但孟知祥和董璋两人，乃铁公鸡、瓷仙鹤，竟然连皇帝李嗣源的面子也不给足，以军需不足为由，分别只给了五十万和十万缗。

少给钱会不会惹怒皇帝，咱们暂且不提，李仁矩却提前一步在东川出事了。这是怎么一回事呢?

东西川联手反唐

前面我们说到，李嗣源即位后，强势镇压各地叛乱，一时间威望直线上升。但是，对后唐最近新得的川蜀地区，却有一种鞭长莫及的感觉。起初，李嗣源还能轻松地向东西两川派遣要员，甚至是从川蜀征调物资。随着时间的推移，川蜀开始找起各种理由，对征调物资大打折扣。尤其是西川节度使孟知祥，以财力不足为由，拒绝再将西川物资接济别的方镇。李嗣源多次下诏，催促他继续调拨，孟知祥都拒不执行。

天成四年（929），李嗣源准备在南郊祭祀，特派客省使李仁矩前往两川，命孟知祥和东川节度使董璋进贡以助祭典。结果两人少给钱不说，李仁矩还在东川出事了。李仁矩是李嗣源手下旧将，又深得枢密使安重诲赏识，因此恃宠生骄。他到东川后，董璋本想设宴款待。哪知李仁矩却窝在驿馆，和歌伎寻欢作乐，直到中午都未曾露面。董璋很没面子，一怒之下杀入驿馆，指着李仁矩骂道："公但闻西川斩李客省，谓我独不能邪？"（你小子只知西川孟知祥斩了李严，就以为我东川没这胆量吗！）董璋这一通恐吓，吓得李仁矩汗流浃背，连忙赔罪求饶。当时董璋也就是一时气不过，吓吓人而已，事后他还给李仁矩送上厚礼。毕竟当时下跪求饶，李仁矩暗中记恨在心，回去后马上向皇帝李嗣源告了董璋一状，说他横行不法，意图自立。不久，李嗣源派通事舍人李彦珣到东川。结果李彦珣刚入境，就因出言不逊被董璋扣押随行人员，吓得他逃回京城。经过这两件事，李嗣源和安重诲开始怀疑起董璋的忠诚。

董璋在东川呢，也蠢蠢欲动。他趁鄌（táng）州（治今湖北随州）兵戍守东川期满，准备回归本州之际，擅自扣留其中的壮丁，只放走了一些老弱病残，同时还没收了他们的兵甲武器。面对这种情况，李嗣源和安重诲决定先发制人，下诏割东川阆州（治今四川阆中）、果州（治今四川南充）为保宁军，任命李仁矩为保宁节度使，镇守阆州；接着又派武信节度使夏鲁奇，增兵修缮遂州（今四川遂宁）城防，置办军械，一副军事备战的模样。董璋见状大惊失色，无缘无故被割去了两州不说，朝廷还在自己眼皮底下布置防御。这下董璋彻底破防了，心里异常恐慌。此时又有传言称，朝廷还要割西川的绵州、龙州另为一镇（今四川绵阳、平武一带）。孟知祥听说后也非常紧张，觉得朝廷又是要钱又是要权，这是要把自己往死里逼。于是，原本因争权夺利而互不相让的孟、董两人，就此打算和解。董璋还特意派使者到成都，为儿子求娶孟知祥的女儿为妻。孟知祥也答应了这门亲事，两人决定联手对抗朝廷。

当时，孟知祥早已把全家接到了川蜀，但董璋的家人却还在洛阳。于是董璋写信给儿子董光业说："朝廷割吾支郡为节镇，屯兵三千，是杀我必矣。汝见枢要为吾言：如朝廷更发一骑入斜谷，吾必反！与汝诀矣。"（朝廷无故分割我的领地，屯兵三千，这是要置我于死地啊。你见到安重诲替我传个话，朝廷只要敢再发一骑入斜谷，我必反！在此，我先提前跟你诀别了。）董光业收到信后心急如焚，又听说朝廷正意图增兵阆州，急忙托人向安重诲求情。可惜安重诲不为所动，继续向阆州增兵。

董璋闻讯，毅然举兵反唐。当然，他之所以敢这么做，一方面是已经做好了战斗准备；另一方面便是笃定孟知祥明白唇亡齿寒的道理，绝不会坐视他被朝廷干掉。果不其然，朝廷刚刚降诏平叛，孟知祥就遣使约请董璋一同起兵。经过商讨，两人决定采取分兵合击的战术。董璋亲自挂帅进攻阆州，先扫一扫朝廷的脸面；孟知祥则派西川大将李仁罕、赵廷隐等人进攻遂州，然后合兵扼守住剑门关。剑门关是军事天险，易守难攻，是通往川蜀的咽喉要道。只要守住剑门关，两川地界便可高枕无忧。

很快，董璋便兵临阆州城下。戍守阆州诸将纷纷认为："董璋蓄谋已久，素来又爱用金帛钱财来收买士兵，如今锐气正盛。咱们应该深沟高垒，消磨他们的锐气。朝廷援军不出十天必能赶来，到那时他们自然会不战而退。"这番建议可谓有理有据。但新近在阆州做主将的李仁矩，因为自己不久前被董璋无情羞辱过，这回仗着朝廷撑腰，觉得必须找回面子，便反驳道："蜀兵懦弱，安能当（挡）我精卒！"随即，他直接率军出城找董璋干仗。结果两军还没照面，李仁矩部队就溃败而归。董璋乘胜昼夜攻城。没几天工夫，城池就被攻破，李仁矩也落得个身死族灭的下场。

李嗣源听闻董璋叛乱后，也丝毫不手软，还在洛阳的董璋全家当时就被全部送入闹市开斩。接着，老头子又命天雄军节度使石敬瑭为东川行营都招讨使，夏鲁奇为副招讨使，右武卫上将军王思同为伐蜀前锋，率兵讨伐。同时，为了瓦解董孟联盟，还下诏任孟知祥兼任西南供馈使，让他负责大军的后勤供应。但孟知祥一点也不买账，继续派兵猛攻遂州。董璋随即也引兵奔往利州（治今四川广元），无奈途中遇上暴雨，后勤补给跟不上，只得退回阆州。

孟知祥得知消息后，很是吃惊："阆州刚破，正是趁热打铁拿下利州的好时机。利州主帅懦弱，定会望风逃遁。我军便可趁机缴获当地粮储，据守住漫天寨的险要，让朝廷军队难以攻入。董璋却偏偏退回阆州，远离剑阁要塞，真是不明大计！"漫天寨为险要之地，位于今四川广元东北。孟知祥深知，只有占据利州，稳守剑阁，才能免让两川腹背受敌。于是，他准备增兵三千防守剑门关。但董璋却坚决推辞道："我早已在这里有所防范准备。"

结果呢，正如孟知祥所料，石敬瑭等人并未直接攻打董璋所在的阆州，而是绕道剑门之南，突袭剑门关，顺利占领并据守剑门险隘。剑门一失，东西两川的大本营——梓州、成都便岌岌可危。孟知祥得知后，气道："董璋啊，果然误我大事！"气归气，骂归骂，孟知祥还得赶紧想办法自救，于是火速派西川大将李肇率兵五千，倍道兼行赶赴剑州（治今四川广元剑阁县）救援。为了保险起见，孟知祥还调远在遂州攻城的赵廷隐，分兵一万回援剑州；又派大将李筠领兵四千赶赴龙州，把守要害。

西川各路援军正玩命往剑州赶。先前驻扎在剑州附近村庄的西川将领庞福诚和谢锽，已率众打响剑州保卫战。他们刚抄小道赶到剑州城内，后唐朝廷军就从北山蜂拥而来。这时太阳正好落山，朝廷军便驻扎在剑州北山口，准备明日一早攻城。城内的庞福诚和谢锽见状，决定趁夜偷营。他们分兵两路，一路由庞福诚带着数百精兵，趁夜潜入北山，抄到朝廷军营后方大造声势。另一路则由谢锽带着剩下的人马，从正面发起猛攻。由于天黑难辨虚实，加上事先毫无防备，朝廷军阵脚大乱，纷纷溃逃回剑门防守，一连十多天不敢再出来。孟知祥听说后大为高兴。这十天的时间，也正好给足了他腾挪运作的时间。很快，西川各路援军纷纷赶到剑州，西川军士气大振。

为了挽回败局，石敬瑭亲自赶到剑门督战，率军再次驻扎在剑州北山。他先是派步兵进击赵廷隐所部，两军刚一交手，西川军奋勇抵抗，石敬瑭抵挡不住，只得匆忙后撤。接着，石敬瑭又派骑兵冲击李肇所部。结果李肇派出弓弩手一番狂射，箭雨从天而降，石敬瑭手下骑兵寸步难行，根本占不到任何便宜。眼看天色渐暗，石敬瑭打算整军回营，来日再战。谁知，赵廷隐早就派了五百弓弩手，埋伏在石敬瑭军的归途上。赵廷隐见石敬瑭军力怯后撤，果断领兵追击，正好和事先埋伏好的弓弩手前后夹击。石敬瑭大败而逃，狼狈退回剑门关北。

董璋反了，孟知祥反了，石敬瑭讨伐又不给力，接连败北。李嗣源是急得团团转。这时，安重诲挺身而出，表示愿意亲自领兵平叛。

那么，这场战事又会如何发展呢？

优酷人文 · 梅毅说中国史 ·

天命无常

五代十国 中

Five Dynasties and Ten Kingdoms Period

梅毅 著

SPM 南方传媒 | 广东人民出版社
· 广州 ·

目录

第七章
四易其主废帝终：后唐风云（下）

安重诲人狂失宠

天狂有雨，人狂生祸。膨胀过度的人，一般都没有好下场，安重诲就是一个例子。安重诲是后唐明宗皇帝李嗣源跟前的大红人，尤其是在除掉政敌任圜之后，他一度权倾朝野，人也越发膨胀起来，作风越发专横跋扈、恣意妄行。

话说石敬瑭在西川（今四川中西部）作战不利，接连败北，李嗣源得知消息后急得团团转，甚至想御驾亲征。这时，安重诲主动请缨去前线督战，毕竟削藩和伐蜀，都是他先提出来的，前线战况不利他难脱责任，这时再不出力就说不过去了。李嗣源很高兴，即刻同意他的请求。安重诲立即上路，风驰电掣，每天疾驰数百里，火急火燎的情形让西部各藩镇惶恐不已。再加上安重诲做事雷厉风行，途中严令征发粮饷，昼夜运送到利州（治今四川广元）。一路上，人畜跌坠山谷，死者不可计数。当时，李嗣源已经开始疏远安重诲。石敬瑭本就不愿西征，如今趁着安重诲离京，他才敢多次上表奏论，认为蜀地不可劳师费力征伐。李嗣源呢，自然觉得女婿的话在理可信。

那么，安重诲是怎么突然失宠的呢？这还要从他除掉任圜后大权独揽说起。如前文所说，安重诲恃恩骄横，为人刚愎自用。早前秦州（治今甘肃秦安县）节度使华温琪回朝述职，请求留在朝廷。李嗣源感念他在秦州这几年的政绩，以及两人过往上下属的旧情，想给他换一个更高的职位，结果安重诲竟然以现在没有空缺为由，拒绝了李嗣源的提议。过了几日，李嗣源又旧事重提。安重诲被问得心烦，恼火道："臣说过没空缺就是没空缺，枢密使一职倒是有缺（当时孔循离职），不知可否？！"没想到李嗣源竟说也可以，安重诲无言以对。虽然李嗣源如愿争取到了职位，但当事人华温琪却被吓得好几个月不敢出门，差点生出一场重病。数月后，华温琪好不容易争取到调任华州（治今陕西渭南市华州区）节度使，事情才得以善终。

然而，走了个华温琪，又来了个成德节度使王建立。王建立也是李嗣源旗下的宿将勋臣，安重诲嫉贤妒能，看他不爽，就诬陷他和义武节度使王都相互勾结，心怀异心。一听安重诲往自己身上泼脏水，行伍出身的王建立，脾气一上来也跑到李嗣源面前打小报告，说："安重诲就是个不要脸的小人，平日里和同为姻亲的宣徽使张延朗沆瀣一气，作威作福。"李嗣源忍得了安重诲态度嚣张，却忍不了他结党营私。过了一些时候，他对安重诲说："我准备给你一镇，好让你休息休息，让王建立接替你的职务，张延朗也外放为官。"安重诲没等老头子李嗣源把话说完，就厉声质问道："臣披荆棘事陛下数十年，值陛下龙飞，承乏机密，数年间天下幸无事；今一旦弃之外镇，臣愿闻其罪？”（臣随陛下披荆斩棘数十年，如今正值陛下龙兴之时，臣又任职机要，近些年天下太平，陛下却要把我外放，请让为臣知道我到底犯什么罪？）

李嗣源听得出来，安重诲这是拐着弯说自己忘恩负义，不禁怒火攻心，就宣旨让宣徽使朱弘昭给自己评理。朱弘昭劝抚道：“陛下平日待安重诲情同手足，怎么能因小小气恼就抛弃他呢？望陛下三思。”听朱弘昭这么一说，李嗣源也冷静下来。虽然安重诲蛮横嚣张，但眼下朝廷还离不开他，于是顺水推舟，召回安重诲安抚慰问一番。这下王建立不干了，第二天就闹着要辞京回镇。刚好这时朝中门下侍郎兼刑部尚书、同平章事郑珏要退休，李嗣源为了一碗水端平，就让王建立接替郑珏的职务。但没过多久，王建立还是被安重诲排挤出朝，最后以太傅职勋去官退休。

安重诲排挤大臣就算了，还敢对皇子下手。皇子李从璨性情刚愎（也有记载说李从璨是李嗣源的侄子），对安重诲的一些专权做法十分不满，就和安重诲杠上了。李嗣源巡查大梁时，让李从璨留守宫中担任皇城使，负责朝中事务。有一次，李从璨在会节园设宴饮酒，喝得忘乎所以，醉酒后竟然不顾礼仪，坐上皇帝专属的龙榻。安重诲知道后马上打小报告，说李从璨图谋篡位。李嗣源老头子一气之下，竟然把李从璨赐死了。

后来，安重诲在处理李嗣源义子李从珂的问题上，又和李嗣源发生了意见分歧，两人逐渐生出更大的隔阂。当年跟随李嗣源镇守真定（今河北正定）时，李从珂曾醉酒胖揍过安重诲一顿，打得老安鼻青脸肿。李从珂酒醒后虽然道了歉，但安重诲却在心里狠狠记上了一笔。后来，李从珂被委任为河中节度使，安重诲多次在李嗣源面前进言，说他野心勃勃，既非李家血脉，又手握重兵，将来必成后患。但李嗣源这个老头子念旧，十分信任曾经共患难的李从珂，并没有采取任何行动。于是，安重诲伪造皇帝旨意，命河中牙内指挥使杨彦温择机驱逐李从珂。

一天，李从珂刚出城检阅战马，杨彦温转头就把城门锁上，拒绝让他进城。这一出直接把李从珂搞蒙了，以为杨彦温要据城反叛，就在城下仰头质问道："我待你不薄，你为何要这样做？"杨彦温答说："末将岂敢忘恩负义，我只是奉枢密院之令，请您入朝。"李从珂不信，赶紧派人把情况汇报给皇帝干爹李嗣源。李嗣源知道后，马上询问安重诲这是怎么一回事。没想到安重诲装得比李嗣源还吃惊，直接倒打一耙："肯定是杨彦温这奸人假借枢密院名义搞事，必须赶紧派兵讨伐！"

李嗣源心有疑虑，便派人入城活捉了杨彦温，想来个当面对质，没想到最后带回来的只有杨彦温的人头。其中缘故，大家想必懂的都懂。此时，李从珂知道自己遭人陷害，便快马加鞭赶到洛阳，要为自己申冤。李嗣源看到李从珂，气恼不已，责令他回府闭门思过。安重诲自然不愿放过李从珂，指使大臣冯道、赵凤等人弹劾李从珂失职，应从重处置。李嗣源不傻，马上为义子辩护道："我儿被小人陷害，个中曲直未明，你们何出此言，莫不是想置我儿于死地？我相信，这肯定不是你们的本意。”冯、赵两人讨了个没趣，只得灰溜溜地退下。

安重诲见别人的话不管用，害不死李从珂，就亲自入宫进言。他咄咄逼人的做法，引起李嗣源强烈不满，为此两人发生了激烈冲突。李嗣源怒道：“朕昔为小校，家贫，赖此小儿拾马粪自赡，以至今日为天子，曾不能庇之邪！卿欲如何处之于卿为便！”（朕从前还是小校时，家里贫苦，全靠这孩子捡马粪养家。朕如今当了皇帝，难道就不能庇护他吗？你到底要怎样才肯满意?！）安重诲看到老头子如此发怒，只得说道：“陛下父子之间的事，臣不敢多嘴，任凭陛下裁夺。”李嗣源顺坡下驴道：“使闲居私第亦可矣，何用复言！”（既然如此，让他闭门在家就好，你也不要再多言！）从此，君臣两人隔阂变成了嫌隙，李嗣源心中再也容不下这个权臣安重诲。

安重诲在朝中大包大揽，独断专行，肯定得罪了一大批人。王淑妃是李嗣源的宠妃，这个美女最初是由安重诲举荐进宫，一开始还经常感念安重诲的恩惠。后来有一次，王淑妃想调取外库的锦帛做地毯，竟遭到安重诲严词拒绝，还以李存勖那个败家的刘皇后为警示，申令禁止后宫妃子铺张浪费。如此公开的羞辱，引起王淑妃的极度不满，她和安重诲的关系也渐渐疏远。后来，李从珂和王淑妃大讲母子情谊，两人便开始联手，通过老皇帝李嗣源身边的亲信，在朝堂上散布关于安重诲的谣言，在李嗣源面前不断讲安重诲的坏话。由此一来，李嗣源和安重诲两人之间的信任关系走向摇摇欲坠。安重诲自然也明白自己的危险处境，想要急流勇退。那么，李嗣源会是什么态度呢?

权臣自有黄泉路

话说安重诲刚愎自用，在朝中大包大揽，独断专行。他咄咄逼人的嚣张态度，不仅得罪了一大批人，就连李嗣源也心怀怨恨，渐渐与他疏远。

在朝中越来越多的诋毁声中，安重诲内心忧惧，决定急流勇退，上表请求解除枢密使一职。但老皇帝李嗣源并没答应他的请求，还把一个造谣诬陷安重诲的人给杀了，以示安抚。过了一阵，安重诲又再次上表恳求说："臣出身寒贱，身居如此高位，现在被人流言诬反，如果不是陛下圣明，臣恐怕早已全家灭门。臣才薄任重，恐怕终究是压不住这些流言，还请陛下外放臣当一镇官职，以保全余生。"李嗣源还是没答应，于是安重诲又反复请求，没完没了，最后搞得李嗣源也怒了，说道："听卿去，朕不患无人！"（你要去便去，我不怕没人！）

安重诲请求降职一事闹大之后，成德节度使老臣范延光，特意规劝李嗣源留下安重诲，而且还问如果安重诲走了，朝中谁能代替他。李嗣源眉头一皱，说道："你不就可以吗？"范延光连忙推辞，说自己资历浅，才能也不及安重诲，不敢当此重任。接着，李嗣源找来宣徽使孟汉琼等人，仔细讨论安重诲辞官一事，冯道说道："诸位如果真的爱惜安令公，那就让他辞掉枢密使的职务吧。”这话一说，吓得旁边的赵凤连忙扯衣袖提醒他道：“你失言了。”事情发展到这个地步，朝中人人都明白安重诲该退了，但是谁也不敢表态，就是怕安重诲哪天又重新被皇帝起用，到时候因言惹祸上身。于是，大臣们纷纷上奏，谏言枢密大臣不可轻动。最后，老皇帝李嗣源还是让安重诲继续留任，但同时提拔范延光分担枢密使一职重任。至此，安重诲也明白了自己的危险处境，不敢再越权对政事指手画脚。

不久后，安重诲认为两川之乱自己难辞其咎，毕竟当初是自己力推削藩，才使得董璋、孟知祥两人造反，于是请命前往两川督战。但他人还没到东川（治今四川三台县），各路藩镇的告状信便雪片似的飞到李嗣源的桌上，控诉安重诲残害、剥削百姓。所有这些，安重诲全然不知。他刚到凤翔（治今陕西宝鸡市凤翔区），就被凤翔节度使朱弘昭热情地迎入城中接风洗尘。朱弘昭拿安重诲当亲爹一样，让自己的妻女小心伺候。朱弘昭先前在董璋那里当副使，靠着机灵才活命逃出东川，后来靠着谄媚讨好安重诲，才当上凤翔节度使。安重诲自觉对朱弘昭有恩，把他当自己人，就借着酒劲发牢骚，说自己被小人陷害，几乎难逃一死，幸亏皇帝明察，才得以保全宗族。酒喝了，饭吃了，牢骚发完了，路还得赶，安重诲很快又启程，继续向西川进发。

让安重诲没想到的是，他前脚刚走，朱弘昭后脚就打他的小报告去了。朱弘昭先是上奏皇帝李嗣源说：“重诲怨望，有恶言，不可令至行营，恐夺石敬瑭兵柄。”（安重诲满腹牢骚，口出恶言，等他到了前线，恐怕会抢夺石敬瑭兵权。）接着又给石敬瑭写信说：“重诲举措孟浪，若至军前，恐将士疑骇，不战自溃，宜逆止之。”（安重诲行动乖张，如果他到了军中，恐怕将士会猜疑惊骇，不等出战自己就会崩溃，阁下最好阻止他进入军营。）

石敬瑭大惊失色，立即向李嗣源奏称：“安重诲戾气太重，他来后恐怕会引起军中哗变，最好赶紧把他召回。”这时，一直觊觎枢密使大权、想取代安重诲的孟汉琼，从前线回到洛阳，也添油加醋地说了很多安重诲督战沿途的过失和罪行。李嗣源接连收到安重诲怀有异心的报告，越发觉得这个人很危险，马上把安重诲召回洛阳。

就这样，安重诲连西川的尘土都没瞧见便原路返回洛阳。他这时还蒙在鼓里，完全不知道朝中发生的事情。回京路过凤翔时，安重诲本想和朱弘昭再聚一下，没想到朱弘昭坚决拒绝他入城。宦海浮沉多年的安重诲，终于觉察到了危险，他快马加鞭往洛阳狂奔，只可惜为时已晚，已经没有了挽回的机会。朝中群臣知道他失去皇帝宠信后，揭发和告密之人接连不断。还没等他回到京城，李嗣源便已下诏解除安重诲的枢密使职务，改调他为河中（治今山西永济市蒲州镇）节度使，等于连洛阳也不让他回去了。

安重诲一倒台，朝中大臣就有许多人争相攻击他，但也有人为他喊冤。正直而敢言的翰林学士赵凤对李嗣源说：“安重诲是陛下的家臣，说到底终究不会背叛主人，只不过他行事过于嚣张，才会被人谗言，陛下若不察实情，他必死无疑。”赵凤如此中肯之言，李嗣源一点都听不进去，还怀疑赵凤是安重诲的党羽。很明显，李嗣源早就开始怀疑和疏远安重诲，现在他的失势毫不意外。

不久后，李嗣源把义子李从珂召回，任他为左卫大将军。得知先前一直被自己打压的李从珂被重新起用，安重诲越发觉得不安。但没办法，自己先前仇人太多，现在又失宠失势，只得给皇帝上书告老还乡。对此，皇帝李嗣源丝毫没有挽留之意，让他以太子太师身份退休。下诏当天，安重诲的两个儿子安崇赞和安崇绪竟然不辞而别，一起从洛阳逃往河中去见老爹。安重诲见到两个儿子，大吃一惊，忙问他们怎么回来了？没等他们回答，安重诲忽然明白，两个儿子肯定是被人忽悠利用了。于是，他连忙让人将两个儿子捆送回京。事到如今，做什么都已经晚了，朝廷那边早就调保义节度使李从璋为河中节度使，又派步军指挥使药彦稠领兵进军河中。安崇赞、安崇绪两个倒霉蛋还没回到京城，就被朝廷关进了陕州（治今河南三门峡市陕州区）狱中。

第二天，有一位先前和安重诲私交不错的内廷使者来到河中，见到安重诲就大哭道：“朝中人人都说安令公您有异心，朝廷已经派药彦稠领兵前来问罪了。”此时，安重诲倒是生死看淡，叹息道：“吾受国恩，死不足报，敢有异志？更烦国家发兵，贻主上之忧，罪益重矣！”（我深受国恩，死不足惜，哪里敢有异心？如今竟还要劳烦朝廷发兵，给陛下平添了不少麻烦，罪过更重了。)

这边，李嗣源又派皇城使翟光邺去河中调查，临行前特意嘱咐道：“重诲果有异志，则诛之。”（安重诲果真有异心，我必杀之。）这话就很明白了，有没有造反意图，安重诲说了不算，得翟光邺说了算。最主要的是，李嗣源深知翟光邺向来厌恶安重诲，派他去，实则意在置安重诲于必死。翟光邺一到河中，马上向新任河东节度使李从璋传达了皇帝的意图，让他派兵包围安重诲府第。接着，李从璋亲自入府谒见安重诲。这位李从璋不仅是新任的河中节度使，还是李嗣源的亲侄子，身份贵重。安重诲不敢怠慢，赶忙出迎。他一出来，便见李从璋恭敬跪拜于庭下。安重诲大惊，这可是皇帝亲侄啊！急忙回拜。说时迟那时快，李从璋突然从怀中抽出铁挝，直接一下砸向安重诲的脑袋，安重诲爆头倒地，他的妻子张氏惊慌跑来援救，也被李从璋顺手打死，庭下鲜血脑浆遍流，两夫妻双双毙命。

一代权臣安重诲，就这么挂了。其实，安重诲此人对李嗣源忠心无二，一心为国，也有一定的政治才能，懂得一些济世安邦之道。所以，在他辅佐李嗣源治国期间，后唐屡有丰年，百姓也能休养生息。可惜，他毕竟志大才疏，小人得志，一朝得势后就忘乎所以，开始各种算计，专横跋扈，刚愎自用，排斥异己，最终以悲剧命运告终。

安重诲死后，李嗣源便大做文章。怎么给他定罪呢？想了半天，想到斥责他离间朝廷和两川孟知祥、董璋以及吴越钱氏的关系。说白了，就是声称朝廷先前削藩的举措，全是安重诲背着自己干的，让他背下全部罪责。不过，安重诲比起郭崇韬来还算幸运，安氏一门只有他和两个儿子安崇赞、安崇绪被杀，其余子孙都幸免于难，而先前的郭崇韬，五个儿子可是被杀得一个不剩。

李嗣源办完这一切，便撤回大军，并通告两川：罪魁祸首安重诲今已伏诛，伐蜀之战就此终止。可怜的安重诲，背了大黑锅不算，死后还被一盆脏水浇透，算是彻底翻不了身了。后唐撤兵后，两川境内就又成了孟知祥、董璋的天下。但一山不容二虎，东、西川很快就自己内斗起来。而此时的李嗣源，正迎来一场接班人选择的困局。

继位人选问题多

李嗣源继位时已是六十岁高龄，经过几年的励精图治，身体一年不如一年。摆在他面前的难题是，皇位究竟该让谁来接班?众所周知，继承人一个没选好，很容易把自己带坑里。参考朱梁老前辈朱温，老头儿那个丧心病狂的儿子朱友珪直接把老爹弄死了，接下来一个废物儿子朱友贞则是直接把江山丢了。之前的李存勖倒是没这个烦恼，因为他自己就把江山给玩丢了，连带着继承人李继岌跟着一起玩完。总而言之，不是儿子坑爹，就是爹坑儿子。至于后唐明宗皇帝李嗣源，无疑属于前一种。他选的继承人太过傲娇，不但玩死了自己，还间接连累了他这个爹。

李嗣源一共有五个儿子。长子李从审“骁勇善战、谦退谨敕”，本是最好的继承人，但早在后唐大乱时期就被元行钦（李绍荣）所杀。所以，李嗣源的次子秦王李从荣便成为当时的第一顺位继承人，而能与其一争高下的只有和他一母同胞的弟弟宋王李从厚。这哥俩的生母都是夏皇后，所以他们都是嫡子。至于李嗣源的幼子许王李从益，虽抚养在王淑妃名下，但这孩子的生母身份低微，自然没有继承皇位的资格。还有一个潞王李从珂，他只是李嗣源义子，与皇位更不搭边。

秦王李从荣是个资深的文学爱好者，为人轻佻，经常召集一伙纨绔子弟、酸腐文人在府中饮酒作诗，他把所作编成一本《紫府集》，吹嘘自己的诗文天下无双。为此，李嗣源曾多次派人去规劝他说：“经书中自有君臣父子之道，你要多学里边的治国安邦之术，多亲近一些硕儒端士。我看先帝李存勖也喜欢作诗，但其实没什么用处。你是将门子弟，只是粗通文墨，就学人家咬文嚼字搞创作，传出去肯定被人笑话。你爹我现在老了，虽然是个资深文盲，但也喜欢听儒生给我讲解经义，从中受益匪浅，至于那些虚头巴脑的诗赋什么的，没有必要沉浸其中……”可惜，亲爹李嗣源的谆谆教诲，李从荣是一个字都没听进去，依然我行我素。

秦王李从荣连他皇帝老子的话都听不进去，其他人更是不放在眼里了。李从荣任河东节度使和北都留守时，年少骄纵，每天醉心于寻章摘句、饮酒作乐，从不亲自处理事务。李嗣源了解情况后，就派了一些亲信去劝导他。这些人为了激励李从荣，居然无脑拿李从厚这个现成的皇子典型来做比较："您的弟弟李从厚恭谨向善，礼贤下士，为人老练。您比他年长，更应该鞭策激励自己，不能表现得比自己的弟弟差，否则日后怎么在朝中立足。"

没有对比，就没有伤害。这些话，不但刺伤了李从荣的自尊心，还激起了他对弟弟李从厚的嫉恨。他私下对步军都指挥使杨思权大吐苦水："朝廷之人皆推从厚而短我，我其废乎！"（朝中的大臣都推崇李从厚而非议我，难道我快要被废了吗！）没想到杨思权这货，非但不劝他改弦更张、发愤图强，还唆使他私下囤积兵士和武器。为了安抚李从荣这位储君，杨思权还拍胸脯保证，有我杨思权在，殿下您完全不必忧虑。然后，对着皇帝派来的亲信，杨思权大言不惭道："陛下一再地夸赞弟弟，贬低哥哥，我们这些辅臣怎么能不帮助他嘛！"

李嗣源派来劝导李从荣的亲信听后十分害怕，马上把杨思权的话转告给北都副留守冯赟，冯赟又秘密上奏李嗣源。李嗣源知道后，生怕儿子李从荣被杨思权所误，赶紧把杨思权召回洛阳，但毕竟心存爱子之心，所以也没治罪杨思权。

李嗣源虽然时常教导、督促李从荣这个嫡长子，但内心看好的还是李从厚。不仅因为李从厚长得像自己，更是因为他为人做事比李从荣稳重靠谱。李从厚十四岁就被任为河南尹，兼判六军诸卫事，相当于首都首长兼皇家卫戍司令。按五代的规矩，谁坐上这个职位，基本上就默认这是未来的太子。而当时的李从荣任天雄军节度使，官职和地位明显比弟弟低很多，心里满是羡慕嫉妒恨，因此把这个弟弟视为眼中钉、肉中刺。不过，储君之争的转折点出现在天成三年（928），一场意外的婚姻让李从荣有了转机，挤掉弟弟李从厚，坐稳了接班人的位置。关于这件事情，还要从前面说过的后唐枢密副使孔循这个人说起。

孔循也是五代奇人之一，他一生几易其名。孔循的本名不为人知，他早年丧父，后因富豪李让收养改姓李；之后，李让被朱温认为养子，孔循也就跟着改姓朱；再后来，朱温儿子的乳母喜欢孔循，认他做义子，因乳母夫家姓赵，所以又改名赵殷衡；朱温称帝后，不知道出于什么原因，最终改名为孔循。人生经历如此，可见孔循为人油滑，绝对是有奶便是娘的主。后梁灭亡后，孔循投降李存勖；魏博变乱时，孔循又投靠李嗣源；李嗣源称帝后，安重诲权倾一时，孔循转而抱住安重诲的大腿，出任枢密副使。安重诲起初非常信任他，凡事都会听他的建议，而孔循只不过是想利用安重诲而已。很快，两人的信任小船就翻了个底朝天。

当时，李嗣源有意和安重诲结亲，想让他把女儿嫁给爱子李从厚。安重诲拿不定主意，便征询孔循的意见。孔循出主意道："您作为朝中机要大臣，位高权重，不宜再和皇室结亲，以免授人口实。"安重诲觉得有理，于是就推辞了两家联姻。结果没想到，孔循眼见李从厚位高权重，有望成为下一代皇帝，转头就把自家女儿嫁了过去，由此晋升为皇亲国戚。安重诲知道后，一怒之下，解除孔循枢密副使职务，外调他为忠武军节度使（忠武军治今河南周口市淮阳区），继而又远调横海军节度使（横海军治今河北沧县）。孔循得罪权臣，被远调边地，从此郁郁无为，最后死在任上，终年才四十岁。

安重诲因联姻一事恨屋及乌，盯上了李从厚。天成四年（929）四月，在安重诲的运作下，出现了李从荣、李从厚哥俩“换岗”的戏剧性场面：李从厚改任河东节度使、北都留守，移镇太原，而李从荣则接替弟弟李从厚在京师的职位。

李从荣高升后，为人越发狂妄自大，几乎得罪了所有官场大佬，人缘极差。比如，接替枢密使一职的范延光、赵延寿两人，因有前任安重诲的前车之鉴，行事谨小慎微，芝麻大的事都不敢扛。李从荣一点不把两人放在眼里，动辄辱骂和敲打。李从荣对枢密使都敢侮辱殴打，对只是河阳节度使、同平章事的姐夫石敬瑭自然更不放在眼里。石敬瑭的妻子永宁公主和李从荣同父异母，自小就相互憎恶，于是，石敬瑭秉着“惹不起躲得起”的原则，四处活动，搞到了河东节度使的肥差，外调太原避祸。[当时李从厚改任成德军节度使，移镇镇州（治今河北正定），不久被封为宋王。]

有人恨不得赶紧远离避祸，自然有人觍着脸向上巴结。当时，李嗣源年仅四岁的小儿子李从益因为出身本没什么竞争力，但这孩子的养母王淑妃惦念着老皇帝死后垂帘听政的机会，自然就和准储君李从荣不对付。服侍李从益的司衣女官王氏，也就是孩子的乳母，是个不安分的人。她见李从荣势盛，想找他当日后靠山，就多次唆使李从益求见哥哥李从荣。李嗣源见自己的幼子兄弟情深，自然心花怒放，便让这个奶妈带他去见哥哥。王氏早怀心思，见到李从荣后，各种搔首弄姿外加大献殷勤。李从荣呢，本来就喜欢他人奉承，又见这个女官颇有姿色，顺水推舟，两人竟然很快滚在了一起。一番云雨过后，李从荣让王氏窥伺宫中动静，向他传递消息，因此得知很多宫中的小道消息。

长兴四年（933）夏，李嗣源得了一次小中风，病情反复，一直不见好转。太仆少卿何泽想讨好李从荣，上表奏请立李从荣为太子。李嗣源闻奏不禁泪流满面，没想到自己并非重病，下属就已急不可耐重新站队另投新主了，叹息一声对左右说："群臣欲立太子，吾当养老于河东。"（众大臣想要立太子，我怕是要退隐河东养老了。）然后召集大臣商议立太子一事。机会就这样直接送到了李从荣面前，但没人想到他居然拒绝了，这又是怎么一回事呢？

李从荣功败垂成

话说李嗣源身体状况越来越差，但继位人选却一直没定下来。这时，大臣何泽奏请老皇帝立秦王李从荣为太子。李嗣源闻奏心中暗伤，自己还没挂呢，屁股下的皇位就被人惦记上了，不得已召宰相、枢密使商议。不料这边商议还没一个结果，那边当事人李从荣就赶进宫来，表示自己还年轻，还需更多学习历练，婉拒了太子之议。李嗣源乐得顺坡下驴，说这事其实都是大臣们的意思，最后给李从荣封了个“天下兵马大元帅”荣衔。

李从荣到底为什么拒绝太子之位呢？事后，他曾对枢密使范延光、赵延寿说：“执政（冯道）欲以吾为太子，是欲夺我兵柄，幽之东宫耳。”（冯道想立我为太子，无非是想夺我的军权，然后将我幽禁在东宫里。）从这话可以看出，李从荣虽然傲娇，但人并不傻。太子，说到底就是个虚名，只有兵权在手才是王道。更何况，因为行事霸道，自己得罪了很多人，在朝中名声也远远不如胞弟李从厚。好在弟弟一直很乖巧，对自己也恭顺有加，兄弟之间才没有什么大的嫌隙。

自李从荣大权在握，每次入朝，身边都围着几百个张弓持矢的侍从，在洛阳大街上风驰电掣，旁若无人。由于和当朝宰相、枢密使们不和，李从荣还曾嚣张扬言，说自己一旦上位，必将他们抄家灭族。如此一来，范延光、赵延寿等惶恐不安，屡次申请外放避祸，但都被李嗣源拒绝。赵延寿的妻子是李嗣源第十三个女儿——兴平公主，父女俩平时关系不错，于是赵延寿让妻子出面求情，成功调任宣武节度使。范延光见状，羡慕得不行，咬牙恨自己没有一个金枝玉叶的老婆可以帮忙，只能花钱喂饱李嗣源的宠妃王淑妃以及宣徽使孟汉琼，才得以外调，再次担任成德节度使。[李从厚当时又加授检校太尉，兼侍中，改任天雄军节度使，移镇魏州（治今河北邯郸大名县）。]

两位大臣主动外调，瞬间在朝中炸开了锅。大臣们大多忌惮李从荣的跋扈，也纷纷请求外放，一时间朝廷上下人心惶惶。由于枢密使职位空缺，李嗣源于是让山南东道节度使朱弘昭和三司使冯赟共同担任；接着，又任命康义诚为亲军都指挥使。朱弘昭和康义诚两人也不愿面对李从荣这个火药桶，本不愿就职，但在李嗣源威逼之下，迫不得已接受任命。康义诚为了自保，一边对李嗣源表忠，一边让自家儿子进入李从荣府中当差输诚，想在李嗣源、李从荣父子两人之间“雨露均沾”左右逢源。

长兴四年（933）十一月，李嗣源突发急病，昏迷不醒。李从荣闻讯立即入宫看望，发现李嗣源呼喊不应，连头都抬不起来。眼见老爹状况不妙，李从荣便打算回府与幕僚商议后事，结果没走多远，就听到宫里一片哭声。这时候，他误以为他的皇帝老爹已经挂掉了，于是马不停蹄赶回府中，准备率领人马入宫强行继位。万万没有想到的是，他前脚刚走，他的皇帝老爹李嗣源就醒了过来，病情也有所好转。所有这些，一心想着出宫干大事的李从荣完全不知。

从李从荣视角来看，离开皇宫时他爹就挂了。结果呢，一连几天，宫中不但秘不发丧，还没有任何消息传给自己。他深知自己人缘不好，风评也差，不受众人拥护，心中怀疑有人控制宫中局势，不想让他继位当皇帝。出于对假想敌的恐惧，李从荣决定先发制人，以“看护”父皇之名带兵入宫。

行动前，李从荣先派心腹马处钧去试探新任枢密使朱弘昭、冯赟的态度，说自己准备带兵入宫侍疾，假意询问自己入宫后待在哪里比较好。朱弘昭和冯赟先是打马虎眼，说住哪儿都行，让他自己看着办；然后又好心提醒道：“主上万福，王宜竭心忠孝，不可妄信人之浮言。”（陛下平安无事，秦王您尽心尽孝就好，不要随便听信外人传言。）谁料李从荣这个棒槌以为两人不支持自己，直接出言威胁道：“公辈殊不爱家族邪？何敢拒我？”（你们俩怎么敢拒绝我！难道不爱惜自己家族的性命？）两人一听非常害怕，赶紧进宫报告王淑妃和孟汉琼。众人商议后认为，此事还得找康义诚出马。因为康义诚是李嗣源的侍卫亲军首领，是唯一能与李从荣抗衡的力量。可惜康义诚首鼠两端，直接打起了太极，说自己就是个带兵的，不懂朝廷政务，只懂得听命行事。

众人还想给康义诚做思想工作，谁料想李从荣那边已经动手，率领一千步骑，列阵于宫外的天津桥上。李从荣派马处钧向冯赟下最后通牒：“吾今日决入，且居兴圣宫。公辈各有宗族，处事亦宜详允，祸福在须臾耳。”（本王今日就要入宫，暂住兴圣宫，你们各有宗族，祸福只在一念之间，处事自应小心谨慎。）接着又让马处钧找到康义诚，康义诚痛快回道：“唯大王马首是瞻！”

收到李从荣的最后通牒后，冯赟立即进宫与朱弘昭、康义诚、孟汉琼等人商议对策。冯赟先是警告康义诚不要首鼠两端：“秦王言‘祸福在须臾’，其事可知，公勿以儿在秦府，左右顾望！”（秦王说祸福在一念之间，事情将会如何你应该清楚，你不要以为儿子在秦王府，就左右观望。）接着拿李嗣源这些年的厚待说事，试图感化众人：“主上拔擢吾辈，自布衣至将相，苟使秦王兵得入此门，置主上何地？”（主上将我们从布衣百姓提拔为将相，如果我们现在让秦王进入宫中，是将主上置于何种境地呀？）最后指出，以李从荣的为人，一旦逼宫事成，我们在座诸人都将家族不保。冯赟一番话说得慷慨激昂，实际上也是为了自保。

众人还没来得及表态，就有监门官进报，说秦王带兵已快闯进宫门，事情紧急，不能再迟疑了。孟汉琼拂袖而起，下定决心保护老皇帝李嗣源。他即刻入宫觐见，向皇帝汇报此事，并请示如何处置，朱弘昭、冯赟等也不敢怠慢，紧随其后。康义诚看情势如此，也只好加入，毕竟这会儿他再不从众的话，一旦李从荣事败，自己肯定会遭到清算。病床上的老皇帝李嗣源一听儿子反了，气得浑身发抖，再也顾不得父子情面，指示康义诚：“卿自处置，勿惊百姓。”有了皇帝口谕，孟汉琼立即披挂上马，召来马军都指挥使朱洪实，命他率五百骑兵讨伐李从荣。

这时，宫内的控鹤指挥使李重吉，也就是李从珂的儿子，正好在老皇帝李嗣源身边侍奉汤药。李嗣源对他说：“我和你爹出生入死，平定天下，你爹屡次救我于危难，劳苦功高。李从荣从未出力，现在竟被人教唆，干出悖逆的事！我早就知道他不能托付大事，应该让你爹掌握兵权。如今需要借你之力，替我安排，严守各处宫门！”暂且不说李嗣源是否真心让干儿子李从珂接班，但他这一番话，肯定会让壮小伙李重吉站到自己一边。毕竟这话听起来，他爹李从珂更有机会继位，父子相继，那自己也有当储君的可能。于是，李重吉立即带兵死守宫门。

此刻，李从荣这边还在天津桥上志得意满地坐着，觉得万事大吉，等着康义诚前来会合，一起入宫登基。结果突然有人跑来报告，说朱洪实正带着五百骑兵朝这边杀来。李从荣大吃一惊，因为这和他预想的计划完全不一样。他急忙穿上护心铁甲，准备弓矢等武器，还没等他准备好，朱洪实就杀到了队前。这李从荣平时狂傲非常，但关键时刻居然是个怂货，看到骑兵杀过来，根本不敢跟朱洪实交手，慌忙逃回府邸。老大临阵脱逃，自然不能指望小弟拼命相保，李从荣手下军士四处溃散，慌不择路。李从荣听到府外喧哗，竟然吓得和妻子刘氏一起躲到了床下。还没喘口气的工夫，皇城使安从益便率领士兵闯入府邸，大呼："李从荣逼宫篡位，死有余辜！"接着，把李从荣夫妇从床下拖出，一刀一个，然后又杀了李从荣的两个小儿子。李从荣平日嚣张跋扈、目中无人，关键时刻却是个没种的怂蛋，放在任何朝代，都注定无法成事。

李从荣被杀身死，首级被送到六十多岁的老父亲李嗣源床前。老头子悲骇交加，差点没从床上摔下来，又好几次哭得差点背过气去。当时，李从荣还有一个两三岁幼子被养在宫中，众将请李嗣源斩草除根。李嗣源原先哪里舍得，但终究拗不过众将的苦求，不得已把孩子交出。众将也真狠心，拎着孩子小腿，直接摔死在地上。经过这么一番折腾，李嗣源更加身体不支，很快便走到生命的尽头。那么，李嗣源死后，皇位究竟花落谁家呢？

削藩逼反李从珂

话说李从荣谋反篡位被诛，李嗣源痛失爱子，悲伤过度，病情急转直下。临终前，他命人将宋王李从厚从汴州（治东京开封府，今河南开封）召回继位，但没等到李从厚归来，便在痛苦中死去，享寿六十七岁，在位仅七年多。

李嗣源本是花甲之年被臣下拥戴为帝收拾残局，初登帝位时，每晚都会在宫中焚香祷告："某胡人，因乱为众所推；愿天早生圣人，为生民主。"（我一介胡人，混乱中受人推举；只愿上天早生圣人，为百姓做主。）李嗣源此人，粗而不鄙，自上位后励精图治，锐意改革，与民休息，一手创就了五代时期难得的治世。但李嗣源也有很多缺点，比如他过于宽容，姑息藩镇，致使藩镇骄纵失驭，叛乱连连；又如他御下无方，纵容安重诲倾轧朝臣，致使朝中内乱暗生；再如他治家不力，在立储上优柔寡断，处事不明，最终导致祸起萧墙，病骇而终。

撰写《新五代史》的宋朝史学家欧阳修，对李嗣源的评价非常中肯："明宗虽出夷狄，而为人纯质，宽仁爱人。于五代之君，有足称也……其即位时，春秋已高，不迩声色，不乐游畋。在位七年，于五代之君最为长世，兵革粗息，年屡丰登，生民实赖以休息。然夷狄性果，仁而不明，屡以非辜诛杀臣下。至于从荣父子之间，不能虑患为防，而变起仓卒，卒陷之以大恶，帝亦由此饮恨而终。"

后唐长兴四年（933），李嗣源的儿子宋王李从厚继位，改元“应顺”，史称后唐闵帝。不过，他这个皇帝在位只有短短五个月时间。前面说到，李从厚无论是个人品德，还是言行举止，都比亲哥李从荣优秀得多。他低调谦逊，事事顺从老哥，从不与之争抢。李从厚做梦都没想到，皇帝的宝座，最后竟然会落到自己头上。远在成都的孟知祥听闻李从厚继位后，不禁叹息道：“宋王幼弱，为政者皆胥吏小人，其乱可坐俟也。”（宋王年轻势弱，当权者都是一些小人，大家可以坐等静观朝政的变乱。）显然，孟知祥并不看好这个新帝。毕竟李从厚这时才二十来岁，少不经事，性格软弱，又能力有限，最容易受臣属蛊惑和操控。

当时，枢密使朱弘昭和枢密直学士冯赟两人，一无名望，二无才能，可以说是朝中的两根“搅屎棍”。他们自恃有拥立之功，找各种理由排除异己，想学前任权臣安重诲专掌大权。他们不仅把李从厚的亲信都排挤出朝廷，还将禁军指挥使安彦威、张从宾外调为节度使，借机掌控了禁军兵权。不过，朝堂上的事好摆平，但藩镇那边却有点棘手。因为凤翔节度使李从珂和河东节度使石敬瑭，一个是李嗣源义子，一个是李嗣源女婿，都是早早就跟随李嗣源左右，无论威信、资历、实力，都甩他们好几条街。所以，朱弘昭和冯赟要想专权，就必须先消除李从珂和石敬瑭的威胁。

在朱弘昭和冯赟看来，相比老皇帝的女婿石敬瑭，李从珂这个老皇帝的义子威胁最大，毕竟老皇帝李嗣源就是以李克用义子的身份上位，前车之鉴，犹在眼前。李从珂小名阿三，自幼丧父，和母亲魏氏相依为命。李嗣源攻取平山（今河北平山县）时，手下从民间掠得魏氏母子，李嗣源喜欢魏氏，纳其为妾，并收养阿三为义子，改名李从珂。也许是幼时经历所致，李从珂不爱说话，成年后身高七尺有余，相貌雄伟，勇猛刚毅。李嗣源一杆大枪纵横河北，李从珂跟着养父大杀四方。在胡柳坡之战、驰援幽州大破契丹之战、奇袭汴梁之战等恶战中，都有他的身影。就连向来自负高傲的后唐庄宗皇帝李存勖，也曾说："阿三不惟与我同齿，敢战亦相类。"（阿三不仅和我同岁，也和我一样勇武善战！）

李嗣源早年在军队当小头目时光景穷苦，李从珂作为义子，为了李嗣源这个义父，当苦力扛大包、背石灰、收马粪，干尽苦活累活，出力多多。正是因为曾经同甘共苦，李嗣源对李从珂非常疼爱，安重诲曾三番两次想要置李从珂于死地，都被李嗣源拦下。奈何安重诲权重势大，李嗣源贵为皇帝也只能无奈让李从珂闲居在家。即便如此，安重诲还是不肯罢休，暗中让从李从珂手中接任河中节度使职位的索自通，私下搞了一批军府的甲仗军械，上报诬陷李从珂私藏军需、私造军器，意图不轨。好在李嗣源宠妃王淑妃极力维护，才使李从珂逃过一劫。因为忌惮安重诲的权势，大臣们都不敢再和李从珂来往，只有礼部郎中、史馆修撰吕琦常去看他。直到安重诲死后，李从珂才被重新任用，后来升任为凤翔节度使，晋封潞王。

没想到的是，没了安重诲，死了李从荣，李从珂却又被朱弘昭等人盯上了。李嗣源死后，李从珂并未及时前来奔丧，这就给了朱弘昭等人整事的由头。他们先是把李从珂长子，也就是那个宫变中救护李嗣源有功的李重吉贬为亳州团练使，然后又把李从珂已削发出家的女儿李惠明召入宫中，其实是软禁起来当人质。朱弘昭等人觉得仅仅这样还不够，为了师出有名，他们还想到了一个主意——藩镇互调：将河东节度使石敬瑭调任成德节度使，成德节度使范延光调任凤翔节度使，凤翔节度使李从珂调任河东节度使。这类事情，之前的唐昭宗李晔也干过，至于他的结局，大家也都清楚。

在朱弘昭等人看来，这一招可以说是两全其美。这些人如果遵旨移藩，则可以此削弱李从珂等人的实力；如果他们抗命不从，那朝廷就可以名正言顺地出兵。朱弘昭等人不知是有意简化程序，还是根本没打算和新帝李从厚商量，这轮节度使调动居然没下明诏，只是派出使臣通知各藩镇而已。这就引起各节度使的严重不满。尤其是李从珂，收到调令后那叫一个憋屈，因为朝廷派来接管凤翔的人，竟然是那个手刃安重诲的洋王李从璋（李嗣源侄子）。朝廷派他来接替自己，目的不言而喻，肯定是要借机除掉自己，李从璋的铁锤不定什么时候把自己砸个脑浆迸裂。

李从珂不愿坐以待毙，马上召来诸将商议对策。诸将闻讯皆为李从珂打抱不平，纷纷反对他离镇赴任：“陛下年纪太轻，不谙政务，大权尽握在朱、冯二人手中，大王您功高震主，轻易离镇必会凶多吉少，断不可接受调令！”

李从珂心想，左右是反，迟反不如早反，随即向邻近藩镇发送檄文：“朱弘昭等乘先帝疾亟，杀长立少，专制朝权，别疏骨肉，动摇藩垣，惧倾覆社稷。今从珂将入朝以清君侧之恶，而力不能独办，愿乞灵邻藩以济之！”（朱弘昭等人趁先帝病重，杀长立幼，专权营私，离间骨肉，动摇藩镇根基，意图倾覆大唐社稷。我李从珂不忍主上受制于奸佞，将要进京清除君主身边的奸佞，但仅凭一镇之力难以实现，望各兄弟藩镇助我一臂之力，共图报国！）

李从珂的檄文发出后，别说一呼百应了，就是水花都没激起一朵。在众藩镇中，李从珂特别在意一个人的态度，那就是西京留守王思同。因为王思同辖区西京（治河南府，今洛阳、偃师、巩义、登封、新安等地），正好挡在凤翔和洛阳之间。李从珂要想入洛阳城“清君侧”，就必须从西京过境。为了说服王思同，李从珂除了派使者携重金前往外，还送去了几十名绝色美女。

王思同此时倒是十分冷静，对手下说：“予受明宗大恩，今与凤翔同反，借使事成而荣，犹为一时之叛臣，况事败而辱，流千古之丑迹乎。”（我受明宗李嗣源大恩，如果现在和凤翔李从珂联手造反，即使事成长享富贵，也难脱叛臣的骂名，何况若是失败，我一定会遗臭万年！）因此，他不但拒绝了李从珂，还扣留了李从珂的使团，并立即上报朝廷。其实当时其他藩镇与王思同的态度基本相同，毕竟“清君侧”的成本太高，风险太大，事情成功顶多能喝点骨头汤，事情失败那就是身死族灭。眼下各家藩镇，身居高位，富贵加身，谁又愿意丢掉手中实实在在的肉包子，冒险跟着李从珂一块火中取栗呢！

那么，朝廷方面接下来会如何应对呢？

卖惨痛哭逆危局

话说后唐明宗皇帝李嗣源的干儿子潞王李从珂不满朝廷削藩移镇，以“清君侧”名义起兵造反。

朝廷收到消息，决定派人前去征讨。本来六军诸卫事康义诚是统帅的第一人选，但他怕外出征战会失去禁军兵权，就奏请派王思同为统帅。于是，新皇帝李从厚便任王思同为西面行营马步军都部署，药彦稠为副都部署，大将苌从简、尹晖、杨思权等随军辅佐。李从珂作战经验丰富，相比之下，王思同虽有忠君爱国之心，但在驾驭军队方面却缺乏法度。为保险起见，朝廷又调护国节度使安彦威、山南西道节度使张虔钊等五镇节度使，合兵夹攻凤翔镇。同时还派人拘捕李重吉，幽禁在宋州（治今河南商丘市睢阳区）。很快，诸路大军便齐聚凤翔，对凤翔城展开猛攻。统帅王思同更是志得意满，扬言要踏平凤翔城。

凤翔城不是重镇，城低河窄水浅，难以固守。再加上李从珂本就起兵突然，准备不够充分，城中少兵缺粮不说，就连城墙都没来得及加固加高。在几路大军的猛攻下，东西关城先后失守，将士死伤无数，眼看就要破城。

危急关头，李从珂登上城楼，扒开上衣，然后指着身上累累伤疤，对着城外的人马痛哭道："我还没成年就跟着先帝李嗣源征战四方，出生入死，遍体鳞伤，才打下如今的江山社稷。我和你们同为先帝效命，众所周知。现在朝廷却偏信奸佞，猜忌骨肉，我何罪之有，竟然要诛杀我！"说完，李从珂一五十岁的老汉放声痛哭，声泪俱下，现场气氛瞬间无比悲壮。不得不说，李从珂这番堪称影帝级别的表演，有感而发，情绪感染非常到位，在场几乎所有攻城士兵都被他感动了。在李从珂哭城策略下，战局很快出现了转机。

山南西道节度使张虔钊性格偏激急躁，当时负责主攻西南城，眼见军心动摇，他竟然直接持刀逼迫士兵们继续攻城。这一鲁莽举动，直接惹怒了本就心有怨气的士兵，竟然临阵哗变，调转枪头反攻张虔钊。眼见白刃纷纷，吓得张虔钊赶紧拍马跑路。偏将杨思权灵机一动，直接振臂大呼："大相公（李从珂），吾主也！"随即率部解甲弃兵，向李从珂投诚。这个杨思权就是先前蛊惑煽动李从荣的那个莽撞人，人虽号称"莽撞"，但关键时刻见风使舵站队倒是毫不糊涂。为了攫取利益，杨思权入城后还给李从珂递了个条子："愿王克京城日，以臣为节度使，勿以为防、团。"（希望大王攻克京城后，可以让我当一镇节度使，千万不要让我再当防御使、团练使这类小官。）李从珂立即应允，立字为凭。

这时，主将王思同对西路军那边发生的事一无所知，还在督促士兵玩命地攻城。但他不知道，不代表别人不知道。步军左厢指挥使尹晖也有意反水，得知西路军投降后，立即大喊：“城西军已入城受赏矣！”向来认钱不认娘的兵爷们一听有赏，纷纷弃甲投降，就地摇身一变，成了李从珂的先锋队。战场形势瞬间逆转，王思同等人眼见局面无法控制，果断脚底抹油全开溜了。最惨的要算王思同，他败逃西都长安，竟直接被他的手下副官刘遂雍拒于城门之外。顺便说一句，这个刘遂雍就是当年号称“一步百计”的后梁大将刘鄩（xún）之子。王思同有城不能回，只好转道潼关，狂奔洛阳而去。

凤翔被围时，李从珂已经做好了最坏的打算。他没想到的是，情急之下自己几声惨号和几滴眼泪，竟然瞬间扭转了死局。李从珂简直快乐疯了，直接掏空了整个凤翔府城，甚至连锅、釜等器皿都估价犒赏给了士兵们。开完庆功宴，李从珂马上乘胜东进，攻向西都长安。原本李从珂担心王思同和刘遂雍合兵一处，占据长安负隅顽抗，如果那样的话，东进洛阳的计划必受阻滞。没想到刘遂雍直接送上大礼，不但拒绝王思同进城，还拿出府库中的所有积蓄献敬李从珂所部。也正是因为如此，李从珂部队也就没有进城劫掠扰民，直接顺道东进，直逼潼关。

李从厚得知凤翔兵败的消息，惊恐万状。性格软弱的他，直接就想撂挑子，在朝堂上对朱弘昭、冯赟等人道：“先帝离世时，朕驻守在外藩，本就无意争皇位，你们硬要赶鸭子上架。朕继位后，怕自己年轻惹祸，所以把政务交给你们处理。朕和兄弟们向来关系还不错，没什么大的矛盾，但你们以社稷为重来劝谏，朕又如何敢不听。刚开始讨伐凤翔时，你们都自夸李从珂不足为虑，如今事已至此，你们有何计策转危为安？如果没有，朕要亲自迎接潞王，把皇位让给他，即便难逃死罪，也心甘情愿。”

简单来说，就是新帝李从厚想把乱国招祸的大黑锅丢给朱弘昭和冯赟等人，然后自己跑路。朱弘昭和冯赟大眼瞪小眼，无言以对，手足无措，毕竟这两个庸才确实该负全责。

国难当头，眼下纠结是谁的责任无济于事，如何破局才是紧要。李从厚本打算让石敬瑭出马统兵抵抗李从珂，但先前拒绝担任统帅的康义诚这时却站出来说：“西师之所以溃败，全因主将指挥失策所致。好在都城侍卫亲军甚多，我愿意带兵扼守住要冲之地，沿途召集流散将士，设法打个翻身仗，请陛下不要过于忧虑！”

康义诚的话听起来冠冕堂皇，其实他有自己的小九九，即想把禁军作为自己迎降李从珂的筹码。马军指挥使朱洪实看出其中的道道，如果禁军都走了，京城怎么办？于是他强烈主张禁军坚守洛阳，然后再徐图进取。康义诚见朱洪实坏自己好事，直接把一顶“意图谋反”的帽子扣在朱洪实头上。朱洪实也不示弱，反指康义诚才是真想造反的人。二人争执不休，差点对打起来。李从厚无力分辨孰是孰非，情急之下，竟然下令将朱洪实斩首。禁军士兵眼见老领导朱洪实冤死，无不惊惧愤怒。

为了鼓舞士气，李从厚痛下血本，倾尽府库所有犒赏禁军，并许诺平乱后另有重赏。还没出征就拿到重赏，军士们自然笑得合不拢嘴，但也因此变得更加骄横。他们在路上大放厥词，扬言杀到凤翔还要再领一份赏赐。如今与李从珂完全撕破脸，李从厚一不做二不休，将李从珂的一双儿女李重吉和李惠明，双双赐死。

康义诚这边刚刚谋定而动，李从珂那边兵锋就已经抵达潼关，而且还生擒了王思同。王思同打仗水平不行，但李从珂敬佩他是个忠义之人，想招为己用。不料，王思同直接拒绝道："我出身行伍，承蒙先帝提拔为军中大将，常自惭无功以报先帝知遇之恩。我也知道追随您可以长享富贵，帮助朝廷只会招祸，但我更害怕死后没脸见先帝。如今战败要被斩首祭旗衅鼓，是我罪有应得，只愿早点受死！"

李从珂听罢王思同的话，愈加敬佩，更不愿杀他了。但杨思权一伙投降派，自觉无颜面对王思同，更害怕他日后得到李从珂的宠信，会报复众人当初投降之举。尤其是尹晖，他不但背着李从珂夺取王思同在长安的全部家产和姬妾，还多次唆使李从珂心腹孔目官刘延朗尽早除掉王思同。于是，一天乘李从珂酒醉之机，刘延朗未经请示就擅自把王思同夫妇和儿女全部杀死。李从珂酒醒得知木已成舟，很是恼怒，为此叹息多日。

不久，李从珂兵至华州，擒获朝廷大将药彦稠。兵至灵宝时，护国节度使安彦威、匡国节度使安重霸，也都前来投降。保义节度使康思立本想坚持，但下属争相出城归顺，康思立见无法阻挡，也只能宣布投降。李从珂一路长驱直入，势如破竹，似乎胜利在望。不料，这时李从珂的僚佐们竟然跳出来，建议李从珂放慢进军步伐。这到底是怎么一回事呢？

江山再次换人坐

利益当道，忠义尽失。这是五代时期政治道德的一大劣根，也是屡遭后人诟病的重要原因。话说李从珂卖惨痛哭的超级演技，成功逆转了凤翔围城的危局，而后趁势一路东进，从凤翔到陕州，前后只用了七天，一路如入无人之境。朝廷前后派出的各路人马，一遇到李从珂便倒戈投降，没有一个愿意抵抗的。

事情太过顺利，让李从珂手下僚佐们觉得，再这么搞下去就不是“清君侧”，而是真造反。于是，他们跳出来说：“今大王将及京畿，传闻乘舆已播迁，大王宜少留于此，先移书慰安京城士庶。”（大王您如今兵马将近京城，听说皇帝顶不住压力已经跑路，不如先放慢行军，稍作休整，发布文告安抚京城士庶百姓。）李从珂觉得有理，便移书洛阳，传谕洛阳文武士庶，宣称除了朱弘昭和冯赟两家之外，其余人等一概赦免。

另一边，康义诚部队刚走到新安，部下将士就接连不断地丢盔弃甲，直奔陕州向李从珂投降。走到乾壕时，康义诚身边逃得只剩下几十人。正当他不知所措时，恰好碰到数十名李从珂的候骑，也就是侦察兵，他果断卸甲投降，不带一丝犹豫。消息传回洛阳，李从厚非常惊惧，急忙找朱弘昭商量对策。没想到先前老神在在的朱弘昭，恐惧之下竟然已先投井自尽。京城巡检使安从进早有投降李从珂的想法，听说朱弘昭自杀，便带人赶到冯赟家中，尽诛其全家老小，然后派人把朱弘昭和冯赟的脑袋送给李从珂当见面礼。

后唐新皇帝李从厚心想，与其坐以待毙，不如先跑到哪儿算哪儿。他召来孟汉琼，让他先去魏州打前站。没想到孟汉琼这个太监一拍屁股，自己单骑溜到陕州投降去了。李从厚不知道孟汉琼已经投敌，带着五十骑兵来到玄武门，让心腹爱将控鹤节度使慕容迁随他一起前往魏州，日后再图兴复。这位慕容迁，是李从厚当初担任藩镇节度使时的亲信牙将，李从厚对其十分信任。慕容迁听李从厚这么说，当即拍胸脯保证道："生死从大家（李从厚）！"（我要至死保卫皇帝。）他一脸忠贞不贰，让李从厚先行出城，自己率部众断后。结果，李从厚刚出宫城，慕容迁就关上城门不走了，他是压根就没想过要跟失势的主子一起跑路。

李从厚一路向北逃窜之时，李从珂正慢悠悠来到蒋桥（位于今河南洛阳市隋唐故城西谷水上），宰相冯道率百官在路上列队迎接，上书劝他称帝。李从珂借口说自己还没拜谒李嗣源的灵柩，现在暂时还不能见大家，然后丢下百官，自己拜见太后去了。接着，他又转到西宫，祭拜李嗣源的棺柩。冯道等人领着百官进殿，再次劝进。李从珂一脸严肃答道："我此次来京，是迫不得已。等皇帝还朝、先帝安葬之后，我理当回去镇守藩镇，各位明公突然出此事，真是好没道理！"这当然不是李从珂的真心话，他只是在卖关子暗示百官。李从珂既想当这个皇帝，又不想落个篡位的名声，其实就是在等太后发话“废旧立新”，以求名正言顺，以示自己“得国之正”。

冯道等大臣秒懂李从珂的暗示，于是奏请皇太后曹氏，废李从厚为鄂王，以李从珂监国，事急从权，无需过场锣鼓，大臣们隔天就宣布拥立李从珂为帝。百官拥戴，程序如法，李从珂这才施施然登基即位，改元“清泰”，这就是咱们的后唐末帝。李从珂逼宫即位，是五代时期第三次兵变拥立皇帝，后唐也因此成为中国五千年历史上罕见的一个三代君主都没有血缘关系的政权（李存勖、李嗣源、李从珂）。

李从珂登基当了皇帝，那么逃走的李从厚又是怎么样的呢？清泰元年（934）四月，李从厚一路奔波，恰好在卫州（治今河南卫辉）城外遇到了姐夫石敬瑭。李从厚那是喜极而泣，姐夫石敬瑭手握重兵，肯定能帮自己逆风翻盘，夺回江山。谁料想，石敬瑭此时已有自己的打算，但又不想得罪李从厚，长叹几声后说道：“卫州刺史王弘贽足智多谋，请允许我和他先谋划一番。”

王弘贽了解情况后，反而劝说石敬瑭道：“前代天子播迁多矣，然皆有将相、侍卫、府库、法物，使群下有所瞻仰；今皆无之，独以五十骑自随，虽有忠义之心，将若之何。”（前朝天子被迫流亡的多了去，但都有将相、侍卫等跟随，财物、法器也会随身携带，能让属下心怀崇敬有个盼头。现在呢，主上什么都没有，身边只有五十人。尽管咱有忠义之心，但又能有什么办法呢？）他这番话意思很简单，救皇帝一事，虽有心却无力，并非明智之举。石敬瑭觉得王弘势所言在理，于是转达给李从厚，表示自己现在无能为力。

结果，没等李从厚开口，弓箭库使沙守荣、奔洪进就已忍不住跳出来，指责石敬瑭道："公明宗爱婿，富贵相与共之，忧患亦宜相恤。今天子播越，委计于公，冀图兴复，乃以此四者为辞，是直欲附贼卖天子耳！"（您是明宗皇帝的爱婿，应与皇家同富贵共忧患，如今天子蒙尘受难，把希望寄托在您身上，希望一起谋求复国。您现在竟然拿这些理由来推辞，真是趋炎附势、出卖天子的贼臣啊！）话没说完，脾气暴躁的沙守荣便拔出佩刀，暴起冲向石敬瑭，奈何人单力薄，被石敬瑭亲将陈晖反杀。奔洪进愤懑至极，横刀自刎身亡。

石敬瑭本就没打算帮助落难的李从厚，只碍于面子不好一口回绝，没想到对方一语不合拔刀相向，那自己也无需客气。很快，石敬瑭手下牙内指挥使刘知远闻声率人赶来，三下五除二把李从厚的随从全部杀死，只剩李从厚一人。随后，石敬瑭带人直奔洛阳，李从厚被独自撇在驿馆，之后被王弘赘软禁在州衙之中。

李从珂继位之后，自然不会放过李从厚这枚定时炸弹。他派王峦（王弘赘之子）前往卫州，弑杀李从厚。关于李从厚的遇弑经过，史料记载不一，主要有两种说法：一是《旧五代史》和《新五代史》中的鸩杀说；二是《资治通鉴》和《契丹国志》中的缢杀说。但不管是哪种死法，李从厚的生命都终结在二十一岁那年。李从厚，史书谥称为“闵帝”或“愍帝”。根据谥法，“愍”或“闵”的谥号，意指“在国逢难，使民折伤；在国连忧，祸乱方作”等。所谓在国逢难，就是指死于宫廷政变。中国历史上带有“闵”或“愍”字谥号的皇帝，一般下场都很惨。李从厚人如其名，性情宽厚，对兄弟敦诚和睦，即使遭老哥李从荣的忌恨，仍能襟怀坦荡，从而避开祸患。他即位后与义兄李从珂本无猜忌，却因朱弘昭等人挑拨，陷入权力争斗的漩涡。李从厚年少心软，既无力节制朱弘昭等臣属，又控制不了混乱局面，最终丢掉了江山和小命。李从厚和孔皇后生有四子，李从珂称帝后，一家六口全部遇害。

李从珂起事时，给属下将领士兵打了不少白条，更是亲口许诺：只要攻破洛阳，每人赏钱一百贯。结果，李从珂的皇位还没坐几天，高兴劲还没过，一个非常棘手的问题就摆到他面前：没钱！他让人翻地皮似的盘点洛阳库府，结果金帛总数加起来不超过三万缗。为什么只有这么多呢？因为之前李从厚犒军时已经花得差不多了。这下李从珂傻眼了，先前许下的赏金白条起码得需要五十万缗，府库所有不过杯水车薪。李从珂又怒又急，让部属官员赶紧设法搞钱。朝廷穷，老百姓更穷。洛阳官员又是搜刮百姓，又是提前收税，也才弄到区区六万缗。李从珂一怒之下，直接把没完成任务的官员统统关进监狱。一时间，大牢里人满为患，甚至有人被逼得上吊、投井自杀。

李从珂为了凑钱，把所有宫廷库藏的旧物，以及各道进贡的珍宝，甚至是太后太妃的服饰首饰全都拿出来，最后只凑到二十万缗，还不到所需的一半。为此，他不免心急如焚。这时，枢密直学士李专美的一席话点醒了他，李从珂听后立马舒了一口气。那么李专美究竟说了什么？他又能不能凑齐这笔赏钱呢？

五代皇帝不好当

话说李从珂刚当上皇帝没多久，一个棘手的问题就摆在他面前。李从珂起兵时，曾答应兵士攻克洛阳后，每人赏钱百缗，加起来差不多需要五十万缗。结果盘点洛阳库府后发现，国库里居然所剩无几。李从珂只能让人拼命搜刮百姓商绅，最后加上后宫凑出来的钱，一共也不过二十万缗。为此李从珂简直愁秃了头，毕竟犒军一事处理不善，保不齐这群重财轻义的兵痞心怀不满，联合起来推翻他。

这时，枢密直学士李专美正好夜间当值。李从珂心烦意乱、辗转难眠，见到李专美便埋怨他道："你不是以才能闻名嘛，怎么不帮我出出主意，留着你的才干要用到哪儿去！"

李专美连忙跪下谢罪，先是自谦一番，说明责任不在于自己："臣驽劣，陛下擢任过分，然军赏不给，非臣之责也。"然后说出自己对问题所在的分析："窃思自长兴之季，赏赉亟行，卒以是骄；继以山陵及出师，帑藏遂涸。虽有无穷之财，终不能满骄卒之心，故陛下拱手于危困之中而得天下。"接着提出自己的想法和建议："国之存亡，不专系于厚赏，亦在修法度，立纪纲。陛下苟不改覆车之辙，臣恐徒困百姓，存亡未可知也。今财力尽于此矣，宜据所有均给之，何必践初言乎！"长兴是李嗣源的年号。也就是说，从后唐明宗末年开始，朝廷就是一直以金钱笼络骄兵悍将，加上营建先帝的陵墓以及各种军事活动，国库早已经空虚。纵使再多的金钱，也满足不了骄兵悍将的贪欲。所以，国家存亡，不在于厚赏，而在于修法度、立纲纪。如果陛下还是想着用金钱满足士兵的贪欲，苦了百姓不说，最终能否避免亡国尚属未知。您现在作为皇帝，已经尽力兑现当初的诺言，按照实情把钱均分给军士们就行了，没有必要不折不扣兑现当初的承诺。

李从珂闻言称是，马上下诏：自凤翔一路追随的亲军，半途投诚的禁军、藩镇军，将领如杨思权、尹晖等各赏马两匹、骆驼一匹、钱七十缗；普通士卒各赏钱二十缗；京中士兵赏钱十缗。此诏一出，军营瞬间炸开了锅。这些老兵油子，每次打仗都捞了不少油水，胃口早就撑大了，对李从珂给的这点东西自然非常不满。很快，一条顺口溜就在京城流传了起来："除去菩萨，扶立生铁。"这里的"菩萨"说的是李从厚，他小字菩萨奴，为人仁慈软弱如菩萨；"生铁"说的就是李从珂，这位新皇帝严苛刚强如生铁。放着好好的菩萨不供，非得往铁板上撞，士兵们心里那叫一个悔呀。

中国古代一直有"忠臣不事二主"的思想。大臣冯道虽然识时务，帮助李从珂称帝，但李从珂是打心眼里看不起冯道这种没有节操的人的。没几天，李从珂就罢了冯道的相位，授他匡国军节度使，让他出镇同州（治今陕西大荔）。冯道出京后，刘昫（xù）和李愚继续担任宰相。刘昫性情狭隘，好计较小事，李愚则性情刚愎、偏颇。两人时常因意见不合争执不休，导致很多政事被耽误。李从珂为此十分恼怒，拟另任新宰相，苦于新宰相的人选，便去征询亲信们的意见。

很快，一份候选人名单摆在他的面前：尚书左丞姚顗（yǐ）、太常卿卢文纪、秘书监崔居俭。这三个候选人各有优劣，宰相职位又是重中之重，一时间难以取舍是很正常的事。没想到李从珂打仗勇猛，治国却很粗放。为了省事，他居然用一个最简单但也是最荒唐的办法——抓阄！李从珂把三人名字写在纸条上，放到琉璃瓶里，夜里焚香祝告上天之后，用筷子夹出一个纸团，逮着谁就是谁。最后，先挟出来的是卢文纪，然后是姚顗。于是，两人顺利当选，升任中书侍郎、同平章事。李愚、刘昫二人呢，则以左仆射和右仆射的虚衔打发了。

卢文纪虽然出身于世家大族——范阳卢氏，但他这个人没有什么真本事，每天在朝堂上谈论的都是政敌的小过失，所纠查的也都是选举、任免官员一类小事，对国家大政没有提出多少有价值的建议。时间一长，李从珂就有些不满。为此，卢文纪自辩道："臣等每五日起居，与两班旅见，暂获对扬，侍卫满前，虽有愚虑，不敢敷陈。窃见前朝自上元以来，置延英殿，或宰相欲有奏论，天子欲有咨度，旁无侍卫，故人得尽言。望复此故事，惟听机要之臣侍侧。”（我们每隔五天才有一次机会进宫候询，此外也有其他见面的机会，虽有对话来往，但文武官员都在场，且时间短暂，满眼都是侍卫，即使有一点浅见，也不敢当众陈说。陛下不如恢复前朝皇帝奏事制度，设置延英殿，不设侍卫，只让一些机要大臣在旁伺候，这样不管是宰相进言，或是陛下询问，才能畅所欲言。）

李从珂不傻，自然清楚大臣们的心思，于是下诏道：“也不用恢复什么前朝旧制，如果是平常事情，当众陈说即可；要是军机大事，不管什么时候，我都会屏退左右在便殿接见你们，无须弄啥延英殿办事的虚名。”

朝中这些高级官员指望不上，反倒是一些下级官员提出很多中肯的建议。比如太常丞史在德，性格耿直，对于看不惯的人和事，往往直接上书抨击。他上书李从珂指出，现在的官员大多是滥竽充数混日子，请求安排一场正规考试，按成绩重新授予官职，有能力的就提拔，没能力的就降职或直接炒掉。史在德这封上书，可谓切中时弊，但也惹恼了宰相和许多官员。卢文纪及补阙刘涛等人尤其不爽，觉得这位太常丞是针对自己，联名上书请求惩罚史在德这个愣头青。

对于史在德上奏的情况，李从珂心里十分清楚，他召来翰林学士马胤孙道：“朕新临天下，应该广开言路，如果朝臣因上书言事而获罪，以后还有谁再敢说话？你替我起草一份诏书，让大家明白我的意思。”不久，朝廷下发皇帝诏书，其中有：“昔魏征请赏皇甫德参，今（刘）涛等请黜史在德；事同言异，何其远哉！（史）在德情在倾输，安可责也！”（从前魏徵请求唐太宗奖赏皇甫德参，现在刘涛等人却要朕处罚史在德，两件事相同但大臣的建议却大不一样，差距为何这么大？史在德意在为国献策尽忠，怎么能因此责罚他呢！）正是李从珂这种难得的纳谏之风，使他朝廷威望逐渐攀升，一些暗自揣度的人也安下心来，投入到工作当中。

朝廷内部的纷争算是暂告一段落，但最令李从珂头疼的却不是这些，而是兵权在握的各个藩镇。毕竟李从珂就是兵变起家，如今自己当上了皇帝，自然担心某天会变成下一个李从厚。当时各大藩镇掌门人包括：河东节度使石敬瑭、魏博节度使刘延皓、卢龙节度使赵德钧、宣武节度使范延光、忠武节度使赵延寿、成德节度使李重美、靖难节度使杨思权。其中，河东（治今山西太原晋阳古城）、魏博（治今河北大名县）、卢龙（治今北京市），号称三大强藩。其中最多事的是魏博，抵抗契丹最多的是卢龙，实力最强的是河东。河东不仅是第一大藩镇，更是后唐兴盛的根基。所以在一众藩镇节度使中，李从珂最忌惮的就是石敬瑭。

李从珂和石敬瑭，都是李嗣源夺取天下的头号功臣，一个是义子，一个是女婿，两人年龄相差了七岁（石敬瑭比李从珂小），向来就不对付。石敬瑭一直被皇帝猜忌，从当初二十来岁的李从厚开始，现在则换成了五十多岁的李从珂，但这一次他的处境格外危险。因为比起软弱可欺的李从厚来说，李从珂无论是资历、能力还是威望，都稳压他石敬瑭一头。现在李从珂即位当了皇帝，石敬瑭不得不入京参加先皇的葬礼，并觐见新皇。那么，李从珂会如何对待他？石敬瑭又能否全身而退呢？

君臣暗斗乱象生

话说李从珂以兵变当上皇帝，但他这个皇帝当得很不安稳。李从珂和石敬瑭虽然都是李嗣源夺取天下的大功臣，但向来就不对付。现在李从珂当了皇帝，作为一起在战场上厮杀过的同袍，石敬瑭实在太了解李从珂的性格了，知道他迟早会对自己下手。奈何他现在实力不济，不敢直接硬刚，只得暂时低头认怂。

李从珂继位后，石敬瑭不得不到洛阳参加李嗣源的葬礼和觐见新皇。葬礼结束后，石敬瑭并没有急着回河东，确切地说，是没敢先走，以此试探那位旧同袍新主子的态度。果然，李从珂完全没有让他回河东的意思，乐见石敬瑭在洛阳做个逍遥王爷。石敬瑭为此整天愁眉不展，一场大病之下，竟瘦成麻秆一样。石敬瑭的老岳父李嗣源死了，但岳母曹太后还在。于是，石敬瑭的妻子晋国长公主忙向生母曹太后求情，让李从珂放石敬瑭回河东。曹太后心疼女儿女婿，几次三番向李从珂求情。而朝中上至文武百官、下至凤翔旧将们，都主张把石敬瑭扣在洛阳，以免放虎归山，后患无穷。只有韩昭胤、李专美认为，新帝初立，应该给天下藩镇一颗定心丸，不宜过分猜忌石敬瑭，以免兔死狐悲，引起藩镇兵变。

李从珂虽非曹太后亲生，但曹太后从小待他如亲生一般。而且，当初要不是曹太后下旨废旧立新，李从珂也不能名正言顺即位，实有大功于李从珂。李从珂本来铁了心不放石敬瑭回河东，但架不住曹太后求情，再看石敬瑭已经快病成人干儿，心想一个将死之人，估计也翻不了什么风浪，便说："石郎不惟密亲，兼自少与吾同艰难，今我为天子，非石郎尚谁托哉！"（石郎不只是我的内亲，更是自小和我一起并肩作战，如今我做了天子，不依靠石郎还能依靠谁呢！）顺水推舟给曹太后送了个人情，让石敬瑭回河东继续担任河东节度使。没想到就这一放，还真给自己日后埋了个天大的雷。

石敬瑭回到晋阳，心知李从珂还在盯着自己，便绞尽脑汁设法自保。为了掌握李从珂在洛阳的动向，除了在朝中做内使的两个儿子，石敬瑭还走丈母娘和老婆的路子，重金收买太后的手下，让他们暗中探听李从珂的消息，但凡有风吹草动，就立刻向他汇报。所以，李从珂的一举一动，石敬瑭尽数掌握。石敬瑭一边暗中探听李从珂动向，一边时常在宾客面前装病示弱，称自己难以胜任一镇主帅，用以迷惑李从珂，使他卸下防备之心。

当时，契丹人频繁侵扰后唐北界，禁军多在幽州（治今北京）、并州（治今山西太原）之间戍守。作为北方重镇的一把手，石敬瑭率大军屯驻忻州（治今山西忻州），随时准备迎击契丹入侵。一次，朝廷派使臣来慰问军士并赏赐夏衣，军士们高兴地直呼"万岁"，表示对主帅的感激之情，但"万岁"这个敏感的名头显然不是一个节度使能够承受的，为了避嫌，石敬瑭让部下刘知远将带头高呼万岁的三十六人斩首示众。本来李从珂就对石敬瑭有所猜忌，这下更加怀疑石敬瑭有反心了。

清泰三年（936）“千春节”是李从珂的生日，朝廷置酒设宴庆祝，石敬瑭的妻子晋国长公主也特意从晋阳赶来为李从珂祝寿。酒宴快结束的时候，长公主请辞回晋阳。李从珂喝高了，半玩笑半认真地说：“何不且留，遽归，欲与石郎反邪？”（怎不多留几日，这么急着赶回去，莫不是想和石郎一起谋反？）李从珂这虽说是酒话，但石敬瑭得知后更加疑惧。为了预备随时到来的变故，石敬瑭抓紧了各种筹备。他先是以抗击契丹为名，把自己在洛阳和各地的财产全部集中到晋阳，私下里大规模招募士卒、准备兵器。

石敬瑭的这些举动自然瞒不过皇帝。但李从珂对石敬瑭的态度十分纠结，每次和大臣谈及河东之事，他都是略带担忧地问：“石郎于朕至亲，无可疑者，但流言不释，万一失欢，何以解之？”（石郎是朕的至亲，本来没什么好猜疑的，但最近总是流言不断，万一石郎真和朕决裂，那时该怎么办才好呢？）从这话可知，李从珂其实并没有十足的把握一举拿下石敬瑭，尤其周边还有个虎视眈眈的契丹。

后唐朝臣心里门清，李从珂与石敬瑭终有一战。端明殿学士李崧和吕琦，都想为李从珂排忧解难，私下商议解决的办法。吕琦冒出个主意：“河东若有异谋，必结契丹为援。契丹母以（李）

赞华在中国，屡求和亲，但求萷（cè）刺等未获，故和未成耳。今诚归萷刺等与之和，岁以礼币约直十余万缗遗之，彼必欢然承命。如此，则河东虽欲陆梁，无能为矣。”（石敬瑭如谋反，一定会与契丹结盟。契丹太后因为长子耶律倍（李赞华）降归中国，曾多次提出和亲，以及释放先前被后唐军队俘虏的契丹名将萷刺，我们没同意，所以和亲未成。如果现在答应他们的条件，每年还送他们十多万缗钱财，他们肯定欣然答应，日后不会再插手中原之事。这样石敬瑭想与他们结盟，也无法成功了。）李从珂听后觉得此计甚妙。李崧和吕琦二人还草拟了一份同意与契丹盟好的国书《遗契丹书》，只等皇帝圣旨一下，即派大臣出使契丹，可谓万事俱备只欠东风。此时，只要李从珂点头批准，那么北宋真宗时代的“澶渊之盟”就会提前七十年在后唐时代出现。如此，多少战火和悲剧可以避免……但历史无法假设，这个本可以提前出现的历史拐点，最终并未出现。为什么呢？因为李从珂不幸地遇到一个大愤青——当朝枢密直学士薛文遇。

薛文遇是一个迂腐的书生，觉得李崧和吕琦的计策不妥：“以天子之尊，屈身奉夷狄，不亦辱乎！又，虏若循故事求尚公主，何以拒之？”（堂堂中原天子，您怎么可以低头有求于夷狄，实在有辱陛下名声！再说，如果契丹人得寸进尺，日后想求公主和亲，咱们该怎么拒绝呢？）薛文遇为此还翻出了前朝诗人戎昱专门讽刺和亲的《昭君诗》：“汉家青史上，计拙是和亲。社稷依明主，安危托妇人。岂能将玉貌，便拟静胡尘。地下千年骨，谁为辅佐臣。”这首诗大概使李从珂先顾惜起自家还在吃奶的唯一女儿，又品味出诗中警示的舆论风险，顿时放弃了与契丹盟好的念头，还把李崧和吕琦召来臭骂了一顿。从此，大臣们再也不敢提和亲纳贡的事。

另一边，石敬瑭毕竟没有把握以一镇之力掀翻朝廷，稳妥起见，还是以退为进，先摸清李从珂态度。于是，石敬瑭谎称自己病重，无力处理军务，请求解除兵权，调到别的军镇养病。如果李从珂同意，那就是他要对自己动手；如果留任安抚，则暂时安全无事。李从珂没想到石敬瑭给他下套，还真就想顺水推舟，批准他的请求。但李崧、吕琦等人却看出石敬瑭的用心，极力劝阻李从珂。这时，薛文遇又跳出来道：“谚有之：当道筑室，三年不成。兹事断自圣志，群臣各为身谋，安肯尽言！以臣观之，河东移亦反，不移亦反，在旦暮耳，不若先事图之。”（俗话说，在路边盖房听过路人的主意，三年也盖不成。这事只能陛下自己决断，群臣都为自己打算，怎么会说实话！依我看来，石敬瑭移镇会反，不移镇还是会反，只是早晚的问题，皇上不如先下手为强。）

薛文遇的话，真说到李从珂的心坎里去了。于是，李从珂下定决心，率先下手，调石敬瑭为天平（治郓州，位于今山东东平县西北）节度使，改由河阳（治今河南孟州）节度使宋申虔接任河东节度使；又任建雄（治秦州，今甘肃天水）节度使张敬达为西北蕃汉马步都部署，命他催促石敬瑭速去郓州就任。

高楼举火求自焚

话说李从珂、石敬瑭君臣两人互相试探。石敬瑭谎称病重，主动要求移镇，如果李从珂答应，就是铁了心要干掉自己；如果没答应，那两人还能暂时相安无事。李从珂果然中招，不仅调石敬瑭为天平军节度使，还让张敬达武装监视石敬瑭离镇赴任。你不仁，别怪我不义！石敬瑭决定直接撕破脸面，上表嘲讽李从珂道："帝养子，不应承祀，请传位许王。"（你一个养子，本就不配当皇帝，帝位应该让给先皇亲子许王李从益才对！）

这下正戳到李从珂痛处，他气得将奏章撕成碎片，回信怼道："卿于鄂王固非疏远，卫州之事，天下皆知；许王之言，何人肯信！"（你和鄂王李从厚关系并不疏远，你在卫州抛弃李从厚的事情，天下人都知道；现在搬出许王当借口，谁会信你！）恼怒之余，李从珂下令削去石敬瑭一切官职，处死石敬瑭在京的两个弟弟石敬德、石敬殷，以及他的两个儿子石重英、石重裔，并以建雄节度使张敬达领衔，集合五镇精锐之师，誓要扫平河东，诛杀石敬瑭。消息传到河东，石敬瑭痛不欲生，怒不可遏。至此，两个人已势成水火，不共戴天。

就在朝廷大军压境之际，雄义都指挥使安元信率先带部下六百人投降石敬瑭。没多久，振武军巡检使安重荣、先锋指挥使安审信、彰圣指挥使张万迪等人，也都率部叛投石敬瑭。这些人的归附，对石敬瑭来说算得上一剂强心针。但仅凭这些军力，石敬瑭要和朝廷五镇联军掰手腕，胜算并不大，想要打赢朝廷，他需要更强大的盟友。于是石敬瑭找上了契丹，甚至不惜把比自己小十一岁的契丹国主耶律德光认为干爹，还答应把燕云十六州割让给契丹。耶律德光正愁没机会南下，一听这好事，狂喜笑纳，回信约定：等秋高马肥时，倾全国之力来支援。石敬瑭为背叛朝廷，不但甘愿认贼作父，甚至割让燕云十六州大好河山，以致后来让十六州的百姓被契丹奴役，实在罪不可恕，遗臭万年！

后唐朝廷大军这边，早已在晋阳城外筑下铜墙铁壁般的包围圈，企图困死石敬瑭。而石敬瑭这边，距离约定契丹出兵的日子还有一段时间，所以死守城池。由于晋阳城墙坚固，加上防守严密，张敬达屡攻不下，战局呈胶着之势。李从珂牵挂前方军情，特地派端明殿学士吕琦到前线犒军和观察战局。围城的四面兵马副部署杨光远让吕琦回去转告皇帝，只管一百个放心，晋阳孤城一座，没有援兵的话，困死只是早晚的事，如果契丹来援手，正好一锅端了。李从珂得报后，信心鼓舞，可等了十多天都没接到捷报，反倒是收到契丹耶律德光即将率领兵马驰援的消息。李从珂这下坐不住了，连忙催促张敬达加紧进攻。但张敬达强攻之下，收效甚微，加上正值秋雨连绵，许多营垒被水冲坏，将士们苦不堪言，士气低落。石敬瑭这边呢，其实也好不到哪儿去，城内粮食一天比一天少，眼看就要坐吃山空，弹尽粮绝。

仲秋之初，耶律德光如约出兵，对外号称三十万人，其实只有五万。五万契丹铁骑从代州（今山西代县）扬武谷向南进发，浩浩荡荡，旌旗连绵数十里。很快，耶律德光兵不血刃抵达太原附近的虎北口。耶律德光没等与石敬瑭合军，就直接开干，以一招“诱敌深入”大败张敬达，歼灭后唐军万余人。张敬达屡败之后，带着剩下的五万士兵退保晋安寨（今山西太原市晋祠镇南），固守待援。晋阳解围之后，石敬瑭与契丹合军，乘胜追击，进围晋安寨。两军兵马绵延几十里，将晋安寨围得水泄不通。

张敬达被围的消息传到洛阳，全城震动。李从珂急忙从各地调集军队，准备亲征太原，以解晋安寨之围。李从珂虽说年轻时骁勇善战，但此时年届五旬，又当了皇帝，胆气渐衰，已经不复当年之勇。他本来不愿御驾亲征，但在小舅子刘延皓和大臣张延朗等人力劝下，只能硬着头皮北上。军队进抵至河阳（旧称孟津，今河南孟州），李从珂想到石敬瑭的彪悍，恐惧万分，于是召集宰相、枢密使商议对策。结果，众大臣相互扯皮，徒费时间。强敌临前，李从珂竟然束手无策，只能每日借酒浇愁。但凡有人劝他北行，他便怒道：“卿勿言，石郎使我心胆堕地！”（你不要说了，石郎已让我的心吓碎一地。）当年一代勇将的血性和胆量，此时竟然不见一丝一毫！而正是李从珂的胆怯退缩，让他失去了最后翻盘的机会。

眼见李从珂没有当年血性，后唐一些将领动了异心。其中最毁人的下属，要属卢龙节度使赵德钧。赵德钧一直心怀异志，时刻准备乘乱谋取中原，他表面上率军前往救援晋安寨，实际根本没打算要救张敬达。他心中只盘算两件事：一是借机吞掉同行的天雄节度使范延光的二万人马；二是挖石敬瑭墙脚，求得耶律德光支持，自己做中原的皇帝。而且，他对契丹开出的条件，比石敬瑭还要丰厚。耶律德光接到赵德钧的密信，怦然心动。石敬瑭得知消息后，马上派出心腹桑维翰出使契丹，跪哭苦求耶律德光不要抛弃自己。面对石敬瑭的死皮赖脸和低三下四，耶律德光思虑再三，这才拒绝了赵德钧。

清泰三年（936）十一月，石敬瑭在耶律德光册封下，在柳林（今天太原市小店区刘家堡乡西柳林村）登基称帝，改清泰三年为天福元年，国号“晋”，史称后晋。称帝之后，石敬瑭立即兑现诺言，向契丹割让幽云十六州，并承诺每年进贡三十万匹丝帛。

另一边，晋安寨在契丹和石敬瑭人马围困下，已经陷入绝境。朝廷军队多次突围未果，营中没了粮草，只好筛出木屑混着马粪给马吃，士兵则开始杀马充饥。主帅张敬达性情刚强，人送外号“张生铁”，他对李从珂忠心耿耿，但手下将领可不愿意给李从珂陪葬。一天，副招讨使杨光远、次将安审琦暗中劝说张敬达向契丹军队投降。张敬达说：“吾受明宗及今上厚恩，为元帅而败军，其罪已大，况降敌乎！今援兵旦暮至，且当俟之。必若力尽势穷，则诸军斩我首，携之出降，自求多福，未为晚也。”（明宗皇帝和当今皇上对我恩情厚重，我身为元帅却打了败仗，罪过已大，更何况投降敌人！现在援军很快就要到来，咱们先咬牙支撑等待救兵。如果真到了山穷水尽的地步，你们砍下我的脑袋，出城投降，保全性命，也不算晚！）张光远闻言努嘴示意安审琦杀掉张敬达，安审琦没有忍心下手。

昭义节度使高行周知道杨光远对张敬达起了杀心，就常常率领卫士骑马紧随张敬达身后警卫。张敬达不明就里，对身边人说："高行周总是带人骑马跟着我，不知何意？"高行周听张敬达如此一说，怕对方误会，此后不敢再跟着他。一天，趁着张敬达在招讨使营议事，恰好高行周、符彦卿等人不在的机会，张光远忽然拔刀砍杀张敬达，然后派人带着张敬达的首级和表章向契丹投降。当时，晋安寨尚有战马近五千匹、铠甲五万副，完全可以再坚持一段时间，奈何碰到李从珂这样自暴自弃的主和杨光远这种贪生怕死的小人，实在是不幸。

晋安寨既破，耶律德光继续帮助石敬瑭南下扩大战果，敌对双方在团柏谷（在今山西祁县东）遭遇，展开对战。混战中，赵德钧、赵延寿父子不战先逃，符彦饶、张彦琦、刘延朗等各路将帅也相继溃逃。石敬瑭和契丹军乘胜继续南下进逼。不久，赵德钧父子归降契丹，其他各路将帅也纷纷投降。李从珂见大势已去，只得率领残部逃回洛阳。

国君死社稷。为保留最后的尊严，绝望的李从珂带着传国玉玺，与曹太后、刘皇后以及儿子李重美等人一起登上玄武楼，准备自焚。临死前，刘皇后想把皇宫一把火也烧了。心性仁慈的李重美劝说道："新天子至，必不露居，他日重劳民力；死而遗怨，将安用之。"（新天子来了，肯定不会露天而居，到时候还会逼使百姓重新建造。我们死了还让百姓怨恨，实在没有必要。）李嗣源的王淑妃劝曹太后说：“事已万急，不如权时躲避，听候姑夫（石敬瑭）裁夺！”曹太后因为石敬瑭是她女婿而倍感愧疚，决定与李从珂一起赴死，就对王淑妃说：“李家如今败亡，我无颜苟活，请你带着孩子们好好活下去吧。”说罢，李从珂与曹太后带着皇族宗室和宫人们在楼上点火自焚，一时间火光冲天，楼内所有人都葬身火海，传自秦朝的传国玉玺从此不知所终。王淑妃带着养子李从益和李嗣源的幼女永宁公主藏在鞠场内，幸免一死。

李从珂终年五十二岁，死后没有谥号和庙号，史称“后唐末帝”或“废帝”。至此，后唐四易其主，共十四年而亡。纵观李从珂的一生，早前在战场上勇武过人、胆识非常，而后凭机运和时势夺得帝位。他在位仅两年多，驭人无谋、治国无方，不该沉默时沉默，须勇敢时软弱，最终自焚而死。他的一生，是由勇猛与软弱、机遇与失误共同书写的一出悲剧，令人感慨万千。

第八章

儿皇帝引狼中原：后晋启示（上）

危局难撑欲起兵

要说五代十国谁最有名，当然要数后晋高祖石敬瑭。他名气之大，几乎可以和明末清初的吴三桂并驾齐驱，当然与吴三桂相比，他没有“冲冠一怒为红颜”的浪漫，却多了层“认贼作父”当“儿皇帝”的屈辱，千秋万代，骂名滚滚，成为中国历史“卖国贼”的代名词。

石敬瑭本是沙陀族平民后裔，连姓都没有，至于为什么姓石，也不知原因。他爹叫臬捩（niè liè）鸡，是晋王李克用的部下，因功得授洺州（治今河北邯郸）刺史。根据史书记载，石敬瑭生于太原，家中排行老二，从小就沉默寡言，喜欢研读兵法，非常崇拜战国名将李牧和西汉名将周亚夫。石敬瑭善于骑射，为人稳重沉静，李嗣源对他格外欣赏，不仅把女儿嫁给他，还提拔他为自己的亲军统领，视其为心腹。石敬瑭为沙陀李家出生入死，立下了赫赫战功，他不仅在战场上多次救过岳父李嗣源的命，在李嗣源遇到政治难题时，也会为其出谋划策。最突出的例子就是，石敬瑭劝李嗣源顺应时势，在兵乱时夺取帝位。

李嗣源称帝后，石敬瑭节节高升，得赐“竭忠匡运宁国功臣”名号，兼任侍中、太原尹、北京留守、河东节度使，另兼大同、振武、彰国、威塞等地军队蕃汉马步军总管，全面掌控河东这块后唐龙兴之地的军政大权。石敬瑭在中兴殿宴会上，举杯为新皇帝的李嗣源祝寿，伤感道：“我虽微小怯懦，但想到边陲大事，岂能不竭力尽忠，只是我想到自己要远离京都，长久见不到皇上，不能随时请安，为此心中难过。”李嗣源闻言为之动容落泪。

唐明宗李嗣源死后，儿子李从厚继位，也就是后唐闵帝。李从厚是个毫无争议的庸主，于是李嗣源养子李从珂发动兵变夺权，也就是后唐末帝。李从珂即位后，石敬瑭迫于形势，不得不前往洛阳觐见。石敬瑭坐守天下第一强藩河东，退可自守，进可争雄天下，再加上他有很高的威望，因此被李从珂深深忌惮。李从珂本想把觐见的石敬瑭扣为人质留在京城，但石敬瑭通过公主妻子和岳母曹太后的多次斡旋，得以重回河东。石敬瑭侥幸逃出虎口，心有余悸，回到河东马上积极备战，设法自保。

太原是石敬瑭的故乡，这里有他的宗族、亲属、故旧，他在这里比其他地方有更大的号召力。事实上，石敬瑭首次出任河东节度使时，就带着刘知远、景延广、刘继勋等一干旧将随同前往。到达河东后，他创置新军，招募了武行德、李万超等一批骁勇之士，建立起一支亲信牙兵队伍。此外，在他身边还聚集了一批幕僚，如节度判官赵莹、掌书记桑维翰、观察判官薛融等，组成了一个文人智囊团。这些人组成了石敬瑭的文武班底，特别是桑维翰和刘知远二人，分别是文、武两大领班。

面对李从珂的猜忌，石敬瑭一边在京城派来的使者面前装病示弱，说自己没有精力治理地方政务，以此来麻痹李从珂；另一边则以屯粮防备契丹入侵为名，多次向李从珂索要大批军粮，实际是为今后打算。石敬瑭还贿赂岳母曹太后的身边侍从，让他们暗中留意皇帝的动向。李从珂的一举一动，尽在石敬瑭掌握之中。一天，石敬瑭的公主妻子从李从珂的生日宴上辞归时，李从珂趁着酒意，开玩笑说她是不是赶着回去和丈夫一起造反。听到妻子的转述，石敬瑭更加惶恐不安，暗地里加紧了防备。

后唐清泰三年（936），李从珂和石敬瑭又开始新一轮相互试探。石敬瑭以退为进，以年老多病为由请求辞职。李从珂顺水推舟，调石敬瑭任郓州节度使，还派建雄节度使张敬达监督、催促他即刻赴任。此时，双方都非常清楚这意味着什么。

你不仁我不义，既然李从珂这样不留余地，石敬瑭也就没再伪装的必要了。他立即召集将佐们会商，十分煽情地说："吾之再来河东也，主上面许终身不除代；今忽有是命，得非如今年千春节与公主所言乎？我不兴乱，朝廷发之，安能束手死于道路乎！今且发表称疾以观其意，若其宽我，我当事之；若加兵于我，我则改图耳！"（我上次回河东时，主上曾当面承诺，终身不再派别人来接替我。现在却突然下了调令，莫非真是因为今年千秋节与公主说的那句醉话？我本人不会作乱，朝廷却一再逼迫，难道要我坐以待毙吗？现在我暂且先称病不走，观察下朝廷态度。如果对我宽容，我就继续侍奉朝廷；若是对我用兵，那我就要另作打算了。）

众将意见不一，你一言我一语，有劝继续观察的，有劝马上起事的。这时，掌书记桑维翰开腔了："主上初即位，明公入朝，主上岂不知蛟龙不可纵之深渊邪？然卒以河东复授公，此乃天意假公以利器。明宗遗爱在人，主上以庶孽代之，群情不附。公明宗之爱婿，今主上以反逆见待，此非首谢可免，但力为自全之计。"（主上继位时，您入朝称贺，主上哪会不懂蛟龙不可纵之归渊的道理？但最后还是把河东再次交给了您，这就是天意要助您。先皇对百姓慈悲仁爱，当今主上却以义子身份强行登基，本来就有很多人不服。您是先皇爱婿，主上却把您当逆贼来看，您就算称病谢罪也不能避祸，还是全力设法自保吧。）

接着，桑维翰又献计说："契丹素与明宗约为兄弟，今部落近在云、应，公诚能推心屈节事之，万一有急，朝呼夕至，何患无成！"（契丹和先皇曾有兄弟之盟，现在他们正好在云州、应州一带，您若是能低头讨好他们，万一有急事，他们很快就能赶来支援，哪还用担心办事不成呢。）从桑维翰的主意可以看出，他实际是石敬瑭向契丹称臣称儿、割地求荣的始作俑者。

桑维翰的话让石敬瑭心动，当时李从珂控制着中原二十藩镇，而他只有河东一道，双方实力对比悬殊。他要存活，只能找外援。放眼天下，唯一有实力救援石敬瑭的，只有北边的邻居契丹辽国。可契丹不是大善人，没有足够的好处，人家凭什么帮你！为此，石敬瑭只得拿出诚意，不仅愿意认比自己小十几岁的契丹国主耶律德光作干爹，还愿意事成后向契丹称臣纳贡，割让幽云十六州，每年进奉三十万金帛。

对于石敬瑭起兵反唐，大将刘知远非常支持："明公久将兵，得士卒心；今据形胜之地，士马精强，若称兵传檄，帝业可成，奈何以一纸制书自投虎口乎！"（您久掌兵权，甚得军心，又据有河东百战之地，兵强马壮，一旦起兵发布檄文，帝业可成，千万不要接到皇帝诏书就入朝自投虎口！）但他对石敬瑭为求契丹相助，疯狂割肉的行为，还是不能接受，劝石敬瑭道："称臣可矣，以父事之太过。厚以金帛赂之，自足致其兵，不必许以土田，恐异日大为中国之患，悔之无及。"（您对契丹称臣就行了，认干爹就过了。只要多花点金帛，就能换来契丹军队帮忙，不要对他们许诺割地，否则恐怕日后契丹会成为中原的心腹大患，到时后悔莫及。）

当时石敬瑭河东军事集团的上层中，绝大多数人支持向契丹称臣称子，只有刘知远一人反对。事情后面的发展走向，证明了他的战略眼光，他一眼就看出一旦割让幽云十六州，必然导致将来中原无险可守。石敬瑭割让燕云十六州，当然不是仓促做出的决定，可以说是深思熟虑的结果。为了取代李从珂当皇帝，他完全豁出去了。只有获得契丹的帮助，他才能逆风翻盘。

奉送燕云十六州

五代乱世，君臣父子这一套儒家礼法规范，可以说是荡然无存。后唐算是五代存续时间较长的政权，但四任皇帝就换了三姓人家。乱世之中，光讲道义是无法生存的，往往反而是不择手段才能保全自己。话说后唐末帝李从珂与石敬瑭撕破脸后，石敬瑭下定决心起兵反唐，但仅凭河东一镇兵力，胜算不大。为此，石敬瑭找到了实力强劲的契丹作为外援，不仅允诺称臣纳贡，甚至不惜认小自己十一岁的契丹国主耶律德光作干爹，还答应事成之后，割让雁门关以北，西起云州、东至幽州的燕云十六州。

对于割让燕云十六州这个决定，石敬瑭有自己的小九九。燕云十六州一共分为三部分：一是卢龙军节度使赵德钧据有的幽（治今北京西城、丰台区）、涿（治今河北涿州）、蓟（治今天津蓟州区）、檀（治今北京密云、怀柔区）、顺（治今北京顺义区）、瀛（治今河北河间）、莫（治今河北任丘）七州。这七州，契丹垂涎已久。而赵德钧呢，他也有自己的小九九，此人在幽州根基深厚，也想趁乱谋夺中原，可以说是石敬瑭的一大劲敌。把劲敌的地盘卖了，石敬瑭自然不心疼。二是河东代北的云（治今山西大同）、应（治今山西应县）、朔（治今山西右玉县）、寰（治今山西朔州）、蔚（治今河北蔚县）五州。在这五州中，石敬瑭真正损失的，只有一个山川隔绝、对他向心力很弱的蔚州而已。剩下的四州实际控制人，云州的节度使沙彦珣、应州和寰州的彰国军节度使尹晖、朔州的振武军节度使安叔千，都服从后唐中央朝廷，并不听从石敬瑭差遣。所谓的“割让”，就是我卖你田心不痛，却给契丹人一种作出了巨大牺牲的假象。三是威塞军节度使杨汉宾所领的新（治今河北涿鹿县）、妫（治今河北怀来县）、儒（治今北京延庆区）、武（治今河北张家口市宣化区）四州。此四州刚好夹在幽燕和代北之间，前面地方一割，这四州必不能独存，只会平添与契丹摩擦的风险，索性也献给契丹以示乞援诚意。

总而言之，石敬瑭让出燕云，并非豪横无脑，而是有着“精明”的政治考量，意图最大限度削弱竞争者赵德钧的实力，出让李从珂的最大权益，实际涉及他自己的利益只有蔚州一地。表面上看是耶律德光赚大发了，而实际上石敬瑭本人的核心利益并未受损。不得不说，石敬瑭这种政治取舍，把五代时期一个乱世军阀精于算计又孤注一掷的赌徒气质展现得淋漓尽致。果不其然，石敬瑭这一条件开出，本就对中原有图谋之心的耶律德光，无限狂喜，马上答应出兵。

石敬瑭揭竿起兵反唐，李从珂这边即刻派出五镇联军，把石敬瑭围困在晋阳。不久，随着契丹兵的到来，晋阳之围解除。耶律德光和石敬瑭这对假父子终于见面，两人一见如故，欢声笑语，随即合兵把李从珂的大部队围困在了晋安寨。卧龙之地必有凤雏，当时的野心家可不止石敬瑭一个。五镇联军三大主力之一的卢龙节度使赵德钧，也不是善茬，眼见石敬瑭攀上契丹的高枝后，风生水起，眼红得不行。于是派使者找到耶律德光，在密信中开出了自己的价码：“若立己为帝，请即以见兵南平洛阳，与契丹为兄弟之国，仍许石氏常镇河东。”（只要您立我做中原的皇帝，那我就直接向南平定洛阳，与契丹约为兄弟之国永不相侵，同时，我也会允许石敬瑭依旧镇守河东。）老实说，相比石敬瑭的条件，赵德钧不仅要当皇帝，对契丹也仅仅约为兄弟之国，不称臣、不降辈、不割地，吸引力不大。但耶律德光当时考虑很多，对于选择石敬瑭还是选择赵德钧，一时拿不定主意。因此，他与石敬瑭的联军和后唐军一直在晋安寨附近拉锯。战局拖延，对深入敌境的契丹军队来说十分不利。赵德钧的幽州兵实力强劲，范延光的魏博兵也在东面伺机而动，一旦中原北部各州兵马倾巢而出，契丹人回家的后路可能会被切断！

石敬瑭得知赵德钧也勾搭上了耶律德光，大惊失色，忙派桑维翰去找耶律德光，先是大拍马屁说：“大国举义兵以救孤危，一战而唐兵瓦解，退守一栅，食尽力穷。”（契丹大国举义兵前来救危，只一仗就使唐兵瓦解，只能退守孤寨，坐等粮尽力竭。）接着又点破赵氏父子的心思，劝说耶律德光：“赵北平父子不忠不信，畏大国之强，且素蓄异志，按兵观变，非以死殉国之人，何足可畏，而信其诞妄之辞，贪毫末之利，弃垂成之功乎？”（赵德钧父子不忠不信，畏惧契丹大国强大，一直心怀异志，故意按兵不动，观察局势变化，不是那种为国死难的忠臣，这样的人军力强盛也不值得畏惧。希望您不要相信他那些诞妄的言语，贪小利而放弃马上到手的大功！）最后，桑维翰还许诺：“且使晋得天下，将竭中国之财以奉大国，岂此小利之比乎！”（如果让我主得到中原，我们会竭中原之力来供奉您的，岂是赵氏父子那几个小钱能比的！）

面对桑维翰的陈述，耶律德光有点不好意思，自辩说：“尔见捕鼠者乎，不备之，犹或啮伤其手，况大敌乎？”（你见过捕鼠的人吗？稍不防备，就可能被老鼠咬伤手，更何况是面临大敌呢！）桑维翰据理反问：“今大国已扼其喉，安能啮人乎！”（现在您已经掐住老鼠的喉咙，它又岂能再咬人？）耶律德光继续解释道：“吾非有渝前约也，但兵家权谋不得不尔。”（我不是想取消咱们之间的约定，这不过是一种兵家权谋而已。）

桑维翰也不上当，直接回道：“皇家以信义救人之急，四海之人俱属耳目，奈何二三其命，使大义不终！臣窃为皇帝不取也。”（皇家以信义救人急难，全天下有谁不知，怎么能因为赵氏父子的无理要求，白白断送了现有的信义之名！臣认为陛下不能这样做啊。）说完跪倒在耶律德光的帐前痛哭不起，从白天一直到傍晚，大有不死不休之势。也不知是耶律德光自己想通了，还是被桑维翰哭烦了，最后还是选择了石敬瑭。他指着帐前的一块大石头对赵德钧派来的使者说：“我已许石郎，此石烂，可改矣。”（我已经许诺了石郎，除非这块石头烂了，我的决定才会改变。）

后唐清泰三年（936）十一月，石敬瑭在耶律德光册封下，意气风发地在柳林即位，国号“晋”，史称后晋。石敬瑭的即位大典，可以说是中国历史上皇帝登基大戏中一出最荒诞的闹剧。即位大典上的石敬瑭，头上戴的、身上穿的都是契丹衮服，里面穿的却是汉服，脚上穿的也是汉家帝王的袜履，其状不伦不类。而且，耶律德光在册封石敬瑭的诏书上开宗明义道：“咨尔子晋王。”一个“子”字，不仅让石敬瑭蒙羞，更让中原政权蒙受前所未有的耻辱。大典之后，石敬瑭还到契丹跪拜“父皇”耶律德光，正式把燕云十六州割让给契丹，并许诺每年向契丹皇帝进贡三十万匹丝帛。

对于石敬瑭来说，割让燕云十六州并不是有多大损失的事。但他这一举动，却直接使得日后中原汉族政权在防御北方游牧民族时极其被动。幽云十六州的北部是燕山和太行山两大山脉，地势险峻复杂，形成了一道天然的军事防线，是古代中原王朝防御北方游牧民族铁骑南下的重要屏障；南部则气候温和，降水充足，适合农业生产，自古以来就是物产丰富、农业发达的人口稠密之地。一直以来，十六州的得失，无论对契丹辽国，还是中原王朝都至关重要。失去幽云十六州之后，中原门户大开，无险可据，游牧民族的骑兵可在一马平川的河北平原来去如风，如入无人之境。此后四百多年间，中原一直处于游牧民族势力的威胁之下，其间虽然有帝王、豪杰长期努力尝试收复，但一直未能成功。

石敬瑭返回晋阳后，登殿改元，年号为“天福”，一切法制皆沿袭后唐明宗李嗣源时。而后，他下诏册立晋国长公主李氏为皇后，任赵莹为翰林学士承旨，桑维翰为翰林学士、代理知枢密院事，刘知远为侍卫马军都指挥使，景延广为步军都指挥使，其他文武将佐也都各有封赏。随后，石敬瑭大军一路向京师进发，势如破竹。后唐末帝李从珂见大势已去，举家自焚殉国，后唐就此终结。从此，历史进入了“儿皇帝”石敬瑭的时代。

儿皇帝跪乞事辽

五代乱世，要想生存下来，往往拼的就是无底线，比的就是不要脸。石敬瑭之所以能登基称帝、占据中原，不是因为他多么能打，而是因为他给自己找了个好爹。这一点，石敬瑭心知肚明。为了保住自己的帝位，石敬瑭卖地求荣，把燕云十六州割让给契丹作为酬谢，因此成为中国历史上不可翻案、板上钉钉的千古罪人。

石敬瑭既然依附契丹建立后晋，当然是事事跪求契丹，不仅奉表称臣，还在诏书上尊称契丹主耶律德光为“父皇帝”，称自己为“儿皇帝”。每年除固定进贡金帛三十万外，逢年过节时，石敬瑭这个干儿子还会各种表示。每当有契丹国使者来朝，石敬瑭会特意在别殿拜受诏书。当然，石敬瑭巴结的不只是干爹耶律德光，还包括干奶奶述律太后等契丹皇室和勋贵，以及韩延徽、赵延寿等契丹重臣。搞笑的是，赵延寿正是前面提到的那个曾经和他抢认干爹的赵德钧的养子。契丹人见石敬瑭如此卑贱，打心里瞧不起他，只要稍不如意，或是礼数不周，立马遣使责问，而石敬瑭总是厚着脸皮赔笑，几乎从不辩驳。

时间一久，契丹人的臭脾气被石敬瑭惯得更大了。天福二年（937），石敬瑭命冯道为太后册礼使，为契丹册立他的干奶奶述律为新太后而道贺，一度被耶律德光扣留，在漠北饱受羞辱。使臣受辱而归，自然找朝中大臣诉苦。虽然石敬瑭自甘下贱，但后晋政权中并非人人都是软骨头，不少人对此义愤填膺。石敬瑭依然如故，毫无心理压力。耶律德光见石敬瑭恭顺，多次制止他上表称臣，命他可以像家里人一样自称“儿皇帝”，还颁给他宝册，加封石敬瑭为“英武明义皇帝”。石敬瑭受到册封，对契丹更加恭敬。

石敬瑭之所以肯放下尊严委屈自己，是因他深知晋国一旦和耶律德光交恶，肯定打不过辽国，最后吃亏的只会是自己。尤其是石敬瑭接手中原王朝后，面对的是一个烂摊子：一是战争焚掠之后，国库基本上就是个空壳子，自己手下军队都快养不活了，还得供养契丹；二是藩镇大多都不服自己，人心不一，骑驴找马者比比皆是，有人还时不时暗中搞事。在这种内部不稳、实力不济的情况下，石敬瑭绝不敢和契丹闹翻。

为了尽快解决战后面临的诸多问题，石敬瑭采纳宰相桑维翰的建议，开始所谓的国家建设：一是“推诚弃怨以抚藩镇”，即放弃前怨，诚心诚意安抚各地藩镇；二是“卑辞厚礼以奉契丹”，即坚持与契丹长期修好的外交方针不动摇，确保大局稳定；三是

“训卒缮兵以修武备”，正所谓打铁还需自身硬，只有自身强大，才能震慑各方蠢蠢欲动势力；四是“务农桑以实仓廪”，即以农业为本，恢复生产，稳定民生，只有百姓稳定了政权才稳固；五是“通商贾以丰货财”，即鼓励商人交易，促进商业繁荣，农商协同发展，不断充实国家财政。这些政策，在石敬瑭时代一直沿用。数年间，后晋国内局势逐渐稳定，形成一个可以和后唐明宗“小康社会”相媲美的治世。所以，一些大儒对石敬瑭有不低的评价，如薛居正在《旧五代史》中就称赞他道：“旰（gàn）食宵衣，礼贤从谏，慕黄老之教，乐清净之风，以絁（shī，粗绸）为衣，以麻为履，故能保其社稷，高朗令终……以兹睿德，惠彼蒸民，虽未足以方驾前王，亦可谓仁慈恭俭之主也。”（他勤于政务，每天很晚才吃饭，天不亮就起床；礼遇贤能之士，虚心听取谏言；崇尚道家清静无为的治国理念，喜爱朴素淡泊的生活作风；穿粗绸做的衣服，踏麻布编的鞋子。因此能守护国家基业，以贤明崇高的品德善始善终……凭借这样的智慧与德行，惠泽天下百姓。虽然还不足以与古代圣王比肩，但也称得上是仁爱慈善、谦恭节俭的君主了。）

所以，石敬瑭对契丹甘做舔狗，虽然人格卑下，但对国内百姓却称得上是一个仁君。刚进入洛阳，他就下诏减轻百姓的盐税。要知道，盐税向来是朝廷税收的大头，历任掌权者对百姓那都是极尽榨取。而当时的石敬瑭，除了自家的军队和大臣，还要供养契丹干爹等一大帮人，比谁都需要钱，但他却没想过压榨百姓。除了在盐税上让利百姓，石敬瑭还颁布了一条特别规定："天福元年以前，诸道州府应系残欠租税，并特除免。"即不承认李从珂后唐政权对百姓征收的税目，包括先前酒曲钱，一并废止。而且一听说国内哪里有旱灾、蝗灾，石敬瑭都会让当地税务机构减征税额。抛开石敬瑭和耶律德光间被人不齿的关系和割让燕云十六州的恶行，只从百姓利益的角度看，石敬瑭在五代时期可以算一个好皇帝。

当然，夸赞石敬瑭的北宋大臣薛居正本来就是后唐时期的进士，他说石敬瑭"旰食宵衣"尚可，但说他"高朗令终"就有点滑稽了。实际上，石敬瑭是在一种忧郁、恐惧的状态下死去的。毕竟他的帝位是靠无节操乞求契丹支持，然后武力夺取来的，其他藩镇节帅们中不服他的大有人在，其中镇守魏州的天雄军节度使范延光就是第一个跳出来的。

不久前，范延光还在李从珂诏令下和石敬瑭刀兵相见，没想到转眼间，石敬瑭就做了皇帝，大势所趋，范延光不得不归降石敬瑭，但是两人面和心不和。范延光和石敬瑭都曾效忠后唐明宗李嗣源，原本平起平坐。如今石敬瑭称帝，范延光心中难免生起嫉心。范延光没发迹时，曾有个叫张生的术士给他算命，说他日后必出将入相。范延光本来也就听个乐，没想到后来应验了。从此，他就将张生奉若神明。一次，范延光梦见一条白蛇钻进自己肚子里，于是找张生解梦。张生答道："蛇者龙也，帝王之兆。"范延光对此深信不疑，于是做起了皇帝梦。现在眼见石敬瑭做了皇帝，他眼红不已，内心蠢蠢欲动。

范延光坚信自己是天选之人，再加上他驻守的魏州是河北大镇，实力与石敬瑭真差不了多少，于是，他表面上和石敬瑭周旋，暗中却给齐州防御使秘琼写信，约他一同起兵。秘琼可不傻，不愿意陪范延光玩火，连信都没回。范延光怀恨在心，派人在秘琼去齐州赴任的路上将他灭口，连带把秘琼的家当洗劫一空。事后范延光奏称：手下军人捕捉强盗，误杀了秘琼。紧接着，范延光聚兵修甲，并把魏博各州的刺史全部召回魏州，暗中积蓄力量，准备造反。

石敬瑭本就对范延光怀有戒心，现在听说他在魏州动作频频，更是担忧，但一时又找不到什么办法。这时，桑维翰提出迁都之议道："大梁北控燕赵，南通江淮，水陆都会，资用富饶。今延光反形已露，大梁距魏不过十驿，彼若有变，大军寻至，所谓疾雷不及掩耳也。"（大梁北控燕赵，南通江淮，是个水陆交汇的大都会，物资储备富饶。如今范延光的谋反迹象已经初显，大梁距离魏州又不过十个驿站，范延光若是想动手，我军便可以迅雷不及掩耳之势，攻向魏州。）石敬瑭听闻觉得在理，便着手计划迁都汴梁，他以洛阳漕运不足为借口，东巡汴州，为了稳住范延光，特意加封范延光为临清郡王。

五代时的郡王头衔，含金量已经大大下降，但凡有点能耐的军阀，都想着自己当皇帝，没人看得上一个郡王的虚衔。范延光得知石敬瑭打算迁都洛阳，明白这是要就近盯防自己，一旦发现异动，麾下大军马上就会杀来。在这紧要关头，范延光突然一病不起。一直以来，范延光把军府事务交给心腹左都押牙孙锐处理，这孙锐仗着范延光的恩宠，独断专横，甚至当着范延光的面也敢把文书撕碎。孙锐和澶州刺史冯晖两人，都是反心高涨之徒，曾多次劝说范延光趁早起事。病床上的范延光想起那个白蛇入腹的帝王之梦，觉得没必要也没有时间再等下去，决定马上起事。

那么，石敬瑭会如何应对这场预见中的兵变呢?

人心易变难预测

话说石敬瑭认贼作父，割地求荣，很多藩镇节帅因此对他十分鄙视和不服。天雄军节度使范延光第一个跳出来造反，他派心腹孙锐和澶州刺史冯晖率二万步骑进攻黎阳（今河南浚县），正式扯起了反旗，向石敬瑭宣战。

兵来将挡，水来土掩。石敬瑭对这一天早有预见，马上派侍卫马军都指挥使白奉进率一千五百骑屯守白马津（位于今河南滑县北），再遣东都巡检使张从宾为魏州西南面都部署，又派侍卫都军使杨光远率一万步兵屯守白皋（位于今河南滑县东北古黄河津渡处），然后让妹夫护圣都指挥使杜重威屯守卫州，从各个方向围堵范延光进军之路。石敬瑭本以为可以十拿九稳、大获全胜，不料坏消息一个个传来：大将张从宾被范延光拉拢，投奔范延光，不仅趁乱杀掉石敬瑭最后两个儿子河阳节度使石重信、洛阳留守石重乂，还引兵攻打汜水关（位于今河南荥阳汜水镇），进而威胁石敬瑭所在的汴梁。

福无双至，祸不单行。这边张从宾的背刺已经让石敬瑭焦头烂额，没想到魏州前线的滑州（治今河南滑县）又发生了兵变：昭信节度使白奉进和义成节度使符彦饶，因为军纪问题发生了冲突，两人还没与敌交战就先自己火拼起来。白奉进在混乱中被符彦饶所部杀死，符彦饶随后被右厢都指挥使卢顺密活捉，押至汴梁处死。

滑州未战就先折损两名主将，石敬瑭于是调杨光远去滑州驻守。杨光远此人有反叛前科，当年为了活命，他曾经刺杀张敬达，率众投降石敬瑭。杨光远人还没到任，手下将士听闻滑州内乱，就想拥立他为帝。看到手下利令智昏，杨光远却很清醒，呵斥众人道："天子岂汝辈贩弄之物！晋阳之降出于穷迫，今若改图，真反贼也。"（天子之位岂是你们买卖的货物！当年我在晋阳投降，是迫于无奈，现在如果再有异心，那就真是反贼了！）魏州、孟州、滑州三镇相继造反，人情大震，石敬瑭不免有些惊慌，急问刘知远等大臣该怎么办。

作为后晋第一战将，刘知远与桑维翰态度一致，劝说石敬瑭遇到挫折不可丧失斗志，没了斗志，就没了翻盘的希望。他以过往晋阳的经历鼓励石敬瑭道："帝者之兴，自有天命。陛下昔在晋阳，粮不支五日，俄成大业。今天下已定，内有劲兵，北结强虏，鼠辈何能为乎！愿陛下抚将相以恩，臣请戢士卒以威；恩威兼著，京邑自安，本根深固，则枝叶不伤矣。”（帝王之兴，自有天命。陛下当年在晋阳时，粮草不够支持五天，都能成就大业。如今天下已定，我方内有强大兵力，外有契丹强援，范延光等鼠辈又能有什么作为！请陛下以恩信厚待将相，臣等以军威严待士卒，恩威并施之下，京城人心自然安定，根本牢固，其他都是小事了。）

刘知远的一席话，让石敬瑭转忧为喜，便令他放手整顿京师防务。刘知远受命后，严明军纪，设立科罚禁犯条令，严格约束宿卫汴梁的禁军。一次，有个士兵偷了一些纸钱被人抓获，按律当斩。左右的人觉得罪行轻微，为他求情。但刘知远却说：“吾诛其情，不计其直。”（我依事定罪，不管偷的东西值多少钱。）坚持依法把偷钱的士兵给杀了。从此之后，众军士对刘知远十分畏服，没人再敢趁乱搞小动作。

为了尽快平叛，石敬瑭任杨光远为魏州行营都招讨使，昭义节度使高行周为河南尹、东京留守，直奔魏州；又任杜重威为昭义节度使、侍卫马军都指挥使，侯益为河阳节度使，进攻汜水关。两路人马目标明确，行动迅速。没多久，杨光远便率军来到滑州六明镇，正好遇到魏州叛将冯晖、孙锐等人渡河前来，当即趁他们半渡之际，发起进攻。冯晖和孙锐不能抵挡，被斩三千级，大败而逃，许多士兵溺水而死。冯晖和孙锐败后，仓皇逃回魏州。另一路的杜重威等人，在汜水关大败张从宾的万余叛军，叛军死伤无算，几近全军覆没，叛将张从宾溺水而亡，叛将张延播、娄继英等被擒，押回汴梁斩首灭族。

范延光志大才疏，一战过后，多年积累的家底差不多被冯晖、孙锐挥霍一空，再没有与石敬瑭玩下去的本钱。范延光见势不妙，立即杀掉孙锐全家，并派出使者向石敬瑭上表请罪，将谋反的黑锅一股脑全丢给死人。石敬瑭自然不答应，让杨光远继续围困魏州。杨光远是个滑头，他拥兵观望，同朝廷谈条件讲价钱，就是不出兵。为了稳住他，石敬瑭不惜把女儿嫁给杨光远的长子杨承祚，还给他的次子杨承信安排了一个很高的职位。至此，杨光远这才出兵，但他的军队只是在魏州城下虚张声势，不肯倾力攻城。这一围就差不多一年，范延光的心腹冯晖顶不住压力，率先出城投降，被石敬瑭提拔为义成节度使，借此诱降魏州其他将士。

围困魏州一年，劳师费饷，快撑不住的不仅是范延光，石敬瑭也一样。军队在前线打仗，各种军需物资源源不断地消耗，劳民伤财，天长日久，不可支持。石敬瑭无奈之下，遣使入城劝降范延光，许诺他投降后换防另到一处重镇，绝对不会杀他。范延光其实也早有降意，又知道石敬瑭说话算数，于是顺坡下驴答应了投降，还把两个儿子送到汴梁做人质。石敬瑭也信守诺言，不但对范延光既往不咎，封为高平郡王，调任天平军节度使，还赐给他一块免死铁券。范延光的心腹李式、孙汉威等，也都各有晋升任用，就连曾经杀了他儿子的人也一并赦免。魏州步军都监使李彦珣，杨光远曾派人找来他母亲到城下招降，结果他竟然一箭把自己亲妈射杀当场，在讲究孝道的中国古代，堪称千古一人了。但就是这样一个人也被升为坊州刺史，别人造反殃及全家，石敬瑭手下造反倒好，全民升官。总之，范延光之乱就这样虎头蛇尾地结束了。

平定范延光之乱后，石敬瑭将汴梁升为东京，恢复开封府的建置，改洛阳为西京，而曾经的西京长安则降为晋昌军。虽然魏博之乱再次画下句号，但石敬瑭丝毫不敢松懈，因为他的漫漫平叛路，才刚刚开始。

杨光远因降服范延光，劳苦功高，成为石敬瑭的红人。论实力，他兵强马壮，位居各镇节度使之首。石敬瑭授杨光远为天雄节度使，加官检校太师，兼中书令。杨光远升官加爵之后，志得意满，人变得越加嚣张跋扈，难以制约。

当时，桑维翰、李崧两人既是宰相，又兼任枢密使一职，让宣徽使刘处让等人很不满。杨光远围攻范延光时，朝廷反复催促他进军，杨光远却延宕观望，并多次向朝廷索要军需，被桑维翰驳斥不许，为此杨光远一直心怀不满。此时，刘处让借机挑拨，对杨光远说都是桑维翰、李崧两人故意和他作对，杨光远因此对桑维翰心存愤恨。范延光投降后，杨光远上表指责桑维翰两人的过失，并提出两人权力过大，理应削减他们的权力。石敬瑭怕杨光远再生事端，不得已把两人的枢密使职务免了，让桑维翰出任兵部尚书，李崧改任工部尚书，并升刘处让为枢密使。由此，杨光远变得更加专横，不时上表指斥朝政的是非。石敬瑭见他如此专横，担心将来他势力壮大后难以控制，于是秘密与桑维翰商议对策。

那么，杨光远的结局会怎么样呢？

迁就姑息藩镇狂

石敬瑭称帝后的所作所为，给人的印象就一个字：怂。他不仅跪乞奉承契丹人，对杨光远等藩镇节帅也很迁就和容忍。范延光之乱平定后，作为平叛主帅的杨光远越发嚣张跋扈，对朝政也是各种指手画脚。就连身兼宰相和枢密使的能臣桑维翰，都只能避其锋芒，被石敬瑭撸去了枢密使一职，改任兵部尚书。

杨光远的专横，让石敬瑭越发忌惮起来。为防止杨光远坐大，石敬瑭找来桑维翰商议对策。桑维翰是石敬瑭建立后晋的关键人物，他自幼聪颖，擅长词赋，但相貌丑陋，身短面广，长大后常对镜自叹：“七尺之身，安如一尺之面！”因为长得太丑，科考时桑维翰曾被主考官拒绝录取，他为此立志，以“磨穿铁砚”之心狂学苦练，誓要荣登进士第。苦心人，天不负。经过多年的努力，桑维翰终于如愿及第，后来又成为石敬瑭的心腹谋士，一路飞升。

对于石敬瑭的担忧，桑维翰提出了移镇分镇的建议。石敬瑭依计而行，先是加封杨光远太尉的虚衔，调他为洛阳留守兼河阳节度使；然后把魏州治所广晋府（即大名府、兴唐府）独立出来，升为邺都，命河南尹高行周为广晋尹、邺都留后；接着，在相州（治今河南安阳）设立彰德军，以澶、卫二州为属郡，任贝州防御使王廷胤为彰德节度使；最后，在贝州（治今河北邢台）设置永清军，下辖博州（治今山东聊城）、冀州（治今河北衡水），任右神武统军王周为永清节度使。这些措施，是不是有点眼熟？没错，和当初后梁末帝朱友贞分割魏博可谓异曲同工。

被调离的杨光远自然愤愤不平，于是他秘密交结契丹，私下培植个人势力，对提出这一建议的桑维翰，更是恨之入骨。勉强移镇后，他再次上奏朝廷，指控桑维翰以公谋私，与民争利，弄得民不聊生，怨声载道。桑维翰此人，为官确有不检点之处，石敬瑭也不好为他辩驳，只能再次退让，外放桑维翰为彰德节度使。

收拾了桑维翰后，杨光远接着盯上了范延光。范延光服输认降后，进京封王，但同时失去了兵权。没了兵权的范延光，就是只纸老虎，没多久就申请退休。石敬瑭挺大度，直接让他以“太子太师”荣衔退休，居住在汴梁大别墅中，每当朝中举办大型宴会，必会邀请他参加，而且不计前嫌，对他的态度与群臣没有任何区别。时间一久，范延光颇感心累，于是奏请回河阳老家安享晚年，石敬瑭爽快答应放行。

范延光富可敌国，他带着家眷和几十大车金银财宝出发返回河阳。那一车车的财宝，让杨光远垂涎欲滴，再加上自己与范延光有仇，怕他日后东山再起找自家子孙的麻烦，于是便上奏说：“延光叛臣，不家汴、洛而就外藩，恐其逃逸入敌国，宜早除之。”（范延光是叛臣，如果不在汴梁、洛阳监视起来，便是纵虎归山，他日如果逃靠敌国，将会后患无穷，还是早些除掉为妙。）石敬瑭觉得杨光远所说有理，于是改变主意，让范延光留居在洛阳。其实洛阳也好，河阳也罢，都是杨光远的地盘。所以，范延光离开汴梁时，结局就早已注定。

范延光刚进入洛阳，杨光远的儿子杨承贵就带兵围住了他的宅第，逼他自杀。范延光拿出皇上赐他的免死铁券，申辩称皇帝许我不死，你们父子无权逼我自杀。杨承贵也懒得和他废话，直接用刀逼他上马，然后在过桥渡黄河时，故意把范延光连人带马挤下河。范延光是个大胖子，在水里扑腾没几下就沉下河底淹死了。事后，杨光远上奏称，范延光不慎落水溺死。石敬瑭自然知道这是杨光远的诡计，但这个结果也是他愿意看到的，所以并未深究杨光远的所为。

没多久，杨光远入朝述职，石敬瑭对他说：“元城之役，卿左右皆立功，未曾旌赏，今各与一郡，俾厘任以荣之。”（围魏之战，爱卿手下皆立了大功，当时没顾得上封赏，现在决定让他们到各个州郡出任刺史，以彰功劳。）石敬瑭这一招釜底抽薪之计，是想把杨光远手下的将领都支走，让他做光杆司令。杨光远当时没有察觉石敬瑭的用意，还觉得这是一件好事，部下升官，自己脸上也有光啊，当即代表部下谢恩。接着，石敬瑭又把杨光远调为平卢节度使，移镇青州（治今山东青州），为了安抚他，另赐进爵东平王。这时候，杨光远终于知道已经掉进石敬瑭给自己挖的大坑。要知道，与洛阳这个大都市相比，青州简直就是穷乡僻壤，名义上是升官加爵，但实际上是削权远贬。杨光远心中恼恨，无奈没了兵权，手下将领也都被调走，现在也只能自己忍着。于是，杨光远带着家产和从范延光那里夺来的财宝，向石敬瑭借了三百匹马载运行李，郁郁寡欢地到青州上任去了。

另外，还有一件事可以看出石敬瑭的优柔寡断和藩镇节帅的嚣张。彰义节度使张彦泽生性骁悍暴虐，因为不喜欢儿子柔弱的性格，常常用大棍子痛打他。小张不堪毒虐，于是离家出逃。张彦泽将儿子抓回后，竟然火大到想杀掉他。手下掌书记张式好心劝阻，结果张彦泽反将怒火转向张式，操弓就要射死他。张式惊怕之下，拍马狂逃，而后上表向朝廷寻求庇护。石敬瑭觉得张彦泽会顾及自己的面子不再追究，于是下诏把张式流放到商州（治今陕西商洛）。没想到，张彦泽一点面子都不给石敬瑭，竟然派行军司马郑元昭到朝廷索要张式，并警告石敬瑭：我对自己手下人执行家法，希望皇帝不要掺和。如果非要掺和，我不敢保证自己会做出什么事……石敬瑭不得已，只好交出张式。张彦泽就下令让人把张式的嘴扒开，砍断四肢，挖出心脏，虐杀了这个部下，还把张式的妻儿都掠入府中淫虐。

石敬瑭之所以姑息纵容藩镇节帅，一是为了换取他们的支持，稳固自己皇位，二是为了向诸镇索取供奉，以充军国用度。毕竟石敬瑭需要供养的，除了自己手下军队和群臣，还有契丹一大帮干亲。根据《辽史》记载，石敬瑭称帝六年，先后四十三次派遣使者向契丹献礼进贡。作为一条十足的舔狗，朝廷内外的大事，石敬瑭一概听命于契丹君臣。

义武节度使王处直的儿子王威，先前为躲避王都叛乱逃亡到契丹。后晋义武军主帅因为皇甫遇外调空缺，耶律德光派人告知石敬瑭，希望任命王威为新任义武节度使。石敬瑭觉得不妥，推辞道："中国之法必自刺史、团练、防御序迁乃至节度使，请遣威至此，渐加进用。"（按照中原规矩，必须按刺史、团练使、防御使的顺序升迁，才能升任节度使。请陛下派遣王威回到晋国，儿臣对他逐渐加以重用。）耶律德光一听这话，非常恼火，下诏训斥道："尔自节度使为天子，亦有阶级邪！"（你小子从节度使直接当上皇帝，难道也是一级一级升上去的吗！）看到干爹申斥自己的诏令，石敬瑭没法辩驳，只好又派人送去厚礼，然后折中处理，任王处直哥哥的孙子、原彰德节度使王廷胤为义武节度使，这才将干爹耶律德光火气稍稍平息。

对于石敬瑭这种卑微跪乞契丹的态度，很多藩镇节帅都看不惯，其中以成德节度使安重荣最为不齿，他不仅公开向契丹叫板，还敢公然辱骂并杀死契丹使节，截留契丹物资，甚至还想骂醒石敬瑭，让他硬气起来反抗契丹。那么，石敬瑭会被安重荣说动吗？

一代狂人安重荣

"天子，兵强马壮者当为之，宁有种耶！"这话出自五代后晋时期成德节度使安重荣之口。比起秦末陈胜、吴广的“王侯将相宁有种乎”，安重荣这句口号，更能体现五代乱世生存的丛林法则，更是道破了五代十国战乱不止的深层次原因。在那个时代里，各地方藩镇手中都有军权财权，他们可以为了十分之一二的机会，就赌上身家性命。可以说，这些人不是在造反的路上，就是在准备造反的路上。

安重荣自小就孔武有力，精于骑射，生性粗豪，为人凶悍，人称“安铁胡”，从他的姓和绰号就可以知道安重荣是胡人后代。石敬瑭刚刚起兵之时，兵不满万，地盘只有太原一处，安重荣果断押宝石敬瑭。石敬瑭称帝后，安重荣便坐上了成德节度使的职位。安重荣靠武力起家谋得富贵，又不断目睹近年的节度使不几年就当上皇帝，为此，他得出一个结论，也就是前面那句看似戏谑的话：“天子宁有种乎，兵强马壮者为之尔！”这句话虽然很狂妄，却是那个乱世的真理。有一回，安重荣手拿弓箭，指着自家府门前一根几十尺高的幡竿，对左右说道：“我能中竿上龙者，必有天命。”说完一箭射去，直接命中。有了这样的心理暗示，安重荣飞扬跋扈之余，自然想一直独霸一方。

有了野心，安重荣也就不怎么把石敬瑭放在眼里了。他给朝廷奏章中，经常有一些过分的言语。只要朝廷诏书中对他稍有驳斥，他就会反唇相讥，丝毫没有认错的意思，主打一个“狂”字。如此一来，石敬瑭对安重荣就有了戒心。考虑到义武节度使皇甫遇和安重荣是儿女亲家，石敬瑭担心他俩联手，于是把皇甫遇调任昭义节度使，将他们分开，然后又让刘知远任北京（今河北大名县）留守，暗中提防安重荣。

安重荣要比石敬瑭有气节，他不屑向契丹俯首，更看不惯石敬瑭百般跪乞的态度，多次愤慨道：“诎中国以尊夷狄，困已敝之民，而充无厌之欲，此晋万世耻也！”（屈辱中原来尊敬契丹，以人民的穷困来满足契丹无尽的欲求，这是我晋国的万世耻辱啊！）安重荣不只是口头上说说，还付诸实际行动。当时，石敬瑭为了避起战端，让手下对契丹人必须以礼相待。唯独安重荣不买账，他每次见到契丹使者，总是箕踞谩骂，甚至还会暗中派人把路过他地盘的契丹使者杀掉，顺便吞了这些使团的金银财宝。为此，契丹人时常责问石敬瑭。石敬瑭也没办法，毕竟这位老安手握重兵，只能派人出使契丹解释说：“譬如人家有恶子，父母所不能制，将如之何？”（就像家里有个无法约束的坏儿子，父母又能有什么办法呢？）接着，又花大钱、说好话安抚契丹人，耶律德光怒气才消减了一些。听说此事后，安重荣上书斥骂石敬瑭：“称臣奉表，罄中国珍异，贡献契丹，凌虐汉人，竟无厌足！”（你称臣奉表，穷尽中原的珍宝贡献给契丹，虐待我们汉人，真是不知满足啊！）完全没有一点敬君之心。

这还不算，安重荣除辱人使者、抢人物资外，还挖人墙脚。当时，受契丹剥削迫害的吐谷浑（tǔ yù hún）诸部请求内附后晋，后晋朝廷不敢接纳，安重荣反而和这些部族打得火热，乘机引诱他们脱离契丹，入塞投奔成德军。同时，他还上表数千言，先说这些部族归附的原因："吐谷浑、两突厥、浑、契、沙陀各帅部众归附；党项等亦遣使纳契丹告身职牒，言为虏所凌暴。"（吐谷浑、东西突厥、浑部、契丹、沙陀这些部族都各自率领部下归附；党项等部族也派使者前来交出了契丹颁发给他们的官职证明文件，并说是因为遭受契丹的欺凌和压迫，才这样做的。）接着说契丹暗地里准备进攻晋国，内附诸部不愿助纣为虐，愿助后晋一臂之力："自二月以来，令各具精甲壮马，将以上秋南寇，恐天命不佑，与之俱灭，愿自备十万众，与晋共击契丹。"（契丹从二月开始，就命令各部准备精良的盔甲和健壮的军马，打算在入秋后南下入侵中原。但诸部担心上天不保佑自己，会和契丹一起覆灭，所以愿意自己准备十万兵马，与晋军合力攻打契丹。）接着，安重荣请求朝廷发兵攻打契丹，表示自己愿意和契丹决一死战："陛下屡敕臣承奉契丹，勿自起衅端；其如天道人心，难以违拒，机不可失，时不再来。诸节度使没于虏庭者，皆延颈企踵以待王师，良可哀闵。愿早决计。"（陛下多次命令臣要顺从侍奉契丹，不要主动挑起事端；但是，天意和人心都向着我们，实在难以违抗和拒绝。眼下机会难得，错过就不会再来了！那些沦陷在契丹朝廷的节度使们，个个企盼着朝廷的军队去解救他们，实在可怜啊。恳请陛下早日做出决断！）

石敬瑭看完奏章后，觉得安重荣说的话不无道理。契丹刚刚得到燕云十六州，统治基础并不牢实，当地汉人多有反抗。出兵即便不能消灭契丹人，重新夺回燕云十六州的可能性还是很大的。但是，自己毕竟是契丹推立的儿皇帝，他内心深处还是忌惮契丹军队的威力。

关键时刻，作为石敬瑭起家的肱骨谋臣桑维翰看出了石敬瑭的担忧。他此时虽然已经被贬为兖州泰宁节度使，但担心石敬瑭头脑一热上了安重荣的沉船，就连夜密疏上奏，从契丹人“万里赴难”救援石敬瑭讲起，一直说到开国六年来双方相安无事，进而劝道：“虽卑辞降节，屈万乘之尊，而庇国息民，实数万之利。”（对契丹谦卑地降低身份，虽然委屈了皇帝至高无上的尊严，但能因此庇护国家，使百姓得以休养生息，这实际上是对千千万万人有利的事情。）而后，他又通篇辨析晋国不能与契丹开战的“七不可”，劝石敬瑭“训抚士卒，民有余力，便可以观彼之变，待彼之衰，用己之长攻彼之短，举无不克，动必成功。”（平时训练和体恤士兵，努力使民生宽裕、国力充足，静观敌方发生变故，等待他们走向衰落，再利用我方的优势，攻击对方的弱点。如此一来，只要出兵，就必定会成功。）阐述完不开边衅、深固根本的大方针后，桑维翰又提出邺都是北国重镇，户口殷实，但邺都节度使正在汴梁述职，军府无人主事，难免招人惦记，尤其是野心勃勃的安重荣。所以，桑维翰建议石敬瑭巡视邺都：“乞陛下略加巡幸，以杜奸谋。”

桑维翰原文写得很有文采，全文如下：

陛下免于晋阳之难而有天下，皆契丹之功也，不可负之。今重荣恃勇轻敌，吐浑假手报仇，皆非国家之利，不可听也。臣窃观契丹数年以来，士马精强，吞噬四邻，战必胜，攻必取，割中国之土地，收中国之器械；其君智勇过人，其臣上下辑睦，牛羊蕃息，国无天灾，此未可与为敌也。且中国新败，士气凋沮，以当契丹乘胜之威，其势相去甚远。又，和亲既绝，则当发兵守塞，兵少则不足以待寇，兵多则馈运无以继之。我出则彼归，我归则彼至，臣恐禁卫之士疲于奔命，镇、定之地无复遗民。今天下粗安，疮痍未复，府库虚竭，蒸民困弊，静而守之，犹惧不济，其可妄动乎！契丹与国家恩义非轻，信誓甚著，彼无间隙而自启衅端，就使克之，后患愈重；万一不克，大事去矣！议者以岁输缯帛谓之耗蠹，有所卑逊谓之屈辱。殊不知兵连而不休，祸结而不解，财力将匮，耗蠹孰甚焉！用兵则武吏功臣过求姑息，边藩远郡得以骄矜，下凌上替，屈辱孰大焉！臣愿陛下训农习战，养兵息民，俟国无内忧，民有余力，然后观衅而动，则动必有成矣。又，邺都富盛，国家藩屏，今主帅赴阙，军府无人，臣窃思慢藏诲盗之言，勇夫重闭之义，乞陛下略加巡幸，以杜奸谋。

读了桑维翰的奏章后，石敬瑭一下子头脑就清醒了。确实，不到万不得已，绝不能和契丹翻脸。于是，他依照桑维翰的建议，先是不动声色，任命心腹刘知远为北京留守、河东节度使，作为西面藩篱；再留自家侄子郑王石重贵为汴梁留守坐镇后方；自己则亲自带着大将杜重威，移军到河北邺都。这时，一个叫和凝的大臣忽然提出一个致命问题：皇帝如果离开都城，汴梁势必空虚。安从进早有反意，如果他突然造反了，那么大本营汴梁就有被端的风险。所以，他建议给予石重贵部分人事任免权，以备万一变故发生时，大本营可以直接任命平叛将领。石敬瑭应允，在留下十几道空白圣旨之后，就带着禁军移驾邺都了。

石敬瑭动作迅速，八月初五离开汴梁，十二日就到了邺都，十五日给安重荣下了一份警告诏书道："尔身为大臣，家有老母，忿不思难，弃君与亲。吾因契丹得天下，尔因吾致富贵，吾不敢忘德，尔乃忘之，何邪？今吾以天下臣之，尔欲以一镇抗之，不亦难乎！宜审思之，无取后悔！"大意就是："你小子身为大臣，家中还有老母，仅凭一腔愤懑任意行事，既不为朕解忧，还让你娘为你操心。朕因契丹而得到天下，你因朕而得到富贵，朕都不敢忘恩，你岂敢负义！如今朕以天下称臣于契丹，你却妄想以一镇之力抗衡，不自量力！你好好地想一想，别到时后悔也来不及了。"石敬瑭的诏书，既有规劝，也有恐吓。

平叛两镇突病逝

前面说到，一代狂人安重荣，看不惯石敬瑭对契丹人百般跪乞，又目睹身边那些老哥们节度使相继翻身做皇帝，发出"天子兵强马壮者当为之"的感慨，野心不断膨胀。安重荣之所以屡次挑唆石敬瑭与契丹交战，实际有自己的野心在其中。而一时头脑发热的石敬瑭，在心腹大臣桑维翰的劝谏下迅速冷静下来，决定先解决安重荣这个不稳定因素，于是开始了一系列布置。

后晋天福六年（941），石敬瑭北巡邺都，并特地下诏警告安重荣，让他及时醒悟悔改，不要做“不忠不孝，不义不智”之人。安重荣接到诏书后，不但没有收敛，反而更加骄横。安重荣虽然人很狂，但他不傻，造反这种掉脑袋的大事，还是得拉上几个老伙伴一起干比较稳妥。他听说山南东道（治襄州，今湖北襄樊襄阳区）节度使安从进也有反意，于是偷偷派人和他搭上线，相约一起起事。

安从进这人作为五代军阀，同样很狂，仗着山南一带地势险固，山高皇帝远，擅自截留朝廷贡赋，招纳亡命之徒，肆意扩充军队。为此，石敬瑭曾试图调他离开：“朕虚青州以待卿，卿诚乐行，朕即降制。”（朕把整个青州都腾出给你管，爱卿你愿意赴任的话，朕立即下诏。）安从进的回答干脆直接：“移青州在汉江南，臣即赴任。”（如果陛下能把青州移到汉江以南，我就马上赴任。）就这样，石敬瑭的念想被生生堵了回去。安从进本想约荆南的高从诲以及西蜀的孟昶一起起兵，但这两人都不愿意。所以，当安从进收到安重荣的邀约时，特别兴奋，认为两镇一起起兵，有安重荣吸引石敬瑭的火力，自己正好可以偷袭空虚的汴梁，于是他立马带着儿子举兵三万，直扑邓州（今属河南）。

石敬瑭这边呢，早就安排刘知远去策反吐谷浑部落，以断安重荣的后援，刘知远又把这一重任转交给亲信郭威。这个郭威，便是日后的后周开国太祖。郭威很快就摸清了吐谷浑酋长白承福的情况，知道这人没什么大的野心，回来后对刘知远说：“虏惟利是嗜，安铁胡止以袍袴（páo kù）赂之；今欲其来，莫若重赂乃可致耳。”（这些胡人酋长唯利是图，安重荣也就平时送他们一些金帛、美女什么的贿赂他们。如今想让他们反水，给他们更多更重的贿赂就行。）

刘知远得知吐谷浑可动之以利后，马上行动，不仅送钱送粮，还强硬表明朝廷的态度：“朝廷已割尔曹隶契丹，尔曹当自安部落；今乃南来助安重荣为逆，重荣已为天下所弃，朝夕败亡，尔曹宜早从化，勿俟临之以兵，南北无归，悔无及矣。”（朝廷原本把你们划给契丹，你等理当安守本分，为何要跟着安重荣一起作乱？安重荣早已被天下人唾弃，早晚会败亡，你们最好趁早归附朝廷，不然等到兵临城下，南北两边都跑不掉，到时后悔可就晚了。）

胡萝卜加大棒之下，吐谷浑酋长白承福马上表示一切听从刘知远安排。于是，刘知远奏请白承福为大同节度使，还收编了白承福麾下的精兵。如此一来，本来是安重荣得力后援的吐谷浑兵马，反成了刘知远的班底。白承福一反水，原本答应和安重荣一起起兵的鞑靼、契苾（bì，隋唐时期突厥语铁勒部的一个分支）也相继反水，直接导致安重荣的声势大减。

相比较之下，还是盟友安从进给力，他甚至比自己更早一步起兵。但是，安从进那边的状况却不太好。石敬瑭离开京师前还留了一手，他的侄子郑王石重贵收到安从进起兵叛乱的消息后，马上拿出石敬瑭留下的空白诏书，委任西京留守高行周为南面行营都部署，宣徽南院使张从恩为监军，迅速率军前往镇压。威胜节度使安审晖得知安从进来攻，立刻率军民闭城拒敌。与此同时，高行周命令大将焦继勋等人，先带着精兵万人驰援邓州。安从进本想趁石敬瑭不在京师，给朝廷来个釜底抽薪，没想到朝廷调兵遣将如此迅速，只能紧急撤退。不料撤退路上，迎面碰上了张从恩兵马，安从进大败，仅带着数十骑逃回襄州（治今湖北襄阳），据城固守。后晋主帅高行周等尾随而至，陆续赶到襄州，将襄州城团团围住。

安从进被围襄州，安重荣坐不住了，马上开始行动，他把境内数万名饥民集结起来，让他们南下邺都找石敬瑭要粮。这种小花招的目的，就是恶心石敬瑭，他要不给，皇帝声誉受损；要是给了，朝廷的军粮储备就会被消耗。石敬瑭当然不傻，岂会轻易就范？马上派自家妹夫天平节度使杜重威为招讨使，委任安国节度使马全节为副使，率领护圣军等大批人马前往讨伐。

杜重威和安重荣两军在宗城西南面（今河北威县东）相遇，安重荣摆下偃月阵，正面迎击，杜重威率兵冲了几次，也没啥效果，当时就想跑路。指挥使王重胤劝阻，说兵家最忌临阵撤退，建议杜重威分兵两路攻击安重荣两翼。王重胤自告奋勇，率军直取安重荣的中军。正所谓狭路相逢勇者胜，这一攻之下，安重荣军队的阵线居然松动了。镇州大将赵彦之见朝廷军队来势凶猛，加上他长期受安重荣压制，一直心怀不满，关键时刻竟临阵倒戈。搞笑的是，晋军误以为这货正率军冲锋，加上赵彦之的铠甲鞍辔都是用金银装饰豪华无比，晋军见财起意，不问青红皂白地一拥而上，直接乱刀把赵彦之砍死在阵前，把他的金银行头抢了个精光。

赵彦之这一出，不仅让自己送了命，还动摇了安重荣镇州兵的军心。安重荣听说赵彦之临阵投敌，非常害怕，慌乱之下，竟丢下辎重仓皇逃窜。后晋朝廷军队尾随其后乘胜追击，镇州兵兵败如山倒，被杀一万五千余人。安重荣退守宗城，晋军尾随而至，乘胜攻城。一直打到天快黑，主力丧尽的安重荣终于支撑不住，率十余骑逃回镇州，苟延残喘。

天福七年（942）春，镇州牙将开城投降。晋军立功心切，进城后一通大杀，加上当时正是隆冬季节，天寒地冻，滴水成冰，两万多镇州军民不是战死，就是冻饿而死。城破之后，安重荣被直接活捉，押到杜重威面前。杜重威和安重荣虽然是老哥们，但此时他面目狰狞，直接下令砍下安重荣的脑袋，派人送给石敬瑭请功。为了跪乞契丹，石敬瑭又转手把安重荣的脑袋送给干爹耶律德光。至此，一代狂人安重荣就这么可悲地挂了。事后，杜重威杀掉了那些开城投降的牙将，上奏谎称是自己力破城池才擒杀贼首，独占功劳。另外，他还私吞了安重荣的家产和城中府库的金银。对此，石敬瑭知而不问。

安重荣死后，在襄州龟缩不出的安从进也没能坚持多久。襄州被围一年，城中粮尽，朝廷一举攻破襄州，安从进举族自焚。然而，石敬瑭却没能听到这些好消息，因为他在当年六月就病死了，享年五十一岁。这老哥子一辈子确实不容易，前半辈子戎马生涯，出生入死，为几姓后唐帝家卖命，确实做了不少好事；后半辈子称帝，却战战兢兢，外忧内患，虽然当皇帝后躬行节俭，使民间稍得粗安，但“千载汉奸”的骂名却是无法反转的铁案。他死后才四年，尸骨未寒，后晋就被他手下将领和契丹人一起灭掉，被扫进了“历史的垃圾堆”。

《旧五代史》的作者对石敬瑭评价倒不失公允：

> 晋祖（石敬瑭）潜跃之前，沉毅而已。及其为君也，旰（gàn）食宵衣，礼贤从谏，慕黄老之教，乐清净之风，以布为衣，以麻为履，故能保其社稷，高朗而终。然而图事之初，强邻来援，契丹自兹而孔炽，黔黎由是以罹殃。迨至嗣君（石重贵），兵连祸结，卒使都城失守，举族为俘。亦由决鲸海以救焚，何逃没溺；饮鸩浆而止渴，终取丧亡。谋之不臧，何至于是！倘使非由外援之力，自副皇天之命，以兹仁德，惠彼蒸民，虽未足方驾前王，亦可谓仁慈恭俭之主也。

侄承叔业娶寡嫂

割地求荣的石敬瑭，既要应付契丹人的无尽需索，又要忍受国人的白眼和鄙夷，还要应付一次次的藩镇反叛，因此常年忧惧，忧郁成疾，于天福七年（942）六月在魏州病逝，在位七年，庙号“（后晋）高祖”。

石敬瑭一死，谁来继承皇位呢？当然首先是他的儿子。石敬瑭有六个儿子，一个儿子早夭，二个儿子被后唐末帝李从珂所杀，二个儿子被叛将张从宾所害，只剩下幼子石重睿在世。这时候的石重睿，还是一个嗷嗷叫的奶娃娃，但对石敬瑭来说，儿子的年纪不是问题，血统才是关键。于是，石敬瑭托孤宰相冯道和侍卫亲军都指挥使景延广，希望他们在自己死后，扶助石重睿继位。

可惜，对于老皇帝的期望和重托，两人背地却有自己的心思。对于立谁为帝，冯道和景延广商议后一致认为：国家多难，宜立长君。石重睿年纪太小，根本无法承担秉国的重任，而石重贵既是皇帝亲侄子，又是皇帝养子，加上在地方锻炼过，能够独立熟练地处理政务，更适合继承皇位。于是，两个大臣违背石敬瑭的遗嘱，改立二十八岁的石重贵为皇帝。很明显，这两个人违背先帝意愿，算不上什么忠臣。但从现实视角来看，五代乱世以拳头、以实力说话，一个小孩子当皇帝铁定守不住江山。所以，他们的做法也属务实之举，不能说是谋逆。

石重贵是石敬瑭哥哥石敬儒的儿子。石敬儒死得早，石敬瑭心疼石重贵这个侄子，便收为养子，视同己出，当节度使时，让他一直跟随自己在各地历练，还把诸多事情委派给他去办理。石重贵青少年时代，石敬瑭曾让人教他读书，但这个侄子生性爱好骑马射箭，对读书却是教而不会，还说："（读书）非我家事业也。"从此不再学文，专心习武。

石重贵一表人才、相貌堂堂，特别是一双眼睛，大而有光，炯炯有神，长得和石敬瑭极像。想当初，石敬瑭借兵契丹挫败后唐大军，准备兵发洛阳，临行前要派人留守河东。石敬瑭在安排人选上犹豫不决，于是找契丹主耶律德光商量。耶律德光便让石敬瑭把石重贵等几个义子都叫来，结果一眼看中石重贵，指着他对石敬瑭说："此眼大者可矣。"就这样，石重贵在契丹皇帝耶律德光的赏识下崭露头角，脱颖而出。他先是任河东留守，后又任开封尹、郑王，广晋尹、齐王。石重贵虽然历任多职，但新旧两种《五代史》都只是仅仅把他的官衔罗列出来，没有具体政绩的记述，似乎他没有特别拿得出手的政绩。

石敬瑭虽然很喜欢石重贵，但他毕竟不是亲生儿子。关键时刻，胳膊肘还是向内拐。但宰相冯道和禁军统领景延广觉得，在狼群环伺的形势下，拥立一个小皇帝实在不靠谱，反手就把石重贵推上了皇位。石重贵很快在石敬瑭灵柩前即帝位，史称"后晋出帝"。当了皇帝之后，石重贵马上做出一件连契丹人都不齿的事，那就是迎娶自己的婶子冯氏为皇后。

冯氏是后唐魏州副留守冯濛的女儿，长得颇有姿色，原先是石敬瑭幼弟石重胤的妻子。这里要提一句，石敬瑭因为过于喜爱石重胤这个幼弟，竟然把他收为养子，让他和自家儿子们同名“重”字辈。以现代人伦关系来看，把弟弟收为养子，有违人伦，但此类事情在人伦崩坏的五代十国时期，还真不是什么稀罕事。石重胤早死，花容月貌的冯氏寡居在家，独守孤衾，整天以泪洗面。石重贵和冯氏虽在辈分上隔了一代，既是婶子又是嫂子，却年龄相仿，一来二往，便对这个貌美如花的婶娘垂涎欲滴。但他与石敬瑭叔侄关系摆在那里，家法森严，石重贵此时并不敢放肆，只能暗中倾慕。

如今石敬瑭去世尚未出殡，新皇帝石重贵就迫不及待地把冯氏接到宫中，纳为“吴国夫人”。这冯氏也不是个三从四德的女人，妖媚至极，把新皇帝石重贵弄得神魂颠倒。石重贵甫登帝位，大臣们都来朝贺，他却只想着马上入宫和冯氏厮混，对冯道等大臣敷衍道：“太后之命，与卿等不任大庆。”（我遵奉皇太后之命，就不和众卿举办大宴来庆贺了。）匆匆打发走文武百官之后，石重贵赶着跑回后宫找冯氏饮酒作乐。玩闹时，石重贵搂着冯氏经过石敬瑭灵柩前，醉醺醺地在石敬瑭灵前撒酒拜奠道：“皇太后之命，与先帝不任大庆。”左右侍从看到皇帝如此行事，都忍不住笑出声来，石重贵自己也乐不可支，对侍从们说：“我今日作新婿，何如？”冯氏听了笑得花枝乱颤，侍从们更是哄然大笑起来。由此可见石重贵这位晋国新皇帝的荒唐品性。

没过多久，石重贵直接立冯氏为皇后。这个冯皇后也不是什么正经人，常常干预政事。石重贵专宠冯氏，所有宫内女官，但凡讨冯氏喜欢的，都被封为“郡夫人”。冯皇后还委任一个叫李彦弼的男子为“皇后都押衙”，此人虽不是太监，但竟然可以随意出入内廷，这可以说是开了一个先例。冯皇后的哥哥冯玉大字不识一个，竟官拜中书舍人，上朝处理文件，全靠同僚殷鹏为其捉刀。不久，冯玉这个大草包竟然被委任为端明殿学士，后来又升任枢密使，掌握全国军政大权。冯玉庸鄙贪婪，在宰相任上毫无建树，只知道排除异己，大肆贪污受贿，把国家搞得乌烟瘴气。对于这些事情，石重贵不闻不问，只管冯皇后开心。

石重贵上位时，其实后晋面临的形势并不乐观，甚至可以说是内外交困，危机四伏。当时后晋的情况是，北面契丹虎视眈眈，经常对后晋敲诈勒索，施加压力；南有吴越、后蜀等割据政权，企图据后晋境土为己有；后晋统治集团内部则矛盾重重，主政大臣全无谋略，藩镇节帅中想取代皇帝者比比皆是；再加上连年的旱、蝗、涝、饥等自然灾害，举国上下饿殍遍野，藩镇节帅依旧肆意盘剥民脂民膏，境内民怨沸腾。内忧外患，新皇帝石重贵如果能够听从老臣桑维翰之计，休养生息，静待时机，则尚有时日赢得转机，但偏偏此时，大臣中出了个好生事端的景延广。

石重贵称帝，景延广有拥立大功，被加封为同平章事，兼侍卫马步都指挥使，取得中央禁军的实际指挥权。景延广是一个很有野心的人，手握兵权之后，便开始专擅朝政。石重贵即位后，按照惯例要向契丹主耶律德光上表报告，表奏涉及国书的称呼问题，按照先前石敬瑭时期的惯例，晋国向契丹称臣，石敬瑭自称儿皇帝。如今轮到石重贵当皇帝，众大臣却在对契丹称臣问题上产生了分歧。

按照大众的理解，如果皇帝管别人叫爸爸或爷爷，虽然丢人，但更多是丢自己个人的脸面；但如果皇帝对另一个政权的皇帝称臣，代表的却是一国之主向他国低头做小，等于昭示世人后晋不是一个主权独立的政权，连新皇册封登基都要等待契丹国主的认可。所以，称子称孙只是家耻，称臣则是国耻。后晋大臣如宰相李崧等人基于两国实力对比，耐心劝说石重贵隐忍，继续向契丹上书“称臣称孙”，避免两国交战；景延广却力主“只称孙不称臣”；老滑头冯道则含含糊糊，不明确表态。年轻气盛的石重贵，最终选择站在景延广这边，在给耶律德光的国书中只称孙，不称臣。

当这封国书送到耶律德光面前时，这位契丹国主怒不可遏：究竟是我拿不动刀，还是你石重贵有点飘？于是马上遣使问罪。接下来的事情，会如何发展呢？

与契丹翻脸决裂

话说石重贵新帝登基，采纳景延广的建议，在国书上向契丹只称孙不称臣。耶律德光收到国书后，暴跳如雷，马上遣使责问。这时，一直做着中原皇帝美梦的赵延寿看到了机会，马上借机向耶律德光添油加醋，极力挑拨契丹与后晋的关系，鼓动耶律德光南下灭掉石重贵这个不听话的“孙子”。

这个突然跳出来的赵延寿是谁呢？他就是之前跟石敬瑭抢着认耶律德光当干爹的赵德钧的养子。当时石敬瑭棋高一招，赵德钧无功而返，只得投降契丹。赵德钧父子像囚犯一样被押送到契丹，受到述律太后的斥责和羞辱，赵德钧一年后病死，做了异乡之鬼，剩下的赵延寿却被耶律德光留下，因为耶律德光想通过汉人统治中原。和养父赵德钧一样，赵延寿也有一个皇帝梦，于是暗中寻找机会，伺机而动。他这个人很会来事，在契丹混得不错，此时已经接任幽州节度使，还被耶律德光加封为燕王。

另一边，契丹“回图使”乔荣被扣留在了晋国。所谓“回图使”，就是执掌对外贸易的官员。乔荣原来是河阳的牙将，后随同赵延寿一起投降契丹，因为是中原人，熟悉中原的情况，耶律德光便给他派了这份前往晋国的差事，顺便斥责石重贵君臣对自己的不礼貌。景延广拒绝向契丹低头称臣，自然对契丹使者没有什么好感，他不仅言语侮辱乔荣，还杀掉了一批随他而来的契丹商人，把货物、财物全部充公。石重贵对此听之任之，晋国大臣纷纷上表劝阻，他难违众议，只得下令把乔荣放回契丹。按说，这件事到了这个地步还算不上多大的事，谁料景延广偏在这个节骨眼上跳出来生事。

景延广打发乔荣回去之前，拍着胸脯大言道：“归语尔主，先帝为北朝所立，故称臣奉表。今上乃中国所立，所以降志于北朝者，正以不敢忘先帝盟约故耳。为邻称孙，足矣，无称臣之理。北朝皇帝勿信赵延寿诳诱，轻侮中国。”［回去告诉你的主子，先帝（石敬瑭）是你们北朝（契丹）所立，所以才上表称臣。但现在的皇帝是咱中原人所立，之所以还称孙侍奉，是因为感念当年盟约，称孙做邻国就很可以了，绝对没有称臣的道理。叫他不要听信赵延寿的鬼话，藐视中原。］接着，景延广更狂妄道：“中国士马，尔所目睹。翁怒则来战，孙有十万横磨剑，足以相待。他日为孙所败，取笑天下，毋悔也。”（你也看到了，中原现在已经是兵强马壮。爷爷辈的如果敢来挑战，孙子这里自有十万横磨剑，足以抵挡。只怕老人家年老力衰，他日为孙所败，让天下人笑话，到时可别后悔了。）

乔荣觉得这话有点狠，不敢直接转达给耶律德光，怕到时候两边对质，自己倒成了中间的出气筒，于是灵机一动说道：“公所言颇多，惧有遗忘，愿记之纸墨。”（您说得太多了，我记性也不好，怕遗漏了什么，不如您写在纸上让我带回去吧。）景延广想都没想，居然真的照做了，于是乔荣高高兴兴地带着信返回契丹。耶律德光早就对石重贵只称孙、不称臣感到愤怒，现在看到乔荣带回的国书，更是暴跳如雷，下定决心要出兵南下中原，给石重贵这个不服气的“孙子”一个教训。

当时，后晋朝中像景延广这样的主战派不少，不过还是有许多头脑清醒的主和派，其中只有桑维翰一人敢主动站出来进谏，他多次想劝石重贵主动向契丹谢罪，都被景延广阻止。景延广掌管禁军，又有定策之功，石重贵对他格外宠幸，几乎到了言听计从的地步，可以说是当朝第一红人，即便是先帝心腹的桑维翰也拿他没办法。其他人眼见桑维翰的话都不顶用，更是不敢再多嘴。

石重贵在危险的边缘疯狂试探，各藩镇的节度使们则是各怀鬼胎。石敬瑭病重时，曾召河东节度使刘知远入朝辅政，但因路途遥远，没等来刘知远石敬瑭就挂了。石重贵登基后，忌惮刘知远的威望和实力，下令不准他入朝。刘知远对此很是不满，如今见到石重贵和景延广在玩火，迟早会给国家招来灾祸，他作为臣子本该上表规劝，但他什么都没做，只是自顾自地招兵买马，扩充实力，只管守好自家的一亩三分地。

刘知远暗中图谋自保，成德军节度使杜威（原名杜重威，因避石重贵的名讳而改名）则是一心闷声发横财。他奏称军粮不足，在境内督粮一百万斛，却只上报三十万斛，扣下的七十万斛都进了自家府库。紧接着他向民间强行借贷，再次凑够一百万斛，第二年春季向各镇出售，得钱二百万缗，也都进了他的私人腰包。各藩镇见杜威大赚狂赚，纷纷效仿。

比起刘知远和杜重威这两个节度使来，藩镇大头目杨光远就不一样了，他的打算是做“石敬瑭第二”。当年，杨光远被石敬瑭打压，外放到青州任平卢节度使，他到镇后一度意志消沉，想着做个富家翁算了，但在景延广刺激之下，又重新激起他谋变的野心。先前他为搬家曾向石敬瑭借了三百匹马，后来一直没有归还。景延广这人记性好，怂恿石重贵向杨光远讨要先前借出去的马。杨光远大怒，这都是陈年芝麻的小事，你还要跟我计较，是不是容不下我?！于是，他干脆暗中联系耶律德光，给他送去晋国内部的绝密情报，说石重贵忘恩负义，违背盟约，不值得继续扶持；现在晋国正在闹饥荒，百姓吃了上顿没下顿，政府财政紧张，此时契丹若出兵晋国，可以达到事半功倍的效果。

耶律德光早就想干掉石重贵，他说干就干，于是让赵延寿领兵五万先锋开路。临行前，他还给赵延寿画饼："若得之，当立汝为帝。"这样的饼，耶律德光虽然画过不止一次，但对赵延寿来说是真的诱人，想着这个饼，他就像条忠实的狼狗一样卖力。幽云十六州被契丹占据后，契丹军队进入中原可以说是畅通无阻。当年石敬瑭挖的大坑，这会儿着实坑了自己的侄儿石重贵。

开运元年（944）正月，赵延寿率契丹兵马长驱直入，直指魏博重镇贝州（治今河北邢台清河县）。贝州作为南北水陆要冲，城中广积粮草，早在唐朝时期便是军粮的集中存储地。后晋永清节度使王令温这时正巧入朝，城中由大将吴岱暂领州事。吴峦可以说是一代虎将，当年割让燕云十六州时，镇守云州的吴峦说："我等皆属礼仪之邦，怎能向夷狄称臣！"然后闭门拒城坚守，不受石敬瑭割地之命。耶律德光大怒，兵围云州，吴峦带领云州军民足足坚持了七个月之久。因此，这次契丹军队来犯，吴峦信心满满。但刀剑易防，叛徒难防，贝州军校邵珂性情凶悖，骄悍难制，曾被节度使王令温处罚过，心生怨恨。这邵珂竟暗中派人向契丹泄露军情，说贝州粮多而兵弱，极易攻取，还说自己愿意在城中当内应。因此，贝州这才成为契丹南下的首要攻击目标。邵珂心怀鬼胎，见大将吴岱主持贝州防务，井井有条，假意自告奋勇报效立功。吴峦不知有诈，让他率兵守南门，自己率众将守东门。

吴峦确实能打仗，在他的带领下，契丹军数次攻城都被击退。耶律德光得知赵延寿进攻贝州受挫，亲率大军赶到贝州助阵。吴峦登城督守，率领城中兵民力战，成功发动火攻，契丹军队的攻城器械尽数被焚毁。双方正激战中，叛贼邵珂突然打开南门，放契丹军队入城，城内顿时一片混乱。吴峦见大势已去，不愿投降受辱，跳井殉国。契丹占领贝州，屠杀贝州守城军民万人，劫掠大批粮食之后，继续向南挺进。

石重贵听闻贝州失陷，立即命归德节度使高行周为北面行营都部署，率领大将符彦卿、皇甫遇、王周等人，防御后晋北方各处重镇，同时下诏御驾亲征。不久，刘知远上报契丹入寇雁门关，恒州、邢州、沧州也相继上奏有契丹军队入侵，一时之间，北方诸镇烽烟四起。

第九章

屈辱王朝终成空：后晋启示（下）

第一次抗辽获胜

前面说到，契丹大举入侵后晋，一时间北方诸镇烽烟四起。契丹一举拿下贝州后，主力随前锋军南下，进驻元城（今河北省大名县一带），包围邺都，并多次派兵袭扰黎阳（今河北浚县）。从直线距离看，契丹军驻地西南距晋都汴州仅三百余里，东距杨光远所在的青州六百余里。此时，契丹军队有东西两条进军路线可以选择：西线直接南下，自澶州（今河南濮阳市境）一带渡河，直取汴州；东线则是先向东进攻，寻找晋军沿河防线的薄弱处，抢渡黄河后与杨光远合兵，再转向西南，奔袭汴州。

石重贵听说贝州失陷，立即命高行周为北面行营都部署，率大将符彦卿、皇甫遇、王周等人，引兵至黄河南岸抵御契丹；命前邠州节度使李周为东京留守，守卫汴州。石重贵担心统帅高行周权力过大难以节制，又委派亲信景延广为御营使辖制诸军。随后，石重贵御驾亲征，从汴梁赶往澶州，坐镇前线指挥作战。

石重贵走到途中，坏消息接二连三地传来：河东方面，契丹已经进入雁门关；镇州、邢州、沧州方面纷纷告急，报告契丹已经侵入境内；滑州方面，耶律德光率兵已经抵达黎阳。河东地区有节度使刘知远镇守，石重贵不急于派兵增援，但黎阳近在咫尺，石重贵不敢马虎，立即派右武卫上将军张彦泽等人赶往黎阳抵御。石重贵的布置不能说不及时，但负责实际执行的景延广却不给力，他在军中欺凌诸将，盲目指挥，搞得众将心中不满，只是勉强准备战前防御。石重贵多次遣使致书耶律德光，想和他重修旧好，但都被耶律德光拒绝。

开运元年（944）正月底，河东刘知远传来好消息，晋阳一战大捷，狠狠地修理了契丹一顿。可惜没多久，传来一个坏消息，博州（治今山东聊城）刺史周儒举城降契丹，并同杨光远勾结，引契丹兵从马家口（古黄河渡口，今山东聊城东）渡过黄河。石重贵连忙分兵，让前保义节度使石赟守麻家渡（今山东鄄城境内），前威胜节度使何重建守杨刘镇（今山东省东阿县北部杨柳村区域），护圣都指挥使白再荣守马家口，西京留守安彦威守河阳，力求稳守四处的重要关隘枢纽。不久，周儒带着耶律德光的堂弟耶律麻荅从马家口渡河，在东岸扎营，攻打郓州北津以接应杨光远。石重贵再派义成节度使李守贞、神武统军皇甫遇等人，水陆俱进，火速支援，不让契丹计谋得逞。很快，李守贞等人赶到东线战场马家口。

由于不知李守贞等援军已到，契丹此时已向河东岸渡河而来，留下数万人马在黄河西岸屯守。李守贞趁契丹渡河之际，迅速发起攻击，摧毁契丹营垒，契丹兵被打了个措手不及，仓皇后撤，溺亡和被杀数千人之多，李守贞取得马家口大捷。在契丹进行渡河作战时，杨光远也派兵西进，企图与东线契丹军会师，但受阻于郓州。

西线这边，耶律德光得知后晋分兵，连忙对戚城（今河南濮阳）附近的晋军发动突袭。先锋指挥使石公霸首先遭遇契丹骑兵，迅速被敌人包围。而高行周、符彦卿率领的北面行营军前军，当时正在林下休息，闻之大骇，迅速出兵参战，也陷入契丹军的重围。高行周部一度被围于铁丘（位于今河南濮阳王助镇），符彦卿率数百骑兵前来救援，后撤退到戚城，又被契丹骑兵追上，陷入重重包围。高行周等人连忙飞书告急，请求支援。但景延广曾有令在先，西线各军严守本部，不得相互援救，于是将他们的求援信扣下。高行周等人不知景延广捣鬼，求援奏报一封比一封急。景延广瞒不过，只得向石重贵汇报。石重贵大惊失色，率领亲军驰救戚城，与坚守戚城的高行周部队里应外合，大破契丹军，遂解戚城之围。

耶律德光东西两线作战接连失利，一气之下将所俘汉人百姓全部斩首，又将被俘的晋兵全部烧死，此举激怒了后晋臣民，纷纷起来反抗。耶律德光吸取马家口、戚城两战失利的教训，决定玩一把引蛇出洞。他佯装弃守元城北去，暗中却在古顿丘城（今河南濮阳清丰县固城镇）埋伏精锐，准备等晋军合兵时，依靠契丹骑兵优势，在旷野之地一举歼灭后晋主力。

眼看契丹兵退，邺都留守张从恩多次奏报，声称契丹北撤，应该乘胜穷追，但不巧连日暴雨，后晋军队只好作罢。契丹军空等了十多天，不但没见到晋军，反弄得自己人饥马疲。赵延寿见状献计道："晋军悉在河上，畏我锋锐，必不敢前；不如即其城下，四合攻之，夺其浮梁，则天下定矣。"（晋军都在河上，畏惧咱们的精锐，所以不敢来追。咱们不如进抵澶州城下，四面合围，拿下黄河浮桥，那么天下就可平定了。）

耶律德光采纳了赵延寿的建议，三月一日，他亲自领兵十余万人进攻澶州。耶律德光采用契丹传统的包抄战术，分兵两路：耶律德光在澶州东面陈兵布阵，赵延寿则在澶州西面置军，两面合围晋军。高行周从戚城赶来支援，后晋的前锋部队同契丹接战，两军鏖战至傍晚，互有胜负。

耶律德光率精锐骑兵，向着晋军中军冲击，他虽贵为皇帝，但毫无畏惧，亲自驰马出城迎战。耶律德光见晋军士气旺盛，对左右侍从说："杨光远言晋兵半已馁死，今何其多也！"（杨光远曾说晋军大半已经饿死，现在怎么还有这么多人？！）耶律德光将契丹骑兵分为两队，从左右两翼向晋军发起攻击。晋军岿然不动，等契丹兵靠近后，万弩齐发，箭如飞蝗，迎击契丹骑兵。契丹兵多半中箭，只能被迫后撤。耶律德光又下令进攻晋军东翼，双方苦战到晚上，死伤不可胜数。天黑后，耶律德光怕中埋伏，主动退出战场，在三十里外扎营休整。从这一场较量来看，后晋其实战斗力并不弱，只不过之前内部有投降派存在，所以才让契丹军队三番五次肆意来犯。

三月三日，耶律德光留下赵延照为永清留后镇守贝州，然后兵分两路，一路出沧州、德州，一路出深州、冀州（治今河北衡水市冀州区），从容撤军而去。契丹士兵一路上烧杀抢掠，大肆破坏，使得后晋的河北地区赤地千里。耶律德光连夜撤军时，曾有契丹小校向后晋军队投降，并将契丹撤兵北归的消息报告给后晋主帅。景延广心疑有诈，只是闭营高坐，并未派兵追击。契丹兵马北撤之后，后晋将领马全节、张从恩等将先后收复了德州和贝州。四月，石重贵留高行周、王周镇守澶州，自己率军回到汴州。就这样，石重贵的后晋军队抵挡住了契丹的第一次南侵。

击退契丹固然可喜可贺，但追责有关大臣又势在必行。首先，就是导致契丹入侵的罪魁祸首景延广。景延广自从得势后，专横跋扈，把持朝政，不仅文武百官对他敢怒不敢言，就是石重贵对他也有所忌惮。为此，桑维翰上表弹劾景延广不救戚城和专擅朝政。石重贵下诏，将景延广外放为西京留守。景延广遭贬之后，郁郁寡欢，整日纵酒享乐，借酒消愁。

景延广可以撂挑子，但石重贵却不能。和契丹军队一场大战之后，后晋物资消耗严重，国库空虚。为此，他派出三十六名使者，分道搜刮民脂民膏。这些使者被石重贵授予生杀大权，做起事来强硬凶残，每到一州，便带着一票吏卒闯入民家搜刮，稍遇不从，或抓或打，搞得各州百姓人心惶惶。尽管百姓已经民不聊生，但后晋各地的官员依然大肆搜刮，借机谋私。石重贵身为皇帝，却没时间考虑这些“小事”，他还有很多“大事”要做。

调兵遣将备战事

首次抗击契丹南侵结束后，石重贵终于可以腾出一只手来对付叛徒杨光远。

开运元年（944）五月，石重贵命侍卫马步军都虞候李守贞领步骑二万，前往青州讨伐杨光远。李守贞抵达后，将青州城围得水泄不通，展开猛攻。杨光远一面领兵守城，一面派出使臣向契丹求救。谁料想，耶律德光方面只派出一千契丹援兵，而且这一千援兵还没到青州，就在途中被齐州防御使薛可言击退。

这青州城一围就是几个月，城内很快就弹尽粮绝，兵员也死伤大半。杨光远既不能突围，又等不来契丹援军，心知大势已去，绝望地向北哭拜道："皇帝，皇帝，误光远矣！"［皇帝啊皇帝（指耶律德光），您把我杨光远给害了啊！］生死关头，杨光远的几个儿子意志动摇，以杨承勋为首，一再劝说老爹开城投降，以求保全杨氏家族。但杨光远依然做着皇帝梦，坚决不降说："吾昔在代北，尝以纸钱祭天池而沉，人皆言当为天子，姑待之。"（从前我在代北镇守时，曾用纸钱祭天池，纸钱刚一落水便下沉。当时大家都说我将来会做天子，我还是再坚持坚持吧！）

眼看老爹执迷不悟，杨承勋也不再废话，为了活命，立即把此前鼓动老爹造反的亲信丘涛等人斩首，派人把首级呈送给李守贞，同时还在城中纵火，趁乱挟持老爹幽禁于家中，随后开城投降，上表请罪。消息传回，朝中上下一致认为杨光远罪大恶极，必须处死。至于杨家的几个儿子，主动归降朝廷，不好诛杀，便命李守贞酌情处理。李守贞接到诏令，派人到杨光远家中勒死了这个反贼，然后上奏朝廷谎称杨光远病死，石重贵之后不再追究他的事情，还起用他的儿子杨承勋为汝州防御使。

解决杨光远，也算是消除契丹入侵时可能存在的隐患。石重贵为巩固北方防线，命刘知远为北面行营都统，杜威为都招讨使，都督北方十三镇节度防备契丹。别看石重贵表面上任用刘知远为总指挥，其实并不信任他。契丹首次入侵时，石重贵曾一再致书刘知远，让他出师勤王，与契丹决战，但刘知远不愿前来，留守原地自保。为此，石重贵曾对手下人抱怨："太原殊不助朕，必有异图。果有分，何不速为之！"（刘知远不为朕出力，必然有异心。如果他有当皇帝的命，又为什么不早点行动！）石重贵心中有了嫌隙，因此虽然任刘知远为诸军都统，却不给他实际指挥大权，军国大事也都不让他参与。

刘知远知道自己正被皇帝石重贵疏远，为了自保，行事只能小心谨慎。他手下部将郭威见领导整日忧心忡忡、唉声叹气，就主动宽慰刘知远说："河东山川险固，风俗尚武，土多战马，静则勤稼穑，动则习军旅，此霸王之资也，何忧乎！"（河东山川险固，百姓风俗尚武，士强马壮。和平时期我们可以一心搞农业生产，战乱时勤练军事，这是成就霸业的本钱，您有什么可忧虑的！）郭威说的不无道理，更何况以目前状况，石重贵也顾不上河东这边，他正忙着防备契丹的第二次南下入侵。

军政安排妥当后，石重贵便开始整顿朝廷人事。景延广被免后，朝中领袖位置空虚。此时后晋朝中，宰相冯道是一个官场老油条，办事模棱两可，遇事不拿主意，也没有什么突出政绩。因此，有人对石重贵说："冯道，承平之良相；今艰难之际，譬如使禅僧飞鹰耳！"（冯道是太平时的好宰相，但眼下时局艰难，让冯道这样的人应对这种局面，就像让一个参禅的僧人去飞鹰搏兔，根本不在行。）石重贵听劝，下诏将冯道外放为匡国节度使。至于谁来接景延广的位置，多数朝臣一致认定："陛下欲御北狄，安天下，非桑维翰不可。"于是石重贵从善如流，恢复曾被石敬瑭废除的枢密使一职，任桑维翰为中书令兼枢密使，朝中大小事务一概交给他处理。

桑维翰重新主持国政后，尽心尽力，纲纪稍振，颇有转机。这是桑维翰第二次执掌朝政，中原十五镇节度使无人敢违其意。当时，后晋军务和国事都十分繁重，全靠桑维翰的胆略和气势，上下畅通。桑维翰遇事裁决，看似仅凭感觉，实则是依照多年丰富的经验来判断。大家一开始还怀疑是不是有欠考虑，但退朝仔细思考后发现，这位宰相的决策竟然无可挑剔。桑维翰优点突出，缺点也一样显眼，那就是他爱憎过于分明，常以自己的爱憎好恶办事，一饭之恩，睚眦之怨，必定有所回应，缺乏宰相应该有的大度。

在契丹二次南侵前，石重贵听从邺都留守张从恩的建议，夺回曾被契丹攻陷的贝州，将战线向北扩展。反观契丹，耶律德光虽因给养不继撤出中原，却并未走远，撤退沿途还留下一些人马，随时准备再次南侵。

开运元年（944）十二月，耶律德光不顾寒冬，再次大举入侵。此次南侵，他仍以赵延寿为前锋，率兵先行南下，直达邢州（治今河北邢台）。杜威得知契丹入侵，连忙派人向朝廷告急。石重贵本想再次御驾亲征，因病未能成行，只好留在汴梁指挥全局。他命张从恩、马全节、安审琦等合兵屯守邢州，武宁节度使赵在礼屯守邺都。不久，耶律德光率契丹军队进逼而来，在元氏（今河北石家庄辖县）建造牙帐，声势浩大。后晋朝廷见契丹兵力强盛，直接正面迎战估计胜率不高，于是命张从恩等人稍稍后撤避其锋芒。没想到后晋军队畏敌如虎，恐慌之下，后撤时竟不成队伍，沿途丢盔弃甲，所过之处焚烧抢掠，等退到几百公里外的相州（治今河南安阳）时，已完全溃散。所幸邢州并未因张从恩等的后撤而失守，不然石重贵可就赔大发了。

开运二年（945）春，石重贵重新调整部署：命赵在礼退屯澶州，马全节还师邺都，张彦泽驻扎黎阳，景延广从滑州引兵把守胡梁渡（位于今河南滑县东北）。随着契丹对邢洺地区的威胁逐渐加深，石重贵又向滑州、邺都方面派出援军，皇甫遇也领兵奔赴邢州。后晋军往返奔命，战力日益疲弱。契丹乘势南进，快速横扫邢州、洺州（治今河北邯郸市永年区）、磁州（治今河北磁县），一路烧杀抢掠后，继续向东挺进，进入邺都境内。契丹第二次南下，一路上没遇到晋军成规模的抵抗，其中原因在于后晋朝廷军事指挥失当，防御重心不明确，缺乏相应部署。

军情危急，张从恩等人赶忙在相州集结，列阵于安阳河南岸，并派皇甫遇和濮州刺史慕容彦超率领数千骑兵前去打探军情。两人行至邺县（今河北临漳）将渡漳水时，路遇契丹数万骑兵，只能边战边退。晋军退到榆林店时，被契丹大军赶上。两人商议认为，如果继续后撤，定会全军覆没，于是原地摆开防御阵形，正面迎敌。两军从早上杀到黄昏，血战百余回合，双方死伤都很惨重。

后晋相州大军一直等到天黑，都不见前方侦察部队回来。不久，探子来报，说皇甫遇等人被契丹数万人包围。安审琦闻讯立马准备率兵救援，主帅张从恩怯懦，阻止安审琦说道："此言未足信。必若虏众猥至，尽吾军恐未足以当之，公往何益？"（这个消息未必可信。再说契丹兵真的蜂拥而至，即使我全军一起上，估计都不足抵挡，你去又有何益？）这个张从恩的女儿还是石重贵后宫的嫔妃，两人有翁婿之情。安审琦去意坚决，回道："成败，天也，万一不济，当共受之。借使虏不南来，坐失皇甫太师，吾属何颜以见天子！"（成败全在天意，万一战败，应当一同承担罪责，就算契丹不犯我大本营，但皇甫太师有难我们坐视不管，我等还有何面目去见天子！）说完，跨马提枪出营，急往榆林店救援皇甫遇、慕容彦超。

那么，接下来的战事又会如何发展呢？

后晋将帅多怯战

话说后晋遭遇契丹第二次入侵，先行侦察部队将领皇甫遇等人被契丹军队围困在榆林店。安审琦不顾主帅张从恩的劝阻，率领骑兵渡河前去解围。

胆小的张从恩没料到的是，契丹军经过一整天的激战，同样人困马乏。他们见远处烟尘骤起，以为是后晋后援大军到来，惊恐万分，马上北逃，皇甫遇等人与安审琦一起安全回到相州大本营。军中上下都赞赏皇甫遇、慕容彦超的勇武。

战场上敌对双方交战，有时刀兵相见，打的是实力，有时虚张声势，玩的是心理战。当时的晋军与契丹兵，彼此之间都不甚了解，互相都有点心理战的味道。在邯郸的耶律德光接到战报后，以为后晋军倾国而来，连夜动身北撤至鼓城（在今河北石家庄晋州市）。晋军这边也不例外，主帅张从恩认为契丹兵倾国而来，目前营内晋军兵力不足以相抗衡，而且相州城内的粮草也支撑不了十天，无法固城自守，不如退守黎阳，依靠黄河天险防守，且黎阳有充足的储粮，可长久支撑。张从恩不等安审琦等人同意，就带着自己的部队先跑了，只留下步兵五百人防守安阳桥。没办法，余下诸军只好尾随而去。由于撤军仓促，结果又像从邢州出发时一样乱作一团，引发了新一轮的动荡和劫掠。

深夜四更时，后晋知相州事符彦伦听说各路兵马退走，吃惊地对相州守将说：“此夕纷纭，人无固志，五百弊卒，安能守桥！”（今晚情势混乱，人心惶惶，只有五百个筋疲力尽的士卒，怎么能守得住桥！）于是，他果断放弃安阳桥，让人把这五百守桥士兵召回城中。天亮后，契丹数万人已在安阳河北列阵。符彦伦为了迷惑对方，让所有兵士全都站上城头，扬旗击鼓，声威震天。契丹吃不准相州城真实兵力，不敢轻举妄动。到中午双方僵持不下，赵延寿遂率众渡过安阳河，绕过相州继续南下追击晋军。

追击晋军途中，赵延寿得知屯守黎阳的张彦泽正往相州赶来，他担心后路被截，部队被黎阳和相州晋军南北夹击，遂决定北撤。晋将马全节在黎阳坐拥大军，却不敢追赶，使赵延寿全军安然撤离。赵延寿心里一喜，在路过相州时，指挥全副武装的骑兵列阵城下，摆出要攻城的样子，试图恐吓相州守军献城投降。符彦伦看破赵延寿的虚张声势，猜到他其实是要北撤，于是派出五百名全副武装的士卒挥舞刀枪，列阵城北。赵延寿看相州守城意志坚决，担心被随后赶到的张彦泽夹击，只能无奈北撤。

榆林店之战后，契丹大军暂时撤退，但不断骚扰河北一些地区。马全节等人上奏："据降者言，虏众不多，宜乘其散归种落，大举径袭幽州。"（据契丹降军交代，此番南下，契丹兵马并不算多，咱们最好趁他们兵力分散之际，大举发兵直袭幽州。）

这时，石重贵的病情已稍见好转，又收到相州大捷的消息，雄心再起，宣布再次御驾亲征。这次出征，石重贵调整人员安排，撤换临阵退缩的张从恩，让他回汴州守家，主帅则换成杜威，又命安审琦镇守魏州，随后自己赶至澶州，亲临一线督战。马全节等率军依次北上，跟随石重贵亲征。

本来契丹北撤，第二次南侵应就此打住，谁料想石重贵主动挑事，在契丹北返之时又生枝节。

刘知远听说朝廷北伐的消息后，不禁叹息道："中国疲弊，自守恐不足；乃横挑强胡，胜之犹有后患，况不胜乎！"（中原人马疲惫，保全自己都成问题，主上却强行挑战契丹，即便胜了仍免不了留下后患，更别提战败会如何了！）正因为有这样的想法，刘知远依旧在河东按兵不动，继续守着他的一亩三分地。

耶律德光不知道石重贵再次亲征，仍取道镇州北撤，并让老弱残兵驱赶牛羊走在前面。路过祁州（治今河北保定安国市）城时，祁州刺史沈斌认为有机可乘，派兵出城拦截，中了耶律德光的诱兵之计。契丹派出精锐部队，从后方截断祁州兵的归路，祁州兵被隔在城外，无法回城。赵延寿知道祁州城中守军无多，索性顺势急攻城池，还劝降沈斌道："沈使君，你我都老相识了，所谓择祸莫若轻，你祁州外无援兵，内无守备，不如早点投降吧！"

沈斌正色言道："侍中父子失计陷身虏庭，忍帅犬羊以残父母之邦；不自愧耻，更有骄色，何哉！沈斌弓折矢尽，宁为国家死耳，终不效公所为！"（你父子二人昏头失智投靠蛮虏，带着这帮畜生残害父母之邦，你不觉得羞愧，反还面露骄色，怎么这么不要脸！我沈斌头可断血可流，就是战到弓折箭尽，也宁为国家而死，绝不会像你这般无耻作为！）赵延寿恼羞成怒，加紧攻城。第二天，晋军终究寡不敌众，祁州陷落，沈斌自杀殉国。契丹军队在祁州稍作休整后，继续向北撤退。

另一边，杜威和马全节所部在定州会合，开始了反攻。开局不错，一度收复了泰州（今河北保定清苑）、满城、遂城，擒获契丹酋长耶律没剌和二千多名契丹俘虏。杜威本想继续北进追击，但契丹降卒报告说："契丹主还至虎北口，闻晋取泰州，复拥众南向，约八万余骑，计来夕当至，宜速为备。"（耶律德光本已北返至虎北口，听闻晋军拿下泰州，再次率八万骑兵南下，估计很快就能赶到，最好早做打算。）杜威不知真伪，为保平安，暂退守泰州，结果耶律德光还真就赶回泰州。杜重威不敢固守城池，继续南撤，退至阳城（今河北保定清苑西南）。契丹紧追不舍，双方在阳城展开了交锋，交战二十多次，各有伤亡。最后晋军小胜，契丹败北暂时后撤。由于契丹大军就在附近，杜威继续拔营南行，结果契丹骑兵再次赶上。晋军边撤边战，消耗很大，才行得十余里，就已人困马乏，直退至白团卫村，杜威才让人设立鹿角行营，暂作休息。契丹趁势将晋军营寨重重包围，并截断了晋军粮道。

当夜天公不作美，刮起了东北风，狂风大作，飞沙走石，树木折断，让晋军本来就很糟糕的形势变得更为严峻。晋军又饥又渴，开始在营中掘井取水，岂料刚挖好就被风沙吹塌。晋兵无奈，只好用布绞泥，挤出脏水解渴，可是人多水少，无法满足。

挨到天明，风越刮越猛，眼见晋军困窘，耶律德光高兴不已，对手下说：“晋军止此耳，当尽擒之，然后南取大梁！”（估计晋军也就到此为止了，立即拿下他们，然后向南直取汴梁！）他命令铁鹞军全部下马，拔除晋军布下的鹿角柴障，冲入晋营与晋军白刃相接，同时顺风纵火，想借天时一举全歼晋军。

营寨被围，粮道被截，敌人破营而入，绝境之中，晋军上下被逼出血性，纷纷在杜威营外大呼请战道：“都招讨使何不用兵，令士卒徒死！”（都招讨使为什么不下令出兵，是想让我们白白送死吗！）但杜威依然畏缩，预备等风势减小再做计较。

李守贞见状劝道：“彼众我寡，负沙之内，莫测多少，惟力斗者胜，此风乃助我也；若俟风止，吾属无类矣。”（敌众我寡，但现在风沙四起，视线遮掩，对方也不知道我军虚实，奋力作战或可取胜，这是大风在帮我们啊。如果等大风停了，我们晋军就全完了。）他又怕杜威怯战不肯出，于是主动请缨道：“令公善守御，守贞以中军决死矣。”（您擅长守卫，可稳坐帐中，让我带着中军去和契丹决一死战！）

那么，杜威会听从李守贞的劝说出兵反击吗？

二退契丹帝心飘

话说后晋主帅杜重威怯战，听闻契丹回攻的消息后，即从遂城、泰州一路向南急撤，在阳城附近遭遇契丹主力。契丹集结重兵，把后晋军队围困于阳城西南的白团卫村内。

当时，很多后晋将领都和杜威想法一致：风势利于敌而不利于我，等风势减弱再战不迟。诸将中，只有李守贞和药元福坚持出战，他们认为：现在风沙弥漫，契丹摸不清晋军虚实，又骄傲轻敌，觉得晋军不会逆风出战，我们应该出其不意、攻其不备，迅速出战。受到两人的鼓舞，晋将符彦卿也豪气地说："与其束手就擒，不如以身殉国！"于是便和张彦泽、药元福、皇甫遇率精骑自西门而出，发起反攻，其他将领受到激励，也纷纷跟从出击。

有道是，一人拼命，十人不敌，何况晋兵出其不意一齐杀出，自是锐不可当，契丹被杀得败退数百步，战场局势瞬间逆转。此时，风势更加猛烈，天空昏暗如夜。符彦卿等人问李守贞："且曳队往来乎？直前奋击，以胜为度乎？"（是带着队伍来回冲杀，还是一鼓作气，直取胜利？）李守贞坚定地回道："事势如此，安可回！宜长驱取胜耳！"（事已至此，哪还有撤退的道理！唯有乘胜追击，才能取胜！）符彦卿等人听令，带领万余骑兵横冲契丹军阵，继续奋力冲杀，晋军呼声震天动地。

耶律德光千算万算，就是没有算到晋军会逆风出击。其实契丹军队一路追击过来，此时已是疲惫不堪，眼见晋军死命前冲，根本不敢迎战，败逃势如山倒。李守贞趁势让步军拔掉鹿角出战，与骑兵一同向北追击二十余里，沿途到处是契丹丢下的铠甲和兵器。契丹军队一直跑到阳城东南水边，才狼狈收住阵脚。杜威乘胜追击到阳城，远远望见契丹正在重整布阵，连忙大喊：

“贼已破胆，不更令成列！”（贼兵已经吓破了胆，不能再让他们再布成军阵！）于是派出轻骑袭击，契丹果然惊慌失措，纷纷渡河逃走。耶律德光狼狈不堪，只能抛下马车，抢了一匹骆驼，一路狂奔而逃。

晋军诸将提议继续追击，杜威却觉得此次大胜只是侥幸，对人困马乏的晋军而言，已经赚大了，于是说：“逢贼幸不死，更索衣囊邪？”（能在敌人手中幸存下来已是万幸，何必再贪图更多呢？）李守贞这次和杜威意见一致：“两日人马渴甚，今得水饮之，皆足重，难以追寇，不若全军而还。”（这两天咱们的人马都渴坏了，现在虽然喝上水，但身子沉重，行动不便，不宜继续追击，还是见好就收。）于是晋军全军退守定州，至此契丹第二次南侵宣告失利。

耶律德光逃回了幽州，因南侵失利，气恼之余，随征各部酋长皆被罚数百杖，只有赵延寿免受责罚。石重贵见契丹军已被击退，启程回到大梁；出战的各路晋军，也都各自返回军镇。

晋军在白团卫之战中，绝地反击，死里求生，是五代时中原政权和北方游牧民族政权交战中少见的一场扬眉吐气的大胜利。此战大捷之后，石重贵顿感肩上的压力小了许多。

两次南侵的失败，使契丹内部出现厌战情绪，以述律太后为首的反战派抬头，劝耶律德光与后晋议和。与此同时，后晋朝中亦有不少人主张和谈，比如桑维翰就多次劝石重贵主动与契丹和解，以恢复国力民生，石重贵也同意向契丹遣使求和。不料，耶律德光为了维护自己的宗主国尊严，竟要求让景延广、桑维翰两人亲自前来议和，并割让镇州（治今河北正定县）、定州（治今河北定州市）给他。石重贵这下不干了，觉得契丹没有和谈的诚意，凭什么后晋两次战胜契丹，却要另外割地求和？于是，石重贵不打算继续同契丹人讲和。其实当时双方的和谈还有回旋的余地，后来耶律德光也曾亲口说过："向使晋使再来，则南北不战矣。"（当时如果晋国使者再来我国谈和，那南北就不会再战了。）但这时的石重贵，再胜而骄，过高地估计了后晋的真实国力，放弃了谈和的机会，为自己后来的失败埋下了伏笔。

两次北抗契丹胜利，让石重贵人飘了起来，变得骄奢淫逸，更加贪图享乐。他把各地进贡的奇珍异宝，统统收入自己的内府，同时大量制造器用玩物，扩建宫室，充实后宫；他还专门建了座织锦楼来为新宫殿编织地毯，数百名织工日夜不停，花了近一年工夫才织完。此外，石重贵还找来一些优伶，日日笙歌夜舞，赏赐无度，简直是第二个后唐"李天下（李存勖）"。

枢密使桑维翰看不过眼，苦心劝谏道："向者陛下亲御胡寇，战士重伤者，赏不过帛数端。今优人一谈一笑称旨，往往赐束帛、万钱、锦袍、银带，彼战士见之，能不觖（jué）望？曰：'我曹冒白刃，绝筋折骨，曾不如一谈一笑之功乎！'如此，则士卒解体，陛下谁与卫社稷乎！"（从前陛下亲征胡寇，将士打仗受重伤的，也不过赐几匹布而已。现在艺人一说一笑，逗你开心了，你就赏布十匹、钱万贯，还有锦袍、银带等。这要是让军中将士们知道了，岂不心寒？甚至会抱怨说，他们刀枪剑雨、流血拼命，竟还不如伶人的一说一笑的功劳！这样下去，将士离心解体，陛下又靠谁来守卫江山呢？）

然而，石重贵丝毫不为所动，继续我行我素，一味地骄奢淫逸，不理政事，这就让奸佞之臣有了作妖的机会。端明殿学士冯玉和宣徽北院使李彦韬，嫉妒桑维翰独揽大权，多次在石重贵面前诋毁他。时间一长，石重贵便生了削减桑维翰权力的想法，幸有宰相李崧等人劝阻，这才作罢。桑维翰知道后，以退为进，主动提议让冯玉出任枢密副使，没承想此举更激怒了冯玉。在石重贵的支持下，冯玉出任户部尚书、枢密使，大大削弱了桑维翰的实权。

冯玉凭靠吹捧跪乞的绝活，以及妹妹冯皇后枕头风的配合，一下子爬到同平章事的高位，成了朝中红得发紫的宠臣。一次，冯玉因病请假在家，石重贵居然对群臣表示，要等他病愈入朝后，才能任命刺史以上的官员，由此可见这位大舅哥的受宠程度。冯玉仗着皇帝的宠信，玩弄权柄，广收贿赂。

此外，大臣李彦韬也是一个很会钻营的人，他年轻时给人当过仆夫，后投到了石敬瑭帐下成为石重贵的心腹。石重贵对他信任有加，以至于任命将相等军国大事，都让李彦韬参与讨论。李彦韬常对人说："吾不知朝廷设文官何所用，且欲澄汰，徐当尽去之！"（我真不知道朝廷养那么多文官有什么用，等我日后掌权了，一定想办法把他们一个个全都炒掉。）

当初石重贵卧病在床时，桑维翰曾派人入宫向太后问安，闲聊中随口问起石重睿有否认真读书。石重贵听闻，心中大不悦，毕竟当初石敬瑭遗愿是让亲儿子石重睿继承皇位，自己是靠着年龄优势才被人扶持上位的，于是找冯玉诉说此事。冯玉可不会放弃这么好的一个机会，乘机诬陷桑维翰有废旧立新的叛心，由此马上引起石重贵对桑维翰的猜疑和不满。

李彦韬向来和冯玉勾搭在一起，自然也跟紧脚步，一起排挤桑维翰。李守贞也一直讨厌桑维翰，也加入倒桑的阵营。他们觉得开封尹赵莹性格柔弱，容易控制，于是联名推荐他任中书令一职。石重贵便顺势罢免了桑维翰在朝中的职务，调任他为开封尹。开封尹虽官阶不低，可实际权力比起枢密使、中书令来差了好几级。而且，开封尹只负责汴梁城地方事务，基本无法插手朝廷中枢政务。备受打压，让桑维翰感到非常委屈，但为了避祸，他不得不接受，从此很少入朝谒见，自称有脚病，闭门谢客。

朝中有官员为桑维翰叫屈，认为他作为朝廷元老，应该得到礼遇。冯玉恼怒说，怕桑维翰谋反，不能让他回朝。那人看不下去，直接问道："儒生安能反！"（桑维翰手里又没有兵马，又怎么会造反？）结果冯玉说："即使他自己不造反，恐怕也会教别人造反。"用一个"莫须有"的罪名，给桑维翰定了性。冯玉把持朝政，凭他自己的好恶，党同伐异，一手遮天，后晋朝政由此日益败坏。

第三次北伐契丹

话说二次北抗契丹胜利后，石重贵人飘起来了，开始享受生活，俨然有“李天下（李存勖）”第二的趋势，后晋朝政也日益崩坏，不但公忠体国的桑维翰被奸佞小人排挤出朝，大权也被冯玉、李彦韬等奸猾无能之人把控。

后晋朝廷上一团糟，地方上则更糟。由于朝廷军需不足，没完没了地向百姓加重赋役，藩镇节帅中又有杜威、赵在礼这样的大蠹虫，从中大捞特捞。特别是魏博军将出身的老熟人赵在礼，历任十镇节度使，所到之处无不贪暴无度，家财更是各镇节度使中最多的。而杜威呢，久镇恒州（即镇州，治今河北正定），自恃是石重贵的姑父，多行不法之事，经常借口巩固边防，敛取钱财，中饱私囊。只要打听到哪家有奇珍、宝马和美女，他都会强行夺取。有时为了达到目的，还会随便给人安上一个谋反的罪名，将对方诛杀，然后再将他人财产全部据为己有。

杜威是一个窝里横，对自己人凶残，对契丹人却非常怯懦，之前两次北抗契丹的战争中，他就总是临阵退缩。更窝囊的是，每当契丹入境，哪怕只有几十骑，他都要紧闭城门，龟缩城中。即便只有几个契丹骑兵驱赶着俘掠的千百个汉人从城下经过，他从来都是睁大眼睛在城上观望，丝毫没有去搭救的意思。时间一长，契丹几乎人人都知道杜威是个孬种、软蛋，在他的镇州境内肆意屠掠。即便是这样，杜威也照样坐视不理，导致镇州千里之间，尸骨遍野，村落尽毁。杜威眼见自己的地盘凋敝，又士民怨恨深重，既无油水又无人望，于是接连上表请调入朝任职。石重贵不准，结果杜威带着家当和老婆孩子，直接离镇回京。

当时在职的桑维翰，自然不能容忍这样的事情，立即奏请石重贵说："威固违朝命，擅离边镇。居常凭恃勋旧，邀求姑息，及疆易多事，曾无守御之意；宜因此时废之，庶无后患。"（杜威违抗朝令，擅离职守，平日里又仗着自己是皇亲国戚，多行不法，边疆现在正是多事之秋，他却不思如何御敌，撂挑子当了逃兵，最好趁此将他罢黜了，以免日后留下祸患。）石重贵不悦，桑维翰又退一步说："陛下不忍废之，宜授以近京小镇，勿复委以雄藩。"（陛下不忍心废黜他的话，那就授他一座靠近汴梁的小镇，可千万别再把北方重镇交给他了。）

没想到石重贵直接拒绝道："威，朕之密亲，必无异志，但宋国长公主切欲相见耳，公勿以为疑。"（杜威是朕的亲人，必定不会有二心。想必是我姑姑长公主想来京师探望我，你不要多虑。）桑维翰本是好心劝说，见石重贵如此偏爱杜威，心里郁闷，从此不愿多谈国事。杜威向皇帝献出部众四千人、铠甲四千副、粮粟十万斛、刍粮二十万束，最终非但没受惩处，反而得到了石重贵的赞赏，调任天雄节度使，也就是从成德调到了魏博，既保住了重镇节度使的职位，还远离契丹地界，可谓稳赚不赔。

开运三年（946）夏，两次南侵没讨到半点便宜的耶律德光，开始谋划第三次南侵。这次南下，契丹一改往日深入黄河沿岸的战术，采取诱敌深入的策略，试图将后晋军队引入幽州内部进行围歼。他先让赵延寿诈降，请求晋军北上接应；又指使瀛州刺史刘延祚给晋将王峦写信，请求举城归降。为了取信对方，刘延祚还向王峦透露了一个契丹的内部“机密”：今年秋雨多，耶律德光已经往北走了，短时间内不会再回南边，即使晋军打过来，他也无法及时回兵救援。这时，深州刺史慕容迁又献上《瀛莫图》以示真诚。后晋朝廷没有明臣在朝，所以对赵延寿和刘延祚的归降深信不疑。

后晋朝廷对赵延寿和刘延祚的投降信以为真，准备出兵北上接应，希望一举收复幽燕地区。这次北伐意义非同小可，石重贵本来打算继续让李守贞挂帅，但李守贞却力推杜威为主帅。此前，李守贞路过杜威地盘时，杜威每每以厚礼相待，赠送的财宝、铠甲等数以万计。这让李守贞甚是感激，很快就和杜威结成死党，并甘居杜威之后。北伐前，石重贵还找到冯玉、李崧商议，决定任命杜威为元帅，李守贞为副帅。中书令赵莹私下对冯、李二人说：“杜令国戚，贵为将相，而所欲未厌，心常慊慊（qiàn），岂可复假以兵权！必若有事北方，不若止任守贞为愈也。”（杜威贵为皇亲，又兼藩镇节度使，却不思满足，心中常怀不满之意，怎么能再授予他兵权！一定要北征的话，最好让李守贞全权负责。）但冯、李二人不听其言，主帅依旧是杜威。

开运三年（946）十月，石重贵正式宣布出师北伐，任杜威为北面行营都招讨使，李守贞为副帅兼兵马都监，率领安审琦、符彦卿、皇甫遇等大将自邺都北征。除了战将阵容强大，石重贵还把禁军主力送到前线交给杜威指挥，配合藩镇军作战。石重贵孤注一掷，誓要赢得这场北伐。北伐大军出发后，他昭告天下：“专发大军，往平黠虏。先取瀛、莫，安定关南；次复幽燕，荡平塞北。有能擒获虏主者，除上镇节度使，赏钱万缗，绢万匹，银万两。”对此次北伐，石重贵可以说是信心满满，但万万没想到，他早已掉入耶律德光所设的“请君入瓮”陷阱。

十一月，杜威率大军抵达瀛州（治今河北河间）城下，见城门大开，寂若无人，杜威怕中埋伏不敢进城。逗留间，听闻契丹守将高谟翰已弃城北撤，杜威忙派晋将率二千骑兵追击，不料反被契丹派出的五千人马一举歼灭。出师不利加上不见刘延祚的人影，杜威自知中计，火速下令南撤。当时契丹所控制的束城（今河北河间市束城镇）等几个州县，已经归降后晋，没想到杜威经过，既不安抚百姓和组织反抗契丹，反而放火焚烧房屋，抢劫妇女，率领大军往南逃走。其他州县听闻杜威如此丧心病狂，再无人愿意归顺后晋。眼看杜威折腾得差不多了，一直隐身暗处的耶律德光这才宣布契丹第三次南侵正式开始，大军从易州、定州往恒州进发。

杜重威部退至武强后，听说耶律德光率大军南下，慌乱之余，打算沿冀州、贝州继续南逃。这时，驻守恒州的彰德节度使张彦泽引兵来会，声称有破契丹之法。杜威这才折而向西，并以张彦泽为先锋，进军恒州。等他赶到恒州南面滹沱河上的中渡桥时，发现契丹早已抢占该桥。张彦泽遂率骑兵进攻夺桥，契丹不敌，烧桥退至滹沱河北岸，双方隔河对峙。契丹见晋军人多势众，担心对方强行渡河之后与恒州守军合围夹击，正打算商议退兵。不料晋军那边毫无动静，还筑起了营垒，看似准备打持久战，于是契丹不再考虑退兵，留在北岸继续观望。

杜威其实并不想相持久战，他是根本不想战。副帅李守贞虽然先前战功卓著，现在却是一心奉承迎合杜威，整天饮酒作乐，很少谈论军事。时间久拖，对晋军无益。磁州刺史李谷向杜、李二人建议道："今大军去恒州咫尺，烟火相望。若多以三股木置水中，积薪布土其上，桥可立成。密约城中举火相应，夜募将士斫虏营而入，表里合势，虏必遁逃。"（现在大军与恒州近在咫尺。如果砍些木材放置水中，并在上面放上柴草铺上土，临时桥梁分分钟就能建成。然后我们再和恒州守将约好，以烟火为信号，趁夜派敢死队破营而入，如此里应外合，契丹军队肯定遁逃。）众将领都觉得这是个妙计，值得尝试，只有杜威觉得冒险，不仅否决，还把献计的李谷弄去怀、孟二州督运军粮。

这边杜威犹豫不决，迟迟不敢动手，而那边的耶律德光马上就要出手了。

胜负已分降契丹

前面说到，后晋与契丹第三次大战开启。石重贵中了耶律德光的请君入瓮之计，主动出兵深入幽燕地区。一番试探之后，双方在中渡桥隔河对峙。晋军主帅杜威懦弱怯战，迟迟不敢动手。反倒是耶律德光这边按捺不住，率先展开进攻，暗地派萧翰、刘重进等率数百骑和少量步卒，从西山绕到晋军兵营后方，切断后晋粮道和退路，攻占栾城（在今河北石家庄）。

接下来，是一波心理战。耶律德光展开大规模的抓捕，生擒那些外出砍柴的后晋士卒，一顿狂揍后又故意放走。那些逃回晋营的士兵，极力宣扬契丹骑兵如何人多势众、凶狠残暴，搞得晋军上下心里发毛。除樵采者外，耶律德光还抓捕恒州附近的百姓，在他们脸上刺上“奉敕不杀”的大字，同样故意放走。不得不说，耶律德光这手暴力恐吓效果极佳，那些为晋军运粮的百姓因此对契丹非常恐惧，不敢再往前线运粮。

开运三年（946）十二月，李谷向后晋朝廷密奏，说前线战事危急，请求石重贵再次御驾坐镇滑州，派兵扼守澶州、河阳等黄河重要渡口，防止契丹抢渡黄河南下。奏章还没看完，杜威的求援信也来了，石重贵先依杜威所请，把宫中把门的侍卫组织起来调上前线增援杜威；又下诏征发河北及滑、孟、泽、潞各州粮草五十万，赶运前线，把宝全部押在杜威身上。然而，这货不久后却狠狠坑了石重贵一把。由于京城禁军大多被派往前线，城内人人自危，恐惧不安。桑维翰见国家危在旦夕，求见皇帝。石重贵还没意识到问题的严重性，沉迷于遛鸟取乐，拒不接见。桑维翰又去拜访执政大臣，那些人也不理睬。桑维翰万念俱灰，不禁长叹：“晋氏不血食矣！”（晋国看来社稷要完了！）

石重贵原本打算第三次御驾亲征，但被李彦韬拦了下来。石重贵自己不去，就只能派别人去，于是命原本宿卫汴梁的高行周为北面都部署，符彦卿为副，两人共同镇卫澶州。为了加强防御力量，石重贵还把正在洛阳混日子的景延广召来，命他戍守河阳（位于今河南孟州）。澶州、河阳互为犄角，即便杜威战败，总归不会迅速被契丹突破阵线，直逼汴梁。可惜，被耶律德光迷惑的石重贵，已经没有了前两次的好运。

这时，杜威与朝廷的联系已中断，契丹军队已经深入赵州（今河北赵县）境内，晋军腹背受敌，处境艰难。眼看晋军即将兵溃粮绝，杜威却还在坐吃等死。奉国都指挥使王清不愿坐以待毙，对杜威说："今大军去恒州五里，守此何为?！营孤食尽，势将自溃。请以步卒二千为前锋，夺桥开道，公帅诸军继之。得入恒州，则无忧矣！"（现在咱们大军距恒州城仅有五里，为何非得在此空守?！所谓营孤食尽，必将自溃。我请命率两千步卒为前锋，夺桥开道，您再率大军紧跟其后。只要能突破包围进入恒州城，那一切都好办了。）

杜威采纳了这一建议，让王清和宋彦筠一起行动。王清作战勇猛，硬生生杀开一条血路，契丹不得不稍稍退却。众将见突围有望，纷纷请求出战。不料在这紧要关头，杜威又怂了，严令众人不得轻举妄动。杜威这一怂，直接坑了王清和宋彦筠。宋彦筠还好，他离晋营岸边不远，兵败后逃得一命。王清可就被坑惨了，他随前锋部队突前太快，在河对岸被契丹包围，无法撤回。

他多次向杜威请兵支援，杜威竟不派一兵一卒。王清英勇率军一直战斗到傍晚，终因众寡不敌，全体将士壮烈牺牲。临死前，王清大喊："上将握兵，坐观吾辈困急而不救，此必有异志。吾辈当以死报国耳。"（杜威身为主将，却坐视我等战死，这货肯定心怀异志。我们只能以死报国了！）

王清说得很对，杜威的确是动了异心。眼见内外断绝，突围无望，粮食殆尽，他便和李守贞、宋彦筠等人商量投降。杜威暗中派心腹拜见耶律德光，表示愿意投降换取高位重赏。耶律德光心中狂喜，并给杜威画大饼："赵延寿威望素浅，恐不能帝中国。汝果降者，当以汝为之。"（赵延寿威望一向不够，恐怕很难当中原的皇帝，你若真心投降，就让你当皇帝。）

杜威听后十分欢喜，当即着手投降事宜。第二天，杜威在军帐周围埋伏刀斧手，然后召集诸将前来开会。他先是拿出投降表，逼使大家一一签名。在刀剑威逼之下，众将只能屈从。随后，杜威下令全军出营列阵。晋军士兵们还以为要与契丹决一死战，个个斗志昂扬。没想到杜威却让他们放下兵器，投降契丹。晋军将士纷纷恸哭不已，哭声传遍四野。为了安抚士兵，杜威还借口说皇帝石重贵失德，任用奸邪，猜忌自己，自己实在不得已才投降契丹。晋军士兵不相信杜威屈膝投降的托辞，恨之入骨。

老将皇甫遇对杜威的卑劣行径深感耻辱，耶律德光原想让皇甫遇担任征晋先锋，遭到皇甫遇严词拒绝，表示自己实在做不出逼迫家乡父老的事："吾位为将相，败不能死，忍复图其主乎。"

（我身为晋朝将相重臣，兵败后不以身殉国也就罢了，又怎忍心反过来谋害君主！）后来眼看国土逐渐沦丧，大势已去，他实在无法说服自己继续苟活下去，便对身边人感慨道："吾不食累日矣，何面目复南行。"（我已好几天绝食不吃饭了，还有什么脸面继续南下！）夜间，皇甫遇自尽身亡，以死明志，不愿再受亡国之耻。

叛国贼杜威这边呢，为了在新主子面前表功，他引契丹大军到恒州城下，亲自劝降顺国节度使王周。王周一看杜威都降了，也只得献城投降。没多久代州刺史王晖也举城投降，易州随后也落入耶律德光之手，义武节度使李殷、安国留后方太见状纷纷举境投降了契丹。至此，石重贵不但主力尽失，精心构置的北方防线也被轻松瓦解。从前血战契丹的晋朝大将们见大势已去，纷纷降敌，尤其是张彦泽，不仅向契丹称臣，还甘为契丹前锋，掉头领二千快骑直攻汴梁。

石重贵听说杜威反水，叛贼张彦泽也南下反攻，急召冯玉等人商议对策，准备请刘知远发兵勤王。刘知远如果不计前嫌，也许还能挽救危亡。然而，张彦泽没给石重贵翻盘的机会，行进速度飞快，后晋求援使者还没出城，他就从封丘门闯关而入。李彦韬率汴梁仅剩的五百禁军前去迎敌，但无法阻止叛兵贼将。张彦泽将兵马驻扎在明德门外，汴梁城中顿时一片混乱。

石重贵自知难以幸免，欲学后唐皇帝李从珂殉国，他派人在宫中放火，提剑驱集宫人十几人，意图一起自焚殉国，结果被亲军将领薛超一把抱住，自杀未遂。正在两人拉扯间，张彦泽派人送来耶律德光给石敬瑭妻子李太后的一封安抚信。石重贵从中看到生的希望，与后妃相拥而泣，下令灭火，打开所有的宫门迎候耶律德光，并让翰林学士范质撰写降表："孙男臣重贵，祸至神惑，运尽天亡。今与太后及妻冯氏，举族于郊野面缚待罪次。遣男镇宁节度使（石）延煦，威信节度使（石）延宝，奉国宝一、金印三出迎。"李太后也上表自称"新妇李氏妾"。石重贵脱去黄袍，着素衫，拜受契丹诏书，左右侍从无不掩面而泣。石重贵想召见张彦泽，张彦泽以"臣无面目见陛下"为由拒绝。石重贵再次派人召见，他依旧不予理会。

耶律德光那边还在去往汴梁城的路上，这边独自控制汴梁的张彦泽，气焰那叫一个嚣张，行为那叫一个放纵，把汴梁城搞得那叫一个鸡犬不宁。那么，他都做了哪些天怒人怨的事情?

胡作非为张彦泽

前面说到，第三次后晋与契丹大战，晋将杜威、张彦泽等相继投降，晋军主力尽失，北方防线被突破，后晋大将张彦泽更是甘为契丹先锋，率先攻入汴梁城。石重贵欲自焚殉国，结果被人拦下，只好开城递表投降。

耶律德光还在前往汴梁的路上，独自控制汴梁的张彦泽，在城内各种胡作非为。他趁耶律德光还没入城，纵兵到处抢掠，专挑大户人家下手，城内一些流氓无赖也跟着一起浑水摸鱼。整整两天，兵也抢、民也抢，抢完就杀、杀完就烧，搅得汴梁城是鸡犬不宁。张彦泽怕有人黑他，不敢在城内居住，就在城外的山上扎营，日夜纵酒作乐，出入随从数百人。他自以为是契丹人的大功臣，还特意搞了一面绣着“赤心为主”四个大字的旗帜，让人高举，跟随自己招摇过市，百姓暗中痛恨至极。士兵抓住闹事的路人，押到张彦泽面前，他也不问青红皂白，直接叫人拖出去腰斩。

除了百姓受罪，朝中大臣也接连遭罪。石重贵手下有个宠臣叫孟承诲，张彦泽不经请示直接把他杀了，没有原因，没有理由，就是看着不爽。张彦泽和宣徽使高勋向来不和，如今大权在手，乘着酒醉径直闯入高家，杀掉高勋的叔父和兄弟，还把尸首扔在高家门外示众；甚至就连处于半引退状态的桑维翰，也被张彦泽杀害。

汴梁一片混乱时，就有人劝桑维翰赶紧跑路，他严词拒绝，说自己是晋朝大臣，逃了又能怎样，于是静坐家中等待自己的命运。张彦泽假借石重贵的名义，召桑维翰入宫。桑维翰刚到天街，碰巧遇到宰相李崧，两人还没说上几句话，桑维翰就被强行押往侍卫司。桑维翰自知难逃一死，回头对李崧说：“侍中当国，今日国亡，反令维翰死之，何也？”（李侍中您执掌朝政，如今国破家亡，反而要我去死，这是什么道理？）李崧自知理亏没法回答，只好悻悻离去。

张彦泽傲慢地坐在堂上，不屑地看向桑维翰。桑维翰怒火中烧，斥问道：“去年拔公于罪人之中，复领大镇，授以兵权，何乃负恩至此！”（去年从罪臣中将你提拔出来，让你复领大镇，授予兵权，你怎能如此忘恩负义！）张彦泽满脸严霜，却和李崧一样没法回答。他叫人把桑维翰先看守起来，没过多久就派人将他吊死在梁上，然后上报耶律德光，谎称桑维翰上吊自尽。消息传来，耶律德光不禁感慨，他其实无意杀桑维翰，毕竟当初就是因为有桑维翰居中力推后晋两代皇帝主动交好契丹，对自己还算是“好人”吧……耶律德光唏嘘不已，下令对桑家厚加抚恤。

中书舍人李涛曾经弹劾过张彦泽，要求当时的皇帝石敬瑭对他处以极刑，但石敬瑭念他立有军功，赦罪不杀。如今汴梁被张彦泽掌控，李涛深知自己难以幸免，便对身边人说：“吾与其逃于沟渎而不免，不若往见之。”（与其逃到沟渠之中而不免一死，不如干脆去见见他。）李涛找到张彦泽，非常有骨气地说：“上书请杀太尉人李涛，谨来请死。”张彦泽不觉一愣，问他是否害怕。李涛答道：“涛今日之惧，亦犹足下昔年之惧也。向使高祖用涛言，事安至此。”［我今天的恐惧，正如同你当年的恐惧一样。假如高祖皇帝（石敬瑭）听了我的话，事情哪会发展到今天这个地步！］没想到杀人不眨眼的张彦泽，听完只是哈哈大笑，不但没杀他，还赐酒一杯。李涛满饮而去，旁若无人。

除了杀人劫掠、祸害朝臣，张彦泽还恣意欺压旧主。他逼迫石重贵搬离宫殿，移居开封府，路上不准逗留片刻。人在屋檐下，石重贵只能和李太后、皇后乘轿在前，十几个宫人和宦官在后步行跟随，仓皇离宫，场面凄惨。临行前，石重贵想随身带走一些内库的金银珠宝过活。张彦泽派人说，契丹皇帝耶律德光将至，这些财宝都要贡献给他，不能带走。石重贵只好把财宝留了下来，还很不情愿地送给张彦泽一部分。张彦泽只从中挑了些最好的，剩下的全部封存起来，等待耶律德光验收。不止如此，张彦泽还派了人看守石重贵等，不让他们和外界联系，就连他和李太后呈给耶律德光的表章，都得先让张彦泽过目，然后才能发出。石重贵想取用内库中的几段丝帛，看守不准，说这已是契丹所有；石重贵想借酒消愁，向李崧要酒，李崧说怕契丹人怪罪不敢；石重贵想见李彦韬，李彦韬推辞不见，说为避嫌疑和风险；石重贵妃子丁氏颇有姿色，被张彦泽强行抢走……什么叫龙游浅水，什么叫虎落平阳，石重贵此时此刻肯定有深刻感受。

张彦泽祸乱汴梁这阵，耶律德光还在继续朝汴梁赶来。为后晋镇守澶州的高行周、符彦卿无力回天，又不想学皇甫遇自尽报国，只得率众向契丹投降。耶律德光因阳城白团卫之战败给符彦卿，就故意嘲讽他。符彦卿说："臣当时惟知为晋主竭力，今日死生惟命。"耶律德光一介胡人，本性率直，听完哈哈大笑，宣布赦免二人，让他们随军而行。

这时，石重贵的两个儿子石延煦和石延宝，将传国玉玺带到契丹军营中。耶律德光让两人带亲笔诏书给石重贵，许诺饶他不死，还宽慰道："孙勿忧，必使汝有啖饭之所。"耶律德光把玩传国玉玺，觉得雕工非常粗糙，和前代典籍记载不符，疑是赝品，于是派人诘问石重贵。石重贵连忙上表解释："顷王从珂自焚，旧传国宝不知所在，必与之俱烬。此宝先帝所为，群臣备知。臣今日焉敢匿宝。"（当年李从珂自焚时，那枚传国玉玺就不知去向，很可能已经随着他一起烧毁了。这枚玉玺是先帝石敬瑭所制，这事群臣都知晓。我又怎么敢私藏玉玺！）耶律德光这才作罢。

狂人景延广是挑起后晋和契丹纷争的祸源，耶律德光对他最为痛恨，派人四处追捕。景延广无处可逃，只能硬着头皮找耶律德光认罪。耶律德光见面就嘲讽他道："致两主失欢，皆汝所为也。十万横磨剑安在？"（两国皇帝失和，都是你小子所为，你之前说的十万横磨剑在哪儿呢？）景延广为求活命，自然是抵死不认。耶律德光找来先前出使晋国的乔荣与他对质。乔荣拿出当初景延广写给他的亲笔信，景延广无可辩驳，只能请求死罪。耶律德光下令将景延广锁拿关押，不日押回北方。入夜，景延广左思右思，自知已无生路，趁卫兵不备，挣脱绳索，"引手扼吭而死"，即自己把自己掐死了。史籍评价其言："虽事已穷顿，人亦壮之。"（虽处境穷途末路，但气节壮烈。）比起后晋那些叛降之辈，景延广算得上是条汉子。

天福十二年（947）正月，原本应为后晋开运四年，只因亡国之故，暂改沿袭石敬瑭天福年号，称为天福十二年。耶律德光大军一行抵达汴梁，后晋百官都身着素服，头戴纱帽，出城跪迎。耶律德光表现大度，对众臣好言安慰一番，随即率军入城，兵威之下，城内百姓吓得四处躲藏。耶律德光为了稳定人心，登上城楼，派人大声传话道：“我亦人也，汝曹勿惧！会当使汝曹苏息。我无心南来，汉兵引我至此耳。”（我也是人啊，大家不要怕。我本不愿南下，是晋军引我来的。既然来都来了，我定会让你们安居乐业的。）为了做足样子，耶律德光特意率领契丹大军驻扎在城外赤岗上，以示不扰民。

出人意料的是，第二天耶律德光竟然把攻破汴州、立下首功的张彦泽给杀了。

流浪异国心凄凉

耶律德光进驻汴梁后，隔天就把攻破汴梁立下首功的张彦泽给处死了。原来，耶律德光进城当天，原后晋大臣高勋就上报耶律德光，说张彦泽擅自残杀家人。汴州城的百姓也纷纷喊冤告状，控诉张彦泽滥杀无辜，横行不法，天怒人怨，令人发指。耶律德光本就不满张彦泽不经请示就擅杀大臣，更恼怒他擅自劫掠京城（耶律德光认为后晋宫中的宝物应该全归他所有），于是直接派人将张彦泽锁拿，将他的罪行公告天下，斩首示众。

张彦泽处斩那天，群情激愤。之前被张彦泽残害的各家苦主，纷纷号哭而至，对张彦泽拳打脚踢，殴击泄愤。耶律德光任张彦泽的仇家高勋为监斩官，他等众人怒气稍出、张彦泽奄奄一息之时，示意让众人停手，然后让刽子手把张彦泽的手腕砍断，将他从铐锁中拖出，然后开膛破肚剖心，祭奠那些枉死的后晋臣民。张彦泽在众人的叫骂声中倒下毙命，百姓们还不解恨，纷纷争着冲上前去砸破他的头颅，敲碎他的骨头，取其髓，割其肉，剁碎分食……

说回石重贵。耶律德光觉得目标已经达成，留着石重贵是个隐患，于是把他全家赶到封禅寺（在今开封市），派投降的原后晋大同节度使崔廷勋率兵看守。耶律德光还不放心，每天派人前去探视问候。石重贵压力山大，整日里惶恐不安。后来，接连下了十几天雨夹雪，封禅寺断了供给，石重贵一家老小又冷又饿。李太后派人对寺中僧侣说："吾尝于此饭僧数万，今日独无一人相念邪？"（我曾经在这里供给数万和尚斋饭，现在竟然没有一个人感念旧恩吗？）僧侣们连忙推说，契丹人心思难测，寺中不敢擅自供给食物。石重贵没办法，只好偷偷哀求卫兵。卫兵磨不过，悄悄给他们一些粗米糙饭勉强果腹，没被饿死。

不久，耶律德光封石重贵为"负义侯"，命令这位倒霉的皇帝举家北迁黄龙府（位于今吉林农安）。盘点中国历史上那些亡国之君的奇葩封号，好一点如刘禅的"安乐公"，差的如李煜的"违命侯"。石重贵这个"负义侯"，可比"违命侯"难听多了。石重贵要搬去的黄龙府，原是渤海国的扶余城。传说辽太祖耶律阿保机东征渤海走到扶余城下，见有一条黄龙盘旋在城上，因此改扶余城为"黄龙府"。契丹第三次南侵攻破汴梁，后晋从此正式退出历史舞台。后晋自石敬瑭僭位，只传了一世，十一年而亡。耶律德光一手扶起了后晋王朝，又亲手将其灭亡，可谓成也耶律德光，亡也耶律德光。后晋亡国，五代并未随之结束。一个多月后，河东节度使刘知远在太原称帝，建立后汉，开启了中原新的历史篇章。

收到北迁黄龙府的消息，石重贵等人相向而泣，以泪洗面。这时有人前来给李太后传话，表示石重贵不听母亲劝说，才落到如今的地步，李太后可以留在中原，不用跟着儿子一起北迁。李太后坚定地选择和儿子在一起，对使者说："重贵事妾甚谨。所失者，违先君之志，绝两国之欢耳。今幸蒙大恩，全生保家，母不随子，欲何所归！"（石重贵对我一向尊重孝顺。他犯的过错，在于违背了先君的意志，断绝了两国的友好。现在我们有幸蒙受大恩，保了全家人性命，我做母亲的不跟着儿子，又还能去哪儿呢？）

数日之后，石重贵踏上北迁的路途。随同石重贵一同北迁的有：李太后、安太妃、冯皇后、皇弟石重睿、皇子石延煦和石延宝；还有宫嫔五十人、内官三十人、东西班五十人、医官一人、控鹤官四人，御厨四人、茶酒三人、仪銮司三人、亲军二十人，满打满算不过百余人。耶律德光派出三百骑一路护送，以防遭遇劫杀，还命原后晋宰相赵莹、枢密使冯玉、都指挥使李彦韬随行。

从开封前往黄龙府，路途遥远，由于准备不足，石重贵一行在路上时常断粮。途中所经州县大小官员，畏惧契丹人，不敢敬献粮食。磁州刺史李谷比较有良心，亲自在磁州城外迎接拜谒，哭着对石重贵说：“为臣无状，负陛下。”（都怪我这个当臣子的无能，负了陛下的大恩！）然后拿出自己的全部财产，献给石重贵作为北行的川资。当石重贵路过中渡桥，远远望见杜威的兵营，引发旧恨，仰天长叹道：“天乎！我家何负，为此贼所破！”（老天啊！我石家哪里对不起他这个贼子，竟被此贼坑成这样！）石重贵作为国君，任人唯亲，丢了社稷，不从自己的身上找原因，却责怪别人，令人感慨。

石重贵一行，一路翻山越岭，风餐露宿。走到幽州时，停歇了十多天，幽州将领奉耶律德光的命令，在州府官署犒劳石重贵一行。之后，石重贵等人继续前行，来到锦州。契丹兵士胁迫石重贵等人前去拜谒契丹开国皇帝耶律阿保机的遗像，石重贵受不了屈辱，哭道：“薛超误我，不令我死，以至今日也。”离开锦州，他们继续前行，渡过辽水，最终来到黄龙府。之后，石重贵一行又辗转来到辽阳、建州。建州（治今辽宁朝阳县）节度使赵彦晖拨给五千余顷耕地，让石重贵自给自足，最终在这个苦寒之地走向人生的终点。

多年过去，饱经沧桑，备受屈辱，石重贵身边的人先后去世或者被抢走，安太妃、李太后相继去世，他的幼女及宠姬赵氏、聂氏，相继被契丹人抢走充当性奴。但降帝石重贵一直熬了十八年，一直活到北宋开宝七年，也就是辽朝保宁六年（974）才因病去世。只是，他这般亡国奴的生活，和死了又有什么区别！

对于石重贵这位志大才疏、偏听偏信的亡国之君，史书评价道：

少帝以中人之才，嗣将坠之业，属上天不祐，仍岁大饥，尚或绝强敌之欢盟，鄙辅臣之谋略。奢淫自纵，谓有泰山之安；委托非人，坐受平阳之辱。族行万里，身老穷荒。自古亡国之丑者，无如帝之甚也。千载之后，其如耻何，伤哉！（《旧五代史·少帝纪五》）

新旧《五代史》都是宋朝大臣们所写，他们预想不到的是，一百多年之后，北宋徽、钦二帝也被灭辽而起的金国俘虏，所受侮辱更甚。晋末帝石重贵在苦寒之地建州熬了十八年，宋钦宗在五国城（位于今黑龙江依兰县西北部）竟然当了二十八年俘虏！

回顾石重贵的一生，宋人的评价并不过分。他才能一般，胸怀一般，品性一般，在国内藩镇各怀异心、自然灾害频繁的恶劣时局下，不听忠臣良言，不自量力向契丹挑战，得志而放纵，失意而不振，最终成为阶下囚和亡国奴，在屈辱和悲哀中默默死去。石重贵的悲惨结局，全由他一手造成，呜呼哀哉！

亡国之祸立国初

回顾后晋兴亡，颇让人玩味。公元 936 年，石敬瑭向契丹自称“儿皇帝”，割让幽云十六州以获取契丹的支持。耶律德光在太原册立石敬瑭为大晋皇帝，建立“后晋”。942 年，石敬瑭去世，其侄子石重贵继位。当时大臣景延广掌权，力主朝廷向契丹“称孙不称臣”，激怒了契丹国主耶律德光，率领契丹军马大举南侵。946 年，后晋大臣杜重威效仿石敬瑭，主动向耶律德光投降，勾结契丹军队反攻石重贵。947 年，契丹大军进入开封，后晋末帝石重贵被俘北迁，后晋灭亡。

当时和后世，一直有人将后晋的灭亡归罪于大臣景延广，认为正是景延广主张“称孙不称臣”激怒了契丹，成为耶律德光南下攻打后晋的借口，最终导致了石重贵被俘、后晋灭亡的惨痛后果。结合史料可以看出，在后晋走向灭亡的过程中，景延广在其中只不过起了导火线的作用。后晋灭亡，祸端在石敬瑭立国之初就已埋下。如果非要为后晋的灭亡寻找主要责任人，石敬瑭和桑维翰君臣两人最脱不了干系。为什么呢?

作为后晋的开国皇帝，石敬瑭虽然为人阴险沉静，但他的性格其实非常软弱。石敬瑭初得天下时，实施了一些抚民安邦的政策。为了巩固政权和解决财政危机，他采纳桑维翰的建议：“推诚弃怨以抚藩镇，卑辞厚礼以奉契丹，训卒缮兵以修武备，务农桑以实仓廪，通商贾以丰货财。数年之间，中国稍安。”（《资治通鉴·后晋纪二》）即便有上述的作为，他作为后晋开国皇帝，对外向契丹称臣称儿，对内无力管辖藩镇将帅，处处都表现出一个乱世皇帝不该有的软弱无能。特别是作为“儿皇帝”，石敬瑭“事契丹甚谨，奉表称臣”，称契丹主为“父皇帝”，“每契丹使至，帝于别殿拜受诏敕。岁输金帛三十万之外，吉凶庆吊，岁时赠遗，玩好珍异，相继于道。……朝野咸以为耻，而帝事之曾无倦意……”（《资治通鉴·后晋纪二》）可见，石敬瑭对于契丹始终百依百顺、卑躬屈膝，连朝中大臣都感到羞辱，但石敬瑭却自始至终都没改变。为此，他曾对大臣安彦威表示：“吾所重者信与义。昔契丹以义救我，我今以信报之；闻其征求之，公能屈节奉之，深称朕意。”（《资治通鉴·后晋纪三》）显然，石敬瑭对契丹的卑躬态度已经深入骨髓。

后晋天福五年（940），雁门以北地区的一些吐谷浑部族不堪忍受契丹的贪婪暴虐，从五台山地区逃出投奔后晋。契丹主耶律德光非常愤怒，派使者来责备石敬瑭“招纳叛逆”。这位后晋皇帝二话不说，马上让人四处搜寻吐谷浑人，“逐之使还故土”。后晋的成德节度使安重荣痛恨契丹，对契丹使者“箕踞慢骂”，甚至在自己辖区暗杀契丹人。耶律德光为此责问石敬瑭，石敬瑭“为之逊谢”，无限惶恐，赶紧道歉。天福六年（941），安重荣上表洋洋千言，指斥石敬瑭作为皇帝父事契丹，困耗中原，表示愿意与契丹决一死战。结果，为了结好契丹，石敬瑭竟然发兵斩杀安重荣，把他的首级送给契丹作为道歉的信物。天福七年（942）年，后晋大将刘知远收留吐谷浑部族，契丹再次遣使问罪。石敬瑭既不敢得罪手握重兵的刘知远，更不敢得罪远在契丹的“父皇帝”，忧郁成疾，竟然病死，时年只有五十一岁。

石敬瑭对外软弱无能，对内也是如此。他对契丹俯首称臣的同时，对国内藩镇有势力的将帅也心怀畏惧。侍卫将军杨光远自恃握有重兵，多次干预朝政，石敬瑭“常屈意服从之”。天福二年（937），后晋天雄节度使范廷光在魏州造反，后来走投无路，再次投降归顺朝廷，石敬瑭不仅不杀，反而授他免死铁券；天福五年（940），杨光远为贪图财物擅杀范廷光，石敬瑭“知其故，惮光远之强，不敢诘（jié）”（《资治通鉴·后晋纪三》）。后晋彰义节度使张彦泽因为私怨抓捕掌书记张式，张式逃到邠州，张彦泽亲自向石敬瑭要人，“帝不得已，与之”。结果，张式被张彦泽虐杀。事发后，有大臣上奏张彦泽贪残违法事二十六条，石敬瑭畏惧张彦泽兵强马壮，又顾虑他与另外一个藩镇头子杨光远是姻亲，竟然搁置不问……

石敬瑭作为一名开国皇帝，如此事事委屈自己，遥拜契丹，顺从大臣，在中国历史上也确实少有。其情其理，正如后晋右谏大夫郑受益上疏所说：“淑匿莫辨，赏罚无章。”善恶不加分别，赏罚没有条理，根本就不是正常国君的所为。

第二个要为后晋灭亡负主要责任的是桑维翰。桑维翰是石敬瑭的心腹谋臣，石敬瑭勾结契丹反唐，桑维翰是幕后主谋；在石敬瑭卖国篡位过程中，桑维翰也出力最多。他虽然不是石敬瑭卖国篡位的最终决定者，但肯定是策划者和执行者。可以说，先有桑维翰的谋划，而后才有石敬瑭的篡位以及割让幽云十六州自称“儿皇帝”等种种不耻之举。他引狼入室，为后晋亡国埋下了最大的伏笔。安重荣扬言要攻打契丹之时，他上疏石敬瑭分析天下形势，认为后晋国库虚竭，百姓困顿，完全不能与契丹抗衡，使得石敬瑭更加坚定依附契丹。石敬瑭死后，桑维翰被新皇帝石重贵重新起用，他又说服石重贵对契丹称臣示弱。

当然，桑维翰作为后晋宰相，确实为后晋百姓做了一些实事，比如建议养兵安民、务农桑、通商贾等，但所有这些事情的目的，都是要从政治、经济方面满足契丹对后晋的征求无厌。为了供养契丹这个干爹、干爷爷，可谓苦了中原百姓。所以，桑维翰的一生，小功不足以掩大过。正因如此，明清之际大学者王夫之斥之为“后世之罪人”。

仔细研读五代历史我们会发现，确实因为后晋大臣景延广的提议，末帝石重贵才拒对契丹称臣，因此激起耶律德光愤怒，发兵灭了后晋。所以，不少人都把后晋灭亡的罪责推到景延广身上。从道义方面讲，景延广气节凛凛，为洗刷先帝石敬瑭“儿皇帝”的屈辱，奋起抗争，肯定是没有过错的。石重贵、景延广君臣，错就错在他们都是志大才疏之辈，和契丹撕破脸之前根本没有一个周全的战略部署，对内没有团结各方节度使，对外没有搞好与那些契丹敌对部族的关系。如果真能内外兼修，建立统一战线共同抗敌，最终鹿死谁手，还真是犹未可知……

作为五代时期的大阴谋家，石敬瑭为了做皇帝不择手段，以至于他那些节度使老哥们人人以为自己也可以做皇帝，而且人人也都想做皇帝。既然石敬瑭拜契丹皇帝当干爹之后可以当皇帝，那么赵延寿、杨光远、杜重威也可以效仿重走同样的“成功之路”，请求契丹皇帝册封自己当皇帝。石敬瑭忍受“儿皇帝”的屈辱当上皇帝，给后来的效仿者们开了一个非常坏的头。后晋灭国的祸端，其实是石敬瑭自己埋下的。

石敬瑭虽然名义上是大晋天子，但当他向耶律德光卑躬屈膝、极尽讨好时，何尝不是一个卑贱的奴隶！然而，五代后晋的灭亡，对于中原百姓来说未尝不是一件好事：正是有了石敬瑭的前车之鉴，接下来的后汉、后周两朝皇帝，对国内百姓的态度要友善得多。后晋灭亡以后，刘知远建立的后汉政权一改过去靠搜刮民财犒军的惯例，竟然拿出宫中财物赏赐将士，以至于被当时的百姓津津乐道。再后的后周郭威立国，也以善待百姓为念，推行均田制，减少对老百姓的税收，政治清明，把百姓的富庶当作大周的治国目标……

第十章

节度使太原称帝：后汉兵变（上）

刘知远浑水摸鱼

在战乱频繁的五代十国时期，后汉这个朝代存在的时间非常短，存在感不强，仅存在了四年就被后周替代。在五代的几代皇帝中，后梁朱温属于庄稼汉翻身为帝；后唐李存勖百战兴唐，李嗣源开创小康盛世；后晋石敬瑭留下千古骂名；后周郭威一统中原……在这一众皇帝中，刘知远实在不起眼，但还是有些话题可以讲一讲。比如刘知远建立后汉的过程，就让人感觉很有趁乱摘桃子的嫌疑。

刘知远是毫无争议的沙陀人，他有一副与汉人迥异的丑陋长相，肤色黑紫，眼珠子白多黑少。史书上说他小时候性格内向，沉默寡言，这大概和他出身底层有关，家里穷又长得丑，因此内心自卑。对他来说，想在五代这个乱世生存下来，当兵是个不错的选择。刘知远最早跟着后唐李嗣源混，但不过是个小兵头，李嗣源压根就不知道他的存在，更谈不上重用。一个草根要想逆袭，要么靠军功一战成名，要么靠贵人赏识扶摇直上。刘知远的贵人，便是一代奸雄石敬瑭。刘知远曾不顾自己的生死安危，在战场上两次救护石敬瑭脱险。石敬瑭感而爱之，把他留在自己帐下，刘知远的命运因此和石敬瑭深度绑定。

石敬瑭一路青云，刘知远也跟着越混越好。石敬瑭成为河东节度使统领一方，委任刘知远当河东藩镇的马步军都指挥使，主管河东军队，妥妥的团队核心。后来石敬瑭起兵叛乱，桑维翰献计向契丹割地称臣以求援助。刘知远不反对向契丹称臣，但极力反对割地和认爹。从这点来说，刘知远在维护中原利益方面是问心无愧的。当然，他也走不出五代时期军阀群体的宿命，即能力越强的军人，越不容易让上司放心。

虽然石敬瑭和刘知远是生死之交，但他第一身份首先是皇帝，自然容不下一个深得将士信任、位高权重的将领。当然，石敬瑭肯定不会做了皇帝之后公然杀掉头号功臣刘知远，但他开始寻找机会削夺刘知远的兵权。于是，劳苦功高的刘知远，被迫开启了不断挪窝的命运。他先是被调守许州，不久又被调到宋州。天福四年（939）三月，石敬瑭同时晋升刘知远、杜重威为同平章事。刘知远不干了，他觉得杜重威庸劣无功，纯靠裙带关系高升，让他和杜重威同官是对他的侮辱，愤怒之余，拒绝上任，装病不出。石敬瑭被他的桀骜不驯所震怒，就要罢去他的兵权让他提前退休，宰相赵莹替他说了情，石敬瑭派出端明殿学士和凝到他府上劝说，刘知远才勉强受任。从此之后，他和石敬瑭离心离德。天福五年（940），石敬瑭借口防范成德节度使安重荣，任刘知远为邺都留守，仍兼侍卫亲军都指挥使，等于将他排挤出朝廷。第二年，又改任北京留守、河东节度使，外调到太原，免除了他的禁军统帅之职，让杜重威取而代之。刘知远更加愤愤不平，萌生异志。

刘知远也是个心狠手辣、诡计多端的人物。晋安寨之役，张敬达部有千余名骁卒投降，石敬瑭本想把他们编入亲军，刘知远却把他们全部斩杀，说是以绝后患。石敬瑭和刘知远的矛盾还没有上升到以战争形式解决时，后晋和契丹的矛盾是当时的主要矛盾。石敬瑭卑躬屈膝父事契丹，继任的侄子石重贵却是个“有志青年”，不愿向契丹称臣，惹怒了契丹皇帝耶律德光，引发了晋朝和契丹的三次大战。在这个过程中，刘知远非常精明，坚决不让石重贵拿自己当枪使，他几乎是拼了老命死守老窝河东，契丹军队进入河东一次，就被他暴打一次，动不动就被斩首数千级。当然，刘知远有自己的底线，就是绝不出太行山一步，那样的话会过于消耗自己的军事力量。

同时，刘知远还在暗地里偷偷发展，利用“山川险固、风俗尚武、士多战马”的有利条件，扩军积粮，坐观成败。为了壮大兵力，他策反了长期受契丹压迫的吐谷浑部归顺，把吐谷浑精骑全部收归麾下。为了搞钱供养军队，他诬陷当时非常富有的吐谷浑酋长白承福等五族谋反，杀掉白承福及其家族四百人，家财牲畜一并抄没。吐谷浑经历此番打击，日益衰落，逐渐消失在历史长河中。刘知远充分利用这批金银财宝，招揽人马、打造军械，聚集了步骑兵五万人。他所管辖的河东地区，因此人强马壮、声势浩大，他图谋中原皇位的野心，可以说是路人皆知。

开运四年（947），后晋被契丹灭亡，耶律德光在汴梁称帝，改国号“大契丹国”为“大辽”，还学汉人皇帝大赦天下，召不少原后晋节度使来京觐见。见面之后，却不提让他们回镇的事。这些后晋节度使们知道自己已成为高级囚徒，不敢再提回驻地的事，装孙子装小丑，在京经常和耶律德光一起饮酒作乐。不过，刘知远愣是没有进京觐见，他一边分兵守境，以防契丹偷袭；一边故作姿态，派牙将王峻前往拜见耶律德光。

王峻此行，向耶律德光传达了刘知远的三层意思：一是向耶律德光表示祝贺；二是声称“太原夷夏杂居，事务繁多”，刘知远暂时脱不开身，所以没法亲临汴梁拜贺，切勿怪罪；三是请求契丹将太原周围的驻军尽快遣返，畅通道路，方便自己上贡表贺。由此可以看出，刘知远在政治上非常成熟：外交上我可以暂时低头，但军事上寸步不让，必要时以血还血。刘知远深知，耶律德光初入中原，天下未定，暂时不会贸然对自己下手。

耶律德光也明白河东地区战略意义重大，的确还不想动刘知远这个硬茬，免得让人浑水摸鱼。于是耶律德光回信称刘知远为“儿”，赐诏褒美，把刘知远吹上了天，另外还特意赠送一根木头拐杖给刘知远。大家可别小看这根平平无奇、普普通通的木拐，这可是契丹皇室最尊贵的礼物，只有朝廷内部德高望重之人才可以获得，此前只有耶律德光的叔父曾获赐一根。王峻捧着这根木拐回太原时，一路上契丹军队将士看到此杖，无不惶恐避让。王峻带回了木拐，也带回了耶律德光的态度。刘知远照单全收，装儿子就装儿子，反正又不会少一块肉。为了稳住耶律德光，刘知远再派白文珂进献珍奇绢帛和名马，耶律德光同样照单全收。这二人你来我往，送礼送得不亦乐乎。

刘知远这些手段，不但可以避免被耶律德光征召离镇，而且可以骗取天下人心，让人们误以为他能保持中立，不屈服于契丹。当然，刘知远也明白，耶律德光一旦稳定中原局势，必定会调转枪口对付自己，河东和契丹之间必有一战。不过，好在王峻从汴梁出使归来后，还带来了一个好消息：契丹人管理混乱不堪，一直放纵军队在中原胡作非为，肯定不能久居中原。刘知远现在能做的，就是坐等耶律德光彻底失去中原人心的那一刻。等到那时，他就能在浑水中摸到大鱼。

收人心称帝太原

后晋灭亡后，契丹的耶律德光摇身一变成了中原的皇帝。这对刘知远来说，可不是个什么好消息。一旦耶律德光坐稳中原，必然会收回河东重镇，自己和契丹早晚必有一战。而他现在能做的，就是祈求耶律德光保持恶狼掠夺本性，在中原胡作非为，失去中原人心。只有这样，自己才有一线机会。

实际上，耶律德光还确实如刘知远所愿。契丹人进入中原，对中原老百姓来说无疑是一场空前的灾难。契丹军队向来崇尚武力，不屑于文明征服，杀人屠城已成为习惯。攻打后晋初期，契丹人入境后就大肆屠杀手无寸铁的汉人百姓，死者高达数十万人。入主中原之后，契丹人恶习不改，继续作恶，以“打草谷”为幌子，到处烧杀劫掠，一时间各州县青壮年连遭屠戮，老弱妇孺饿死在沟壑中，汴梁、洛阳东西两京，包括郑州、滑州、曹州、濮州数百里之间，哀鸿遍野。杀掠之外，耶律德光还大肆搜刮，无论是谁，不交钱就杀头。除了中原百姓之外，就连降辽的后晋官员和将领也被搜刮得精光。契丹军队在中原的倒行逆施，激起了汉人的极大义愤，“内外怨愤，始患苦契丹”。

耶律德光在中原肆意乱为，远在河东的刘知远，看在眼里，喜在心里。契丹人在中原越是荒唐乱来，就越不得人心，他就越有机会夺取天下。毕竟当时，无论是军政阅历、官场威望，还是军事实力来说，最有资格出来收拾残局的汉人军阀，除了刘知远之外，别无他人。当时的南唐本来也有机会北进中原，但国主李璟缺乏远虑，拒绝大臣韩熙载的建议，只是隔着淮河观望，最后白白便宜了刘知远。

尽管形势向自己所愿发展，刘知远依然不敢大意。有下属劝刘知远尽快起兵，他连连摇头。他先是分析契丹人的实力：“用兵有缓有急，当随时制宜。今契丹新降晋兵十万，虎踞京邑，未有他变，岂可轻动哉！”（用兵有缓有急，应因时制宜。现在契丹人刚刚收降了十万晋军，加上契丹原本的十几万兵马，全都盘踞在汴梁附近。若是没有大的变故，怎能轻易出兵！）紧接着他劝说大家：“且观其所利止于货财，货财既足，必将北去。况冰雪已消，势难久留，宜待其去，然后取之，可以万全。”（目前观察下来，契丹人所贪图的无非是钱财货物，等搜刮得差不多了，肯定会萌生去意。再加上现在冰雪已消，天气转暖，他们水土不服，更不会久留。等他们走了，我们再图谋不迟。这样才是万全之策。）

刘知远虽然是一个以军功起家的老粗，其实非常懂政治，他非常清楚，在契丹的事情上，打不打是策略问题，降不降是立场问题。为收揽人心，他努力给自己打造一个忧国忧民的“贤德”人设。听说雄武军节度使何重建以秦、阶、成三州投降后蜀的消息，他自责道：“戎狄凭陵（凌），中原无主，令藩镇外附，吾为方伯，良可愧也。”（戎狄入侵，中原无主，藩镇各自叛降，我身为一方长官，实在良心惭愧啊！）正是这些表演，使刘知远虽然两次向契丹进贡称臣，但他在手下将士心目中，仍俨然是个忍辱负重的节臣。

刘知远这边在表演收买人心，另一边契丹任命的保义节度副使刘愿在辖区荼毒生灵，陕州百姓苦不堪言。奉国都头王晏和指挥使赵晖、侯章等人私下谋划：“今胡虏乱华，乃吾属奋发之秋。河东刘公，威德远著，吾辈若杀愿，举陕城归之，为天下唱，取富贵如反掌耳。”（如今胡虏乱华，正是我等发愤图强、大展宏图的好时机。河东刘大人刘知远素来威名远播，我等若杀掉刘愿，举陕州投靠河东，为天下做表率，获取富贵必易如反掌。）王晏等人说干就干，当即干掉了刘愿，又杀掉契丹监军，共推赵晖为保义留后，宣布举镇投靠河东。

河东诸将纷纷劝刘知远顺应大势，登基称帝，以此号令四方，驱逐契丹。刘知远仍然作态，借口后晋少帝石重贵被俘，扬言要先解救石重贵，迎归晋阳。不料，军士们纷纷叫嚷道："如今契丹人已经攻陷京城抓走了天子，天下无主。放眼四方，除了大人您，还能有谁！我们觉得您应该先即帝位，名正言顺，然后再出师！"说罢，军士们高呼万岁，声震欲聋。行军司马张彦威等人也跪地苦求，力促刘知远称帝。

刘知远还是觉得时机未到，迟疑不决，他的心腹大将郭威和杨邠（bīn）再次劝说道："今远近之心，不谋而同，此天意也。王不乘此际取之，谦让不居，恐人心且移，移则反受其咎矣。"（现在天下人之心都不谋而合，您称帝是天意啊。如果您不趁这个时候取天下，一味谦让，恐怕会让人心离散，您就要反受其害了。）听了郭威和杨邠的祸福论，刘知远终于放下顾虑，决意问鼎中原。

公元 947 年二月，刘知远在部下的劝说下，在太原正式称帝，为了显示自己"予未忍忘晋也"，不仅保留原来"晋"的国号，就连后晋年号也一并保留。不过，他认为亡国奴石重贵的"开运"年号不详，直接延承石敬瑭的"天福"年号，改称天福十二年。他这么做的理由很简单，石敬瑭主政七年，对百姓少有苛政，人望犹在。刘知远称帝却不改国号、年号的举动，感动了无数不忘晋朝的汉人百姓，为他进入中原打下了坚实的民心基础。不过，刘知远也有演戏过头的时候，他曾装模作样地声称要派兵去救石重贵，而实际根本没有任何动作，坐视石重贵被契丹军队押往北方苦寒之地。

刘知远称帝后，首要一件工作就是敞开怀抱，吸纳各地投诚之人，他为此下诏书说："诸道为契丹括率钱帛者，皆罢之。其晋臣被迫胁为使者勿问，令诣行在。自余契丹，所在诛之。"（凡各地为契丹搜刮钱财的事，一律禁止；迫于契丹淫威而降的晋臣，一律不予追究罪责；凡我中原同胞，无论何时何地，皆可随意诛杀契丹人，免受任何惩处。）

没多久，滏阳（在今河北磁县）流寇梁晖收到消息，前来投诚。磁州刺史李谷密奏刘知远，献计让梁晖袭取相州（今河南安阳），以为天下表率，刘知远立刻同意。于是，梁晖趁契丹任命的彰德节度使还未到任，相州城守备松懈之机，深夜率众翻城而入，杀掉了数百个契丹守军，顺利夺取城池，对外自称"相州留后"，宣布归附刘知远。梁晖的示范效应，迅速由相州向四方蔓延开来，刘知远收复人心的工作卓见成效。

刘知远想奖赏征战的河东军士，但财力不足，有大臣建议向百姓摊派。刘知远的妻子李皇后站了出来向丈夫提议道："陛下因河东创大业，未有以惠泽其民而先夺其生生之资，殆非新天子所以救民之意也。今宫中所有，请悉出之以劳军，虽复不厚，人无怨言。"（陛下您凭借河东开创基业，不施惠政就罢了，现在还要搜刮老百姓，夺取他们谋生的本钱，这恐怕不符合您所展现的明君形象。您想犒军，可以把宫里现有的财物凑一凑，虽然钱不太多，却能保证将士和百姓不会心生怨言。）这位李皇后是刘知远参军当马夫时相识的结发妻子，如今成为皇后，还是能够保持着原来的质朴和善良，难能可贵。刘知远觉得李皇后说得非常在理，不但禁止向百姓摊派，还真的拿出内库所有积蓄用来犒赏军卒。中原各地听闻此事，一片颂扬之声，主动向他投诚的人越来越多。

刘知远这边建国称帝，忙着四处收揽人心，而远在汴梁的耶律德光，又在干什么呢？

契丹主身死胡林

契丹初定中原时，耶律德光、刘知远并未立刻剑拔弩张，反而是你来我往互相送礼，以示友好。时间一长，耶律德光就感觉不对劲，派人问刘知远："汝不事南朝，又不事北朝，意欲何所俟邪？"刘知远没有立刻回答这个问题，但耶律德光很快就知道了答案——老刘自己称帝了！耶律德光听说此事后大怒，准备召集军队攻打刘知远，但中原形势恶化的速度，比他预想的更快。自从刘知远称帝并对契丹宣战后，北方各镇逐渐掀起了一股归顺他的热潮。彰德、建雄、保义、昭义、镇宁等藩镇，都相继杀掉辖区内契丹将领，宣布归顺刘知远。同时，因为契丹人的暴行，愤怒的各地百姓也自发聚为流寇，到处袭杀契丹人和抢劫物资。

眼见中原各处掀起反抗浪潮，耶律德光不禁慌乱："我不知中国之人难制如此！”他深知，如果继续逗留的话，万一后路被断，自己就会陷入中原军民的围剿之中，于是留下舅舅萧翰坐镇汴梁，自己匆忙北归。萧翰是述律太后的侄子，本应姓“述律”，当初辽太祖耶律阿保机追慕汉高祖刘邦，让耶律氏兼姓刘氏，他觉得述律太后一族功高，可比汉丞相萧何，所以赐其家族改姓萧。述律平皇后本人没有改姓，但她的两个至亲弟弟和侄辈全都改为萧姓。在契丹辽国，耶律氏与述律氏世代通婚。辽国后来几位有名的萧太后、萧皇后，皆出自述律一脉。

耶律德光北撤时，不仅裹挟被俘的后晋官员、士兵、宫女、太监等数千人一起北返，临走前还特意又搜刮了一大笔钱财珍宝，满载而归。耶律德光边走边叹息，边总结，最终发现自己犯了三个错误：第一，不该搜刮各地节度使的金银粮食，索求无度，致使藩镇节度使相继反水。第二，不该纵容部下四处“打草谷”，烧杀劫掠，激怒中原百姓落草为寇，造成各地贼匪四起。第三，不该扣留觐见的原后晋节度使，应该早送他们回去治理各镇，这样不至于地方群龙无首，局势失控。

耶律德光越想越气，再回头看向中原，感觉自己这几年白忙了，几乎全给刘知远做了嫁衣。想到这里，一口老血从心头涌上，病发倒地。他高烧滚烫，烦躁异常，便让人搞来冰块放在胸腹及手脚处降温，还大口吞食冰块加速降温，结果反致病情急转直下。当队伍走到河北栾城县西北的一片树林时，四十六岁的耶律德光终于扛不住，挂了。杀胡林又名杀虎林、杀狄林，就是今天河北栾城县北十五里乏马村。唐朝武则天时期，突厥侵犯河北，被唐朝官军打败，许多突厥兵死在这个地方，因此得名“杀胡林”或“杀狄林”。耶律德光到达此地后，人困马乏，自己病发身亡，所以这一片地方又得名“乏马铺”。

耶律德光死后，要把尸身带回契丹老家安葬，当时正值盛夏，尸身极易腐烂，这可愁坏了随行的大臣们。他们思来想去，最终把耶律德光的尸身做成了“羓”。所谓的“羓”其实就是腊肉。他们将尸体的肚皮剖开，摘去内脏，然后用盐腌排除水分，再用火慢慢烘干，最终制成一具低配版的“木乃伊”——只不过没像埃及法老那样用绷带缠绕。耶律德光无论如何也没想到，他吃了几十年腊肉，有朝一日竟会被人制作成了“皇帝腊肉”。当时痛恨耶律德光的中原汉人们知道此事后，戏称其为“帝羓（bā）”。南宋名人范成大还就此写诗一首《题张戡蕃马射猎图》：“阴山碛（qì）中射生虏，马逐箭飞如脱兔。割鲜大嚼饱何求，荐食中原天震怒。太乙灵旗方北指，掣襜逃归莫南顾。猖狂若到杀胡林，郎主犹羓何况汝。”生前风光无限的耶律德光，如果知道他被如此嘲讽和恶搞，棺材板估计都要压不住了。

辽太宗耶律德光早年随父征战，立下赫赫战功；登基后，他又援助石敬瑭灭后唐，拿下了燕云十六州，为契丹民族走向强盛打下了坚实的基础。他足智多谋，一度控制中原大局。抛开后晋那些坑货送来的神助攻，耶律德光绝对算得上一位出色的军事指挥领袖。此外，他还进行了一系列改革，比如划分南、北两院，实行胡汉分治，形成了具有鲜明民族特色的官制；经济上他推行农牧并重，以行政手段在契丹族内推广和保护农业生产，为契丹民族的长期稳定和繁荣奠定了基础。

耶律德光对辽国、契丹民族确实有很大贡献，但他对中原地区进行大肆的荼毒和破坏，纵容契丹士兵在中原烧杀抢掠，放纵部下横行不法，残害无辜生灵。中原百姓饱受摧残，最终联手奋起反抗，使他在中原称帝的尝试以失败告终，最终病死北归途中，遗体还被制成了“帝羓”，备受当时和后世的嘲讽。所以，耶律德光确实带领契丹辽国走上了强盛之路，但绝非中原老百姓心中的“明君”。

话说回来，耶律德光踏上北归路途后，不久刘知远即从太原发兵南下。留守汴梁的萧翰听闻，心里慌乱，也打算动身北归草原。临走之前，他为了恶心刘知远，把后唐明宗李嗣源仅存的儿子李从益强行拉了出来，让他主持中原政局。这些年来，政权更迭频频，各方杀得你死我活，李从益和他母妃王淑妃在洛阳生活倒也平静。现在突然被萧翰推出来，李从益母子只想安稳度日，自然不愿当这个靶子。于是，萧翰刚离开，李从益便主动改帝称王，遣使向刘知远上奏称臣，还让大臣们早点迎接新主。

愿望很美好，现实却很残酷。对于李从益母子，刘知远露出残忍阴毒的本性。他在进入洛阳之前，暗中派人将李从益母子杀害。王淑妃临死前悲愤言道：“吾儿为契丹所立，何罪而死！何不留之，使每岁寒食，以一盂麦饭洒明宗陵乎！”（我儿子是被契丹人立的，他又有何罪！为什么不能留下他，每年寒食节，还有人能为先皇明宗祭祀陵寝呢！）想当初，936 年，石敬瑭灭后唐后建立后晋，将郇（xún）国三千户封给当时还是小孩的李从益，并封为郇国公，允许他和后唐明宗李嗣源的妃子王淑妃居住在洛阳，以奉后唐之祀。可见，刘知远不如石敬瑭厚道，对年仅十七岁的李从益赶尽杀绝，事情做得不地道。

晋朝灭了，契丹人跑了，李从益母子也死了，中原地区留下了巨大的政治真空，很多州县留守的将领不知道为谁而战。所以，刘知远南下几乎就是一路游山玩水摘桃子，虽然途中也遇到过一点小麻烦，但基本是一些零星抵抗。二十天后，后晋一朝的百官们早就挤满了汴梁城，后晋的藩镇将领们也相继来降。等刘知远一到，这一大群人一拥而上磕头跪安，鞋子挤掉了一地。刘知远见大局已定，立马摘下先前的“忠臣”面具，把“晋”的国号扔进臭水沟里，改用“汉”，自己成为大“汉”皇帝，宣称恢复汉朝法统，毕竟自己就姓刘。他尊太祖高皇帝刘邦、世祖光武皇帝刘秀为祖先，增强自己登位的合法性。其实，刘知远属于沙陀族，和刘邦、刘秀八竿子打不着。后来刘知远病死，他的庙号“高祖”非常有意思——后汉的“高祖”。此时此刻，无论是晋还是汉，国号都是幌子，已经没人在乎，大家在乎的是新皇帝上任后的高官厚禄和真金白银。刘知远也懂大家的心思，宣布契丹之前任命的原晋朝官员职务不变，最大限度地稳定了人心。

就这样，刘知远不费吹灰之力，几乎白捡了一个皇位，幸运指数丝毫不亚于后来的宋太祖赵匡胤，但在宽容仁德方面，他却远远比不上宋太祖。

有其君必有其臣

历史上一共有两个“后汉”，一个是光武帝刘秀建立的汉朝，史家也称为“后汉”，如范晔的《后汉书》写的就是刘秀的“后汉”，这个王朝存在了一百九十六年；另一个后汉，就是刘知远几乎是白捡来的政权，宋人也称“后汉”。但这个政权非常短命，只存在了四年，就迅速湮没在了历史的长河之中。后汉灭亡的原因很复杂，其中一个非常重要的原因，就是杀气太重。用时任判司天监事的王处讷的话来说：“第以高祖（刘知远）得位之后，多报仇杀人及夷人之族，结怨天下，所以运祚不长。”简单地说，就是杀人太多，而且动不动进行族诛，所以长久不了。

刘知远是个心狠手辣的人。早在晋安寨之役时，张敬达部有千余名骁卒投降，石敬瑭想把他们编入亲军，刘知远却下令把他们全部杀掉。后来，他招诱吐谷浑白承福等部，把所有精骑统归自己麾下，后来却诬告白承福谋反通辽，杀掉白承福及其家族四百人，尽夺其牲畜财物。契丹人北撤时把李从益母子推为傀儡，刘知远很快就派人杀掉他们，老百姓哀怜唏嘘不已。入汴后，刘知远还把契丹留守的一千五百名幽州士兵尽数斩杀，实际上这些幽州士兵多是汉人降兵。后来围剿杜重威时，他诱降邺都守将张琏，然后又背信弃义，杀死张琏及其部将数十人，一时之间，天下侧目。

同时，刘知远又是个欺软怕硬的人。他对那些归顺的降辽藩镇很宽容，尤其是像杜重威这样有兵权的人。刘知远入汴后，把归顺自己的杜重威改为归德军节度使，但杜重威拒不受命，刘知远便派军讨伐。杜重威向辽将耶律麻荅乞援，奈何耶律麻荅自己也被镇州军民所逐，完全顾不上他。杜重威粮尽援绝，只得开城投降。邺都之围，杜重威负隅顽抗，杀伤汉兵甚多，邺城内的老百姓也饿死了十之六七。事后，刘知远依旧封他为楚国公，授以太傅兼中书令之职，好吃好喝大宅子安置在汴京。一直到刘知远快要死时，他才让人处死杜重威父子。

刘知远对杜重威尚且如此，对于那些罪恶逊于他的降辽藩镇就更加姑息。他不但礼遇活人，还优恤死人，就连勾结契丹起兵叛乱的杨光远，死后还追赠尚书令，封为齐王，树碑立传。所有这一切，就是为了做样子给活人看，表现自己多么仁德念旧。

五代开国君主中，刘知远的综合能力可以说是垫底的。后梁太祖朱温能力最强，他白手起家，三年时间就从小队长升任高级军官，二十九岁就成为手握重兵的一方枭雄；其次是后周太祖郭威，出身贫寒，却凭真才实学二十出头就被任为从马直军吏（后唐特种部队），三十岁不到就成为朝廷禁军高级军官；后唐庄宗李存勖和后晋高祖石敬瑭，本身起点就很高，又一个有好父亲（李克用），一个有好岳父（李嗣源），他们战绩还过硬，能力不容小觑。相比上面几个帝王，刘知远就不同了，他少年时在李嗣源麾下一直是个小兵，混了二十多年，直到三十八岁时才被石敬瑭赏识，升为低级军官。后来，因为自己的上司石敬瑭称帝，他才得以水涨船高，升为一方节度使。他自己称帝的过程，则是趁契丹人北归后才捡的大漏。所以，刘知远本人其实没有什么过硬的战绩，于治国之道更是毫无才能可言，用人一塌糊涂。

刘知远称帝后，他从前的亲信将佐、幕僚都执掌着要害部门：枢密使兼侍中郭威主征伐，枢密使兼同平章事杨邠主朝内政事，侍卫亲军都指挥使史弘肇典掌宿卫，三司使王章理财赋，集贤殿大学士苏逢吉管典选。这批人中，只有郭威比较老成，杨邠忠正无私，其余都不是德才兼备的材料，甚至可以说是残暴绝伦之徒。

后汉法令极为严苛，动不动就杀人、族诛，苏逢吉在其中没少推波助澜。苏逢吉贪财纳货，阴险狡诈，惯于谄佞，“深文好杀”。后晋大臣李崧和冯道一度被契丹人软禁，刘知远称帝后，就把李崧在开封的大宅子赐给了苏逢吉。后来，李崧得还汴京，本想巴结苏逢吉，就亲自把自己被占房产的地契赠送给他。不料，反被苏逢吉误会，以为是李崧想索回旧产，杀心顿起，于是让人诬告李崧谋反，族诛李崧全家近百人。后汉朝廷为镇压各地盗贼流寇，老苏就起草诏书说：“盗贼毋问赃多少皆抵死。应贼盗，并四邻同保，皆全族处斩。”（凡是曾经为盗的，无论抢劫财物多少，都杀其全族，四邻同保也一概诛灭。）刘知远生日时，为讨个吉利，下诏苏逢吉“静狱”，意思是让他释放所有囚犯，积点福气。老苏倒好，直接下令将狱中犯人尽数杀光，汇报称“狱静”了。而且，这个苏逢吉发起狠起来，连亲人都杀。他同父异母的哥哥进京没有先拜访自己，而是和他的儿子们也就是苏逢吉的侄子们畅叙，惹怒了苏逢吉，觉得哥哥是故意打自己的脸，就在皇上面前随便找了个理由，“大义灭亲”，将哥哥杖杀了。

史弘肇呢，军人出身，统兵极严，用刑那叫一个狠，简直是个横蛮暴虐的刽子手。他一开始还能做到“兵士所至，秋毫不犯”，等高升之后，狰狞面目便显露无遗。他主掌京城治安时，但凡抓到疑犯，不管犯罪是大是小，也不管律法中如何规定，二话不说直接上大刑，比如割舌、挖眼、砍筋、割嘴、断骨等，甚至是杀人全家。就连白天太白星出现，有人只是抬头看了一眼，就被诬有反叛之心，被他下令腰斩。而且，这个老史还特别不待见文人，总说：“文人难耐，轻我辈，谓我辈为卒，可恨可恨。”（真受不了那些文人，他们总是瞧不起我们当兵的，叫我们‘卒’，真是可恨！）他手下的人也有样学样，有些下级军官还借机恐吓敲诈百姓，甚至是嫁祸他人，谋取私利。那些被冤枉威胁的百姓，不敢上访告状，生怕惹上更大的麻烦。

三司使王章也不是好货，横征暴敛，一意求财，和后唐庄宗时期的敛财奸臣孔谦有得一拼。此人一直以盘剥百姓为己任，谁要是犯了盐酒禁令，即使是偷卖一瓶酒、一块盐，都全部处以极刑。

上行下效，后汉的各个藩镇及其州县的官员，无不竞以苛暴为能事。说到底，刘知远没有治世之才，只是因为契丹入侵导致后晋灭亡后，中原空虚无主，而他恰巧据有河东重镇，手中握有重兵，所以才能趁乱摘了桃子，不过是一个时势造就的枭雄而已。

乾祐元年（948）正月，刘知远刚坐上皇位半年就病死了。刘知远患病暴亡的原因，很大程度上是因为他的长子刘承训病死，使他受到沉重打击。刘承训这个年轻人，温厚宽仁，长相英俊，俨然一代仁君范儿。所以，刘知远对这个儿子期望甚高，认定他就是自己的皇位继承人。谁料想，白发人送黑发人，刘承训年纪轻轻就病死了，刘知远为此伤心过度，病倒后就再也没有爬起来。他自知时日无多，马上召人托孤，然后嘎嘣一下就挂了，时年五十四岁。

刘知远在风云变幻的五代混了大半辈子，人孬反走狗屎运，年过半百时登上人生巅峰。纵观他的一生，不仅不算明君，还是个不仁、不信、无德、无行之人。正如司马光在《资治通鉴》中所评价："（后）汉高祖杀幽州无辜千五百人，非仁也；诱张琏而诛之，非信也；杜重威罪大而赦之，非刑也。仁以合众、信以行令、刑以惩奸，失此三者，何以守国！其祚运之不延也，宜哉！"司马光这样评价刘知远，着实没冤枉他。因为除了司马光举的例子外，别的例子还有很多。君主有难而不救，是不忠；无故杀害李从益母子，是不仁；放话救主而不至，是不义。当然，刘知远也还是有一些贡献，契丹远遁，老刘虽然趁乱摘了桃子，但毕竟使得当时残忍暴虐的契丹人被迫撤离，后汉基本恢复了后晋时代的领土，为后世的统一奠定了基础。

郭威平三镇叛乱

话说刘知远年过半百时登上人生巅峰，当上了皇帝。但他命短，只过了半年的皇帝瘾就病死了。临终前，他召来史弘肇、杨邠、苏逢吉、郭威，任四人为“顾命大臣”，嘱托他们道：“余气息微，不能多言。承祐幼弱，后事托在卿辈。善防重威。”（朕气息微弱，不能多说话。刘承祐幼弱，一切后事拜托各位爱卿了。万事皆不足挂心，唯有杜重威，务必仔细盯防。）说罢，刘知远就永久闭上了双眼，时年五十四岁。

苏逢吉等人秘不发丧，先传皇帝诏书：“重威父子，因朕小疾，谤议摇众，并其子弘璋、弘琏、弘璨皆斩之。晋公主及内外亲族，一切不问。”（杜重威父子，趁朕小疾，制造谣言动摇人心，现将他连同他的儿子杜弘璋、杜弘琏、杜弘璨等人一起斩首。晋公主及内外亲族，一概不予追究。）诏书一下，罪大恶极的杜重威和几个儿子马上被绑赴闹市斩首示众，然后裂尸街市。汴梁老百姓早就对他恨之入骨，如潮水一般涌来，争抢吃他的肉，行刑的士兵根本拦不住，只片刻工夫，杜重威就被吃得只剩一副骨架。

不久，苏逢吉等对外宣布刘知远驾崩，刘承祐继位，史称

“后汉隐帝”，时年十八岁。刘知远之前改年号时，大臣们曾提议用“乾和”，刘知远亲自将“乾和”改为“乾祐”，刘承祐继位沿用“乾祐”年号。

刘知远活着的时候，天下已现乱象，危机四伏，他死之后，更是乱象丛生、烽烟四起。刘承祐刚即位，就爆发了永兴赵思绾（wǎn）、凤翔王景崇与河中李守贞三人的联合叛乱。赵思琯率先举旗反叛，挑起三镇叛乱。赵思绾原来是藩镇节帅赵在礼的部下，后又依附赵匡赞。赵匡赞和他爹赵延寿勾结契丹，是引契丹人入侵中原的罪魁祸首，为朝廷所不容。后汉建立后，赵匡赞为了活命，主动赴汴梁请罪，牙军赵思绾等数百人留守晋昌（治今陕西西安）。不久，朝廷命赵思绾入汴京，改晋昌军为永兴军，一派重新洗牌的姿态。牙军首领赵思琯等人平日里就胡作非为，再加上老大赵匡赞已经被朝廷拿捏在手，生死不明，觉得自己进京无异于主动送死。于是，部队走到长安时，赵思绾就与部下空手夺白刃，杀掉看守城门的士卒，占领整座城池，并派使者去见李守贞，表示愿意投到李守贞麾下，还送“御衣”给李守贞，表示要拥他为帝。

李守贞本是后晋高祖石敬瑭手下，立功不少。后晋少帝时，李守贞和杜重威一起投降契丹，引狼入室，干了不少坏事。刘知远称帝后，李守贞入朝称臣，得授太保高官，移镇河中（治今山西永济）。刘知远死后，杜重威被杀，李守贞自然惶恐不安。待时局平静下来，他又觉得新君年少初立，不少朝臣又是自己后辈，便生起了二心，开始招纳亡命之徒，私养死士，昼夜不息地修筑城池、锻造甲兵，还派人去北方结交契丹，以求强援。当然，李守贞之所以萌发反心，最大的原因是他曾请一个老和尚给全家人相命，结果老和尚指着他儿媳符氏说，此人“大富贵，当母仪天下”。老李乐得鼻子冒泡，自己的儿媳都要当皇后，那儿子肯定是皇帝，再往上推，自己肯定就是老皇帝。这件事没多久，赵思绾就奉表来投诚，表示愿意扶助他做皇帝。李守贞大喜，马上在河中自称秦王，命赵思琯为永兴军节度使，派遣骁将王继勋领兵占据潼关，协助赵思琯镇守长安。

凤翔巡检使王景崇和原凤翔节度使侯益不合。侯益奉召进京，用大笔金银财宝贿赂权贵，中伤王景崇。王景崇心中害怕，不敢回京，于是鼓动凤翔吏民推举自己知军府事，希望能留在凤翔当节度使。不料朝廷听信侯益，调王景崇为邠州留后，另任赵晖为凤翔节度使。消息传来，王景崇愤怒至极，决定响应赵思琯，共拥李守贞为主，三镇叛乱由此拉开了序幕。

乾祐元年（948）初，三镇叛讯传回汴京，举朝震惊。朝廷遣将讨伐，但不置主帅，由于事权不一，诸将怯懦畏敌、互相猜防，以致出师无功而返。昭义节度使常思屯潼关，河中府行营都部署白文珂屯同州，凤翔节度使赵晖屯咸阳，这三人整天猫在营中，谁也不先动，谁都想让别人先动，光打雷不下雨。临近长安驻扎的永兴节度使郭从义和河中行营都监王峻，雨点倒是挺大，可惜全在内斗，两人关系势同水火，谁也不服谁，谁也说不动谁，每天窝里斗得不亦乐乎，根本没心思出兵讨贼。后汉征讨三镇，陷入了旷日持久、师老无功的被动局面。

后汉朝廷无奈，只得任命枢密使郭威为西面军前招慰安抚使，节度西征诸军。郭威确实是一个帅才，深谙用兵之道，一路上和士兵同甘共苦，有言必听，微过不责，小功必赏。所以，将士们都死心塌地拥戴他。正所谓擒贼先擒王，郭威将军队主力用来进攻声望最高、兵力最强的李守贞。

李守贞久典禁军，素有威望，但他自恃功高德厚，以为只消三言两语，就能让后汉最强悍的禁军倒戈投降。谁知郭威大军一到，摧枯拉朽。老李贪吝不得军心，所部战败溃散，最终被迫与老婆孩子一大家子在内城举火自焚。得胜之后，郭威把李守贞幸存的几个儿子和两个女儿押送京城，皆被凌迟处死。李守贞自焚的时候，他那个被算命先生认为有富贵命的儿媳符氏先是躲了起来，然后对冲进来的士兵大喊，说自己父亲符彦卿和郭威将军交情甚深，请求见郭将军一面。郭威闻报立即前来相认，并允许她回家与父母团圆。郭威欣赏符氏的沉稳勇敢，又见她貌美端庄，于是把她和自己外侄柴荣（当时叫郭荣，早先郭威无子时养以为子）撮合成对。后来柴荣继位为帝，符氏果然成为皇后。可见，算命的术士真没骗老李，只不过媳妇的皇帝命不在他李家。

赵思绾依恃长安城坚墙厚，负隅顽抗。后汉军直接将其围了起来，这一围就是一年多。长安城里的人只能坐吃山空，吃完了粮，叛军竟然开始吃人。赵思绾这家伙更是个狠角色，喜欢生吃活人胆，还当众表演“吞胆秀”，并大言：“吞此至一千，即胆气无敌矣！”老赵不仅爱吃人胆，还爱吃活人肝。据《太平广记》载，老赵从倡乱到被杀，吃了差不多六十六个人肝，每吃必亲自动手剖肝切片。长安城中绝粮，赵思绾叛军就靠妇女、小孩充当军粮，每天都有一定数量的供给。他每次犒劳军队，就下令屠杀几百个人来吃，如同杀猪宰羊一样。最后实在撑不下去，这位“吃人将军”只得向郭威投降。郭威挺宽厚，改任他为华州留后，等于投降后换个地方接着当将军。在出发赴任华州前，赵思绾为收拾金银财宝，三次改变行期。郭威怀疑他另有图谋，派赵思绾的一个老熟人以话别为名，忽然对他加以控制，然后把他全族以及心腹全都杀了，总共杀了三百多人。长安之围，百姓被叛军杀死充当军粮以及饿死的有十多万人。

三镇叛乱平定了两镇，剩下凤翔的王景崇已是孤掌难鸣，掀不起多大的风浪。举旗反叛时，王景崇想到自己被侯益逼反，为了泄愤，把侯家留在秦州的七十多口人全部杀死。侯益次子侯仁矩因在外任职幸免于难，侯仁矩的儿子侯延广当时还是襁褓中的婴儿，乳母刘氏用自己的儿子调包替死，一路乞讨，把孩子送到了京城侯家。

失去外援和同盟，困守危城的王景崇很快到了势孤力竭、弹尽粮绝的地步，最后不得不举家自焚而死，三镇叛乱宣告结束。

郭威得胜回到汴梁，入朝觐见。刘承祐对郭威大加慰劳，赏赐金帛、锦衣、玉带、鞍马，以表彰其功劳，郭威拜辞不受。见郭威不接受赏赐，刘承祐便让郭威兼领一镇节度使，郭威再次推辞道：“运筹建画，出于庙堂；发兵馈粮，资于藩镇；暴露战斗，在于将士；而功独归臣，臣何以堪之。”谦虚表示这都是群臣共同努力的结果。刘承祐乐得收买人心，下诏遍赏群臣，加官晋爵，就连名义上表示臣服的南方各政权，也加封各种荣衔。郭威这种谦虚大度的风范，赢得了朝中上下一致好评。

外面的三镇叛乱虽然结束，但后汉朝廷内部的倾轧、角逐才刚刚开始上演，此后事情由将相倾轧发展到隐帝集团杀戮重臣，一幕幕的闹剧、惨剧，比三镇叛乱更加精彩，也更加残酷。

文武失和藏危机

三镇叛乱平定以后，刘承祐以为四海清平，从此天下太平，心开始逐渐野了起来。毕竟刘承祐年方十九岁，正是贪玩的年纪。他和茶酒使郭允明、飞龙使（皇家马厩管理官）后匡赞两个近臣，整日混在一起狎笑欢饮。李太后屡屡训责，刘承祐开始还耐着性子听，后来听得厌烦，便不再搭理老妈，继续寻欢作乐。好在老爹留下的朝廷班子给力：杨邠掌管机要，郭威主持征伐，史弘肇典掌宿卫军，王章总管财政，苏逢吉管典选，所以朝廷的运作还算安稳。

平静湖面下，往往暗藏汹涌波涛。刘知远在世时，众人还能齐心协力，刘知远一死，情况就发生了巨大变化，朝中逐渐形成文、武两大对立阵营：武将一派有杨邠、史弘肇、郭威，以及王章等人；文官一派有苏逢吉、苏禹珪、窦贞固、李涛等人。军头如史弘肇，深信“刀枪最有话事权”，行事嚣张，看不起自命清高的文臣；文臣如苏逢吉，自负“运筹帷幄赛神仙”，看不惯武将骄横，每每上书弹劾，占领舆论和道德制高点。文武两阵营不仅互相不服气，更是互相瞧不起。

文臣毕竟手里没兵权，话语音量自然降了一档。为了增强实力对抗武将，苏逢吉等文臣派大肆提拔和补充官员。杨邠觉得这是空耗国财供养闲人，多次阻挠。次数一多，文臣派就忍不住，李涛率先跳出来发难，上奏皇帝说，如今关内纷扰不平，希望把杨邠和郭威两人外放要害大镇，为国镇守一方；朝廷枢机要务，可以交给苏逢吉、苏禹珪等文官处理。

面对这种赤裸裸的夺权行为，杨邠和郭威选择找李太后哭诉，说皇帝误信谗言，要把他们逐出京城。为表忠心，二人扬言宁愿去为先帝守陵。李太后大怒，当面斥责刘承祐，说他抛弃顾命功臣，违背先帝遗令。刘承祐直接把锅甩给李涛，李涛马上被炒了鱿鱼，赋闲在家。为了安抚杨邠等人，隐帝又升杨邠为中书侍郎兼吏部尚书、同平章事，升郭威为枢密使，另外王章也加了同平章事衔。自此朝中政务，刘承祐全都交给杨邠办理，苏逢吉等其他三个文人宰相全都成了摆设。无论大事小事，只要杨邠不点头，没人敢执行。

杨邠入相后，一方面对苏逢吉、苏禹珪曾排斥自己怀恨在心，另一方面又因“二苏”滥任官员饱受非议，想要矫正政弊。

此后，但凡文臣们拟录官员，杨邠连主簿这样的小官都不同意，甚至将“二苏”任用的官员一概罢免，严重影响了政务的效率和质量。杨邠扬扬自得，常对人说：“国家充实财政，提升军队战斗力，这才是当务之急。至于文章礼乐这等鸡毛小事，又有什么值得在意的。”

杨邠大权独揽，但他的理政能力和水平实在有限，处理事情苛刻琐碎，导致政事经常停滞延误。杨邠反思三镇叛乱发生的原因，认为前朝任命的供奉官总喜欢煽动藩镇叛乱，于是决定把这些人全部调回京城。这些人被迫回京后，为了生活，天天堵在宰相们的马前求官。杨邠对如何善后一时没有头绪，只好让他们暂且分居两京，等有空缺的时候再补授官职，使这些人十分不满，围着杨邠府邸天天吵闹。杨邠发现这些人数量众多，又在两京之间四处走动，不好管理，特意对他们实施凭证通行制度。没多久，负责签发证件的官府衙门车水马龙，严重阻碍交通，引发各地百姓强烈不满，杨邠不得已只好废止通行证制度。

郭威平定关西三镇之乱后，武将派的地位和威望急速上升，这是苏逢吉等文臣派不愿看到的。恰好契丹军队再次入侵河北，周边各藩镇自保其身，契丹人更是肆无忌惮，烧杀劫掠。苏逢吉便想借此机会把郭威调离京城，压制武将在朝中的势力。杨邠等人自然也乐见郭威坐镇河北，毕竟文臣派内部再怎么闹，对外仍然要保持一致。双方很快达成了初步协议，但在让郭威以什么样的身份去河北问题上，苏逢吉和史弘肇两人发生了争议。

史弘肇希望郭威除本身军职外，另带枢密使头衔出镇，但苏逢吉认为没有军人带枢密使头衔出镇的先例，表示异议道：“以内制外，顺也；今反以外制内，其可乎？”（以内朝官节制外朝官，这是名正言顺的；如今反过来以外朝官来制约内朝官，这是什么道理！）苏逢吉虽说是个好利奸狡之人，但对郭威带枢密使衔出镇一事却是就事论事，出于公心。武人以枢密使这样的内廷重职行于军镇，确实不大合适。但史弘肇自己是军头出身，自然力挺同为军人的郭威：“领枢密使则可以便宜从事，诸军畏服，号令行矣。”（如果郭威兼领枢密使，就可以在前线便宜行事，号令诸镇，各路军队也会畏惧服从，从而更便于协调和指挥。）

两人争执不下，刘承祐觉得老史讲得有理，于是最终拍板下诏任郭威为邺都留守、天雄节度使，仍兼任枢密使。除了给予职位上的保障，刘承祐还让他总管兵甲钱谷，郭威获得实际控制朝廷的巨大权力。至于五代时期的枢密使为什么有这么大权力，此处按下不表，后面另文细讲。

大事已定，身为宰相之一的窦贞固在家中设宴招待朝中大臣。席间，史弘肇举杯向郭威高声劝酒道：“昨日廷议，一何同异！今日为弟饮之。”（老弟，痛饮此杯！昨日廷议，如果没有我坚持，老弟你外出领军哪能得此枢密使尊荣之号！）这样一来，老史等于把朝中将相争执不和的底细，暴露在大庭广众之下。

苏逢吉、杨邠两个宰相很是尴尬，可脸上还得笑嘻嘻，以免失了风度，连忙举觞劝酒向史弘肇、郭威说：“万事都是为国家考虑，望二位不要介怀。”

郭威厚道，赔笑点头忙尽一觞。史弘肇仍旧气哼哼不买账，大言道：“安定国家，在长枪大剑，安用毛锥。”（安定国家，就要靠长枪大剑，毛锥子管屁用！）史弘肇这话说得有点过分，他说的毛锥子指毛笔，影射弄笔弄权的文臣。后汉三司使王章虽属武将阵营，可三司使却是文职工作，闻言心生不快，反唇相讥：“无毛锥，则财赋何从可出？”（没有毛锥子，国家财赋从何而出！）几个人唇枪舌剑，相互阴阳，说来说去，还是争不出究竟文臣重要，还是武将重要，虽然当时没有撕破老脸、互挥老拳，实际内心之中已满是怨毒。

郭威在大臣中确实算得上老成持重之人，他和隐帝刘承祐辞行时，不忘进忠言：“太后从先帝久，多历天下事，陛下富于春秋，有事宜禀其教而行之。亲近忠直，放远谗邪，善恶之间，所宜明审。苏逢吉、杨邠、史弘肇皆先帝旧臣，尽忠殉国，愿陛下推心任之，必无败失，至于疆埸之事，臣愿竭其愚驽，庶不负驱策。”（太后跟从先帝多年，历经大风大浪，陛下还年轻，有不懂的还应多向太后请教。明君亲近忠臣，贬斥奸佞，忠奸善恶，全在君主明察。苏逢吉、杨邠和史弘肇皆先帝旧臣，尽忠为国，愿陛下推心委任，则社稷必安。至于前方疆埸军务，臣愿鞠躬尽瘁，不负皇恩。）虽然苏逢吉、杨邠二人反对老郭带枢密使衔任军职，老郭还是赞许二人为“忠臣”，可见他的厚道和大度。

郭威走了，他是幸运的，提前远离了没有硝烟的残酷朝中战场；但同时他也是不幸的，他的骨肉至亲和盟友同僚，在他走后没能度过劫难。郭威走后，朝中“将相和”的局面不仅没出现，多位重臣之间的关系，更因一件小事而雪上加霜、形同水火。

都是酒宴惹的祸

没有什么矛盾是一顿酒肉解决不了的，如果有，那就两顿。话说老宰相窦贞固为郭威举行的酒宴，没能缓和文武两派之间的矛盾，双方不欢而散。接着，酒宴就换到了三司使王章家里。尽管王章也轻视文臣，但文武仍然需要合作，尤其是与重要位置上的文臣，最好能和平相处，少些争执和摩擦。在这一点上，王章可比杨邠和史弘肇看得开，所以想借这次酒宴，弥合几位重臣之间的“感情”。

王章主抓三司财政，在钱粮事务上，他充分发挥着个人才能，政绩卓著。史书称：“契丹去汴之后，国家新造，物力未充。（王）章与周太祖、史弘肇、杨邠等尽心王室，知无不为，罢不急之务，惜无用之费，收聚财赋，专事西征，军旅所资，供馈无乏。及三叛平，赐与之外，国有余积。”可惜的是，王章的行为做派，像极了后唐财政老前辈孔谦，供应军需、充实国家财政、功劳卓著的背后，是他的专事盘剥、横征暴敛、与民争利。比如旧制规定，田税每斛之外再交二升，叫“雀鼠耗”。王章嫌少，直接在旧制的基础上再加二斗，称作“省耗”。一斛十斗，一斗十升，相当于由原来的2%的税变成了22%！除此之外，以前钱币的兑换都以八十文为“陌”，王章改成了兑进以八十文为“陌”，兑出时只给七十七文，称为“省陌”。在货币流通环节，国家财政等于变相多赚了三文。

从职责上看，王章本不应该被划入武将阵营。可他与杨邠同郡，长期担任杨邠的副手，关系极为亲密，这就使他从一开始就以武将派自居。武将派轻视文臣，杨邠吐槽文臣的工作都是些鸡毛蒜皮，史弘肇嘲讽文臣都是书呆子，毫无用处。王章自然也有评价文臣的名言：“此辈授之握算，不知纵横，何益于用。”（这帮文人就算给他们一把算盘，也不懂如何拨弄，有什么用！）于是，对于朝廷文官的俸禄，他常拿一些军队用不着的闲杂物资抵偿支付，还命令有关部门高估这些闲杂物品的价值，估定后他自己还要再抬高估值，直到自己满意为止。

说回这次酒宴。王章置宴，众人都很给面子。坐定之后，也没在吃饭时叨咕朝事，嘻嘻哈哈气氛融洽。直到大家都喝得兴致勃勃，王章觉得是时候来点娱乐节目助兴，于是提议大家划拳行令，谁输就自罚一杯。古人修养高，划拳不像现在只会什么“哥俩好呀”“六六六呀”“点七个呀”“八大仙呀”，而是“潜虬阔玉柱三分”“奇兵阔潜虬一寸”等繁杂的手势令，非常考验脑子反应速度，并需要手脑配合。数位文士对此道是轻车熟路，但武将出身的大老粗史弘肇却是第一次玩，完全不会。客省使阎晋卿看到史弘肇有心学习，便坐在他身边手把手教他。数番下来，史弘肇仍是云里雾里，摸不着头脑，就是学不会。阎晋卿瞧着史弘肇上不了道，急得满头大汗，苏逢吉在一旁调侃笑道："旁有姓阎人，何忧罚爵。"（将军您身边也有姓阎的人在，别怕被罚酒啊。）

说者无心，听者有意。史弘肇的结发老妻阎氏，原本是酒家三陪娼女出身。史弘肇在发达前，生活窘困，多亏阎氏经常拿钱资助，为他的事业起步多有付出，因此两人关系融洽，感情甚好。苏逢吉所言，本意是指史弘肇身边的阎晋卿，可老史认定老苏语带讥讽，有意侮辱自己老婆三陪女的低下出身，加上当时已有三分酒意，直接怒气上头，拍桌跳起，冲着苏逢吉一顿破口大骂，连带着把苏逢吉的家人全问候了一遍。苏逢吉直接被骂蒙了，但又想到自己是有身份、有涵养的文人，不想和史弘肇这个无知莽夫加醉鬼斤斤计较，于是坐在原地一言不发。

没想到，苏逢吉的反应，落在老史眼里就是一副死猪不怕开水烫的形象，更激起了他的熊熊怒火。他直接掀翻酒桌，准备给苏逢吉来顿胖揍。一见史弘肇亮出了砂锅大的拳头，苏逢吉这才反应过来，赶紧起身向外逃去。史弘肇得理不饶人，一边追人，一边向侍从索要佩剑，叫着要砍了苏逢吉这个狗东西。事情闹成这样，酒宴是肯定进行不下去了。一边的杨邠又惊又怕，眼见苏逢吉就要被追上，他赶紧上前抱住史弘肇，哭着劝道："苏公宰相，公若杀之，置天子何地，愿孰思之。"（苏公是当朝宰相，您若把他杀了，置天子于何地！赶紧冷静下来好好想想！）老史死倔，飞身上马就走，杨邠连忙跟上，一路不停苦劝，直到把史弘肇送回家才转身辞归。史弘肇、苏逢吉二人的关系，从此彻底破裂。后汉朝廷将相之间，势成水火不容。

由于史弘肇动静闹得太大，惊动了皇帝刘承祐。刘承祐做好人，派宣慰使王峻设席置酒，居中调解。但几个主要当事人均因公私过节太大，怨毒极深，导致再次不欢而散，仇怨依旧无解。由于史弘肇的嗜杀作风尽人皆知，苏逢吉担心这莽夫哪天不爽当真把自己黑了，本想外调避祸，但转念又一想，觉得自己一旦出京，没准会死得更惨，全族老小可能都会粉身碎骨，于是又打消了外调的念头。王章因为自己设宴惹了麻烦而闷闷不乐，也准备离开京城这个是非之地，还是杨邠极力挽留，他才打消了这个念头。

这场朝中文武两派角逐，并不是将相意气之争，或者文武重臣之争，它实际上包含了君权与相权、朝廷与藩镇之争。同是以幕僚起家，杨邠、王章都是不学无术的小吏出身，而且沾染了藩镇的骄悍恶习。杨邠不但偏袒藩镇，倚重武夫，尤其独断专行，不识大体；苏逢吉虽属于书生出身，但全无治国安邦的学问，专长谗佞之术和贪暴之政。所以说，双方之争，很难说谁对谁错。

皇帝刘承祐虽然年纪轻，但心眼也不少，尤其是即位后逐渐也长了见识。无论史弘肇、苏逢吉等人闹得多凶，杨邠等人治国有多严厉，刘承祐都不会过问，毕竟几个大臣都是为国事操劳。可一旦杨邠等人的行为影响甚至威胁到皇权，那就另当别论了。当时，在文武两大阵营外，还有一个保皇派，这个派别的成员多是刘承祐身边的红人，比如管抄写的枢密承旨聂文进、管喂马的飞龙使后匡赞、管倒茶斟酒的翰林茶酒使郭允明等，以及李太后的外戚势力，如李太后的幼弟、刘承祐的老舅李业等人。

这些保皇派虽然没什么治国理政真本事，但也想伸手要权要职。有一回，宣徽北院使吴虔裕出镇郑州，朝中空出一个肥缺。李业当时主管皇宫钱袋子，很想得补宣徽北院使这一显贵官位，私下求到太后姐姐面前。李太后看弟弟这么上心，自然得帮衬，于是就拉着刘承祐一起，时不时找杨邠、史弘肇二人“拉家常”，有意无意暗示二人把肥差留给李业。按理说，皇帝和太后双双出面，这事百分百能成。但杨邠、史弘肇两人都坚决反对，认定外戚不可以越级提拔，坚持要遵守朝廷制度。刘承祐和李太后也觉理亏，就没再强求。李业做不了宣徽使，论资排辈的话，内客省使阎晋卿本该顺理成章地填补空缺，但杨、史二人一点也不着急，迟迟没有让他递补。结果不仅是李业没能爬上去，就连刘承祐身边的聂文进等红人的升迁之路也被杨邠等人堵死。这些人升不了官发不了财，自然对杨邠等人心怀深怨，私下经常指指戳戳。

刘承祐十分不满杨邠、史弘肇两人的倨傲跋扈，开始更加信任善于谄媚的苏逢吉。但杨、史两人一点都没有察觉，依然我行我素。由此，一场灾祸很快就要降临。

第十一章

黄袍预演终变天：后汉兵变（下）

功高震主惹猜忌

自古以来，功高震主的人下场都很惨。当初，刘知远托孤四大臣，主要是考虑到刘承祐年轻不懂事，但刘承祐好歹也是个快二十岁的半大小伙，思想没成熟但身子骨已经成熟，即使从政略显幼稚，也应该适时放权锻炼。杨邠、史弘肇等人控制朝政大权，大包大揽，权势遮天，就连皇帝刘承祐和亲妈李太后都要看他们的脸色。

如果说杨邠和史弘肇两人对刘家天下忠贞不贰，也不客观。事实上，他们可能更忠于先帝刘知远，对于刘承祐母子，有轻视“寡妇孤儿”之意，尤其是史弘肇，经常半点面子也不给。李太后有位老乡亲，几十年不见，忽然得知昔日邻居李家姑娘已为国母，自然大喜过望。进宫拜见后，老乡亲自然提出常人的小小要求，想给自己儿子在军队中谋个差事，希望日后一枪一棒混出个功名。谁料，李太后老乡亲的儿子拿着太后“懿旨”去见史弘肇，不仅没补入军职，正赶上老史当时不高兴，直接把他斩杀了。如此举动，不仅是不近人情，只能说是凶戾残暴了。

此外，三年服丧期满后，刘承祐开始纵情享乐，释放自己长期被压抑的心情，他听曲看戏玩爽了，就大把大把地给伶人和乐官赏钱，还赏赐锦袍、玉带给他们。这些人很知礼，得赏后到史弘肇处拜谢，毕竟老史名义上掌管府库，不料直接捅了马蜂窝。史弘肇当时就恼了，大骂道："士卒守边苦战，犹未有以赐之，汝曹何功而得此！"（军队健儿为国戍边，忍寒冒暑，未得赏赐。你们这些戏子有何功劳，敢承受这么好的赐物！）马上让人强行把刘承祐赏赐的锦袍、玉带全给扣了下来。不过，史弘肇并没有将这些赏赐据为己有，而是统统放还国库。

除了这些，加上前面说的刘承祐老舅李业求职被拒，刘承祐身边宠臣的升职之路被堵……如此种种，这些遭到打压的人，因怨而生恨，渐起杀机，经常凑在一起嘀咕。就连刘承祐母子也因多次遭到拒绝，深觉得没有面子，心中也有愤怒之意。当然，让刘承祐这个皇帝更没面子的事情还在后面。

比起史弘肇，杨邠还算得上是宽厚之辈，对刘承祐还保有几分忠心。但杨邠总爱将皇帝刘承祐视为后生晚辈来对待，牢牢把持着朝政，不愿还政给刘承祐，甚至连刘承祐的后宫之事也要管。刘承祐有个宠妃耿夫人，生得妩媚动人、秀色可餐，小伙子朝夕临幸，想立这位美人为皇后。但杨邠觉得耿夫人晋升速度太快，需要缓一段时间再说。结果还没等杨邠松口，耿夫人就很不争气地病死了。刘承祐心痛得不行，想用皇后之礼风光大葬，以示补偿，杨邠竟然坚决反对。刘承祐小伙子年纪再轻也是帝王，心爱美人死后连给名分的要求都被拒绝，不起杀心才怪。

刘承祐越来越厌恶几个顾命大臣，最让他感到不爽的是，一次杨邠、史弘肇两人在朝上议事，发生争论，互不相让。在一旁的刘承祐想当和事佬，劝说道："两位大人慢慢再议，免得别人对这个决定有太多的反对意见。"杨邠和史弘肇正较劲，大袖一扬，不耐烦回了一句："陛下但噤声，有臣等在。"（陛下您别说话，一切有臣等处分。）刘承祐听了这话，牙关紧咬，也没当场敢发作，退朝之后便在几个亲信面前诉苦。亲信们见风使舵，趁机不停在刘承祐耳边吹风，说杨邠等人专恣弄权，日后肯定要造反。

刘承祐嘴上不说，内心其实也很担忧杨邠等人谋反。早在乾祐三年（950）五月，司天台奏报镇星逆行，星象大凶，刘承祐就甚为惶恐。某天夜里，小伙子听见宫墙外作坊间有锻铁的声音，竟然因疑生惧，因惧更疑，吓得一夜都没敢睡觉，生怕是杨宰相或史大将军带兵进宫废了他。君疑臣，臣必死。至此，老杨、老史的脑袋，基本上就不属于他们自己了。

杨邠等人得罪了最不该得罪的皇帝，鱼游沸鼎而不自知，依然花天酒地，不可一世，招摇朝野。先前赋闲在家憋闷许久的苏逢吉，很快察觉到了皇帝的心思，看到了扳倒武将派的绝佳机会。不过苏逢吉老奸巨猾，他没有直接去挑拨刘承祐，而是拐弯抹角地刺激李业，再通过李业去刺激刘承祐。如果事成，自己坐收渔人之利；假使败了，苏逢吉也几乎可以自保上岸，不会授人以柄。

刘承祐积恨已久，又经过多次刺激，终于鼓足勇气，和舅父李业，近侍聂文进、后匡赞、郭允明等亲信，密谋翦除杨邠一党。几人谋划已定，刘承祐进宫向太后说明情况。李太后是个平庸妇人，她只想过安稳日子，不想干这种一旦赌输就人头落地的买卖，急赤白脸地劝儿子不要冲动：“兹事何可轻发！更宜与宰相议之。”（这种事可不要轻易下决定，应该和宰相等重臣商议！）当时李业在场，他也帮着外甥皇帝劝太后姐姐说：“先帝活着时，常说朝廷大事不能和书生辈定议，那种人怯懦不决，耽误大事。”李太后仍旧惊惶不已，坚决反对儿子如此草率行事，但刘承祐心意已决，见母亲不上路，气得长袖一甩，丢下一句“国家之事，非闺门所知”，拂袖而去，而后与诸人着手布置政变事宜，把老妈一个人晾在内殿。

李业心里也没底，想着多拉一个算一个，连夜派人偷偷告知内客省使阎晋卿，让他准备明天一同起事。阎晋卿虽然对杨邠等人迟迟不给自己升官憋了一肚子气，但一听这个近乎儿戏的诛杀重臣的计划，下巴都快惊掉了。他连夜跑到史弘肇府邸，想告发此事，谁承想史弘肇一听是阎晋卿求见，心里仇恨的小火苗噌噌往上涨，觉得这个阎晋卿一直与自己不和，直接来了个闭门羹。老史如此赌气，属实是推走了福星，迎来了死神。阎晋卿回到家中，一夜未睡，心中五味杂陈，索性在中堂高悬高祖刘知远的画像，对着画像痛哭，祈求先帝保佑。阎晋卿是忻州富豪世家出身，很有见识，看到皇宫内大难将起，觉得无论是谁死了，对于朝廷来说都不是好事情。

铲除权臣事非小可，在中国历史上，即便是那些英明有为、手握强兵的君主，即使有老谋深算、久经世事的重臣老将的支持，也都会小心翼翼，步步为营。乳臭未干、荒唐无知的刘承祐，竟然和一批轻率无知、毫无政治经验的贵戚宠臣，开几次小会就拍脑门决定行事，确实过于轻率！那么，他们究竟会不会成功？事后又会引发什么样的后果呢？

无辜郭威被牵连

话说刘承祐终于受不了大臣杨邠等人的大包大揽和嚣张跋扈，于是和舅父李业，近侍聂文进、后匡赞、郭允明等亲信，密谋翦除杨邠等人。

乾祐三年（950）十一月十三日，是一个天气晴朗的好日子，杨邠、史弘肇、王章三人和往常一样照常上朝，他们聚在广政殿东边的亭子中，一起商谈国事，处理公务。忽然间，一声巨响殿门轰然洞开，冲进数十位手提大刀长剑的甲士，刀砍剑捅，三位大臣顿时被斩成数段，血流遍地。这下可好，后汉王朝的“总理”“国防部长”“财务部长”骤然陨落。老杨、老史、老王这几个人，平日里跋扈归跋扈，张狂归张狂，但其实没有一个人暗怀篡逆之心。否则的话，平时肯定护卫森严，常人根本近身不了。特别是史弘肇，他是禁卫军统帅，京城内所有军人皆归他掌统，杀他简直难如登天。但“不怕贼偷就怕贼惦记”，他们三人被皇帝“惦记”上了，想不死也难。

杀掉杨邠、史弘肇、王章三人之后，刘承祐在崇元殿召见诸大臣，宣布道：“邠等谋反，已伏诛，与卿等同庆。”（杨邠等人想谋反，现在已经受诛，朕与卿等同庆。）朝臣们闻变，五雷轰顶，皆大眼瞪小眼，谁也不敢开口说话。昨天三个大臣还活蹦乱跳，今天一大早竟然已变为三堆乱七八糟的尸块，着实让人战栗。接着，刘承祐又在万岁殿庭院面见京内诸卫的将校，高声训谕道：“邠等以稚子视朕，朕今始得为汝主，汝辈免横忧矣。”（杨邠等人藐视朕，朕今日才真正成为你们的皇帝。从今以后，你们再也不用忧虑自己的前途了。）还别说，这些军将们听到老史死讯，高兴的多，担忧的少，因为史大将军平时军法严苛，动不动就要人命。现在他死了，大家也松了口气。于是诸将全都拜谢而出。

事情看上去出人意料地顺利，刘承祐等人紧绷的心弦终于得以放松，于是马不停蹄地开始秋后算账。刘承祐下诏，搜捕三大臣的亲族，大开杀戒。特别是郭允明这个和后汉高祖、后汉刘承祐父子两代大搞同性恋的小人，命人押送三大臣的儿子、女婿等一众“高干子弟”集中到皇宫朝堂西庑（wǔ）之下，手持宝剑，亲自动手，依次横劈直捅，血流如注。消息传出，京城百姓无不哀怜，毕竟这三大臣和家属没有什么过错啊。确确实实，三大臣和这个皇帝狎臣郭允明没有什么深仇大恨，只是没有及时给他升官加薪罢了。三大臣不仅仅三族被诛，就连三大臣的远亲、党羽，甚至是家丁，从耄耋老者到刚出生的婴儿，无论贵贱，一律被斩首。此次政变，史称“乾祐之变”。

史学家王夫之对“乾祐之变”如此评价：“自杨邠等，以羽翼刘氏之宿将，威振朝廷，权行疆内，而一旦伏尸阙下，如圈豚之就烹。”杨邠等人的失败，很大程度是他们自己作的。他们为人严苛，不近人情，最致命的失误，就是摆错了自己的位子，专擅朝政，作威作福，不把皇帝放在眼里。

量小非君子，无毒不丈夫。朝廷内的威胁已除，但朝廷外还有两个实权人物：一个是镇守澶州的侍卫亲军步军都指挥使王殷，另外一个便是正在邺都率领大军抵拒契丹军队的天雄节度使郭威。在李业等人怂恿下，刘承祐准备把事情做绝，密遣供奉官孟业到澶州下绝杀令：命令镇宁节度使李洪义诛杀王殷；邺都行营马军都指挥使郭崇威诛杀郭威和宣徽使王峻。同时，为了稳住“各大军区”首长，应对极有可能出现的意外，刘承祐下诏征调天平节度使高行周、平卢节度使符彦卿、永兴节度使郭从义、泰宁节度使慕容彦超、郑州防御使吴虔裕，以及陈州刺史李谷等人入朝。一来让这些人带兵入京，可增加京城兵力，拱卫汴梁；二来又可直接控制这些“诸侯”，让他们对是否拥护朝廷表明态度。

武将派惨遭清洗，朝廷内外一时人情纷扰。苏逢吉虽然同史弘肇等人势同水火，但听闻老史等三人被杀，仍然大吃一惊。他万万没料到，刘承祐年纪轻轻，手段居然会如此毒辣。苏逢吉对手下人讲："事太匆匆，主上倘以一言见问，不至于此。"（如此行事，太出人意料了，皇上如果事前问我一声，绝不会出现现在这种情势。）苏逢吉认为，刘承祐大可选择更为温和的手段，譬如免去史弘肇等人的官职或是外放他们，毕竟他们都是顾命大臣，没有任何明面上的大恶，朝廷随意杀掉三人及诛族，事情做得实在过分。

作为皇舅，李业做事更毒，没等传令诛杀王殷、郭威的人回来复命，他就用刘承祐的名义下诏派遣平卢节度使、代理开封府尹刘铢率人去屠灭郭威、王峻在京城的宗亲。刘铢下手极其狠毒，就连弱小无辜的婴儿都不放过。他每到一家，就命人关闭大门，然后把一家上下杀个干干净净，而且他杀人喜欢虐杀，即先折磨再弄死的那种。这场屠杀过后，郭威的两个亲生儿子郭侗（郭青哥）、郭信（郭意哥），以及未成年的侄子郭守筠、郭奉超、郭定哥，全部被虐杀！除此之外，被杀的还有郭威养子郭荣（柴荣）留在府上的夫人刘氏，以及刘氏所生的没有留下名字的三个儿子。郭氏一门，几乎可以说是被屠杀殆尽。除了郭威、郭荣（柴荣）在外没有被杀外，只有郭威的继室董氏因各种原因侥幸逃过一劫。同时，李业又派哥哥李洪建去屠王殷全家。李洪建平日和王殷有些私交，为人也比较厚道，只是派人把王殷全家软禁起来，仍旧照常给他们供应饮食。

客观来说，这场乾祐之变，是一场帝王集团与权臣集团之间争夺权力的政变，原本不会影响历史的进程。但李业等屠杀无辜的郭威一家老小，非常不理性，毕竟得罪皇帝的是杨邠、史弘肇，而不是郭威。事实上，郭威一直对杨邠、史弘肇的狂妄跋扈感到忧心，没少劝两个老大哥做事要收敛一些。而且郭威本人对皇帝也非常尊重，极尽臣礼。李守贞等三镇祸乱关西，是郭威总领全局，扑灭反乱，论功行赏第一，无人异议。即便如此，郭威还是把这平叛胜利归功于皇帝圣明和大臣们的辅助，甚至拒绝了皇帝专门对自己的嘉赏。作为忠臣的模范，他的家眷就这样无辜被牵连、虐杀，没有半点解释的机会。正是这种不留余地的决绝做法，导致矛盾被完全激化。原本将相失和的小范围争斗，生生演变成了一场血海深仇的家国恩怨。后汉政权的大车行驶到这里，无异于忽然转了一个急弯，然后驶上灭亡的轨道。

刘承祐在京城任性地挥舞屠刀，杀了很多无辜的人。他的计划很简单，朝内杨邠等人已除，再干掉前线的郭威、王殷两个军头，就能彻底铲除武将派。可惜他的计划还是出了纰漏，他派出去执行任务的两个人，一个是胆小不敢动手的李洪义，一个是早已跟定了郭威的郭崇威。

那么，这场变故又会如何发展呢？郭威和王殷两人又是如何捡回一命的呢？

大将郭威被逼反

前面说到，刘承祐诛杀顾命大臣杨邠、史弘肇、王章三人，并派人杀光了他们的亲戚、党羽、仆从，京城一时间血流成河，甚至是远在邺都的郭威和王殷，他也没想放过。他密派供奉官孟业带着绝杀令前往邺都，没等使者回来复命，就急不可耐地把留在京城的郭威等人的全家老小也给杀了。

乾祐三年（950）十二月，密使孟业率先赶到了澶州。坐镇澶州的是皇舅李业另外一个哥哥李洪义。孟业要求李洪义先处死郭威的死党王殷，但李洪义胆小怯懦，不仅不敢干掉身为“陆军总司令”（侍卫步军都指挥使）的王殷，犹豫了半天后竟拉着手持杀人诏书的孟业去见王殷。王殷见了密诏，冷汗登时就冒了出来。不过王殷没工夫玩笑里藏刀那一套，大喝一声，让手下士兵就把孟业捆起来关入小黑屋。李洪义一脸尴尬，讪讪而去。王殷没拿这位皇帝舅舅当回事，而是十万火急地让副使陈光穗带着密诏去找郭威。

郭威见到密诏，也是万箭穿心，尤其是得知自己留京的一家老小已悉数被杀时，更是直接哭倒在地。他属下干吏魏仁浦机敏有断，沉吟片刻，为主公出主意道：“公，国之大臣，功名素著，加之握强兵，据重镇，一旦为群小所构，祸出非意，此非辞说之所能解。时事如此，不可坐而待之。”（郭公您屡立功名，手握强兵，据有重镇，早已处在风口浪尖，一旦为朝廷群小构陷，必定凶多吉少，这不是一两句话就能解释清楚的。事已至此，不可坐以待毙！）魏仁浦的意思很清楚，既然朝廷不仁，那就别怪我们不义了，简单来说就是劝郭威马上举兵起事。

《资治通鉴》《旧五代史》等史书中关于郭威起兵的内容，

大都出自后周大臣编撰的后周《太祖实录》。在叙述郭威起兵的情况时，讲老郭召集诸将校，先一番自我表功："吾与诸公，披荆棘，从先帝取天下，受托孤之任，竭力以卫国家，今诸公已死，吾何心独生。"然后表示说："今有诏来取予首级，尔等宜奉行诏旨，断予首以报天子，各图功业，且不累诸君也。"当年李从珂在凤翔，一哭而感动全军。郭威这番说辞，也收到了相同的效果。邺都行营马军都指挥使郭崇威等人闻言大哭，声言："吾等愿从明公（您）入朝，亲自洗清冤屈，铲除奸佞，共安天下。崇威愿从公入朝自诉，荡涤鼠辈以清朝廷，不可为单使所杀，受千载恶名。"

欧阳修在《新五代史》中揭开了另一番真相："（郭）威匿诏书，召枢密使院吏魏仁浦谋于卧内。（魏）仁浦劝威反，教威盗用留守印，更为诏书，诏威诛诸将校以激怒之，将校皆愤然效用。"也就是说，郭威和魏仁浦伪造一份假诏书，内容是刘承祐命令郭威杀掉邺都所有将校。众将校看了假诏书，自然群情激愤，奉拥郭威起兵。

试想，假使事情果真依《资治通鉴》和《旧唐书》所本后周《太祖实录》所述，郭威话音一落，肯定有人立马下手杀他。毕竟五代乱世，军中将士贪财逐利，凌上侮下，眼前站着一个"大元宝"，谁都会提剑立取。

郭威为保全性命，留下能力超强的养子郭荣镇守邺都，自己则率大军南向，杀奔都城而去。王殷、王峻等人二话没说，也率着所属兵士跟随前往。由于当初郭威是以朝廷枢密使身份出镇，关键时刻也很管事，轻松调度河北诸州兵马，一时之间，声势浩大。

刘承祐听说郭威率兵南下，连忙召集群臣商议对策。前任开封府尹侯益表示：“邺都戍兵家属多在京城，官军不可轻出，应闭城坚守以挫其锋，然后派遣那些戍兵的母妻家属登城招降，郭威所率军兵必然人心大乱，可以不战而定。”

侯益刚说完，站在一旁的泰宁节度使慕容彦超不乐意了，他想趁此在皇帝前立上一功，于是力驳侯益：“侯公您年纪大了，怎能给皇帝出这样的馊主意，长他人志气，灭自己威风？应该主动出击叛军，一举攻灭他们。”慕容彦超是刘知远同母异父的弟弟，也就是刘承祐的老叔。刘承祐见老叔信心满满、干劲十足，不由得听信慕容彦超之言，命令侯益、阎晋卿等人马上率领宫廷禁卫军精兵，奔赴澶州方向阻拒郭威。

不料郭威抢先一步，已经先行到达澶州。守城主将李洪义虽是刘承祐亲舅，又有密诏在手，但他根本没和外甥皇帝在一条船上。郭威大军一到，李洪义立刻打开城门放入城中。王殷见到郭威，不免又是一场哭诉。其实王殷运气还算好，全家人有皇帝舅舅李洪建保护，没有遭到屠杀。两人经过短暂磋商，王殷将澶州所有兵马交给郭威指挥，并主动跟随郭威渡河向南。人心向背，早已不言自明。澶州是保障汴梁安全的河北重要门户。澶州没了，刘承祐这才知道自己闯了多么大的一场祸事。刘承祐自己派出一个名叫鸗（lóng）脱的亲信宦官，化装往邺城方向侦窥郭威大军的动向。宦官没有胡子，很快就被郭威的侦察兵识破抓住，押往大营。郭威亲自写了一封自辩信，缝在鸗脱的衣领里面，让他回去见刘承祐表达自己的冤屈。

在这封信里，老郭先是解释一番，说自己受诬，手下军将不服，所以拥戴自己武装南下申冤："臣昨得诏书，延颈俟死。郭崇威等不忍杀臣，云此皆陛下左右贪权无厌者谮（zèn）臣耳，逼臣南行，诣阙请罪。"接着表明自己忠心日月可鉴，一副君要臣死、臣甘愿赴死的态度："臣求死不获，力不能制。臣数日当至阙庭。陛下若以臣为有罪，安敢逃刑！"最后又来一个转弯，说自己也不能白死，要查出冤枉他的贼臣，至于是战是和，交给皇帝来定夺："若实有谮臣者，愿执付军前以快众心，臣敢不抚谕诸军，退归邺都？"

郭威主动跟刘承祐谈条件的同时，丝毫没有放慢行军步伐。大军刚到滑州，刘承祐的姐夫义成节度使宋延渥（他妻子是刘知远长女永宁公主）便开城迎接。宋延渥在历史上不出名，但他有个著名的皇后女儿，就是赵匡胤的小宋后。从滑州到汴梁，行程四百余里，数日之内便可抵达。郭威便在滑州稍事停留，动用滑州府库来犒赏手下军士，顺便发表了一场深情演讲："闻侯令公已督诸军自南来，今遇之，交战则非入朝之义，不战则为其所屠。吾欲全汝曹功名，不若奉行前诏，吾死不恨。"（听闻朝廷已派侯益率禁军赶来，今两军相遇，与之交战则违背入朝本意，不战肯定被他们所杀，战与不战都于心有愧。不如你们还是奉行前诏，砍了我的脑袋，我就算死了也不会怨恨你们。）

郭威这一番话，再次深深打动了将士们，他们纷纷叫道：“是朝廷辜负了您，您并没有辜负朝廷。如今我等人人奋争，报公之仇如报私仇。侯益这等货色，何足道哉！”

这时，在一旁的王峻还不忘带节奏，他只说了一句话，就瞬间成功点燃了所有士兵的激情：“我得公处分，俟克京城，听旬日剽掠。”（郭公让我告诉大家，攻克京城后，听任你们剽掠十天！）对于爱财的军士而言，这个诱惑实在太大了，大伙听完后欢腾雀跃。后唐时期，明宗李嗣源死后，军士们拿了李嗣源儿子李从厚的赏赐去征讨李从珂，他们在途中就扬言：“到凤翔更请一份。”结果李从珂以更多的厚赏为诱，军士们又转投了李从珂。待李从珂称帝后，国库已空，赏赐大大缩水，众军士皆怏怏不满，认为赏赐太少，抱怨道：“去却生菩萨，扶起一条铁。”上述种种事情，足见五代僭乱至极，没有任何上下秩序和道德伦理可言，军将士兵拥戴哪个人，都和做买卖一样，谁给利多就跟从谁。

郭威这边已经磨刀霍霍，刘承祐那边又是怎样一个情况呢？他是否能够扭转局面？

刘承祐兵败身死

话说刘承祐猜忌诛杀三大臣及家属，郭威武装南下为自己申冤，途中抓了一个刘承祐派来侦察的宦官小喽啰，让他带回一封自辩信。刘承祐和皇舅李业等人看完这封信，众人心惊胆战，恐慌不已，知道大祸临头了。

此前，刘承祐原本准备亲自前往澶州坐镇，后来听说郭威已经到了黄河边上，只得作罢。这时的刘承祐就两个字——后悔！他不停向宰相窦贞固等人抱怨，说前些日子诛杀三大臣和郭威等人家属的事情太过草率。但世间无后悔药，刘承祐只得安排众臣打开府库犒赏三军，激励士气，准备抵挡。宰相苏禹珪认为不宜滥赐将士，拒不同意。祸首李业见状也急了，当着众大臣的面直接给苏禹珪跪了，无比沉痛地哀求道："相公，且为天子勿惜府库。"（相公您为皇上想想吧，别再吝惜库物资财了！）忧惧之情，溢于言表，这位爷当初首议杀人的豪气，一丝全无。苏禹珪无奈，只好给每名禁军赏赐二十缗钱，其他军队的赏赐减半。那些有亲属在郭威军中的人，也给赏赐，并让这些人写信劝亲属归降朝廷。可惜，效果基本为零。

很快，郭威率军快速抵达封丘（今河南封丘县），距离京城不过百里，京城内人心惶惶。李太后闻讯，急得大哭。刘承祐也惶恐不安，不知怎么办才好。慕容彦超见状，竟当众大言道："陛下勿忧，臣看他们就是一群吸血的蚊虫，毫不足惧，陛下只管安坐，臣当活捉郭威来见！"退朝后，慕容彦超见到刚从"前线"回来的聂文进等人，听闻郭威军中将校姓名，突然有些怕了，低声嘀咕："这些人可不是善茬，要加倍提防！"

事到如今，求和已然没用，为今之计，只有一拼。于是，刘承祐派慕容彦超率主力屯守七里店，严待来军；再调左神武统军袁曦（yí）等人与侯益合军，屯守赤冈，以为掎角之势。

未久，两军于汴梁北部的刘子陂对阵。刘子陂在今天河南新乡市封丘县以南，与汴梁近在咫尺。恶战在即，刘承祐年轻，心中恐慌，在宫中坐不住，想亲率大批扈从军士“劳军”，其实是想以天子之尊亲自监阵。李太后劝儿子不要出城：“郭威吾家故旧，非死亡切身，何以至此！但按兵守城，飞诏谕之，观其志趣，必有辞理，则君臣之礼尚全，慎勿轻出。”（郭威是我刘家旧臣，如果不是生死攸关，不至于拼命。你还是暂且稳守城池，立即给郭威写信，先看看他的态度，如果还有回转余地，则君臣之礼还能保全，万万不可轻易出城。）刘承祐不听，陪同的大将聂文进也口出狂言：“太后宽心，有臣在，莫说一个郭威，就是一百个郭威，臣也一一把他擒来！”

可笑的是，即使皇帝亲自出城督战，两支大军相遇，谁也不发第一箭，互相观望，直到天黑，还是没有任何要开打的意思。无奈之下，刘承祐见天色已晚，只得返回宫中。慕容彦超卖乖，冲着刘承祐大嚷道：“陛下明天若有空，希望您再出城看我破贼。为臣我连手都不用动，吆喝一声就让他们都解甲归降！”听慕容彦超如此一说，刘承祐自觉心里有底，非常高兴，答应明天再来。

一夜过后，刘承祐又带着扈卫禁军再次出城监战。双方在山坡下各自出营列阵，摆好架势，只等下令冲锋。郭威战前曾告诉下属：“吾来诛群小，非敢敌天子也，慎勿先动。”（我此行的目的只在诛杀奸佞，不敢和天子交锋，如果对方不动，大家千万不可先动。）郭威如此说，显然对战胜对方成竹在胸，更在意取得道德上的优势。

慕容彦超见郭威的阵形如铁墙一般岿然不动，一时不敢轻易进攻，结果左等右等，对方就是迟迟不动手。慕容彦超怕再这么干耗下去，又会无功而返，让皇帝再一次失望而归，于是只能硬着头皮，亲自率前锋军主动出击。

郭威手下军将立即迎战，一下子就把来敌击溃，慕容彦超坐骑被射毙，本人几乎被活捉，麾下死者百余人。皇家军队见此，士气大减，开始有人跑到对面向郭威军投降，统率精锐禁军的侯益等人也纷纷转舵，私下谒见郭威。郭威好言宽慰诸人并遣回。到了夜间，刘承祐手下军队基本已经向郭威投降。慕容彦超见势不妙，也顾不上皇帝，连忙带着麾下十余骑，逃奔自己的老窝兖州。

再看刘承祐，可悲又可笑，身边只剩下苏逢吉、苏禹珪、窦贞固三个宰相以及从官、宦者等几十个人，愣了半晌，只得垂头丧气趁黑奔返回城。一行人刚刚抵至城北玄化门，开封尹刘铢不仅不开门，反而派出弓箭手在城上张弓搭箭，喝问道：“那么多兵马都到哪里去了！”没等刘承祐一行人回答，刘铢突然下令乱箭齐发。刘承祐做梦也没有想到刘铢会来这么一手，眼见身边又被射死了数人，吓得朝西北方向狂奔而去。

黑天暗夜，刘承祐一行只能在荒郊野地露宿，准备天明再逃。不料，蹄声阵阵，追兵已至。刘承祐一行人忙窜入村民家中躲避。荒村之中，皇帝目标显眼，郭允明见形势危急，想以刘承祐脑袋作为进见礼向郭威投降。他猛然赶上几步，狠命一刀，刘承祐当场见了阎王。其实来兵并不是追兵，而是刘承祐的亲兵赶来护驾。郭允明见自己弄巧成拙，后悔无及，生怕遭到禁卫军士兵的虐杀，只得横刀自刎而死。刘承祐随行的亲信苏逢吉、阎晋卿等人知道大势已去，都惶恐自杀。李业马好腿快，奔往陕州投奔兄长李洪信，李洪信不敢藏匿弟弟在家，给他一大笔金钱让他逃往晋阳。没承想，李业半路遇见一伙强人，看他马鞍子上面驮了那么多财宝，上前就把他砍死，抢光钱财。先前积极参与“永福殿事变”的佞臣飞龙使（皇家马厩管理官）后匡赞见势不妙，逃奔到兖州慕容彦超那里。慕容彦超这时候忽然转向，派人把后匡赞押送给郭威充当自己投诚的见面礼……至此，保皇派全体成员连同他们的头目，无一人善终。

后汉刘承祐，眉清目秀，肤色白皙，沙陀种族特征很明显。他自小就有癫痫病，眼睛时常会不自觉地闪动，口角时常流口水，即位之初一度好转，后来又不时发作。他被杀前，发病愈发频繁。如此皇帝如此病躯，实在难为“真龙”天子。

《旧五代史》评价刘承祐说：“隐帝以尚幼之年，嗣新造之业。受命之主，德非禹、汤；辅政之臣，复非伊、吕。将欲保延洪之运，守不拔之基，固不可得也。然西摧三叛，虽仅灭于欃（chán）枪（彗星），而内稔（rěn）群凶，俄自取于狼狈。自古覆宗绝祀之速者，未有如帝之甚也。噫！盖人谋之弗臧，非天命之遽夺也。”这一评价可以说非常直白，就是因为皇帝太菜，大臣不贤，并非天命已尽，而是人谋不藏——这位少年天子不懂隐忍、不懂权谋，为人莽撞冲动、轻率无谋，看不清自己的实力，也看不清现实政治格局。后汉的政治矛盾完全可以消解在朝堂内部，只是刘承祐太年轻，想不出什么有效的办法压制群臣，收回权力。他低估了郭威，高估了自己，他那不理智的残酷屠杀，将权臣推向反抗阵营，最终导致了后汉的覆灭。

从郭威得知消息后起兵，到攻破京城皇帝身死，仅仅用了八天时间。郭威一路进军，基本没遇到什么抵抗。郭威入京后，请李太后临朝称制，并决定迎立刘知远的侄子、武宁节度使刘赟为帝。

郭威进军大梁城

话说郭威率军抵达汴京城下，刘承祐兵败身死。郭威得知刘承祐被弑后，痛哭不止，大呼道：“老夫之罪也！”不管郭威这是在作秀，还是真情流露，但胜利果实已经摘下，再加上全家被屠的大仇得报，内心深处，还是喜大于悲。

郭威率骑兵来到玄化门，不料开封尹刘铢朝着郭威一通胡乱放箭。郭威也不和他纠缠，调转马头从汴城东面的迎春门进城，直奔自家府邸。从前热热闹闹的府宅，如今却是一片死寂。年近半百的郭威，轻轻拂去桌上的灰尘，想到儿子侄子全部罹难，后辈之中仅剩外甥李重进、女婿张永德和养子郭荣（柴荣），心中感到一阵悲恸。留给郭威伤感的时间不多了，既然家仇已报，接下来就该兑现诺言了。老郭说话算话，任凭手下将士在京城剽掠。一时间，京城火光冲天，哭声不断。

吏部侍郎张允家缠万贯，却是个守财奴，对妻子都异常吝啬。老张经常把库房的钥匙别在腰间，走起路来叮叮当当。在汴梁大乱时，老张躲在佛堂顶棚上，由于家里在这里躲避的人太多，顶板损坏坠落，老张从上面掉了下来。乱兵们不由分说，直接剥光他的衣服，绑了起来，结果他生生在夜里被冻死了。

当然，世道越乱，就越怕横空杀出些不要命的。乱兵只敢抢像张允这种软柿子，要是碰上硬骨头，分分钟就怂了。右千牛卫大将军赵凤，先前在后唐任翰林学士之时就敢说敢言，非常有正义感。他对着那些想闯入巷子的乱兵们高声道："郭侍中举兵，欲诛君侧之恶以安国家耳；而鼠辈敢尔，乃贼也。岂侍中意邪！"（郭公举兵，为的是诛尽君侧恶人，以安社稷；你们这些鼠辈竟敢如此肆意妄为，与强盗无异，这肯定不是郭侍中的意思！）接着，他大大咧咧地坐在巷子口，手持弓箭，虎视眈眈，乱兵只要露头，就立马射死，成功吓退了乱兵，街坊邻居们也跟着沾光幸免于难。

剽掠才进行了一天，由于士兵们捞钱的破坏力实在太强，王殷和郭崇威劝郭威尽快下令收手："不止剽掠，今夕止有空城耳。"（再不停止剽掠，汴梁到今晚就只剩一座空城了。）郭威这才下令诸将约束部伍，禁止杀人掠物烧房，不服从的马上斩首。直到黄昏，大梁城才逐渐安定下来。

后汉朝廷的文官一派，苏逢吉已死，窦贞固、苏禹珪自七里店逃归。郭威知道这两人没掺和之前的事，让他们官复原职，还派兵保护。随后，他又命人四处搜查，抓住刘铢、李洪建二人，严加看押。刘铢自知难免一死，被抓前对老婆说："我死，汝且为人婢乎！"（我肯定得死，你应该也要被罚作奴婢了吧。）妇人没好气回道："以公所为，雅当然耳。"（想想您这些天干了这么多缺德事，这个结局也是活该！）

刘铢、李洪建两人被抓住后，郭威对众将说："刘铢屠吾家，吾复屠其家，怨仇反覆，庸有极乎？"（刘铢屠杀我全家，如果我再屠杀他全家，冤冤相报，何时了结！）于是他下令只杀刘铢、李洪建和他们的心腹亲信，放过两人的家族亲属。王殷感念之前李洪建不杀自己一家的恩德，苦苦求情。但郭威认为李洪建是刘承祐舅舅中刚毅有谋的主儿，不杀可能成为后患，没有答应王殷的请求。

说起来，郭威诛刘铢而宽赦他的家族，还是非常难得的。相比之下，后梁朱温就要阴狠缺德得多。平卢节度使王师范与朱温相争，后来兵败投降，被授为"金吾上将军"。朱温称帝后，他侄子朱友宁的老婆哭诉，说自己丈夫从前打仗时被王师范所杀，现在要报仇。老朱咬牙切齿，大骂道“我差点忘了这个贼子”，马上派出军人到洛阳，挖了一个大坑，将已经降附两年多的王师范及其宗族二百多口统统活埋。王师范临死时颇有大家风范，说：“死乃人生难免，但长幼不可失序，应按辈分受杀。”于是王姓宗族在临刑前共饮诀别酒，按年龄辈分排列有序，依次在大坑旁接受处决。当时的情景，让洛阳的士人百姓深感悲痛。相比之下，郭威的度量与朱温相比，可以说有天壤之别。

安定京城后，郭威先搬出李太后这块“金字招牌”，以太后的名义，任命自己亲信的文臣武将：王峻为枢密使，王殷为侍卫骑军都指挥使，郭崇威为侍卫骑军都指挥使，曹威为侍卫步军都指挥使。至此，后汉全部军权都掌握在“郭家将”手中。至于刘承祐身后的名誉问题，有人建议参照曹魏高贵乡公曹髦的前例，贬其君位，降以王公之礼安葬。郭威却坚决反对，义正词严地说：“仓猝之际，吾不能保卫乘舆，罪已大矣，况敢贬君乎！”（仓促之间，我没能保卫主上，罪过已经很大，哪里还敢贬低君主的地位呢？）最终，刘承祐被以君主之礼下葬，谥号为“隐帝”。

刘承祐死后，后汉皇室还剩下几个：刘知远堂弟河东节度使刘崇、忠义节度使刘信，后汉隐帝刘承祐的弟弟刘承勋。倒霉的是，按照血统最该承袭帝位的刘承勋一直重病缠身，久卧在床，根本不能为帝。刘承勋不行，刘崇、刘信两人作为刘知远的弟弟辈，一样没机会被立为君。当时合适的人选只有一个，就是刘崇的儿子武宁节度使刘赟。刘赟自小受伯父刘知远宠爱，将其视如己出。因此郭威以群议为名，上禀李太后，准备皇舆，对外宣称要去徐州迎刘赟为帝，同时还派出太师冯道前往迎奉。官场不倒翁冯道一生经历数位帝王，深知世道险恶，临行前，他悄悄问郭威："您派我此行，不是让我去骗人吧？"郭威拍着胸脯信誓旦旦："奉迎新帝，实出忠心！"

其实，郭威当时心中所忧，乃是刘崇在河东、刘信在许州、刘赟在徐州，这几个皇亲都占据重镇要冲，假使这三人登高一呼，以兴复为辞，天下乱起，真不知如何收拾。他假装迎立刘赟为帝，三镇宗室必然麻痹。刘赟离开老窝徐州如同蛟龙离水，刘信向来庸识无谋不用操心。除掉这两个人之后，只剩刘崇一人就容易对付了。眼见谋划妥当，郭威便以契丹入寇为由，亲率大军出发，对外声称是往北方御寇，京城大事都委派给亲信王殷、王峻二人处理。

乾祐三年（950）十二月初一，郭威率军出发北征，三日后行至滑州，遇到刘赟从徐州派来的使臣。之前，刘赟听说郭威把皇位让给自己，喜出望外；如今听说郭威大军北上抗辽，便派人带去酒肉犒劳大军，以表示未来皇帝对将士们的关爱之情。没想到的是，刘赟派来的使臣不受将士们待见，他们对使臣爱搭不理，不肯下拜，私下里还议论说："我辈屠陷京城，其罪大矣；若刘氏复立，我辈尚有种乎！"（咱们之前在京城大抢特抢，屠杀吏民，罪行还挺大的；倘若还是姓刘的坐天下，到时如果来一个秋后算账，咱们脑袋只怕就保不住了！）

趋利避害本是人之常情，没人愿意过提心吊胆的日子。刘赟入京当皇帝，郭威日子肯定不好过，这些将士也一样不好过。无形之中，郭威和他的部下们早就默契而又牢固地捆绑在一起，主辱臣辱，一亡俱亡。郭威突然下令全军开拔，加快行军速度，朝着下一站澶州进发。这场无声的心理战，使将士们心中没底。一场精彩的好戏马上就要上演。

短命王朝说后汉

即使有人对五代史知之甚少，但一定听说过“陈桥兵变，黄袍加身”这一件事，一般想到主角总会是北宋开国皇帝赵匡胤。其实，如果细读过历史，就会知道“黄袍加身”绝非赵匡胤的独创和首秀。在他之前，郭威才是“黄袍加身”的最早主角。比起后辈赵匡胤，郭威“黄袍加身”的大戏，主动性和主观性更强，他本人和部下改朝换代的意图也更强。

乾祐三年（950）十二月，郭威亲率大军北上抗辽，当大军渡河至澶州驻扎时，将士们忽然哗变，一群人冲过来，将黄袍披在郭威身上，而后众人伏地山呼万岁，郭威就这么“稀里糊涂”被拥为皇帝，然后被人簇拥着折返南行。史料中详细记载了事情经过：“诸军将士大噪趋驿（舍），如墙而进，帝（郭威）闭门拒之。军士登墙越屋而入，请帝（郭威）为天子。乱军山积，登阶匝陛，扶抱拥迫，或有裂黄旗以被帝体，以代赭袍，山呼震地……诸军遂拥帝南行。”乍看史书，郭威完全是被兵士“绑架”的忠臣，无奈才当了皇帝。其实，这只是五代兵变拥立皇帝的第四场大戏，也是赵匡胤陈桥兵变、黄袍加身的垫场戏。其实，当时的契丹南侵，就是个假情报。

生米已煮成熟饭，侍中已经成为皇帝，总得给朝廷一个说法。于是，郭威“不得已”上疏太后，承诺自己会敬奉汉室宗庙，并表示将认太后为母。老宰相窦贞固自然知趣，率百官出城迎接，跪倒帮着劝进。无奈，李太后下诏任郭威为“监国”，即代理皇帝。诏诰之中，也有如下语句：“……老身未终残年，属此多难，唯以衰朽，托于始终。（郭监国）载省来笺（jiān），如母见待，感认深意，涕泗横流。”老太后心中痛楚，可见一斑。四年之后，李太后病死于宫，也算善终。

此时，原定后汉皇帝继位人刘赟刚走到宋州（治今河南商丘）。郭威知道这小伙子已是囊中之物，便派郭崇威率七百骑前往“迎候”，并命太师冯道回京；同时又命自己嫡系将领马铎率领部队前去许州（治今河南许昌），“处理”后汉的忠武节度使刘信。

宋州距汴梁不到三百里，刘赟忽闻有一队骑兵赶到，大惊失色，连忙让人紧闭城门，登楼诘问郭崇威此来何意。郭崇威仰头答言：“澶州军变，郭公虑陛下未察，故遣崇威来宿卫，无他也。”（澶州发生军变，郭公担心陛下安危，特意派我来护驾，别无他意。）刘赟不信，招郭崇威入城，郭崇威推脱不敢进城，两人来回拉扯，直到太师冯道出城与郭崇威嘀咕半天，郭崇威才肯下马，随冯道入城。刘赟这小伙子很厚道，家国多难，世道艰难，见面后也没对郭崇威多生疑虑，还对他一番慰问。但郭崇威心怀鬼胎，说了几句安慰话，就托词出城。

刘赟手下的徐州判官董裔看出端倪，进言劝说："观崇威视瞻举措，必有异谋。道路皆言郭威已为帝，而陛下深入不止，祸其至哉！请急召张令超，谕以祸福，使夜以兵劫崇威，夺其兵。明日，掠睢阳金帛，募士卒，北走晋阳。彼新定京邑，未暇追我，此策之上也。"（我看郭崇威刚才神情慌张，必有异谋。现在外面纷传郭威已经称帝，陛下您如果再往前行，恐怕要大事不好。应该马上召张令超来，谕以祸福，让他连夜进攻郭崇威，劫夺其兵，然后我们一行人奉拥陛下，掠睢阳金帛，招募士卒，向晋阳方向挺进。京城新定，郭威肯定无暇追杀我们。这才是上策啊。）董裔之所以劝刘赟去晋阳，因为刘赟父亲刘崇当时坐镇晋阳，也就是太原。

刘赟犹豫不决，心存幻想，总觉得自己名义上已经是皇帝，如今离京城不到三百里，如果郭威没有异心，自己先行逃走，反倒授人口实。而董裔所说的张令超，是和冯道一起来迎奉他为帝的"护圣指挥使"，手下有数千精兵。当断不断，反受其乱，正当刘赟举棋不定时，郭崇威先风风火火密见张令超，告诉他郭威已经被拥立为新帝，与其为旧主殉葬，不如替新朝立功。五代武将中绝大多数人根本没有"忠君"观念，更何况郭威威名素著，如今当了皇帝，谁敢不从。张令超想了一会，痛快应承，马上带着部下归附，还劫持了刘赟在自己镇内的数百私兵。这样一来，刘赟就成了真正的“孤家寡人”。第二天早上，刘赟发现自己周围已经侍卫尽去，又惧又惊，悔叹之间，郭威又有书信送到，声称自己是受诸军所迫，暂时监国，并召冯道先入京，让刘赟放心慢行。

冯道前来辞行，刘赟诚恳地问：“寡人此来所恃者，以公三十年旧相，故无疑耳。今崇威夺吾卫兵，事危矣，公何以为计？”（我当初之所以肯随同您前来汴京，正因为您是三十年德高望重的数朝宰相，所以才深信不疑。现在郭崇威劫夺我属下扈卫兵士，事情危急，您能给我出个主意吗？）

冯道默然不语，他实在没什么好说的，“长乐老”冯道正是靠着多年的老奸巨猾，才能活到今天。刘赟身边亲将贾贞怒极，几次拔剑要杀冯道，都被刘赟拦下：“你们不要鲁莽，今天这种结局不关冯公的事。”刘小伙确实厚道，事已至此，他仍不忍心杀掉这个把他从根据地骗出来的老头子。其实，冯道早就知道郭威根本无意迎立刘赟，出发前他就对自己左右说：“今天我老冯要去说谎骗人了。”冯道一走，郭崇威就宣读李太后诰旨，废刘赟为湘阴公，严兵看押。同时，又杀掉董裔、贾贞等刘赟从徐州带来的亲随。过了几天，郭威又密令郭崇威弄死刘赟。说句实话，刘赟人品不错，才智也不低，但“运去金成铁”，大伪之世，失之柔懦，此种下场也属必然之事。

至于那位坐镇许州的刘知远堂弟义成节度使刘信，听说郭威手下大将马铎率军队来“巡检”，竟然吓得自杀了，草包得出人意料。刘知远这位堂弟，性格昏庸懦弱，平时贪得无厌，喜行酷法。当初他在京城掌管禁军，手下人有犯罪者，他会把犯人妻子家属召至刑讯室，然后他亲自“下厨”，用尖刀活生生剔取犯人身上的肉，用刀尖叉上让犯人吃自己的肉。往往从脚开始，一点点肢解到头部，血流满地。而他呢，扬扬自得，在一旁喝酒作乐，脸上没有一丝同情和怜悯，是一个不折不扣的变态虐待狂。而后出镇许州，刘信搜刮民脂民膏毫无节制，百姓深受其苦。他一开始听说杨邠等三位大臣被杀，还挺高兴的，觉得少了几个碍眼的人。而后得知堂侄皇帝刘承祐也被杀了，他开始吃不下饭，担心自己的小命也不保。如此残暴之人，结果一听说郭威派人来，还没怎么样，自己就先“自绝”了。由于这位爷过分“听话”，郭威称帝后，追封他为“蔡王”。这位爷确实很“菜”，一切就这么波澜不惊地结束了。

广顺元年（951）正月，太后下诏，把帝位传给郭威，五代最后一个政权后周建立。刘知远建立的后汉，仅仅坚持了四年就宣告灭亡，成为中国古代最短命的朝代。原因无他，后汉沿袭了后晋的暴虐统治，一代坏过一代，与时代和百姓的要求背道而驰，尽失人心。

后汉的灭亡，也标志着沙陀三王朝的终结。从李存勖的后唐、石敬瑭的后晋到刘知远的后汉，最长的后唐十四年，最短的后汉只有四年，总共加起来也不过二十八年。可见，五代这三个王朝时间太短，短得称之为“王朝”都显得有些牵强。其实呢，当时的沙陀民族早已和汉族完成融合。那支曾在残唐叱咤疆场的沙陀铁骑，那些骁勇善战的沙陀猛将，都已化作历史的尘埃。蔚蓝天空中，似乎没有留下飞鸟的痕迹，但飞鸟确实曾经飞过。至此，西突厥沙陀人的光辉岁月戛然而止。五代季世，即将迎来最灿烂的年代。

当然了，后汉虽亡，沙陀刘氏的故事并没有由此而彻底结束。后周建立后，刘知远的弟弟河东节度使刘崇马上在太原称帝，继续沿用后汉国号和乾祐年号，史称“北汉”，这个小国也是五代十国之中唯一的北方割据政权。

第十二章

柴荣威武高平始：后周之光（上）

刺青天子郭雀儿

陈桥兵变，黄袍加身，我们大多数人总以为这是宋太祖赵匡胤的独家传奇大戏。清初的大诗人查慎行还曾为此作诗感慨：“梁宋遗墟指汴京，纷纷禅代事何轻！也知光义难为帝，不及朱三尚有兄。将师权倾皆易姓，英雄时至忽成名。千秋疑案陈桥驿，一着黄袍遂罢兵。”这位武侠小说大师金庸的数世祖，虽然名重一时，但对于史学却是半瓶子醋，这从他的诗中可见一斑。尤其是诗的最后两句，更是显露出他的浅薄：似乎认为赵匡胤黄袍加身之事，人世间只此一件，所以“陈桥兵变”一事才会让这位老查大跌眼镜。

其实，五代时期“王政不纲、权反在下、下凌上替、祸乱相寻”，军士鼓噪、拥立主帅为帝的戏码频繁上演，成功的就有四次之多：后唐明宗李嗣源、后唐废帝李从珂、后周太祖郭威，最后一个才是宋太祖赵匡胤。至于未成功的“拥帝”事件，也有多起。比如石敬瑭在当河东节度使时，一次出猎，军中忽然有人大呼“万岁”，把当时正韬光养晦的石敬瑭吓得够呛，连忙下令斩杀为首的士兵三十多人。后晋大将杨光远率军至滑州，有军士称要拥杨光远为帝，老杨还挺明白，表示“天子岂汝等贩卖之物”，呵之而止。又如大将符彦饶在瓦桥关守戍，有裨将带兵士欲拥立老符。符将军当时假装答应，转天就设埋伏把那个偏将和手下全杀了。所有这些，无不体现着那个时代的动荡与无序。

五代军人们之所以爱搞拥人为帝的把戏，不外乎“利益”二字。将领升迁，士兵得赏，皆大欢喜。这种风气，源自唐朝中晚期河朔诸藩镇的跋扈。到了五代，情况变得更加严重，士兵甚至掌握了废立主帅的权力，经常杀一个立一个，如同儿戏一般。说来也是一报还一报，藩镇节帅蔑视朝廷，军士反过来也威胁掣肘节帅。最可笑的当数后唐军校赵在礼。军士皇甫晖因为赌博输钱忽然起事，就劫拥军将杨仁晸为帅，杨将军不从被杀；接着，皇甫晖又推一个人缘好的小校为帅，不从又被杀；而后，皇甫晖率一大帮军士直奔赵在礼处，把两颗血淋淋的人头往老赵面前一扔说：“不从者视此！”老赵不得已，只能答应。这些情节和唐朝的泾原乱兵劫朱泚、辛亥革命时兵士劫黎元洪一样，都是兵士们爱玩的戏。事成，大家升官发财；事败，有冤大头一人扛祸。

话题扯远。咱们还是来讲讲五代后周郭威的“发家史”。郭威出生时，据说红光照亮屋舍，四周夹杂着类似炭火爆裂的声音，星火四溅。虽说出场效果没有前辈朱温、李存勖那么酷炫，但还是传奇有趣、异于常人。和五代前几个开国皇帝朱温、李存勖、李嗣源、石敬瑭、刘知远相比，郭威属于出身最悲惨的那个，后世甚至搞不清楚他到底姓不姓郭。

对于郭威的身世，《旧五代史》和《新五代史》有不同的记载。《新五代史》认为郭威本就姓郭，他爹郭简被幽州刘仁恭所杀后，郭威随母亲前往潞州投奔姨母，母亲不幸在途中病逝，郭威只得辗转来到潞州姨母家中生活。《旧五代史》却认为郭威本姓常，他爹早逝，母亲王氏改嫁顺州刺史郭简，而后改姓郭。实际上，郭威年幼寒微时一度依附于后唐的捧圣军使常思，所以当时就有人认为郭威是常家子弟。但不管是哪种记载，我们都能确定的是，郭威还是叫郭威，早年父母双亡，是姨母含辛茹苦把他拉扯成人的。

十八岁时，郭威就投潞州“土皇帝”李继韬（李继韬的父亲李嗣昭是李克用义子），目的无外乎就是当兵混口饭吃。年轻时的他非常不羁，在脖颈上文了一只飞雀，人送外号“郭雀儿”。虽叫郭雀儿，但郭威人长得却是一点也不娇小，反而生得高大威猛，勇武过人。郭威平时爱喝点小酒，为人好勇斗狠，喜欢打抱不平，典型的疾恶如仇性格。

郭哥有多生猛，从怒杀屠户一事中就可以看出来。一天，郭威酒后溜达来到了一家肉铺前，实际是郭威听说肉铺老板是个街霸，经常欺行霸市，大家都怕他。郭威不服，于是借着酒意专门来砸场子。他让屠户割肉，然后各种找茬，对着屠户劈头盖脸一通骂。屠户被骂火了，直接扯开衣服，指着肚子对郭威说：“有本事你照这儿捅一刀！”郭威人狠话不多，直接抄起杀猪刀，一刀就捅进了他的肚子，屠户一命呜呼。这段情节相信大家听着非常熟悉，没错，这就是《水浒传》中“鲁提辖拳打镇关西”的历史原型。事后，郭威被抓进监狱。杀人按理应该偿命，但李继韬觉得郭威是条汉子，没舍得杀他，让他继续留在军中效力。

如果勇而无智，那肯定不能成就大事。后来李继韬被李存勖杀掉，郭威被收编为后唐从马直（后唐皇帝亲军侍卫）。这一年，郭威二十一岁。在这段岁月里，郭威认识了李琼等十个志趣相投的兄弟。李琼是个人精，他知道郭威绝非池中之物，便号召众兄弟举酒盟誓：“凡我十人，龙蛇混合，异日富贵，无相忘。苟渝此言，神降之罚。”然后十人歃血立誓，结成生死兄弟。李琼对郭威的影响很深。一次，郭威去找李琼玩，见他正聚精会神地读书，便好奇地问他在读什么。李琼回道：“此书乃《阃（kǔn）外春秋》，所谓以正守国，以奇用兵，存亡治乱，贤愚成败的道理，皆在此也。”郭威让他给自己讲了一段，果然干货满满。从此，郭威收起之前好勇斗狠的作风，自习“EMBA 军事课程”。行军训练之余，他经常抽时间认真读书，涉猎广泛，知识储备与见识皆获得了很大长进。

后来，郭威主动投到了时任后晋侍卫亲军都虞候刘知远手下。刘知远很喜欢这员干将，视为心腹。郭威竭尽心力帮助刘知远登上皇位，就像曾经刘知远帮石敬瑭上位一样。刘知远去世后，郭威成为四大顾命大臣之一。和杨邠、苏逢吉等人不同，郭威礼遇文士，广纳众议。李守贞等三镇叛乱，郭威奉命讨伐，出发前还向太师冯道讨教。冯道说："守贞自谓旧将，为士卒所附，愿公勿爱官物，以赐士卒，则夺其所恃矣。"郭威牢记冯道的教导，很快就平定了三镇叛乱，甚至在以后的官场生活中，郭威始终牢记冯道这一谆谆教导。三镇之乱平定后，皇帝论功行赏，郭威作为主帅自然是首功，但他却把功劳全推给为前线出力的诸位将士，以及负责后勤补给的朝中大臣。

再后来的事，咱们在前面已经说过。后汉隐帝刘承祐忌惮权臣，引发了乾祐之变，郭家满门受牵连被无辜杀害。郭威悲伤气愤之下，以"清君侧"之名，南下为自己武装申冤。随后不久，发生澶州军变，郭威黄袍加身，被军士拥为皇帝，后汉的李太后下诏传位，郭威只得"顺应"军心天意，答应登基称帝，史称后周太祖。

老实说，当时的人已经看惯了走马灯般换老大的历史闹剧，觉得郭威只是一个石敬瑭、刘知远之类乱世枭雄的翻版。没想到，郭威坐上帝位之后，狠狠打了众人的脸。

郭威是个好皇帝

广顺元年（951）二月，郭威正式称帝。后周建立后，郭威手下的辖州只有九十八州，比起后晋和后汉，地盘小得不是一星半点。当时，北汉有十二州，南唐有三十六州，南汉有六十二州，后蜀也有五十二州。这么一看，虽然郭威自称"姬室远裔"，国号响亮叫大周，其实仍然是个大藩镇而已。不过以人品来说，在五代那些皇帝里头，郭威绝对能排前几名。他前前后后，皇帝也就当了三年多，但他的文治武功却让后人津津乐道。

郭威称帝后，没有像此前朝代更迭那样，将前朝皇室斩尽杀绝。即使是乾祐之变罪魁祸首之一的苏逢吉的家人，也都得到郭威饶恕，一个不杀，由此就可以看出郭威骨子里的善。郭威自己也是从苦日子里熬出来的，深刻理解老百姓的苦痛，体现在行动上就是厉行节俭，做好典范。郭威时常对宰相王峻说：“朕起于寒微，备尝艰苦，遭时丧乱，一旦为帝王，岂敢厚自奉养以病下民乎。”（朕也是从底层爬上来的，吃过苦，受过难，现在成了皇帝，哪能再铺张浪费，拖累老百姓呢！）

郭威不仅把宫中珍宝玉器、金床银碗全给砸了，还对前代朝廷每年向辖地索求特产的“惯例”深恶痛绝，一概禁止地方再行上贡。这些特产，名目繁多，令人眼花缭乱：“两浙进细酒、海味、姜瓜，湖南枕子茶、乳糖、白沙糖、橄榄子，镇州高公米、水梨，易、定栗子，河东白社梨、米粉、绿豆粉、玉屑、凡子面，永兴御田红粳米、新大麦面，兴平苏栗子，华州麝香、羚羊角、熊胆、獭肝、朱柿、熊白，河中树红枣、五味子、轻锡，同州石鳖饼，晋、绛（州）葡萄、黄消梨，陕府凤栖梨，襄州紫姜、新笋、橘子，安州折粳米、糟味，青州水梨，河阳诸杂果子，许州御李子，郑州新笋、鹅梨，怀州寒食杏仁，申州袭荷，亳州萆薢（bì xiè），沿淮州郡淮白鱼……”这么多好东西，皇帝真正吃到嘴里的寥寥无几，其实大多便宜了巧立名目征贡的贪官污吏，苦了各地含辛茹苦、日夜操劳的百姓。所有这些土特产，大多是从百姓身上征收来的，路上又耗费大量的人力、物力，结果很多都用不上，成了堆积的废品。

以身作则之外，郭威还废除那些专坑老百姓的劣法。比如，早年后梁皇帝朱温将掠夺来的大批耕牛分配给诸州农民，每年收取“牛租”。此后数十年，牛死租犹在。郭威见不得百姓受苦，下令废除“牛租”。又如，牛皮是制造兵革甲胄的重要原材料之一，历代官府都在民间强行征收牛皮，说白了就是抢，一文钱不给，还禁止私自贩卖。到后汉时，更是私卖一寸牛皮就人头落地。郭威对此进行改革，缩减牛皮的征收额度，并按百姓的田亩数均摊，规定每十顷耕地征收一张带角牛皮。剩余的牛皮，则允许百姓自由贸易，只要不跨境卖给敌国就行。再如，官办屯田、营田本来是军队开展屯垦、筹集军粮的有效手段。郭威为解决农民的土地和生产积极性问题，废止“营田务”，释放国家农奴，使数万耕田的“农匠”成为自由民，还将田地、庐舍、耕牛和农具等作为永久产业，一并赐予这些农匠。命令一下，当年户部就增加三万多户人口。老郭深知国家底子薄，因此招抚流民，给授荒田，均定田赋，鼓励农业生产，革除了自唐朝中末期以来土地分派使用方面积存的弊端。老百姓分得土地后，修房屋，种林木，生产效益大大提高。有人曾提出将官府营田出卖，可得数十万缗钱补充国库。郭威正气凛然回道：“利在于民，犹在国也，朕用此钱何为！”

另外，对于贩卖私盐、私自酿酒等国家严禁行为，郭威也做了适度调整，下诏规定：凡违法经营盐五斤以上者处死，犯法煎盐一斤以上者处死。这相较于后汉时期凡贩一块盐、卖一滴酒就处以极刑，甚至是全家连坐来说，实在宽松多了。郭威还下令废止了后汉时期的一些苛捐杂税，禁止官吏再以“斗余”“称耗”等名目榨取百姓；允许境内商人和蕃人进行商品贸易；废除京城内无名额的僧尼寺院；废除了后汉“盗一钱即死”等各种酷法；等等。也是从郭威开始，后周王朝大修水利，治理黄河河患，种种举措，在五代这个过一天算一天的黑暗年代实在罕见。

郭威整改严酷无效的旧制度后，逐步扭转了后晋、后汉以来中原地区长期动荡不安的局面，人民的赋税负担有所减轻，社会矛盾得到缓和，国家实力略有增强，各地展现出欣欣向荣的态势，为周世宗柴荣全面推行改革，打下了坚实的基础。

除了宽仁爱民，郭威还是个善于纳谏的明君。他时常告诫百官：“朕生长军旅，不亲学问，未知治天下之道，文武官有益国利民之术，各具封事以闻，咸宜直书其事，勿事辞藻。”（朕生于军旅，没机会搞学问，也不精通治国安邦的大计，文武官员但凡有益于国家、有利于百姓的想法，可以直接给朕上疏，但不要把文字搞得花里胡哨，朕只想看干货，别跟我玩文字游戏。）

在惩贪治污方面，郭威大刀阔斧地进行整顿，严惩违法乱纪之徒。比如，卫尉少卿李温美奉命祭祀大海，顺路以公差名义回家一趟，被贬为房州司户参军；内衣库使齐藏珍治理黄河不力，河流缺口，被发配到海岛；庆州刺史郭彦钦擅加盐价，被免官；就连老下属莱州刺史叶仁鲁也因贪污被处死，之后郭威为叶仁鲁年迈的母亲养老送终，其严厉之余亦有人情。

郭威刚建后周时，面临着与当年刘知远建汉同样的压力。后汉虽灭，残余势力尚存。在遥远的河东地区，刘知远堂弟刘崇在郭威称帝后十五天也宣布称帝，建立汉国，是十国中唯一的北方割据政权。为了对付郭威，刘崇还勾搭契丹，拜新任契丹皇帝耶律述律为叔父。郭威派出枢密使王峻担任主帅，率领兵马与刘崇和契丹联军征战，最终打败了对方。此战过后，刘崇实力大损，再加上河东土地贫瘠，百姓困顿，每年还要给契丹进贡各种财物，一时间徭役繁重，民不聊生，逃亡者不计其数。内忧外患之下，北汉只能暂时消停。随后，郭威又率兵亲征兖州，杀掉因惶惧而反叛的慕容彦超。他亲征慕容彦超，出师克捷，不仅提高了自己作为新皇帝的威望，还为后周开国立基打下坚实的一根巨桩。

广顺二年（952）六月，郭威从兖州回师途中，特意去了曲阜，以天子之尊亲谒孔子祠庙祭拜。在这个崇尚武力、武夫当道的混乱年代，武将出身的皇帝，居然惦记着祭拜孔老夫子，且诚心诚意，实异于常人。对于这种反常举动，诸将纷纷表示反对："孔子，陪臣也，不当以天子拜之。"郭威虽是大老粗出身，却明理达义，反驳说："孔子百世帝王之师，敢不敬乎！"郭威坦然下拜，诸将只好不情愿地跟着跪拜。拜完孔子，郭威又顺道去祭拜孔子墓，修葺孔子祠，禁止孔林樵采，还让人寻访孔子和颜渊的后人，任命他们的后世子孙分别为曲阜县令及主簿。

郭威为什么如此礼敬孔子呢？因为他看透了五代重武轻文的时代弊端，想以此高姿态向天下人表明，“谁拳头大谁就是爷”的五代陋风，必须在新朝扭转。他要提升读书人的地位，重用文士，重视科举选士，大力发展文教。

郭威一怒除二王

话说郭威是五代难得一见的好皇帝，他深悟前朝重武轻文的弊端，以实际行动来扭转从后梁以来军人政权的丑恶形象。在他组建的领导班子中，王峻为左仆射、同平章事、门下侍郎兼枢密使；范质为中书侍郎、同平章事、集贤殿大学士；李谷为中书侍郎、同平章事、三司使；加上坐镇邺都、节制河北诸镇兵马的天雄节度使王殷，共同成为后周建国的四大基石，其中三位，都是文臣出身。

国家新生，四方多难。王峻夙兴夜寐，知无不为，军旅谋划多有贡献；王殷坐镇邺都，为朝廷御北方；范质明敏强记，谨守法度；李谷沉毅有器略，在帝前议论，辞气慨，善用隐喻启发郭威。依靠这四大基石的通力合作，后周局势才能迅速稳定下来。

郭威对这四位功臣那是好得不得了，尤其是对枢密使王峻。王峻年轻时靠艺术谋生，凭借动人的歌喉，得到当时后梁权贵张筠、赵岩的赏识。几经辗转，遇到刘知远之后，王峻被提拔为客省使，累迁至宣徽北院使，成为手握大权的重臣。后来，王峻协助郭威镇守邺都，长期担任监军，两人私交甚好。之后他又为郭威称帝摇旗呐喊，积极参与军事行动，除掉了后汉宗室刘赟、刘信，驰援晋州，收复兖州，几乎参与了后周建国的所有重大事件。后汉刘承祐屠杀功臣时，因为受到了郭威的连累，王峻全家也被杀了个精光。因为这些事情，郭威对王峻怀有极大的愧疚给了他几乎除了帝位之外的所有权力，是后周人所共知的“二皇帝”，比当年的安重诲势力还大。

但是，王峻的缺陷也很明显。他善于算计，贪图小利，喜欢被人奉承，迷恋权力带来的快感，自负地认为只有他才能治理天下，在政事上独断专行，甚至对皇帝都敢甩脸。郭威念他是元老功臣，又有辅佐创立帝业的大功，加上了解他的性格，所以一直对他很是宽容迁就，还时时称呼其为兄。结果，这更助长了王峻的嚣张气焰。

王峻心胸狭窄，见不得别人升官发财。郭威的老下属向训，不过被封了个宫苑使的差事，王峻就撒泼打滚，甚至耍无赖要辞职。郭威一再忍让，甚至亲赴王峻府上低三下四赔好话。王峻忌惮郭威的外甥柴荣，觉得他英烈过人，一直阻止他入朝觐见皇帝，甚至再次撂挑子，申请外调担任节度使。郭威再次妥协，让他兼任平卢节度使。到了后来，王峻发展到公然要求郭威，用自己门下的文士取代皇帝一直倚赖的李谷、范质担任宰相。

李谷少年时好勇善斗，后弃武从文，发愤读书，二十七岁中进士，仕途相对平顺，属于标准的半路文人出身。当年，后晋石重贵被俘北行，沿途只有李谷敢于迎谒，倾尽全部家产相赠，可见他是一个有情有义的忠臣。郭威建国之后的治国之策，很多都是出自他的手笔，比如废除牛皮私卖禁令、改革屯田制等，无一不体现出李谷是个能力强、体恤百姓又极具正义感的忠正之臣。

范质与李谷同为知识分子，李谷擅长处理实际政务，范质则以写作见长，干的是意识形态方面的高级脑力活。范质可以说是一位出类拔萃的天才选手。传说他出生时，其母梦见神仙授给她一支五色笔。有了这支五色笔的加持，聪颖好学的范质九岁能作文，十三岁研究《尚书》，十四岁开始招生收徒做老师，天分强到逆天。郭威领兵讨伐三镇叛乱时，发现朝廷诏书对军务的处置意见都非常好，连连赞叹，于是问使者是谁起草的诏书，使者答是中书舍人范质。从此，郭威便一直惦记着这个大名鼎鼎的笔杆子，进驻汴梁之后，特意派人四处寻访。一见到范质，郭威异常欣喜，冒着大雪解下御袍亲自给他披上。除了撰写诏书，范质还主持编定了后周的《显德刑律统类》，宋代第一部法典《宋刑统》中的许多篇章就是照搬此书。

可以说，李谷和范质绝对是郭威的左膀右臂。这样的人才，郭威又怎么会放弃？结果王峻非得不依不饶，在朝廷上与皇帝力争，老郭想去吃饭也不让，非逼着皇帝马上依据自己的意见下诏。一桩桩、一件件，郭威终于忍无可忍。但老郭是个厚道人，没有朱温和朱元璋的那种阴狠。如果王峻遇上二朱，早就九族人头不保了。郭威委屈之下，找德高望重的太师冯道诉苦，哭着

“投诉”王峻欺人太甚：“欲尽逐大臣，剪朕羽翼。朕惟一子（指义子柴荣），专务间阻……（王峻）岂有身典枢机，复兼宰相，又求重镇！观其志趣，殊未盈厌。无君如此，谁则能堪！”郭威虽然狠话说了不少，最终也只是把王峻贬为商州（治今陕西商洛市）司马了事。

王峻到贬所后，因水土不服患上“腹疾”，也就是肠癌什么的。郭威念着旧日情分，让王峻老婆去商州探视。没多久，王峻病死，也算是善终吧。王峻可以说是五代时期的一大异人，从小就是娱乐业出身，“慧黠善歌”。青年时代的王峻，俊秀善歌，被后梁权贵赵岩等富贵人家养为歌童。王峻才艺双全，一个主人被族诛，马上又被带入另一个新主人家。他一步一步，由歌童到重臣，最终有这样的结局，还不算太坏。

送走了王峻，郭威的麻烦还没有完，紧接着又跳出来一个王殷。王殷是四大基石中唯一一个武将出身。但他的名气不是靠战功积累，而是以孝道闻名。王殷侍奉母亲极为孝顺，母亲去世之后，后晋朝廷在丁忧期间征召他。他拒绝出任，上疏辞曰：“臣为末将，出处无损益于国家。臣本燕人，值乡国离乱，少罹偏罚，因母鞠养训导，方得成人，不忍遽释苴麻（jū má，苴麻本来是大麻的雌株，在古代文献中，苴麻被用来指代丧服中的麻绖、苴杖，象征着居丧期间所穿的丧服），远离庐墓，伏愿许臣终母丧纪。”他这种品质，在五代乱世中尤为难得。后汉时，王殷镇守澶州，与邺都的郭威互为犄角。郭威称帝之后，便让王殷坐镇邺都，节制河北诸镇兵马。

王殷和王峻最大的不同在于王峻贪恋权力，而王殷贪爱钱财。他在河北经常横征暴敛，打着各种旗号捞钱，百姓怨声载道。郭威对此十分不满，还专门派使者前去责问王殷：“卿与国同体，邺都资储甚丰，卿欲用则取之，何患无财！”

广顺三年（953）九月，郭威生日，王殷请求入朝恭贺，郭威不准。和王殷不和的成德节度使何福进，被允许入朝觐见，他借机在郭威身边不停打小报告，说王殷在邺城“恃功专横”，强取豪夺。郭威怕王殷坐拥大镇生出异心，对朝廷造成威胁，于是把他召回，让他留京担任内外巡检使，也就是首都卫戍区司令。让人无语的是，这位爷每次出行，都有数百人跟从，颇有功高震主之势。而且，王殷相貌堂堂，形态伟岸，看见他的人不敬畏不害怕。为臣如此张扬，实在不是一件好事。于是，老郭终起杀心，趁一次朝见时，命人当廷逮捕王殷，诬称他准备趁皇帝郊祀时作乱，下令流放登州。结果王殷刚一出城，就遭到暗杀。一直觊觎王殷财产的镇宁节度使郑仁诲，趁机落井下石，擅杀王殷的儿子，还把王殷一家赶去登州流放。王殷之死，虽是由郭威疑忌直接导致，但他本人不知韬晦也是重要原因。

王峻跋扈而亡，王殷震主被诛。二王相继被处理后没多久，郭威就重病缠身卧床不起。我们都知道，郭威一家子几乎在那场乾祐之变中被杀殆尽，仅剩下养子兼内侄柴荣、外甥李重进和女婿张永德。那么这三人之中，谁会是下一任继承人呢？

世间再无郭皇帝

郭威这辈子很不容易，早年双亲早逝，中年接连丧妻，晚年惨痛丧子，人生三大不幸，郭威一个不少。郭威登基时，已是四十七岁。古人不像现在，能活到快五十就很不容易了。特别是常年的戎马生涯，登基后的殚精竭虑，使郭威的身体是一日不如一日。

广顺三年（953）秋，郭威受风得了痹病，也就是半身不遂，严重影响了饮食和行走。转眼年底，太庙祭祖和圆丘祭天，身染重疾的郭威已经力不从心，连跪拜之礼都无法施行，只能让人搀扶着站立瞻仰表示致敬。那些进献酒爵、奠放币帛等礼节，都由养子晋王柴荣代劳。随后，郭威登上明德楼，接受百官朝贺，颁诏大赦，改广顺四年为显德元年（954），文武百官都有封赏。没想到，一些军将却抱怨祭祀赏赐的钱物比后唐明宗时少很多。

郭威听说后，心里很不是滋味，他强撑病躯召集诸将，语气悲伤地责备道："朕自即位以来，恶衣菲食，专以赡军为念；府库蓄积，四方贡献，赡军之外，鲜有赢余，汝辈岂不知之？今乃纵凶徒腾口，不顾人主之勤俭，察国之贫乏，又不思己有何功而受赏，惟知怨望，于汝辈安乎！"（朕从即位以来，省吃俭用，把犒赏军队之事专门放在心上。国库的积蓄，四方的贡献，除去供应军队外，很少有剩余，你们难道不知晓吗？如今却放纵恶徒到处乱说，全然不顾念君主的勤勉俭朴，体察国家的贫穷匮乏，又不想想自己有何功劳可得赏赐，只知出口抱怨，你们于心能安吗！）这一通批评下来，郭威自己也激动得泪流满面，情难自已。

随着病体日渐沉重，郭威深知接班人的人选安排必须提上日程。郭威的爱妻早死，亲生儿子都在那场乾祐之变中被后汉隐帝杀掉。如今，他身边还算得上亲人的，只剩下养子兼内侄柴荣、外甥李重进和女婿张永德三人。李重进和郭威有血缘关系，他的母亲是郭威的亲姐姐，按理讲郭威最应该选择李重进。同时，郭威又非常疼爱女儿，女婿张永德同样有机会。但最终，郭威选择了和自己没有任何血缘关系的养子柴荣。柴荣的优势有两点：第一，柴荣的姑姑与郭威是患难夫妻，两人感情极深。柴夫人走得早，郭威终身没立皇后；第二，郭威早年落魄穷困，柴荣走南闯北做小生意养活姑父。郭威发达后，视柴荣如亲生儿子一样，感情极深。

郭威临终前，拉着郭荣嘱托说："我死，当衣以纸衣，敛以瓦棺；速营葬，勿久留宫中；圹中无用石，以甓（pì）代之；工人役徒皆和雇，勿以烦民；葬毕，募近陵民三十户，蠲其杂徭，使之守视；勿修下宫，勿置守陵宫人，勿作石羊、虎、人、马，惟刻石置陵前云：'周天子平生好俭约，遗令用纸衣、瓦棺，嗣天子不敢违也。"（我死之后，当衣以纸衣，敛以瓦棺，快速下葬，尸身不要久留宫中，陵前不要留守陵宫人驻守，也不要石人、石马等物，只立一块碑，上刻：周天子平生好俭约，遗令用纸衣、瓦棺，嗣天子不敢违也。）郭威要求薄葬，直接诱因就是他当年西征时，亲眼见到唐朝皇陵多因墓中宝贝太多，被人盗掘。所以，他不想死后再被人打扰。但从更深来讲，郭威主要还是爱惜民力，不忍生活困难的百姓再为一个死皇帝劳力破财，这也是他能为天下百姓做的最后一件事。

接着，郭威定下遗诏：立柴荣为帝，加封冯道为太师，范质为尚书左仆射，李谷为右仆射，王溥为中书侍郎兼同平章事，王仁镐为永兴军节度使，樊爱能为侍卫亲军马军都指挥使兼武定节度使，何微为侍卫亲军步军都指挥使兼昭武节度使，外甥李重进为武信节度使、检校太保，典掌禁军。由于李重进、张永德都比柴荣年长，郭威担心他们不服柴荣，特意把外甥和女婿都叫到病榻前，嘱以后事，让他们当场与柴荣定下君臣之礼，确定君臣名分。当晚，郭威病逝于滋德殿中，在位四年，享年五十一岁，史称“后周太祖”。

郭威生于乱世，长于军伍，勇武有力，豪爽负气，略通兵法，善抚将士，以军功累迁至枢密使高位，最终以军事实力为后盾，取后汉而代之。他的成功之路，就是五代时期军人专权路数的代表。但他和先前的朱温、李克用、石敬瑭、刘知远等人不同，这些人是纯粹的乱世军阀，因势取事，得国后得意忘形。郭威取得成功的道路，表面看和他们并没有什么明显的区别，但郭威的功绩是有目共睹的。他对老百姓的好，丝毫不亚于后唐明宗李嗣源。在他精心治理下，中国长期战乱的局面开始转向统一，开始显露出民富国强的迹象，为周世宗柴荣和宋太祖赵匡胤的统一事业，打下了坚实的基础。

史臣们对郭威的评价，大致中允：

> 周太祖（郭威）昔在初潜，未闻多誉（郭威年轻时酗酒、赌博、无赖），洎（jì）西平蒲坂，北镇邺台，有统御之劳，显英伟之量。旋属汉道（后汉）斯季，天命有归。纵虎旅以荡神京，不无惭德；揽龙图而登帝位，遂阐皇风。期月而弊政皆除，逾岁而群情大服，何迁善之如是，盖应变以无穷者也。所以鲁国凶徒，望风而散，并门遗孽，引日偷生。及鼎驾之将升，命瓦棺而薄葬，勤俭之美，终始可称。虽享国之非长，亦开基之有裕矣。然而二王（王峻、王殷）之诛，议者讥其不能驾驭权豪，伤于猜忍，卜年斯促，抑有由焉。

尤其是“纵虎旅以荡神京，不无惭德；揽龙图而登帝位，遂阐皇风”这句评价最为传神，足以概括郭威的一生。那场“黄袍加身”的兵变，并未给郭威的辉煌人生造成任何污点，郭威作为引路人，把五代最后一段历程带向最高峰。

世间已无郭威，世间却留柴荣。

这里再补充讲一下郭威的“一后三妃”，“一后”是圣穆皇后柴氏，“三妃”分别是淑妃杨氏、贵妃张氏和德妃董氏。说来也巧，郭威娶的这四个女人都是寡妇，而且还都是郭威先后明媒正娶回来的，这在中国帝王史上可以说是绝无仅有。对此，后世封建文人都表示“不可思议”。其实，在五代那个混乱时代，规矩没有那么多。中国女人的僵化的贞节观，大体是后来宋明理学确立的。

郭威本人是大头兵出身，略通文墨，但他的四个夫人大多受过正规的传统儒家教育。除了董氏出身于小吏之家外，其余三个，柴氏是后唐庄宗的嫔妃出身，杨氏是赵王王镕的姬妾出身，张氏是高官之女。可以说，这些女人和郭威非常互补，还都贤惠有加，对郭威给予很大的帮助。尤其是柴氏，更是郭威的大贵人。她嫁给郭威时，郭威还只是一个最底层的小军官，衣食尚不能富足，但柴氏对郭威一见钟情，不顾父母的阻拦，硬是下嫁给了郭威。婚后，夫妻二人琴瑟和鸣，她时常规劝郭威，对他照顾十分周到。可以说，没有柴氏，就没有郭威的脱颖而出。后来，柴氏的侄子柴荣，更是被郭威选为了下一代继承人。

事实证明，郭威的眼光非常不错。比起郭威这个开国皇帝，柴荣这个帝二代，名声更为响亮，被后世史学家们誉为“五代十国第一明君”，甚至在整个中国封建历史中，这样的明君也很罕见。可以这样说，如果柴荣能再多活十年，或许就没有赵匡胤和宋朝什么事了。

那么，这个说法如何得来？柴荣上位后，又到底做了哪些事情呢？

柴荣开启新时代

英明皇帝柴荣如果不早死，中国历史会怎么样呢？这很难说。但后世的历史评论家几乎众口一词：如果不是柴荣意外英年早逝，他必然能造就一个功比汉唐的伟大帝国。而他本人，也必将成为与秦皇汉武齐名的千古大帝。但是，历史没有如果，只有结果。虽然英雄敌不过天意，但英雄可以征服历史。而做到这一点，柴荣仅仅用了五年零六个月。有关柴荣的篇幅很长，但这一切都是值得我们讲述和铺陈的，毕竟他是历史上独一无二的柴荣，一个震撼中国历史的伟大帝王。

公元 921 年九月二十四日，柴荣出生在今河北邢台隆尧县一个破落地主家里。当时正值晋王李存勖和朱温的后梁政权为争夺江山而混战，天下大乱，民不聊生。柴家祖上也曾富贵过，但到了柴荣他爹柴守礼这一代，家道中落，生活窘迫。在柴荣六岁那年，发生了一件改变柴荣人生走向的大事。柴荣的姑姑柴氏，嫁给了当时一名非常不起眼的小将：郭威。

说起这位柴氏（一些历史演义中叫柴守玉），她的经历相当精彩。据《东都事略》记载，她本来是后唐庄宗李存勖的宫人。李嗣源继位后，搞了一次大规模遣返宫人的行动，允许这些深宫美女婚嫁自由。柴家父母亲自来接柴氏回家，途中突遭大风雨，在旅店逗留了好几日。这一逗留，就逗留出了一段美好姻缘。一天，柴守玉正望着门外发呆，突然见一个身姿伟岸却衣衫残破的男子经过，顿时见色起意，不禁询问道："此是何人？"旅店主人告诉她："此乃马步军吏郭雀儿也。"柴守玉对郭威一见倾心，认定他是一只潜力股，就想要嫁给他。柴家父母极力反对："汝帝左右人，归当嫁节度使，奈何欲嫁此人？"（你好歹是侍奉过皇帝的人，再嫁的话最低也得是个节度使一类的高官，干嘛要嫁这落魄穷小子？）柴守玉是个很有主见的人，觉得郭威不能错过，执意要嫁，当场就要把行李、财物一半分给父母，另一半作为嫁妆带走。柴家父母见胳膊拧不过大腿，只好托店家找来郭威，两人就在旅店喜结连理。

柴守玉的眼光很准，她对郭威也是真心好。郭威性情豪爽，酷爱喝酒又乐于助人，不拘小节，活脱脱《水浒传》里的好汉形象。柴氏善解人意，又善于持家，能够包容郭威的痞气，规劝他的不当行为。夫妻二人在患难中结合，感情特别好。这些都影响并改变了柴荣的人生轨迹。由于柴氏婚后无子，夫妻俩就把八岁的内侄柴荣收为养子，并改姓为郭（后世习惯称为柴荣）。柴荣从小聪颖勤劳，郭威夫妇将其视如己出，十分喜爱。就这样，柴荣和郭威扯上了关系，柴荣既是郭威内侄，又是父子，亲上加亲。当时的郭威还非常穷，少年柴荣用稚嫩的双肩，挑起了养家重担，什么生意赚钱就做什么，小小年纪尝尽人间疾苦。后来，柴荣有缘结识了邺都富商、吐谷浑人颉（xié）跌氏。颉跌氏是做茶叶生意的，就是批发茶叶贩到外地销售，赚取差价。颉跌氏很喜欢柴荣，经常把他带在身边，在江湖上四处闯荡赚钱。

一次在市肆算命，有个外号“王处士”的“神算”为了几个大钱，就说柴荣有天子之命。晚上，柴荣与东家颉跌氏喝酒，开玩笑说：“王处士以我当为天子，若一旦到此，足下要何官，请言之。”（算命的人说我日后会当皇帝，如果真有那么一天，您想当什么官，就直说哈。）商人酒至半酣，见柴荣小伙和自己讲笑，也不气恼，回答说：“某三十年作估来，未有不由京洛者，每见税官坐而获利，一日所获，可以敌商贾数月，私心羡之。若大官为天子，某愿得京洛税院足矣。”（我从商有三十年了，常常在京洛间贩货，很羡慕那些税官坐而获利，他们每个人一天的收入，可以抵我等商贾三个月的利润，太让人眼红了。如果哪天你当皇上，给我个“京洛税院使”当当就行。）言毕，两人碰杯大笑。日后柴荣登基，老商人颉跌氏还活得挺硬朗，果然被柴荣请入京城做税院使，“美梦”就此成真。

柴荣是个非常聪明且上进的年轻人，经商的同时不忘苦读史书、勤习武艺，可以说文武两手抓、两精通。郭威也知道养子柴荣对他恩重如山，等郭威发达后，首先提携的就是他。柴荣就此弃商从戎，追随郭威南征北战。在后汉乾祐之变中，郭威当时的夫人以及两个儿子、三个侄子等一大家子均被虐杀，柴荣夫人刘氏以及郭宜哥等三个幼子也惨遭屠杀。郭威和柴荣因在外征战，幸免于难。

不久后，澶州兵变，郭威黄袍加身，建立后周。十年后，赵匡胤如法炮制，建立大宋，终结后周历史，这是后话。郭威做了三年的皇帝，就因病去世，年仅五十一岁。郭威在考虑皇位继承人时，养子柴荣是他的第一人选。不仅因为他是爱妻柴氏的侄子，爱屋及乌，更因为柴荣本身个人能力出众。早在柴荣坐镇邺都时，因为善理民政，就得到舆论的一致好评；柴荣在澶州任内时，更是为政清肃，盗不犯境，深受官民倚信。

显德元年（954）正月，郭威驾崩，柴荣奉诏在柩前即皇帝位，是为后周世宗。据说柴荣登基当天，天气一改半个多月以来的昏沉阴天，天空突然放晴，阳光明媚，一时传为美谈。

柴荣虽早年过继给郭威，但他生父柴守礼一直活着。柴荣当皇帝后，并没有像我们现代人所想的那般，封他亲爹为太上皇，而是封老头为“金紫光禄大夫”“检校司空”这样的荣誉虚衔。古代人最讲“礼”，柴荣的帝位来自姑父郭威，因此，他自然是以郭家的继承人自居，只认开国皇帝郭威为父。对待生父，礼归礼、敬归敬，但礼仪方面皆是“以元舅礼之”，也就是当嫡母（其实是姑母）的哥哥来对待。柴荣称帝时，柴守礼已经退休在家养老，在洛阳安享晚年，直到柴荣去世，他都没去过京城。因为依据礼仪，柴守礼即使是老国舅，见皇帝也要下拜。但从人伦孝道来讲，他又是当今皇帝的生父，亲爹给儿子下跪，于礼不当。因此，父子俩从柴荣登基开始，到死都没再见过面。

再说说柴守礼，别看他出身不高，毕竟有个皇帝妹夫和皇帝儿子，临老变得异常骄横跋扈。六七十岁的老头子，经常在街上闹事，甚至还当街杀过人。甭说，有个皇帝儿子，老混蛋喝多了酒，肯定认为天王老子也管不了他。有司上奏皇帝，柴荣却不过问，任由他去。要知道，柴荣在五代属于眼里不揉沙子的英主，如果换成是他的亲舅舅犯法，他可能早就下令推出去砍了。但因为是亲爹杀人，他只能听之任之。更有趣的是，当时后周朝廷中，王溥、王彦超、韩令珅等显贵将相的老爹也在洛阳养老。这些老混家伙和柴守礼经常混在一起，想干嘛就干嘛。当时的洛阳老百姓惹不起躲得起，还管这帮老头叫“十阿父”。

上面所讲，就是柴荣登基前的经历，他出身于落破地主家庭，成长在有爱的养父母身边，在青年时期亲身体验过社会疾苦，在社会的大熔炉中锻炼过，同时也没有放松知识学习和本领掌握。所以，他从小青年开始，就跟随郭威一步一个脚印，慢慢立功晋升，慢慢总结提升，直到独当一面。柴荣的路走得异常平稳，基本没有沾染任何不良嗜好。

五代先朝皇帝或多或少都有点瑕疵：朱温残忍好杀，李存勖迷恋艺术，李嗣源知识不足，李从珂自私胆小，石敬瑭卖国求荣，石重贵骄傲自大，刘知远仁德有缺，刘承祐年少蛮干……而柴荣是五代皇帝中最出色的一个，他那波澜壮阔的帝王生涯，由此拉开序幕。

北汉来犯欲亲征

后周开国者郭威崩逝之后，属于柴荣的时代开始了。这一年，柴荣三十四岁，正是干事业的黄金年龄。年富力强的柴荣雄心勃勃，意气风发，立志“以十年拓天下，十年养百姓，十年致太平”，准备大干一番。柴荣继位，并不意味着万事大吉。恰恰相反，真正的考验才到来。

柴荣当皇帝时，天下仍然四分五裂，后周朝控制区域只有中原地区；南方还有李璟的南唐、钱俶的吴越、刘晟的南汉、孟昶的后蜀、高保融的荆南三州之地；湖南的南楚大地上，周行逢和王逵正在进行残酷的争夺。南方一片混乱，北方也不平静，当时强大的契丹正横行于北方，不仅如此，在北方还有一个一直视后周为死敌的北汉刘崇。刘崇自恃有契丹“叔父”撑腰，梦想着有朝一日能杀回汴梁，恢复“大汉江山”。

在郭威称帝建立后周的那一年，北汉开国君主刘崇勾引契丹进攻晋州（治今山西临汾），被后周大将王峻带领的大军击溃。契丹灰溜溜地回到晋阳，点算兵马，发现军队损失三分之二。契丹主帅萧禹厥气得不行，一肚子邪火，把一个作战不利的酋长钉在市集上示众，过十多天才把人杀了。北汉呢，经此一战也实力大损，本来河东地区土地贫瘠，老百姓穷得叮当响，不但要养自家的军队，还要供养贪婪的契丹干爹，赋役繁重，老百姓快活不下去了，就有大批民众涌逃入后周境内。刘崇“老实”了几年，听说郭威死了，新君年轻，心里别提多高兴，想着这下可以大干一场了，马上遣使去契丹搬援兵。契丹主见“大侄子”皇帝有求于己，自己也愿意浑水摸鱼，于是就派武定节度使杨衮率万余精骑前去帮忙。杨衮这个辽朝大将，本来是燕云地区的汉人，契丹名耶律敌禄，民间有关“靠山王”杨衮的故事，都是编出来的。刘崇自己带了三万精兵，两军合兵后，浩浩荡荡地杀入后周国境。

这时柴荣继位还不到十天，周朝国葬也还没有结束，刘崇老匹夫就联同契丹入侵，柴荣又惊又怒，忙召集朝臣廷议。大臣们表示：“刘崇自平阳遁走以来，势蹙气沮，必不敢自来。陛下新即位，山陵有日，人心易摇，不宜轻动，宜命将御之。”（刘崇上次大败，势蹙气沮，必不敢亲自统兵出马。先帝崩逝不久，陛下您新登大宝，人心容易动摇，实在不宜轻出，应该派出大将前往抵御。）

柴荣勇武气盛，决定御驾亲征，言道：“崇幸我大丧，轻朕年少新立，有吞天下之心，此必自来，朕不可不往。”（刘崇趁我朝大丧之期，轻视朕年少新立，以为天下易得，这次必然会亲自前来，朕不可不往。）但他的决定，却换来了众臣群嘲，其中反对声音最强烈的居然是以往明哲保身、不爱出头的太师冯道，他倚老卖老，坚决反对柴荣亲征。

柴荣朗言：“昔唐太宗定天下，未尝不自行，朕何敢偷安。”（当初唐太宗平定天下，没有一次不是御驾亲征的，朕又怎么敢苟且偷安！）冯道泼凉水道：“未审陛下能为唐太宗否？”（陛下觉得自己能和唐太宗比？）柴荣又言道：“以吾兵力之强，破刘崇如山压卵耳。”（咱们大周兵强马壮，打败刘崇犹如用泰山压碎鸡蛋一般容易！）老冯不阴不阳地继续泼凉水道：“未审陛下能为山否？”（陛下觉得自己能否做得了泰山？）

柴荣被老冯怼得一脸黑线。他想亲征，非常好理解，后周此时正处于政权交替的敏感时期，朝臣将卒都对新帝的能力持观望态度，口不服，心更不服。所以，柴荣想凭借此战树立自己铁血帝王的形象和军政威信，以此来稳固政权。当然，如果说冯道等人心怀叵测，企图卖国求荣，那是疑心过头，但他们确实是因循苟且，怯懦畏敌，抱残守缺，不愿也不能有所作为。

柴荣之所以坚持亲征，其实还有一个不便与外人道的原因。明末王夫之就揣摩到柴荣的心思，他评论道："朱友贞、李存勖、李从珂、石重贵、刘承祐之亡，皆非外寇之亡也。骄帅挟不定之心，利人之亡，而因雠其不轨之志；其战不力，一败而溃，反戈内向，殪故主以迎仇雠。"五代时期基本没什么忠君观念，兵骄将悍，战胜则擅兵挟主，战败则倒戈投敌。如果柴荣派大将出征，军权就要旁落，一旦有像杜重威、张彦泽那样的将帅存有异心，手上无兵的柴荣，即使贵为皇帝，也只能坐以待毙。所以，柴荣必须亲征，从而将军权牢牢抓在手上。否则，石重贵、刘承祐就是柴荣的前车之鉴。

显德元年（954）二月初九，柴荣下诏亲征，并在出发前颁诏天下，讨伐刘崇。这道诏书文采极佳："朕自遘闵凶，再经晦朔，山陵已卜，日月有期，未忘荼蓼（tú liǎo，荼味苦，蓼味辛，因此比喻艰难困苦）之情，岂愿干戈之役？而河东刘崇，幸灾乐祸，安忍阻兵？乘我大丧，犯予边境，勾引蕃寇，抽率乡兵，杀害生灵，觊觎州县。朕为万姓之父母，守先帝之基扃（jiōng），闻此侵凌，难以启处。所宜顺天地不容之意，从骁雄共愤之心，亲御甲兵，往宁边鄙。务清患难，敢避驱驰？凡在众我，当体兹意。”诏书里柴荣讲了三点：一是周朝本想守两国之好，是刘崇主动发动战争。二是刘崇勾结契丹南犯中原，是当代大国贼。三是为了百姓平安，朕不惜冒险亲征。如此，不仅给自己树立了伟岸光辉的皇帝形象，还很巧妙地把战争的锅丢给了刘崇。柴荣任枢密使郑仁诲为东京留守，负责处理汴梁政务，那个让自己下不来台的冯道，则被打发去嵩陵给郭威下葬。冯道那不光彩又超级漫长的政治生涯，至此基本告终。

为了这场事关大周帝国生死存亡的大战，周朝军界几乎是精英尽出。柴荣为能有效牵制北汉的行动，通过东西两个方向给刘崇施压。他诏令天雄节度使符彦卿（柴荣老丈人），会同进驻澶州的镇宁节度使郭崇（就是郭崇威，为避后周太祖郭威名讳，改名郭崇），从磁州取道向北，绕过北汉军直插北汉大本营太原，对刘崇进行战略恫吓。河中节度使王彦超，会同进驻陕州的保义节度使韩通，从晋州东北进军，既消灭沿途北汉军分支，同时威胁北汉西部边境，分散刘崇的注意力。同时，柴荣命宁江节度使樊爱能、清淮节度使何徽、义成节度使白重赞等各率本部兵马，往潞州（治今山西长治）方向奔赴。

周军倍道疾驰，很快赶到泽州（治今山西晋城）。经过实地考察，柴荣将大部队驻扎在泽州东北十五里外的高平。此时，刘崇还不知柴荣御驾亲征，更不知周军主力已至泽州。他伙同契丹大军，过潞州不攻，引兵南向，想直趋中原、直克汴梁。结果，两军在高平相遇，刘崇这才知道柴荣亲征。很快，一场决定历史走向的大决战即将开始。

第二天天刚放亮，柴荣就率先吹起进攻的号角，命令前锋部队进行试探性接触，虽小受挫折，却无大碍；但刘崇却指挥军队慢慢后撤，原来他想佯装不敌，引君入瓮，伏击柴荣。柴荣唯恐北汉主力不战而退，忙下令诸军急行军集结准备总攻。边战边撤的刘崇心中暗喜，他退到巴公原（今山西高平市巴公镇）后，马上命中军迅速列阵，北汉猛将张元徽在阵东，杨衮的契丹军在阵西。由于事先有所准备，北汉军队行动迅捷，军容严整，虎视眈眈地等着即将落网的后周军队。

柴荣追得很猛，只有部分人马勉强跟上，河阳节度使刘词率领的后军远远落在后面。众将追到巴公原，见敌方阵容整齐，士气旺盛，不禁有些畏惧，纷纷逡巡不前，想等刘词赶到后再组织决战。柴荣见状，也赶紧摆开了阵势，命白重赞、李重进统左军居西，命樊爱能、何徽统右军为东翼，又命向训、史彦超二人为中军，迅速与北汉军对阵。柴荣亲自乘马临阵督战，只有他姐夫殿前都指挥使张永德率一部禁军护驾。当时后军未至，敌众我寡。那么，柴荣能否成功扭转局势，打赢这场战役呢？

高平一战名天下

话说柴荣即位不到十天，就遇到了如何抵御北汉、契丹联军进攻的头等大事。柴荣力排众议，决定御驾出征，率军兼程速进。双方在泽州高平县南相遇，柴荣率先发起进攻。刘崇佯装不敌后撤，然后在巴公原摆开阵势，坐等周军前来。柴荣心急立威，率军追击，双方再次在巴公原接阵，准备交战。由于后周河阳节度使刘词率领的后军这时尚未赶到，后周兵马不多，明显寡不敌众，人心危惧。

刘崇发现后周军人数不多，开始有些后悔把契丹军队招来分功，觉得单凭自己的北汉军，就足以吃掉柴荣的这些虾兵蟹将，于是对左右将领说："吾自用汉军可破也，何必契丹！今日不惟克周，亦可使契丹心服。"（根据经验，我认为周军很容易被消灭，我们汉军一军即可破敌，不仅能完全消灭周军，还可让契丹人心服。）不知道是出于拍马屁的心理，还是确实认为周军不如北汉军，北汉将领纷纷点头表示赞同。于是刘崇派人对契丹主将杨兖说："周军现已与我们汉军对阵，形势大明，不烦契丹军士助战，请您率军登高观战，欣赏汉军如何奋勇杀敌就好。"杨兖身经百战，他看了看周兵的阵势，觉得柴荣排兵布阵颇有章法，绝对不是一个好对付的主儿，劝刘崇不要轻敌。但刘崇坚持不让契丹参战，杨兖也乐从其便，慢移军阵，给北汉、后周军打大仗腾出地方。

本来天上刮着北风，北汉军处于顺风方向，可刘崇刚要下令进击，突然又转刮南风。北汉枢密使王延嗣让司天监官员对刘崇说："决战时机已到！"文臣王得中见状，连忙扣马劝谏："风势转吹我军，哪里是有助于我方，陛下万不可轻出！”但刘崇根本瞧不上周军，南风又如何，他照样切瓜剁菜，于是大喝道：“我意已决，老书生勿妄言，再胡说就杀了你！”说完令旗一挥，指示张元徽东翼骑兵发动进攻。

北汉大将张元徽是出了名的骁勇猛将，他属下的骑兵战斗力极强。所以，两边一开打没多久，后周右军这边的大将樊爱能和何徽心生怯意，竟然带着几十名亲兵跑了。没了主心骨，被丢下的一千多后周士兵们纷纷丢盔弃甲，就地投降。为了活命，他们还纷纷跪在地上高呼“万岁”。看到这个架势，刘崇激动得仰天大笑。

此时，周军形势万分危急。刚刚开仗，右翼军就被对方吃掉，等于被卸掉了一只臂膀。而且，北汉军队的气势对后周的中、左两军也造成了极大的心理震撼，士气大大受挫。柴荣面色冷若冰霜，手中的令旗紧握，虽然汗水已快浸湿衣衫，却不敢表现出一丝的紧张和犹豫。但凡他这时候掉转马头，后周军队必败无疑。不过，柴荣似乎天生具有军事统帅应有的一切素质：坚韧、顽强、头脑清晰、敢打硬仗。最重要的一点，他有拼死一搏的血性。关键时刻，柴荣亲率亲军冒着箭雨，督促诸将奋战。

就在柴荣撸起袖子准备亲自冲阵之际，后周军中闪出一员战将，他便是日后大名鼎鼎的宋太祖赵匡胤，不过这时的他，还只是张永德麾下一名禁军中级将校。赵匡胤大声喝道：“主危如此，吾辈怎能不誓死以战！”随后，他又对张永德说：“贼兵气骄，唯力战可破。您让您的神箭手们上高地，从左边攻击，我带人从右边冲上。国家安危，在此一举！”于是，两人各自率二千人分别进战。后周这两员大将身先士卒，奋勇当先，士兵们的战斗豪情即刻被激发，个个死战不退。后世史书多讲当时宋太祖多么英勇，其实大多是宋臣拍老板的马屁。如果柴荣拍马先遁，就是二万个赵匡胤也不顶事。同时，周朝的禁军将校马仁瑀、马全义等人，也带领手下兵马紧紧护卫皇帝，反复冲锋陷阵，终于稳住了后周中军和左军的阵脚。

刘崇望见黄龙伞盖，确定柴荣真在军中，就重赏初战得胜的大将张元微，催他乘胜进兵。张大将军一马当先，呐喊着冲入周军军阵，不料战马失蹄，一下子把张大将军甩入周军士卒脚下。现实的战场不是小说和电影，没等张元微“鲤鱼打挺”，周军的长枪大刀，就密密麻麻像大礼包一样向他扎砍过去，片刻工夫，张大将军已成了一堆碎肉。张元徽是北汉的标志性大将，他的战死给北汉军本来就不高的士气造成极大打击，士气顿时低迷。南风越吹越猛，周军士气高涨，趁热打铁杀红了眼，对北汉军队发起猛攻。

刘崇亲自高举红旗收兵，但此时兵败如山倒，想收都收不住。之前被“礼劝”入高地观战的杨兖和他手下那些契丹兵，一看周军这凶猛架势，也吓得都不敢过去帮忙，直接调转马头，溜之大吉。契丹人见死不救，把刘崇气得浑身颤抖，但也只能先努力收拢残兵败将。等收齐后才发现，自己三分之二的主力已经被周军干掉，剩下的兵马连一万人还不到。

没等刘崇喘息过来，周军的后军刘词终于赶到前线，直接杀入战场。这支军队和柴荣合兵一处，乘胜追击，基本把剩下的北汉军包了饺子，缴获辎重、驼马、兵器不计其数。刘崇这时候已经吓破了胆，他脱了龙袍，换上粗布衣服，戴上斗笠，扮成百姓的样子，骑着契丹人送的千里良驹黄骝马，带着一百多个骑兵抄小路连夜逃向太原。刘崇一行天黑后迷了路，抓住一个当地村民带路，结果村民是个路痴，误打误撞差点把刘崇带到晋州地界，白白跑了一百多里路。天亮时，刘崇才发现方向不对，一气之下杀了那个村民，继续闷头向北逃窜。一路上，老头子仓皇狼狈，往往刚刚停下来想吃口干粮，就听见有人高呼“追兵”，立刻又上马奔逃。刘崇年事已高，昼夜赶路，又惊又吓，又累又饿，几乎快要支撑不住了，所幸有惊无险，最终有命逃回晋阳城。

回到晋阳后，大难不死的刘崇也很混蛋，他不发布告示进行自责，也不救死扶伤体恤战败的军人，而是用真金白银和上好的檀木给那匹黄骝马修了个豪华马厩，还封这匹大马为“自在将军”，享受三品俸禄。转年，老刘就病死了，享年六十岁，其子刘承钧袭位。刘承钧继位后也曾发兵入侵后周，但同样大败而归。此后，契丹人见好就收，再不对这个“侄皇帝”施以援手，没有继续南侵中原的意思。北宋建立后，赵氏兄弟皇帝前赴后继，最终把北汉给灭了。

高平之战时间很短，规模也不大，但它是后周、北汉两国兴衰存亡以及全国一统的重大转折。北汉主力军队在这一战中几乎全军覆没，北汉在这次大败之后，国势日衰，一蹶不振，只能盘踞在太原及其周围一隅之地，至北汉灭亡，再也不敢主动发动对中原政权的大规模战争。

与此相反的是，作为后周皇帝的战场“首秀”，柴荣这仗打得非常漂亮，可以说是一战成名。经此一战，柴荣成功树立起自己的威望，此后无论国家大事小事，他都亲自决断，百官只需遵照执行，实现天子一人独裁政事。而且，柴荣还从战斗中获得了很多感悟，力行改革，使得国力越来越强，并由此拉开他南征北战的大幕。为此，史学大家欧阳修都忍不住评价道：“世宗取淮南，定三关，威武之振自高平始。”

强干弱枝力改革

柴荣即位后，面临的第一个挑战便是北汉的来袭。他力排众议，御驾亲征，亲自打赢了高平之战，成功树立了自己的威信，由此拉开了被后世称为“周世宗改革”的序幕。

柴荣战后做的第一件事，就是咬紧牙关，下令斩杀望敌而退的将士。全歼北汉兵后，柴荣发现起先投降北汉的那一千多士兵还活着，这帮狗东西临阵投降，差点导致后周全军覆没，罪过不可谓不大。所以，柴荣下令将这些人全部斩杀。但更可恨的是临阵脱逃的樊爱能、何微两位大将，逃跑之余居然带人武装抢劫自家人的辎重物资，行为极其恶劣。当时，柴荣连派数名近臣和禁军军校前去追赶并制止这种行为，二人都置若罔闻。而且，这些临阵脱逃的乱军，竟然还沿路杀死好几个御使，扬言：“契丹大至，官军败绩，余众已降虏矣。”他们在途中遇到急赴前线战场的刘词，樊爱能等人竟极力“劝阻”刘词前往支援。刘词不听，依旧领兵北进驰援。

五代乱世，骄兵悍将，樊爱能、何微就是其中的“典型”。高平之战时的柴荣，面临的情势其实和前朝与郭威对阵的后汉隐帝刘承佑完全一样：新皇之位摇摇晃晃，属下将领三心二意。如果柴荣像刘承佑那样怯懦无计，结果肯定逃不出“兵败身死”四个字。

大战胜利后，对于如何处理樊爱能等人，柴荣一时还不能决断。思绪繁乱中，他看向一旁的张永德，问他有什么想法。张永德当时官职是统率禁军的殿前都指挥使，又是柴荣的姐夫，自然直言不讳：“爱能等素无大功，忝冒节钺，望敌先逃，死未塞责。且陛下方欲削平四海，苟军法不立，虽有熊罴之士，百万之众，安得而用之。”（樊爱能等人素来没有立过什么大功，却担任一方将帅，此次望敌先逃，死有余辜。陛下若想削平四海，如果军法不立，赏罚不明，即便帐下猛将如云，坐拥百万之众，又怎么能为陛下所用呢！）

听完张永德的话，正在卧榻上半躺着的柴荣激动地把靠枕扔在地上，大声称好。在整顿军纪、革除军中陋习方面，两人的态度完全一致。于是，柴荣设宴款待众将，酒过三巡，柴荣赫然大怒，起身指着樊爱能、何微等人痛斥道：“你们都是老将了，常年在刀尖上混生活，论实力可以一战。这次却望风而逃，实则是想把朕当成奇货卖给刘崇吧！汝辈万死，不杀不足以谢天下！”说完，命禁卫军立马逮捕以樊爱能、何微为首的当天临阵脱逃的中高级将校七十多人，全部推出去斩首。

经过这次大规模的杀伐立威，后周军中产生了极大变化，那些平素骄横怠惰的将领士兵开始知道军法的可畏，不敢再轻易犯事。同时，柴荣还对当时奋勇进击的军将士卒加以提拔，如李重进、张永德、赵匡胤等。由于赵匡胤在高平之战中表现突出，又得到张永德的盛赞，被破格提拔为殿前司都虞候。从此，赵匡胤进入柴荣视线之内，正式开启了他的开挂人生。

高平之战虽然结束了，但这场战争对柴荣来说是险胜。实战过后，柴荣看清京城兵士都是多年“关系户”子弟，老兵油子居多，兵将骄横难治。这些人打仗时不愿出力，捞钱时比谁都积极，搞事时比谁都猖狂，每当遇到强敌，不是逃跑便是投降。后汉失国，很大程度上就是这群草包坏事。柴荣认为，“兵在精不在众，宜令一一点选”，于是开始整顿军队，淘汰冗余兵员，精选壮士入伍。同时，鉴于勇猛之士多被藩镇私自蓄养，柴荣便广募天下勇士，亲自试阅武艺，精选武艺高强、人品端正之人，优先分配进入“殿前诸班”禁军队伍中，由此打造出一支威震邻国的精锐之师。

当时初显峥嵘头角的赵匡胤官职是“殿前司都虞候”，即选拔出来的新兵，首先安排在赵匡胤手下。从此，赵匡胤开始有了自己的势力圈子，并慢慢组建起自己的班底，以后的日子，他正是靠着这股力量，成功演出了黄袍加身的夺权戏码。赵匡胤自己上台后，担心历史重演，就改变柴荣强化禁军战斗力的做法，反其道而行，通过剥夺将帅兵权、推行更戍法等措施，兵不认将，将不常兵，消除五代藩镇割据的危险。福兮祸兮，这种做法同时严重削弱了宋代军队的战斗力。不过这是后话了。

柴荣精选禁军后，殿前司的地位大大提升。他将心腹爱将们纷纷放入殿前司中，如张永德、李重进、赵匡胤等。殿前都点检成为殿前司最高长官，掌握军事实权，也是禁军中最高军衔。张永德、李重进两人作为柴荣的左膀右臂，实力并驾齐驱，日后跟随柴荣南征北战，堪称后周军界“双璧”。

除了约束士卒、整肃禁军，柴荣还要削弱藩镇节度使的权力。对于强化中央集权、削弱地方实力这种“强干弱枝”的工作，柴荣算是赶上了好年头。如果放在五代初期，这几乎是无法完成的任务。后晋、后汉以来，范延光、安重荣、杨光远、杜威、李守贞等一大批拥兵自重、恣意不法的藩镇头子被剿灭，朝廷每次平叛成功，就是对地方藩镇的一次沉重打击。到了后周，郭威不辞辛劳，又将徐州的刘赟、兖州的慕容彦超等后汉余孽连根铲除。藩镇之中，除在太原割据自立的北汉刘氏之外，再无敢抗命者。柴荣便趁此大好良机，向各藩镇下达搬家总动员，让藩镇节度使互相挪窝：河阳（治今河南孟州）刘词移镇永兴军，河中王彦超移镇许州（治今河南许昌），西京留守武行德移镇徐州。

经过一整套军事改革，中央禁军实力增强，地方藩镇实力削弱，基本无力反叛朝廷。柴荣在削弱藩镇的同时，还选练出一支骁勇善战、军纪严明的虎狼之师。后周这支军队，五代以来，无可比拟。日后，柴荣正是带着这支虎狼之师，征讨南北，所向披靡。

相较于军事上的大力革新，柴荣在政治上的调整，就显得润物无声。柴荣政治改革的核心在于重塑政风，调整五代“重武轻文”失衡的天平，在“文”这一边不断加重砝码。这方面，前任皇帝郭威已给柴荣铺平了道路。周世宗继位之后，转变奢靡之风，崇尚节俭，并祭孔祠、幸孔林、拜孔庙，向天下读书人表明了态度：后周不同于前朝，本朝将崇尚文治，重用文人。所以，继任的柴荣则雷厉风行，沿着老干爹设计的路线大步前进。

首先，柴荣一举任用范质、李谷、王溥三人为相；又力排众议，提拔不是科第出身的魏仁浦为枢密使。随后，他恢复了五代以来沦为形式的科举制度。紧接着，他把求贤当作一项重要的政治任务下达到基层，要求省府各司官员去寻找人才，完不成任务就会受到惩罚。他还让满朝文臣举荐人才，不问亲疏，不避嫌疑，代价是要为被举荐人承担连带责任，以此防止任人唯亲。除了逼迫官员们举贤外，柴荣还规定各级官员都可以随意上奏，直接评论自己行政的得失。为此，他还曾点名翰林学士承旨徐台符等二十多名大臣，让他们撰写命题作文：《为君难为臣不易论》，目的就是要君臣坦诚以待，共同治理国家。所以，后周柴荣时期，政治环境空前开明。

除了举荐人才、广开言路之外，柴荣在澄清吏治上也下足了功夫。郭威在位时就严惩官吏的贪渎行为，柴荣在这一点上延续了郭威的政策，严打贪财渎职现象。左羽林大将军孟汉卿贪污公款，大吃回扣，被赐死；楚州兵马都监武怀恩擅杀降军四人，被处斩；楚州防御使张顺隐贪污税钱五十万、官丝绵两千两，被赐死；御史中丞杨昭俭、侍御史赵砺审狱失实，被罢官；殿中监马从赟强占外孙女霍氏财产，被罢官；太仆卿剧可久举人不当，被罢官；右拾遗赵守微不学无术，品行不端，被岳父检举，受杖一百，发配沙门岛；等等。柴荣一边大力选拔人才，一边整顿政府机构，两者相辅相成，逐渐扭转了五代以来朝政混乱的局面。

打仗的虎狼之师有了，朝中的贤能之士有了，下一步就是经济改革，夯实物质基础。而柴荣经济改革的头号任务就是：灭佛！

整顿佛家促发展

中国佛教史上有一个著名典故："三武一宗法难"，说的就是中国历史上有四位帝王曾无情地打击佛教。"三武"是指北魏太武帝拓跋焘、北周武帝宇文邕、唐武宗李炎，"一宗"指的就是后周世宗柴荣。三武反佛，主要是从政治角度考虑。当然，这三位帝王都信奉中国传统的道教，自然会排斥外来的佛教。宇文邕和李炎行事还算温和，只拆寺庙不杀人；拓跋焘就比较狠，恼怒之下不仅拆庙，还杀掉了不少和尚。那么，柴荣打击佛教，又是为何呢？

佛教自东汉时期传入中原，至南北朝时已蔚然成风，“南朝四百八十寺”的盛景，可绝对不是说说而已。有些皇帝对佛教的信奉，更是达到了狂热的地步。从汉明帝刘庄开始，政府修建第一古刹白马寺；唐朝女皇武则天时期，更是花费无数金钱赞助扩建洛阳龙门石窟；梁武帝萧衍曾四次舍身出家同泰寺；还有前秦苻坚和后秦姚兴，为争夺得道高僧鸠摩罗什，不惜先后发动战争，灭了龟兹国和北凉……这些皇帝大力推动了佛教在中原的传播，更为后世留下了诸多4A、5A级景区。

但佛教的过度兴盛，对中国古代王朝，尤其是南朝、五代这种割据政权林立、更替频繁的时代来说，并不是一件好事。僧尼多了，就需要建庙，建庙就要劳民伤财和占用宝贵的耕地资源。为此，国家不仅损失了耕地和青壮年劳动力，还大大减少了赋税收入。再加上僧尼寺院享有免税、免役特权，就导致很多人借遁入空门之名，行逃避赋税和徭役之实，甚至不少罪犯与逃兵也混入其中，大大影响了社会治安。在五代这种乱世，法度全无，乱象丛生，民间私建庙宇、擅自剃度等比比皆是。

柴荣之所以打击天下佛寺，和北周武帝与唐武宗两朝情况相似，主要目的是尽快聚集财力，减轻民间百姓负担。当然，后周时期对百姓的赋税已经偏重，这是客观事实。柴荣急于求治，更希望走一条捷径，所以果断下令“毁佛”。从另外一面说，柴荣也和北魏太武帝、唐武宗有相同的爱好，也就是黄白之术，对道士陈抟格外礼敬，后来的赵匡胤和赵光义兄弟，也同样如此。

关于柴荣灭佛运动的过程，《新五代史》仅寥寥数语一笔带过：“甲戌，大毁佛寺，禁民亲无侍养而为僧尼及私自度者。”《旧五代史》中，对于柴荣毁佛的记述就很详细，大段节录柴荣的诏令，把当时柴荣灭佛的原因、办法，甚至处罚的尺度，都一一记录在案。

首先，柴荣严禁一切迷信自残活动，下诏称：“释氏贞宗，圣人妙道，劝世劝善，其利甚优……（然而）僧尼俗士，自前多有舍身、烧臂、炼指、钉截手足、带铃挂灯，诸般毁坏身体、戏弄道具、符禁左道、妄称变观、还魂坐化、圣水圣灯妖门之类，皆是聚众眩惑流俗，今后一切止绝……”

其次，严格限制出家名额。士民出家须满足几个条件：一是需经过父母或祖父母同意，若都不在世了，则需取得伯、叔、兄同意。二是年龄方面，男的需十五岁以上，女的需十三岁以上。三是需要有广泛阅读佛学书籍的经验，必须通过佛学入门考试。男的要求能念经文一百纸，或能阅读经文五百纸；女的要求能念经文七十纸，或能阅读经文三百纸。四是凡罪犯、遭官司刑责之人，以及弃背父母、逃亡奴婢、奸人细作、恶逆徒党、山林亡命、未获贼徒、负罪潜窜等类人，不得出家。五是出家剃度只能在首都东京开封府、西京河南府、大名府、京兆府及青州戒坛进行，剃度时必须得有朝廷差官或州官在场监督……这一整套的流程，比如今的考研考公还难，一下子就筛掉了一大批人。所以，在柴世宗时期想出家，比登天还难。

紧接着，柴荣又下令，将那些未获官方承认的寺院全部废停，有尼姑的州县留一所尼姑庵，没有尼姑的只留一所寺院，并今后不准再修建新的寺院和开置戒坛。原本后周境内平均每个县有二十多家寺院；经整改后，国内三万多家寺院被废停，六万多僧尼还俗归田。

柴荣还下诏，命令民间熔销铜佛像铸钱以充国用，于是大量的佛像和铜器被熔，用来制成后周唯一流通的铜质小平钱——周元通宝。周元通宝的诞生，在当时经历了极大的争议。因为佛教信仰因果报应，有些大臣对毁佛行动心有忌惮。柴荣毅然说道："卿辈勿以毁佛为疑。夫佛以善道化人，苟志于善，斯奉佛矣。彼铜像岂所谓佛邪！且吾闻佛在利人，虽头目犹舍以布施，若朕身可以济民，亦非所惜也。"（佛家讲究善道，教化世人，只要立志行善，就是信佛。拜那些铜像又哪算得上真心奉佛！况且佛家宗旨在于利人，佛祖当年行善，肉身都可以施舍给众人，何况如今只是区区佛像。如果朕的身体可以济民，朕也在所不惜。）柴荣这种观点，暗合佛家的经义，即使放在今天，仍然很有道理。

柴荣在国内推行的这一整套行动，有理有节，不滥杀、不滥废，不烧毁佛经，说是"灭佛""毁佛"，但更像是对佛教的发展进行适度矫正，规范佛教乱象。就连不轻易评述历史的司马光也慨然赞叹：“若周世宗，可谓仁矣，不爱其身而爱民；若周世宗，可谓明矣，不以无益废有益。”

为了发展社会经济，除了限制佛教之外，柴荣还做了很多事情，如大力招集流亡，奖励耕垦，把中原无主荒地分配给逃亡的人户耕种，颁诏规定：“逃户庄田，许人承佃，供纳租税。”如果逃户在三至五年内回到原籍，可从别人那里领回自己原有土地的一半或三分之一。而且，对那些从契丹返回的逃户则给予一定优待，将期限放宽至十年。这种富有创造性和实效的垦田制度，既解决了田地荒置的问题，又能够刺激有田产的流亡百姓回乡发展生产，这种制度，后世称为“请射承佃”制度，日后被北宋效仿和延续。另外，柴荣还在地方上派驻“苗使”，清查土地亩数，按亩收税。他取消了所有权贵的免税特权，不管是谁，只要占有土地，就必须向朝廷交税，就连历代享有免纳租税待遇的曲阜孔氏，也得乖乖上交税银。

显德三年（956），柴荣通告天下：今后夏税六月一日起征，秋税十月一日起征，永为定制。柴荣多次减免百姓的赋税，免去“承射”荒田佃民一年的差科劳役；对受水旱灾害的区域，免除当年夏秋两税；对秦、凤、成、阶四州（今陕西、甘肃部分地域），废除后蜀一切苛捐杂税；对淮南十四州，罢除南唐苛敛之政。历史记载，柴荣在位五年半，先后减免赋税多达十次，平均半年一次。可以说，在兴农利民方面，柴荣做了他能做到的一切。

另外，柴荣还兴修水利，大力治理黄河水患，疏浚漕运水路，使阻塞已久的京杭大运河重新焕发活力，成为连接南北的经济命脉。与水利工程同时启动的还有汴梁城扩建工程。汴梁作为王朝国都，始于后梁，除后唐之外，后晋、后汉、后周都定都在这个城市。后梁灭亡之后，契丹势力进入中原，汴梁城屡遭破坏。郭威在位的时候，已经基本修复了汴梁城。但柴荣作为雄才大略的皇帝，雄心勃勃，对汴梁城进行扩建。他定下目标：一是扩围外城，二是加宽街道，三是允许私人建造房屋和植树打井。如果五代时期有全国或世界范围的文明城市评比，那柴荣扩建后的汴梁城，完全能够评上“全国特大城市”“世界生态文明城市”“全球卫生城市”……汴梁城的扩建，大大促进了工商业的发展，各种商品借助畅通的运输往来于汴梁与各地之间，丝绸、瓷器、茶叶等贸易流通南北，为日后北宋东京汴梁的繁荣打下了坚实基础。

前人栽树，后人乘凉。后周的变革，短时间内迅速见到了成效。诸多改革政策被北宋延续和发展，为北宋统一和改革奠定了坚实的基础。当然，此时的柴荣肯定不会去想身后之事，他强国富民的最终目标，是开疆拓土，一统天下，现在他要开始他南征北讨的伟大事业了。

王朴进平天下策

击败北汉的傀儡皇帝刘崇，对于柴荣来说，仅仅是初试锋芒。一统天下，恢复中华，才是他毕生追求的目标。高平大捷后，柴荣励精图治，锐意改革，后周国力日渐强盛，为他南征北讨的统一大业做好了铺垫。

后周位处中原，北有契丹和北汉，南有南唐、后蜀、南汉等政权。这些国家实力强弱有别，距离中原远近不一，与后周的关系也各不相同。如何推进统一进程，涉及一个重要的战略问题，即“先南后北”还是“先北后南”。为此，柴荣特意向臣下征集平定天下的大政方略，命题要求大臣撰写《为君难为臣不易论》和《开边策》阐述看法，并亲自一一阅览。

诏令下发后，不少大臣上呈了策言。由于这些人只想苟且偷安，大多墨守成规，多数人主张修文德以招怀各国。只有翰林学士陶穀、给事中窦仪、御史中丞杨昭俭和比部郎中王朴所作，通篇谈论用兵之策。四人之中，王朴的文章，观点新颖独到，他的《开边策》，句句中的，字字合意，柴荣看完后拍案称绝。

王朴此人，神思峻逸，气势刚劲，有智谋能决断，后世对其评价极高。篡周之后的宋太祖赵匡胤甚至指着自己身上的皇袍对属下说：“此人在，朕不得此袍著。”意思是说，如果王朴要是活着，皇帝根本没有我赵匡胤的份，由此可见王朴的能力和重要性。王朴献《平边策》时四十九岁，这篇文章并不长，全文也就五百多字，却对柴荣日后的征伐至关重要：

中国（指中原正朔王朝）之失吴、蜀、幽、并（bīng），皆由失道。今必先观所以失之之原，然后知所以取之之术。

其始失之也，莫不以君暗臣邪，兵骄民困，奸党内炽，武夫外横，因小致大，积微成著。今欲取之，莫若反其所为而已。夫进贤退不肖，所以收其才也；恩隐诚信，所以结其心也；赏功罚罪，所以尽其力也；去奢节用，所以丰其财也；时使薄敛，所以阜其民也。俟群才既集，政事既治，财用既充，士民既附，然后举而用之，功无不成矣！彼之人观我有必取之势，则知其情状者愿为间谍，知其山川者愿为乡导，民心既归，天意必从矣。凡攻取之道，必先其易者。唐（十国的南唐）与吾接境几二千里，其势易扰也。扰之当以无备之处为始，备东则扰西，备西则扰东，彼必奔走而救之。奔走之间，可以知其虚实强弱，然后避实击虚，避强击弱。未须大举，且以轻兵扰之。南人懦怯，闻小有警，必悉师以救之。师数动则民疲而财竭，不悉师则我可以乘虚取之。如此，江北诸州将悉为我有。既得江北，则用彼之民，行我之法，江南亦易取也。得江南则岭南、巴蜀可传檄而定。南方既定，则燕地必望风内附。若其不至，移兵攻之，席卷可平矣。惟河东必死之寇（北汉），不可以恩信诱，当以强兵制之。然彼自高平之败，力竭气沮，必未能为边患。宜且以为后图，俟天下既平，然后伺间一举可擒也。今士卒精练，甲兵有备，群下畏法，诸将效力，期年之后可以出师，宜自夏秋蓄积实边矣。

首先，王朴开篇亮明观点，总结中原王朝之前失去“吴、蜀、幽、并”这些地方的原因，是因为“君暗政乱，兵骄民困，奸党内炽，武夫外横，因小致大，积微成著”。既然知道了原因，解决的办法自然就有了。简单来说，就是一切反过来做：“进贤退不肖、恩隐诚信、赏功罚罪、去奢节用、时使薄敛”。做好这五点，便可“收其才、结其心、尽其力、丰其财、阜其民”，从而达到“民心既归，天意必从”的效果。

刨除“广积粮、行王道”之类的大道理，总结这篇《平边策》，其实就八个字：“先易后难，先南后北”。按照王朴的设计，后周应该先灭南唐、南汉，次取巴蜀，再次而幽、云，最后再攻取北汉。这是典型的“先南后北”“先东后西”战略。后来北宋的统一进程，大体类似，只是略有不同。北宋赵匡胤、赵光义两任皇帝，采取“先南后北”，但又“先西后东”的策略，最终实现了相对而言的大一统。但又因为北宋太过强调先易后难，轻易得到的胜利也造成了将骄兵惰的恶劣后果，以至于灭掉十国之后，国力逐渐消退，始终都无法从辽国手中夺回幽云十六州。

王朴的官职是“比部郎中”，这个官职我们当代人会觉得很陌生。隋唐五代时期，比部郎中本来是唐代刑部下属部门比部曹的官员，官阶从五品，主要负责内外赋税、俸禄、公廨（xiè）、勋赐军资、器械等事务，类似今天财政部的职能，也包括类似今天中央审计机构中负责财政审计监督的部分职责。

当然，柴荣自有主见，他虽然对王朴的建议极为赞赏，但并没有完全按照王朴的策略行动。王朴建议先攻南唐，柴荣却是先从后蜀开始，准备从后蜀手中夺回陇西之地。此前，后晋雄武军节度使何重建因不满耶律德光在中原称帝，一怒之下，裹挟秦、成、阶三州之地投降后蜀。后蜀以此为跳板攻下凤州，尽占陇西四州，版图面积与前蜀基本持平，严重威胁以凤翔、永兴、河中为支点的中原政权的西面防御体系。如今，后蜀开国君主孟知祥已死，继承帝位的后主孟昶不理政事，大臣小官皆奢靡贪婪，民不堪命，正是下手的好时机。为此，柴荣亲自制定了此次征蜀的目标：只取陇西秦、凤、成、阶四州之地，不过剑门，不攻成都，目的是封锁后蜀，使对方再也不敢越雷池一步。柴荣伐蜀途中，战事一度陷于僵局，军需供应不继，后周不少宰执大臣请求罢兵。柴荣派赵匡胤为特使，前往秦州前线视察战局。赵匡胤返回后报告说，大军征伐定能获胜。柴荣更加坚定西征之志。果然，不到半年时间，周军大破后蜀军队，尽收四州之地。

陇西四州的丢失，使得时年三十七岁的后蜀皇帝孟昶深刻感受到比他小两岁的柴荣的厉害。没办法，打不过就只能上书求和。但战败的孟昶却一点都没放低姿态，他在求和书中自称“大蜀皇帝”，言语嚣张。柴荣看完后当然不爽，觉得孟昶没有诚意，把他晾在一边，没给任何回复。柴荣这种无声的心理战，搞得孟昶更加惶恐不安。于是，心虚的孟昶在剑门关、白帝城一带驻扎重兵，积聚粮草，制定长期防御规划。由于突然在国内大量募兵，后蜀朝廷军需不足，孟昶便在蜀国境内大肆铸钱，强征百姓铁器，引发蜀地百姓的强烈不满。

经过这场较量，孟昶不但失去了陇西之地，还丧失了进取之心。孟昶在尽力与后周军队周旋的同时，压力山大，转而借酒消愁，逐渐在锦官城的繁华世界，以及后宫美女如云的享乐中消沉堕落。被后人津津乐道的绝代美女花蕊夫人，就是孟昶最宠爱的妃子。幸亏当时柴荣并无吞并后蜀之志，才让孟昶这个“土皇帝”得以苟延残喘数年。后来，孟昶得知柴荣占领南唐数州后，心中大惊，忙遣使向柴荣表示希望“进一步发展两国友好关系”。对此，柴荣仍不搭理。孟昶愤愤对左右说：“朕为天子郊祀天地时，尔犹作贼，何敢如是！”孟昶口中自称为“天子”，其实不过是四川小盆地的天子罢了。

柴荣在后蜀牛刀小试后，摩拳擦掌，把下一个目标锁定在南唐。

第十三章

天命无常英雄逝：后周之光（下）

揭幕之战初告捷

前面讲过，高平之战后，柴荣解除了北汉和契丹联军对中原的威胁；随即周军又攻取了后蜀陇西四州之地，解除了后周西北安全的问题。之后，柴荣将下个目标锁定在十国中实力最强大的南唐身上。柴荣为此用了近三年时间，三次御驾亲征，经历三场艰苦卓绝的大型战役，终于使南唐李璟称臣，尽收长江以北土地。

说南唐是十国中最强大的政权，有其历史根据。关于南唐，《旧五代史》言："其地东至赣浙边界，南及五岭，西至湖赣边界，北据淮河，共三十余州，广阔数千里。近代伪朝中，南唐最为强盛。"由此可见，南唐是十国中版图最大的政权。

南唐的前身，是唐朝淮南节度使杨行密及其家族开创的吴国。杨行密的发迹，得益于唐朝节度使高骈军中的内乱。这位杨爷"长大有力，能手举百斤"，最早是通信兵出身，根据史书记载，他一昼夜可行三百华里，称得上"神行太保"。杨行密当时率领军队，以救援高骈为名，步步为营，杀掉当时横行江淮的大军阀孙儒。朱温觊觎江淮地区，杨行密不服，老朱的军队打了半天占不到便宜，奈何不了老杨。之后，杨行密病死，其子杨渥袭位，但大权已经掌握在徐温、张颢两人手中。君臣上下猜忌，徐张二人先下手为强，杀掉杨偓，推立杨行密次子杨隆演为帝。不久，徐、张二人之间产生矛盾，徐温杀掉张颢。徐温秉政后，学孙权建立吴国，推杨隆演为国王，不再以唐朝的藩王自居，成为事实上的割据政权。徐温死后，他的义子徐知诰执政，此人更进一步，拥推杨隆演弟弟杨溥为"皇帝"。

没过多久，徐知诰露出真面目，推倒吴国"皇帝"杨溥，自己做了皇帝，对外假称自己是李唐后代（尊太宗李世民儿子吴王李恪为远祖），改国号为"唐"，史称"南唐"，徐知诰也改名叫李昪。其实，他既不姓李也不姓徐，原本姓潘，只是一个平头百姓。战乱时期，他的父母相继饿死，幸亏遇到徐温，收养他为义子。凭借江淮地区良好的自然条件，南唐国势一度十分鼎盛。李昪称帝后，休养生息，勤俭治国，轻徭薄赋，政治清平。后来，李昪因服食"仙丹"中毒去世，这个死法倒是像极了正宗的大唐李氏皇帝。李昪死后，其子李璟即位。此人在位十九年，南唐在他手里"由盛而衰"。

李璟原本胸怀大志，渴望在乱世之中有所作为，继位之初，即派军队进攻福建的闽国，有得有失，消耗了大量国力。当时，恰巧中原的后晋灭亡，各方杀伐，如果南唐没有把力量全部陷在福建，大可乘机北伐占据中原。但机不可失，时（失）不再来，不久之后沙陀人刘知远抢先在中原地区建立了后汉政权。保大九年（951），南唐趁“老邻居”楚国马氏家族内乱，发兵征伐，竟然灭掉了“十国”中重要的割据政权“南楚”。到公元954年，南唐已经控制了江淮流域最富庶的三十五个州。疆域的迅速扩张，使得李璟胃口大开，甚至有了吞并天下的想法。为此，李璟数次从水路北上沟通契丹和北汉，与他们商讨共同攻打后周事宜。当初李守贞、慕容彦超叛乱时，南唐都曾出兵支援。由于后周当时刚刚建国，内忧外患事情较多，也就暂时没工夫和南唐计较。

李璟性格柔和，喜好诗文，朝中很多大臣也都喜欢吟诗作赋。李璟有两首词《摊破浣溪沙》写得很好，其中“小楼吹彻玉笙寒”是千古名句。如果我们欣赏描绘当时南唐大臣韩熙载宴饮作乐的《韩熙载夜宴图》，就可以想象到南唐朝廷的“文恬武嬉”。李璟身边和朝中阿谀谄媚之人越来越多，他本人则生活奢侈，导致朝纲日趋混乱。淮河是南唐与后周的边境线，每年冬季淮河水位很浅，很容易渡过，所以，南唐会适时加强沿岸的戒备，称为“把浅”。南唐寿州（治今安徽寿县）监军吴廷绍见后周内乱频频，认为柴荣必定无暇南顾，觉得每年派兵“把浅”浪费粮草，就把军队全部撤回。镇守寿州的南唐清淮节度使刘仁赡对此很不赞同，上表李璟请求恢复“把浅”，但李璟没有听从。柴荣征伐南唐，正是在这种时局背景下展开的。

显德二年（955）十一月，柴荣颁布《伐淮南诏》，正式向南唐宣战：“蠢尔淮甸，敢拒大邦，盗据一方，僭称伪号。晋、汉之代，寰海未宁，而乃招纳叛亡，朋助凶逆。金全之据安陆，守贞之叛河中，大起师徒，来为应援。迫夺闽、越，涂炭湘、潭，至于应接慕容，凭陵（凌）徐部，沭阳之役，曲直可知。勾诱契丹，入为边患，结连并垒，实我世仇。罪恶难名，人神共愤。”在这篇气势恢宏的《伐淮南诏》中，柴荣主要强调了以下两点：第一是南唐是伪政权，在名分上不合法。第二是南唐屡次勾结契丹、北汉，觊觎中原，行为卑劣。

柴荣此次对南唐宣战，主要目标是夺取淮南十四州。自唐末杨行密任淮南节度使以来，淮南之地再未回到中原政权手中。经过南吴、南唐两代政权的经营，淮南十四州俨然成为南唐在淮河地区的屏障，也是李璟进图中原的前沿阵地。对于柴荣而言，夺取淮南之地，就能彻底打掉南唐在淮河流域的势力，将南唐赶回长江流域；对于李璟而言，失去淮南之地，就失掉进取中原的所有筹码，甚至威胁到南唐的首都金陵。因此，淮南十四州就成为后周和南唐的主战场。

此次征伐南唐，柴荣决定由宰相李谷担任主将，任命他为淮南道前军行营都部署兼知庐、寿等行府事，忠武节度使王彦超为副部署，率领侍卫马军都指挥使韩令坤等十二位将领出征。柴荣将与南唐的第一场大战指向淮南十四州的第一重镇寿州，同时诏令归附后周的吴越王钱弘俶出兵常州（治今江苏常州），以此牵制南唐军。这个钱弘俶就是钱俶，宋朝建立后，为了避赵匡胤父亲赵弘殷的名讳，所以去掉了名字中间的弘字。

坐镇寿州的南唐大将刘仁赡收到消息，不敢怠慢，派人火速向李璟汇报军情。李璟慌忙做出部署：任神武统军刘彦贞为北面行营都部署，领二万士兵奔赴寿州；任奉化节度使皇甫晖为应援使，常州团练使姚凤为应援都监，统兵三万，屯驻寿州城东南一百多里外的定远（今安徽滁州市辖县），准备随时支援寿州。

由于南唐先前对淮河防守松懈，后周军队在正阳（位于今安徽寿县正阳关镇）搭建浮桥渡江，军队迅速推进到淮南，兵临寿州城下。虽然在外围取得局部胜利，但刘仁赡的顽强防守，使得后周军队对寿州的进攻困难重重。同时，南唐将领刘彦贞急赴寿州支援，已到达距离寿州约二百里的来远镇，并以数百艘战船向正阳进发，准备破坏后周的浮桥。刘彦贞来势凶猛，“兵车旗帜亘数百里。战舰衔尾，蔽淮而上”。鉴于后周军队不习水战，人数又不占优势，李谷担心腹背受敌，决定退守浮桥。柴荣得知消息，非常生气，派大将李重进率军赶往前线，力保浮桥。

刘彦贞看周军后撤，大喜过望，连忙率军追赶。这位老刘虽然是将门子弟，实际无谋无才，平时贪污暴虐，贿赂权贵，没有什么真本事。因为李谷慌忙撤退，刘彦贞和手下将领就以为将要大破周军，取得泼天富贵，因此不让士兵吃饭，催命般急赶前进，途中正好遇到柴荣手下大将李重进率军杀到。看到周军来者不善，刘彦贞害怕了，“置阵，横布拒马，联贯利刃，以铁绳维之，刻木为猛兽攫弩状，饰以丹碧立阵前，号‘揵马脾’。又以革囊贮铁蒺藜布于地，周兵望而笑其怯，锐气以增”。李重进看到对方如此设防示弱，大笑进攻，三下五除二就把刘彦贞给收拾了。一战过后，南唐兵士被杀一万多人，河上浮尸三十里，辎重器械损失三十余万。正阳之战是周唐淮南战史上至关重要的一次战役。刘彦贞的败死，敲响了南唐政权的丧钟，严重打击了南唐抵抗周军的信心。所以，陆游评价说："唐丧地千里，国几亡，其败自彦贞始。"

刘彦贞败亡后，皇甫晖、姚凤见势不妙，东撤退守清流关，寿州城中只留下刘仁赡所部军队。那么，战局会如何发展呢？刘仁赡是否能够成功守住寿州？咱们后面继续。

大焕光彩赵匡胤

话说柴荣亲征南唐，首战告捷，控制了淮河前线阵地正阳。至此，淮河南北可以说是通行无阻。当时江淮地区已经很久没有经历过大战，刘彦贞被击败后，南唐上下一片恐慌。皇甫晖、姚凤退守清流关，寿州只剩刘仁赡一员大将留守，处境非常被动。

没多久，柴荣率军抵达前线。鉴于李谷不是当主帅的材料，先是作战不力，后又冒失撤退，于是让大将李重进取代李谷担任招讨使，还将正阳的浮桥移到下蔡镇（在今安徽凤台县），进一步加强对寿州城的攻势。同时，柴荣从宋州、亳州、陈州（治今安徽淮阳）、颍州（治今安徽阜阳）、徐州、宿州、许州、蔡州（治今河南新蔡）等八州拉来了数十万丁夫，协助攻城，不分昼夜，轮番作业。

南唐驻守寿州的是一代名将刘仁赡。刘仁赡是个将二代，父亲刘金是杨行密嫡系，因为骁勇善战，名列“三十六英雄”之一。刘仁赡自少通儒术，喜兵书，在江南很有声望。他为人轻财重士，法令严肃，行军用兵在南唐军界出类拔萃。对于柴荣后周军队的大举进犯，刘仁赡早已做好充足的心理准备。他曾对两军实力进行分析：南唐军能拖，却不能败。淮南之地有广阔的防御纵深，有周军无可奈何的艨艟战船，有沿河而建易守难攻的寿州坚城。所以，只有以己之长克彼之短，才能赢得最终胜利。简单来说，刘仁瞻主张守住寿州，并以寿州为中心，建立起一条联结濠州（治今安徽凤阳）、泗州（治今安徽泗县）、楚州（治今江苏淮安）、光州（治今河南潢川）的淮河防御线，将周军死死堵在淮河沿线。如此坚守阵线，时间一长，周军也无可奈何。事实上呢，也确如刘仁瞻所料。柴荣使劲攻，刘仁瞻全力守。四个月过去了，寿州仍坚如磐石，攻城战变成了持久战。

后周暂时拿不下寿州，柴荣便决定一边围城牵制南唐兵力，一边围点打援，从别处展开进攻。此时，距离寿州百里外的涂山脚下，正好有一支万余人的南唐援兵。由于“周军双璧”将军李重进和张永德各有安排，柴荣派出了殿前司都虞候赵匡胤。赵匡胤没有辜负柴荣的期望，他事前在涡口（位于今安徽怀远县涡河入淮处）设下伏击，然后派百余骑兵佯装进攻失利后撤，诱敌入伏，忽然杀出，在涡口大败南唐军队，斩杀南唐都监何延锡，获得战船五十余艘。

柴荣为扩大战果，命赵匡胤领兵倍道前进，袭击滁州清流关。清流关虽声名不彰，却异常重要，因为清流关后面就是滁州，而滁州距离南唐首都金陵仅百里之遥。清流关南唐守将不是别人，正是后唐李存勖时代魏博叛乱的发起者皇甫晖。前面讲后唐时曾讲过，当时还是一个大头兵的皇甫晖因赌博输钱心情不爽，直接对顶头上司拔刀子，发动魏博动乱，直接导致李存勖亡国身死的悲惨结局。后来，契丹南下攻后晋，皇甫晖觉得中原朝不保夕，又不想屈膝投降蛮夷，就率众逃亡南唐。南唐主李璟十分高兴，给予皇甫晖高官厚禄。皇甫晖也真有本事，招降纳叛，为南唐招收了不少南逃的北人。这样一个后唐反贼，竟然在南唐熬成了德高望重的皇甫老将军。

皇甫晖手下拥兵十万，对外号称十五万，而赵匡胤只带了数千人，兵力对比悬殊。赵匡胤虎胆雄心，毫不畏惧。皇甫晖列阵于清流山脚下，刚刚和后周军前锋交战，赵匡胤突然引兵从清流山后包抄，两面夹击唐军。皇甫晖大惊，不敢再战，率众逃入滁州城中，准备断桥坚守。没想到赵匡胤勇猛异常，跃马涉水而过，率众直抵滁州城下。皇甫晖吃惊不小，只好给赵匡胤传话："我俩各为其主，希望能摆好阵势一决雌雄！"听皇甫晖这么一说，赵匡胤哈哈大笑，正愁如何破门，皇甫晖就主动送上门来。他将计就计，马上答应了老皇甫的要求。

片刻后，皇甫晖整军出城。赵匡胤当机立断，立马下令全军出击。只见赵匡胤抱着马脖子就是一个猛冲，边冲还边喊："吾止取皇甫晖，他人非吾敌也！”话音未落人已到，赵匡胤直接冲到还没缓过神来的皇甫晖马前，一刀劈在他脑袋上。皇甫晖猝不及防，受伤落马被生擒。南唐常州团练使姚凤见皇甫晖被擒，急忙拍马营救，也被赵匡胤打翻在地生擒。南唐军队见两位主将被擒，丢盔弃甲，或降或逃，滁州随即被赵匡胤攻克。赵匡胤的老爹赵弘殷奉命领一支部队赶往滁州支援，听说儿子已经拿下滁州，心情大好，下令放慢行军速度，直到半夜时分才赶到滁州城外。赵弘殷仰头在城下叫门，赵匡胤却在城上给老爹讲起了原则：“父子虽至亲，城门王事也，不敢奉命。”（您虽是我的父亲，但也要守朝廷规矩，夜间无令不得私开城门，请恕我不敢随意听命。）说完，赵匡胤直接走人，让老爹在城下等了一夜，直到天亮才放进城中。

另一边，重伤的皇甫晖躺在担架上被人送到柴荣面前，老头颇为感慨，对柴荣说：“臣非不忠于所事，但士卒勇怯不同耳。臣向日屡与契丹战，未尝见兵精如此。”（不是我不尽心尽力为国征战，实在是南北军队差距太大。以前我曾多次与契丹人交战，都没见到过像陛下您这样精锐的军队。）皇甫晖盛赞赵匡胤英雄善战，勇猛不凡。毕竟皇甫晖是五代时期的名将，柴荣眼见老将军如今兵败被擒，满身伤痕，很是怜悯，下诏赐给他金带、鞍马。即便如此，皇甫晖仍然拒绝投降，也拒绝接受治疗，几天之后伤重而亡。皇甫晖虽然兵败身死，但也算死得明白，死得光荣，对得起收留他的南唐皇帝。皇甫晖原是五代初期魏州的一个小兵痞，本来寂寂无闻，时势造英雄，凭借时代的机遇，一个大头兵居然成为两国皇帝都敬重钦服的名将，从某种意义上来说，他的人生成功也反映了五代时草根阶层凭个人能力和际遇而非家世获得权力和成功的时代特征。

滁州之战，赵匡胤生擒皇甫晖，又得到皇甫晖对自己的一番高度评价，可以说是大放光彩。从正阳之战到滁州之战，不到三个月，南唐五万余生力军就被周军全歼，战船数百艘被击沉，多名大将被擒杀，南唐君臣上下人心惶惶，恐惧不安。李璟惧怕社稷不保，赶忙派使者钟谟和李德明携带大量财物向后周求和，并表示愿奉大周皇帝柴荣为兄，每年贡奉财物。

对于李璟的主动求和，柴荣不屑一顾。如今你李璟不谈割地、不谈称臣，居然靠一点钱财就想打发人，没门！柴荣早就听说钟谟和李德明这两个人能说善辩，提前让人全副武装列队迎接。柴荣高坐在上，不等钟谟二人开口，先厉声谴责道："尔主自谓唐室苗裔，宜知礼义，异于他国。与朕止隔一水，未尝遣一介修好，惟泛海通契丹，舍华事夷，礼义安在？且汝欲说我令罢兵邪？我非六国愚主，岂汝口舌所能移邪！可归语汝主：亟来见朕，再拜谢过，则无事矣。不然，朕欲观金陵城，借府库以劳军，汝君臣得无悔乎！"简单来说，就是想求和就一个条件，让李璟亲自前来，向朕当众谢罪。否则，朕亲率六军，直杀金陵！钟谟二人听完后，被吓得全身发抖不敢说话。南唐的和谈试探遭到柴荣断然拒绝。

随后，柴荣加紧筹划攻略江北诸州的战争，派大将韩令坤袭破南唐经济贸易中心扬州，掐断了南唐水路援兵北上的通道。随后在半个月之内，后周军先后攻陷南唐在江北的光、泰、和、舒、蕲（qí，治今湖北蕲春）等州，南唐在淮河一线的寿、濠、泗、楚四州成为飞地。就在后周连连大捷之时，天时不利，淮南正好进入雨季，暴雨连绵，水位暴涨。江淮地区后周诸军的补给供应顿显困难。不得已，柴荣只能留下李重进继续围攻寿州，自己则班师回京。

但是，这一切还没结束，柴荣还会回来的！

南唐军反攻淮南

柴荣亲征南唐，连战连捷，连克数城。一时之间，江北重镇一大半落入后周手里。南唐李璟无可奈何，只能求和，但第一次派使者谈和失败。李璟二次求和，为体现诚意，拜大臣孙晟为司空，携副使李德明等人一起向后周交涉，表示南唐愿意向后周称臣纳贡，并献上黄金千两、银十万两、罗绮二千匹，哀求后周退兵。

作为被李璟寄予厚望的谈判代表，孙晟绝对是南唐一大奇人。他天生口吃，平日里与人说话吞吞吐吐，可与人辩论时，这老哥们就像突然解锁了技能包，口若悬河，侃侃而谈，丝毫看不出任何口吃的毛病。这次出使后周，孙晟做好了必死的准备，曾对旁人说："吾思之熟矣，终不负永陵一抔土，余无所知。"（我已抱着必死的心理准备，绝不辜负永陵烈祖（南唐皇陵）的在天之灵，其余的就不再多想了。）孙晟等人抵达周营，与李德明一起向柴荣提出议和请求，并代表李璟作出承诺：一是取消帝号，仿照两浙（吴越国）、湖南（武平军）之例，尊后周为正朔，向后周称臣。二是割让寿州、濠州、泗州、楚州、光州、海州六州。三是每年向后周进贡百万黄金和绢帛。

柴荣此时已经拿下了淮南过半的州县，进展顺利，打下整个长江以北是迟早的事情。现在和谈，只能拿下六州之地，柴荣觉得亏了，南唐起码要尽献江北之地才合他心意，所以，柴荣没有松口。李德明眼看后周军队日益推进，毫无退军之意，于是请求柴荣给他五天时间，让他回金陵去劝李璟献出江北之地。柴荣派人把李德明送回南唐，留下孙晟做谈判人质。

李德明回去对着李璟就是一顿吓唬，说柴荣多么英明神武，后周军队多么凶残强悍，让李璟赶紧认清现实，割地投降。对李璟来说，割让江北全境实在肉痛，那可是自己将近一半的家底啊。南唐大臣宋齐丘坚持认为盲目割地无益，还说李德明为人轻佻，他的话不能全信。南唐枢密使陈觉、副使李徵古历来和李德明关系不好，趁机向李璟进谗，说李德明卖国求荣。朝议之中，李德明看到陈觉、李徵古如此挤兑自己，恼怒高声言："周军肯定会攻陷金陵城！"李璟瞬间大怒，竟下令将李德明推出去斩首示众。南唐第二次和谈就此破裂。李璟孤注一掷，决定负隅顽抗。

对柴荣来说，南唐答不答应和谈条件并不重要。目前淮南十四州，他已得其六，下一步就是一鼓作气攻克寿州。但寿州这块骨头实在难啃，于是柴荣派人把孙晟押到寿州城下，让他劝说招安寿州守将刘仁赡。刘仁赡遥望孙晟，在城头屈身下拜。孙晟望着神色憔悴却意志坚定的刘仁赡，大义凛然地对他喊道："君受国厚恩，不可开门纳寇！"

眼看到孙晟拒不配合，柴荣气得大骂。此时，抱着必死决心的孙晟据理力争："臣作为唐国宰相，怎么可以教唆本国节度使叛国呢！"孙晟属于智勇双全的辩才，对这种人，柴荣还真没办法。如今，他唯一能做的就是尽快攻下寿州，然后集结全军夺取淮南其余八州。

南唐方面决心继续抵抗，李璟调兵遣将，准备先光复滁州，再援寿州。南唐军队这次派来的统帅是李璟的四弟齐王李景达。当年江南久旱，李景达出生当天却突降大雨，因此李昪给他取小名为"雨师"。作为南唐开国君主，李昪非常喜欢这个孩子，本想把皇位传给他，但古代传嫡传长，最终只能作罢。这次，李景达率二万唐兵赶赴滁州，随行的还有大将林仁肇等人。李璟又命袁州刺史陆孟俊领一支轻骑部队渡江北上，收复扬州和泰州，巩固金陵的长江防线。

令柴荣意想不到的是，陆孟俊还没开始进攻扬州，后周大将韩令坤已下令弃城，率众朝寿州方向撤退。柴荣狂怒，立即派张永德火速出发，在途中拦住韩令坤，并助他死守扬州，同时急令赵匡胤带领二千精兵，堵住韩令坤后退必经之地六合（今南京六合区），并给出明确指示：“扬州兵敢过六合一步者，断其足。”（但凡有扬州逃兵经过六合，给朕砍断他们的脚！）得知皇帝震怒，韩令坤只得硬着头皮原路返回，率众奋力拼杀，最终击溃南唐军，擒获南唐大将陆孟俊，顺利化解扬州之危。

由于陆孟俊的失利，李景达不得不调整行军路线，自瓜步（今南京六合区）渡江北上，在距离六合二十余里时，扎下营寨不再前进。六合作为联结扬州和金陵的一处江北重镇，地理位置极为关键。守不住六合，等于打开了扬州的南面大门。刚巧赵匡胤所率二千人马到达六合，两军相遇准备交锋。李景达到来稍迟，他不清楚赵匡胤所率兵马的虚实，一时间犹豫不决。

后周众将纷纷请求出击，赵匡胤说：“彼设栅自固，惧我也。今吾众不满二千，若往击之，则彼见吾众寡矣；不如俟其来而击之，破之必矣。”（他们扎下营寨固守，肯定是惧怕咱们。如今咱们兵马不满二千，贸然出击容易暴露实力。不如等他们憋不住了主动前来，到时候我们以逸待劳，必能取胜。）

过了几天，李景达果然出兵逼近六合。赵匡胤立刻迎头痛击，打了一个漂亮的阻击战，杀俘近五千人。南唐大败之下，剩下的万余人匆忙败逃，渡江之时，这些残兵败将因争船落水又淹死了很多，南唐精锐之师再次遭受重大损失。在这场战斗中，赵匡胤在阵前亲自督战，但凡有士兵避战不肯拼命，他便用剑狠敲狠砍他们的皮斗笠。转天，战后总结会上，赵匡胤亲自检查众人的皮斗笠，然后将皮斗笠上有剑砍痕迹的数十人全都斩首示众。自此，赵匡胤手下士兵没有不拼命的。

韩令坤重新夺回扬州，赵匡胤也击退了李景达的偷袭，但寿州还是没有拿下，江北战局依旧不明朗，双方军队仍然在拉锯中。随着淮南雨季到来，柴荣不得不先班师回朝，留下李重进等人继续围攻寿州。

柴荣回到汴梁后不久，符皇后因重病不愈逝世。留在前线的周军，表现得非常不理想。先前，南唐控制当地百姓的茶盐贸易，强征粮食布帛，百姓吃尽苦头，所以欢迎后周军的到来，还争相奉送牛羊酒肉犒劳。柴荣虽然三令五申要安抚百姓，但后周诸将多是毫无政治见识的兵痞出身，不知体恤老百姓，烧杀抢掠不说，还把当地百姓视为粪土草芥。时间一久，当地百姓非常失望，纷纷自发组织起来反抗后周军队，在各地建起堡垒自守。他们以农具为兵器，用厚纸做铠甲，所以时人称之为“白甲军”。由于南唐征调的援兵已经渡过长江，当地百姓纷纷起事，原先被后周军攻占的江北诸州，在短时间内大多又被南唐夺回。

虽然如此，南唐的寿州战场仍然面临着严峻的形势。守城主将刘仁赡决心杀身成仁，死守寿州。他长久固守孤城，但依然有能力组织反攻，甚至冲出寿州城南，对后周大将李继勋发动突袭，一举击杀后周军数百人，焚烧周军大批攻城器具。沿江招讨使向训得知消息后，生怕遭到皇帝柴荣责罚，干脆把占领其他各州的军队都调回来，全力围攻寿州。拿下寿州，一能沉重打击南唐士气，二则再战之时淮南地区可再无后顾之忧。李璟方面也拼尽全力，千方百计调集了五万大军，让四弟李景达率军进驻寿州城东北十里外的紫金山下，与寿州城内烽火相应。

关键时刻，后周这边出了个小岔子。后周大将张永德和李重进，一个是柴荣妹夫，一个是柴荣表兄弟，虽然两人都是柴荣的得力战将，但关系却一直很僵，谁也不服谁。南唐李璟得知这一情报后，设计挑拨离间，暗中派人携带蜡书求见李重进，对李重进封官许愿"啖以厚利"。李重进当然不为所动，转手将密信附在表章内上交柴荣以明忠心。张永德竟然中了李璟的离间计，向柴荣密奏李重进拥兵自重，怀有二心。那么柴荣会相信他吗？后边的事情又会朝什么方向发展？咱们后面继续。

寿州一战定乾坤

前面说到，柴荣回朝后，前线的坏消息一个又一个地传来。先是寿州刘仁赡组织了多次有效反攻；接着是因为军中没有柴荣坐镇，一些士卒又开始搞起了劫掠百姓的勾当，闹出民变；然后是南唐李景达率五万援军进驻紫金山，与寿州城烽火相应，给后周军造成巨大压力。紧接着，柴荣又收到前线大将张永德的告密信，说李重进拥兵自重，怀有二心。对此，柴荣虽然不信，却非常担心，因为这两人都手拥重兵，万一内讧导致火并，只会坏了统一大业。

相较而言，年龄较大的李重进心胸更为宽广。为大局考虑，李重进决定主动和张永德讲和。一天，李重进单独走进张永德营中。张永德出于礼貌，勉强设宴款待。席间，李重进举杯对张永德说："吾与公幸以肺腑俱为将帅，奚相疑若此之深邪？"（咱俩都是皇帝的心腹，又同为将帅，为何要相互猜忌如此之深呢？）看到李重进如此开诚布公，张永德感动不已，毕竟两个人之间没什么血海深仇，几句话说开就好。于是两人饮酒谈心，解除了内心芥蒂，重归于好。如此，南唐李璟的离间计以破产告终，后周主将之间更加团结了。

回到京城的柴荣，自然也没歇着。他先是对第一次南征有功人员进行封赏：殿前都指挥使张永德晋升殿前都点检，成为禁军一把手；殿前司都虞候赵匡胤晋升殿前都指挥使（二把手），距离皇家禁军最高职务，仅剩一步之遥。这两个人，再加上侍卫亲军都指挥使李重进，后周军界由"双璧"变为"三驾马车"。

另外，不知是出于欣赏还是什么原因，柴荣返京时还把南唐使者孙晟一同带回。最初，柴荣对孙晟极为礼遇，不仅时常召见这位南唐大臣，还用好酒好肉好东西笼络他。当然，柴荣是想从孙晟口中套取重要的南唐情报。孙晟心里也明白，每次话不多，往往都是同样的回答："唐主畏陛下神武，事陛下无二心。"久而久之，柴荣逐渐失去了耐心。后来南唐搞离间计给李重进送密信，柴荣勃然大怒，斥责孙晟不讲实话。孙晟不卑不亢，只求一死。之后，柴荣再问及南唐国情时，孙晟一律缄口不答。柴荣命都承旨曹翰把孙晟送到右军巡院，表示给他最后一次机会投降。

曹翰摆下宴席，酒过三巡，趁机再问孙晟南唐军政秘密，结果孙晟还是什么都不说。曹翰无奈，只好对他说：“有敕，赐相公死。”孙晟面不改色，从容地整理好衣冠，向南跪拜道：“臣谨以死报国。”孙晟从容就义，随行的百余人一并被周兵杀死。事后，柴荣追念孙晟的忠义，为此事后悔了很长一段时间。

回到汴梁之后，柴荣对南征不利的原因进行了总结。后周军队一直拿不下寿州，导致大量兵力被牵制，这是最重要的原因；而另一个重要原因就是后周缺乏一支能征惯战的水师。于是，柴荣在大梁城西的汴水旁打造了数百艘战船，命令南唐降卒教周军练习水战。数月之后，这支迅速组建起来的周军水师已初具规模，水阵布排有模有样。柴荣把朝中大事处理妥当后，显德四年（957）三月，带着新练的水师再次亲临寿州前线，周唐的第二次大战一触即发。

关键时刻，南唐军队内部忽然发生内讧。南唐主帅虽然是李璟弟弟李景达，但一切军政都由监军陈觉掌管，李景达只是名义上的主帅而已。南唐援军虽然有五万人，但将士并没有与后周军队决战的信心，畏惧陈觉权势，无人敢开口请战。寿州守将刘仁赡多次请求出战，都遭到主帅陈觉的拒绝。计不得用，心力交瘁的刘仁赡因此愤懑成疾。另外，南唐大将朱元恃功而骄，也不听主帅调度。陈觉和朱元关系一直不好，觉得这人素质不高，于是抓着朱元不听调令的把柄，多次上奏李璟，说朱元为人反复无常，不可领兵。李璟于是便让武昌节度使杨守忠接替朱元的位置。杨守忠到濠州后，陈觉假借主帅李景达的将令，把朱元召来商议军事，准备借机剥夺他的兵权。朱元听到风声，气愤不已，甚至想自杀明志。正犹豫间，门客宋垍（jì）及时劝阻道：“大丈夫何往不富贵，何必为妻子死乎！”（大丈夫何处不能富贵，何必为了妻子儿女去死！）朱元仔细琢磨，觉得门客的话非常有道理，心一横，深夜里带着营中上万南唐军直接投降了后周。

朱元是南唐名将，他的倒戈极大打击了南唐军的斗志。柴荣则趁热打铁，在一个阳光明媚的清晨，在紫金山下指挥部队对南唐军发起总攻。柴荣水陆并进，一边领主力进攻紫金山，一边安排了一路水师在淮河下游守株待兔。面对如潮水般呼啸而来的后周军，南唐军根本无力抵挡，紫金山被一举攻下。此战南唐军死伤万余人，大将许文稹、边镐、杨守忠临阵被擒，剩余残军沿淮河仓皇东逃。柴荣火速分兵三路：一路沿南岸追赶，一路由自己率数百骑兵沿北岸追击，水师则沿河而下，一路狂追了二百余里。南唐军无处可逃，被柴荣一网打尽，战死、溺死和投降的近四万人，后周军队缴获船舰、粮食、兵器数以十万计。李景达和陈觉见大势已去，狼狈从濠州逃回金陵。孤立无援的寿州，至此已经无力继续坚守。

紫金山之战，南唐军彻底大败，刘仁赡深知，寿州城肯定是守不住了。现在摆在他面前的只有两条路：一是屈辱投降；二是坚守到城破的最后一刻，与寿州共存亡。对于铁骨铮铮的刘仁赡来说，投降根本不在他的考虑范围内。刘仁赡的小儿子刘崇谏不想陪老爹殉国，暗中出降周军，结果被巡逻的人抓到，送到刘仁赡面前。刘仁赡羞愤至极，不顾将士们的哭劝，下令把不到二十岁的儿子腰斩示众。有人求到刘仁赡夫人面前，没想到刘夫人也是个深明大义的妇人，直接拒绝道："妾于崇谏非不爱也，然军法不可私，名节不可亏；若贷之，则刘氏为不忠之门，妾与公何面目见将士乎！"（我不是不疼爱孩子，但军法不可违，名节不可污，倘若这次放了他，刘氏就成了不忠之家，我和我丈夫又有什么脸见众将士呢！）刘氏夫妻大义灭亲，深深感染了寿州守军。

此时，柴荣主动送来了一封信，劝刘仁赡识时务，不要再做无谓挣扎。刘仁赡苦撑寿州一年多，身体早已扛不住，此时已经病入膏肓躺在床上处于深度昏迷状态。他手下两位副将也知道城中已无法坚持，就以刘仁赡的名义，打开城门向后周军队投降。

柴荣在寿州苦战一年有余，终于赢得来之不易的胜利。当看到有人抬着刘仁赡缓缓出城时，柴荣不顾天子之尊，快步上前拉着不省人事的刘仁赡的手，厚加抚慰，叮嘱周营将士不得惊扰刘仁赡。柴荣敬重刘仁赡的气节，拜他为天平军节度使兼中书令，并下诏褒奖道："刘仁赡尽忠所事，抗节无亏，前代名臣，几人可比！予之南伐，得尔为多。"他不计前仇，开仓放粮，马上就赢得寿州城百姓的衷心拥戴。第二天，五十八岁的刘仁赡病重去世，寿州百姓闻讯无不为之落泪，满城尽哀。寿州城内有数十名将校士卒感佩主将的忠义，自杀殉葬。远在金陵的李璟得到消息后也忍不住号啕痛哭，下令追赠刘仁赡为太师、中书令，追封卫王。柴荣方面，也追封刘仁瞻为彭城郡王。

我们中国古人一直尊崇舍生取义的忠烈之士，面对死节的烈士，哪怕是敌国也会予以厚葬、褒扬。但纵观历史，一方主将能够被敌国皇帝封王的，还真不多见。刘仁赡尽忠履职，九死而不悔。如此英烈人物，在伦常节操尽丧的五代十国乱世，实属罕见。

经过寿州之战，南唐可以说是败局已定。军队主力消耗殆尽已经无力再战，寿州的丢失更使得南唐门户大开，淮南再无险可守，从此陷入被动挨打的局面。柴荣拿下寿州后，见自己目标达成一半，于是短暂回京，继续推行自己的各项改革。不料，南唐趁他回京，竟然来了一次大反扑：镇守濠州的南唐大将郭廷谓忽然发动进攻，率领军队先是烧断后周军涡口的浮桥，然后偷袭驻守在定远的后周军，几乎全歼当地的后周军。

眼见形势逆转，柴荣不得已再一次亲征南唐。这一次，他势必要把南唐彻底打服！

江北境土归柴荣

柴荣两次南征，战果累累。成功拿下寿州后，柴荣短暂返回京城，继续推行自己的各项改革。结果没想到，他离开淮南不到两个月，前线又出现了麻烦。柴荣不得已再一次亲征南唐，这是他第三次亲征南唐。

显德四年（957）十一月，柴荣领军到达濠州城西。南唐军早就在濠州城东北十八里处的水滩上设置了栅栏，栅栏四周环水，南唐军据以固守。他们认为后周军不具备大规模渡河的能力，结果没想到柴荣竟然从北方带来了秘密武器——骆驼！骆驼能载重物、耐高温，此外还有一项被人忽视的技能——游泳。柴荣命大将康保裔率数百敢死队，乘着骆驼涉水，赵匡胤率大部队紧随其后。很快，后周的骆驼军直抵滩涂水寨，忽然纵火偷袭。对于后周军队的骆驼战法，南唐守军没有任何思想准备，大惊溃逃，滩涂水寨失守。

为了争取喘息机会，南唐濠州团练使郭廷谓在城北泊下数百艘战船，又在淮河河床钉下巨大的木桩，企图限制后周军水军的行动。柴荣亲自披挂上阵，率领后周军水师出征。他们先是拔掉了河中巨木，接着烧毁七十多艘南唐战船，斩首二千多级，攻克濠州外城羊马城。之后，后周军队绕开濠州，径直向东开拔，顺流直下杀到泗州城下。赵匡胤率领手下先攻城南，焚烧城门，攻破了水寨和月城。柴荣作为皇帝，也不甘人后，冒着滚石箭雨亲自攻城。看到后周君臣这种玩命的架势，南唐军算是开了眼界。有这样的皇帝，后周军想不赢都不行。很快，泗州刺史范再遇举城投降。紧接着，柴荣带水军，赵匡胤带步骑军，沿淮河齐头东进，擒获南唐保义节度使陈应昭，缴获战船三百多艘，俘获降卒七千余人。这时的李璟，已经无兵可派。坚守濠州的郭廷谓确实是南唐勇将，兵锋之下，竟然乘夜派出一千多名敢死队袭击周军营垒，烧毁了不少攻城军械。后周军人惊慌之下，不辨敌我，自相踩踏砍杀，死者甚众。郭廷谓虽然取得小胜，但毕竟没有援军，眼看后周军队越来越多，再也无法继续坚守。为了一城百姓存活，郭廷谓召集诸军，在垒门之外跪地南望痛哭，而后向周军投降。对于郭廷谓，周世宗柴荣爱其忠良，特设宴慰劳，并赐金带、袭衣、良马，拜为亳州防御使。

得知濠州失陷，李璟惊惧异常，这个文艺皇帝着实被吓破了胆，决定放弃江北重镇扬州，把南唐剩余的有生力量迁往长江以南。于是，南唐军队带走了扬州城内所有物资和百姓，然后纵火焚城。等后周军赶到时，偌大一座扬州城已然化为一片废墟。后周军马不停蹄，随后迅速袭取了泰州和海州（治今江苏连云港市海州区）。至此，江北几乎已无南唐政权立足之地，仅剩楚州一座重镇还在坚守。

显德五年（958）正月，柴荣率军来到楚州（治今江苏淮安）城下。他本以为可以轻松拿下楚州，没想到遭到南唐楚州防御使张彦卿的拼死顽抗。如果说刘仁赡是铁，那张彦卿就是钢。柴荣完全没料到，这座长江以北唯一的孤城，还有这样一个不怕死的狠角色。楚州之战打得异常惨烈，后周军强攻了四十多天，张彦卿仍在坚守。柴荣不得已把御营设在城下，以皇帝之尊亲自督战，命令军队扫清城外庐舍，凿河引舰入江，水陆夹攻楚州。周军又是架云梯爬墙攻城，又是火烧城墙、挖洞凿墙，不远处还有投石机抛掷巨石不停砸墙。这一通下来，楚州城墙垮塌不少，城上建筑摇摇欲坠。

张彦卿的儿子张光祚随父登城观战，眼见城破只在旦夕之间，就向父亲泣谏道：“敌强我弱，确实难以支持，城外更无一人前来援救，徒死无益，不如投降。”听儿子如此说道，张彦卿咬碎钢牙，拔剑一挥，张光祚头随剑落。守城诸将见到主将杀子明志，吓得胆战心惊。张彦卿指着儿子的脑袋哭道：“这是我的爱子，竟然劝我降周，难免一死！我张彦卿受李氏厚恩，此城便是我的死地。诸君如果怕死欲降，可自行离去，切勿劝我，我手中宝剑不认人！”诸将闻言，感泣不已。但大势所趋，即便张彦卿再英勇也无济于事，在苦守四十多天之后，楚州城一处城墙终于被抛石机击塌，后周大军踏着南唐守军的尸体，呐喊着登墙攻入城中。楚州城破，张彦卿组织巷战顽抗，杀到日暮时分，手中兵刃已残破不堪。他扔掉宝剑后，依旧举绳床与周军激斗，格毙数十人，但也遭受重创。张彦卿大喝一声：“臣力竭矣！”然后用脚下一把残剑自刎而死。除张彦卿之外，南唐都监郑昭业和手下一千多士兵也都全部战死，无一人投降。

张彦卿坚守楚州的时候，楚州完全是一座孤立无援的城池，敌军兵力超过他百倍。他毫不畏惧，意志坚定，以死殉国，带领全体守军与楚州玉石俱焚。但在史书记载中，对于他的事迹只是一言两语带过，诚为不幸。这场楚州之战，接下来留给后世的更多是一场争议：周世宗柴荣进入楚州城后，到底有没有屠城？

对于柴荣屠城的可能性有多大，我们可以通过不同史料进行对比。《旧五代史》提到周军掠夺城中财物，城内伤亡众多，但并没有提到屠城（原文：“六军大掠，城内军民死者万余人，庐舍焚之殆尽”）。《新五代史》更简单，只提到了张彦卿战死，没提及所谓屠城（原文：“克楚州，守将张彦卿、郑昭业死之”）。《资治通鉴》中也没有提及屠城一事（原文：“彦卿与都监郑昭业犹率众拒战，矢刃皆尽，彦卿举绳床以斗而死，所部千余人，至死无一人降者”）。只有《南唐书》《江南野史》记载了周军屠城之事，其中《南唐书》原文：“周兵死伤亦甚众，世宗怒，尽屠城中居民，焚其庐。”《江南野史》原文：“城破之日，与军一万。战而没，无一生还者，遂屠其城。”《南唐书》说得最为明确：柴荣怒而屠城，杀尽城中百姓。

通过对比可以看出，正史中都未记载柴荣屠城一事，记载详尽多是后世文人的笔记及野史。不过唐末五代的军队，很多时候都是由一些流氓、强盗组成的战斗集团，在中唐至五代二百余年的黑暗乱世中，屠城、剽掠是家常便饭，甚至是一种惯例。但参考柴荣此前攻城略地后安抚民心的表现，虽然楚州给周军造成了重大伤亡，但屠城应该不太可能发生。当然，时至今日，柴荣是否屠城已无法确切考证，只得知攻克楚州后，柴荣在两个月的时间内又拿下了南唐静海军（治今江苏南通）、雄州（治今江苏六合）等地，基本上控制了自舒州以下的长江河道。公元 958 年春，柴荣率军抵达长江北岸的迎銮镇渡口（在今江苏扬州市仪征市），下令集结水军，建造战船，摆出一副马上要打过长江的架势。南唐在江北战场被后周打得连连败退，周边的吴越国和荆南政权，见南唐岌岌可危，也趁机出兵参战，趁火打劫。

南唐四面楚歌，如此境地之下，李璟实在撑不下去，只能再次向柴荣求和。他表示愿意改称“江南国主”，改用后周年号和历法，正式向后周称臣；献出江北剩下的庐、舒、蕲、黄四州；每年上贡物品数十万；进献犒军银十万两、绢十万匹、钱十五万贯、茶五十万斤、米麦二十万石；还主动把名字中的“璟”字改为“景”，以避郭威高祖父的名讳。

对于柴荣来说，北方的契丹才是他的心腹大患。如果现在一举灭掉南唐，肯定要分出兵力把守江南，对日后北伐不利；另外，此举还会造成南方其他国主，如南越钱镠、湖南高保融、荆南周行逢等有唇亡齿寒的忧虑，很可能联合起来对付自己。所以，现在答应李璟的这些条件，只赚不亏。所以，柴荣决定暂时放过南唐，顺便让其他几个国主放心，自己则可以集中兵力北伐。经过与群臣商议，柴荣答应了李璟的求和。从此，后周与南唐正式划江而治。

柴荣三年三伐淮南，屡战屡胜，终于如愿以偿：夺得淮南十四州六十个县，人口共二十二万户一百余万人。长江以北，从此尽为中原王朝所有。大一统的曙光，重新出现在中华大地上。周世宗柴荣三征淮南，虽然没有灭掉南唐，但对南唐政权造成了致命打击，使其军事、经济实力被大大削弱，从此再也无力觊觎中原，只能在江南地区苟延残喘。

征伐南唐的战事告一段落后，柴荣开始紧锣密鼓地筹划他的北伐大业。可惜的是，对他个人来说，这次北伐却是一条有去无回的不归路。

摩拳擦掌力北伐

在五代、北宋与契丹的交往史上，北伐是个绕不过去的话题。五代和北宋间共有三次针对契丹的大规模北伐。第一次是显德六年（959）后周世宗柴荣北伐，后两次发生在北宋太宗赵光义年间（太平兴国四年即 979 年、雍熙三年即 986 年）。赵光义两次北伐都遭到空前惨败，同时也将柴荣、赵匡胤两代中原皇帝苦苦积攒的军事力量消耗殆尽。从此以后，北宋在对契丹乃至西夏的作战中再也抬不起头，收复燕云也成为永远的“大宋梦”。

那么，柴荣北伐又是什么结果呢？

咱们先来复盘一下柴荣北伐之前的整个计划：他先是打服了后蜀，夺回四个州，但没有选择消灭后蜀，显然是出于练手和震慑目的；接着又三征淮南，打垮了南方最强大的南唐，尽取其江北十四州，依然没灭其国，其目的仍然是震慑，让南方其他政权都老老实实别动，奉后周为正朔。效果也如其所愿，当时南方其他的政权慑于后周实力，都主动向后周称臣纳贡，后周已经完成形式上的统一。通过三伐淮南，后周还获得大量的钱粮补给，周军的实力得到很大的提升。既然南征已告一段落，柴荣便开始精心准备北伐。柴荣跳过北汉这个小傀儡政权，兵锋直指后晋时割让给契丹的幽云十六州。从实力对比上看，此时似乎先解决北汉比较保险，但柴荣却选择了“先难后易”。

柴荣除了认同王朴在《平边策》中的观点“幽燕既下，则北汉不足以为边患，可为后图。候其便，则一削以平之；如果先北汉而后幽燕，虽北汉可灭，然已师老兵疲，幽燕难下”外，他还有以下几点考虑：

第一，迄今为止，契丹占据幽云之地的时间不长，对当地重视程度不高，还没有把燕云地区内化为固有疆域。第二，幽云之地的百姓处在契丹暴政之下，民心向汉，早就对王师翘首以盼，进军幽燕之时必得百姓拥护，从而减少收复阻力。能否看清这两点，事关格局和视野。后来的北宋就是没看清这个情况，先打北汉，再夺幽云，结果错失窗口期，让契丹对幽云地区的控制力大大增强，日后怎么费劲都夺不回来。这便是“急攻则易而缓图则难”的道理。第三，南方初定，近期内无力也不敢再犯后周。如此，后方无虞，可举全国兵力对付契丹。第四，当时的辽主耶律璟是个渣渣皇帝，白天睡觉，晚上喝酒，被辽国百姓称为“睡王”，是辽朝历史上的著名昏君。契丹国力虽强，但内政混乱不堪，群情激愤，柴荣想抓住契丹内乱的政治窗口期，锐意北伐。如果此时不北伐，一旦契丹换了明主，北伐良机就将彻底丧失。日后宋太宗赵匡义北伐不幸遇到的，就是辽朝明君耶律贤以及他的枭雄皇后萧燕燕，结果碰得头破血流。

简单说，柴荣这次北伐，占尽天时、地利、人和。为了这次北伐，柴荣准备了大半年，调集大量民夫疏通了北方几条河流，打通漕运。疏通水路不为别的，是柴荣在经过三次南征后的经验总结，从水路北上，能节省大量的时间和减少行军的消耗，军队士兵可以保持体力，养精蓄锐，接着就能够以迅雷之势直奔幽云，以最饱满的精力迎战强敌。

备战北伐期间，柴荣最得力的大管家王朴病逝。自从献上《平边策》，王朴的官位就像坐火箭一样直线蹿升，短短五年间，便从一名普通京官飙升为朝政一把手，后周朝中无人可与之比肩。王朴的政治定位很清晰，他主要工作就是在柴荣离京后，处理繁杂琐碎的政务，推行柴荣费尽心血规划的改革，为征讨大军提供后勤保障，可以说是柴荣的后方大管家。

王朴处事果断，敢干事、能干事、干实事，深得柴荣信赖。但他为人处世锋芒毕露，因为有柴荣背后撑腰，朝中无人敢惹。虽然大家对王朴才能表示服气，但对他高调的姿态和言辞暗自不满。王朴全权负责扩建汴梁城时，曾偶然见一小校故意磨洋工，他便当众抽了小校数十马鞭。小校愤然道："我怎么说也是一个宣补乡虞候，你怎能随随便便就处罚我！"所谓"宣补乡虞候"，就是候补巡查官。王朴听这个小校口出狂言，直接命左右军士将小校押到自己马前，棍棒立毙。柴荣闻知此事后，不仅不怪罪，反而笑着对近臣们说："此大愚人，去王朴面前夸宣补乡虞候，宜其死矣！"（这个蠢货，竟敢在王朴面前张狂，真是自己找死。）

王朴是什么人都敢怼，即使是时任殿前都指挥使的赵匡胤，也曾受到王朴的斥责。赵匡胤对王朴的敬畏，完全发自内心，即便是称帝建宋之后。一天，他路过功臣阁，风吹开半边阁门，他正好面对殿内王朴的画像。赵国胤不禁肃然起敬，整理御袍，鞠躬行礼。左右侍从纷纷不解地问道："陛下贵为天子，彼前朝之臣，礼何过也？"（陛下贵为天子，他是前朝的大臣，对他的礼遇为何如此之重？）赵匡胤手指自己的龙袍说："此人若在，朕不得此袍著。"（如果这个人还活着，朕恐怕穿不上这件黄袍。）

王朴是个工作狂，大概是常年工作量太大，超负荷工作的王朴，身体每况愈下。忙完几次南征后勤保障工作后，王朴又响应柴荣号召投入治水工作。一次，王朴奉旨视察汴口河堤修筑状况，路过前宰相李谷的家，就顺道进去坐坐。两人正说话间，王朴突然晕倒，估计是脑出血或突发心脏病。他这一倒，就再也没能醒过来，享年五十四岁。巧了，诸葛亮死的时候也是五十四岁。这两位贤臣一样，都属于"过劳死"。虽然王朴不用操心打仗的事，但后周的钱粮、军需供给都是他负责。后周虽然是中原王朝，但建国最初几年，要钱没钱、要粮没粮，还要对外经常打仗。王朴这个管家和皇帝柴荣一样，日夜操劳，心累身体也累。

王朴死后，柴荣情绪失控，亲自跑到王朴家中，不顾帝王之尊，抚棺痛哭，谁都劝不住。柴荣的痛苦和失态是发自肺腑的，这是一种失去重要战友甚至知己的彻骨悲痛。王朴对后周的贡献，是有目共睹而且无可替代的：一是献《平边策》，提出清晰可行的战略规划；二是主抓朝政，在柴荣亲征期间，确保国家机器流畅运转；三是力行改革，全权负责京城扩建及水利兴修，还撰写了《大周钦天历》及《律准》。史书评价他称：“王朴仕周世宗，制礼作乐，考定声律，正星历，修刑统，百废俱起。又取三关、取淮南，皆朴为谋。然事世宗才四年耳，使假之寿考，安可量也。”

话题扯回。柴荣准备好北伐的相关事宜后，在他即位的第六个年头，也就是显德六年（959），又一次御驾亲征，踏上了北征契丹、收复燕云之路。此时，距离后晋帝石敬瑭割让燕云十六州已经过去了整整二十一年。燕云地区的汉族百姓时隔多年，终于见到了久违的中原王师，纷纷箪食壶浆迎接柴荣。柴荣南征北战，拥有战无不胜的威名，以至于听闻柴荣亲征，燕云地区的汉族降将和一些契丹守将纷纷主动归降。短短四十二天，柴荣几乎一路兵不血刃，连收三关（瓦桥、益津、淤口），共得宁州（治今河北青县）、鄚州（治今河北雄县）、瀛州（治今河北河间市）三州十七县、近两万户的关南之地，实现了收复燕云十六州的阶段性目标。柴荣收复后的关南之地（今河北省白洋淀以东、大清河流域以南至河间一带），自此再没落入敌手。后世北宋与契丹两次和谈，契丹都曾向北宋索要关南之地，但都未成功。关南之地是柴荣送给后世中原王朝恢复幽云的一块跳板，可惜赵匡胤、赵匡义乃至其他北宋后来之君，北伐相继失利，着实辜负了柴荣的一番心血。

得到关南之地后，柴荣准备一鼓作气，乘胜进击，直奔幽州，准备一战而定幽云。可惜，关南之地就是柴荣此役最终的战果。终五代乃至大宋灭亡，幽云十六州都没有真正回归中原怀抱。英明天子柴荣，突然毫无预兆地病倒了，收复幽云十六州的计划，也因此半道夭折。

英雄敌不过天意

话说柴荣在南征告一段落后，抓住天时、地利、人和，举全国之力北伐。在柴荣的威名下，契丹州县皆不敢与之争锋，望风投降，短短四十二天时间，几乎兵不血刃，收复三关三州十七县的关南之地。形势一片大好，柴荣厉兵秣马，准备一鼓作气，直捣幽州。

可惜人算不如天算，关键时刻，柴荣忽然患上急病，一昼夜之间，竟然不省人事。这场病来得又急又凶，柴荣一病不起，尽管病体沉重，他仍想硬撑病躯继续北伐。姐夫张永德苦劝道："天下未定，根本空虚，四方诸侯惟幸京师有变……如有不讳（崩逝），奈宗庙何！"无奈之下，柴荣不得不暂停北伐，从澶州急速返回汴京。回到汴梁京城后没多久，一代雄主柴荣就在显德六年（959）六月十八日崩逝了，享年三十九岁。

特别值得一提的是，此前柴荣夺取瓦桥关后，心情大好，认定大功必成，便带着随从登高远眺，检阅军队。看到当地父老乡亲用牛酒劳军，柴荣好言抚慰，好奇之余，指着不远处问道：

“此地叫什么名字？”当地父老们回答：历代相传，这地方名为“病龙台”。古人多忌讳，柴荣听到这个地名，顿时有一种不祥的感觉，默然骑马离去。结果，当夜柴荣就开始生病，高烧不止。北宋陶岳写有一本笔记《五代史补》，记载了当时另一个传闻：幽州当地百姓听说柴荣大军要来了，私下窃议道：“天子姓柴，幽州为燕地，燕者亦烟火之谓也。此柴入火不利之兆，安得成功！”（天子姓柴，幽州自古为燕地，“燕”与“烟火”谐音，柴入火冒“烟”，大军又怎能成功呢！）

在更早的时候，作为柴荣左右手的王朴曾经观测到异常天象，认为天下将起大祸，不仅他自己会遭殃，就连皇帝柴荣也难以幸免。于是他火速向柴荣禀报，并邀请柴荣一起观看异象。当天半夜，两人来到河边，王朴指着远处说：“陛下见隔河如渔灯者否？”柴荣仔细一瞧，果然看见远远的天边有一点火光，但那火光随即快速移动，越来越大，到了对岸就有车轱辘那么大了。最奇怪的是，火光之上似乎还站着一个三四岁的小孩，用手指着他们。王朴急忙拉着柴荣一起朝着火轮跪拜。二人跪拜后，火轮才渐行渐远，直至隐没。

这一段神乎其神的记载，来自北宋末年文人王铚的笔记《默记》。按照他的记载，这大约是显德六年（959）春天的事。没多久，王朴就在前宰相李谷家做客时突然病逝，而柴荣则在北伐幽燕途中罹患急病，随后在汴梁病逝。因此，后世有好事者宣称，柴荣应该是因为先前的毁佛得罪了佛祖菩萨。不过，王铚原文中有这么一句话："至明年（960），而天授我宋矣。火轮小儿，盖圣朝火德之兆，夫岂偶然？"从中可知，王铚写这个故事的根本目的，不过是为赵匡胤篡周的合法性隐晦背书而已。

确确实实，柴荣死后"因果报应说"甚嚣尘上。北宋杨亿《杨文公谈苑》、王巩《随手杂录》、慧洪《林间录》以及南宋李焘《续资治通鉴长编》等书，在记载柴荣死因时，都用了"痈发乳间""疽发脑间""疽发胸间"等表述，都指柴荣是死于痈疽（yōng jū）发作，也就是体表化脓性毒疮。但杨亿、王巩、慧洪等人，要么是信佛士大夫，要么是僧人。他们对外宣称柴荣死于痈疽发作的目的其实并不纯粹，更多是为了宣扬"因果报应说"。因为柴荣的毁佛运动，引起了僧人与佛教信徒的不满和攻击。在他死后，宣扬因果报应，无疑是劝喻世人敬佛的最佳素材，所以才会出现这么多宣扬柴荣遭受毁佛报应后死于痈疽发作的史料记载。而且，这些记载还进一步表示，柴荣痈疽发作的部位与他毁坏某座佛像的部位一致，以此来证明所谓的"报应不爽"。所有这些，完全是无稽之谈！

无论如何，属于柴荣的英雄时代结束了，历史翻开了新的一页。但有关柴荣的话题，远没有结束，后世之人对柴荣的遗憾和惋惜，以各种形式延续至今。柴荣三十三岁继位时，便立下了"十年开拓天下，十年养百姓，十年致太平"的壮志宏图，可惜老天只给了他五年半的时间。但即使是这么短的时间里，柴荣也做了非常多的事情：整顿朝政，裁汰冗弱、整军练卒，招抚流亡、减少赋税，修订礼乐、制度、刑法，抑制佛教……囊括了政治、经济、军事、文化、民生等方方面面。他还多次御驾亲征，南征北战：讨伐后蜀，得陇西秦、成、阶、凤四州；三征南唐，得江北十四州，北伐收复燕南失地，得宁、莫、瀛、易四州，总计十八州。

在短短五年间，柴荣付出了超乎想象的心血和努力，做了别人十五年，甚至二十年、三十年都不一定能完成的事，使得后周国家政治清明、百姓富庶，中原地区经济也得到了快速复苏。他在位五年半获得的口碑，丝毫不亚于其他治世明君十年、二十年甚至上三十年的成就，赢得了历史的至高评价。

欧阳修对柴荣的佩服可以说是五体投地，他在《新五代史》里称赞柴荣道：“世宗（柴荣）区区五六年间，取秦陇，平淮右，复三关，威武之声震慑夷夏。而方内延儒学文章之士，考制度，修《通礼》，定《正乐》，议《刑统》，其制作之法皆可施于后世。其为人明达英果，论议伟然……其英武之材可谓雄杰，及其虚心听纳，用人不疑，岂非所谓贤主哉！其北取三关，兵不血刃……得不可失之机，此非明于决胜者，孰能至哉！”

司马光写史，对历代皇帝持论颇为苛刻，但他对柴荣同样不吝赞誉：“世宗以信令御群臣，以正义责诸国……其宏规大度，岂得与庄宗同日语哉！《书》曰：‘无偏无党，王道荡荡。’又曰：‘大邦畏其力，小邦怀其德。’世宗近之矣！”

大儒朱熹同样对柴荣有着极高的评价，他在《朱子语类》中毫不掩饰对柴荣的崇拜："五代时甚么样！周世宗一出便振。"朱熹甚至不避讳，公开宣称本朝太祖赵匡胤的成功，是站在柴荣肩膀上取得的："世宗却得太祖接续他做将去。虽不是一家人，以公天下言之，毕竟是得人接续，所做许多规模不枉却。"

宋朝的宋神宗赵顼亦对柴荣推崇备至，他曾公开在朝会中吹捧柴荣："使（周世宗）天假之年，其功业可比汉高祖。"还称柴荣是"诚创业造功英主也"。当有大臣批判柴荣时，宋神宗更是毫不犹豫地站出来维护，毫不留情地辩驳臣下。

柴荣才识过人，气魄雄阔，不但在五代诸帝中无与伦比，即便是相对英明的后唐明宗、后周太祖以及南唐烈祖等人，也难望其项背。柴荣的才识，柴荣的战略思想，也远非宋太祖、宋太宗兄弟所能及。自唐太宗之后，迄于两宋，历代帝王无出柴荣之右者。奈何，英雄终究敌不过天意，柴荣英年早逝，功败垂成。如果老天能再多给柴荣一些时间，他极有可能建造一个功比汉唐的伟大帝国。而他本人，也将成为与秦皇汉武齐名的千古大帝。

可惜，历史没有如果，没有假设……

陈桥兵变后周亡

后周世宗柴荣，被誉为五代十国第一明君。他到底有多厉害，咱就不多说了，单说他的军事天赋，就少人能及。拥有军事天赋的帝王，往往都比较容易成为如李世民、朱元璋、刘邦这样的千古名帝。柴荣拥有卓越的军事天赋，但他在寿命上却是处于绝对的劣势。李世民活到了五十一岁，刘邦活到了六十一岁，朱元璋更是活到了七十一岁，而柴荣只活到了三十九岁，在位只有短短五年半时间。

柴荣雄心壮志出发北征，结果略有小成却突发重病，一病不起，勉强支撑回到汴梁，自觉命不久矣，强撑病躯，勉力为继承人顺利登基站好最后一班岗。柴荣患病前几乎从没考虑过继承人的问题，由于年长的皇子都在乾祐之变中被害，他只能选择目前最大的儿子柴宗训。由于柴宗训此时才刚满七岁，他不得不为儿子多做打算。

首先，他下诏立已经病逝的符皇后的妹妹，也就是天雄军节度使符彦卿的另一个女儿为皇后。符彦卿集团是当时实力最强的地方军事集团，天雄军（治今河北大名县）的地理位置，北可抵御契丹入侵，南可牵制京城兵变。柴荣这一步棋，是为了拉拢实力派人物符彦卿，希望他因为女儿的关系拥戴少主，保卫后周江山。其次，他对文臣辅政班子进行了安排：以范质、王溥和魏仁浦为内阁大臣、宰执大臣。范质性格暴躁，喜欢面责同僚，执政廉洁；王溥忠诚可靠，他是柴荣继位初期北汉和契丹联手南犯后周时唯一主张柴荣亲征的大臣，但性格吝啬；魏仁浦非进士出身，他是柴荣破格提拔起来的，忠心程度要比其他人高很多，是一位品行端正的谦谦君子。由于这三位宰相的性格各有缺陷，决定了他们不能形成威胁幼子帝位的政治集团。

对柴荣来说，最大的威胁还是来自那些能征善战的武将，尤其是殿前军一把手张永德，以及侍卫亲军的一把手李重进。他们位高权重不说，同时还分别是太祖郭威的女婿和外甥。而柴荣呢，本来也只是郭威的养子，三个人的地位本就不相上下。李重进和张永德在数年的征战中对柴荣都是忠心耿耿，但柴荣不敢豪赌人性。最后关头，柴荣做出了艰难的抉择，把赵匡胤提升为殿前都点检（皇家禁卫军总司令），而原先的殿前司第一把手张永德，被削去兵权，虚升为检校太尉、同平章事的文职。当然，以柴荣的聪明，不可能对赵匡胤毫不设防。为了防备赵匡胤，柴荣又提拔韩通为侍卫亲军副都指挥使。每次柴荣出征，都是韩通配合王朴留守京城，此人做事原则性极强，人送外号“韩瞪眼”，绝对的忠心不二。由于侍卫司一把手李重进又兼淮南节度使，远在扬州戍边，因此二把手韩通就成为事实上的侍卫司当家人。对于柴荣的安排，身为小皇帝舅舅的李重进没话说，作为小皇帝姑父的老实人张永德更没话说。

有人可能要问，既然将张永德、李重进被排除在京城外，为什么不将符彦卿召回京城坐镇呢？以符彦卿的威望，加上外有天雄军的军权，谁都会忌惮三分。但如果将符彦卿调到京城，符彦卿对天雄军的控制力势必减弱，时间一久难免会失控，很有可能发生兵变。而且，符彦卿和赵匡胤有姻亲关系。在柴荣即位的第四年，也就显德四年（957）左右，赵匡胤的弟弟赵匡义迎娶符彦卿第六女，和符彦卿攀升成为亲家。所以，后来赵匡胤陈桥兵变之后，礼遇后周符太后和皇室成员，而符彦卿方面也没有起兵讨伐赵匡胤。

关于后周军界第一人张永德的出局，源自一个千古之谜："点检做天子"。这个谜团从一开始就显得不可思议。在柴荣病重期间，柴荣听闻外间有人从地下挖出一块木板，上有"点检做天子"的字样，便疑心当时任殿前都点检的姐夫张永德。后来柴荣欲强撑病躯继续北伐时，张永德苦劝柴荣返京。柴荣因为"点检做天子"的传言，不免多疑，因此返京后就迅速收回张永德的兵权。"点检做天子"的谜团，后世有人称是赵匡胤所为，目的是陷害张永德，好让自己尽快上位。历史的真相到底如何，后世已经很难知晓。以结果论，则赵匡胤确实因为这块木板而跃升为禁军一把手，为日后篡国登基打下了基础。

显德六年（959）六月十九日，年仅三十九岁的周世宗柴荣病逝，他的儿子梁王柴宗训即位，是为"后周恭帝"，时年才七岁。转年春天，小皇帝柴宗训还没来得及改元，柴荣棺柩也才刚入土两个多月，真是"尸骨未寒"的时候，本来要率兵北征契丹的赵匡胤兄弟就自导一出大戏，在陈桥驿（位于今河南新乡市封丘县境）发动兵变，黄袍加身。如此一来，赵"点检"果真做了赵"天子"。这是五代时期第五次兵变称帝，也是最后一次。至此，五代时期中原最后一个王朝后周也灭亡了，共历三帝，享国十年。后周作为五代中的最后一个王朝，两任皇帝都干得不错。特别是后周世宗柴荣，澄清吏治，推行改革，选才纳谏，修订刑律，整顿禁军，均定田赋，修浚边防，顺应了当时的形势，为后来北宋结束五代十国的分裂局面奠定了基础。

为此，《旧五代史》作者薛居正饱含深情地写道：

世宗顷在仄微，尤务韬晦，及天命有属，嗣守鸿业，不日破高平之阵，逾年复秦、凤之封，江北、燕南，取之如拾芥，神武雄略，乃一代之英主也。加以留心政事，朝夕不倦，摘伏辩奸，多得其理。臣下有过，必面折之，常言太祖养成二王之恶，以致君臣之义，不保其终，故帝驾驭豪杰，失则明言之，功则厚赏之，文武参用，莫不服其明而怀其恩也。所以仙去之日，远近号慕。然禀性伤于太察，用刑失于太峻，及事行之后，亦多自追悔。逮至末年，渐用宽典，知用兵之频并，悯黎民之劳苦，盖有意于康济矣。而降年不永，美志不就，悲夫！

赵匡胤登基后，柴荣的儿子柴宗训被宋朝改封为“郑王”。十三年后，柴宗训二十岁才出头，就突然“生病”死了，估计是被宋室派人所暗害。当时赵匡胤还活着，他装模作样地当众大哭一场，给柴宗训谥号称“恭皇帝”，还把小伙葬在父亲柴荣陵侧。柴荣共有七个儿子，老大、老二、老三被后汉隐帝刘承祐所杀掉；老六柴熙谨在宋朝初期就不明不白地死掉了；老五柴熙让、老七柴熙诲更是活不见人死不见尸，八成也是被赵宋派人下手暗害了。直到宋仁宗嘉祐四年（1059），仁宗皇帝才想起来还有柴家一脉，于是让人翻查柴家族谱，从中找了一个辈分最高的后人，让他每年去祭拜后周的柴氏祖宗。所以，大家别被《水浒传》或其他民间演义给误导了，以为柴进是后周皇帝的嫡系子孙，被宋朝皇帝封为“一字并肩王”什么的，其实那都是编出来的。实际上，大英雄柴荣的直系后代早就被杀得一个不剩。

当初，柴荣为了防止唐末以及五代诸朝藩镇推翻皇帝的悲剧重演，想方设法削弱藩镇的兵力，重金招募强兵猛将入京城守卫帝室。结果，柴荣死后，帝位没被强藩抢走，反而是被禁卫军头子给顺走了。天算人算，防不胜防。可悲！可叹！前人栽树，后人乘凉，赵氏兄弟完全是依凭柴荣的遗泽余威，四攻八伐，最终成就了大宋基业。

附录一

亡国破家的魏博牙兵

我们前面讲述五代后唐的兴亡时，估计大家很感兴趣的一点，就是魏博军镇的存在。大名鼎鼎的后唐“伶人天子”李存勖的败亡，追根溯源，就是魏博军镇一个大头兵皇甫晖导致的。那么，五代时期的魏博军镇为何充满了动荡不安？魏博的历史渊源又是如何的呢？

说起魏博军镇，还要从唐朝讲起。公元755年爆发的安史之乱，将整个唐朝历史截为两段。在此之前的大唐，中央集权强大，而在此之后，藩镇林立，其间虽有唐宪宗短暂的“元和中兴”，但昔日繁盛富庶的大唐帝国已经不复旧观。唐朝的藩镇节度使，早在太平天子李隆基上台前就已经存在，而藩镇的崛起和失控，却是从玄宗皇帝末期开始的。玄宗皇帝晚年昏悖无德，治理无方，心中只有华清池温泉和杨贵妃的玉体。渔阳鼙（pí）鼓彻地而来，安禄山叛反，玄宗皇帝仓皇出奔西蜀。后经三代君主的努力，安史之乱虽然被平定，但广大河北地区却无法再回到朝廷实际控制状态。昔日的安史叛将，后来投降朝廷的幽州李怀仙、成德李宝臣、魏博田承嗣、相卫薛嵩，成为河北地区实际的主人。卢龙（治幽州，今北京）、成德（治幽州，今河北正定）、魏博（治魏州，今河北邯郸大名县）赫赫有名，被称为河朔三镇，其中最著名的是位于河北南部的魏博藩镇。

魏博军镇实力强劲，对朝廷飞扬跋扈，破坏性极强，究其原因，就是因为魏博军镇拥有一支名震当时的军队——魏博牙军。当时就有一句谚语：长安天子，魏府牙军。牙军，本来是藩镇中的亲卫军，往往是藩镇军队中抽调出来的精锐，是藩镇的核心力量。藩镇中的牙军，类似唐朝中央的神策军。藩镇的牙兵，特别是魏博的牙兵，倚仗武力目中无人，一旦要求无法得到满足，就算是藩镇节度使也会杀掉。魏博藩镇之所以能够一直虎视天下，就在于它有一支强悍的牙兵，而魏博军镇的衰弱也与魏博牙兵的覆灭息息相关。

魏博牙军由初代节度使田承嗣创立。安禄山败亡之后，田承嗣顺风使舵成了唐朝的节度使，因长年战乱，他手下的兵员和辖区的人口损耗很大。面对不利的环境和形势，野心勃勃的田承嗣决心创立强悍的军队。田承嗣是地道的汉人，所以他只能招收魏博当地人来扩充军队。因此，魏博牙军自诞生之初就有很强的地域依附性。田承嗣大规模征发魏博当地青壮年入伍，并从中选拔矫健强悍的人作为牙军，实际是建立一支由职业军人组成的精英部队。魏博所在的河北南部人口稠密，经济发达，历来被视作王霸之地。而且，与河北大部分地区胡化不同的是，河北南部的文化、民风更接近唐朝，田承嗣占据魏博，确实也起到了移风易俗、保持汉文化的作用。

唐朝时期的魏博藩镇可以分为两个发展阶段：第一个阶段是田承嗣所开创的田氏时期（763—820）。这个时期，魏博牙兵的危害还没显露，魏博牙军的强盛成为田氏抗衡朝廷中央军的资本，而且田承嗣死后田氏家族的传承也没有受到牙军的干扰。第二个阶段，大约为“元和中兴”之后到唐末（820—907）这一时期。原本只在田氏家族中传承的魏博藩镇节度使职务，开始频繁易主。最为重要的是，担任魏博节帅的决定权基本控制在牙军手中，包括史宪诚、何进滔、韩允忠、乐（yuè）彦祯、罗弘信等人，都是因牙军拥立成为节帅。其中的史宪诚、何全皞、韩简、乐彦祯，又因牙军的厌弃而遭杀害。至此大家会问，魏博藩镇后期为何内部动乱如此频繁？无他，原因就是节度使无法满足牙军的金钱需要——钱给得不够！对魏博牙军来说，谁当节度使都无所谓，但这个人必须能够保障他们的经济利益。所以，这一时期魏博军镇的节帅考虑最多的问题，不是如何和中央政府或者邻镇维系关系，也不是如何利用魏博的军事优势在争霸中得利，而是如何稳固地控制牙军。

魏博藩镇后期，乐彦祯父子想要扶植自己的亲信私兵来取代牙军。结果，这一意图导致牙军与乐氏父子发生冲突，最终作为节度使的乐彦祯被枭首示众。这次冲突之后，牙军拥立罗弘信为新的节度使。而趁着魏博内乱的时机，当时在河南的朱温开始把手伸向魏博，介入内乱。

由于魏博牙军浓厚的嗜利性和地域性，这支强悍军队始终无法跨出河北，去和别的藩镇逐鹿天下。黄巢造反被平息后，唐朝实际已分崩离析。朱温击灭蔡州（治今河南汝阳）秦宗权之后，又陆续对感化军时溥、天平军朱瑄、泰宁军朱瑾用兵，节节胜利，已然成为中原的霸主，唯有河东李克用可以与之分庭抗礼。在晋汴争霸的过程中，魏博军镇逐渐衰落，沦为了中原政权的附属。而魏博的衰落，则源于魏博牙军的覆灭。当时的魏博节度使罗绍威和他的前任一样，深恨魏博牙军的骄横跋扈，于是借朱温之手彻底铲除了牙军势力。他这样一来，虽然解除了牙军对自己家族的威胁，但魏博军镇势力，却从此衰弱。牙军没了，他的靠山也就没了，清醒之后，罗绍威非常懊悔地对左右说："合六州四十三县铁，不能为此错也！"公元912年，朱温麾下大将杨师厚趁朱温去世进据魏州，魏博末代节帅罗周翰被迫离镇。至此，存续一百四十九年的魏博政权宣告结束。即便如此，在此之后，魏博军镇依旧对五代政权的更迭产生过巨大影响：后梁因分割魏博藩镇而逐渐失去了对河北的控制，最终丧家亡国；后唐庄宗李存勖英雄一世，也因为魏博的动乱最后身死国灭。直到后唐明宗，才最终将魏博牙军斩草除根，魏博的动乱从此开始才真正衰歇。

魏博牙军为何如此强悍呢？

第一，魏博牙兵是植根魏州地区的本土军事力量，和后来朱温率领的那支由游民组成的宣武军不同，有着深厚的乡土情结。

安史之乱之后，田承嗣控制的魏博镇虽然也经历了战乱，但与在黄巢之乱中几乎被夷为白地的汴梁地区不同，魏博镇并没有经历太大的战火摧残。田承嗣穷兵黩武，目的就是为了巩固自己在魏博的统治，所以他在魏博招募的军士绝大多数是魏州本地人。经年累月，这些本地军人成为类似同时期欧洲封建骑士的职业军人。所以，从历史的角度看，魏博牙兵的传承要比中央政府军稳定得多。魏博军镇最后一任节度使是罗氏家族成员，罗氏家族最早能追溯到田承嗣时代，延续多年；反观唐朝的郭子仪家族，在罗绍威担任魏博节度使的时候，该家族已经衰落无闻，郭氏家族从前在长安的土地、豪宅都变为神策军的养马地。郭子仪当年贵为汾阳王，比罗绍威的高祖父官爵名望不知高出多少倍，但百余年后，郭氏家族连自家的土地都保不住。

第二，魏博牙兵具有极强的家族继承性。由于魏博军镇在长达一百四十九年的时间里都实行封建世袭制度，魏博牙兵一直是父死子继，与朝廷中枢长安地区完全不一样。在当时的唐朝核心地区，普遍把从军当兵当作贱业，军人没有任何职业自豪感。即便长安的天子私军神策军——装备精良、军饷优厚，但始终是一支由太监领导，由游民和流氓无产者组成的雇佣军。作为中央军的神策军，不止一次参与洗劫长安百姓。与之相比，以魏博藩镇为首的河朔三镇，士兵哗变、牙军起事驱逐节度使之类的内乱如家常便饭，但每次不管是赢家还是输家，魏博牙兵从未洗劫魏州本土。

所以，魏州百姓常常像看大戏一样，在家门口围观各派军人互杀互砍。正是魏博军镇彻底的军事世袭制度，反而使得河朔三镇军人对外侵略性很低，他们类似同时期欧洲的骑士，家家有土地，户户有钱花。相比朝廷中央控制的绝大部分地区，三镇的军人和百姓日子要好过得多。所以，当魏博节度使韩简乘唐僖宗西逃入蜀，想要率领魏博军人入主中原时，魏博军人的想法却是，在家乡待得好好的，干吗要到“穷乡僻壤”冒险卖命？他们马上毫不领情地把韩简赶走。所以，以魏博为代表的河朔三镇军事割据内核非常独特，在这些军队身上有一种特殊的尚武精神：以保家护乡为念，流血断头，至死不渝！

魏博牙军尚武，具有骄横跋扈、战力爆棚的特性。从另一方面看，从地方治理看，虽然魏博历任节度使大多是军头老粗，但出奇的是魏博镇治所魏州的经济一直发展不错，即使到了后晋时期，即魏博军镇割据结束二十多年后，这一地区依然是中国北方最繁荣、最富庶的地区。经过近一百五十年的积累，魏州是五代时期北方最繁荣的城市。

魏博军镇彪悍独立的牙兵虽然在朱温控制河北地区之后名存实亡，但牙兵精神的继承者“银枪孝节军”在后唐灭后梁的战役中发挥了决定性作用，这也算报了这支精兵前身被朱温屠杀的昔日之仇。这支由魏州中小地主与富农子弟组成的子弟兵，还直接决定了后唐庄宗李存勖的命运。振臂一呼的皇甫晖，就是魏博牙军子弟，也是导致后唐由极盛到衰亡的关键人物。为此，北宋史学家司马光在《资治通鉴》中写道：“庄宗（李存勖）之克梁也，以魏州牙兵之力；及其亡也，皇甫晖、张破败之乱亦由之。”

皇甫晖此人，最初在后唐辖下的魏州军中当兵。后唐庄宗李存勖派遣魏州军戍守瓦桥关（在今河北雄县南），一年戍守期满，这支军队本应回魏州休整。大军走到贝州（今河北清河西）时，却被朝廷命令留在贝州就地屯田。皇甫晖性情勇猛、无赖，与地痞流氓无异。一天夜间，他在军中赌博赌输了，竟然伙同心怀怨恨的军士发动叛乱。当时，后唐庄宗李存勖政治昏暗，天下人心散乱，所以魏州军士一经鼓动，便群起响应。同光四年（926）二月，皇甫晖率领乱兵劫持了都将杨仁晸（zhěng），对他说：“皇帝先前能够灭梁得天下的原因，就是先得魏州拥有我们河北强大的军队，我等魏州兵士甲不离身、马不解鞍征战已经十多年。如今，天下平定，天子却不顾念我们长期戍守边关之苦，家乡在即，却命令不准回去。将士们思归心切，将军应当与我们同回魏博。如果天子发怒，我们干脆占据魏州，足以起事成功。”

杨仁晸惊恐之余，还是耐心劝说道：“汝等何谋之过耶！今英主在上，天下一家，从驾精兵不下百万，西平巴、蜀，威振华夷，公等各有家族，何事如此！”（你们怎么会想出这种昏招啊！当今天子是英明君主，四海归于一统，随驾征伐的精兵不下百万，西边已平定巴蜀，威势震动天下！你们各家都有父母妻儿，何必非要走这条绝路！）皇甫晖等人抽刃相向，把杨仁晸围在中间，恐吓道：“三军怨怒，都要谋反，如不听从，刀剑无情。”意思很明白，如果不听从命令，性命难保。杨仁晸此时镇静下来，急忙表示：“吾非不知此，但丈夫举事，当计万全。”（我不是不识时务，但聪明人起兵举事，凡事要考虑周全。）皇甫晖没耐心听他啰唆，长刃一挥，杨仁晸人头落地，然后又强推一名小校为首领，小校不敢，同样也是人头落地。皇甫晖浑身是血，提着两颗脑袋去见裨（pí）将（副将）赵在礼。赵在礼听闻兵变，刚爬上墙头想逃命，就被赶来的皇甫晖一把拽下。皇甫晖把刀架在他脖子上，指着脚下杨仁晸的首级说：“如不从命，地上的脑袋马上就变三颗了！”

赵在礼怕死，只得顺从皇甫晖领导叛军。赵在礼任命皇甫晖为马步军都指挥使，自称“留后”。皇甫晖率领叛军先是夜里烧了贝州城，然后闯入邺城（治所在河北临漳县）劫掠。他率领数百骑人马，在城中大肆抢掠。他闯入一户人家，问对方姓什么，户主惶恐回答姓“国”，皇甫晖狰狞笑道：“我正要破国！”说罢，率领士兵把国姓一家杀得一个不剩。接着又到一户人家，还是问对方姓什么，户主回答姓“万”。皇甫晖哈哈大笑：“我杀个一万家应该够了。”马上又杀光了这万姓一家……

贝州事变发生后，后唐庄宗李存勖派遣李嗣源率兵讨伐叛乱，没想到讨伐军中也发生了叛乱，两股人马里应外合，联合起来拥立李嗣源为帝，其中的故事，我们前面已经讲过……可见，后唐一连串的叛乱，都是由皇甫晖这个魏博军镇的一个普通军卒所引发。

李嗣源称帝之后，论功行赏，这个皇甫晖因为第一个领头造反是为首功，当时要是没有他斩下杨仁晸首级的一刀，李嗣源还不一定有今天的帝位。所以，李嗣源提升他为陈州刺史。这个刺史的官职与先前赵在礼所封“马步军都指挥使”完全不是一个事。赵在礼当时只是一个贼头，而李嗣源是实打实的皇帝。此后，在整个后唐时期，皇甫晖都一直担任刺史级别的职务。

石敬瑭灭后唐建立后晋之后，皇甫晖被从地方调到京师担任“卫将军”。而先前被他逼着加入反军的老上司赵在礼此时已经当上节度使。到了京城之后，皇甫晖闯入赵在礼的大宅，大大咧咧坐在主座，对赵成礼说：“先前我们共同起事，最终成就大业，但事情是由我先发起的，你今天的富贵，不让我分享一点吗？否则的话，你将大难临头！”还别说，皇甫晖气场就是强大，即便身为节度使，赵在礼还是十分害怕，不但送给他金银财宝无数，还设宴殷勤款待。皇甫晖镇定自若，痛饮一番后，带着大笔钱财，不谢而去。

后来，皇甫晖被封为密州（治今山东诸城）刺史。后晋天福十二年（947），契丹军队大举南下，后晋灭亡。皇甫晖这人虽然就是个无赖，但他把民族气节看得挺重，没有投降契丹人，而是率领密州军队和百姓逃到江南，投奔了南唐。南唐国主李璟得知大喜，马上派人乘船逆江而上接应他们。投附南唐之后，皇甫晖历任歙（shè）州刺史、神卫都虞候，后任奉化军节度使，加同中书门下平章事，镇守江州（治今江西九江）。南唐保大七年

（949），淮北地区正处在后晋、后汉两朝交替的混乱中，地方各股武装都表示愿意归顺南唐。李璟见有机可乘，派出时任神卫都虞候的皇甫晖率军一万，出发到海州、泗州等地招纳各路豪强武装和那些因战乱四散的流民。皇甫晖该打的打，该纳降的纳降，取得不少战果，最后率军退回南唐。

转眼到了后周显德二年（955），后周集结大军开始南下。南唐国主李璟任神武统军刘彦贞为北面行营都部署，统兵二万镇守寿州（治今安徽寿县），以奉化节度使、同平章事皇甫晖为应援使，常州团练使姚凤为应援都监，领兵三万屯驻定远。刘彦贞这个人治军无方，所以当时军将都知道他必败无疑，但皇甫晖老成持重，所部军容肃整，因此南唐士兵都乐于在他麾下效命。皇甫晖毕竟是身经百战的老将，名头很大，后周军队对他十分忌惮。南宋大诗人陆游撰写的《南唐书》就记载说："（皇甫）晖独持重，部分甚整，士亦乐为用。周人颇惮之。"

后周显德三年（956）春，周世宗柴荣率领大将赵匡胤等进攻南唐的淮南地区，连战连捷，皇甫晖和姚凤退守清流关（在今安徽滁州西郊），集结军队，号称十五万人，誓死抵抗。二月间，柴荣亲率精锐攻打寿州，命令大将赵匡胤率军急进偷袭清流关。皇甫晖自信满满，在清流山列阵迎敌。结果，南唐军队刚跟后周军前锋接战，赵匡胤忽然率兵从山后杀出，皇甫晖等大惊，率军败走，退入滁州城中。皇甫晖命人切断护城河的桥梁，打算死守城池。赵匡胤骑马率兵涉水渡过护城河，追至城下。皇甫晖深知赵匡胤勇猛，宣称：“我们各为其主，希望你我双方能摆开阵列，一决胜负。”

赵匡胤佯装答应，皇甫晖整队出城，在马上正准备指挥进攻时，赵匡胤忽然拍马疾驰直冲上前，一刀砍中皇甫晖的脑袋，幸好皇甫晖有兜鍪护首，没被砍死，重伤落马之后被赵匡胤活捉。一战下来，南唐军大败，大将皇甫晖、姚凤皆被生擒。皇甫晖和姚凤被活捉之后，赵匡胤把他们送到寿州，柴荣亲自召见他们。见到大周年轻英武的皇帝，皇甫晖丝毫不惧。他躺在地上，神色自若，大大咧咧地对柴荣说：“我受伤被擒，不是我不为国事尽力，实在是南北两军差距太大。从前我在晋国（后晋）为将，曾与契丹人交战。相比今日，契丹兵马也不如周兵雄壮……如今我心力交瘁，所以才被生擒。”

虽然皇甫晖是敌方将领，但这个老头子毕竟在五代时期大名鼎鼎，所以柴荣虽然贵为皇帝，对他也心存敬重。他近前察看伤势，发现皇甫晖除了脑袋被赵匡胤砍了一个大口子外，浑身上下也都是旧伤，可见其身经百战。柴荣叹息怜悯之余，下诏赐给他金带和鞍马。但是，皇甫晖硬气，不吃不喝不吃药，没几天伤势恶化，就一命呜呼了！

皇甫晖虽然死了，但他的故事还没结束。他的儿子皇甫继勋，后来成为南唐灭亡的关键人物。

附录二

五代十国时期的“枢密使”到底有多大权力

对于“枢密使”这个官职，估计大家最耳熟能详的是宋朝，特别是北宋，比如狄青担任“枢密使”一职的周折故事。在我们大多数人心目中，这个职务类似于今天的“国防部长”，只不过当时“枢密使”一职是由文人担任。

确确实实，北宋一代，特别是中后期，文人担任枢密使职务更多些。就北宋而言，太祖朝武将出身的枢密使正职有吴廷祚、李崇矩、曹彬；太宗一朝有曹彬、楚昭辅、王显，另外知枢密院事的有张逊、柴禹锡、赵镕；真宗一朝有王显，还有知枢密院事周莹、枢密使王继英，知枢密院事马知节、枢密使曹利用；仁宗朝的枢密使有曹利用、张耆、杨崇勋，知枢密院事有王德用、夏守赟，以及枢密使王贻永、狄青……根据统计，北宋枢密院正职（包括枢密使、知枢密院事、领枢密院事及判枢密院事等）总共七十三人，其中文职出身五十四人，武职出身十八人。文职出身者人数占总人数比例的 70% 多，而武职出身者仅占总人数比例的 20% 多。

但是，五代十国时期的枢密使，和宋朝枢密使职务完全不一样。五代十国时期职官制度虽沿袭唐制，但变化比较大，除了新增一些机构与职官外，一些旧有职官的性质和职能也发生了非常大的变化，特别是枢密院和枢密使，与从前的唐朝和之后的宋朝完全不同。唐代开始就设置有枢密使一职，到五代时期这个职位权力空前膨胀。清朝学者王鸣盛说：“三省长官皆宰相，而唐偏以同平章事充之，后又移其权于翰林学士，五代又移其权于枢密使”，“五代则又必以枢密使者方有相权。”（王鸣盛：《十七史商榷》卷九五《郭崇韬、安重诲皆枢密兼节度》）也就是说，五代时期的枢密使，才是真正的宰相！

枢密使一职，始于唐代宗永泰年间设置的“掌枢密”一职，当时以宦官充任。唐宪宗时期开始改为枢密使，仍旧以宦官充任，并且出现“枢密院”这样的正式机构。僖宗、昭宗时期，宦官杨复恭、西门季元想剥夺宰相权力，开始在堂状后帖黄，权力日益增大。后梁建立后，鉴于先前宦官专权之弊，改枢密院为崇政院，开始以士人为崇政院院使。到了后唐同光元年（923），又把崇政院改回枢密院。后晋天福四年（939）一度废罢枢密院，到开运元年（944）又再度恢复。而后，后汉、后周一直有枢密院和枢密使。

当然了，五代枢密院机构的完善，有一个循序渐进的过程。从后唐明宗开始，枢密直学士的职能开始增多，这些人充当皇帝顾问，可以在宫中值宿，每月向史馆录送诏书奏对，参与国事谋议。由此，枢密直学士的权力与地位逐渐得到提高。后梁建国之后，任崇政使职务的只有敬翔、李振二人，他们还没有达到宰相总揽大政的权力。后唐时期恢复枢密院设置，“郭崇韬、安重诲相继领其事，皆腹心大臣，则是宰相之外复有宰相，三省之外复有一省矣。”（《文献通考》卷五八《职官考一二》）特别是后唐庄宗时期，郭崇韬任枢密使，位极人臣，权倾内外，连当时的宰相豆卢革、韦说等人都要巴结他。所以，胡三省才这样说：“自后唐同光以来，枢密使任事，丞相取充位而已。”（《资治通鉴》卷二八九胡注）由此可以断定，这个时候的枢密院已经成为国家最高决策机关。

唐代的枢密院属于内朝机构，所以长官由宦官担任。五代初期，仍然保留了这种性质，比如后梁乾化二年（912）朱友珪弑父自立为帝，这年九月他“以兵部尚书、知崇政院事敬翔，太祖腹心，恐其不利于己，欲解其内职，恐人失望。庚午，以（敬）翔为中书侍郎、同平章事。壬申，以户部尚书李振充崇政院使”。胡三省注释说：“内职，谓知崇政院事。”（《资治通鉴》卷二六八）可见，崇政院在后梁时期还是保留着内朝性质。到了后唐，枢密院虽已成为外朝性质的中央最高决策机关，但还是具有一些内朝机构的因素。除了处理军国大事外，它还负责处理许多宫中事务，连宫中的日常用度也归枢密院管理。比如安重诲任枢密使时，皇宫中营建等需求，都需要安重诲同意。到了后晋，石敬瑭废枢密院，“以印付中书，院事皆委宰相分判”（《资治通鉴》卷二八二），就可证明在当时枢密院已经主要是外朝性质的机构。后唐时期恢复枢密院之后，曾用宦官张居翰任枢密使，与郭崇韬并列，这是一个特例。后晋时期，宰相桑维翰、李崧兼枢密使，使得当时的宣徽使刘处让和许多宦官“皆不悦”。(《资治通鉴》卷二八一)这些人对桑维翰、李崧二人任宰相同时兼枢密使之所以不高兴，就是因为枢密院必定还保留内朝机构的一些性质，等于动了他们的奶酪。不过，五代时期枢密院性质毕竟不同于唐代，自张居翰以后，宦官马绍宏也曾短暂地充任过此职。从此之后，五代时期再无宦官充任过枢密使。后唐时期权臣郭崇韬任枢密使，史书中之所以说他“权兼内外”，这里的“内外”就是指内朝和外朝。

五代整个时期，“枢密使”这个执政集团的权力确实很大。唐朝初年，相权分别体现在三省之中。三省制度的核心问题是定策、审议与执行，三权分立，互相制约。所以，三省长官形成执政核心集团，共同管理国家大政，行使国家的中枢职能。中唐以后，这种体制遭到破坏，形成了宰相与神策中尉、枢密使共同决策的二元体制。尽管如此，宰相作为中枢机构中的一方，仍然拥有较大权力。五代一变唐制，由枢密使个人负责重要事务，权力高度集中。所以，五代时期枢密使的地位，不仅凌驾于宰相之上，而且还超过唐代宰相的权力，“枢密使皆天子腹心之臣，日与议军国大事”，“凡中书除官，诸司奏事”，“秉政赏罚”都是枢密使说了算。(《资治通鉴》卷二七二)那么，五代时期的宰相干什么呢？“宰相受成命，行制敕，掌典故，治文事而已”。(《资治通鉴》卷二八二)所以，五代时期的枢密使位尊权重，凡是有所决策，无人敢予封驳，使得审议之制形同虚设。

五代时期的枢密使，最核心的权力在于人事权。唐代宰相虽有任官权，但时常受到皇帝的限制，而且皇帝往往直接过问重要大臣的任免。五代时期，枢密使则独揽人事大权，剥夺了宰相本来拥有的人事权。后唐的郭崇韬、后晋的冯玉、后汉的杨邠，他们任枢密使时，人事任命都是他们说了算。冯道老头子曾说过："吾三入相，每不及前，以擢任亲故知之。初入能用至丞郎，再入能用至遗补，三入不过州县，是宰相之权日轻也。"（《类说》卷一九引《幕府燕谈录》）这位老好人冯道历事四朝十君，他的话很能反映各朝相权日益削弱的情况。更过分的事，连宰相的任免也往往操于枢密使之手。比如安重诲赏识崔协，这个人身材魁梧相貌堂堂，但就是没有文化，当时外号是"没字碑"。这样一个人，因为安重诲喜欢，就被任为宰相。而当时另外一个宰相任圜，安重诲特别讨厌他，结果竟遭杀害。同时，五代时期枢密使出于自己需要，还往往随意创设机构，以至于朝中机构往往叠床架屋。更过分的是，就是皇帝用人往往也受制于枢密使，后唐明宗想择一重镇安置自己的亲信华温琪，多次向安重诲说项，老安都说没有地方安排他。除此之外，枢密使在人事权方面还有更大的权力，我们后面接着说。

五代的枢密使，权力极大，可谓人事、军权一把抓。

对于藩镇调动和任免，枢密使拥有直接权力，而且根本不需要以皇帝名义颁布制敕。后唐清泰元年（934），枢密使朱弘昭、冯赟调成德节度使范延光为天雄节度使，改潞王李从珂为河东节度使，改河东节度使石敬瑭为成德节度使，“皆不降制书，但各遣使臣持宣（枢密院文书）监送赴镇”。（《资治通鉴》卷二七九）后汉李太后弟弟李业想当清贵的宣徽使，后汉隐帝与太后暗中向枢密使杨邠求官。杨邠脖子一扭，就是不同意。后汉枢密使郭威率师讨伐李守贞等叛镇军阀，班师时路经洛阳，当时的洛阳留守、同平章事、静难节度使王守恩自认为已经是使相大官，“肩舆出迎”，就是坐在肩舆上去迎接郭威。郭威大怒，认为对方无礼藐视自己，马上发“头子”，任命保义节度使、同平章事白文珂代替这个王守恩为留守。为此，史书中记载说：“若（白）文珂、（王）守恩皆位兼将相，汉大臣也，而周太祖以一枢密使头子易置之，如更戍卒。”所谓“头子”，就是枢密使所发布的文书。可见，枢密使之权重由来已久，改任将相职务，都属于稀松平常的事情。那么，除了人事权，五代枢密使还有别的什么权力吗？

五代时期，枢密使不仅掌握人事任免大权，还握有实实在在的军权，他们对军事权力的把控，是历代宰相所无法企及的。五代时期，人们就把枢密使称为“执政”。“执政”二字的意思在五代时期不比宋代，宋代“执政”指宰执级别的官员，五代时期“执政”专门指枢密使。朝廷但凡有关军事的一切事务，枢密使都有权过问。最关键的在于，无论是中央禁军还是藩镇兵马，枢密使都有权调动。为了便于直接控制军队，枢密使本人往往还兼任一镇或数镇节度使。比如后唐的郭崇韬，曾兼领成德军节度使，镇、冀、深、赵等州观察处置使；后周的王峻曾兼平卢节度使。后周末期赵匡胤陈桥兵变，消息传来，参知枢密院事范质闻知消息，长叹道：“仓卒遣将，吾侪之罪也！”（《新五代史》卷四六）可见，即使赵匡胤这种身居殿前都点检高位的禁军大将，其实还是需要接受枢密使的调遣。

枢密使不仅在京城坐镇指挥军事，还会亲自统兵作战或外出督战。后唐大将石敬瑭率军队讨伐四川的孟知祥和董璋，一直无法取胜，后唐明宗深感忧虑。为此，枢密使安重诲表示说：“臣职忝机密，军威不振，臣之罪也，臣请自往督战。”作为枢密使的安重诲出行之后，“日驰数百里。西方藩镇闻之，无不惶骇”，军队派人不分昼夜向前线运送钱粮，累死无数负责后勤运送的人员和牛马，不敢有丝毫怠慢。（《旧五代史》卷六七）从中，可见枢密使的威权；而且，军队内部的重要事务枢密使都要插手。比如五代时期的马政，也就是军队内和养马、粮草相关的事权，也全部由枢密使包揽。

我们细读史书，可以发现后唐明宗曾多次向枢密使范延光询问过全国现管马匹的数量，后汉时期郭威以枢密使身份出任邺都留守，河北地区的兵甲、钱谷都归他掌握。后周广顺元年（951），枢密使王峻率军队迎击北汉契丹联军，军行资用，完全可以随意下令选择……可以想见，枢密使当时把控军队的权力确实很大，事无巨细，都归他管。与五代枢密使权力相比，唐代宰相虽有发兵权，但必须经过和执政班子的集体商议程序，然后以皇帝制敕名义调动军队，根本没有以个人名义调发军队的权力。

五代时期的枢密使，除了人事权和军权之外，国内财权也归他管。枢密使不仅有权过问国家财政大事，而且还直接掌握钱谷发放和府库领取的权力。翻看史书，就可以发现许多五代时期枢密使过问财政的记载，诸如安重诲、杨邠、郭威等人，都是如此。由于五代一直是乱世，战事频繁，对于每个朝代和每个小国来说，财政匮缺都是非常大的问题。作为枢密使，这些权臣也常常为此感到不安和焦虑。后唐庄宗李存勖，想盖一座大宫殿，他身边的宦官们暗中挑拨说："郭崇韬常不伸眉，为孔谦论用度不足，恐陛下虽欲营缮，终不可得。"（郭崇韬经常愁眉不展，他老对孔谦说经费不足，陛下您虽然想修一座楼来避暑，恐怕最后也建不成。）孔谦当时的身份是租庸使，手里有钱，但必须听从枢密使郭崇韬的管理。恰恰因为郭崇韬常常劝阻李存勖夫妇营建宫殿和滥发赏赐，使得后唐庄宗和刘皇后逐渐不满，最终招致杀身之祸……

五代各朝枢密使，除了上述权力之外，对司法和台谏也一直有控制权。五代规定：法律的制定与颁布，必须通过中书门下进行，尚书省、御史台拥有司法审判权。而三省及御史台这些部门，其实都被枢密使控制。五代时期的枢密使一般都兼任宰相，称之曰"枢相"。郭崇韬、安重诲、桑维翰、杨邠、王峻等都是枢相，并且还在中书门下"知印"，即最终盖印的权力也在枢密使手里，完全控制了司法权。而且，本来历代君主都把台谏作为对付大臣的主要工具，谏官也必须由皇帝任命，但在五代时期，谏官由于惧怕枢密使的权势，根本不敢弹劾这些权臣。安重诲为人跋扈，曾在御史台门前任意处死冲撞他先导仪仗队的殿直马延。对此，朝中的御史和谏官根本不敢弹劾。本来应该是为天子耳目的谏官，此时却成了枢密使的鹰犬！

除了五代政权，在当时十国之中，凡称帝建元的政权也多置有枢密院与枢密使，如杨吴、南唐、前后蜀、闽、北汉等国。南汉虽然称帝，却没有设置枢密使。总的来说，十国这些小国的枢密院与枢密使之制，同当时中原诸朝的制度非常相似。相比之前的唐朝，权力都有所扩大。此外，这些小国枢密使通常都由士人或武臣充任，这一点也和中原五代王朝完全一致，只有前蜀一度用宦官宋光嗣为枢密使。除此之外，诸国都没有宦官充任过此职。当然，几个小国的枢密使虽然权重，但与当时中原王朝相比，权力和地位还是在宰相之下。

统而言之，五代十国，特别是中原五代枢密使权力之重，并非某一时期暂时的权臣专权，而是贯穿整个五代时期。由此一来，枢密使权力肯定会和皇权发生冲突。本来，五代时期枢密使设置的目的是想要强化皇权，但历史的发展往往与人的主观愿望不统一，枢密使的设置最终反而削弱了皇权。

五代时期有关枢密使和皇权之间斗争的记载，触目皆是。除了后梁枢密使（崇政使）没有和皇权相斗之外，后唐、后晋、后汉、后周都是如此。枢密使权臣和皇权之间，往往刀兵相见，互相残杀。在四朝之中，担任枢密使的共有二十三人，除去入宋和不知所终的四人，剩下十九人中因和皇权发生冲突最终被杀、被贬而死的，有九人之多，等于占了50%，可见双方斗争的激烈程度。最激烈的是在后汉隐帝时期，一天之内族诛枢密使杨邠等三位重要大臣，还打算杀掉镇守邺都的另一个挂有枢密使职务的郭威，而后汉隐帝宣布他们最大的罪状，就是“专权擅命”。（《旧五代史》卷一〇三《汉隐帝纪下》）

如果我们研究中国古代官制的变迁，可以发现，秦汉以来，相权日渐削弱，皇权越来越得到强化。但是，这种趋势到了五代时却忽然发生了巨大变化，枢密使集将相之权于一身，位尊权重，甚至与皇权相持相抗。为什么呢？就是因为五代时期战争频繁，打仗是最大问题，客观上更加要求必须把军政财三权统一管理，而枢密院在中央政权中实际上就发挥了这样的作用。

五代时期的社会结构变化极大，门阀制度被彻底摧垮，一大批出身于社会下层的读书人和武将登上了政治舞台，藩镇节度使做天子几乎成了惯例。而这些行伍出身的君主，从根本上缺乏经邦治国的知识，就需要当皇帝前的旧僚谋臣为自己担任枢密使职务。一方面这些人功高望重，另一方面君臣双方长期在藩邸共事，容易互相产生信任感。但是，这些人或出身于行武，或出身于胥吏，所以他们对君臣之义非常淡漠。而且，枢密使们对登上帝位的老哥们，也都知道他们是怎么回事，心里并没把他们当作真龙天子，根本没有任何敬畏感。所以，一旦他们掌握了国家大权后，就都力图尽量摆脱头顶上皇帝的掣肘，尽可能为自己争取更多的权力。

因此，五代的枢密使一旦与皇权产生矛盾并激化，这些人也敢于和皇帝刀兵相见。

优酷人文　·梅毅说中国史·

天命无常

五代十国

Five Dynasties and Ten Kingdoms Period

下

梅毅 著

南方传媒　广东人民出版社
·广州·

目录

第十四章

鸠占鹊巢唐代吴：十国之杨吴、南唐（上）

杨行密称霸之路

唐朝末年，中国进入了一个分裂动乱的时代。除了中原地区更替的五代外，南方先后出现或并存九个割据政权，再加上北方的北汉政权，史称“十国”。由于当时中原混战，无暇南顾，中国南方战争相对较少，社会比较安定。特别值得注意的是，南方割据群雄大多出自社会底层——前蜀王建是流氓，南吴杨行密是破产农民，吴越钱镠世业农渔，南楚马殷原是木工，荆南高季昌出身家奴，闽国奠基人王潮世代务农，南唐李昪（biàn）本是流浪孤儿，南汉刘隐或为大食（阿拉伯帝国）商人后裔。只有后蜀孟知祥是唐代藩镇孟方立的近亲，出身军门，但也不是什么高门望族。恰恰是这些底层出身的军头，他们了解民间疾苦，在乱世角逐中更是懂得“人心”的重要性，大多采取了“保境息民”的政策，如奖励耕织、轻徭薄赋、延揽人才，一定程度上保障了境内的安定，促进了社会经济的发展。

南方诸国中疆域最广、实力最强的，莫过于南吴以及取代它的南唐。南吴又称“杨吴”，是唐末淮南节度使杨行密所建立。

为区别于春秋战国时的诸侯国吴国，以及三国时期孙权建立的吴国，所以在这个小国前面加上统治者的姓氏，称之为“杨吴”。从地理上看，这个吴国居于南方，所以又有“南吴”之称。杨吴是十国中第一个建立的割据政权，建立者杨行密也被称为“十国第一人”。

要说杨行密，还得从唐末黄巢起事说起。黄巢起义动摇了唐朝的权力结构，一方面大唐朝廷进一步丧失了对地方的控制，另一方面催生了一系列新兴军阀。杨行密和后梁的朱温、前蜀的王建，都是在这个背景下从草根子弟一跃成为割据一方的新军阀。

杨行密原来叫杨行慜，父亲是个靠天吃饭的农民，不仅人穷还走得早。好在杨行密生来就有两样本领，一是力大无穷，单手就能举起百斤的重物；二是行路神速，只靠双脚就可日行三百里。所以，我们可以合理怀疑，《水浒传》里那个日行八百里的神行太保戴宗的原型就是杨行密。唐僖宗乾符年间（874—879），江淮地区反叛群起，二十岁的杨行密也参与其中，结果没多久就被朝廷抓捕。庐州刺史郑棨（qǐ）见他相貌奇特，身材魁梧，突发爱才之心，就把他给放了。

此后，杨行密应募为州兵，戍守朔方郡（治今内蒙古乌拉特前旗），没多久就被提升为队长。戍边期满后，杨行密就回到庐州（治今安徽合肥）。当地军吏嫉妒他的才能，以各种方式对他进行排挤，再次让他去戍边。临行前，军吏假装关心地问他还需要什么。杨行密心中憋了一把火，大喊道：“惟少公头尔！”（就要你的头！）一刀砍下军吏的脑袋，自任“八营都知兵马使”，统领各路军营。

淮南节度使高骈听说过杨行密，觉得他非同一般，便顺水推舟任他为淮南押牙将，掌管庐州事宜。朝廷得知杨行密受到高骈重用，顺势委任杨行密为庐州刺史。这一年，杨行密才三十二岁，庐州成为杨行密发家的起点。庐州位于长江之畔、巢湖之滨，地位和位置非常重要：“龙眠蟠其前，紫金跨其北，淮右襟喉之地，江北视为唇齿”（南宋郑兴裔《郑忠肃奏议遗稿》）。所以，庐州在历史上曾多次成为各路势力角逐的焦点，比如三国时期孙权、南北朝时期韦睿等，都曾为争夺这一重镇而与对手交战。隋高祖杨坚进攻南陈都城建康（今南京）时，曾派遣大将韩擒虎在此驻军，可见庐州在军事上的重要性。杨行密掌控了这样一个军事要地，为他今后雄踞江淮打下了坚实的基础。

淮南地区一直是富庶之地，各路野心家早就盯上了这块肥肉。唐末在淮南坐镇的是节度使高骈，他虽然为唐朝立过战功，但晚年迷信道教，在扬州建造高楼，天天穿着道袍在楼上修道养生，把淮南全部事务都交给宠信的术士吕用之打理。吕用之是一个阴险小人，他为了自己的前程，不停地在高骈身边安插亲信，探听他的动静，常常搞些小动作、小把戏来哄骗高骈。一次，吕用之不知从哪弄来一把铜剑，哄骗高骈说：“此乃神剑，威力无比，能助您成仙。”高骈喜上眉梢，骑在一个木头雕刻的仙鹤上，舞剑高呼："鹤舞翩翩，得道成仙。"癫狂之状，与疯子无异，令人难以想象此人竟然是朝廷一方大员。虽然吕用之是个小人，但杨行密和他走得很近，毕竟与领导身边红人搞好关系，也算是升官发财的一条捷径，所以二人互相勾搭，吕用之以杨行密为军事外援；杨行密则通过吕用之全面掌握最高长官高骈的动向。

当然，杨行密如此并不是想杀高骈取而代之，但高骈另外一个手下——扬州部将毕师铎，倒是早有异心，并且悍然动手了。得知毕师铎起兵攻打高骈，杨行密即刻遵令率兵出援，走到半道时，收到毕师铎占据扬州和老东家高骈已经成为阶下囚的消息。杨行密大吃一惊，但他保持冷静，按兵不动，屯军蜀冈（位于扬州西北部）。随后，毕师铎率兵数万攻打杨行密。杨行密佯装败退，故意留下大量物资，装出弃营逃跑的架势，然后趁敌军士兵抢夺物资的时候，忽然杀了个回马枪。结果，毕师铎大败，单骑逃回扬州城，一气之下，把高骈全家都杀了。杨行密收到高骈被杀的消息后，命令全军穿着白色丧服，集体服孝，整整哭了三天。从私情方面讲，高骈对杨行密有提拔之恩；从公义方面来说，杨行密此举可以在外界给自己塑造一个有情有义的正面形象。三天后，杨行密整军攻城，毕师铎抵抗不住逃奔东塘，杨行密顺利拿下了扬州城，自称"淮南留后"。

杨行密进城后发现，昔日人群熙攘、富庶繁华的扬州城，如今却是一派地狱景象。由于扬州城内外战乱持续，城中缺水少粮，竟引得饥民们相互斗杀，争相啃食死者尸体。更惨绝人寰的是，由于饥饿，竟然出现父亲将儿子、丈夫将妻子，如同猪羊一样争相卖给屠宰场宰杀的人间惨剧。杨行密见此惨状，立即以军粮赈济饥民。即便如此，饥民众多，杨行密的赈济粮食不过是杯水车薪，此时的扬州似乎成了杨行密的累赘。但扬州毕竟是淮南中枢，战略意义非常重要，只有占据扬州，才有资格逐鹿淮南。所以，当时对杨行密而言，是退守更加富裕的庐州，还是重建满目疮痍的扬州，是一个极困难的选择题，他为此犹豫不决。

在这个节骨眼上，盘踞河南腹地的“大齐皇帝”秦宗权也打起了扬州的主意，派出弟弟秦宗衡攻掠淮南，随同秦宗衡出发的还有孙儒等一票铁血悍将。更要命的是，对扬州知根知底的毕师铎这个大祸害也混进秦宗衡的队伍里，来势汹汹。实际上，秦宗衡没什么真本事，他压根就啃不动杨行密。而他哥哥秦宗权的主力，当时全部都用在对付朱温上，兵力吃紧，没过多久就把秦宗衡调回蔡州。秦宗衡当然想回去，但他手下大将孙儒却不愿意。孙儒有心机、有野心，早就想单飞，现在有这么好的机会横扫淮南，他当然不愿意回去。于是，孙儒常常对手下人说：“丈夫不能苦战万里，赏罚由己，奈何居人下，生不能富贵，死得庙食乎？”当时朱温猛攻开封，秦宗权招架不住，急催弟弟秦宗衡召孙儒回军支援，孙儒却称疾不往。秦宗衡又再三催促，孙儒忽称自己已经病愈，并以出兵话别为由宴请秦宗衡。结果，几杯酒落肚后，孙儒抽刀把秦宗衡脑袋砍了下来，然后收编他手下的兵士，凑成七千精骑，横冲直撞，一个月不到，就拥兵数万，号称“土团白条军”。从此，天生反骨的孙儒带着自己这支生力军，与杨行密开始了五代十国史上淮南地区最艰苦的拉锯战。

眼看孙儒实力强大，杨行密决定以退为进，先撤出扬州回到庐州。为取得战略纵深，杨行密忽然袭击割据宣州（治今安徽宣城市宣州区）的赵鍠，活捉了这个军头。朱温与赵鍠是老朋友，遣使来访，希望杨行密卖自己一个人情释放赵鍠。杨行密很爽快，把赵鍠脑袋砍下，装在一个豪华锦盒里，派人送给朱温的使者。得知消息后，大唐朝廷以宣歙地区为宁国军（治宣州），委任杨行密为宁国军节度使。从此，杨行密有了立国的本钱。攻克宣州之后，杨行密着手安定百姓，积蓄力量，并扫荡滁州（今安徽滁州）、和州（今安徽和县）、楚州（治今江苏淮安）等周边州县，扩充军备和实力。同时，他还积极争取盟友，制衡孙儒的力量。那么，孙儒又有什么动作呢?

力败孙儒定基业

在杨行密创业过程中，孙儒是杨行密最难逾越的一道坎，好几次险些被孙儒吃掉。孙儒当时是江东军阀中实力最强的，他率领生力军在江淮四面出击，先是趁杨行密攻打宣州时，端了杨行密的庐州老巢；接着渡江攻下了浙西土豪钱镠所辖的常州、润州（位于今江苏镇江）、苏州三州。孙儒虽然很能打仗，但此人非常凶悍残暴，猜忌下属，任意杀戮，致使人心离散，逃奔杨行密的人越来越多。孙儒自然不愿杨行密在淮南坐大，于是率军直捣杨行密所在的宣州，差点把杨行密灭在当地。好在天佑杨行密，忽然暴雨滂沱，江水汹涌，孙儒不得不先退回扬州。趁着这个空档，杨行密急派使者前往汴州（治今河南开封），联合朱温共同抗击孙儒。

孙儒收到杨行密和朱温联合的消息后，暴跳如雷，决心先拿下杨行密。于是，他在搜刮扬州城内所有的资源后，纵火烧尽庐舍，驱赶壮丁及妇女渡江，杀掉老弱病残的百姓以充军粮。孙儒这种以人为食的做法，和他之前的上司秦宗权可谓一脉相承。孙儒大军对外号称五十万，飞蝗般向杨行密所在的宣州扑去。

唐景福元年（892），杨行密和孙儒展开决战。孙儒强悍至极，兵力又十倍于杨行密。杨行密先前已经被孙儒多次痛击，眼见敌强我弱，想先避其锋芒，退保铜官一带。此时，部将刘威、李神福劝谏说："（孙）儒扫地远来，利在速战。宜屯据险要，坚壁清野以老其师，时出轻骑抄其馈饷，夺其俘掠。彼前不得战，退无资粮，可坐擒也。"杨行密的幕僚戴友规见孙儒部下多为扬州人，也建议说："淮南士民从公渡江，及自（孙）儒来，降者甚众。公宜遣将先护送归淮南，使复生业，（孙）儒军闻淮南安堵，皆有思归之心，人心既摇，安得不败！"前者是以逸待劳、后发制人的高明战术，后者不但可以瓦解敌军，更可以争取人心，安定民生，确实都是远见宏图。

杨行密听从部将们的建议，一边避而不战，坚壁清野，消耗孙儒；一边派部将李德诚等进入扬州，用从孙儒处夺取的粮食赈济灾民。扬州百姓两次受到杨行密的救济，更加归心。为了对抗孙儒，杨行密还把浙江的钱镠也拉过来，为自己分担火力。虽然前几年杨行密曾攻打苏南与钱镠交恶，如今面对共同的敌人孙儒，钱镠本着唇亡齿寒的道理，决定和杨行密共同抵抗孙儒。

孙儒这边呢，围城近一年，毫无进展，由于粮食补给线被杨行密切断，军粮很快就坐吃山空。不得已之下，他只能把自己的得力干将刘建锋、马殷派去附近州县寻找粮食，自己独守大营指挥。孙儒这一分兵，就给了杨行密机会。这时，宣州正好进入了雨季，天气潮湿。孙儒全军本就饿着肚子，由于杀人当军粮，很快就爆发了大瘟疫，士兵病死众多，就连孙儒自己也染上了瘟疫，军心大乱。

杨行密抓住这个千载难逢的良机，倾尽兵力猛攻孙儒，连破对方五十多营垒。一战下来，孙儒大败。由于病得厉害，孙儒连上马的力气都没有，被部将当礼物献给杨行密邀功。孙儒被斩之前，抬头望着前来看热闹的刘威说："闻公为此策以败我，使我有将如公者，其可败邪？"（听说避战不出的策略就是你提出来的，如果我有像你这样的将领，怎么会失败呢？）一代吃人恶魔孙儒终于败亡，他那支强悍的"土团白条军"，除了部将刘建锋、马殷（后来创建十国之一的南楚）带走七千余人外，剩余人马全部向杨行密投降。杨行密深知这些降军非常勇悍，就从中挑选出五千名精兵作为自己的亲兵。这些士兵身穿黑衣黑甲、装备锋利的长剑，称为"黑云长剑都"。杨行密尽得淮南诸州，还兼并了江南润州、常州、升州（治今江苏南京）三地。大获全胜的杨行密，率部返回了扬州，大唐朝廷为了表彰杨行密“灭贼”的功绩，晋升他为淮南节度使，进一步奠定了他建立大业的基石。

随后，杨行密继续出击，控制了淮河以南、长江中下游的广大地区，成为名副其实的淮南王兼江东王，而他的敌手也从原来淮南地方军阀，变成了实力更强的钱镠和朱温。这两个藩镇，一南一北将杨行密夹在中间，使得他的形势非常被动。与杨行密打交道最多的是割据两浙地区的钱镠，两人三番五次地争夺苏州，不过谁都没占到大便宜。根据历史记载，杨行密和钱镠两人之间的对抗尚属君子之争，双方打归打，从来没有出现像李克用、朱温那种你死我活的局面。两军曾放回对方大将，交换俘虏，后期更是相互结盟，和平交往。

对杨行密来说，难对付的当数占据中原的朱温。杨行密的淮南地区紧贴中原，朱温觊觎已久，一直有南下的心思，只是一直忙着对付李克用等，暂时抽不出手来。后来，朱温击败盘踞在兖（治今山东济宁兖州区）、郓（治今山东东平县西北）二州的朱瑾。朱瑾战败后逃奔杨行密，还带去一些能征善战的北方骑兵。从此，杨行密的实力又上了一个台阶。唐昭宗李晔得知杨行密在淮南干得有声有色，便秘密拉拢他对抗朱温。唐天复二年（902），唐昭宗封杨行密为“吴王”，正式确认他在江东的统治。唐朝政府的正式任命，可以说是杨吴或者说南吴政权的起点。实际上，就算没有唐昭宗明里暗里的拉拢和封官，杨行密迟早也会和朱温打起来。不久，朱温基本控制了中原地区，把李克用打得只能在太原附近地区苟延残喘。之后，朱温把目光投向了杨行密的淮南，他派出大将葛从周、庞师古率领军队攻打杨行密。

朱温和杨行密内心其实都明白，这是一场足以改写历史、改变天下格局的战争。如果朱温胜了，就可以进一步控制江南，一统天下；如果杨行密胜了，就能以一己之力对抗中原，保有江淮地区，所以双方都拼尽全力。结果，朱温派出的大将没有认识到这一点，尤其是庞师古，他自信地把部队驻扎在地势低洼的淮河要冲——清口（位于今江苏淮阴，泗河入淮口附近）。当时正是阴历十一月，天气大寒。不久，有探子报说杨行密正在上游挖溃堤坝要水淹庞军，庞师古认定探子妖言惑众，竟然下令斩首。天寒地冻，梁军已经多日饮冰餐雪行军，苦不堪言，如今又驻扎在危险的洼地，因而毫无斗志。先前被朱温打跑的朱瑾报仇心切，率领五十名骑兵死士渡过淮水，直接冲入梁军营垒，舞槊奔驰，嚣声雷沸，梁兵被吓得没有一人敢上前迎战，顿时兵败如山倒，庞师古在逃跑途中被杨行密手下的军士砍了脑袋。

庞师古阵亡，朱温的另外一员大将葛从周也狼狈逃回中原。朱温南北统一的美梦，被杨行密一盆冰凉的洗脚水彻底浇醒。杨行密的反戈一击，彻底毁灭了朱温进取江南的机会。此后，中国南方的割据局面基本形成。所以，清口之战是一场奠定五代十国南北局势的决定性战役，不少人把这次战役推誉为五代十国的“赤壁之战”。清口之战过后，天下中分。在周世宗柴荣之前，中原政权无法掌控东南半壁江山。

后来，杨行密又取得了江西和湖北之地，尤其是攻下了战略重镇鄂州（今属湖北）。这样一来，杨行密不仅巩固了杨吴政权在西线的防御，同时由于鄂州北近中原、南襟湘赣，还获得了极大的战略主动权。此时，杨吴政权的版图控制在江淮地区，后来拓展到今江西全境、湖北东部、安徽和江苏两省的淮河以南地区，此外还占有淮北一隅的海州（治今江苏连云港），全据东南富庶之地。杨吴政权一跃成为五代前期的南方第一强国。

隐忍装瞎为平叛

杨行密在唐末起于江淮，创业于庐州，先后击败毕师铎、孙儒等一方枭雄，统一了江淮地区，又在清口之战中击败南侵的朱温军队，一举奠定了五代十国南北割据的格局，形成了杨吴政权的雏形。

杨吴政权，是五代十国前期对中原王朝最具威胁的势力之一，疆域最大时包括了今日江西全境，安徽、江苏的淮河以南地区，更触及淮北、湖北一隅。所有这些地盘，都是杨行密及后继者打下来的，占据了当时南方经济繁荣、人口密集的战略要地。相比之下，浙江的吴越、湖南的马楚、广东的南汉、福建的闽国，这几个小国的疆域都不过后世一两省之地，国力更是远远不如杨吴；蜀国过于封闭，只能自守难以进取；至于小小的荆南，苟且偷生偏安一隅，几乎不值一提，可见杨行密实力之强。

杨行密威名在外，但无外患不代表没有内忧。早在庐州创业时，杨行密就收揽了一大批出色的谋士和武将，其中有四成来自庐州本地，这些人后来都成为杨吴政权的中坚力量。谋士如袁袭、戴友规等，为经营杨吴出谋划策；武将如李神福、田頵（jūn）、朱延寿、安仁义等，个个勇冠三军，为杨吴政权立下赫赫战功。

杨行密非常重视安定内部，保境安民，但他手下的宁国节度使田頵、润州团练使安仁义，以及杨行密的妻弟奉国节度使朱延寿，都不是善茬，甚至可以说是一身反骨。这几个人仗着兵强财富，不断攻城略地，分据境内各州，拥兵自重。杨行密当时虽贵为吴王，其实不过是个“扬州市长”，他能实际控制的只有以扬州城为中心的几个州。为防止这三人坐大，杨行密不得不采取各种手段加以制衡，因此加剧了内部的矛盾与冲突。正是这种内耗，使得江南地区的政权，从杨吴到日后的南唐，虽然富庶强盛，却不能真正凝心聚力和中原王朝抗衡。

在这三人中，田頵最为骄横和难以控制。早前，田頵在讨平升州后，专程去扬州向杨行密报告，请求把池州、歙（shè）州（治今安徽歙县）划归自己管辖。杨行密怕他拥兵坐大，果断拒绝。当时，杨行密身边不少人向田頵索贿，甚至连普通吏员都一样索贿。为此，田頵勃然大怒道：“吏知吾将下狱邪？”（难道这些吏员觉得我就要被逮入狱了吗！）扬州之行，使得田頵对杨行密大为怨愤，离开扬州城时，他指着城门对左右人说：“吾不可复入此矣。”（我再也不会到这里来了！）

后来，两浙发生兵变，越王钱镠手下武勇都指挥使徐绾、许再思起兵叛乱，向田頵求援，田頵想趁机夺取杭州，马上率兵前往。越王钱镠一边固守杭州内城，一边派使者向杨行密告急。钱镠的使者游说杨行密道：“頵得志，为患必大。请以子为质，愿召还頵。”（田頵若得杭州，必为大王心腹之患。越王愿留子为质，请大王召回田頵。）杨行密深以为然，派人召回田頵，还放话威胁道：“不还，我遣人代守宣州。”（如果你不回来，我便找人代替你守宣州。）田頵只得撤军，临走之前，还向钱镠索要了三百万缗犒军钱，并把钱镠的儿子钱元瓘当质子带了回去。对于杨行密和钱镠之间的突然交好，田頵大为不满，暗中起了反念，回到宣州后，开始大肆募兵。

李神福是杨行密的生死兄弟，也是杨吴政权头号大将，一直被杨行密放在田頵地盘的附近。田頵的异动，李神福自然第一个察觉，他多次力劝杨行密早做打算。杨行密行事老辣，深知在田頵反状未露前，绝对不能主动去攻打田頵，自己一旦先动手，肯定会让其他旧部产生兔死狐悲的恐慌，很有可能跟着田頵一起造反。左思右想，他想出一招离间计。

当时，田頵与手下大将康儒意见常有不合，杨行密就故意提拔康儒为庐州刺史。任命一下，田頵沉不住气了，觉得康儒一定是背叛自己，所以才被杨行密重用，火大上头，竟然杀了康儒满门。康儒本来没有背叛田頵的心思，临死前长叹道：“吾死，田公亡无日矣。”杀掉康儒之后，田頵联合秦宗衡手下大将安仁义，一起公开反叛。安仁义是沙陀人，箭术高超，有“五代第一神射手”之称。同时，田頵还派门客杜荀鹤前往寿州（今安徽寿县），争取朱延寿的支持。朱延寿虽然是杨行密小舅子，却常遭杨行密轻慢，早就心怀怨恨，马上表示支持田頵：“田公若能有所为，我愿为您执鞭坠镫，誓死追随！”杜荀鹤这个名字估计大家有些耳熟，就是唐末那个写出“纵使深山更深处，也应无计避征徭！”的诗人。在这位杜爷联络朱延寿之前，田頵曾派出两名使者先行联系他，但半路被杨行密部将尚公乃截杀，密信也被呈给杨行密。杨行密当年娶了朱延寿的姐姐朱氏，而朱延寿确实是一个人才，能征善战，因此得到杨行密的重用。杨行密日益坐大之后，对待朱延寿很是倨傲，这个小舅子开始对姐夫满胸怨恨。

杨行密截获田頵给朱延寿密信后，深知事情重大，于是想了一个奇招：装瞎！

杨行密曾患过严重的眼疾，视物模糊，他身边的家人和众将都知晓这事。后来，经过名医悉心诊治，他的眼疾渐渐痊愈，但此事鲜为人知。于是，杨行密假装眼疾发作，而且已经严重到失明地步。不得不说，他扮瞎堪称惟妙惟肖，为了博得朱延寿的信任，他当着众人的面，佯装看不见路，一头撞在柱子上血流如注。朱延寿听说此事后，仍旧有些疑心，于是暗中让姐姐朱氏设法再验真假。朱氏也是个狠人，为了弟弟和家族的前途，她竟然当着杨行密的面和身边侍卫们眉来眼去，目的就是一探虚实。结果，同坐一榻的杨行密看在眼里，却始终假装视而不见，一副毫不知觉的模样。

当然了，该收网的时候必须收网。一天，杨行密忽然装出自己大限将至的样子，叹息着对朱氏道：“吾不幸失明，诸子皆幼，军府事当以授三舅（朱延寿）。”朱氏一听，表面哭唧唧，内心笑哈哈，忙召三弟朱延寿到扬州来，等着杨行密一死，就接替他吴王的宝座。结果，朱延寿到了吴王寝殿，忽然发现姐夫端坐在床上，目光炯炯看着自己说：“数年不见舅，今日果然看到了。”朱延寿惶骇异常，刚想解释，杨行密从袖中掏出铁槌猛击其头，朱延寿顿时倒地，宛转号叫很久后才死去，时年三十四岁。事后，杨行密马上休掉朱氏，尽数诛杀朱延寿的兄弟。由于朱延寿为杨吴政权立过大功，杨行密赦免了他的幼子朱匡业。为此，历史学家胡三省叹息道：“杨行密召之，（延寿）了不自疑，至于送死，岂其智有所不及邪？抑天夺之鉴也！”朱延寿的媳妇王氏性情刚烈，得知夫君被杀，自己在寿州府邸举火自焚。

解决了朱延寿，剩下还有田頵和安仁义。杨行密果断抽调李神福、台濛等元老宿将一起平叛。李神福率领大军从鄂州东下时，田頵抓住李神福的妻儿，派人威胁他道：“公见机，与公分地而王；不然，妻子无遗。”（您如果识时务，我可以和您分地称王；不然的话，您的妻儿一个都活不了！）李神福大义凛然道：“吾以卒伍事吴王，今为上将，义不以妻子易其志。”（我从一个小卒就追随杨王，如今贵为上将，从道义上讲，我不能因为顾及妻儿就改变我的立场！）说罢下令斩杀田頵使者，以明其志。

李神福手下士兵见到主帅如此忠勇，非常感动，拼死奋战。没多久，田頵势穷力竭，从宣州冲出突围，死战被杀，时年四十六岁。田頵年轻时博览群书，性情儒雅，勇猛果敢，胸怀大志。他和杨行密是同乡好友，一起应募州兵戍边，当时还结为兄弟。杨行密趁乱占据庐州之后，田頵一直追随杨行密，献计献策，有勇有谋。当时，杨行密麾下将领有“三十六英雄”，田頵位列其中。所以，杨行密在扬州看到田頵首级，不禁潸然泪下，下令赦免了田頵的母亲殷氏，让自己的儿子们以长辈之礼侍奉她。田頵死后，猛将安仁义在润州死守了一年多，最后城破，被押到扬州砍了脑袋。

杨行密平定所谓的“三叛”，还真不能说他是诬杀功勋老臣，他真正目的是排除干扰，确保江淮地区的长久安定。杨行密除掉了这三人后，自己的生命也快走到了尽头。由于连年征战，杨行密积劳成疾，终于一病不起。他这一生共有六个儿子，分别是杨渥、杨渭（又名杨隆演）、杨濛、杨溥、杨浔和杨澈。那么，他会选谁作为接班人呢？

无能败家说杨渥

人生最无奈的莫过于命数，就在杨吴政权蒸蒸日上的时候，一代掌门人杨行密由于连年征战，终于积劳成疾，一病不起。他自知难以康复，强撑病躯，为继承人顺利登基站好最后一班岗。

杨行密共有六个儿子，其中长子杨渥为人浮躁，不成大器，而其他儿子尚年幼不知事，杨行密可以说是“没的选”。

天祐二年（905）九月，杨行密病情恶化，命判官周隐速召在宣州做观察使的杨渥回扬州。作为王二代、官二代中的反面典型，杨渥是标准的纨绔子弟，酷爱游玩行乐，一直以来就没什么好名声。周隐呢，对他没什么好感，曾经私下劝杨行密：“宣州司徒轻易信谗，喜击球饮酒，非保家之主；余子皆幼，未能驾驭诸将。庐州刺史刘威，从王起细微，必不负王，不若使之权领军府，俟诸子长以授之。”（杨偓易轻信谗言，又好酒贪杯，不是个守成之主。您其他儿子也都幼小，掌控不了诸将。庐州刺史刘威从您低贱之时就跟着您，为人忠诚可靠。不如先让刘威暂领军府事务，等孩子们长大了再把大权传给他们。）周隐的意思很明确：宁可不立继承人，也不能立杨渥。

尽管杨行密知道杨渥品行和能力都不行，但他就是宁可立不成材的长子，也不愿把大权传给外人。杨行密手下的左、右牙指挥使徐温和张颢也明白杨行密心思，劝说道：“王平生出万死，冒矢石，为子孙立基业，安可使他人有之。”（王爷您平生出生入死，亲冒箭石，为子孙建立了这个基业，不能送给别人！）徐温怕周隐坏事，马上和幕僚严可求一起来到周隐家里，果然发现杨行密召杨渥的牒文还留在桌子上没有发出。徐温、严可求连忙把牒文拿走，派人立刻召回杨渥。十月，杨渥快马加鞭赶回扬州。杨行密下诏由儿子继承基业，交代完后事，便咽了气，享年五十四岁。

杨行密被后世称为“十国第一人”，他是第一个在南方建立割据政权的军阀。由于他的治国手段和行事方式对十国其他几个政权产生了重大影响，即便是向来对南方割据政权嗤之以鼻的欧阳修，也称赞杨行密“宽仁雅信，能得士心”。

杨行密之所以能够在江淮这样的四战之地站稳脚跟，固然离不开江淮本身的资源优势，但更多还是靠他过人的智慧和手段。杨行密崛起于草莽之中，久历艰苦，非常注意“节用安民”。他经常深入基层，和普通士兵称兄道弟，打成一片；他驭下有方，宽严有度，既能推心置腹对待属下，也敢于用非常手段抑制骄横的武将，做到人尽其用。另外，他还重视招抚流民，轻徭薄赋，劝课农桑，使得江淮一带的社会经济快速恢复和发展，为日后禅代的南唐奠定了雄厚的经济基础。而且，杨行密此人还特别有度量。与他先友后敌的蔡俦，曾刨了杨行密在庐州的祖坟。杨行密攻克庐州后，斩杀蔡俦，将领们劝杨行密把蔡俦父母的墓地也刨了。杨行密摇头拒绝，并没有复制蔡俦的行为。由此可见，杨行密不仅有度量，做人做事也非常有自己的原则。

杨行密夺取淮南地区霸权，建立了杨吴政权，可惜的是，在五代十国十五个政权中，杨氏是唯一一个在唐朝灭亡前就丢掉本地区控制权的家族。杨氏政权名义上存活了三十多年，但一直都是受制于人的傀儡，毫无实权。而这一切，就要从杨行密的继承人杨渥说起。

杨渥没即位前，口碑就非常差，偏偏杨渥又是个非常记仇的人，睚眦必报。当初，杨渥离开宣州时想带走自己的亲兵，被新任宣州观察使王茂章拒绝，杨渥对此怀恨在心。他即位后，派遣马步都指挥使李简等人率兵袭击王茂章。王茂章很早就跟着杨行密创业起家，是杨行密最亲近的侍从之一，英勇善战不说，还一直忠心为国。眼看自己要被攻杀，王茂章只能投奔吴越国，改名为王景仁。随后，杨渥又记恨当初反对自己继位的周隐，大骂周隐："君卖人国家，何面复相见！"下令把周隐推出殿外，乱刀砍死。从此，南吴诸将人人自危。

作为一个王二代、官二代、富二代，杨渥可谓把"随心所欲"直接写在了脸上，做事完全肆无忌惮。在为亲爹杨行密服丧期间，杨渥毫无顾忌地日夜饮酒，晚上点燃无数巨型蜡烛，在照如白昼的庭院中打马球。杨渥所用的蜡烛在当时十分昂贵，里面含有珍贵香料，据说一支蜡烛就要花费上万钱。另外，杨渥还喜欢出游，经常甩开随从单骑出城，让随从们四处奔走寻找。

杨渥知道自己刚继位威望不高，想要有所动作，以功德服人，于是派大将秦裴统军西征，不久攻占了洪州（治今江西南昌），取得了江西大片肥腴之地。这一战成为杨渥执政生涯的高光时刻，从此之后，他觉得自己算无遗策，变得更加骄狂。老臣徐温、张颢看不过去，劝他戒骄戒躁。没想到杨渥直接怼道："汝谓我不才，何不杀我自为之！"（你们两个如果觉得我不行，何不把我杀了你们自己干呢！）杨渥亲自挑选壮士，组建自己的亲信部队“东院马军”；同时大力提拔自己的亲信朱思勍（qíng）、范思从、陈璠（fán）等人。这些人倚仗杨渥撑腰，行事骄横，欺凌蔑视杨行密时期的功臣旧人。张颢、徐温二人深知杨渥杀人不眨眼，十分惧怕，开始寻求自保。杨渥不但杀心旺盛，为人也十分荒唐，为了给自己寻欢作乐腾出场地，他居然把城内的几千名亲军全都挪到了城外。这一举动等于自除羽翼，给了徐温等人夺权的机会。

徐温和张颢想废掉杨渥，就必须先除掉他的三个心腹朱思勍、范思从和陈璠。当时，杨渥这三个心腹正领着三千重甲兵驻扎在刚刚攻取的洪州。于是，徐温、张颢二人诬陷三人图谋叛变，派部将陈佑前去洪州解决。陈佑穿着平民衣服，怀揣短刃，走偏僻小路兼程前进，六天就到达洪州，直接进入洪州主帅秦裴帐中。秦裴大惊，陈祐告诉他自己的目的，秦裴不敢抗拒，就邀请朱思勍等三人过来饮酒。三个人刚刚进入军帐，陈祐一声令下，立刻把三人逮捕斩首。几天之后，杨渥听说三个心腹已经被杀，更加忌恨徐、温二人。结果，没等杨渥动手，徐、温二人就抢先下手了。唐天祐四年（907）正月初九日，杨渥早晨正在宫中处理事务，张颢、徐温忽然率领二百牙兵手执刀剑直入庭中。杨渥大惊问道：“尔果欲杀我邪？”（你们真的要杀我吗？）徐、温二人连连摇头道：“非敢然也，欲诛王左右乱政者耳。”（怎敢冒犯大王，我等只想除掉大王身边的乱臣贼子而已。）而后，他们细数杨渥十余名亲信的罪状，派卫士将他们拖出用铁锤打死，并把这次事件称为“兵谏”。诸将但有不服者，也全被二人设法除掉。从此，杨吴军政大权全归二人，杨渥沦为傀儡。

此事发生一年后，徐、张二人担心夜长梦多，决定斩草除根。经过密谋，由张颢出面，派部将纪祥带着一队人马闯入杨渥寝宫。纪祥入宫，坦率地对杨渥说：“我等奉命来杀你！”杨渥慌忙道：“你们如果能反正，帮我去杀掉徐温、张颢，我就各封你们这些人都为刺史。”众人一听，纷纷心动，毕竟杨渥是国主啊，但纪祥不为所动，上前一刀砍中杨渥面门，杨渥一时未死，躺在地上抽搐，纪祥便用绳索把他活活勒死，时年二十三岁。徐温、张颢二人对外宣称杨渥暴病而死，谥号“景王”。杨渥的弟弟杨溥称帝后，追谥杨渥为景皇帝，庙号烈宗，陵号绍陵。

杨渥没了，那么杨氏傀儡政权将归属何人呢？

大权在手看徐温

世上没有永远的同盟，只有永远的利益。在对付共同的目标杨渥时，徐温和张颢二人是同一战壕的盟友。杨渥一死，权力的争夺导致他们迅速反目。最早，徐温和张颢约定除掉杨渥后，两人瓜分南吴地盘，然后向北边刚篡唐称帝的朱温称臣。

但杨渥被杀后，张颢又有了新的野心，他想趁徐温不在场，直接篡夺政权。于是他在军府大陈甲兵，摆满了各种利刃，集结诸将。等人到齐后，张颢厉声逼问道：“嗣王已薨，军府谁当主之？”张颢连问三遍，在场没一个人敢回答。张颢怒气上涌，当即就想大开杀戒。就在这时，严可求站了出来。

严可求原是徐温门下宾客，后来通过徐温引荐，成为杨行密的幕僚谋士。这时，他已经明显察觉张颢有自立为主的心思，如今徐温在外未归，要怎么才能既不让张颢篡位，又不至于马上引发内斗呢？他脑子飞快转动，片刻间已有对策，上前对张颢耳语道："方今四境多虞，非公主之不可，然今日则恐太速。庐州刘威、歙州陶雅、宣州李简、常州李遇，皆先王故等行也。公虽自立，此曹肯为公下乎？不若立幼主，渐以岁时，诸将孰敢不从。"（如今四方边境不稳，如果没您主持肯定不行。但今天就继任的话，恐怕有点太快了。庐州刘威、歙州陶雅、宣州李遇、常州李简都是先王旧将，各自镇守一方，恐怕不会臣服于您。不如暂时拥立幼主，由您辅政，以此号令诸将，谁敢不从！）

张颢一听这话，心里顿时凉了半截，沉默许久，拿不定主意。严可求见状，急忙避开左右，将一封写好的文书暗藏于袖中，然后招呼同僚一起前往节度使府祝贺。此时，众人都猜不透他要做什么。到了节度使府，严可求从袖中拿出文书，当众宣读："先王创业艰难，嗣王（杨渥）不幸早逝，（杨）隆演次当立，诸将宜无负杨氏，善开导之。"原来他仿照了吴国太夫人史氏的口吻，提前拟好了杨行密次子杨隆演继位的诏书。

张颢当断不断，被严可求抢占了先机，以吴国太夫人名义宣布的这份诏书合乎道义，张颢不敢强行反对，只能妥协，带领众将拥立杨隆演为国主。严可求临变不惊，机智果敢，巧妙保住了杨吴的基业，并意外收获一个崇拜者。曾经的泰宁节度使朱瑾，就是朱温先前的把兄弟，事后亲自来到严可求的住处，崇拜地对他说："瑾年十六七即横戈跃马，冲犯大敌，未尝畏慑，今日对颢，不觉流汗，公面折之如无人；乃知瑾匹夫之勇，不及公远矣。"（我朱瑾十六七岁就横戈跃马，从不畏惧直面强大的敌人。但今日面对张颢，我却不觉流汗，而您却能当面指责他。我这才知道我不过是匹夫之勇，比您差得太远了。）

随后，张颢又排挤徐温，想委任他为浙西观察使，将他外放到润州。张颢当时控制着南吴军权，形势对徐温来说非常不利。关键时刻，严可求又站了出来，劝徐温说："公舍牙兵而出外藩，颢必以弑君之罪归公。颢刚愎而暗于事，公能见听，请为公图之。"（您一旦放弃牙兵兵权出任外藩，张颢一定会把谋害君主的罪名扣在你头上的。张颢刚愎自用，水平有限，您如果愿意听我的，我替您想办法解决他。）徐温一听，点头称是。

于是，严可求先求见淮南节度副使李承嗣（当年跟随朱瑾一起南逃的河东名将），对他说："颢凶威如此，今出徐于外，意不徒然，恐亦非公之利。"（张颢凶恶淫威如此，现在要把徐温调到外地，意图不仅于此，恐怕对您也不利。）李承嗣深以为是。在获得了李承嗣支持后，严可求再次拜见了张颢，对他坦言道："公出徐公于外，人皆言公欲夺其兵权而杀之，多言亦可畏也。"（您将徐温调到外地，人们都说您想要夺他的兵权然后杀了他，这种谣言如果多了，也是很可怕的。）张颢一听，忙表示这是徐温自己的意思，并说现在事情已经这样，我该如何挽回呢？严可求顺坡下驴，说一切都交给他来办。

隔天，严可求和徐温就演了一出双簧。在张颢和李承嗣面前，严可求横眉竖眼，大骂徐温："古人不记一饭之恩，况公杨氏宿将！今幼嗣初立，多事之时，乃求自安于外，可乎？"（古人尚且不忘一饭之恩，何况您还是杨氏宿将！如今幼主新立，正是多事之秋，您居然还想往外躲清闲，这说得过去吗！）徐温配合严可求的斥责，做出一番谢罪的姿态，稳住了有头无脑的张颢，留在了扬州。

没过多久，张颢意识到严可求一直都是徐温的人，恼羞成怒，派出杀手刺杀严可求。结果，杀手反被严可求的人品感动，竟然放了严可求一命。捡回一条命的严可求，可不会给张颢这个武夫再次下手机会，于是，他即刻建议徐温先发制人。为了万全，他们联络左监门卫将军钟泰章来一起行动。在一个月黑风高的夜晚，钟泰章率领三十个壮汉，宰牛烹羊，歃血立誓后，高声呐喊，冲入军府。张颢完全没有防备，瞠目结舌之际，眼睁睁看着大砍刀砍向自己的大脸。此时，距离杨渥遇弑才过了九天。杀了张颢后，徐温对外公开宣布张颢弑君，并迅速诛杀张颢的党羽。至于九天前亲手杀掉杨渥的纪祥，也成替罪羊，被车裂于闹市之中。

当初，徐温与张颢密谋杀杨渥时，徐温说："参用左、右牙兵，心必不一；不若独用吾兵。"（同时用左、右牙兵，大家必定不齐心，不如只用我的兵。）张颢不放心，没有同意。徐温又说："然则独用公兵。"（那就只用您的兵。）张颢点头同意。因此，徐温杀掉张颢后惩办逆党，处理的都是张颢手下牙兵。扬州军民闻讯，都以为徐温事先完全不知道张颢的弑君阴谋。从这一点，可以看出徐温的老谋深算。他精准把握了张颢想紧紧抓住权力和不信旁人的心理，用激将法蛊惑张颢一人承担弑君恶名，自己作为一个参与者，在事发清算时却将自己撇得干干净净。而同为军头，张颢从头到尾就是替人干黑活的替罪羊。

杀掉张颢这个唯一的竞争对手后，徐温大权独揽，被新继位的少主杨隆演封为"左右牙指挥使"，主管王府禁军，等于彻底掌控了吴国军政大权。徐温年轻时是个亦商亦盗的私盐贩子，后来投奔时任庐州刺史的杨行密。这个人平时就不太爱说话，沉默寡言，却很有威严，常常怒目瞪人，当时人称"徐瞋"。徐温辅佐杨行密在淮南建立杨吴，名列"三十六英雄"之一。这里说的"三十六英雄"指的是杨行密麾下三十六位开国大将，更准确的说法应该是"杨吴三十六英雄"。"三十六英雄"这个词语最早出自花间派词人韦庄的《上元县》一诗："南朝三十六英雄，角逐兴亡尽此中。"上元是古都南京的旧称。韦庄在诗中缅怀的"三十六英雄"，并不是后来杨吴国的三十六英雄，而是南朝时期的英雄人物。"三十六英雄"是基于六朝典故而创作出来的代称。

韦庄作此诗时是唐光启三年（887），当时中原地区正值秦宗权之乱，杨行密还在今安徽和江西一带打转，金陵（今南京）由孙儒的军队占领。韦庄怀古感叹六朝兴衰，其实是托古喻今，感叹时局艰难。由于大诗人韦庄的名人效应，“三十六英雄”成为当时的热词。杨行密效仿六朝故事，将麾下三十六位开国大将冠以“三十六英雄”的名号。等到杨吴建立，杨行密与三十六位开国大将的传奇故事传遍大江南北，从此“三十六英雄”成为杨吴政权开国将领的专有名词。

徐温在辅佐杨行密的过程中，虽然没有赫赫战功，但他为人颇有远略，心机深沉。杨行密攻入宣州时，诸将都争相掠取财富宝物，唯有徐温独据粮仓，开仓施粥，救济饥民，为杨行密赚足了民心。徐温自己专权后，引来不少外藩的不满，那么，他是如何解决的呢?

徐温当政的智慧

历代治政安抚人心，无非两点，一是得百姓之心，二是得官员之心。徐温出身草根，贩卖私盐时，耳闻饥民卖儿鬻女的悲号，目睹难民饿殍枕藉的惨状，对乱世求生的百姓满怀同情。除掉张颢后，徐温语重心长地对谋士严可求说：“大事已定，吾与公辈当力行善政，使人解衣而寝耳。”（现在大事已定，我和诸位应当力行善政，让百姓每晚都能够安心睡觉。）善政安民成为他执政的基本方略。

徐温执政后一心求治，设立法度，打击强暴，安定百姓。比如寿州团练使崔太初为政苛暴，被直接带回扬州惩罚。在处理狱讼之事时，徐温虽是个文盲，但他听别人诵读案件呈状，也能做出合情合理的判决。徐温非常爱惜民力，母亲周氏病逝时，有将吏们前来祭奠，献上高达数尺、穿着绫罗绸缎的偶人。徐温叹息道："此皆出民力，奈何施于此而焚之，宜解以衣贫者。"（这些罗锦都出于百姓之力，怎能跟着一起烧毁，还是解下来送给穷人吧。）徐温取消民间私蓄兵器的禁令，鼓励民间武装结成乡兵，有组织地进行自卫。在徐温精心治理下，南吴形势很快就稳定下来，百姓富足，社会太平。

徐温懂得知人善任。严可求足智多谋，在帮助徐温夺权过程中立有大功，被任为扬州司马，主管军旅；骆知祥擅长聚财兴利，徐温放手让他主抓财政，淮南一方因而财用充足。这两个人都很称职，是徐温的左右手，淮南百姓称他们为"严骆"。陈彦谦有"善理繁剧"之才，被徐温招致门下，管理庶务井井有条。这些人在帮助徐温稳定吴国政局中起了重要的作用。徐温懂得人才的重要性，一开始让骆知祥掌选举，后又让王潜典选事，使得南吴吸纳越来越多的人才。所有这些举措，都使得南吴的局势走向稳定。

当然，徐温的专权也引来了镇南节度使刘威、歙州观察使陶雅、宣州观察使李遇等外藩的不满。他们都是杨行密旧将，都曾立下大功，眼见徐温以左右牙指挥使的身份主持南吴朝政，内心不平。其中李遇表现尤为激烈，常对他人说："徐温何人，吾未尝识面，一旦乃当国邪！”（徐温是谁，我都没见过这人，怎么就突然执掌朝政了！）得知消息后，徐温便以杨隆演的名义召李遇入朝。李遇不愿去，还指责徐温参与谋杀故主杨渥。此话一出，李遇小命难保。果然，徐温立即遣军攻破宣州，族灭李遇。从此，南吴将领们都畏惧徐温，没有人再敢违抗他的命令，杨隆演更是形同傀儡。刘威、陶雅两人，为消徐温疑心，慌忙主动入觐扬州。徐温对待他们非常恭敬，如同侍奉杨行密一样。刘威、陶雅受到如此待遇，立时悦服，朝野中人也都因此更加敬重徐温。

随着中原梁晋争霸战争的激化，双方都企图利用盟友的军事力量牵制对方。南吴武义元年（919），吴越国在后梁鼓动下进攻南吴，徐温亲自率军在无锡迎战，大败吴越军队。当时形势对南吴非常有利，众将都请求乘胜攻取杭州，吞并吴越。徐温力排众议，叹息道："天下离乱久矣，民困已甚……今战胜以惧之，戢（jí）兵以怀之，使两地之民各安其业，君臣高枕，岂不乐哉，多杀何为？"（天下战乱已久，百姓都非常穷困……现在咱把他们打怕了，借此施以怀柔之策，息兵不战，让两地百姓可以各安其业，君臣也可以少点烦心事，难道这不好吗？为什么要打仗多造杀戮呢？）于是，徐温主动结束了与吴越国的战争，并遣返对方俘虏回国。吴越国心悦诚服，遣使请和，两国自此修好罢兵，"三十余州民乐业者二十余年"。在各路豪强竞相开疆拓土的时候，徐温能偃甲息兵、保境安民，这种品质在五代十国乱世难能可贵。

徐温控制南吴二十余年，架空杨渥、杨隆演两代国主，是杨行密之后南吴政权事实上的统治者。有的人可能奇怪：他都权倾朝野了，怎么不篡位呢？其实，这并不是他对杨吴忠心，而是时机远未成熟。一方面是杨吴旧臣尚在，比如刘威、陶雅等，他们是维护杨吴政权的关键人物。这几个军头的政治利益来源于杨氏政权，在地方又有军队，他们可以接受徐温掌权，但肯定不会同意徐温称王称帝。假如徐温篡位，他们很可能打着复兴杨氏的旗号对抗徐温，建立自己的政权。另一方面，扬州是杨家及功勋大将的大本营，徐温在扬州根基较浅。虽然杨家现在看似失势傀儡，但杨行密经营淮南三十年，深得士心，威望犹存。杨氏家族的统治基础尚存，徐温想要匆忙篡位，恐怕根基不稳。

为解决这些问题，徐温先是杀李遇立威，震慑刘威、陶雅等老臣，然后着手建立属于自己的根据地。后梁乾化元年（911），徐温以杨隆演的名义封自己为升州刺史，并在升州建造水师，由养子徐知诰率领。徐温此举，和曹操在许昌建立自己的政治中心有异曲同工之妙。说来有意思，在五代十国一票枭雄之中，最像曹操的就是徐温，或者说徐温是有意识地效仿曹操。曹操对汉献帝明尊暗防，徐温同样如此。徐温对杨隆演向来恭敬有加，但负责宫廷保卫的武备使翟虔一直是徐温的铁杆心腹，他的任务就是严密监视杨隆演的一举一动。

眼见杨氏的威望逐渐削弱，自己在升州的根据地也日具规模，徐温便开始了篡位的计划。他的第一步是提高杨隆演的名分。徐温率文武百官，逼杨隆演称帝。杨隆演死活不同意，只答应称吴王，同时改元建制。至此，南吴由唐朝封国正式演变为独立王国。徐温也因此晋位，被拜为大丞相、都督中外诸军事、诸道都统、镇海宁国节度使、守太尉兼中书令，封东海郡王。吴国逐渐形成了“祭则弘农（杨氏），政由东海（徐氏）”的政治格局。

杨隆演年少即位，一直受制于徐温，碌碌无为，十二年来都活得像个木偶，最后抑郁成疾，于武义二年（920）五月病逝，享年二十四岁，谥号“宣王”。得知少主死讯，徐温自升州入朝，假惺惺痛哭祭吊一番，然后与大臣们议立嗣君。按兄终弟及的顺序，本应由杨行密第三子杨濛即位，但徐温和杨濛两人一直不和。成年后的杨濛，曾对徐温的专权表示过不满，对人愤慨道：“我国家竟为他人所有乎！”很明显，杨濛并不是个好掌控的主儿，于是徐温就跳过他，选择性格懦弱、更易操控的杨溥（杨行密第四子）为吴王。当时，有人曾劝徐温趁机取代杨氏，徐温冠冕堂皇地说：“吾果有意取之，当在诛张颢之初，岂至今日邪！使杨氏无男，有女亦当立之，敢妄言者斩。”（我要是有心取之，早在当初杀掉张颢时就做了，又哪里会等到今日！就算杨氏没有男丁，有女的我也只会立他们杨家人。再有敢胡说的，一律斩首。）

徐温之所以拒绝当皇帝，是因为当时他已经六十多岁，冒一世骂名篡位极不划算。所以，他想效仿曹操把篡位的事情交给儿子去做。但是，但徐温在择嗣时，却发现自己的六个亲生儿子都不成器，加一起远远不及养子徐知诰十分之一。

乱世孤儿徐知诰

说起南唐，大家第一个想到的肯定是伤感诗人李煜，或者是他爹李璟，知道他的爷爷、南唐开国君主李昪的，可就寥寥无几了。实际上，李璟、李煜之所以有名主要得益于他们的文学成就；如果就政治作为而言，他俩都远远不如先主李昪。就算是对比五代十国的各个君主，李昪也能跻身优秀政治家的行列。但是，南唐并非李昪白手起家创立，它脱胎于十国政权之一的杨吴。简单地说，就是李昪篡了杨吴的江山，走的是曹丕篡汉和司马炎篡魏的路子。接下来，咱们就来讲一讲李昪的传奇之路。

在南唐建立之前，李昪不叫李昪，而是叫徐知诰。徐知诰是杨行密攻打濠州（治今安徽凤阳县）时捡到的流浪孤儿，小字彭奴，至于他到底姓什么，历史记载不一。后来徐知诰之所以改李姓，完全是出于当时的政治需要。徐知诰称帝时编了一套家谱，谎称自己是大唐宗室之后，可信度与郭威自称是舜的后代可有一拼。根据吴越国当时的记载，徐知诰是浙江湖州安吉（今安吉县）人，本来姓潘，后来冒姓李。当然，吴越国与南唐大多数时候是敌国关系，所以这种记载也不完全可信。总之，徐知诰确实不是什么显赫出身，就是后唐乱世中一介平民。

杨行密捡到彭奴那一年，他才七岁左右。虽然当时他瘦得跟排骨一样，但一双瓦亮瓦亮的眼睛，给杨行密留下了深深印象，杨氏立马就收他为养子。来到杨行密身边后，少年彭奴比流浪时更加烦恼，因为杨行密的亲儿子杨渥和杨隆演都非常讨厌和排挤他。杨行密没有办法，就把彭奴转送给自己手下徐温领养，进入徐家，徐温就给彭奴起名为“徐知诰”。

徐温有三位夫人，一共生了六个儿子：长子徐知训、次子徐知询、三子徐知海、四子徐知谏、五子徐知证、六子徐知谔。在这样一个大家庭里给人家当养子，肯定是一件不容易的事。徐知诰已经被杨家赶出来一次，不想同样的事情再次在徐家发生。所以进入徐家之后，他小心翼翼，尽力讨好养父母。为了表达对养父母的感激和孝心，徐知诰特意作了一首名为《咏灯》的诗：“一点分明值万金，开时惟怕冷风侵。主人若也勤挑拨，敢向尊前不尽心。”

徐知诰侍奉徐温夫妻十分孝顺，甚至比徐温的几个亲儿子还要孝顺，每天早中晚三次对徐温夫妇各种嘘寒问暖，承欢膝下。有一次，徐温因心情不佳，把火发在了徐知诰身上，不但打了他一顿还把他赶走。等到徐温回到家里时，却见徐知诰像什么都没发生似的，站在家门口恭迎。徐温惊讶地问：“何故犹在此？”徐知诰回答道：“人子舍父母将何之！父怒而归母，人情之常也。”徐温听后大为感动，此后更加疼爱徐知诰。有次徐温卧病在床，徐知诰在床边侍候，通宵达旦，连端屎端尿这样的事也亲力亲为，一连坚持了几个月，直到徐温完全康复。徐知诰的至孝打动了徐温，他长叹说：“汝虽异族，然吾无亲疏。”徐温这里所说的“异族”，是不同姓的意思。

随着年岁渐长，徐知诰渐渐展露出不一样的风采，年纪轻轻便弓马娴熟，气度英迈，而且喜好读书，见识不凡。他的为人和表现，与杨行密那几个窝囊儿子以及徐温那些纨绔子弟完全不同。为此，杨行密常称赞道：“知诰俊杰，诸将子皆不及也。”少年老成的徐知诰深知身份敏感，一直低调做事，与人不争不抢。他还不到二十岁，徐温就让他担任徐家的大总管，徐府上下大小事务皆过他手。徐知诰非常能干，做事也谨慎细密，把江东第一家庭打理得内外安顺，再苛刻的人也挑不出一根刺来。这段难得的治家经历，为日后徐知诰开创一代盛世，带来了宝贵的经验。

优秀的人，走到哪里都可能被人嫉妒。徐知诰先前跟着杨行密，被以杨行密长子杨渥为首的杨家二代讨厌和排斥；如今跟着徐温，以徐温长子徐知训为首的徐家二代同样不能接纳他。徐知诰侍父谨恭，办事能力还强。为此，徐温经常痛骂他的几个亲儿子不如徐知诰。时间一长，老徐的亲儿子们不乐意了。先前老杨家的那几个兄弟，只是闹着把徐知诰赶出家门；老徐家的就比较狠，尤其是徐知训，竟然想直接黑掉这个毫无血缘关系的弟弟。作为家里的大哥，徐知训会经常叫弟弟们一块喝酒。有一回徐知诰事忙没来，徐知训气得说：“这个要饭乞儿不喝酒，难道要吃我一剑吗！”后来，徐知训又叫人喝酒，这次徐知诰来了。徐知训当时下定决心，在周围埋伏了剑士，准备搞掉这个假弟弟。三弟徐知谏看不惯大哥的奸诈行为，暗中示警徐知诰，徐知诰立马醒悟，借口尿遁。徐知训急派行酒吏刁彦能追杀，刁彦能很有正义感，暗中相助徐知诰，只做了个挥剑的样子，追到半路就回去了，然后告诉徐知训自己没有追上。自此后，徐知训再请徐知诰喝酒，他都推辞不去。

徐知训是徐温嫡长子，他如此敌视徐知诰，最主要还是徐知诰才干出色，又为人孝顺，会威胁他接班人的地位。毕竟在五代十国时期，养子也有政治继承权。但亲儿子和干儿子到底还是有区别，徐温任亲儿子徐知训为淮南行军副使、内外马步军都指挥使、通判军府事，让他代替自己留在扬州辅佐（监视）杨隆演，等于确立了徐知训接班人的地位。

结果呢，这个徐知训作死，没有政治头脑不说，为人还残忍粗野、傲慢淫暴。他听说威武节度使李德诚家中有几十名艺伎，就去找他讨要。李德诚婉拒了徐知训的要求，说自己家的艺伎又老又丑，不配侍候贵人，以后会找一些漂亮年轻的送来。徐知训听完后破口大骂，说李德诚连几个家妓都不肯给，是瞧不起他，发誓要杀了李德诚，然后将他的艺伎连同妻室一同夺过来。李德诚得知消息后大惊失色，急忙花重金买了几个美女送往扬州，才将这事摆平。

徐知训狂妄傲慢，就连吴王杨隆演他也不放在眼里，经常搞得杨隆演下不来台。一天，徐知训和杨隆演喝酒，酒过三巡，徐知训逼迫杨隆演和自己一同扮戏子演戏，他自己扮演一个高高在上的参军站在前头，让杨隆演扮演一个摇尾乞怜的僮奴跟在他后面。翻遍史籍，君臣之间，恐怕也只有徐知训能做出这样的荒唐事。还有一次，徐知训和杨隆演乘船夜游，杨隆演先上岸，徐知训竟然在背后用弹弓射杨隆演。幸亏杨隆演的一个随从替他挡住，否则他脑袋就被弹珠打爆。后来又有一次，徐知训借着酒意，亲手锤死了杨隆演的亲随官吏。对此，南吴将佐们没人敢说。而徐知训所有这些荒唐事，父亲徐温完全不知。

徐知训在扬州骄横恣肆，引发朝廷中很多大臣的不满。在引发南吴宿卫将李球、马谦叛乱之后，徐知训又和入朝救驾的平卢军节度使朱瑾闹得很僵。朱瑾先前在中原和黄巢争雄，与中原河东大佬朱温、李克用都有过争斗，是个连杨行密都得礼让三分的人物。那么，徐知训和朱瑾之间发生了什么故事呢？

借鸡生蛋谋发展

话说徐温的长子徐知训是个混不吝（什么都不在乎的人），借助他爹的权势才爬上南吴二把手的高位。徐知训倚仗权势，在扬州骄横恣肆。他霸凌杨氏旧臣不说，还肆意侮辱国主杨隆演，并和南吴节度使朱瑾闹得很僵。

徐知训早年跟朱瑾学过兵法，可以说叔侄两个人有师生之谊，关系应该还算可以。但徐知训天生骄纵，一点没把朱瑾放在眼里，多次把朱瑾当家奴使唤。朱瑾有匹非常喜爱的宝马，冬天圈在暖和布篷里，夏天圈在凉快葛帐里。徐知训知道后，便向朱瑾索求这匹千里马。朱瑾自然是不愿割爱，结果徐知训顿起杀心，派出数名刺客暗杀朱瑾。朱瑾是一代武术高手，直接灭了徐知训派去的几个刺客，掩埋在自家后院。即便如此，老朱明面上还是对这事隐忍不发。后来又有一次，朱瑾派家里爱姬姚氏携带珍宝去问候徐知训，结果却差点被见色起意的徐知训强行奸污。抢马的事情能忍，如今又强夺自己的女人，是可忍，孰不可忍！对此，朱瑾愈加愤愤不平，在扬州多次劝说杨隆演寻机诛杀徐氏父子，以除国患。徐知训嫉恨朱瑾在朝中的地位比自己高，想外放朱瑾到泗州（治今江苏盱眙县）做静淮军节度使，彻底激怒了朱瑾，朱瑾决定除掉徐知训。

当时，朱瑾假装没事一样，一大早去找徐知训辞行。结果在门房前等了许久，才有门童出来说徐知训宿醉未起。朱瑾就以没吃早餐为由，先回了家。徐知训酒醒后，得知朱瑾前来拜辞，表示说自己晚上会去回拜。晚上，徐知训得意洋洋来到朱瑾府上，朱瑾知道徐知训看上了自己的爱姬姚氏和坐骑宝马，于是在酒宴上大献殷勤，先是将宝马欣然相送，然后又让爱姬姚氏带着几位漂亮侍女出来伺候。席间，美女们又是劝酒，又是唱歌跳舞助兴。眼见徐知训喝得醉醺醺，朱瑾便将他请进内室，让妻子陶氏出来拜见。徐知训见状忙与陶氏见礼，朱瑾乘其不备，从背后用象牙笏板将他砸倒在地，一边早就埋伏好的士兵随即冲出，把徐知训砍成一堆碎肉。徐知训虽带有数百随从，但当时都在室外，对主人被杀一事丝毫没有察觉。为了迷惑徐知训那些随从，朱瑾特意在庭院内拴了两匹暴躁的烈马。徐知训进院后，让人暗中解开马绳，用两马互相踢咬、嘶鸣的声音掩盖内室发出的杀人声。所以，外面人都不知道里边发生什么事情。

朱瑾设局可谓步步惊心。随后，朱瑾拎着徐知训的脑袋入宫，泣劝杨隆演趁此机会亲政，诛杀徐家一族。但杨隆演烂泥扶不上墙，根本不敢为朱瑾背书，表示说这事与他无关，自己什么都不知道。朱瑾见他如此没用，气得指着他怒骂："婢子，不足以成大事！"（真是仆妇一般的人，成不了大事啊！）然后，他愤然将徐知训脑袋丢弃在地上，转身提剑而出。事情暴露，徐温的亲信将领翟虔早已关闭府门，率领府兵围捕朱瑾。朱瑾寡不敌众，翻墙而出，不小心摔折了脚。朱瑾自知难逃一死，于是举剑自刎，时年五十二岁。死前，他还感叹道："吾为万人去害，而以一身死之！"这位朱瑾早年也是逐鹿中原的英豪之一，和哥哥朱瑄二人横行一时，一度与朱温争雄，最终为朱温所败，地盘被吞，老哥被杀，不得已才逃到吴国，被杨行密收留。最后，朱瑾舍命为杨氏一族报恩，忠义之举和古代豪侠豫让、专诸相比，也毫不逊色。

徐知训本是徐温重点培养的接班人，把他放在朝中，既是为了控制朝廷的权力，也是为了培养他的执政能力。徐知训被朱瑾所杀，让徐温陷入被动境地，也给了徐温义子徐知诰更进一步的机会。人在润州的徐知诰抢先一步进入扬州，安定秩序，填补了徐知训留下的权力空白，为日后取代南吴、建立南唐奠定了坚实的基础。由于徐温亲儿子太年轻，老徐只能采取权宜之计，让徐知诰代替徐知训留在扬州辅政，自己依旧回到金陵遥控南吴的军政大事。

徐知诰的崛起从徐知训被杀开始，他一改徐知训先前跋扈嚣张的做派，宽缓刑法，推广恩信，事奉杨隆演恭敬有加，对待士大夫谦卑礼让，对部下也宽和仁厚，迅速取得宋齐丘、骆知祥、王令谋等人的支持。同时，他还在扬州广招人才，经常派人到民间了解疾苦，遇到百姓有婚丧嫁娶拿不出钱的，还会及时救济，所以百姓对他的好感也急速上升。经过一段时间的经营，徐温留在扬州的势力已逐渐被徐知诰架空，人心都大多归向了徐知诰。但此时的南吴，仍然是徐温只手遮天。徐知诰深知，自己如今的荣耀和地位，都是靠徐温义子这个身份得来的。这个身份对他来说至关重要，因为五代时期义子与亲子享有同等政治权利，甚至可以继承帝位，比如后唐明宗李嗣源、后唐末帝李从珂、后周世宗柴荣，都是以义子身份继承帝位的。所以，成为南吴二把手后，他对徐温的孝顺更是有增无减。徐温呢，对徐知诰更加信任和放心，还隐隐有让他成为接班人的打算。

徐知诰城府极深，他的每一步行动都深谋远虑。徐温入朝时有兵仗相随，他就告诉杨隆演说："（徐）温虽臣之父，忠孝有素，而节镇入觐，无以兵仗自从之例，请以臣父为始。"于是，他以王令解除了徐温兵仗入朝的权限。这样一来，既在表面上维护了徐温的忠谨形象，又压制了徐温在朝上的威风。徐温爱穿白袍，每逢他的生日，徐知诰都会献上一袭白袍。一次，有人向徐温献媚，语义双关地劝进："白袍不如黄袍好。"徐知诰当场正色呵斥献媚的人，又跪地劝说义父徐温："您忠孝之德，朝野崇敬。假如被这些奸佞小人说动，肯定有损您的威名，希望您不要听信邪言。"徐知诰的及时制止，既表现出义子对徐温的忠诚和尊重，又巧妙地拖延了徐温篡位的步伐，为自己争取了更多的时间和空间来积蓄力量。

当然，也有人看出了徐知诰的心思。徐温手下两大重臣严可求和陈彦谦，都坚决要求徐温将徐知诰踢出继承人队列。严可求和徐知诰还是儿女亲家，但老严的态度非常明确：即使徐家亲儿子都不成大器，也不该让一个没有血缘关系的儿子徐知诰来继位。陈彦谦态度更为坚决，老家伙拼尽全力，上书徐温十余次，乞求徐温千万不要立徐知诰为继承人。徐温的次子徐知询也整天吵吵嚷嚷，要踢开徐知诰自己接手老爹的事业。这些话听多了，徐温还真就动心了。虽然亲儿子徐知询才能和人品都不如养子徐知诰，但多加培养，做个中人之主还是可以的。可惜，此时留给徐温的时间已经不多了。

南吴顺义七年（927）十月，徐温准备率诸镇节度使前往扬州，名义上是要劝说杨溥称帝。不料临行前，徐温突患重病，无法前行，只能派次子徐知询代替自己入朝劝进。为了稳妥，他还让作为亲儿子的徐知询取代徐知诰坐镇扬州执掌朝政。结果，没等徐知诰让位给徐知询，徐温就在金陵病逝了，时年六十六岁。老实说，徐温如果再晚死一两个月，徐知诰可能一点机会都没有。得知父亲死讯，徐知询匆匆半路折返金陵为老爹服丧，徐知诰则接过徐知询劝进的活儿。同年十一月，在徐知诰等人威逼下，吴王杨溥僭号称帝，改元乾贞，正式建立南吴政权。直到此时，十国中的南吴才算是真正建立起来。

南吴建国后，杨溥加封徐知诰为太尉兼侍中，留他继续在朝辅政；而徐知询则承袭了徐温原先的职务：诸道副都统、镇海宁国节度使、金陵尹，掌握了徐温留在金陵的军队。至此，徐温生前的权力被亲儿子和义子平均分割，徐知询主外，徐知诰主内，一场兄弟间的较量即将展开。

徐知诰代吴建唐

纵观徐温一生，他先是追随杨行密创建南吴政权，又在杨行密死后力挺杨行密儿子继位，继而又将南吴少主玩弄于股掌之中，成为南吴政权实际上的掌控者。但终其一生，徐温始终没篡位称帝，堪称南吴版活曹操。或许徐温也有心黄袍加身，但终究败给了天命。就在劝进杨溥称帝前夕，徐温病逝，时年六十六岁。天算不如人算，没过多久，徐温辛苦筹谋二十多年的成果，全都便宜了养子徐知诰。

随着徐温去世、杨溥称帝，南吴政权进入了徐知诰、徐知询兄弟争权的阶段。当然，杨氏这个“皇帝”如同之前一样，还是徐氏傀儡而已。不过，此时的南吴政权，出现了扬州和金陵两个中心。徐知诰主内，继续执掌朝政；徐知询主外，接管了徐温生前的兵权。显然，现在的徐知询已经成为徐知诰的头号政敌。徐知诰深知自己现在还不具备和徐知询死磕的资本，为此他常常忧形于色。同在扬州的内枢密使王令谋宽慰道：“公辅政日久，挟天子以令境内，谁敢不从！知询年少，恩信未洽于人，无能为也。”（您辅政时间已经很长了，挟天子以令境内，试问谁敢不从？徐知询年少轻狂，恩信不加于人，所以他成不了什么大事。）

得到鼓舞后，徐知诰决定继续发挥自己的强项，开始四处笼络人心。他不仅暗地里对义弟们嘘寒问暖，还对老臣们恭敬有加。久而久之，除了徐知询本人和他几个亲信外，几乎所有人，甚至包括徐温其他的儿子们和徐玠等亲信们，都纷纷投靠了徐知诰。这时的徐知诰已经独揽南吴大政，而徐知询对此毫不自知，自以为手握重兵，又占据着长江上游要地，随时能挥兵进攻扬州，除掉徐知诰简直易如反掌。所以，他对徐知诰极为轻视，明里暗里和徐知诰争权夺利。

徐温在金陵发丧，徐知询通知徐知诰来金陵参加丧礼，徐知诰以吴主有大事商量为借口婉拒。此前，徐知询暗中派手下周廷望去扬州结交朝中勋旧大臣，结果这人是个两面派，两头讨好：一边向徐知诰示好，说徐知询要杀他；一边又对徐知询说，徐知诰图谋不轨。徐知诰自然不信任周廷望，将计就计，通过周廷望骗徐知询入朝，让他给徐知询带话，说现在朝中有人弹劾徐知询七大“不臣之罪”，要徐知询亲自到扬州解释。

收到消息的徐知询，自然怒气腾腾，加上之前徐知诰拒不前来奔丧的事，兄弟见面火药味十足。徐知询质问道：“先王违世，兄为人子，初不临丧，可乎？”（先王离世，你身为人子，却不去参加父亲的丧事，这样可以吗！）徐知诰回怼道：“尔挺剑待我，我何敢往！尔为人臣，畜乘舆服御物，亦可乎？”（你持剑等着要杀我，我怎么敢去？再说你身为人臣，用着皇帝才能用的车驾、服饰，这样也可以吗！）双方一个指责对方不孝，一个指责对方不忠，谁都不占理。

吵归吵，骂归骂，但是冒冒失失来到别人地盘的徐知询，从此再也回不去了。徐知诰诬陷徐知询有意谋反，把这个义弟扣留在扬州，委任一个“左统军”的虚衔；任命徐温另一个儿子徐知谔为金陵尹，并派出心腹大将柯厚把金陵诸军带还扬州，完全剥夺了徐知询的兵权。可笑又可悲的是，兄弟两个人在斗嘴争吵过程中，都说周廷望如何如何说。结果，这个两面派的下场就是身首分离。

徐氏兄弟之争，以徐知询的贸然前往扬州分出胜负。至此，南吴已经成为徐知诰的天下，军政大权全掌握在他一人手里。大权在握的徐知诰性子开始变得着急，决定要把徐知询杀了。公元 929 年十二月的一天，徐知诰召集徐知询等人宴饮，微醺之余，徐知诰用一个金酒盅斟满一大杯酒，对徐知询说：“愿弟寿千岁！”徐知询怀疑有毒，从案上拿起另外两个杯子把酒分了，然后递给徐知诰一杯，也祝酒说：“愿与兄各享五百岁！”徐知诰脸色大变，左右顾盼，不敢接杯；徐知询呢，捧酒不退，当众给徐知诰难堪。身为朝廷伶官的申渐高善解人意，径自上前和徐氏兄弟说笑，然后把两杯酒倒回金酒盅中，仰头一饮而尽，然后怀揣金酒盅退下，假装赚大便宜一般。徐知诰见状非常着急，马上派手下给申渐高送解药。结果，这位善吹三眼笛的伶官刚刚回到家，就毒发身亡了。申渐高不同于一般优伶，他替徐知询饮毒酒，其实是在用自己的生命向徐知诰进谏，希望不要兄弟相残。

徐知询逃过一劫，从此无心夺权，变得安分守己。徐知诰则决定放徐知询一马，毕竟义父徐温对自己有养育之恩。至于徐温其他几个儿子，对徐知诰本就没什么意见，徐知诰也对他们各有优待。至此，徐知诰再无内忧。紧接着，徐知诰效仿徐温当年的做法，坐镇金陵遥控淮南，将亲儿子徐景通（后来改名李璟）留在扬州辅理朝政，顺便监控杨吴皇室成员。

徐知诰有心当皇帝，只是南吴傀儡皇帝杨溥继位以来从无过错，他担心自己贸然篡位会导致众心不服，想等杨溥死后再说。一天清晨，徐知诰揽镜自照，发现头发白了许多，不禁叹气道：“国家安而吾老矣，奈何？”说者无意，听者有心！徐知诰的心腹周宗明白主公心意，就准备去劝说傀儡皇帝杨溥主动让位，而且还把事情告诉了宋齐丘。宋齐丘心思缜密，觉得周宗会快自己一步抢得从龙之功，心里非常忌恨。他派人急奔金陵，极力劝阻徐知诰，说称帝之事不可操之过急，还建议将周宗斩首，以此向杨溥谢罪。徐知诰觉得宋齐丘所言有理，为了显示自己没有私心，只得将周宗贬为池州刺史。顺便说一句，这个周宗，就是后来南唐后主李煜心爱的大小周后姐俩的亲爹。

对于徐知诰而言，篡位的时机尚未成熟。杨吴皇室内部，还有临川王杨濛这样有才能、有政治抱负的人。另外，还有周本等忠于杨吴政权的宿将。所以，如果想要顺利“禅代”篡位，就必须先扫除一切障碍。大和六年（934），徐知诰诬告临川王杨濛藏匿亡命之徒、私造兵器，将他废为历阳公，幽禁在和州（治今安徽和县），派兵监视他的一举一动。天祚元年（935），杨溥加封徐知诰为尚父、太师、大丞相、大元帅、齐王，又下诏把升州、润州等十州之地划为齐王领地。徐知诰佯装上表辞去尚父、丞相之职，但在转年就开设“大元帅府”，设置官员，得到了干爹徐温曾经拥有的一切。这时，大臣徐玠等人多次率群臣劝进；闽国、南汉等南方政权为了贪图赏赐，也都遣使者前来劝徐知诰称帝。

被囚禁在和州的杨濛听说徐知诰谋划禅让的事情后，深知徐知诰想要篡位。他忽然暴起，杀掉监视他的兵士，前往庐州投奔老爹的旧将周本。毕竟是老主公的儿子来投奔自己，周本原想接纳杨濛，但他儿子周弘祚坚决反对，紧闭城门不让老爹出城。周弘祚担心这事会给自己家族惹来灾祸，所以他一边以周本的名义参与劝进，向徐知诰表示诚意，一边派人将杨濛抓住解送金陵。既然已经杀人“造反”，徐知诰便下令将杨濛斩首。周本一心忠于杨氏，曾对亲随说：“我受吴室厚恩，老矣，复能推戴异姓（指徐知诰）乎？”儿子周弘祚现在的行为，让他心生愧恨，积郁成疾，不久后就病逝了，享年七十七岁。

既然杨氏家族中最有本事的杨濛已死，徐知诰便加速逼杨溥“禅让”的步伐。没有任何悬念，天祚三年（937），吴主杨溥逊位，徐知诰受禅称帝，国号大齐（因为当时徐知诰是吴国的“齐王”）。徐知诰喝水不忘挖井人，在称帝后，并没有忘记徐家的养育之恩，追尊徐温为太祖，谥曰“忠武皇帝”。一年后，徐知诰改名李昪，改国号为“唐”，史称南唐。就这样，杨氏吴国成为历史。自杨行密领有淮南算起，南吴（杨吴）共存在了四十六年。

保境安民是上策

从流浪儿到成为皇帝，徐知诰算是比较幸运的。相对于别的开国皇帝，他既没有朝中重臣的阻挠，也没有来自外藩的威胁，而是靠着搭养父徐温的顺风车成功上位。徐知诰韬光养晦数十年，年近半百，终于半推半就之下，以“禅让”方式当上了皇帝。而且，这次徐齐取代杨吴，是一次非常平静的改朝换代。除了几个杨氏皇室成员丢掉性命外，几乎没有引发任何风波。这种结果，在血腥和权谋遍地的五代时期还是比较少见的。

为了巩固皇权，也为了撇清与徐氏的关系，徐知诰上位之后次年，便自称是李唐皇族后裔，改名“李昪”，把国号从“大齐”改为了“大唐”。

在中国古代，名分这个东西好像很虚，但实际上很实。所以，很多人希望攀附一个好祖宗来显得自己身份高贵。就像只要是姓刘，就都往汉代皇帝身上靠；凡是姓李，就都说是李唐皇室的后人。关于李昪究竟属于哪个李唐宗室的后裔，各种史料众说纷纭，记载不一。《旧五代史》说李昪是唐玄宗之子永王李璘的后代，《新五代史》说他是唐宪宗之子建王李恪的后代，《蜀后主实录》说他是唐朝薛王一支的后裔，《江表志》认为李昪属于唐朝郑王李元懿的后代，相对权威的史书《资治通鉴》则认为李昪当时自称是吴王李恪的后代。司马光在《通鉴考异》一书中把这些徐知诰自认大唐宗亲的史料全部罗列一遍，但他本人又不取其说，直言南唐皇室“冒李氏以应谶”，明确断言“南唐之李”实非“李唐之李”。

从实际情况讲，徐知诰确实乱认祖宗，南唐皇室与李唐皇室没有任何血缘关系，徐知诰这种认“祖”，无非是为增加自己政治影响力的一种手段而已。对于徐知诰这种强行认祖的行为，吴越第二任国主钱元瓘（guàn）曾出言讽刺：“金陵冒氏族为巨唐，不亦骇人乎？”可见在当时，就已有大人物诟病南唐徐知诰这种乱认祖宗的荒唐无稽。

徐知诰也就是改名后的李昪，当上皇帝后，对有养育之恩的徐家还是十分感念的。徐温被祭入南唐太庙，庙号“义祖”。一开始，李昪把徐温和唐高祖、唐太宗排在一起同等祭祀，群臣对此都表示反对，建议另行建庙祭祀。李昪说：“吾自幼托身义祖，向非义祖有功于吴，朕安能启此中兴之业？”至于徐家几个儿子，各封有王位。据史料记载，徐温除养子徐知诰外，共有亲子六人，长子徐知训被称为“三郎”，养子徐知诰（李昪）则被他称为诸子的“二哥”。可见，在徐知训之前徐温可能还有一个年长于李昪却幼年夭折的儿子。徐知训先前被朱瑾所杀，徐温病逝后一直与李昪争权的徐知询被封东海郡王，徐知诲在徐知询与李昪争权期间一直支持李昪，所以他的子孙在南唐最受优待。徐知谏在徐知询与李昪争权期间一直支持李昪，也受到优待。徐知证在南唐建立后历封江王、魏王，一直被视为南唐的宗王。徐知谔在南唐建立后历封饶王、梁王，官至镇海军节度使兼中书令，也一直被视为宗室。从这方面看，老徐家的结局远远好于杨行密的杨家。

李昪称帝后，把杨行密后代杨氏子孙都赶到海陵永宁宫集中监视居住，派兵严加看守。隔年，吴主杨溥在丹阳宫被幽禁而死，应该是被毒死或者缢死，时年三十八岁，谥号“睿皇帝”。后来周世宗柴荣征伐淮南时，曾经下诏表示将优抚杨氏子孙。李昪的儿子李璟是当时的皇帝，听说此事后，担心杨氏后人作乱，遂派人将杨氏族人全部杀害，杨氏就此绝嗣。根据史书记载：升元六年，李昪迁其子孙于海陵，号“永宁宫”，严兵守之，绝不通人。久而男女自为匹偶，吴人多哀怜之。显德三年，世宗征淮南，下诏抚安杨氏子孙，而李璟闻之，遣人尽杀其族。（《新五代史·吴世家第一》）杨行密子孙的遭遇，不是一般意义上的悲惨。改朝换代后，杨氏家族虽然没有立刻遭到血洗，能够保存性命多年，但是这十多年活着的日子是一种漫长的折磨，即所谓“活受”！等于被判死缓十几年，在重兵看守下，与世隔绝。史书中“久而男女自为匹偶”，最为凄惨，意思就是被禁闭在高墙之内，男女不得不近亲结婚，导致生出一堆低智商的残疾后代。即便如此，这些杨氏后代最后也没能躲过屠刀，被中主李璟下令全部屠杀。

严格来说，李昪是南唐的开国之主。但从整个江东地区割据的历史来看，江东真正的开国之主是杨行密。没有杨行密，就没有上启杨吴、下开南唐的关键人物徐温。没有徐温，肯定就没有徐知诰也就是李昪的发达。所以，李昪虽说是开国之主，实则是守成之主。李昪称帝后，他在杨行密、徐温建立的基业上，发扬光大，重视农业生产，安定民心，卓有成效。

李昪生于乱世，自幼饱尝战乱的血雨腥风，热切向往和平安逸的生活。开国之后，他把“息兵安民”立为国策。南唐的许多文臣武将为了立功扬名，屡屡建议他开疆拓土，他却告诫说：“百姓皆父母所生，安用争城广地，使之肝脑异处，膏涂草野？”并表示“宁以子孙付之于天，不愿以力营也”。升元六年（942），邻国吴越国内出现大范围的自然灾害，南唐大臣宋齐丘和冯延巳建议出兵吴越，吞并南楚和闽国。但是，李昪非但没有进犯吴越国，还遣使携带重礼前去慰问。李昪的做法让冯延巳很不理解，暗中嘲讽他是个不思进取的“田舍翁”，只知道偏安自保，没有雄才大略。但站在老百姓的立场，李昪在位期间，实现了“江表五十年间，父不哭子，兄不丧弟，四封之内安恬舒嬉”。仅凭这一点，李昪就是一个值得称赞的好皇帝。

李昪向来节俭，经常脚穿普通的草鞋，用铁制的洗漱用具，夏天睡的是青葛织的帷帐，左右侍奉他的都是一些老弱宫人，平时服饰简单粗糙。称帝即位后，他没有大兴土木修建宫殿，还是用原来的旧衙署，只是用鸱尾、阑槛等稍微装饰了一下。由于李昪深知汉唐以来外戚、宦官干涉朝政的弊端，就制定规矩，“不以外戚辅政，宦官不得干预政事”。终南唐之世，这个规矩从未更变。有一次，李昪撞见儿子李璟在亲自调弄乐器时，大为恼怒，责备了他好几天。李昪的小儿子李景遏的母亲种氏长得美如天仙，很是受宠，她便借机会进言，说李景遏虽然年纪小，但人很聪明，完全可以继承帝位。李昪闻言大怒，说道：“子有过，父训之，常事也。国家大计，女子何得预知！”怒斥过后，马上令种氏出家为尼。

李昪很有作为，他当上皇帝之后，进行了一系列大刀阔斧的改革。首先，他废除了江南地区的“丁口钱”。所谓“丁口钱”，其实就是人口税。一直以来，官府按每家人口多少收税，却不管每家有土地多少，这是一种非常不公平的税收政策。无论大地主还是贫下中农，家中人口相等，就缴纳同样的税。为此，不少大臣反对免征“丁口钱”的举措，说这样国家会损失大量税收。但李昪还是接受宋齐丘的建议，令行禁止。更难能可贵的是，李昪尽可能地出台符合百姓利益的政策。比如“差官兴贩簿”，就是根据土地的优劣，把土地分成上、中、下三个等级，然后按不同等级收税。这项政策，极大减轻了拥有劣质土地的下层农户的负担，毕竟这类农民占江东农户的大多数。同时，李昪还严令禁止豪强官吏逼良为贱，禁止买平民子女为奴婢。买卖人口订立文据，必须通过官府审查。

李昪在轻徭薄赋的同时，还采取一系列奖励农桑、恢复生产的措施。他召集流民，给他们提供土地并免税三年；还鼓励百姓开荒，规定每开荒达到八十亩就奖励两万钱，并且五年内免收租税。为鼓励百姓从事农桑，还下令大幅度提高农副产品和丝绢的折纳价格，激发了百姓垦荒和从事农桑的积极性，极大地推动了江东地区的经济发展。

另外，李昪还崇文重教，非常重视征集文献，将从各地征集来的三千多卷图书收藏在他治理升州时设置的“建业书房”，为南唐日后成为“文献之地”开了先河。他还在庐山白鹿洞建立了“庐山国学”，招揽天下贤才来书院讲学。此“庐山国学”就是中国古代四大书院之一的白鹿洞书院的前身（另外三个是岳麓书院、睢阳书院、石鼓书院）。

总之，李昪在位七年，做了许多于国、于民、于整个社会发展有利的事。经过他的精心治理，江淮地区“比年丰稔（rěn），兵食有余”，成为五代乱世中的一方乐土，让南唐在短时间内一跃成为南方诸政权中经济和文化最先进的国家。

第十五章

内斗不休终败亡：十国之杨吴、南唐（下）

当断不断受其乱

前面我们讲过，古代许多皇帝在世时，都费尽心机想寻求长生不老之法，典型例子如秦始皇、汉武帝等。做了皇帝，命似乎也值钱了，皇权在手，谁都想多活几年。南唐烈祖李昪到了晚年时，也逃不脱这个诱惑，想向天再借五百年，开始研究起长生不老之法。

一天晚上，李昪梦见自己吃了灵丹妙药之后飘飘欲仙飞升上天。结果天一亮，方士史守冲就献上了一个炼丹药的方子。李昪觉得“美梦成真”，马上就按着方子炼丹服食。刚开始他还觉得很提神，渐渐地脾气变得越来越暴躁，群臣上奏时，经常会大发脾气。李昪还把药赐给大臣李建勋吃，李建勋说自己只吃了几天，就觉得浑身燥热难耐，不敢再吃，还劝李昪不要再吃这种丹药。李昪不听，继续大剂量服用这种自制的丹药。由于过量服用丹药，李昪身上长出一个大毒疽，奇痛无比。他急忙嘱咐宫人不准泄露消息，暗地里偷偷命御医抓紧诊治，还强忍疼痛，装作没事一样，像往常一样上朝听政。

很快，李昪病情进一步恶化，再也撑不下去。太医吴廷裕边治疗，边派人去把齐王李璟召进宫侍疾。直到这时，李昪才知道是丹药要了他的命，抓着李璟的手说："吾饵金石，始欲益寿，乃更伤生，汝宜戒之！"（我服用金石丹药，本是想延年益寿的，哪知反而伤了身体，你可要引以为戒啊！）当天傍晚，李昪便死了，终年五十六岁。李昪死后，朝廷秘不发丧，按遗命奉李昪的儿子齐王李璟监国。

南唐烈祖李昪，"托名徐氏，遂霸江南"，虽说得位不正，但称帝之后能勤政爱民，息兵养民，礼贤下士，算得上是个一代明君。在他主政的十几年间，极力推行保境安民的国策，百姓安居乐业，户口增殖，财用充足。他死时，仅德昌宫库一库就存有值七百万缗的兵器、金帛等物资，由此可见当时南唐物力财力之丰裕。可以说，在五代十国南方诸国君主中没人能超越李昪，即便是中原有开创小康之称的后唐明宗也难望其项背。能胜过李昪的帝王，唯有中原地区的后周世宗柴荣。

所以，陆游在《南唐书》中称赞李昪："仁厚恭俭，务在养民，有古贤主之风也！"欧阳修在《新五代史》中称李昪"宽仁为政、自励为勤俭"，但同时又指责李昪的宽仁勤俭，是沽名钓誉、收买人心的"区区诈力"。欧阳修评史向来犀利，但有时也带有个人的道德偏见。但不管怎么说，当时江东老百姓生活安定，和战火滔天的中原相比，简直就是人间天堂。撰写《十国春秋》的吴任臣称赞说：烈祖（李昪）茕茕一身，不阶尺土，托名徐氏，遂霸江南。挟莒（jǔ）人灭鄫之谋，创化家为国之事，凡其巧于曲成者，皆天也。然息兵以养民，得贤以辟土，盖实有君德焉。东海鲤鱼，兆虽有自，要岂得谓竟非人力也邪？

李昪虽然属于仁主，但同样有其他皇帝的一个通病，在继承人的问题上举棋不定，造成兄弟猜忌失和，大臣拉帮结派、结党营私。李昪共有五个儿子：长子李璟（曾用名李景通）、次子李景迁、三子李景遂、四子李景达、五子李景逷。前四个儿子为一母同胞，都是皇后宋福金所生，只有幼子是另一妃子钟氏所出。宋皇后原是江夏人宋韫的女儿，幼年在战乱中流离失所，被升州刺史王戎收留，陪伴在其女儿王氏身边。后来王氏嫁给李昪，成了他的原配夫人，宋氏属于陪嫁的媵（yìng）妾。因为王氏早故，宋氏就被扶正为继室夫人。李昪称帝前后，宋氏作为“贤内助”，经常在关键时刻帮助他拿主意，功劳可谓极大。李昪晚年服食丹药，变得易急易怒，动辄惩罚大臣，幸亏宋氏在身边劝诫，才使得很多朝臣避免被贬或被杀的厄运，因此深得朝臣们的感戴。

李璟出生时，李昪就已是杨吴政权的关键人物。李璟的少年时代，是在景色优美、六朝古迹随处可见的扬州度过的。他的生活比较安逸、稳定，没有经历他爹李昪那样的人生坎坷。李昪执政时重文兴教，为南唐创造了很好的文化氛围，吸引了大批文人士子前来，也影响了李昪的儿孙们对文学艺术的热爱。特别是李璟，天性文雅，爱好文艺，从青少年时代起，身边就围满了冯延巳、陈觉、魏岑等才华横溢的南北人士。李璟十岁曾作诗："栖凤枝梢尤软弱，化龙形状已依稀。"吟咏新竹，引得时人啧啧称奇。他十五岁在庐山国学读书，写下了"苍苔迷古道，红叶乱朝霞"的名句；后来又有《摊破浣溪沙》两首，更是词中的上乘佳作："手卷真珠上玉钩，依前春恨锁重楼。风里落花谁是主？思悠悠。青鸟不传云外信，丁香空结雨中愁。回首绿波三楚暮，接天流。""菡萏（hàn dàn）香销翠叶残，西风愁起绿波间。还与韶光共憔悴，不堪看。细雨梦回鸡塞远，小楼吹彻玉笙寒。多少泪珠何限恨，倚阑干。"特别是其中一句"小楼吹彻玉笙寒"，格调委婉，意境深远，具有很强的艺术感染力。

按理来说，作为李昪嫡长子，李璟理应顺承皇位，但李昪在世时并不看好他。李昪虽然重视礼乐教化的作用，但他更需要一个有魄力、有眼光的继承人。李璟书生气过重，宽厚仁爱有余，果敢英武不足，因此李昪一度有废长立幼的打算。李璟当然也注意到自己的处境，他选择了以退为进、静观其变的策略。李昪受禅前，本来想立李璟为王世子，但李璟一直没有接受。李昪称帝后，封李璟为吴王，后又封为齐王，但李璟仍然不愿接受太子之位，再三谦让，表示自己更愿意潜心读书。结果，他越是谦让就越讨皇帝老爹喜欢，还下诏称赞他："守廉退之风。师忠贞之节，有子如此，予复何忧？"且不论这是否出自李昪真心，但总的来说，李璟的策略还是收到一定的效果。

李昪心中看好的继承人是次子李景迁。李景迁出生时，李昪曾让术士占卜，术士都说李景迁贵不可言，肯定是李昪几个儿子中最长寿的。为此，李昪让他代替李璟留在扬州辅政，一度被视为李昪的接班人。就连宋齐丘这样的重臣，都曾把赌注押在他身上。谁料想，算卦的术士都是胡说八道，他们预言长寿的李景迁，十九岁时就重病死了。李景迁死后，李昪又对第三子李景遂产生兴趣。李景遂有头脑，善于笼络人心，与士人关系比较密切，很得李昪信任。南吴傀儡皇帝杨溥死后，李景遂受命主持葬礼，他望柩痛哭，深得杨吴旧人的好感，也消除了人们对杨溥之死的一些猜疑。从那时起，宋齐丘等人转而把宝押到李景遂身上，在李昪面前极力称赞他的才干。李昪几次想让他继承皇位，但考虑到废长立幼可能会引起动乱，一直犹豫。

就在李昪为继承人问题犹豫不决的时候，一天，李昪正在午睡，梦见一条金龙腾云驾雾从天而降，从宫殿西窗处往殿内东张西望。李昪受惊坐起，忙派侍从去西窗附近查看。侍从回报未见异常，只看到李璟小王爷倚窗而立，在等李昪起床。李昪听到回报，心中大异，不久就将李璟立为皇太子。这个故事来自宋朝史温撰写的笔记《钓矶立谈》。古人迷信，常受梦境寓示启发作出决断，现在看来或许荒诞无稽。但毕竟李璟是嫡长子，品性恭顺，没出过什么大差错。更何况，如果让第三子李景遂当太子，属于废长立幼，从历史经验看，对国家社稷总归不是好事。

李昪死后，按正常程序，皇太子李璟应该在灵前即皇帝位，但这个过程并不顺利。

“五鬼”乱政受其害

有人的地方就有政治，有政治的地方就有争斗。封建时代，在朝廷内有组织的斗争，就是党争。都说唐宋两朝党争惨烈，其实南唐的党争也是腥风血雨。

南唐的党派之争，在李昪时期就已经形成。一派是以宋齐丘为首的南方本地派，成员有冯延巳、冯延鲁、查文徽、魏岑、陈觉等人；另一派则是清流党人，由孙晟、韩熙载、常梦锡、钟谟、江文蔚、萧俨等人组成，这个清流党是一个松散联盟。由于李昪处事有方，两派之间各安其事，还不至于造成什么风浪。李昪死后，朋党之争与皇位争夺开始纠缠在一起。

李昪死于升元七年（943）二月廿二日，直到二十八日才宣布遗诏。到了三月一日，李昪死了将近十天，李璟还没继位，而是在“泣让诸弟”。主要原因是李璟当时势单力薄，惧怕弟弟李景遂背后的宋齐丘党人，进退两难。李景遂一边呢，则毫无让步之意，各方僵持不下，不能形成统一的意见。孙晟为了避免冯延巳等人乱政，甚至奏请李璟生母宋太后临朝听政。对此，翰林学士李贻业坚决反对，认为“妇人预政，乱之本也”，极力劝阻，而且公开表示说，如果太后临政，他就号召百官抵制。孙晟害怕事情闹大，只得打消太后临朝的念头。最后，还是周宗、徐玠等抢先下手，当众宣称说：“大行付陛下神器之重，岂得固守小节！”然后直接给李璟披上龙袍，李璟这才得以继位。

李璟虽然继位，但弟弟李景遂等人的势力依然不小。为了稳定诸弟，李璟在父亲灵前盟誓，约定南唐此后世代兄终弟及。同年七月，李璟封李景遂为齐王，拜诸道兵马元帅、太尉、中书令，居东宫，并把兄终弟及之意诏示全境。说到底，李璟相约兄弟传国，其实并非本意，而是党派之间政治妥协的结果。

李璟文学造诣颇深，但政治素养却很一般，缺乏政治家的气魄和远见，喜欢重用一些文人雅士。李璟即位后，以冯延巳、常梦锡为翰林学士，冯延鲁为中书舍人，陈觉为枢密使，魏岑、查文徽为副使。除常梦锡外，其余五人就是南唐史上著名的“五鬼党”。其实这五人都不是大奸大恶之人，肚子里还算有点干货，但他们所谓的干货“才能”，不过是擅长写诗填词。大概是有相同爱好的原因，李璟非常信任他们。偏偏这五个人不仅爱好文学，还很有智商优越感，喜欢在朝政上搬弄是非，南唐政坛被他们弄得乌烟瘴气，混乱不堪。

在这“五鬼”中，和李璟关系最铁的就是冯延巳。冯延巳是五代十国时期的一代填词高手，其文学地位紧追南唐二主（李璟/李煜）之后，他的词对北宋婉约词风影响很大，深受历代文人的好评和推崇，很多名句至今还被人们引用，比如“风乍起，吹皱一池春水”“独立小桥风满袖，平林新月人归后”等。冯延巳这样一个奸臣、反派，他的一首《鹊踏枝》却是五代时期脍炙人口的经典，道尽了一个“愁”字：“谁道闲情抛掷久？每到春来，惆怅还依旧。日日花前常病酒，敢辞镜里朱颜瘦。河畔青芜堤上柳，为问新愁，何事年年有？独立小桥风满袖，平林新月人归后。”

一位如此优秀的词人，在政治上却是一个投机谄媚的卑鄙小人。冯延巳自少年时就与李璟交游，两人形影不离，感情深厚。一次，李璟开玩笑说：“吹皱一池春水，干卿何事？”冯延巳一听，马上来了一句：“未若陛下‘小楼吹彻玉笙寒’也。”冯延巳这个彩虹屁，拍得李璟龙颜大悦。冯延巳还写过一首词《长命女》献给李璟：“一愿郎君千岁，二愿妾身常健，三愿如同梁上燕，岁岁长相见。”在这阕词里，冯延巳把君臣之恩比喻为夫妻之情，以此来表达对李璟知遇之恩的感激。不得不说，这马屁绝对是前无古人后无来者，难怪李璟对他如此宠信。

清流党孙晟看不惯冯延巳的嘴脸，暗戳戳地嘲讽道：“金杯玉碗，乃贮狗矢乎！”冯延巳也同样看不惯孙晟。一次，冯延巳戏弄孙晟：“公有何能，为中书郎？”孙晟回道：“晟，山东鄙儒，文章不如公，谈谐不如公，谄诈不如公……晟诚无能；公之能，适足为国家之祸耳。”（我孙晟不过是山东一鄙陋儒生，写文章比不上您，谈吐诙谐比不上您，谄媚狡诈比不上您……我孙晟确实没什么本事，但您所谓的本事，却是要给国家带来灾祸。）孙晟毕竟是个有真本事的人，冯延巳惹不起，如果当时是其他人这么说，早就被冯延巳收拾到卷铺盖走人了。比如上疏痛骂冯延巳是“鼠奸狐媚”之辈的御史中丞江文蔚，就被贬为江州士曹参军；上疏指责冯延巳兄弟作恶多端的水部郎中高越被贬为蕲州司士。

都说什么样的人交什么样的朋友。从前李璟还是齐王时，冯延巳便和宋齐丘、陈觉、魏岑相互勾结。常梦锡几次给烈祖李昪上言，说陈觉、冯延巳和魏岑都是佞邪的小人，不适合让他们在东宫侍奉太子；萧俨也上表，称陈觉奸邪乱政。李昪多少也有些感受，觉察了一些迹象，但没来得及免掉他们自己就先挂了。李璟上位后，常梦锡又多次上言这五人不能用。李璟还是齐王时，常梦锡就经常直言规劝过失。一开始，李璟觉得这人很烦，但总还能调整心态，称赞常梦锡的忠言直谏。三番五次之后，李璟也烦了，不管常梦锡怎么说，他一概不听。宋齐丘等人对常梦锡十分忌恨，给他安了个“封驳皇帝制书”的罪名，把他贬为池州判官。

“五鬼”之一的冯延鲁是冯延巳的亲弟弟，他的行事和为人与冯延巳没有什么区别。南唐烈祖李昪担任杨吴宰相时，下令禁止逼良为奴，买卖奴婢要通过官府立字为据。冯延巳和弟弟冯延鲁为了自己的私欲，在给烈祖李昪起草遗诏时，竟然擅自篡改原先的政策，允许民间自由买卖儿女，为自己买姬妾大开方便之门。萧俨识破他俩的伎俩，告到李璟那里。结果，李璟以烈祖李昪遗诏已经施行为由，让事情不了了之。李璟在宫中修建了一座高楼，请众人前来欣赏，众人都赞不绝口，拍马屁不断。只有刚直不阿的萧俨在一边叹息道：“恨楼下无井。”（只可惜楼下没有修个井。）李璟问他为什么，萧俨回答说：“以此不及景阳楼耳。”

（没有井就比不上陈后主的景阳楼。）李璟听后大怒，萧俨竟然把自己与亡国后拉着美人躲在井里的陈后主相比较，马上把他贬到舒州（治怀宁，今安徽潜山）。

李璟经常和宗室近臣一起饮酒，冯延巳等人在酒桌上极尽谄媚，丑态百出，有时还借酒喧哗大笑。李璟御弟燕王李景达生性刚直，多次大声斥责他们，又反复劝谏李璟，不应亲近奸佞之臣。某次酒宴上，冯延巳突发奇想，装作酒醉说了一些空话，让李景达不要忘记自己先前对他的大恩，借此向李景达暗示，李昪生前自己曾在李昪面前为他说过好话。李景达大怒，跑到宫中找李璟告状，请求皇兄处死冯延巳。李璟百般劝解，李景达这才罢休。后来，在赞善大夫张易的劝诫开导下，李景达从此每逢皇兄组织的游宴，便借口身体不适不去参加。

对于“五鬼”祸乱朝廷的事情，李璟不可能没有察觉，其他官员的上疏直谏便是明证。然而他选择了纵容和包庇，显然是主观上故意回避南唐朝廷奸佞横行的问题。“五鬼”都是李璟东宫属官出身，都是李璟的嫡系。物以类聚，人以群分，“五鬼”与朝中清流不合，却与拥戴李景遂的宋齐丘关系不错，其中的关联，值得深味。宋齐丘在烈祖李昪稳固权力、化家为国过程中可谓出了不少力，那他都做了哪些事情？咱们后面继续。

宋齐丘几度沉浮

“我欲烹长鲸，四海为鼎镬。我欲取大鹏，天地为矰缴。”这两句诗来自宋齐丘的诗作《陪游凤凰台献诗》，这首诗不仅反映了宋齐丘的豪情壮志、非凡抱负，更是他波澜壮阔人生的序章。矰缴（zēng zhuó）出自汉高祖刘邦的作品《鸿鹄歌》，指一种系有丝绳的短箭，是用于射杀飞鸟的射具。

宋齐丘，字超回，后改字子嵩，号九华先生。从他的字号，就可以看出他的自命不凡，他要超过颜回，和圣人孔丘相提并论。宋齐丘他爹宋城，本是镇南节度使钟传的副手，所以宋齐丘大小也算是个官二代，本该有个好的前程。可惜他爹走得早，家道中落，一度寄居在娼妓魏氏家中讨口饭吃。不过，宋齐丘绝对是个励志典范，他虽然穷困，但心怀远大抱负，励志勤学，尤精纵横之术。他曾梦到乘龙上天，认为自己日后必能显达。后来，他成为骑将姚克瞻的门客，在姚克瞻推荐下，又投到李昪（当时名为徐知诰）门下做宾客，并以一首《陪游凤凰台献诗》一鸣惊人，获得李昪礼遇。

宋齐丘是李昪早年创业谋国最重要的亲信之一，他在李昪与徐温明争暗斗的争权过程中，曾起到过关键的作用。首先，徐温把李昪从升州调任润州时，李昪非常不乐意，但宋齐丘一眼就看到了其中的可乘之机，劝说道："三郎（徐知训）骄纵，败在朝夕。润州去广陵，隔一水耳，此天授也。"结果事情发展果如宋齐丘所料。没多久，徐知训便被杀，李昪则借此入主扬州，接替徐知训辅政。李昪在此后长期执政，声望日渐攀升，"（徐）温虽遥秉大政，而吴人颇已归属于知诰（李昪）"。其次，在徐温患病时让次子徐知询前往扬州代李昇执政，李昇收到消息后心灰意冷，准备上表乞罢政事，退而求为镇南节度使。宋齐丘再一次跳了出来，他劝李昇再冷静观望，不急于行动。结果就在李昇准备上表的前一夜，传来了徐温病逝和徐知询半路返回金陵奔丧的消息，李昇因此得以继续执政。

徐温在世时一直讨厌宋齐丘不遗余力地帮助李昇，因此宋齐丘在幕僚位置上一直被压制，十年得不到迁升。直到徐温去世，宋齐丘才得到李昇的提拔，居中用事。当时，李昇想任宋齐丘为宰相，但宋齐丘自认为资望浅薄，担心不能服众，就采取以退为进的策略邀取名望。他以“归洪州葬父”为由离开扬州，前往九华山隐居，接连拒绝南吴睿帝杨溥和李昇的征召。之后，李昇命长子李璟（当时叫徐景通）亲自去请宋齐丘出山，宋齐丘做足姿态后这才返回扬州，拜为右仆射，后又任同平章事兼内枢使，留在扬州辅佐齐王李璟。当上宰相的宋齐丘，一反他在幕僚位置上的精明强干，错招迭出，进退失据，出现数次重大错误，一度被排挤出决策层，加上他多次阻拦李昇代吴称帝，渐渐遭到李昇的冷落和疏远。后来，他几度沉浮，逐渐被李昇架空在杨吴国内的宰相权力。

李璟即位后，考虑到宋齐丘、周宗是先朝功勋旧臣，所以顺从人望，把他们召回来担任宰相，但政事实际上都自己决定。当时，徐玠、李建勋、周宗等人皆授要职，宋齐丘却只有一个司徒虚衔，不能掌握实权。先前一直遭宋齐丘排挤的李德诚对李昇说，受禅之时，“惟宋齐丘不悦”，并拿出了宋齐丘此前阻止他劝进的书信。为此，宋齐丘向李昪谢罪。李昪为了显示度量，没有怪罪宋齐丘，表示说：“子嵩（宋齐丘）是与我相交三十年的故人，岂会有负于我。”宋齐丘为了重获李昪信任，开始加码讨好李昪。他请求把当时仍保留皇帝尊号居于广陵宫的杨溥降为公侯，迁往别州居住。李昪听信宋齐丘之言，将杨溥迁往润州丹杨宫，严加守卫。后来，宋齐丘又主动要求参与国政，并称自己为李昪左右所离间，结果惹怒了李昪，不得不归家待罪。但是，李昪很快消了怒气，对人道：“宋公有才，只是不识大体而已，我岂是忘旧之人。”他亲手书诏，命儿子李璟召宋齐丘入见，加授他为同平章事。

没过多久，南唐朝中爆发“夏昌图盗官钱案”。夏昌图是宋齐丘手下的亲信，他盗取官钱六百万，依据当时律法，是定斩不赦的死罪。宋齐丘却营私舞弊，想方设法赦免其死罪。李昪知道后大怒，亲自下令斩了夏昌图。宋齐丘羞愧难当，称病请辞，目的还是以退为进。不料，李昪竟爽快应允了他的辞呈。宋齐丘于是闭门谢客，远离朝堂喧嚣。后来，李昪让儿子李景遂前去探视慰问，以“衣锦昼行，古人所贵”为由，让他出镇故乡洪州。宋齐丘这才勉强重拾心情，上任镇南节度使一职。在洪州的日子里，宋齐丘再无当年的雄心壮志，身披御赐华服，重用宵小，荒废政务，甚至将自己的旧居“爱亲坊”更名为“锦衣坊”。他在当地大兴土木，极尽奢华，又让坊中百姓装点门面，力求每一处都彰显华贵。当地百姓苦不堪言，纷纷逃离。

宋齐丘虽然衣锦还乡，但不忘继续争权夺利。当时，李璟开始大量任用过去自己太子府的属官冯延巳等人，也就是前面说到的“五鬼”。然而，这些人在朝廷中根基不稳，急需得到朝廷元老重臣的支持，而宋齐丘这时正好也需要这些新进力量来实现自己的政治企图。“五鬼”中的陈觉是宋齐丘旧党，这些人一拍即合，结成一党，以宋齐丘为总后台，称为“宋党”。

宋齐丘拉帮结派，千方百计地排挤老同事周宗。周宗平日里恭谨自守，根本无力对抗宋齐丘等人，只能向李璟哭诉。为此，李璟对宋齐丘大为鄙薄，又想到之前宋齐丘屡屡阻碍自己上位的事情，于是将他外放为镇海节度使。宋齐丘愤愤不平，赌气上表请求复归九华山隐居。李璟知道宋齐丘是故作姿态、以退为进，并没有挽留，说：“朕实知公，故不夺公志”，还赐号“九华先生”，封为青阳县公，享有九华山青阳一县的租税。话是自己放出的，宋齐丘只能灰溜溜地离开。他一到青阳县（今属安徽池州市），便大修宅第，还像王公一样设置了旌旗兵马、武将文吏，虽然形式上的东西有了，但宋齐丘心中越加愤恨。

宋齐丘在朝中党徒甚众，他人虽然在九华山隐居，但对南唐政局了如指掌。在他退隐期间，李璟有段时间意欲传位给皇弟李景遂，命他代替自己处理朝政。冯延巳等人乘机擅权，遭到群臣纷纷反对。萧俨上疏极力争论，结果被扣压不报。得知李璟想“退休”，赋闲在家的宋齐丘也从九华山上疏，极论不可。最终是李景遂谦让不从，李璟只好收回成命。

宋齐丘隐归青阳几年后，他手下亲信陈觉、李徵古说动燕王李景达出面替宋齐丘说情，这位皇弟向李璟进言：“齐丘先帝布衣之旧，虽不用，不当弃之。”（宋齐丘是先帝旧臣，老成持重，陛下就算不加以任用，也不应将他弃于山野。）李璟觉得有理，于是命李景达亲自前往青阳，征召宋齐丘回朝，宋齐丘遂又回到朝堂，被拜为太傅中书令，封卫国公，赐号“国老”，“但奉朝请，不预政事”。宋齐丘入朝之后，轻财好客，不管认不认识的人都来巴结他，势力遍及朝堂。朝政大事每当有做得好的，宋齐丘党人便称是“宋公之为”；每当朝事不顺，宋齐丘党人就会说是因为“不用宋公言也”。宋齐丘更是刚愎自用，只要朝廷里有人意见和他不同，就想办法排挤人家。这样一来，朝中君子为之切齿，李璟得知实情之后，对这位老宋深感厌恶。

起初，李璟在宫禁内设置了宣政院，调常梦锡回来专门处理机要事务。中书侍郎严续也是个忠正无私的大臣，李璟曾对常梦锡说：“大臣惟严续中立，然无才，恐不胜其党，卿宜左右之。”（大臣里只有严续不结党，只是他能力不够，恐怕不能与朝中的朋党抗衡，爱卿可从旁给予帮助。）显然，李璟对朝中党争一事了然于心。但没过多久，常梦锡就被宋齐丘等朋党中伤，被罢免了宣政院职务，严续也被外放为池州观察使。常梦锡被贬后，上书称病，天天在家饮酒，不再参与朝事。

纵观南唐朋党斗争，宋党始终处在上风，即使为首的宋齐丘几度沉沦，但势力依旧不可小觑。对此，李璟只能徐徐图之。他之所以放纵“五鬼”与其结交，一方面是缓和矛盾，另一方面想的是从中渔利。不过，到底是谁利用谁呢？

雄心勃勃一统梦

南唐中主李璟时期，南唐疆域发生了巨大的变化。李璟继承的是杨行密、徐温、李昪三代人经营数十年的强盛江南，“东暨衢婺，南及五岭，西及湖湘，北据长淮，凡三十余州，广袤数千里，尽为其所有”，实力足以争雄天下；“累岁丰稔，兵食盈积”，仅宫中就有七百万缗的财产，可谓一派欣欣向荣的景象。

南唐先主李昪是个有抱负的国君，一直怀有统一大志，从他强行“认祖”李唐皇室后裔便可窥见一斑。李昪当政期间，宋齐丘和冯延巳等人就有拓土之议，但李昪坚持保境安民、休养生息，绝不轻易与邻为衅。他并不是不想打，而是觉得时机未到，不能打。

看着宋齐丘等人争论不休，李昪说出了自己的想法：“吴越钱氏父子多年来臣服于中原王朝，我们讨伐它，首先道义上站不住脚，弄不好还会招来中原的虎狼之师；至于闽国，那鬼地方山险地贫，易守难攻，打个一年半载都不见得有成效，即便打下了，还得花大力气治理；楚国马氏倒是可以考虑，君主不施仁政，枉法乱国，楚国百姓不堪其苦，灭之容易，却会引起中原王朝和其他南方国家的警惕。疆场胜负的根本在内而不在外，取决于自身实力。现在我留着南方小国不打，埋头发展经济、训练军队，等实力强盛后，一旦北方有变，就可以一鼓作气问鼎中原。一旦中原得手，我们国家成为正朔，南方这些小国就可以传檄而定，根本就无需刀兵相向。”

简单来说，李昪的谋略就是低调发展等待时机，等北方大乱时一战定乾坤。这个思路和后周世宗柴荣“先北后南”的战略，有异曲同工之妙。可见，李昪对当时复杂的局势有着清醒认知。在五代十国时期，中原王朝拥有压倒性的优势，而南方各国虽然各自为政，但大都奉中原为正统，一旦受到侵犯，肯定会向中原王朝请援。如果自己一味地开疆拓土，不仅会引发中原王朝的警惕和干涉，还可能招致南方各国的联合抵制，反而使自己陷入南北夹攻、腹背受敌的被动境地。因此，李昪才不打无准备的仗，也不贪一隅之地而分散兵力，以免形成负累；他一直坚持与南方各国搞好睦邻关系，不四处树敌；隐藏自身实力，闷头发展，积聚力量，以守图进，伺机北伐，进可谋中原一统，退可保疆界无忧。

李昪在位期间，正是北方石敬瑭卖国求荣、甘做儿皇帝，人心不附之时，他预感到中原很快会大乱。李昪时刻关注北方局势，先后接纳后唐叛将卢文进和后晋叛将安金全，并给予重用。此举目的是试探对方虚实，待机北伐，正是他以守备攻策略的体现。只可惜，李昪看得清形势，却看不透生死，他没等到北伐机会的降临，就提前一步病殁了。李璟刚即位时，还能谨守烈祖李昪“宜善交邻国，以保社稷”的告诫，励精图治，推动南唐社会、经济、文化全面发展。所以，在李璟继位初期，南唐的实力与李昪时期相比更为强盛。如果李璟坚持李昪的战略，息兵安民，做一个守成之君，是完全没有问题的。

然而，和许多初登帝位的皇帝一样，李璟也想建功立业，开疆拓土。他爹李昪的内政管理水平已经是天花板，他要想超越他爹，只能在军事扩张方面下功夫，加上曾经主张攻伐拓土的宋齐丘等人再次回到朝廷中枢，极力怂恿李璟对南方各国用兵。恰好这时，南唐军队剿灭了南汉妖贼张遇贤，很轻易地获得一场胜利，使李璟的自信心无限膨胀。冯延巳等宋党人员公然喊话：先帝“龊龊无大略……安陆之役，丧兵数千，而辍食咨嗟者旬日。此田舍翁，安能成大事！”宋党的主张，正好迎合了李璟日益自大的心理。在宋党耀武扬威、推动开疆拓土的政策时，邻边的闽国发生内乱，原本就有自大倾向的李璟，经不住宋党的教唆，对闽国发起攻击。

闽国是王审知建立的地方政权，地盘主要在今天的福建省大部，以福州为都城。王审知死后，王延政、延曦兄弟为争帝位，互相征伐，连年用兵，导致闽国大乱。后来，王延政干脆另立门户，在建州（治今福建建瓯）称帝。不久后，闽将朱文进杀闽主王延曦自立为君，王延曦旧臣又杀朱文进，王延政顺势接管闽国，在福州正式称帝。南唐趁闽国混乱的时机，命查文徽为帅，攻打闽国的建州，接着又增派祖全恩等将前去支援，一时间势如破竹，连战连胜。

闽国的福州守将李仁达见势不妙，在福州发动兵变，杀死镇守福州的王继昌（王延政之子），自称留后，遣使称藩于南唐。为了稳住李仁达，李璟把他编入南唐宗室属籍，赐名李弘义；李仁达的老娘、老婆皆被封为国夫人，四个弟弟也都一一升官。前有南唐围城，后有部将拆台，闽王王延政没撑多久就被生擒活捉。建、泉、漳、汀（治今福建长汀县）四州，都被南唐军队所有，闽国就此灭亡，王氏统治福建的历史终结。

南唐虽然灭了闽国，但并未完全统治闽地，王氏残余势力仍在。李仁达名义上臣服南唐，实际上我行我素，不听号令。闽国旧将留从效也割据泉、漳二州，只向南唐称臣，但拒不交权。南唐征讨闽国初期，闽国百姓饱受王氏暴政摧残，纷纷自发效力，伐木开道，箪食壶浆迎接南唐“王师”。得胜后，南唐军队却在福建大肆烧杀抢掠，无恶不作，主帅查文徽也不制止，任其妄为。李璟得知后，觉得自己的南唐军队大胜有功，一概不过问。本来对南唐抱有希望的福建百姓，被残酷的现实无情碾压，失望之余，纷纷组织起来对抗南唐军队。闽国旧将李仁达、留从效等人，趁机扩充实力，积蓄力量。

李璟灭闽后原想撤兵，但主帅查文徽、枢密使陈觉等都说：“李仁达等余孽犹在，不若乘胜尽取之。”陈觉为了争功，更是毛遂自荐，要亲自去劝降，让李仁达亲自入朝称臣。宋齐丘也认为陈觉口才雄辩，可以兵不血刃使对方就范。于是，李璟就以陈觉为福州宣谕使，召李仁达入朝觐见。李仁达明白南唐的心思，他与陈觉见面时盛气凌人，态度极其傲慢。陈觉在福州看到李仁达杀气腾腾，没敢提入朝归降的事，撂下大笔金银财宝的赏赐就走了。

归朝途中，陈觉越想越羞愧，越想越生气，于是假传圣旨，自称权福州军府事，擅自调派汀、建、抚（治今江西抚州）、信（治今江西上饶）四州军队，并命冯延鲁率军进攻福州。冯延鲁收到消息后，便给李仁达写信，向他阐明福祸，希望他回头是岸，主动向“大唐皇帝”认错，李仁达回信拒绝，还向冯延鲁请战。陈觉看到李仁达的战书，更加来气，信心满满向朝廷上表道：“福州孤危，旦夕可克。”李璟得知陈觉在外擅权独断，十分恼火，冯延巳等人劝道：“大军已经到达城下，不可中止，当发兵助之。”李璟不得已，只能命王崇文、魏岑、冯延鲁等人，合军进攻福州。南唐因此陷入伐闽的泥沼之中。

李仁达见脸皮已然撕破，南唐自不会降了，转而向后晋称臣，改名李弘达。当时的后晋自顾不暇，根本顾不上南方，李仁达遂又改名李达，转向吴越王钱弘佐奉表称臣，请求救兵。吴越国东临大海，西、北两面接壤南唐，倘若南面的福建再被南唐所有，吴越就会陷入南唐的包围之中。所以，当时的吴越国主钱弘佐从自身安全出发，果断决定出兵三万，驰援福州。

那么，这场战事又会如何发展呢？

顾南失北陷泥潭

话说李璟新帝上任，想有所作为，在冯延巳等宋党的怂恿下，开启了对闽国的战争。成功灭闽后，陈觉等人为争功，假传圣旨，逼反了原本归附的闽将李仁达，一场福州争夺战再次打响。李仁达独木难支，向吴越国求援。吴越方面考虑到自身安全，出兵三万驰援福州。

当时，福州外城及内城都被南唐兵攻入，李仁达面临城破身亡的境地。关键时刻，吴越救兵及时来到，李仁达马上与吴军合军共同抵抗，但毕竟众寡不敌，短时间内未取得任何进展，福州城与外界的联系中断，城中形势危急。

然而，再好的局势也架不住内耗。南唐虽然各路兵马云集福州，但内部一盘散沙。王崇文虽为主帅，但根本就控制不了手下的一帮老滑头；陈觉、冯延鲁、魏岑三个人仗着皇帝恩宠争权，都想抢功劳；而留从效呢，虽然战绩突出，但他毕竟是闽国旧将，和南唐军互不信任，没有力战取胜的动力，只想浑水摸鱼；唯一能指望上的王建封虽然是南唐将领，但先前攻破建州立下首功后，人变得骄傲膨胀，基本不听主帅命令。他们每个人各怀心思，行动中也互不照应，南唐军队内部人心涣散。福州城久攻不下，南唐军队对福州的围攻竟然长达半年之久，不知耗费了多少钱粮，负责检阅账簿的吏部尚书杜昌业连连叹息："未数年，而所耗者半，其能久乎。"（没几年工夫，国家府库的积累所消耗已过半，还怎么能维持长久攻势呢！）

不仅如此，这时中原也发生了重大变故，契丹灭掉了后晋，后晋的密州刺史皇甫晖、棣州刺史王建为了躲避契丹人率众投奔南唐，淮北一带的强梁也多请求归附南唐。属于清流党的史馆修撰韩熙载上疏北伐："陛下恢复祖业，今也其时。若虏主北归，中原有主，则未易图也。"（陛下要恢复大唐祖业，现在正是时候。如果胡虏北归，中原有了新皇帝，到那时就不容易对付了。）然而，南唐此时已经陷入伐闽的泥沼之中，无暇北顾，错失了绝好的良机。南唐保大五年（947），契丹国主耶律德光北窜，死于途中，留守的契丹大将萧翰也弃汴梁出逃。得知消息后，李璟又想趁机北上，任命忠武节度使李金全为北面行营招讨使，商议进取中原。结果，后晋河东节度使刘知远快人一步，抢先称帝入汴，李璟不敢出兵，再次错失机会。

说回福州这边。吴越水军援救福州，海滩泥泞，加上南唐兵朝着船队箭炮猛射，导致吴越兵无法登岸。冯延鲁觉得福州城久攻不下，是倚仗吴越救兵，如果能以退为进，引君入瓮，趁吴越救兵登岸时再一举消灭，福州城可不攻自破。但南唐偏将孟坚反驳说："浙兵至此，不能进退，求一战而死不可得。若纵其登岸，彼必致死于我，其锋不可当，安能尽杀乎？"（吴越兵远道而来，进不能进，退不能退，巴不得和咱决一死战。如果放他们登岸，他们一定拼死和我们拼杀，兵锋必然锐不可当，又怎么能一举消灭呢？）冯延鲁不听劝告，固执己见，率军后撤。吴越兵登岸后，奋起进击，福州城内的李仁达也出城拼杀，前后夹攻。冯延鲁抵挡不住，扔下军队自己跑了，副将孟坚战死沙场。唐军败逃，直到主帅王崇文亲自下场救援，追杀的吴越兵才收住脚步。

这时的南唐将士，如果能上下一心，也不是没有打赢的希望，毕竟吴越方面带队将领余安不是什么名将，而且驻军城北的王建封等也还没有后撤。突然之间，又有传言，说吴越军队只想带走李仁达的军队，并不想占领福州。于是，南唐军队中有人建议，等敌军撤了，我们再捡漏占领福州。但王建封却不想便宜一直专横跋扈的陈觉等人，竟然以“我军已败”为由，当晚烧营跑了。见事已至此，闽国降将留从效没有了帮南唐占领福州的动力，他回到泉州后软硬兼施，把南唐派来的驻军打发走，自己割据一方。

这场南唐对闽国的战争，打打停停，历时五年之久。战后的闽国五州，闽将留从效占有泉、漳二州，南唐仅得到了相对贫瘠的建、汀二州，而富裕的福州反而落到了吴越手中。南唐耗费人力、财力辛苦一场，结果为他人做了嫁衣，仿佛一场彻头彻尾的闹剧。这场战争让南唐付出了沉重的代价，军队死伤数万人，丢失军资器械几十万件，几代国君积蓄下来的国库资源消耗殆尽。

战败之后，李璟认为这次伐闽失利都是陈觉和冯延鲁矫诏的过错，便要将二人押回金陵处死。这时，朝廷中掌权的冯延巳和宋齐丘，一个为救自己的亲弟弟，一个为洗脱自己荐人不当的责任，都从中斡旋，竭力为二人说情。李璟耳朵根子软，把二人的死刑改为流放，陈觉流蕲州，冯延鲁流舒州。对这一处理结果，韩熙载与徐铉大为不满，上疏请斩陈觉以正国法，又弹劾宋齐丘朋党祸国。宋齐丘深恨韩熙载，以“嗜酒猖狂”的罪名把老韩贬出朝堂。御史中丞江文蔚上书弹劾冯延巳、魏岑乱政，应该和陈觉、冯延鲁一同议罪。李璟觉得江文蔚太过分，勃然大怒，将他贬为江州司士参军。李璟思来想去后，又罢魏岑为太子洗马，贬冯延巳为太子太傅。但没过多久，魏岑就官复原职，冯延巳被任命为昭武军节度使。显然，清流党与宋党的这次争锋，最终还是宋党占据上风。

按理说，南唐国主李璟在军事上的短板，已经在对福建用兵的过程中暴露无遗，他本应该及时刹车，重新回到李昪生前制定的保境安民政策上来，及时止损。可惜，李璟并没有痛定思痛的意思，他觉得自己在福州丢了面子，心有不甘，听说南楚马氏兄弟开始闹内讧，转而盯上了湖南这块沃土。

南楚是中国历史上唯一以湖南为中心建立的政权，由楚王马殷建立，史称“马楚”。马殷执政时，一直奉行“上奉天子”的政策，不兴兵戈，保境安民。所以，很长时间里湖南百姓都能安居乐业。马殷也非常长寿，活到了七十九岁。马殷子嗣甚多，据说他生了三十多个儿子，单是史书中有明确记载的就有十五人之多。马殷临终时遗命“兄终弟及”，恰恰这个决定，埋下了动乱的祸源。

马楚天成五年（930），马殷死后，一帮儿子开始争夺王位，谁也不服谁，争不过就骂，骂不过就打，打不过就调动自己的军队进行火拼，一时间潭州（治今湖南长沙）大乱，各地军阀也闻风而动，湖南大地失去往日的安宁。马楚这个小国，先后历经马希声、马希范、马希广、马希萼、马希崇五位国主，史称“众驹（五马）争槽”。

当时的中原地区，刘知远病死，他的儿子后汉隐帝刘承祐年幼，因此淮北群盗大多送钱物给李璟表示归顺。于是，李璟派皇甫晖率军在海州、泗州等地招纳这些人，恢复了一些兵力财力。南楚这边，内部的残杀最后发展到马希萼、马希崇两兄弟身上，这哥俩都秘密向南唐求援。眼见有机可乘，李璟便派出信州刺史边镐领兵一万，西行赴潭州支持马希崇争权。楚王马希崇正式请降，南唐捡了个便宜，顺势将南楚并入自己版图。由于接连内战，湖南到处闹饥荒，边镐利用马家的存粮赈济湖南灾民，百姓大悦。马希萼原来还指望南唐军队帮他复位后离开，但潭州百姓对马希萼十分憎恨，请求让边镐留下。李璟顺从民意，任命边镐为武安节度使，镇守潭州，也就是长沙。紧接着，边镐催促马希崇率全族去朝觐李璟。马氏家族得知要搬离老窝后，不少族人以重金贿赂边镐，乞求继续留在长沙，被边镐拒绝。马希崇只能率全族登船离开，一大家子的痛哭声响震川谷。

这次南唐伐楚，看似进展非常顺利，但当时觊觎南楚这块肥肉的可不只有南唐一家，隔壁的南汉政权，也早就盯上了这块肉。这究竟是怎么一回事呢？

一败再败终低头

话说南唐伐闽后没多久，又火速卷入对南楚的战争。相比入闽作战来说，南唐入楚可轻松多了，很快就取得大胜，马氏一族千余人被押送金陵。其实，南楚早就因为内部斗争搞得乌烟瘴气，成了一块刀上的肥肉，隔壁的南汉早就在边境巴巴地盯着了。

当初，南楚的马希广和马希萼为了争夺王位闹得不可开交，南汉国主刘晟命内侍吴怀恩为西北招讨使，领兵屯驻两国边境线上，等待时机，图谋夺取楚地。马希广和马希萼知道南汉的打算，命令指挥使彭彦晖领兵驻扎在龙峒（又称白龙洞，在今广西桂林市以南），随时防备南汉入侵。马楚老国主马殷的小儿子马希隐十分讨厌彭彦晖，暗中调遣蒙州刺史许可琼来桂州（治今广西桂林）帮自己对付他。许可琼很给力，打跑了彭彦晖，留在桂州屯驻。南汉这时候，吴怀恩趁机占据了蒙州（治今广西蒙山），开始进攻侵扰，搞得桂管地区不得安宁。马希隐和许可琼除了面对面喝酒大哭以外，毫无办法。这时候，南汉主刘晟趁机写信给马希隐，以舅甥之情劝降，让他率领军队归附南汉。马希隐正犹豫间，吴怀恩已经兵临城下了，马希隐只好率众奔往全州，桂州就这样被南汉拿下。

南唐刚灭南楚时，主帅边镐开仓赈济，招抚流亡，人称“边菩萨”，很得人心。但这个人最大的一个毛病，就是驭下无方。

他属下士兵觉得自己是胜利之师，在楚地胡作非为，四处劫掠。边镐管不了下属，直接摆烂，每天沉迷于上香拜佛。本来称他“边菩萨”的湖南百姓，非常失望，改口叫他“边和尚”。更无语的是，李璟竟下令把马楚的所有财产，不管是金银财宝、楼台亭阁建筑材料，还是瓜果梨桃，全都搬到金陵。不久，李璟还听从冯延巳的建议，派都官郎中杨继勋等在楚地征税用来养兵。杨继勋等人为了完成任务，连苍蝇腿都要刮油，甚至还克扣南楚降军的军饷。

南唐的一系列倒行逆施，让湖南百姓大失所望，民心丢了不说，就连本来投降南唐的楚将孙朗、曹进等，也因为部队被克扣钱粮而心怀怨恨，居然在过年期间想杀了南唐主帅边镐，重新夺取湖南，转而向中原后汉刘氏政权称臣。这伙降军在火烧边镐军府时火没点起来，被边镐察觉，只能连夜逃奔朗州（治今湖南常德）。

李璟派出大将张峦率领军队攻打桂管地区，旷日持久，也没占到任何便宜。李璟想到此为止，表示说：“楚人求息肩于我……吾欲罢桂林之役，敛益阳之戍，以旌节授刘言，何如？”（楚地百姓希望能休养生息，我准备停止征伐桂林，撤回益阳屯兵，将指挥权授予刘言，你们觉得怎么样？）大臣孙晟赞同，但冯延巳不同意，说：“吾出偏将举湖南，远近震惊；一旦三分丧二，人将轻我。”（咱们派出偏将都能拿下湖南，天下震动；如果就此撤军丢弃楚地大半土地，别人肯定会轻视咱们。）

李璟好大喜功，觉得冯延巳所说有理，就继续增兵桂州，结果中了南汉军的埋伏。张峦大败，带着数百残兵逃回到全州（今广西桂林市辖县）。南汉乘机一口气拿下了宜（治今广西河池市宜州区）、连（治今广东连州）、郴（治今湖南郴州）、梧（治今广西梧州）、严（治今广西来宾市兴宾区）等十二州。南楚被南唐、南汉二家瓜分，大庾岭以南全被南汉占有。虽说如此，南唐的疆域也达到历史巅峰，据有今天的江西全省，以及安徽、江苏、福建、湖北、湖南等部分地区。

南唐驻守湖南的节度使边镐是狂热的佛教徒，每天只知道钻研佛法，政务荒废。江西吉州人欧阳广在金陵诣阙上书李璟："臣近游潭州，伏见节度使边镐，偶逢圣代，初非将才，措置乖刺，大失人心，致奉节兵乘夜呼躁，共焚谯门，会明而遁，不然，几至大变，是仁不足惠下也。朗陵近在肘腋，会不为虞，乃图桂林，以取奔败，是智不足谋远也。与监军使昌延不相协和，动辄疑阻，是义不足和众也。幕府无贤才，是礼不足得士也。号令朝出夕改，是信不足使人也。五者无一长，考之前古，未或不败，请择帅济师，以全境土。"李璟对此完全没理会，反而让边镐研究怎么把将朗州收入治下。

朗州是原楚将武平军（治所在今湖南常德）节度使刘言的地盘，刘言名义上向南唐称臣，实际上一直伺机割据。李璟召他入朝，他总是推脱不去。那边孙朗已经到了朗州，开始暗中鼓动刘言手下将领王逵夺取湖南。王逵呢，也觉得南唐军根基不稳，如今又人心渐失，竭力劝说刘言要先下手为强。刘言果然听了，突然多路大军直杀长沙城。边镐得知消息，惊骇无比，连忙向金陵告急。没等南唐救兵来到，他就扛不住了，连夜弃城逃跑。驻守湖南各州的南唐将领，听说长沙陷落，也都相继弃城逃跑。刘言几乎没花什么力气，就把大庾岭以北的南楚旧地全部收复，成为继马家之后湖南新的土皇帝。

边镐丢了湖南，李璟震怒，以丧师辱国的罪名，将他流放饶州（治今江西上饶鄱阳县）。边镐原先攻打建州时，保全所有俘虏的性命，百姓称他“边佛子”；他攻克长沙时，开仓赈粮救济百姓，百姓称他“边菩萨”；他当了节度使后，只知道每天设斋供佛，失望的百姓改称他为“边和尚”。这三个外号，很好地反映出民心得失的变化。南唐宰相冯延巳、孙晟都上表请罪，李璟大度没有怪罪，但孙晟坚持请罪，李璟只好罢免了二人宰相之职，但保留了他们的左仆射、右仆射官职。

相比先前灭闽之战，南唐伐楚简直就是打了个寂寞。费尽心思折腾了一圈，湖南地盘一寸也没拿下，反而消耗了大量的钱粮和兵力，李昪时期的多年累积付诸东流，南唐国力遭到严重消耗。在南唐伐楚的同时，中原地区的后周与北汉互相攻伐，南唐本来能够趁乱进取中原，但南唐在湖南战场上损耗了大量国力，根本无力组织北伐，李璟再次痛失北进中原的机会。

在对外战争连连失利的同时，南唐国内也不太平，天灾人祸一茬接一茬。李璟好大喜功之心开始冷却，决定停止用兵，休养生息，甚至想过这辈子不再用兵了。不过为时已晚，伐闽、伐楚两场惨败，彻底葬送了李璟的名望，各小国也都看穿了李璟的外强中干，给他贴上了“废物”的标签。后来居上的英明皇帝后周世宗柴荣，看尽李璟的拙劣演出后，直接率领大军杀上门来。

南唐保大十四年（956），后周世宗柴荣正式向南唐亮剑。后周军队势如破竹，连克数地。李璟连忙派人求和，表示说愿以兄长之礼侍奉后周。柴荣没答应，当你大哥？不行！我要当你爸！于是，率军继续穷追猛打。南唐各地将领纷纷弃城而走。冯延巳的弟弟冯延鲁当时以工部侍郎官衔被李璟委任为东都（今扬州）副留守，吓得削发为僧逃命。结果，后周军攻占南唐的东都，冯延鲁被俘。李璟惶惧万分，派出使者哀求周世宗柴荣，愿意去除帝号，割地赔款，作后周的附庸，但柴荣想要的是江北地区全部地盘，不肯答应。南唐大臣宋齐丘、陈觉等觉得割地赔款没有用，于是双方谈判，再次失败。南唐的谈判使者孙晟坚守忠节，最终被柴荣处死。李璟派出弟弟齐王李景达赶赴前线救阵。关键时刻，南唐内部用人不当，指挥失策，大将接连反水，致使南唐再无回天之力。

经过三年苦战，四十四岁的南唐国主李璟被彻底打服，只得奉后周为正朔，改称“江南国主”，献出江北十四州。为避后周开国皇帝郭威高祖父郭璟的名讳，李璟还特意改名为“景”。一个又一个的惨痛教训，让李璟终于认识到自己穷兵黩武使南唐付出巨大代价。此时，南唐，只剩下苏南（不含苏州）、皖南、江西、闽东几块地方，比邻国吴越大不了多少。从此，南唐一蹶不振，只能混吃混喝，等着日后北宋最后那一刀了。

清洗朋党为时晚

李璟继位后，目标远大，开疆拓土，连续灭掉闽国和南楚两个割据政权，使南唐疆域空前广大。可惜在“荣耀”表象的背后，南唐并不能实际控制闽、楚两地。李昪当年攒的家当，被李璟败得所剩无几，南唐国力被大大消耗，以至于被后周世宗柴荣接连打败。此后，南唐称臣纳贡，从一个雄踞南方的强国变成任人宰割的孱弱小国。

在后周军队进攻时，南唐其实有一定的抵抗能力。只要李璟吸取伐闽伐楚的教训，近贤远佞，三军用命，把柴荣挡在淮河之北完全有可能。可惜，李璟的性格及处事方式和他爹李昪完全相反。李昪战略保守，他就激进；李昪善用人，他则尽用庸才；李昪休养生息、勤俭朴素，他则是铺张浪费，开奢靡之风先河。面对后周军队，李璟填词作曲，搜刮百姓，任用佞臣依旧。李璟特别不擅长用人，所用之人不是李景达这样的饭桶，就是陈觉等只会溜须拍马钻营的佞臣，甚至像刘彦贞这样的贪官，也被委以重任。这些草包佞臣率军打仗，无异于白白葬送精锐士兵和数十万副铠甲。

柴荣能够拿下南唐多处战略要地，一个重要原因就是南唐失尽民心。刘彦贞主政寿州时，以修建水利为名水淹民田，然后强迫百姓交税。百姓无钱可交，只能卖地自保。李璟为了养兵，竟然下令征收老百姓的耕牛，特别是在江西地区和淮东地区，竭泽而渔。老百姓没有牛就没法种地，就没法活命。百姓叫天天不应，求地地不灵。南唐遭遇大旱，百姓没饭吃，只好到后周边境去买粮、讨饭。后周开国皇帝郭威体恤百姓，在边境地区开仓放粮，救济南唐百姓。万万没有想到，李璟竟然派人抢夺饥民的救济粮来做军粮。此事过后，百姓对南唐朝廷彻底失望。所以，后周大军南下时，江北百姓纷纷奉献牛酒，箪食壶浆，以迎王师。

总而言之，南唐在李璟手里，不仅丢失领土，还彻底失去民心。李璟继位没多久，朝中宋齐丘一党就开始磨刀霍霍，向他发难。宋齐丘在朝中拉帮结派，垄断朝廷大权，南唐内外不少浮躁急进之士，对宋齐丘献媚攀附，逐渐形成了势焰熏天的“宋党”。陈觉和李徵古，是宋党干将，他们倚仗宋齐丘的势力，骄横傲慢。

南唐大军在紫金山溃败，陈觉和齐王李景达从濠州逃回。李景达是李璟的弟弟，很受李昪的宠爱，一度被立为太子。李璟即位后，对外扬言自己死后“兄终弟及”。当时南唐的储君是皇太弟李景遂，李景达是第二顺位继承人。李景达生性刚直，向来与宋党不合，认为这些人都是奸佞之臣，常常上书弹劾。淮南战败虽是陈觉等人独断专横导致，但李景达也有不可逃避的责任。回朝后，李景达请求责罚，李璟下诏拜他为浙西节度使。李景达不敢坐受要镇，强力推辞，改封为抚州大都督、临川牧，此后在镇十余年，为政清廉。李璟死后，后主李煜即位，对这位叔叔多有尊重。最后，李景达卒于镇上，终年四十八岁，是南唐烈祖李昪诸子中最长寿的一个，也算善终。

作为南唐王子，李景达有自知之明，但宋党诸人都不是省油的灯，依旧心安理得地在朝中指手画脚。面对后周军队的步步紧逼，李璟感叹“吾国家一朝至此”，甚至害怕得掉眼泪。身为臣子的李徵古居然怒斥自己领导说：“陛下当治兵以捍敌，涕泣何为！岂饮酒过量邪，将乳母不至邪？”（陛下应当整军御敌，哭有什么用！难道是喝酒喝多了，还是要奶妈安慰？！）李璟脸色大变，而李徵古却像没事一样。南唐与后周的战事连连失利，先前力主开战的宋党本该承担主要责任，但他们为了逃避责任，竟然想继续架空皇帝，让宋齐丘继续独揽朝中大权。陈觉、李徵古等人居然入宫力劝李璟闲居深宫安享清福，把全部朝政交给国老宋齐丘处理。李璟本来就对宋齐丘心存忌惮，宋党的这一举动，更是深深触动他的敏感的神经，自此决心彻底清除宋党势力。但是，宋齐丘等人在朝中位高势大，李璟一时之间找不到合适的理由处理他们。

这时，出使后周回来的陈觉想要陷害老臣严续，伪造后周世宗柴荣的诏令，说周唐两国持续交恶全因严续挑唆，要杀严续向后周谢罪。李璟深知严续和陈觉等宋党官员历来有矛盾，是宋党的眼中钉；严续还是功臣严可求的儿子、自己的妹夫，和自己有姻亲关系，必定忠诚可信，于是委派钟谟去后周核实情况。

钟谟一向和南唐大臣李德明交好，曾经一起出使后周，因李德明被宋齐丘等人诬杀，钟谟一直对宋党心存怨恨。钟谟来到后周，先是诚惶诚恐替国主李璟请罪，表示说我军先前抗拒王师，不是因为严续的谋划，希望能赦免严续。柴荣大为惊讶："审如此，则续乃忠臣，朕为天下主，岂教人杀忠臣乎？"（如果真是严续提议抗拒王师的话，那么严续就是唐国忠臣啊。朕为天下之主，岂能教唆别人杀害忠臣呢！）陈觉的谎言遂被戳穿。钟谟为了给李德明报仇，回国后声泪俱下，请求李璟严治宋齐丘等人乱政之罪："齐丘乘国之危，遽谋篡窃，陈觉、李徵古为之羽翼，理不可容。"（宋齐丘乘国家危难，图谋篡位，陈觉和李徵古都是他的羽翼，陛下对他们不可再容忍下去了。）

李璟对宋齐丘等人忍无可忍，在倒宋派大臣的支持下宣布，"恶莫甚于无君，罪莫深于卖国"，公开三人的罪状。宋齐丘被幽禁于九华山旧居，次年死去，终年七十三岁，谥号"丑缪"。李徵古被削夺官职爵位，陈觉被贬饶州，不久之后，李璟追念旧恶，派人处死了两人。查文徽、冯延巳等人也相继被贬谪出金陵，祸乱南唐朝政的宋党，就此土崩瓦解。大臣常梦锡对宋齐丘一伙结党专权深切痛恨，曾多次对李璟说："不去此属，国必危亡。"（不除掉这帮人，国家必定会陷于危亡。）为此，他每天上朝都和冯延巳、魏岑等人争论。后来，常梦锡被宋党贬离金陵，心情忧郁，纵酒消愁，暴病而死。他死后一个月，宋齐丘一党便遭清算。李璟得知常梦锡死讯，感叹道："常梦锡平生欲杀齐丘，恨不使见之。”（常梦锡生前总是想杀了宋齐丘，遗憾的是没能让他见到这一天！）

清洗宋齐丘宋党是南唐历史的大事件。宋齐丘是两朝元老，在李昪时期曾经有过不小的贡献，在南唐的地位一直很高。他劝李昪宽徭薄赋，招揽贤才，在国内积极实行经济改革，时人把他与南朝宋武帝刘裕时期的重要谋臣刘穆之相比。李璟继位初期，威信不足，不得不倚重重臣宋齐丘。但宋齐丘私心与权欲太重，掌握大权之后，结党营私，党同伐异，不仅不能继续善政，反而对南唐和李璟形成了重大威胁。至于他的死亡，马令《南唐书》说他是自缢而死，《唐余纪传》说他是被李璟派人缢死，陆游《南唐书》称他是被李璟下令断绝饮食饿死，《江南野史》说他自己绝食七日而死。无论如何，宋齐丘作为乱党祸首，没有被朝廷明正典刑处决，能够全尸，已算有幸。

李璟一生软弱有余，谋略欠奉，他能够下定决心清洗宋党，也算魄力之举，虽然为时已晚，但至少给儿子李煜扫清了朝中的祸患。

清洗宋党后，李璟又开始计划迁都。这又是怎么一回事？

阴差阳错的交接

自古以来，守江必守淮。淮南一旦失去，南唐的灭亡就进入了倒计时。

南唐向后周称臣后，每年要按时上贡，国库逐渐耗尽，财政日益吃紧，物价持续猛涨。大败之后，南唐还失去重要的盐产地淮南。本来江北产盐，江南产茶，长江两岸茶盐互市，南唐能够从中收取丰厚的赋税。如今，江南老百姓吃盐只能花费巨资从中原政权控制下的淮南地区买盐，南唐朝廷因此失去了一大笔税收。为了填补财政亏空，南唐只能加税于民，搞得怨声载道，大臣钟谟、韩熙载等为此请求铸造大钱。李璟一开始不同意，但在钟谟坚持下，无奈点头。于是，南唐开始铸造以一当十的大钱，上铸“永通泉货”四字；接着又铸造以一当二的铁钱，上铸“唐国通宝”四字。“永通泉货”铸行仅半年，就因钟谟犯罪被废。

宋党被清洗后，钟谟因频繁出使后周，深得后周世宗柴荣和南唐国主李璟信任，在朝中混得风生水起。一次，李璟派第七子李从善和钟谟一道入朝进贡。柴荣问及南唐军备情况，钟谟小心翼翼地回禀：“既臣事大国，不敢复尔。”（唐王既然臣服大周，我国这些事就不再做了。）柴荣却语重心长地说：“向时则为仇敌，今日则为一家，吾与汝国大义已定，保无它虞。然人生难期，至于后世，则事不可知。归语汝主：可及吾时完城郭，缮甲兵，据守要害，为子孙计。”（昔日是仇敌，现在亲如一家。咱两家大义已定，君臣分明，应该不会再有其他变故。然而世事难料，以后谁也不知道会发生些什么。你回去转告唐主，趁我还在位，赶紧加固城防，整军备武，据守要塞，为子孙后代多做考虑。）柴荣这番话，推诚布公，宏规大度，高风亮节，在大伪奸雄纷出的五代乱世，尤为难得。

李璟得此“指示”，立即着手修缮、整治金陵城和各州城池，增守戍兵，然后开始考虑迁都洪州。失去了淮南后，南唐和后周隔江分治，金陵城恰在长江边上，处在两国冲突的最前沿。而洪州治所在今江西南昌，此地深处南唐腹地，东临鄱阳湖，西靠赣江，北距长江二百余里，水路发达，地势险要，非常利于防守。再加上北方人口持续大量迁入，洪州的经济与文化日益发达，迅速成为江南地区重镇。李璟为了自保，想迁都到更为安全的洪州，以此扩大防御战略空间，有利于日后都城防御。

李璟的迁都计划遭到朝中绝大部分大臣的反对，毕竟金陵是富庶形胜之地，众人不愿放弃金陵城的家业。平日优柔寡断的李璟，这一次格外果决，他力排众议，把洪州升为南昌府，强力推进迁都。实话实说，如果南唐能迁都洪州，养精蓄锐，则日后尚有施展手脚的空间。问题在于，李璟迁都计划主要出于对后周的恐惧，而仅仅兴建一年的洪州，宫廷狭小，城池简陋，物资供应和金陵相比更是天壤之别，南唐君臣的生活品质顿时大打折扣。为此，群臣怨声载道，满腹牢骚，日夜思念回迁金陵。李璟到了洪州之后，和大臣们一样，也是追忆金陵的豪华安逸，日夜后悔不已。洪州当地酷暑难当，李璟于是动了回迁金陵的念头。可是，他还没来得及启动回迁金陵，就一病不起。北宋建隆二年（961）六月，李璟病死于洪州长春殿，时年四十六岁。建隆是宋太祖赵匡胤的年号，当时的中原王朝已经由后周变为宋朝。

李璟在位十九年，在政治、军事上没有特别的建树。南唐由盛转衰，他更是难辞其咎。他刚继位之时，南唐兵甲丰足，国库充盈。但他好大喜功，醉心于南伐扬威，迷失于声色奸邪，沉溺于饮酒赋诗，最后经略失时，运筹失措，错失逐鹿中原的良机，终致南唐一蹶不振。所以，李璟不是雄才大略的君王，没有治国安邦之才，他爹李昪辛苦经营的江山，就这样衰败在他的手里。李璟死前，特意要求葬在洪州西山，累土数尺为坟，表示说："违吾言，非忠臣孝子。"他的遗言可能出于自责、悔恨，也可能是意识到南唐覆灭的命运，为避免死后尸体遭受敌国侮辱，所以才遗言葬在洪州。不过，继位的李煜不忍心让老爹一人留在洪州，还是违背李璟遗命，把他的遗骸带回金陵埋葬。

李璟逝世后，二十五岁的李煜在金陵登基，世称"南唐后主"。其实，南唐国主的位置一开始和李煜没有关系。李煜原名叫李从嘉，在李璟诸子中排行老六，按继承顺序根本轮不到他。而且李璟继位时，一直扬言"兄终弟及"，并封三弟李景遂为皇太弟。不过，李煜大哥李弘冀（李璟长子）觊觎皇位，一直暗地里和三叔较劲。

李弘冀沉默寡言，很有军事才能。当年后周攻占扬州，吴越入侵常州，局势危急，李弘冀正驻守润州（治今江苏镇江润州区），李璟连忙召其回金陵避难。但李弘冀坚持留下，表示要同润州共存亡，振奋全军士气。面对强敌，南唐前军连续战败，李弘冀以命为保，破格提拔柴克宏为前敌主将。临敌易将向来是兵家大忌，好在柴克宏勇猛善战，稳固润州战线之后，又率兵解救了常州之围，大破吴越军队，斩首万级，俘虏敌方十多位战将。李弘冀考虑到局势危急，下令把所有俘虏的吴越将领全部处死，此举既震慑了吴越，又壮大了南唐军威，全军振奋。由此可见，李弘冀是一位有胆略、有眼光、有决断的王子。

随着战功的累积，李弘冀的威望逐渐超过了三叔李景遂，希望他当太子的呼声也日益高涨。萧俨、孙晟等大臣，呼吁李璟立李弘冀为太子。李景遂识趣，多次上书请求让位归藩，还取老子“功成名遂身退”之意，把自己的字改为“退身”，以示无心帝位。李璟遂顺水推舟，改立李弘冀为太子。此时的李煜自号“钟隐居士”，两耳不闻窗外事，一心只读圣贤书，让父亲李璟和大哥李弘冀都感到非常欣慰。

一次，李弘冀因事惹父亲生气，李璟操起棍子对着儿子就打，还大骂说后悔立他为太子，要把皇位还给三弟李景遂。李弘冀惊恐之余，竟出昏招，在叔叔李景遂返回封国的路上，派人毒杀了他。李璟查明真相，十分震怒，李弘冀遂失宠。据说，干了这件亏心事后，李弘冀时常梦见三叔冤魂索命，最后竟然惊惧而死。这种说法非常可疑，李弘冀胆气豪迈，见惯生死，怎会被鬼魂吓死？！关于李弘冀之死，一直流传有一种阴谋论，说是后周政权在背后搞鬼。因为当时南唐对后周称臣，李璟曾多次对周世宗表示自己寡德无能，要传位给儿子李弘冀，但后周世宗一直不同意。周世宗不希望南唐出现李弘冀这样强势的君主，所以在背后动手脚，导致了李景遂和李弘冀的非正常死亡。

不管怎么说，李璟的三弟李景遂没了，老大李弘冀没了，老二李弘茂已经死了好几年，老三老四老五三个儿子历史上没有记载，或是因病早死。按照兄弟次序，南唐储君的位置最终落到老六李煜头上。南唐大臣钟谟曾和李璟第七子李从善一起出使后周，友情深厚，他向李璟力荐李从善道："从嘉德轻志懦，又酷信释氏，非人主才。从善果敢凝重，宜为嗣。"（李从嘉轻浮软弱，又酷信佛教，不是当人主的材料。从善果敢决断、凝重老成，更适合做储君。）李璟对钟谟妄议皇位十分生气，不久就找茬杀了钟谟。就这样，李煜稀里糊涂地成了南唐储君，在李璟死后又顺理成章坐上了国君宝座。

那么，这位南唐后主，会如何治国理政呢？

青年皇帝人生乐

如果没有李煜，历史将会怎样？从古代诗词史来看，如果没有李煜李后主，就没有"春花秋月何时了？往事知多少""剪不断，理还乱，是离愁，别是一般滋味在心头""最是仓皇辞庙日，教坊犹奏别离歌，垂泪对宫娥"等千古名句。作为一代填词大神，李煜引领一代词风，对宋词影响至深。但就治国理政而言，李煜只是一个亡国之君，乏善可陈。

词界千古一帝，皇座亡国之君，这两个极端的身份集于一人，放眼中国历史，也只有宋徽宗赵佶可以和李煜相提并论。甚至还有一种传闻，说赵佶其实是李煜的转世。对于唯物主义者来说，这种说法当然不足为信，但这两人的确有相似之处。不过，赵佶的覆亡是他花样作死所致，而李煜的悲剧则早在他爹李璟在位时就已经注定。

李煜生于阴历七月初七，史籍言其“丰额骈齿，一目重瞳”。“丰额”指天庭饱满、额头宽大，“骈齿”指牙齿长得参差不齐，而“一目重瞳”是指一只眼睛有两个瞳仁。从现代医学角度看，这是由于瞳孔发生了粘连畸变形成，或是早发白内障。但古人却把这些看作异于常人的帝王之相，传说五帝中的舜帝就是一目重瞳，西楚霸王项羽则是双目重瞳。中国古代史书上记载有重瞳的，只有八个人：仓颉、虞舜、重耳、项羽、吕光、高洋、鱼俱罗、李煜。李煜特殊的长相，自然引来其他兄弟的忌惮。作为一个文学青年，李煜一早就选择远离权力争斗，一头扎进自己的世界里。

李煜有很高的艺术天赋，他爹李璟是个超级文艺发烧友，手下的佞臣大多是一流的作家、诗人和艺术家。李煜青出于蓝胜于蓝，精书法，善绘画，通音律，诗文更是一绝。他为了表示自己无意皇位，日日以酒为朋、以诗为友，自号“钟隐居士”，平日里醉心于佛学与山水、诗文。这时候的李煜，快乐而且自由，才二十岁出头，就创作了两首著名的《渔夫》词：

其一：“浪花有意千重雪，桃李无言一队春。一壶酒，一竿纶，世上如侬有几人？”

其二：“一棹春风一叶舟，一纶茧缕一轻钩。花满渚，酒盈瓯，万顷波中得自由。”

李煜将这两首词题在《春江钓叟图》上，表达自己追求自由的人生理想。但有心栽花花不发，无意插柳柳成荫。因为前边五个哥哥先后病死，排名老六的李煜赶鸭子上架，成为南唐第三任国君。此时的南唐，已不复当年的盛况，李煜接过的是个杂乱无章的烂摊子。

虽然对政治没有兴趣，但李煜对政治并非一窍不通，他非常清楚，老邻居赵匡胤对南唐野心勃勃，正伺机而动。为了稳住对方，李煜即位之初，立即派人上表赵匡胤，表示自己本无意于王位，因为兄长接连亡故，才勉为其难，然后对赵匡胤一通吹捧，竭力表示自己对大国的忠心，只求苟安于江南。在后世看来，李煜此举窝囊昏聩，但从南唐和北宋的实力对比来看，此举实出无奈，是权衡利弊后，以低调隐忍延缓国家的覆灭。这时的赵匡胤篡位不久，急需稳定中原局势，暂时腾不出手打李煜的主意。于是乎，双方暂时和平相处。

此时的李煜，暂时稳住了赵匡胤，关起门来做江南天子，俨然一副明君做派。即位之初，李煜针对父亲李璟时期的弊政，进行了广泛的矫正。首先，他汲取汉武帝中朝制度以及唐初政事堂会议的经验，设立“澄心堂”制度，参与议政的成员除王室外，多选取低级官员参与，以此分散相权。李煜此举不仅解决了李璟时期朋党干政、权臣把持朝政的乱源，还对后来明朝内阁制度和清初军机处的设置产生了深远影响；其次，李煜轻徭减税，取消李璟时期设置的诸路屯田使，减轻了国内百姓的负担。李煜特别重视对功臣的优待以及对有识之士的任用，先后提拔徐锴（kǎi）、张佖（bì）、陈乔等人，就连先前被李璟罢黜的名臣韩熙载，以及曾被后周俘虏的冯延鲁，也都重新给予礼遇。他为了示好于群臣，甚至对李璟时期被贬死的权臣宋齐丘的家属也给以优待。

李煜天性纯孝，好生戒杀，慈悲为怀，每当廷议死刑时，他都会忍不住垂泪哭泣，如果有冤假错案就会寝食难安，甚至多次亲自到大理寺断案，释放被冤枉的囚犯。大臣韩熙载认为此举不妥，上奏李煜说，狱讼自有专门的刑狱来管理，皇帝不该亲到监狱这种地方。为此，他请皇帝自罚，从内库拿出三百万以资国用。李煜虽未听从韩熙载的建议，但也没有生气。因为李煜慈悲为怀，不少江南父老在南唐亡国之后聚巷痛哭，以示怀念。

李煜继位之初奋发有为，南唐臣民欣盼中兴之治，只可惜南唐这个摊子实在太烂，自从淮南盐业被后周控制之后，南唐的财政日益窘迫。北宋建立后，李煜为了不让赵匡胤进攻南唐，更是不计成本地给赵匡胤大塞金银财宝，导致南唐财政更加困难。为了筹集钱财，李煜不得不打起百姓的主意，实行各种无理的加税政策。南唐老百姓生活所必需的酒水、家禽、鱼虾等，但凡交易都要向官府交税，甚至连鹅生双子、柳树结絮这样的事情发生，官府都要课税。南唐政府为了找钱，真可谓挖地三尺，无所不用其极。

李煜挖地三尺搜刮所得钱财，除了送给赵匡胤，大部分留给自己享受。李煜自幼过着奢侈富贵的生活，坐上君位之后，生活更加奢华。他不惜重金打造豪华宫廷，用嵌有金线的红丝罗帐，用白银玳瑁为钉固定，用绿宝石镶嵌窗格，用红罗朱纱裱糊窗纸，屋外广植梅花，富丽堂皇，自然雅致。李煜喜爱收藏名画、书籍和曲谱等，他不惜重金，千方百计搜求钟繇、王羲之等名家书法真迹。他还以帝王身份，召集和提携了一大批能工巧匠和艺术人才。根据《江南别录》记载，在宋军即将攻陷金陵时，李煜对平时宠爱的妃子黄氏说："此皆吾宝惜，城若不守，尔可焚之，无使散逸。"金陵城破后，黄氏依李煜先前所嘱，把南唐宫藏书画和文物都焚烧殆尽。李煜此举，堪比南朝梁元帝萧绎，实在可惜。

李煜不仅沉迷于艺术和诗词，还醉心佛学，甚至到了狂热的地步。但凡皇帝佞佛，必然耗资巨大。他不仅经常掏钱收买百姓出家或道士改宗，还到处大肆兴建佛寺，供养僧侣，聚众讲经，为此出台了很多优惠政策，比如寺院田产免税、僧人不服役等。很快，金陵城内僧人数量就激增至万人，皇宫内佛寺多达十多所，所有花费悉出国库，致使南唐经济越来越差。李煜佞佛，南唐文武百官投其所好，纷纷跟风，伺机攀附上位。而因此被李煜提拔、宠信者，多是尸位素餐之辈，南唐朝政日益腐败。

从上可知，李煜继位后虽有一些作为，但沉溺于风花雪月，他与大小周后的风流韵事更是家喻户晓。李煜自得其乐，天真地以为只要南唐按时朝贡，赵匡胤就不会发难。

那么，赵匡胤会放过南唐这块肥肉吗？

最是仓皇辞庙日

从本质上来说，李煜是一个很有才华的词人，书法、绘画和文章都很出色，但作为一国君主，他缺少帝王应有的霸气宏图。他接手南唐帝位十年以来，没有真正励精图治和强兵富国，只是一味向宋朝俯首称臣，按期朝贡，一厢情愿地相信只要赵匡胤不过江，他就能在江南继续自己风花雪月的生活。

大老粗出身的赵匡胤，对南唐野心勃勃。对于这一点，李煜也渐渐有所感觉，暗中缮甲募兵进行备战。他不断加强水军建设，组建“龙翔军”以防不测。在明面上，为了不得罪赵匡胤，李煜做足谦卑姿态，每次会见宋朝使者，都换去龙袍改穿赵宋的紫袍（官服）；他多次上表宋廷，请求前来江南传诏的使者对自己直呼姓名，以示自己对宋朝的尊奉；他每年都会派人向宋朝进贡大量金银财宝，甚至赵匡胤向别国用兵时，他还会遣使游说别国君主效仿自己臣服宋朝。赵匡胤灭掉南汉后，李煜恐慌万分，主动舍弃“大唐”国号，改称“江南国主”；又下令贬损宫廷仪制，撤去金陵台殿鸱吻。李煜派弟弟李从善入宋朝贡，赵匡胤收下财物后扣留李从善，李煜为此软磨硬泡，希望赵宋放弟弟回家。

眼见南唐形势危急，李煜忧心如焚。大将林仁肇见状，主动提出领兵奇袭淮南，甚至提出如果兵败，李煜可以下诏族诛满门，以此向宋朝表示李煜不知情。李煜没有挑战赵匡胤的胆量，拒绝了林仁肇的建议。赵匡胤事后得知此事，便实施反间计。他把李从善带到一处豪宅，指着屋内悬挂的林仁肇画像说："林仁肇已经向我表示投降，先送这幅画像给朕作为信物。"又指着豪宅说："这就是我准备赐给林仁肇的。"李从善吓得肝胆俱裂，马上命人回报李煜，李煜中计，命人将林仁肇鸩杀，在南唐最需要良将保卫时，自毁长城。当然，林仁肇的死不仅仅是赵匡胤反间计所致，南唐高级将领中一直存在钩心斗角，朱令赟、皇甫继勋等人嫉妒林仁肇，常在李煜面前诬指林仁肇暗中向宋朝求援，想在江西地区割据自立。

南唐国事江河日下，李煜却依旧整天吃斋念佛，填词作赋。大臣潘佑看不下去，连上七道奏疏，要求任李平为尚书令，并把当政的张洎（jì）等人批了个遍，最后更把矛头直接对准李煜，说他连桀、纣这些昏君都不如。张洎等人气急败坏，纷纷上疏指责潘佑和李平狼狈勾结，图谋不轨。李煜被骂得狗血喷头，心里不快，下令将潘佑、李平二人打入牢狱。潘佑刚烈不屈，闻讯在家中上吊自杀，李平随后也在狱中自杀身死。

北宋开宝七年（974）秋，赵匡胤先后派人出使南唐，以祭天为由，下诏逼迫李煜入京朝觐。李煜托病拒绝，上表回复道："臣事大朝，冀全宗祀。不意如是，今有死而已。"赵匡胤以对皇帝无礼为名，水陆并进，大举征讨南唐。事已至此，李煜也只能和赵匡胤断绝邦交，派兵应战。此时，素来与南唐为敌的吴越国也趁火打劫，进犯常、润二州。李煜急忙致书吴越王钱俶，以唇亡齿寒的道理劝说吴越，希望能帮助自己对抗宋军，钱俶毫不理会，还把李煜的书信送给赵匡胤以示忠心。宋军一路高歌猛进，南唐军节节败退。李煜赶忙调神卫军都虞候朱令赟率兵十五万前来支援，结果援军行至皖口（今安徽安庆西南，皖水入长江口附近）就遭遇宋军。朱令赟下令顺风纵火焚烧宋船，不料忽然风向逆转，大火反烧，南唐军大败，朱令赟本人投火而死。

连连败讯下，李煜竟然幻想说服赵匡胤退兵，两次派大臣徐铉出使北宋。第一次，徐铉见到赵匡胤便问："（李）煜事陛下，如子事父，未有过失，奈何见伐？"赵匡胤反问："汝以为父子分两家，可乎？"徐铉哑口无言，灰溜溜地回去了。第二次，徐铉言辞恳切，与赵匡胤反复辩论李煜无罪。赵匡胤气不过，直接拔剑而起，断然道："不须多言！江南国主何罪之有？只是一姓天下，卧榻之侧，岂容他人鼾（酣）睡！"徐铉吓得不敢再讲，只得回去向李煜复命。

陈乔和张洎主持南唐军务，二人都是书生，对军务一窍不通，实际掌握军务的是皇甫继勋。金陵被围，陈乔、张洎采取"坚壁以老（疲惫）宋师"的战略，派皇甫继勋统帅水陆军十多万人背靠金陵城固守防御。皇甫继勋买通了宫内太监，使前线的战报被李煜身边的宦者和近臣扣下不报。

皇甫继勋是导致后唐亡国的魏州将领皇甫晖的儿子。后晋灭亡后，皇甫晖为了躲避契丹兵锋，率军南下投奔南唐，后在与后周的战争中受伤身死，算是南唐的“烈士”。皇甫继勋虽身为南唐主帅，内心却希望李煜尽快投降，以便入宋后继续享受富贵荣华，所以每闻唐军战败消息，反而喜形于色。南唐将士有献策破敌、请求夜半出城荡营者，他往往加以鞭打、囚禁，致使将士日益激愤，对他切齿痛恨。日复一日，宋兵已经把金陵包围得如铁桶一般，磨刀霍霍准备攻城，李煜对此竟全然不知，竟然还委派大臣伍乔主持贡举。

五月间的一天，忽听远处喧哗阵阵，号角之声直达内宫。李煜登城，方才发现金陵已经成为一座孤城。宋军杀声震天，旌旗垒栅，弥遍四郊。他大惊失色，如梦方醒，又惊又怒，马上召皇甫继勋入宫问话，斥责他隐瞒军情，命令把这个草包逮捕入狱。结果，皇甫继勋刚被推出宫门，外面聚集的军士一拥而上，“军士云集脔之，斯须皆尽”。（陆游《南唐书》）也就是说，南唐将士将他乱刀砍死，分吃其肉，眨眼间只剩下几根胡须，由此可见皇甫继勋之可恨。

南唐灭亡后，李煜从九五之尊的君王沦为阶下囚。赵匡胤看着跪在面前的李煜，为了讽刺和羞辱他，特意封他为“违命侯”。和李煜一起被俘的，还有他的心腹张洎。到达汴京之后，赵匡胤拿出宋军缴获的张洎给外援南唐大将所写的蜡书，责问张洎何不早早投降。张洎淡定回答：“各为其主，今能一死，尽为臣之份罢了。”赵匡胤敬佩张洎的气节，授其太子中允之职。

张洎可说是五代文人中的奇葩，他“行止洒脱，文采清丽”，博览佛道书籍，所以在赵匡胤、赵光义兄弟面前也很吃得开。但他性格非常鄙吝，李煜归宋后境遇困窘，张洎作为昔日臣子，竟然常常去李煜府中讨要钱财，李煜给少便言语讥讽。至此，李煜才清楚张洎的真面目，后悔自己当初冤杀潘佑、李平二人。

李煜虽被俘亡国，但文人心性不改，一首《虞美人》词凄婉悱恻：“小楼昨夜又东风，故国不堪回首月明中。”这首词加上他后悔杀潘佑和李平的言语，激起宋太宗赵光义的杀心。公元978年八月十三日是阴历七夕，刚好是李煜的生日，这一天赵光义派人送来毒酒，赐死李煜。

作为一代君主，李煜的治国能力与父亲李璟相仿，但终究把南唐政权维持了十五年。李煜死后，南唐旧臣徐铉《吴王陇西公墓志铭序》赞扬李煜道：

> 惟王天骨秀颖，神气清粹，言动有则，容止可观。精究六经，旁综百氏。常以为周孔之道，不可暂离，经国化民，发号施令，造次于是，始终不渝。酷好文辞，多所述作。一游一豫，必颂宣尼。载笑载言，不忘经义。洞晓音律，精别雅郑；穷先王制作之意，审风俗淳薄之原。为文谕之，以续《乐记》。所著文集三十卷，杂说百篇。味其文，知其道矣。至于弧矢之善，笔札之工，天纵多能，必造精绝。本以恻隐

之性，仍好竺乾之教。草木不杀，禽鱼咸遂。赏人之善，常若不及；掩人之过，惟恐其闻。以至法不胜奸，威不克爱。以厌兵之俗，当用武之世。孔明罕应变之略，不成近功；偃王躬仁义之行，终于亡国。道有所在，复何愧欤?

专题一

画中藏有兄弟情？——《重屏会棋图》解谜

画中有画奥妙多

北京故宫博物院中，收藏有一幅据称是五代时期南唐画家周文矩的画作《重屏会棋图》。《重屏会棋图》中画了五个人，重要人物有四个，其中两个人在下棋，两个人在旁观。这四人中，一人戴着半透明纱帽，其余三人戴深色幞头，从穿着看他们都是有身份的人。四人旁边站着一个书童或仆役。四人背后有一道屏风，屏风上有一幅屏风画，内容似乎是几个妻妾或女仆服侍一个男主人，很温馨的古代生活场景。而这幅屏风画中，又画有一个屏风，上面画有山水。《重屏会棋图》即因为画中有画、屏中有屏、大屏套小屏，得名“重屏”。类似的重屏图式作品，有元朝画家刘贯道的《消夏图》，以及明清时期《乾隆皇帝行乐图》等。《重屏会棋图》整幅画有三重空间，有一种无限延伸的透视效果。

现在问题来了，画中人物是谁？画中画到底有何寓意？为何棋盘上只有黑子，没有白子？黑子摆出的图案暗示着什么？几个人真的是在下棋吗？

和许多宋代之前的名画一样，画上没有留下作者的名字，如果不仔细解析，我们根本不知道画中人物究竟是谁。这幅画问世之后流入民间，后世对画作作者和画中人物说法多多，也疑点多多。北宋年间，宰相王安石看到这幅画，不知道画中人物是谁，专门赋诗一首献疑：“不知名姓貌人物，二公对弈旁观俱；黄金错镂为接壶，粉障复画一病夫。后有女子执巾裾，床前红毯手火炉。床上二婢展氍毹（qú shū，一种毛织或毛与其他材料混织的毯子），遶（rào，“绕”的异体字）床屏风山有无。”（《江邻几邀观三馆书画》）老王这首诗意思是说，画中人不知姓名，两人正下棋，两人在旁观看，画面中用来投壶的接壶用黄金装饰。画中屏风画着一个病人躺在床上，旁边一女子拿着衣帽，一女子手中拿着暖炉在侍奉，还有两个婢女用红色毯子在铺床。画中屏风上面，画着山水画。

到了南宋，史学大家王明清写有《挥麈录》《投辖录》等。在前书的《挥麈三录》部分，王明清回忆到，黄门侍郎楼钥（字大防）带一幅画给自己观赏，王明清断定是南唐周文矩所画。楼钥指着画中显得比较高大的、戴着帽子的人物问王明清：这人是谁啊？王明清说，他爷爷当年在九江当太守时曾在庐山圆通寺买到一幅人物肖像画，画中人物是南唐中主李璟。画中李璟的形象与楼钥这幅画中的人一模一样。王明清因此推断这幅图是南唐画家周文矩所画。为了证明自己的观点，王明清回家把爷爷的藏画拿来跟楼钥的画对比，“面貌、官服无毫发之少异”，即人物的面貌、服饰、帽子完全一样。为此，王明清给《重屏会棋图》写了题跋，认定画中人物是南唐中主李璟。

周文矩是南唐时期著名的画家，生卒年月不详，大约活跃在南唐中主李璟和后主李煜时期。周文矩是宫廷御用画师，绘画水平非常高，根据北宋《宣和画谱》记载：“（李）煜命文矩画《南庄图》，览之叹其精备。”李煜命周文矩画一幅《南庄图》，画完之后，李煜揽卷欣赏，大发感慨，赞赏周文矩画工之精良。

到了元代，一个叫袁桷（jué）的学者写过一本《清容居士集》，其中有一则《题摹本重屏图》这样记载：“余尝见楼宣献公家周文矩所画初本，前有祐陵（宋徽宗）御书乐天《偶眠》一章。”楼宣献公就是楼钥，宣献是他死后的谥号。显然，他见到的画和王明清见到的是同一幅画，而且卷首空白处还有宋徽宗题写的白居易《偶眠》诗。

南宋王明清破解了《重屏会棋图》人物身份之谜，画中头戴高帽者是南唐皇帝李璟（就是南唐李后主李煜的父亲），另外三人是李璟的三个弟弟：李景逿（dàng）、李景遂和李景达。在中国历史上，政治人物下棋一般有很深的寓意，所以《重屏会棋图》里的棋局不是一盘简单的棋。画中一起下棋的四兄弟，是南唐皇室拥有最高权力的四个人。棋盘上面只有黑子没有白子，黑子组成了一个奇特的图案——北斗七星！一旦宁王李景逿手里的棋子落定，恰好就凑成一幅“北斗七星图”。所以，画中四个人物不是在下棋，而是在摆一幅天象图。在古代中国，天象不仅仅是科学，还用来预示着国家兴衰和政治人物的命运。棋盘“北斗七星”的斗柄正指向李璟，代表着李璟作为兄长是开始，棋盘上北极星的位置已有一颗黑子指向的是宁王李景逷，喻示着南唐皇位继承将按照“兄终弟及”的方式传承下去。所以，棋盘上的星图预示着南唐权力的继承方式。

南唐这个五代时期的南方小国，三世而亡，经历了先主李昪、中主李璟和后主李煜，存续三十九年。李昪去世后，李璟继位的时候立下誓言，自己死后不会将皇位传给自己的儿子，而是按照兄终弟及的方式传给三弟李景遂。同样，李景遂死后也不传给他自己的儿子，而是传给他的四弟李景达。等李景达死后，再传给幼弟李景逷。按照这个次序，李景逷死后，再往下传给李璟的儿子李弘冀，再从李弘冀开始新一轮的兄弟传承。身处乱世，李璟之所以不把皇位传给自己的儿子，是因为“国赖长君”，李璟认为自己儿子年轻不懂政事，三个弟弟又年长，为了南唐国家的安定和平，所以要像殷商那样采用“兄终弟及”的传位方式。作为南唐宫廷画院的待诏画师，周文矩这幅《重屏会棋图》，应该是奉皇帝李璟旨意完成的作品，以此表达李璟希望兄弟之间和谐友爱的政治意愿，也为兄弟四人的皇位继承次序给大臣们留有一份证据。

中国古代画作往往有记录性功能，当时没有录像机、录音机，所以文人墨客挥毫泼墨，把历史的瞬间留于笔尖，《重屏会棋图》因此也就“暗藏玄机”。那么，这样一幅画作真的暗含深意吗？我们从中又能了解到怎样的历史真相呢？

如果看这幅画中那种其乐融融的气氛，似乎让人觉得南唐中主李璟已经解决皇位继承问题，高枕无忧，轻松惬意。画中画屏风上白居易的《偶眠》诗意图，似乎就是李璟心中的幻想。画中画屏风上的山水画，恰好表现画中屏风画里白居易寄情山水、悠然自得的心境。所以，这两个屏风三幅画相互叠加，即使在今天，我们在欣赏时也会产生虚实交错、如梦似幻的奇妙体验。

但是，南唐历史根本不是李璟所想。南唐第一个皇帝是李昪，也就是李璟的父亲。李昪有五个儿子，所以如果画中是四兄弟，显然还少了一位，而且其中李璟的三弟李景遂不得善终。那么，真实情况又如何呢？

历史事实很复杂

话说《重屏会棋图》的画中人是南唐中主李璟四兄弟，而李璟其实有兄弟五人，画中缺失的那个兄弟是谁？这个人就是李景迁，即李璟的二弟。李璟的父亲李昪有五个儿子，其中最喜欢李景迁，因为小伙子风度翩翩，才能出众，相貌又和自己最像。李昪最早并不是皇帝，南唐没有建立前他是吴国宰相，当时叫徐知诰，儿子李景迁是吴国皇帝的驸马。遗憾的是，李昪还没篡权当上吴国皇帝的时候，李景迁已经英年早逝。次子李景迁死后，李昪认定四儿子李景达为自己的接班人，因为李景达出生的时候，江南地区久旱逢甘霖，所以他认为这个儿子是吉祥之兆。李昪当皇帝建立南唐后，他又喜欢小儿子老五李景逷。李景逷的生母种氏凭借自己得宠，想让自己儿子李景遏当太子。李昇反感后宫干政，就把种氏给废了。当时李景遏年纪太小，李昇就明确对外表示立李璟（当时叫李景通）为太子。

李璟起初对太子之位不感兴趣，他自幼生长在富贵之家，只喜欢文学、艺术。李昇清楚李璟的品性，知道他不适合当皇位继承人。一国之君，必须精于政治算计，勇于决断，李璟缺乏这方面的才能。但是，如果废长立次，肯定会引起政治上的动荡，所以李昇一直引而不发。李璟是聪明人，公开表示无意当太子，在庐山隐居潜心研究学问，以示不问世事。

恰恰是李璟这种谦退的举动，使李昇对他刮目相看，对外下诏说，“守廉退之风，帅忠贞之节，有子如此，予复何忧？”（大家看看我这儿子，坚守清廉退让，是忠诚坚定气节的表率，有子如此，对于国家我还有什么可担忧的！）

南唐升元七年（943）二月，李昇病重，弥留之际下诏太子李璟监国，随即去世。父皇驾崩之后，李璟没有马上继位，而是对众大臣痛哭流涕，表示要把皇位让给弟弟中的一个。其中最主要的原因是，当时南唐权臣宋齐丘一党想把李璟弟弟李景遂推上帝位。可是于公于私，李璟几个弟弟没人敢接这个班，也没有哪个大臣敢表态支持哪个弟弟。关键时刻，南唐奉化节度使周宗把皇冠和龙袍就给李璟穿戴上，苦劝道：先帝决定把皇位传给您，您怎么能够拘于小节谦让呢？群臣也都跪地劝进，李璟这才继位当了皇帝。

李璟继位之后，改元“保大”。尊奉生母宋氏为皇太后，妃钟氏为皇后。接着，他封弟弟寿王李景遂为燕王，宣城王李景达为鄂王，小弟弟李景逷以前没有封王，就封为保宁王。同年秋天，李璟自己继位前的封号“齐王”改封给弟弟李景遂，加诸道兵马元帅、太尉、中书令，表示“兄终弟及”的意思；又封弟弟李景达为燕王、副元帅。接着，他在父皇李昪灵柩前立盟，相约兄弟世世继立。李璟长子李弘冀被封为南昌王、江都尹。后唐保大五年（947），李璟下诏，正式宣布李景遂为“皇太弟”，李景达为元帅，封齐王；封儿子南昌王李弘冀为副元帅，改封燕王。

李璟虽然骨子里是一个文人，其实颇有政治才能，他继位之后，南唐国力蒸蒸日上，接连击灭十国中的南方小国南闽和南楚。正当南唐在江南地区称霸的时候，北方的契丹军队灭了后晋，中原无主。契丹与南唐一直早有使节往来，耶律德光假惺惺地派人告诉李璟：“晋少主（石重贵）违命背约，遭到废黜。我们皇帝想和唐国继续先世之好，将册命唐主为中原皇帝。”李璟也不傻，婉拒耶律德光的邀请，然后请求契丹允许南唐派使者到长安修复唐朝皇帝陵寝，遭到契丹拒绝。由于先前重南轻北，如今中原地区落入契丹人手中，南唐君臣感到非常后悔。不久，得知后晋的河东节度使刘知远已经进入汴梁，中原有主，李璟君臣只好将北伐之事作罢。

南唐交泰元年（958），中原地区已为后周，且当权的还是英主世宗皇帝柴荣。周世宗雄才大略，开始攻伐南唐，连战连捷，军队很快到达长江岸边。李璟十分害怕，自去帝号以表示臣服，并请求周世宗允许自己传位给长子李弘冀，南唐从此愿为后周属国。

周世宗为人厚道，表示同意，赐书给李璟，书信开头很客气："皇帝恭问江南国主。"其实，当时南唐的扬、泰、滁、和、寿、濠、泗、楚、光、海等州，已经被后周军队占领，李璟为了表示恭顺，向柴世宗献出庐、舒、蕲、黄四州，然后划长江为两国边界。

后周显德五年（958）五月间，李璟对外去除帝号改称"国主"，并开始使用后周年号，以示正朔。自降国格之后，李璟先前"兄终弟及"的想法变了，他下令以皇太弟李景遂为洪州节度使，立儿子燕王李弘冀为太子。后唐君臣出于对后周的恐惧，商议把都城从金陵迁到洪州，于是升洪州为南昌府，兴建南都。在此期间，李璟儿子李弘冀害怕叔叔李景遂日后被父亲复立为皇太弟，暗中派人毒死了李景遂。李璟得知死讯又惊又痛，追谥弟弟李景遂为"文成太弟"。不久，李璟得知弟弟是被李弘冀主使毒死，家丑不可外扬，他只好废掉李弘冀太子之位，这位废太子很快就死了。李璟第六子李从嘉（就是日后的李煜），当时自号"钟隐居士"，文雅谦厚，深得李璟欣赏。李弘冀死后，李璟就封第六子李从嘉（李煜）为吴王，让他居住东宫。

北宋建隆元年（960），南唐陷入内忧外患，同时北边中原赵匡胤发动“陈桥兵变”，篡夺后周政权建立宋朝。由于对宋朝的惧怕，李璟留太子李从嘉监国，自己率领群臣迁往南都洪州。但洪州狭窄潮湿，群臣思念旧都金陵。李璟也后悔不已，责怪先前劝他迁都的大臣没有远见。于是李璟开始筹划，想把都城重新迁回金陵。还没启程，李璟就得了重病，很快就病死在洪州长春殿，时年四十六岁。李璟死前，太子李从嘉继位，随后将李璟灵柩送回金陵安葬。紧接着，改名李煜的李从嘉派使者到宋朝报丧，并希望恢复李璟的皇帝名号。既然人都死了，宋太祖便做个顺水人情，同意李煜所请。于是，南唐君臣为李璟取谥号“明道崇德文宣孝皇帝”，庙号“元宗”。

以上就是南唐中主李璟的基本经历，再说回周文矩的《重屏会棋图》。仔细观察图中这四个人所坐的位置，非常耐人寻味。李璟居于主位，他右侧是兄弟李景遂，居于次位。李璟左侧是兄弟李景达，居于第三位，李景达对面应该是李景逿，居第四位。显然，这正是李璟心目中兄终弟及的权力继承次序。

再仔细看这幅图，我们还可以发现一个更令人奇怪的细节：兄弟几个人下的显然是围棋，但是仔细查看，棋盘上只有黑子，没有白子。显然，图中兄弟几个不是在对弈围棋。而且，兄弟中最小的李景逿执黑开局，在右下角占桩之后，在左上角摆出一个勺子状的图案，我们从任何棋谱上都查不到这样的棋局。

那么，图画中这个图案究竟想表达什么意思呢？

“兄终弟及”成虚幻

话说在周文矩的《重屏会棋图》中，李璟兄弟四人所坐的位置耐人寻味，且棋盘上摆出的图案也很奇怪。那么，这个图案究竟表达什么意思?

根据后世学者研究，这七枚黑棋组成的图案，其中六枚代表北斗七星中的天璇、天玑、天权、玉衡、开阳和摇光。图画是静态，如果动起来，李景逷手中这个黑子肯定会落在天璇的前边，也就是天枢的位置，构成了一个完整的北斗七星图。这样一来，最早坐庄占角的那颗黑子，就是与北斗七星对应的北极星。那么，李景逷摆这个北斗七星图是什么意思呢? 在中国古代，北极星又叫紫薇星，它是苍穹中最重要的一颗星，也叫地星。古人认为群星朝北斗，北斗朝北极，群星围着北斗转，北斗围着北极转。这个图案寓意着李璟三个弟弟的态度——我们都拥护大哥您，我们对大哥您绝对忠诚!

根据早期文献记载，周文矩这幅画最初画在一扇独立的大屏风上。南唐灭亡后，这幅画进入北宋内府，才被装裱成横卷。所以，周文矩原画在实体屏风里，画中又画了两个屏风，大屏风里套着一扇中屏风，中屏风里又套着一扇小屏风，仿佛一个屏风套娃。画中李璟和李景遂坐在一扇带屏风的坐榻上，他们身后有一个大立屏，上面画的是唐人白居易《偶眠》诗意:“放杯书案上，枕臂火炉前。老爱寻思事，慵多取次眠。妻教卸乌帽，婢与展青毡。便是屏风样，何劳古画贤。”《偶眠》诗意图中，白居易睡榻上又画了一扇三折屏，上面画的是山水。从艺术角度看，周文矩这幅画实在太奇妙了，完全可以让当时和后世的观赏者拍案叫绝。画中屏风里的家居景象，仿佛是画中所描绘真实世界的延伸部分，让人深信不疑。直到今天，我们在欣赏这幅画时，恍惚之间仍可能产生误解：如果不仔细观看，忽略了那扇大立屏的边缘，就会误以为屏风中的白居易只是出现在内堂深处的一位老人，仿佛他和前面几位下棋人是在同一个房间中，而这房间只是立着一扇三折屏风而已。迷离错幻，尽显艺术的魅力与魔力！

屏风在中国画里具有特殊意义，当它出现在中国画里时，往往不仅仅是一件家具，而是具有某种隐喻和寓意。为什么李璟要宫廷画师周文矩画这幅画呢？历代解读者有很多，有人说是李璟希望能够像白居易一样淡泊平静生活，有人说画中的三折屏是李璟再次隐居庐山想法的体现，有人说是李璟佯装放怀山林以此麻痹兄弟，有人说李璟此画是为了粉饰南唐残酷的政治斗争。无论如何，画中画，屏中屏，映射着李璟心目中的理想生活：自己和兄弟、家人和乐安适，能够像白居易一样过着闲适的日子。画中的李璟，目光根本不在棋盘上，他目光远视，若有所思，隐隐带着一丝惆怅。

真实历史中的李璟，其实是一位比较有作为的帝王，在他治理下，南唐一度鼎盛。而且，李璟非常重视文化建设。五代中原各王朝一直重武轻文，中原文人纷纷南下，当时他们向往的理想国，就是继承大唐衣钵的南唐。李璟给这些文人提供了宽松的政治环境，重用他们，罗致了不少杰出的人才。更重要的是李璟本人就是一个大诗人、大词人。冯延巳是南唐著名词人，“风乍起，吹皱一池春水”是其千古名句。一天，李璟笑着问冯延巳，“吹皱一池春水”，关爱卿你什么事啊？冯延巳机灵地接话：我这句小词，完全不如陛下您那句“小楼吹彻玉笙寒”啊。显然冯延巳是在拍马屁，但这种马屁还是有根据的，因为李璟那句词的意境，确实美轮美奂。以李璟特有的诗人气质和才华，他理想中的生活，肯定就是退休之后白居易那种闲适雅致的生活——赏花、弹琴、饮酒、赋诗，逍遥自在。因此，白居易《偶眠》诗意成为画中画的内容，也就不难理解了。

有人会说，李璟作为一个皇帝，竟然追求像白居易那样遁世隐居的生活，肯定是陈后主那样的昏君。还真不是！一年春节大雪，李璟见到世界银装素裹，心情愉悦，传旨设宴招待群臣，并召来他最喜欢的歌伎王感化唱歌助兴。王感化一唱三叹，把“南朝天子爱风流”作为起始的叠句，反复吟唱。李璟闻声低头沉思，长叹一声，把酒杯摔在地上，感慨地对大臣们说道：“使孙陈二主得此一句，不当有衔璧之辱也！”

什么意思呢？就是说，如果先前吴主孙皓和南陈后主陈叔宝领会这句歌词的意思，就不会有亡国之恨了。歌姬一首“南朝天子爱风流”，就能够让李璟愤而掷杯，可见李璟不是只知道享乐、不辨是非的昏庸之辈。南唐政权前后能够存续三十九年，中主李璟的功绩不容抹杀，而且他也不是亡国之君，南唐最后亡国做宋朝俘虏的是他的儿子李煜。

“南朝天子爱风流”是唐朝诗人李山甫《上元怀古二首》诗中的第一句。原诗寄情于讽喻，有惋叹，有伤怀：“南朝天子爱风流，尽守江山不到头。总是战争收拾得，却因歌舞破除休。尧行道德终无敌，秦把金汤可自由。试问繁华何处有，雨苔烟草古城秋……”

李璟死后十五年，南唐覆亡。包括周文矩《重屏会棋图》在内的七十六件南唐藏画，被送入北宋内府，机缘巧合下被“兄终弟及”的宋太宗赵光义看到。赵光义毒死大哥赵匡胤继位，内疚之余，也向往《重屏会棋图》中“兄终弟及、其乐融融”的理想人生，因此下令翰林图画院的画师重新临摹这幅图。多年过去后，物是人非，画中人物姓名湮灭，不为人知，所以宋神宗时王安石见到此画，完全不知道画的是谁。后来，宋徽宗从蔡京手中得到《重屏会棋图》，如获至宝，亲笔题跋白居易《偶眠》诗，让宣和画院的画师仔细临摹，并在《宣和画谱》中著录。此后，这幅画又在许多收藏家手中递藏，光元明清三代就有十几部著作著录过此画。在这些著录中，这幅画的名称各异，有叫《重屏图》的，有叫《重屏会棋图》的，有叫《李后主观弈图》的，还有叫《观弈图》的。

那么，北京故宫博物院现在收藏的《重屏会棋图》是哪个版本呢？我们先前说过，南宋王明清记载宋徽宗曾在《重屏会棋图》画卷上题写白居易的《偶眠》诗，所以《重屏会棋图》原本真迹上应该有宋徽宗的题诗。但目前所见故宫藏《重屏会棋图》画卷中，并没有徽宗皇帝的题诗，这说明这幅《重屏会棋图》并不是周文矩的原本真迹，而可能是真迹的摹本。即便如此，这幅画依然价值重大，因为它不但是我们了解南唐历史和中国古代绘画的重要史料，也是一幅国宝级的画作。

我们观看《重屏会棋图》时，除了其政治、历史内涵外，还会发现古代绘画的某些特点。比如，图中人物比例并未遵循现实生活中人物的客观比例关系，而是画家依据人物在画面内容中的地位和作用，从主观立意角度处理人物的比例关系。这种处理手法，体现出中国古代画家特有的审美观念。在中国古代绘画语言中，这种突出“大人”的形式感，十分常见。所以在这幅画中，中心人物李璟的形象比他的几个兄弟要“大”一些。作为次要人物，比如李璟几个兄弟和宫内仆从官，被画得要小一些。我们看《韩熙载夜宴图》和《古代帝王图》，主要人物与其他人物相比都不成比例地“大”。正是这种“大”与“小”的鲜明对比，使画面主次更加清晰和明确，形成了中国人物画“主大从小”的形式语言。这种“主大从小”的处理方式，还体现了中国“礼制”文化中，对等级秩序的尊崇和强调。

专题二

“熙载夜宴”谜团多

文人乱世多坎坷

说起五代历史，肯定离不开一幅著名的画作，那就是《韩熙载夜宴图》。这幅画不仅仅是一件艺术品，还是一个历史事件、历史瞬间的记录。《韩熙载夜宴图》的内容估计大家都有印象：南唐重臣韩熙载，在家中夜宴招待客人，全图描绘了五个场景：满堂宾客、声色犬马、纸醉金迷、乐极生悲、黯然神伤。

《韩熙载夜宴图》之所以有名，是因为它的历史背景不一般。“安史之乱”后，唐朝藩镇势力尾大不掉。从朱温开始，掌握地方实权的藩镇头子开始甩开摇摇欲坠的唐王朝，纷纷割据称雄。从907年朱温建立后梁开始，在五十三年时间里，中原地区先后出现后梁、后唐、后晋、后汉、后周等五个朝代，其中，最长的后梁也只有十六年，最短的后汉历时四年，乱哄哄你方唱罢我登场。960年，赵匡胤篡夺后周政权建立宋朝，标志着五代十国的基本结束。为什么说是基本结束呢？因为这时候中原周边的十国还有一些小国存在，如后蜀、北汉、南唐、吴越、南汉、荆南等。

有意思的是，在五代十国这个中国历史上的超级乱世，皇帝本应该凭借开疆拓土的武功青史留名，但是真正让人记住的多是具有人文、艺术特质的皇帝，其中最有名的要数南唐后主李煜和后蜀皇帝孟昶。要讲五代十国绘画，肯定要提到后蜀皇帝孟昶，他最早设立国家画院，培养专业画师，后来的南唐、北宋政府皆沿袭他的做法。中国最早的对联“新年纳余庆，佳节号长春”，就是出自孟昶之手。但是，如果说五代十国谁的文学成就最高，则非南唐后主李煜莫属。

南唐这个小国存续了三十九年，先后经历了先主李昪、中主李璟和后主李煜三代君主，国力最盛时拥有三十五州，境域大约为今天江西全省以及安徽、江苏、福建和湖北、湖南等省的部分。南唐虽然偏安一隅，但它所据地区多是鱼米之乡，经济发达，文化繁荣。而且，江淮地区在五代乱世当中相对平静，老百姓的日子比起中原地区要好过一些。

南唐先主李昪在位时，手下群臣曾经进言，说目前国家实力雄厚，应该抓住中原地区内乱的机会趁机北进，恢复大唐旧有疆域。但李昪小富即安，没这个魄力，表示说：“使彼民安，则吾民亦安矣，又何求焉！”（《资治通鉴·后晋纪三》）意即我们互相不打仗，中原老百姓安定，我们这边老百姓也平安。李昪的出发点其实不错，但在讲究丛林法则的乱世中，多少有些不合时宜。

到了中主李璟的时候，皇帝的思想有了变化。李璟雄才大略，开始大规模对外用兵，派兵攻打附近的两个小国“南楚”和“闽”，所以李璟在位时，南唐疆域最大。李璟小有成功后，自信心膨胀，奢侈无度，政治腐败，国力逐渐下降，被北方的后周政权夺去长江以北区域。南唐失去江淮重要的盐产地，财政日益窘迫，不得不加重赋税，致使百姓怨声载道。从此之后，南唐国力日益衰落。面对后周不断增强的军事压力，李璟被迫去掉帝号，正式向后周称臣，改称“国主”。到后主李煜当政时，在向宋朝装孙子的同时，只能寄情诗词歌赋。江淮地区自古以来就是富庶之地，对定都开封的北宋来说，具有极大的吸引力。宋太祖、宋太宗致力于开疆拓土，而战争最缺的，无非就是金钱和粮食。因此，无论南唐如何委曲求全，赵氏兄弟也绝不会轻易放过这块肥肉——所谓“卧榻之侧，岂容他人鼾（酣）睡”！

在这样的背景下，南唐后主李煜为了对抗宋朝，维持宗庙社稷，开始寻找能臣干将，一下看中了大臣韩熙载。李煜对韩熙载是否有真才实学和有志尽忠，心里没谱，于是派顾闳中、周文矩两位画师到他家窥探，把所见所闻画出来供李煜评判，于是就有了这幅《韩熙载夜宴图》。根据这一历史传说，这幅绘画作品具有情报的性质，不同于一般的记叙性、描绘性画作。

南唐后主李煜多才多艺，工书善画，能诗擅词，通音晓律。特别是他写的词，存世量虽然才三十多首，但成就非常大。李煜的词在内容上可以分为前后两期，前期词内容主要反映宫廷生活和男女情爱，部分词里也流露出沉重的哀愁。他后期的词主要反映亡国之痛，意境深远，哀婉凄凉，非常富有艺术性，感人至深。

那么，《韩熙载夜宴图》中的韩熙载又是一个什么样的人呢？

韩熙载本来是北方人，是大文豪韩愈的后裔，唐朝后期，韩熙载一家已迁居北海（今山东潍坊），他的曾祖父和祖父都曾任京官。韩熙载的父亲韩光嗣，是后唐时期青州指挥使王公俨的属官。同光四年（926），后唐发生邺都兵变，庄宗李存勖被杀，国内大乱。王公俨想趁乱割据一方，被李嗣源大军攻杀，亲族、同党也被株连，其中就包括韩光嗣。当时的韩熙载，刚刚考中进士，害怕受到株连，不得不离开中原，渡过淮水，逃入吴国境内。

在吴国都城广陵（今江苏扬州），韩熙载向吴国君臣奉上自己所写的《行止状》，这篇文章洋洋洒洒，气势恢宏，除了介绍自己的籍贯、出身、投吴原因之外，更是畅叙平生之志——“长驱以定中原”，想以此获得吴国君臣的接纳。吴国是五代十国中南方小国南唐的前身，当时掌握国家实权的是吴国宰相徐温的养子、时任左仆射的徐知诰。这位徐知诰也就是后来的南唐烈祖李昪，他为了与江南土著势力抗衡，不仅大力奖拔杨吴政权内部原有的北方人士，还重视招揽新近南下的名贤文士，所以看好韩熙载这样的人才，使韩熙载得以在江南入仕为官。韩熙载在杨吴政权时期，只是充任滁州、和州、常州从事等地方小官，但他不以为意，怡然自得，天天游山玩水，吟风弄月。

南唐升元元年（937）十月，徐知诰禅代，改名李昪，正式建国称帝，史称“南唐”。韩熙载被召回南唐京都金陵（扬州仍为东都），授秘书郎，掌东宫文翰。李昪虽然没有特别重用韩熙载，但还是很看重他，勉励他辅佐东宫太子。为此，他在东宫与太子李璟谈天说地，论文作诗，很少过问政事。升元七年（943）二月，李昪驾崩，太子李璟即位。

李璟即位后，韩熙载得到重用，负责为皇帝起草诏诰。但他书生气很重，对朝中宋齐丘、冯延巳等大臣指摘批评，口无遮拦，引起朝中权要的忌恨，之后更是陷入朝廷党争，被宋齐丘、冯延巳等人诬指“嗜酒猖狂”，认定他不堪重用。李璟无奈，只得把他贬为和州司士参军，不久又调任宣州节度推官。其实，韩熙载并不善于饮酒，只是借酒消愁而已。外放数年后，李璟才将他调回金陵，参与史馆修撰工作，后来被擢升为中书舍人。北方后周政权建立之后，韩熙载力劝李璟不要贸然北伐，没有得到重视。结果南唐军中无良将，连连败退，精锐尽失。保大十五年（957），后周世宗柴荣御驾亲征寿州，周军势如破竹，攻占泗、濠、楚等十州，唐军一溃千里，淮河水军全军覆没。李璟不得已，遣使求和，割让江北十四州，与后周划江而治，并称臣纳贡，南唐国事一天不如一天。

李璟病逝后，太子李从嘉在金陵登基，更名李煜，也就是南唐后主。李煜一度非常信任韩熙载，曾经让他做过兵部尚书等官职，还经常召他入宫咨询国事，甚至一度要拜他为相。那么，韩熙载是怎么想的呢?

心情沉重撂挑子

话说李煜当了南唐国主之后，面临内忧外患，他也想振作一番，君臣协力，力保政权。根据史书记载:“(李)煜尝以熙载尽忠，能直言，欲用为相，而熙载后房妓妾数十人，多出外舍私侍宾客，(李)煜以此难之。”(《新五代史·卷六十二》)据说，李煜拟起用韩熙载为相，为了考察韩熙载的生活作风，派了画师到韩熙载家现场观察。

正史中关于《韩熙载夜宴图》绘制的内容，没有详细的记载，后世流传当年绘制这幅画的缘由有两个。第一是说韩熙载才能超群，但在南唐一直没有机会实现自己的政治抱负，眼看朝政江河日下，自己却无力挽回，所以“以声色晦之”，韬光养晦。后主李煜呢，想重用韩熙载，但听说这位老韩“放意杯酒间”，天天醇酒美人不消停，所以派宫廷画师顾闳中到他府第实地考察，以绘图的形式记录下来，以此劝谕韩熙载停止夜夜笙歌的放荡生活。这种说法来源于《宣和画谱》:后主李煜欲重用韩熙载，“颇闻其荒纵，然欲见樽俎灯烛间觥筹交错之态度不可得，乃命(顾)闳中夜至其第，窃窥之，目识心记，图绘以上之。”第二是根据《五代史补》记载，韩熙载晚年生活荒纵，“伪主(李煜)知之，虽怒，以其大臣，不欲直指其过，因命待诏画为图以赐之，使其自愧，而（韩）熙载自知安然。”

不少后世学者认为，韩熙载对南唐覆灭的命运其实早有预感，政治抱负和理想破灭，只能以蓄养伎乐、广招宾客、宴饮歌舞、纵情声色麻醉自己。这似乎可以解释在《韩熙载夜宴图》中的这位主人在欢宴时，为什么显得郁郁寡欢、心情沉重。

那么，《韩熙载夜宴图》到底画了些什么呢？这幅夜宴图为绢本设色手卷形式，横长 335.5 厘米，纵长 28.7 厘米。画中一共描绘了四十六个人物，女子二十六人，男子二十人，其中有几个人物多次重复出现。这幅画作为片段组合式结构，以主人公韩熙载为中心，用五个片段反映他在不同背景环境中的活动。

画中的人物刻画细腻，色彩鲜艳，形象生动。第一段，韩熙载坐在床上，专注地观看乐伎弹奏琵琶，在场众人也都聚精会神、神情认真。穿过一扇屏风，进入第二段，韩熙载亲自击鼓，舞伎在跳六幺舞，气氛热烈。第三段，韩熙载坐在床上休息，身边的人围在一旁，彼此交谈，但各说各话。请注意，画中床前点着一支蜡烛，暗示这一切发生在夜晚。第四段，韩熙载穿得很随意，神情若有所思地聆听五位歌伎合奏。最后一段送别场景，人生离合无常，众人一一作别，曲终人散，宴席也随之落幕。

我们仔细分析一下画中内容：

第一段，夜听琵琶曲。画面从右侧开始，最先映入眼帘的是一张座床，床上被子高高隆起，露出半截琵琶，显然床上正躺着一个人。虽然没有露出面容，但这个细节十分传神，表现得既含蓄又耐人寻味。画面继续向左，可以看到一位一把长髯、头戴高帽的男子，他就是本图的主角——韩熙载。他一手搭在靠枕上，自然下垂，看上去神情专注、神态从容。此时应是晚宴过后，所以茶几上只剩下几盘水果。屏风前，一位女伎端坐演奏琵琶，七位男子与五位女子围坐在旁，神情专注，没有人交谈或进食，全都全神贯注地沉浸在琵琶的美妙旋律中。韩熙载戴着高帽，端坐在床榻上最显眼的位置。在他上方，身穿红衣、盘腿而坐的是状元郎粲，约二十多岁，他酷爱歌舞，是韩熙载夜宴上的常客。这时他听得非常投入，身体甚至不自觉地前倾。值得一提的是，他若不是因为喜好歌舞成为韩府的常客，进而被画入《夜宴图》，这位状元在历史上可能不会留下任何记载。琵琶女身旁，那位侧身而坐、留着三绺清髯的男子，据说是她的兄长——教坊副使李佳明。而李佳明身后的蓝衣女子，则是舞伎王屋山。在所有侍女中，只有她穿着一袭蓝长衣，腰间束带。正面坐着的是太常博士陈致雍，负责掌管朝廷礼仪，因而仪态端庄。他与韩熙载志趣相投，府中也养有十多名歌舞姬。另一位错身斜坐的男子，是南唐中书郎朱铣（xiǎn），也是当时的知名高官。此外，还有两位站立的年轻人，其中一位是韩熙载的门生舒雅。画面中，另一位站在韩熙载身边的女子，则是舒雅宠爱的歌伎弱兰。第一段“听琴”场景是整幅画中出场人物最多的一幕，其中不少人物在后续的场景中还会继续出现。

第二段，羯鼓伴舞。这段画的气氛明显轻松了许多。除了德明和尚显得略为拘谨之外，其他人都面露笑意，神情放松。德明和尚是韩熙载的挚友，韩熙载曾对他坦言：“吾为此以自污，避入相尔。”韩熙载对南唐政局早已心灰意冷，尤其是在出使北方看清南唐无力回天之后。为了不落得个“亡国宰相”的名声，他干脆用放纵的生活态度，堵住李后主拜相的念头。这一段中，韩熙载脱去了青绿外衣，身着白袍，外罩一件粗布麻衣，亲自击打羯鼓，为舞娘伴奏。站在他身边的仍是教坊副使李佳明。众人注视下，韩府家伎王屋山跳起了六幺舞，舞姿轻盈柔美，身姿随着节奏翩然起舞。场上有人打牙板，有人鼓掌，而韩熙载则亲自击鼓，尽显主人风范。状元郎朗粲依旧穿着红衣，神情专注，认真欣赏。细看之下，会发现韩熙载一边击鼓，一边却眉头紧锁，神色凝重，似乎并不快乐。在这幅画面中，最引人注目的，不是那位舞姿优雅的王屋山，而是神情突兀、格格不入的德明和尚。

第三段，沐手小憩。韩熙载击鼓累了，便在一旁稍作小憩。画面中间燃着一支蜡烛，明确地暗示着当时是深夜时分。此处场景没有外客，只有韩家的侍女和歌伎，因此气氛显得格外轻松自在。韩熙载披着外衣，坐在床沿，看上去正与对面的舞娘有说有笑，神态从容。同榻而坐的几位女子也毫无拘束，自在交谈，气氛随意自然。画面下方还有两位侍女，一人扛着一把曲项琵琶，另一位身材娇小，手中捧着饮具，像是正在送茶送酒。两人似乎关系很好，神情轻松，仿佛还在彼此打趣。这一段中，画面没有明确的视觉中心，每个人都在做自己的事，分散而自然。

第四段，竹管笛音清亮，五个美女精心演奏。这一段中，韩熙载的着装最为随意。他脱下了罩衣，只穿着一件贴身的白衫，袒腹高坐，手执一柄团扇，轻轻摇动，显得悠然自得。在敲击节板的乐伎身后，屏风前是一位络腮胡子的男子。这位人物在前几段画面中从未出现过，或许他正是李煜派来与韩熙载密谈政事的使者。因为他的出现，除了一直在伴奏的李佳明，其他原本在场的官员都悄然不见，似乎刻意避开，可能早已躲得远远的。这一段中，除了李佳明依旧在打牙板，其余在场的人几乎无人在认真聆听演奏，众人神情涣散，显然，这场夜宴已接近尾声。

第五段，曲终人散。参与夜宴的宾客陆续起身告辞，韩熙载重新穿上了淡褐色的外衣，一手横握着一对鼓槌，仿佛仍沉浸在刚才击鼓奏乐的情绪之中，另一只手则抬起，立掌作揖，向众人礼别，姿态温文而有礼。

纵观整幅画卷，从夜宴初启、琵琶清音，到击鼓起舞、杯酒交错，再到最后的散席辞别，满是纸醉金迷、声色奢华的场面。然而若仔细观察韩熙载在各段画面中的神情，会发现他始终双眉紧锁，神色凝重。他的沉默与忧思，与周围欢快喧闹的气氛形成鲜明对比，也使这场看似尽兴的夜宴，更显出几分落寞与无奈。

历史上的韩熙载并没看到南唐亡国之日，开宝三年（970）七月二十七日，韩熙载病死于家中，享年六十九岁。他的死对北宋和南唐的政治没有产生任何影响。韩熙载去世五年后，宋太祖以李煜拒命不朝为由，发兵十万，只用一年零两个月的时间就灭掉了南唐，李煜奉表投降，到开封去写他人生最后的诗词去了。又过了两年，吴越王钱俶应宋太宗赵光义之邀，在开封纳土于宋，吴越王的历史也全部结束。

千古名画有疑点

以上就是《韩熙载夜宴图》的历史背景和画作的具体内容。除此以外，这幅传世名画身上还有诸多疑点。

先说这幅画的来历。《韩熙载夜宴图》的前隔水有南宋人残题“熙载风流清旷，为天官侍郎……”等20字；引首还有明初程南云篆书题“夜宴图”；卷后有南宋史弥远“绍勋”印、清朝宋荦“商丘宋荦审定真迹”印；拖尾有行书“韩熙载小传”和元朝班惟志泰定三年（1326）题诗，以及“积玉斋主人”题识；后隔水上有清朝王铎题跋，“董林居士”“纬萧草堂画记”等收藏印。另外，画中还有乾隆皇帝长跋以及清内府诸收藏玺印。根据清朝《石渠宝笈》记载，此画入清后曾归藏御书房，故钤有乾隆皇帝的鉴藏印。溥仪被驱出宫时，偷走了不少宝物，据说其中就有这幅长卷。1945年八月十日，日本即将战败，关东军转移伪满洲国小朝廷，伪满洲国皇帝溥仪匆匆出逃，除了类似田黄五连章这类便于携带的宝贝外，其他宝贝都没有带走，被看管的士兵哄抢，后陆续流入坊肆，成为古玩界赫赫有名的“东北货”。

据传，抗战胜利后，著名画家张大千一度打算在北京定居，正好有一处清朝王府要出售。张大千看过很满意，与房主谈好了价钱，交了定金。可是之后的一天，张大千从一位古玩商口中得知，《韩熙载夜宴图》被北京一家名为“玉池山房”的古玩店购得，就想买下这幅名画。古玩店老板狮子大开口，索价五百两黄金，张大千立即答应，暂缓购买王府，重金购下这幅画。他为此刻一闲章“东南西北，只有相随无离别”，加盖在画卷上。中华人民共和国成立后，张大千移居香港，一直把这幅画带在身边。1952年，张大千决定移居南美，为筹资出售此画，据说在中国政府指示下，有关部门秘密派人赴港收购，最终仅以二万美元成交。

这幅顾闳中的《韩熙载夜宴图》，在历代文献著录中有多个版本，根据各方面考证，专家认定这幅画应该是南宋时期的摹本，绘画风格基本反映了原作面貌，有很高的艺术水平，清朝御府的《石渠宝笈》也著录有这幅画。我们由此产生几个疑问：第一，这幅画是南唐顾闳中原作摹本吗？第二，《石渠宝笈》里面记录的都是真迹吗？第三，这幅画会不会是临摹品中的临摹品呢？

问题一：顾闳中确实是南唐画院的待诏，也就是国家画院的高级画师。《韩熙载夜宴图》是他唯一流传至今的作品。这幅画工笔精细，技艺之高令人叹服：人物的胡须根根可辨，乐伎所穿衣裙上甚至还能看到精致的暗花纹饰。不过，如果我们从服饰、器物、家具等方面仔细考察，就会发现这幅画中有不少与南唐时期不相符的地方。例如，画中桌几上的果盘和酒器，明显具有南宋景德镇瓷器的特征，而在顾闳中所处的南唐时代，这类瓷器尚未出现，因此他当时根本不可能画出这些器物。

不仅是瓷器，画中的家具也与南唐风格差异明显。画中所见的桌椅、屏风等，设计简洁，造型挺拔，风格与北宋乃至南宋时期的家具极为接近，特别是桌腿与桌面之间的细木结构装饰、榫卯连接方式以及装潢细节，都具有浓厚的宋代特征。类似的家具形制，可以在北宋赵佶的《听琴图》、南宋的《女孝经图》和《蕉阴击球图》等作品中找到。

尤其值得注意的是画中出现的“高坐”家具，与南唐时期的生活习惯并不相符。南唐时期受江南文化影响，居民多席地而坐，家具也以低矮为主。这一点可以从北京故宫博物院所藏的五代名画《琉璃堂人物图》和《重屏会棋图》中得到印证，画中所见家具普遍呈“矮足矮坐”形制，与《韩熙载夜宴图》中那种纤细挺拔的宋式家具风格明显不同。

除了器物与家具上的时代差异外，画作本身的绘画风格也体现出更多宋代特征。例如，画中几处屏风的绘画风格，就明显接近北宋或南宋时期。其中一张屏风背景的山形描绘、松树造型及树干结构，极为接近北宋画家郭熙等人的风格。而宫女手中所持的长柄扇，其构图留有大片空白，更是典型的南宋审美取向。

综上诸多线索，这幅画虽在内容上确实来自顾闳中，但我们今天所见版本更可能是一幅南宋时期的摹本。经过历代流传和加工，其细节也有不少经过修改，画面中所体现出的器物、家具与绘画风格，都远远超出了南唐时代的范畴，因而被专家认定为南宋时期的临摹品更为合理。

问题二：《石渠宝笈》中确有《韩熙载夜宴图》的著录，这不意味着这幅画就一定是真迹。乾隆皇帝是有名的“书画痴”，他凭借皇帝的地位与资源，主持编撰了中国书画史上规模最宏大的著录——《石渠宝笈》。他虽然藏品数量之多空前绝后，但不意味着《石渠宝笈》所著录的藏品都是真品。乾隆地位特殊，这也注定他收到的未必都是好东西。当时的朝臣逢年过节必须进贡书画，许多大臣都是见惯世面的老滑头。他们往往会将真品私藏，只将次品甚至赝品进献给乾隆，反正乾隆收到的贡品太多，未必能一一分辨，即便发现问题，大臣也可托词“为臣眼拙”，而不致获罪。乾隆被大臣“忽悠”的例子不少，最著名的要数高士奇。他将自己的收藏精品另立“秘册”保存在家中，而将赝品和劣品进呈乾隆。高士奇有《江村书画目》传世，书中许多作品后面都标有“进上”“呈上”等字样，有的甚至直接标注“赝品”并注明市价，如钱选所绘《竹林七贤》，高士奇就在“进献”标注下写着：“不真，二两”。

乾隆收藏中最知名的赝品，莫过于黄公望的《富春山居图》。他对这幅画爱不释手，题跋密密麻麻，连山缝都不放过。不久之后，他又高价（两千两银子）购得《富春山居图》的真正后半段——《无用师卷》。面对真迹，乾隆反而认定自己最初题跋那一幅才是真的。为了迎合圣意，朝中重臣如梁诗正、沈德潜等人，明知其伪也不敢说穿，反而配合乾隆将《无用师卷》编入《石渠宝笈》“次等”，甚至在书中附加贬语，硬生生让真迹成了“次品”，伪作却居于首位，成为中国书画鉴定史上的笑谈。

此外，乾隆所藏的其他名作，如倪瓒的《狮子林图》、李公麟的《免胄图》、蔡襄的《谢赐御书诗表》等，也多被后世考证为赝品。专攻宋元绘画研究的学者刘九洲曾指出，乾隆收藏的宋画中，大约有六成是假的。而据台北故宫博物院的研究，在乾隆所藏的七十余件宋徽宗作品中，真正稍具可信度的不过五件而已。

因此，单凭《石渠宝笈》中著录了《韩熙载夜宴图》，就断定它为顾闳中的真迹，显然不靠谱。

问题三：这幅画会不会是临摹品中的临摹品呢？《韩熙载夜宴图》最后一位私人收藏者张大千，人称“五百年来造假第一人”，他自己对这个称号也并不避讳，甚至引以为傲。他的伪作可以假乱真，甚至在许多古画行家眼中都能蒙混过关，技艺之高，堪称鬼斧神工。张大千临摹对象极广，涵盖从宋元到明清诸多大师，如马远、李唐、郭熙、范宽、董源、石涛。他对这些大家的风格信手拈来，尤其擅长模仿石涛，连石涛的铁杆粉丝、著名画家黄宾虹都曾被他“骗过”，甚至愿意用自己收藏的石涛真迹来换他的仿品。二十世纪八十年代中期，美国某著名美术馆举办了一次“石涛作品特别展”，张大千受邀参观。他进去转了一圈，不到半小时就出来，笑着对随行秘书说：“这些画里，有三分之一是我年轻时画的。”此话真假难辨，但也足以说明他造假之广，影响之深。

当然，如今张大千的“假画”本身也身价不菲，如他1946年仿董源创作的《江堤晚景》在2017年拍出高达一点三亿元的天价。更令人叹服的是张大千在造假上精细操作，如果是仿宋代作品，他就用宋代纸墨；仿明代的，就找明代纸料，甚至会自行配制古墨古色，让仿品在材质、气韵、装裱工艺上都接近原作。所以，我们有理由设想一种可能：我们今天看到的《韩熙载夜宴图》，会不会是原作失传之后，先被南宋人临摹，又在近现代被张大千或其他高手再加工……

专题三

词人皇帝水晶心：李煜的爱情

奴为出来难，教君恣意怜

“花明月暗笼轻雾，今宵好向郎边去！刬（chǎn）袜步香阶，手提金缕鞋。画堂南畔见，一向偎人颤。奴为出来难，教君恣意怜。”南唐后主李煜这首小词《菩萨蛮》，截取一段美妙动人的爱情场景，描写了一个少女的爱情约会。

“花明月暗笼轻雾”——在一个美丽的夜晚，花儿盛开，清香四溢，月色幽暗，轻雾缭绕。正是如此良辰美景，“今宵好向郎边去”，一个古灵精怪、活泼可爱的少女形象出现了。一个“好”字，和“花明月暗笼轻雾”前后衔接。“刬袜步香阶，手提金缕鞋”，少女赴约的生动情态跃然纸上。“刬袜”，妹子光着玉足，手里面拎着金丝绣鞋和袜子，飞跑过花香四溢的台阶。词人描写的不是一般的约会，而是一场幽会。如此美丽少女，为什么要光着脚赶着幽会呢？显然是怕被人看见，或者是被人听见，所以才提着鞋袜一路飞奔，悄无声息，恰似夜中美丽的精灵。短短几句，为我们描绘了这样的画面：少女一路小跑，神情紧张而快乐，微风吹动她的发梢，裙角被风扬起，甚至带起满地的花瓣。夜色之中，少女、花瓣、幽香，如梦如幻。蒙太奇般的镜头忽然停顿，聚焦于“画堂南畔见”。画堂是华美高大的殿堂，画堂南边屋檐下、阴影中，是少女与心上人约会的地方。少女一路飞奔，气喘吁吁，因为心上人早已经在画堂等候。显然，前面的铺垫是情郎的主观视角。看到少女，情郎情不自禁，将少女紧紧搂在怀中，什么感觉呢?“一向偎人颤”，“一向”即“片刻”，少女见面的心情太迫切，跑得气喘吁吁，如今依偎在爱人的怀里，柔软的身体有点微微颤抖。“奴为出来难，教君恣意怜”，峰回路转，情郎的主观视角，最后两句突变为少女的口吻：“我出来一次这么难，你要好好怜爱我啊！让你一次爱个够！倾注我所有！”

中国古人表达爱情的方式比较含蓄，年轻女子大多大门不出二门不迈，矜持羞涩。是什么样的少女，竟然如此大胆偷偷和恋人幽会，而且毫不掩饰自己的爱情：“奴为出来难，教君恣意怜”？这个少女就是词作者南唐国主李煜的恋人小周后，那么问题就来了：小周后可是李煜明媒正娶的南唐王后，为什么需要偷情式的幽会呢?

小周后，姓周，后来成为李煜的王后。李煜自父辈起奉后周为正朔已经去掉帝号，自称国主，地位是王而不是帝，所以他的妻子只能是王后。小周后是相对于女孩的姐姐大周后而言，她是李煜第一任王后的亲妹妹，历史上以“大周后”“小周后”区分。既然姐妹两个都是王后，难道是姐妹同时嫁给李煜吗？为搞清楚这个问题，我们要讲讲李煜写这首词的时代背景。

北宋乾德四年，也就是966年，偏安东南一隅的南唐国主李煜，正处于而立之年，也是他继位的第六年。此时，他正面临着内忧外患。在外，六年前中原的赵匡胤建立大宋王朝，雄心勃勃，将扩张的目标指向长江以南。为此，不仅是南唐，还有后蜀、南汉、吴越等小国都处于旦夕存亡的恐慌中。965年，大宋灭后蜀，次年又进伐南汉，进取南唐不过是时间问题。在内，亲人相继去世，噩耗不断。两年前李煜最宠爱的次子李仲宣不幸早夭，接着是他最宠爱的妻子大周后因悲伤过度去世，次年是李煜的生母“圣尊后”钟氏去世。内忧外患之下，按理说李煜应该被恐惧和悲伤所笼罩，但事实却大相径庭：此时李煜将所有不快抛在脑后，沉醉在新的爱情之中。而新爱情的对象正是自己小姨子，也就是《菩萨蛮》词中的女主人公小周。

李煜与妻妹的结合属于明媒正娶，符合宫廷礼法，可是词中展现的情景，怎么又像是幽会和偷情呢？

根据学者的研究，李煜和小周后开始幽会的时间，应该是在大周后病重期间。大周后闺名周娥皇，则小周后应名女英，典出娥皇、女英姐妹共嫁舜帝的传说。大周后和李煜结婚很早，彼此相爱，共同度过十一年的幸福生活。李煜虽然宫中美女无数，但他最爱的女人显然只有正妻大周后，史书记载大周后言其“宠嬖（bì）专房”，从中可见。

大周后之所以能够专宠后宫，不仅仅因为她有国色天香的美貌，对于李煜来说，最吸引他的还是大周后的艺术造诣和品位。李煜是五代十国时期罕见的词人、诗人、音乐家、艺术鉴赏家，眼界之高，普通美女不入法眼。而史书上记载大周后“通书史，善歌舞，尤工琵琶。”（《南唐书》）用现在的话来说，那就是一级作家、一级舞蹈家、一级演奏家，特别是弹奏琵琶的水平，南唐国内无人可比。

《南唐书·卷十六·后妃诸王列传》中有这样的记载：

> 后主昭惠后周氏小名娥皇，司徒（周）宗之女。十九岁来归，通书史，善歌舞，尤工琵琶。尝为寿元宗前，元宗叹其工，以烧槽琵琶赐之；至于采戏弈棋，靡不绝妙。后主嗣位，立为后，宠嬖专房。创为高髻纤裳，及首翘鬓朵之妆，人皆效之。尝雪夜酣燕（宴），举杯请后主起舞，后主曰：“汝能创为新声，则可矣。”后即命笺缀谱，喉无滞音，笔无停思。俄顷谱成，所谓《邀醉舞破》也。又有《恨来迟破》，亦后所制。故唐盛时《霓裳羽衣》最为大曲，乱离之后，绝不复传。后得残谱，以琵琶奏之，于是开元天宝之遗音复传于世……后主以后好音律，因亦耽嗜废政事。监察御史张宪切谏，赐帛三十疋（匹），以旌敢言，然不为辍也。未几，后卧疾，已革，犹不乱，亲取元宗所赐烧槽琵琶及平时约臂玉环，为后主别。乃沐浴妆泽，自内含玉卒于瑶光殿，年二十九。葬懿陵。后主甚哀，自制诔刻之石，与后所爱金屑

檀槽琵琶同葬，又作书燔（fán）与诀，自称鳏夫煜，其辞数千言，皆极酸楚。或谓，后寝疾，小周后已入宫中，后偶褰（揭）幔见之，惊问曰："汝何来？"小周后尚幼，未知嫌疑，对曰："既数日矣。"后恚怒，至死面不外向，故后主过哀以掩其迹云……

那么，这段记述，有什么隐情呢？

邀醉舞破床头月

南唐后主李煜的皇后周氏小名娥皇，是南唐司徒周宗的女儿，十九岁时嫁给后主。她通书史，善歌舞，特别擅弹琵琶，李煜父亲李璟在位时，曾经亲自弹奏琵琶为李璟贺寿。李璟惊叹于她精妙的演奏技巧，以传世古琵琶"烧槽琵琶"赏赐。除了演奏之外，大周后在唱曲、弈棋等方面都是绝妙高手。后主李煜继位之后，立娥皇为后，独宠于内宫。

大周后不但艺术造诣高深，还是流行时尚的引领者，她自创高髻纤裳，风姿绰约，被宫内宫外广泛效仿。一天冬夜，下着鹅毛大雪，李煜跟大周后夫妻两人在宫中喝酒畅谈。酒酣之时，大周后趁酒兴非要李煜为她跳舞。后主李煜就说："汝能创为新声，则可矣。"（如果你能当场谱一首新曲子，那我就按照这首新曲子跳舞给你看）大周后令宫女拿来纸笔，一边思索，一边吟唱，一边记谱，顷刻之间谱就一首曲，取名《邀醉舞破》。“破”是一种节奏欢快的音乐体裁，“邀醉舞”则是说明曲子为醉邀请丈夫跳舞所作。李煜大喜，在大周后的琵琶伴奏下，他掀衣撩带和曲而舞。大周后创作的曲目，流传下来的还有《恨来迟破》等。

不仅如此，唐朝宫廷最著名的舞曲《霓裳羽衣》曲式复杂宏大，唐朝灭亡之后随之失传，大周后偶然间得到《霓裳羽衣曲》残谱，用心推敲，竟然能用琵琶把整部的曲子恢复出来。李煜和宫廷乐工钦服盛赞说：开元天宝的遗音，终于得以补缀成功，复传于世。国色天香，多才多艺，可谓大周后获得李煜长久爱情的秘诀。

《南唐书》中记述，后主李煜沉迷于音律等爱好，颇废政事，监察御史张宪谏言劝止，李煜赐帛三十匹以示虚心接纳，但实际依旧故我，每日在深宫之内和大周后赏曲听乐，沉迷于声色之乐。

但是命运无常，公元964年，大周后病倒，李煜忧心如焚，每天下朝之后，都会陪伴大周后，大周后所有饮食他都亲自安排，大周后所有用药他都要亲自尝过。更有甚者，为照顾大周后，李煜会一连好几天衣不解带地守在她的身边。屋漏偏逢连夜雨，大周后病重之际，又发生另一件不幸的事情。大周后给李煜生了三个儿子，其中最可爱、最聪明的是第二个儿子李仲宣，因大周后生病，疏于照顾，忽然暴病身亡，年仅四岁。大周后听到这个噩耗，伤心欲绝，病情雪上加霜，一个月之后就去世了，年仅二十九岁。

大周后弥留之际，让宫女取来李璟赐给自己的“烧槽琵琶”和平时喜欢佩戴的玉臂环，留给李煜当纪念。她在和夫君诀别后，强撑玉体，沐浴梳妆，口内含一块美玉，遂在瑶光殿平静长睡而去。

根据史书记载，大周后临终前，非常伤感地对夫君李煜说：“婢子多幸，托质君门，冒宠乘华，凡十载矣。女子之荣，莫过于此。所不足者，子殇身殁，无以报德。”（我非常幸运地嫁与你为妻，身受恩宠十多年，作为一个女子，最大的荣耀莫过于此了。我唯一的遗憾，就是儿子不幸夭亡，我又不能继续陪伴你，此生此世，我都没有办法报答你对我的恩情了。）

对于大周后的去世，李煜心痛至极，亲自督制大周后坟陵的石刻，还派人把大周后平时最喜爱的金屑檀槽琵琶随葬在墓中。不仅如此，他一直沉浸在极度的哀伤当中，亲自撰写数千言的祭文，当作信件烧给大周后，内容极其酸楚。

《南唐书》铺陈上述内容之后，忽然笔锋一转：“或谓，后寝疾，小周后已入宫中，后偶褰（揭）幔见之，惊问曰：‘汝何来？’小周后尚幼，未知嫌疑，对曰：‘既数日矣。’后恚怒，至死面不外向，故后主过哀以掩其迹云。”

这些记载有意无意揭露一个惊天的秘密：大周后病重期间，小周后和姐夫已经暗中相恋，而大周后临死之前，也发现了这个秘密！根据后人推测，大周后病重期间，李煜的母亲圣尊太后召小周后进宫帮助照顾姐姐。小周后此时十五岁，已经出落得亭亭玉立、落落大方，她的容貌想必酷似大周后。李煜当时全部心思都在病重的大周后身上，但忽然之间看到女大十八变的小姨子，肯定还是怔住了，被小周后的青春风采触动心弦，在她身上似乎看到当年为之心动的大周后。从此之后，李煜更是殷勤出入王后寝宫。

病中一直昏昏沉沉的大周后并不知道妹妹进宫的事，直到一天回光返照，精神稍好，一撩开帷帐，便看到妹妹，惊讶之余问道："你什么时候进宫的？"小周年轻不知掩饰，老实回答："我进宫已经很多天。"

大周后听闻亲妹妹进宫多日，而自己毫不知情，或许是病中多疑，又或许是女性天生的敏感，心中顿时充满愤怒和恨意，扭头向床内，直到死也再没转过头！《南唐书》这寥寥数句，使后世不少人猜测，小周后和姐夫李煜的恋情就发生在大周后病重期间，两人暗生恋情的情况也正应了李煜词中"奴为出来难，教君恣意怜"所描绘的内容。

根据鄙人揣测，李煜在大周后生前不大可能和小姨子发生不伦之恋，就算是大周去世后的一段时间，李煜也没有完全从丧妻的悲伤中走出来。所以他和小周后的感情升温，应在大周后去世较长一段时间后。李煜在大周后病重期间即便对小姨子已经产生好感，也不可能让病重的大周后察觉。

大周后既然已经病逝，李煜作为鳏夫，喜欢并且迎娶小姨子并不是什么离经叛道的事。但为什么两人的恋情却表现出如《菩萨蛮》词中描写的秘密状态呢？

天真烂漫任刁蛮

话说李煜那《菩萨蛮》词中男女幽会偷情的场景，正是他和小姨子小周后恋情的写照。既然大周后已经去世，李煜明媒正娶小姨子并立为皇后，并不是什么离经叛道的事情。那么，为什么小周后和李煜欢会还要偷偷摸摸呢？

当然有人会说，李煜跟小周后的恋情发生在大周后病重期间，大周后尸骨未寒，他就和小周后欢好，于情不合。这难免让人想到《金瓶梅》中西门庆的无情无义，爱妾李瓶儿刚死，他就搂着她的丫鬟胡天胡地。不过，若从当时的现实来看，这种指责其实并未触及关键问题。真正值得注意的是另一件事：大周后去世的第二年九月，李煜的生母圣尊太后钟氏也去世了。根据古代礼法，无论是平民还是皇帝，母亲去世后都必须守丧三年。在这三年中，作为人子，不仅要停止一切娱乐活动，连夫妻生活都要节制，更别提谈情说爱、嬉戏取乐了。古人讲“以孝治天下”，礼法森严，皇室更是表率。因此，从礼法角度看，李煜和小周后的恋情自然不能公开，只能偷偷摸摸。李煜在词中多次描写幽会的场景，也正反映了礼制与情欲之间的矛盾。一方面，他心中对大周后尚有愧疚；另一方面，作为人子，他还在守孝，恋情自然无法张扬。所以才有了小周后那句“奴为出来难，教君恣意怜”。

这种禁忌关系，反倒使两人之间的感情愈发缠绵悱恻。“妻不如妾，妾不如偷”，这句古话放在李煜与小周后的身上，恰如其分。

《南唐书》上有这样的记载：“(小周)后自昭惠(大周后)殂，常在禁中。后主乐府词有‘刬袜步香阶，手提金缕鞋’之类，多传于外。至纳后，乃成礼而已。”“昭惠”是大周后的谥号。这句话的意思是，大周后去世之后，小周后经常出入宫廷与李煜幽会，所以李后主才写有“刬袜步香阶，手提金缕鞋”这类的香艳的词。毕竟隔窗有耳，李煜与小周后的恋情，渐为宦者、侍卫、嫔妃等宫内人所知，进而流传宫外。直到圣尊太后服丧期满，两个人才正式成婚，结束了隐秘的“地下情”。

小周后入宫之后，李煜对她的宠爱甚至超过了姐姐。李煜把对大周后的爱情全部转移到妹妹身上，小周后不仅延续了姐姐“宠嬖专房”的待遇，李煜还专门为她修建了一个装饰华美、充满鲜花的宫殿。春夏秋冬，一年四季，李煜跟小周后两个人都腻在一起，弹琴、弈棋、饮酒、吟诗、填词、作曲，享受无尽的风流浪漫。

肯定会有人提出疑问：小周后究竟有什么特别的魔力，竟能取代大周后与李煜长达十年的感情？毕竟，大周后已是女中翘楚，不仅才貌双全，性情温婉端庄，还是李煜的红颜知己与人生伴侣。小周后难道有赵飞燕那般颠倒众生的魅力吗？其实仔细想想，小周后之所以能吸引李煜，除了美貌与才情外，更重要的恐怕是她身上那股少女特有的青春气息与稍显任性的“霸蛮劲儿”。

一个少女，敢在夜深人静时光着脚偷偷跑进寝宫，去找自己的姐夫幽会，这种炽烈和毫无顾忌的感情，或许是李煜这类多情文人难以抗拒的诱惑。

民初大学者王国维在《人间词话》中曾这样评价李煜："词人者，不失其赤子之心者也。故生于深宫之中，长于妇人之手，是后主为人君所短处，亦即为词人所长处。""赤子"本义指初生婴儿，这里指李煜那种天真纯粹毫无心机的本性。李煜生于深宫之中，长于妇人之手，又是天生情种，如同赤子一样天真率性、柔弱细腻、脉脉深情，自然无法抗拒小周后这样既热烈如火，又柔情似水的女孩。

小周后比李煜小约十三岁左右，她和李煜开始恋爱幽会时，不过十五六岁，还是一个稚气未脱的少女。嫁入宫廷之内，小周后身上肯定还是保持着那种天真烂漫和可爱任性，甚至是霸道刁蛮。所有这些，都会给李煜带来全新的爱情体验，使他甘愿付出超过索取，表现出一种成熟男人对小女生的无限宠爱。

李煜和小周后的爱情，属于爱情高烧，估计如果一切顺利，肯定要比李煜和大周后的爱情持久得多。可惜美丽的日子总是不能长久，让他们爱情降温的不是流逝的岁月和平庸的生活，而是忽然外来的世事变乱。975年十一月二十七日，大宋军队兵临金陵城下，李煜放弃抵抗，率领群臣肉袒出降。第二天，他在宋军押解之下，冒雨乘船北上，从此开始了屈辱的俘虏生活。临别金陵前，李煜望着自己的都城和宫城，感慨无限，填了一首《破阵子》：

> 四十年来家国，三千里地山河。凤阁龙楼连霄汉，玉树琼枝作烟萝。几曾识干戈？
>
> 一旦归为臣虏，沈腰潘鬓消磨。最是仓皇辞庙日，教坊犹奏别离歌。垂泪对宫娥。

作为一代君王，李煜绝对是失败者，但作为词人，李煜却是凤毛麟角的成功者。这首词，意境深远，感人至深。南唐从李昪建国到李煜为宋所灭，前后共三十九年，举其整数，所以称四十年。“四十年来家国，三千里地山河”，开头两句充满了李煜对家国的无限眷恋。“四十年”“三千里”，从时间到空间，横跳跃升，给人以一种苍凉磅礴之感，隐藏在这种感觉之下的是李后主内心深深的悔恨和万般不舍。词人临别之际，心中忽现往日景致：“凤阁龙楼连霄汉，玉树琼枝作烟萝”。从前的生活是多么美好，自幼就生活在高耸入云的凤阁龙楼中，生长在玉树琼枝生烟萝的锦绣堆间，“几曾识干戈”，哪里懂得战争的残酷？谁料想，糊里糊涂地亡了国。

“一旦归为臣虏，沈腰潘鬓消磨”，如今一国之君沦为阶下囚，巨大的落差，让词人内心和身体变得憔悴、衰弱。“沈腰”“潘鬓”是消瘦衰老之意。沈腰的“沈”指沈约，潘鬓的“潘”指潘岳，典故出自南朝梁国的沈约因病消瘦，腰带日渐宽松，后世以“沈腰”作为腰围瘦减的代称；西晋大臣潘岳年少美貌，但三十多岁时鬓发已斑白，后世就以“潘鬓”形容男人的鬓发初白。李煜词中最后三句催人泪下：“最是仓皇辞庙日，教坊犹奏别离歌，垂泪对宫娥”。作为俘虏被押送汴梁，没有时间让李煜收拾行囊和恢复心情，所以“仓皇”二字淋漓尽致地凸显了作者被迫离开皇宫的困窘情态。即便如此，宫内教坊的乐手还是像先前君王离宫一样，弹奏起凄婉缠绵的离别曲，乐音缭绕，勾起词人无限的美好回忆。回忆是美好的，现实是残酷的，宋军严阵以待，李后主根本没有逗留的时间。“垂泪对宫娥”，望着跪满一地的宫女，这位亡国君王不禁泪下沾襟。此时他要离别的，不仅仅是这些与他一起生活过的宫娥，还有他曾经的国家，以及金陵城内的一草一木。

李煜虽然是主动投降，但毕竟抵抗过北宋军队，所以宋太祖给他封了一个带有侮辱惩戒性质的爵号：“违命侯”，即指李煜是一个违背君命的侯爵。后来赵匡胤弟弟宋太宗赵光义继位，大赦天下，并给官员加官爵级，李煜爵位遂升一级，改封为“陇西郡公”，小周后被封为郑国夫人。

那么到了开封汴梁，等待李煜和小周后的是怎样的生活？他们的命运又会怎样呢？

人生长恨水长东

话说作为一个成功的文学家，李煜在治国方面完全是一个庸才，最终国破家亡，被宋军俘虏押往汴梁。入宋之后，他曾经写过一首词《乌夜啼》：“林花谢了春红，太匆匆。无奈朝来寒雨晚来风。胭脂泪，相留醉，几时重。自是人生长恨水长东。”

宋朝之后，民间流传有一幅著名的春宫图《宋太宗幸小周后》。皇帝与后妃发生性关系叫“幸”，但大黑胖子赵光义对小周后的“幸”叫“性侵”更贴切。

对李煜来说，比亡国更惨痛的，是另一种羞辱与剧痛——他视若珍宝的小周后，在被押解至汴梁之后，作为降臣命妇，屡屡被宋太宗赵光义以各种名义召入宫中。按理说，一般命妇入宫，多是节庆贺仪或陪皇后闲谈应酬，少则半日，多不过一宿。然而，小周后每次入宫，往往一留就是好几天。其间发生了什么，恐怕不言而喻。亡国之君的妻子，被新朝皇帝召入深宫，身不由己、委曲求全。赵光义是军人出身，又是手握皇权的天子，“霸王硬上弓”不过是寻常之事。每次出宫归来，小周后总是痛哭失声。

李煜明知道妻子被赵光义所玷辱，却只能沉默，佯装不闻，远远避开小周后令人心碎的哭声。昔日他作为一国之君，没能保住山河社稷；如今作为一个丈夫，他连自己的妻子都无力守护。夫妻失去的最后尊严，曾经的深情厚爱，在这样的灾难面前，还能剩下什么呢？如果大周后九泉有知，也许她会感到一丝苦涩的慰藉——背叛她感情的丈夫和妹妹，如今也尝到了爱情的幻灭与命运的反噬。

昔日明眸皓齿的小周后，不再是“花明月暗笼轻雾，今宵好向郎边去”的天真女孩，也再没有“刬袜步香阶，手提金缕鞋”的俏皮，以及“画堂南畔见，一向偎人颤”的娇憨。过去的美好时光和甜蜜爱情一去不回，李煜为此发出“人生长恨水长东”的感叹！

李煜国破不能守社稷，如今连自己的妻子也被敌国皇帝玷污，对一个男人而言，尊严全无。此时此刻，他和妻子忍辱偷生的最后支撑，就只剩下彼此陪伴了。但厄运并未就此收手，宋太宗赵光义继位不过三年，连李煜这个降王的“活摆设”也觉得不必再留。978 年七夕佳节，这天正是李煜的生日。当晚，宋太宗特地派人送来一坛美酒为他贺寿。李煜感激涕零，不疑有他，当场跪地饮下三杯。谁知酒未暖胃，剧痛已入五脏六腑。这哪是什么生日美酒，这是专门为他准备的“牵机药酒”！

对于李煜是被毒死的说法，虽然正史并未明载，但南宋学者王铚（zhì）在其笔记《默记》中有详尽记述。王铚，字性之，出身名门，是北宋王昭素的后裔，其父王莘曾为欧阳修弟子。王铚博闻强记，通晓北宋掌故，其《默记》被乾隆年间《四库全书》收录于“子部·小说家类”，虽名列“小说”但其实并非虚构之作。《四库全书总目提要》有云：“（王）铚熟于掌故，所言可据者多矣。”书中多记北宋逸闻遗事，常能补正史之阙。尤其是书中记述了李煜思念故国，作小令《虞美人·春花秋月》，勾起赵光义的猜忌因而被害的经过：

> 徐铉归朝，为左散骑常侍，迁给事中。太宗一日问：“曾见李煜否？”（徐）铉对以：“臣安敢私见之！”上曰：“卿第往，但言朕令卿往相见可矣。”铉遂径往其居，望门下马，但一老卒守门。徐（铉）言：“愿见太尉。”卒言：“有旨不得与人接，岂可见也！”铉云：“我乃奉旨来见。”老卒往报，徐（铉）入立庭下久之。老卒遂入取旧椅子相对。铉遥望见，谓卒曰：“但正衙一椅足矣。”顷间，李主纱帽道服而出。铉方拜，而李主遽下阶引其手以上。铉告辞宾主之礼，主曰：“今日岂有此礼？”徐（铉）引椅少偏乃敢坐。后主相持大哭，及坐默不言。忽长吁叹曰：“当时悔杀了潘佑、李平。”铉既去，乃有旨再对，询后主何言。铉不敢隐，遂有秦王赐牵机药之事。牵机药者，服之前却数十回，头足相就如牵机状也。又后主在赐第，因七夕命故妓作乐，声闻于外，太宗闻之大怒；又传“小楼昨夜又东风”及“一江春水向东流”之句，并坐之，遂被祸云。

宋太祖攻灭南唐后，李煜被俘，送往汴梁。那时南方未定，各地仍有反抗势力。为了安抚人心、稳固统治，宋朝采取剿抚并举的策略，以优待李煜、刘鋹（chǎng）等降王来彰显朝廷的仁厚，为招降树立榜样。等到吴越王钱俶率众纳土，大宋实现“万方归一”后，李煜就失去利用价值了。与此同时，为了长期霸占小周后，宋太宗赵光义下定决心，除掉这位前朝降王。七夕佳节——也是李煜的生日，宋太宗派使者送来一坛“美酒”——牵机药！“牵机药者，服之，前却数十回，头足相就，如牵机状。”牵机药的主要成分是番木鳖（又名马钱子），内含生物碱，摄入过量可迅速导致中枢神经麻痹，继而引发呼吸衰竭与强直性痉挛。人死之时，四肢抽搐、面目扭曲、头脚相贴、脊背弓起，就像织布机卷线时那样的状态，因此得名“牵机”。

李煜之死除了失去政治利用价值外，主要的导火索是文章惹祸。李煜虽然身陷囹圄，却依旧笔耕不辍。他的《虞美人》一词中有“春花秋月何时了？往事知多少”“小楼昨夜又东风，故国不堪回首月明中”，句句寄托故国之思、亡国之痛，赵光义读后自然疑虑重重。宋太宗因此派南唐旧臣徐铉去试探李煜，李煜放声痛哭，悔恨当年错杀了大臣潘佑、李平。二人原本力主抗宋、变法图强，却被李煜听信谗言所害。他的这番言语，在赵光义看来，无异于心怀故国、图谋复辟，不能不杀！

当然，王铚在《默记》中的记述也被学者质疑，如文中所提徐铉的官职与历史不符，也不至于密告旧主，等等。然而，深究这类追述中细微讹误，并不足以推翻记载本身的可信性。更何况，李煜当时处在宋朝的严密监控之下，他的一言一行，徐铉即使不说，身边的监控人员也会上报。

总而言之，一代词宗李煜饮下毒酒，在极度痛苦中结束了他悲剧的一生。小周后也在同年十月去世，至于死因，虽无明载，但最大可能应该是自尽。宋太宗此时倒展现出一点人性，批准二人同穴合葬。对小周后而言，李煜曾给了她炽烈深沉的爱情，也给了她最深的悲哀。他们曾相濡以沫，在最屈辱的困境中相依为命。而当李煜死去，小周后也就再无生之意志。

第十六章

血火总破温柔乡：十国之前蜀、后蜀

“贼王八”开国者

五代画家黄荃的作品，形神兼备，笔法纤密，构图巧妙，仔细研读黄荃的生平，可以发现这位画家竟然大半生生活在混乱黑暗的五代时期。作为御用画家，他侍奉过前蜀王衍和后蜀孟昶两个历史上有名的昏君。

王衍、孟昶与南唐后主李煜和宋徽宗赵佶一样，虽然政治上昏庸无能，耽花湎酒，终至亡国，但他们的艺术造诣都称得上大家，无论诗词歌赋，皆臻逸品、神品之境。相传，前蜀后主王衍得到唐朝画家吴道子的《钟馗捉鬼图》，画中有钟馗用右手食指剜食小鬼眼睛的场景。王衍信口开河，认为把钟馗描画成用大拇指剜出小鬼的眼睛效果更好，更能衬托出钟馗的昂然气势。黄荃不解，但皇命难违，于是重画一张，然后把两张《钟馗捉鬼图》一并呈给王衍。

王衍问黄荃为何不在吴道子原画上面直接修改。黄荃答道：“观吴道子所画钟馗，人物的气力、眼神、筋骨皆落于右手第二指上，如果改为用大拇指着力，人物姿态就散掉了，整幅作品就会丧失原有神采。我画的钟馗，人物力道着于大拇指，以此奉上。”王衍琢磨一番，大为称赞，遂成一段画坛佳话。

后蜀末帝孟昶与黄荃也有一段佳话。后蜀广政七年（944），南唐与后蜀结为“友邦”，并礼送六只白鹤，喜爱丹青的孟昶命黄荃为鹤图形写真。黄荃落笔如飞，浓点淡染，六只仙鹤或理毛、或整羽、或唳叫、或翘足、或惊恐、或啄苔，体态鲜活，栩栩如生。孟昶赞叹不已，将黄荃作画的偏殿命名为“六鹤殿”，把画悬于殿中，朝夕临视，流连忘返。

王衍和孟昶作为一方君主，可幸也可悲！幸的是，他们皆是彬彬文士、作诗鉴画的高手，言语谦下，和蔼可敬；悲的是，两人都是亡国之君，只知沉湎艺术，不知体恤民情，“可怜夜半虚前席，不问苍生问丹青”。二人的最终结果都是国破家亡，命丧人手。

王衍的父亲是王建。王建，字光图，许州（治今河南许昌）舞阳人，长得隆眉广面，状貌不俗。王建青年时是个远近有名的无赖，以杀牛、偷驴、贩私盐为生，邻居都称他为“贼王八”，可见其令人憎厌和唾弃。唐末乱起，王建投军，从小卒做起成为队将。黄巢攻陷长安，唐僖宗奔逃到蜀地，恰值王建为都头，与忠武军将领鹿晏弘一起西迎僖宗，唐僖宗如获救命稻草，将王建等诸人所率军队命名为“随驾五都”。大太监田令孜（当时任十军观军容使）赏识王建，收为养子。由于护驾有功，唐僖宗还都长安后，王建跃升为御林军宿卫将领。

唐僖宗光启元年，大将王重荣和大太监田令孜争权夺利，兵端又起。王重荣发兵直攻长安，唐僖宗依旧“三十六计走为上”，逃往凤翔（今陕西宝鸡凤翔区）。光启二年（886），唐僖宗逃往兴元（在今陕西汉中），任王建为“清道使”，背负玉玺以为开路前锋。僖宗一行到当涂驿时，栈道被焚，王建冒死牵控僖宗御马，疾速通过险境，身后栈道轰然塌断，落入万丈悬崖之下。夜晚露宿山野，僖宗枕王建膝上方能安眠，半夜醒转，悲从中来，感激王建出生入死护卫，解下御衣赐予王建。

兵乱稍息，大太监田令孜欲出京避乱，西川节度使陈敬瑄是他的同母兄弟，田令孜遂以皇帝名义下诏自任西川监军。当时王建拥军在外，率领八千亡命之徒四处攻城略地，让陈敬瑄十分忧虑。田令孜对陈敬瑄说：“王八，乃吾儿也，派人召他来可为我们效命。”王建闻召大喜，带精兵二千奔往成都。大队人马到达鹿头关（在今四川德阳鹿头山）时，陈敬瑄后悔引狼入室，派人阻止。王建大怒，率兵攻破鹿头关，进取汉州，攻彭州，大败陈敬瑄五万大军，俘虏万余人，横尸四十里。陈敬瑄亲率七万兵马与王建相持三个多月，双方皆久攻不下，互有胜负。

此时，唐僖宗已死，有名无实的唐昭宗连忙派人谕和，任韦昭度为西川节度使，替换陈敬瑄。唐廷又分邛州（治今四川邛崃）、蜀州（治今四川崇州）、黎州（治今四川汉源）、雅州（治今四川雅安）为永平军，拜王建为节度使。陈敬瑄拒绝听命，唐昭宗令韦昭度、王建率军讨伐。韦昭度是个文臣，指挥数万兵马多次进攻陈敬瑄皆无功而返。王建看准时机，劝韦昭度回长安继续做“太平将相”：“师久无功，您远在蜀地又有什么好处呢，最好回到京城坐享荣华富贵。”韦昭度迟疑不决，王建便派人杀死他的幕僚和亲兵，分食下酒，恐吓韦昭度道：“军士饥饿，正需这些人当饭吃！”韦昭度恐惧，将符节让给王建，单人匹马逃离四川。王建派兵把守剑门，川地遂与中原隔绝。

王建驱逐韦昭度后，声势大涨，资州（治今四川资阳）、简州（治今四川简阳）、戎州（治今四川宜宾）、邛州（治今四川邛崃）等州府相继降附。王建进军包围成都，陈敬瑄和田令孜开城出降，被以谋反罪名杀掉。接着，王建击降黔南节度使王肇，杀东川节度使顾彦晖，又招降武定节度使拓跋思敬，两川兼三峡之地，尽入囊中。唐昭宗乾宁三年（896），唐廷封王建为“蜀王”，正式承认其割据一方。

唐朝天佑三年（907），朱温灭唐，派使人谕晓王建臣服。王建驰檄四方，以复兴唐室为号，联络各地军阀会兵讨梁，无人响应。同年九月，王建在成都登基称帝，封诸子为王。由于中原战乱不已，唐末许多士人、大族逃入四川避难，因此王建手下大臣多为唐朝名臣、世家。王建本人贼寇出身，智诈狡悍，但他善待士人，能够量才授用，一时之间有“英明天子”之誉。王建晚年逐渐昏庸奢侈，太子王元膺与大臣唐袭互相倾轧，双双丧命，不得已立幼子王宗衍为太子。王宗衍在王建十一个儿子中年纪最小，但母亲徐贤妃得宠，故得立为太子。王宗衍继位后，改名字

“宗衍”为“衍”，尊其母徐氏为皇太后，尊其姨母（也是王建的妃子）为皇太妃。王衍年少继位，生在深宫之中，养于妇人之手，浑然不知经营天下的辛劳和开疆拓土的艰难。

大军一到无人抗

前蜀皇帝王衍天生聪明，有很高的文学艺术天赋，他继位后，把国政交给太监宋光嗣、王承休等人，每日与韩昭、潘在迎等一帮文士吟诗饮酒。他下令兴建重光、太清等数座宫殿，兴筑皇家园林“宣华苑”，搜罗美女置于其中，自己和陪臣在此唱歌度曲，酣饮终日。王衍有个宫人名叫李玉兰，容貌姣美，音声清丽，王衍特作《宫词》一首，令玉兰歌之：“晖晖赫赫浮五云，宣华池上月华春。月华如水浸宫殿，有酒不醉真痴人！”

王建的义子、嘉王王宗寿见王衍沉溺酒色，在酒宴上大胆进谏，声泪俱下，劝王衍以社稷为重，经营国事。韩昭等文士在旁嘲谑讥笑道：“嘉王这是喝多了耍酒疯呵。”举座哗然，王宗寿退席暗自伤悲。俗语有“蜀人富而喜遨”，王衍也不例外，他常率领成千上万的随从扈驾游玩打猎，每次出发都旌旗戈甲连亘百余里。王衍往往出发时走山道，归来时换行水路。蜀地江河湖泊，常见王衍的龙舟画舸在其中逡巡游弋，旗帜遮天蔽日，所过之处，老百姓苦不堪言。民间虽苦，但丝毫不减王衍的“雅兴”。一次他在剑州（治今四川剑阁）西部山区游逛，密林中窜出一只猛兽，从随行人群中叼走一个役夫，王衍并未派兵“虎口救人”，反而大呼刺激，命群臣以此为题赋诗。

蜀中文士王仁裕作诗道：“剑牙钉舌血毛腥，窥算劳心岂暂停。不与大朝除患难，惟于当路食生灵。”言语之间，对猛兽尚有斥责。翰林学士李浩弼不甘落后，随口赋诗一首：“岩下年年自寝讹，生灵餐尽意如何？爪牙众后民随减，溪壑深来骨已多。天子纲纪犹被弄，客人穷独固难过。长途莫怪无人迹，尽被山王棱杀他。”后主览诗大笑，以为此诗巧妙。

狎客韩昭也不示弱，急智吟诗，大拍王衍马屁，颂扬皇上巡游并非玩乐，而是为了安定边疆：“吾王巡狩为安边，此去秦亭尚数千。夜昭路岐山店火，晓通消息戍瓶烟。为云巫峡虽神女，跨凤秦楼是谪仙。八骏似龙人似虎，何愁飞过大漫天。”

王衍闻诗大喜，自作一首和之：“先朝神武力开边，画断封疆四五千。前望陇山登剑戟，后凭巫峡锁烽烟。轩皇尚自亲平寇，嬴政徒劳爱学仙。想到隗宫寻胜处，正应莺语暮春天。”

王衍继位第五年，在一次宴会上，他乘着酒兴吟唱唐朝韩琮的《柳枝词》：“梁宛隋堤事已空，万条犹舞旧春风。何须思想千年事，惟见杨花入汉宫。”太监宋光嗣对蜀国内部政治糜烂，外部强邻虎视眈眈的内忧外患有清醒认识，乘醉咏胡曾的诗以应之：“吴王恃霸弃雄才，贪向姑苏醉绿醅。不觉钱塘江山月，一宵西送越兵来。”他以越王勾践灭夫差故事，讽谏王衍。王衍何其聪颖，自然领悟宋光嗣的用心，心生不快，为之罢宴。

太监王承休不愿久官成都，求王衍放外秦州（治今甘肃天水市秦州区）任天雄军节度使。王承休很有意思，他虽然是太监，却有一个貌如天仙的妻子严氏。王衍和王承休名义上是君臣，却情同兄弟，一来二去，便与严氏打得火热，勾搭成奸。王承休携家眷赴任秦州后，王衍想念严氏，托言巡视民情，要带着大队人马远赴秦州。秦州路途险远，又有强邻窥境，众大臣劝谏不止，连太后也以绝食阻止王衍前去。时任礼部尚书、成都尹蒲禹卿曾任秦州节度判官，他上表陈言劝阻王衍出行，但谏表被近臣韩昭截留，并威胁治罪蒲禹卿。

925年冬，王衍引数万大军从成都出发，浩浩荡荡向秦州而去。一行人马行至汉州（治今四川广汉），军使报告说后唐大军正逼近蜀境。王衍见报，认为是大臣们用敌兵压境的情报恐吓自己，阻止他巡幸秦州，不以为然，哈哈大笑道："我正好要耀武扬威，就让唐军来吧！"

一路上，王衍与众文臣词客饮酒赋诗不辍，全然不知蜀国威武城（在今陕西凤县）已被攻克，城中数十万斛粮食也落入敌手。后唐大军以战养战，很快就迫使蜀国大将王承捷等人献数州投降。王衍走到利州（治今四川广元市利州区），有奔逃的威武城败兵来告急，他才知后唐兵已经入蜀境。王衍这才慌忙派王建义子王宗勋等三人为招讨使，率军三万迎战。

蜀军士兵长年跋涉在外，一直不满王衍的御林亲军龙武军锦衣玉食。临战之时，见到皇帝派出自己这些平素待遇低下的士兵御敌，心中不平，纷纷叫骂："怎么不派龙武军去，我们又冻又饿，哪里能打仗！”这些军士扈驾，见平时王衍与一帮文臣吟诗作赋，心中有气道：“敌兵攻来，让那些叉手摇头的人去打仗吗？”

军心如此，后果不难想象。王宗勋等三招讨一战便败，唐军斩首五千，又得蜀国数州土地。蜀军守将宋光葆、王承肇、王宗威、王承岳等多人献城投降，其余城镇皆望风款附。王衍闻讯大惊，下令义兄王宗弼斩杀御敌不力的王宗勋等三个招讨使，哪知王宗弼早已暗中与唐军勾连，向王宗勋泄露王衍的密旨，而后相约颠覆王衍、投奔后唐谋取富贵。

925年十一月，王衍回到成都，百官和后宫嫔妃在郊外迎驾，败亡之际，仍不忘大摆排场曳队妖娆。回宫后，王衍在文明殿里召见群臣商议拒敌之策，众臣大眼瞪小眼，竟无一言以救国难。王衍回到后宫，一筹莫展，看着身边盛装打扮的宫人，居然作《醉妆词》一首：“这边走，那边走，只是寻花柳。那边走，这边走，莫厌金杯酒。”王衍借酒浇愁，几杯酒落肚，隐约听到成都城外的军旅嘈杂之声，忧惧之情涌上心头，遂口吟周宣帝所作诗：“自知身命促，把烛夜行游。”然后命宫女们连臂舞蹈而歌，以遣漫漫长愁。

不久，王宗弼带着数万蜀军从绵谷驰归，王衍还以为义兄回来“勤王”，便和太后亲自前往军营犒劳。不料王宗弼和后唐军队早有约定，劫持王衍和蜀太后以及后宫诸王于西宫偏殿，收缴印绶，派亲兵把内府的金银财宝据为己有。王宗弼的儿子王承涓

“仗剑入宫”，将王衍宠姬强抢回府享用。王衍不得已，在王宗弼逼迫下让大臣李昊起草降表，亲自抄录，呈唐军统帅李继岌和郭崇韬乞降。

公元925年十月丙辰日，王衍“白衣、衔璧、牵羊、草绳萦首，百官衰绖、徒跣、舆梓、号哭俟命”，依投降礼向后唐投降。后唐军队自出师到平蜀，总共七十天，共得蜀国十节度、六十州、二百四十九县、三万多兵丁，此外铠仗、钱粮、金帛无数。至此，蜀国灭亡，历二主，共十九年。

投降之后，王衍下场如何呢？

大好四川能割据

话说前蜀皇帝王衍正式向后唐军队投降。投降之后，后唐庄宗李存勖先是亲赐诏书给王衍，让他举族迁往洛阳安置，并信誓旦旦：“你到洛阳来，必定裂土而封，三辰在上，一言不欺！”

王衍捧诏欣然就道，同行者有王氏宗族及宰相王锴等高官共数千人，在唐兵押送下东归洛阳。王衍一行走到剑阁，他见沿途山川之美，竟勾起一片诗兴，吟道：“不缘朝阙去，来此结茅庐”，只是此时身边再无人应和“激赏”。王衍作诗的消息传出，时人都觉得可笑，以为他是北齐末帝高纬和陈后主叔宝的同路人。

王衍以为向后唐纳土称臣，到洛阳尚可做一阿斗。不料后唐内部叛乱迭起，庄宗李存勖宠信的戏子景进撺掇说：“王衍族党不少，闻听皇上亲征在外，恐怕他们趁机作乱，不如斩草除根！”李存勖此时早忘了当初“裂土而封”的许诺，下发诏敕：“王衍一行，并从杀戮！”

命令下达到中书省，枢密使张居翰宅心仁厚，在封缄命令前，动笔改“行”为“家”，和王衍同来的前蜀高官及家属随从几千人遂皆免于难。

王衍一行到达了长安附近的秦川驿，忽然李存勖诏使率数队士兵前来，宣敕已毕，拉出王衍一族，切瓜砍菜一般，开始行刑。王衍纵有锦绣词心，雌黄辩口，此时一个字也吟不出，眼睁睁看着刀下头落。王衍的母亲徐太后临刑时心有不甘，大呼道：“我儿以一国迫降，不免全族被杀。信义俱弃，我知汝行（后唐李存勖一家）受祸不远！”

说完前蜀，接着讲后蜀。说起后蜀，则要从灭亡前蜀的后唐庄宗李存勖、郭崇韬以及孟昶的亲爹孟知祥说起。

李存勖的老子李克用是沙陀族人，在唐末战乱中一直以唐朝“忠臣”面目出现，与篡唐的朱温打了半辈子仗，负多胜少，临终之际，他交给李存勖三支箭，一支要他讨伐忘恩负义的河北刘仁恭，一支要他击灭背信弃义的契丹首领耶律阿保机，一支要他攻灭代唐建梁的草头贼朱温。李存勖青年继位，不辜负父亲厚望，先是把刘仁恭抓住斩首，接着大败南来窥境的契丹人，最后攻破梁国都城汴州，灭亡朱温所建的后梁。完成父亲的三大遗愿后，李存勖称帝建国，由于他以唐室皇脉自居，国号唐，史称后唐。

这位本来英明神武的皇帝登基后迅速腐化，成日与一帮唱戏的优伶一起厮混，自封艺名“李天下”，可谓中国历史上地位最高的“票友”。郭崇韬是后唐战勋卓著的人物，早在李克用时代，郭崇韬就效力军门；李存勖继位后，他与李克用的侄女婿孟知祥等人一起参决机要。当时朝中有中门使的要职，李存勖要孟知祥去担任。此位虽重要，但常因琐事得罪皇帝左右，前两任中门使均下场凄惨。孟知祥是皇亲，遂通过老婆在太后前泣诉，请求外任。唐庄宗无法拒绝，让孟知祥推举自代者，孟知祥便推举郭崇韬。郭崇韬在中门使任上如鱼得水，帮助李存勖出谋划策，多次使唐军转危为安，并败擒梁国名将王彦章，诛灭朱温子孙。

由于功勋显著，郭崇韬获封为赵郡公，领镇州、冀州两州节度使，赐铁券，恕十死，位极人臣，颇有令誉。灭梁之后，后唐庄宗李存勖奢侈之心渐起，大修宫室，郭崇韬进谏劝止，君臣之间渐生猜嫌。李存勖左右的宦官不时进谗言，大讲郭崇韬的坏话。郭崇韬对此也有警醒，上书请辞所任官爵，朝廷“优诏不许”。时值后唐征伐王衍，李存勖想立他宠爱的魏王李继岌为太子，便任命李继岌为伐蜀元帅，以郭崇韬为副手，率众征西。

后唐庄宗的用意很明显，唐军伐蜀得胜，功劳自然首归魏王李继岌，立他当太子则顺理成章。当然，李存勖也有知人之明，在礼送征西时，他对郭崇韬说：“（李）继岌未习军政，卿久从吾战伐，西面之事，属之于卿。”

郭崇韬受皇帝顾托，竭尽忠诚，两个多月就平灭蜀国，王衍亲书降表，出城投降。前蜀降将王宗弼献给郭崇韬大量珍宝、美女，请他在庄宗面前为自己任蜀地长官说情。刚刚击灭蜀国的郭崇韬有些飘飘然，贸然答应。由于在蜀地实际主持军政的是郭崇韬，众多将吏、宾客终日奔走其门下，车水马龙；反观魏王李继岌，则门可罗雀。王衍投降后，没有什么人给魏王李继岌送礼送钱，这令李继岌身边的宦官李从袭深以为恨，不断挑拨魏王和郭崇韬的关系。王宗弼见封自己为蜀中统帅一事没有消息，遂带领降官降将面见李继岌，要求郭崇韬留驻当地。本来王宗弼本意是给自己找个靠山，不料却给了李从袭等人进谗的借口："郭公父子专横，现在又指使蜀人请求他自己留当地为帅，其志难测！"

由此，魏王李继岌与郭崇韬开始相互猜疑。不久，王宗弼截留军饷，几乎引起唐军哗变，郭崇韬趁机族诛了王宗弼和几个前蜀大臣，并没收他们的财物，以平民愤。郭崇韬出征王衍前，为了报答孟知祥对自己的推举之恩，对李存勖讲："臣等平定蜀国后，陛下如果选择守西川的将帅，再没有比孟知祥更合适的了。"因此，唐兵破蜀后，李存勖即任命孟知祥为成都尹、剑南西川节度副使，前去接收两川之地。

虽然后唐攻占了成都，但蜀中盗贼群起，地方不安。郭崇韬为靖平地方，策划征讨，因此一直在蜀地逗留。庄宗李存勖心有疑虑，派太监向延嗣前往蜀地催促郭崇韬回朝。郭崇韬不喜欢庄宗身边太监，相见时往往态度倨傲，朝中大小太监对他无不咬牙切齿。

魏王身边的李从袭和前来催促郭崇韬回朝的向延嗣私交甚好，两人相见竟忧愁哀泣：“郭公专权，诸军将校皆其党羽，魏王此时等于寄身虎口，一旦有变，吾辈死无葬身之所！”

向延嗣回朝，马上向魏王李继岌的母亲刘皇后“泣诉”，刘后又向庄宗李存勖“泣诉”。李存勖早就听说蜀人恳请郭崇韬为帅的消息，已感不快；待检阅向延嗣带回的蜀国府库册簿时问起：“人言蜀中珍宝无算，怎么册子上这么少啊？”刚刚回来的向延嗣搭腔：“臣听说破蜀之后，珍货皆为郭崇韬所有，共有黄金万两，白银四十万两，名马千匹，因此，归送国库的东西才这么少。”

李存勖闻言，怒形于色，杀心顿萌。孟知祥临行辞别庄宗李存勖，庄宗对他说：“听说郭崇韬有异志，爱卿到蜀地后，为朕诛之！”

孟知祥是明白人，劝说道：“郭崇韬是国家的大功臣，应该不会有反逆之心。我到蜀地后一定详细察验，如确无其事，就护送他回洛阳。”

孟知祥从洛阳出发后，后唐庄宗仍不放心，拟派衣甲库使马彦珪快马至成都，伺察郭崇韬的举动，并授命他与魏王见机行事。马彦珪虽是太监，但行事机敏，他出发成都前向刘后密报：“据向延嗣的报告，蜀中事态忧在旦夕，今主上当断不断，不能下立斩郭崇韬的决心。成败之机，间不容发，在三千里之外哪里还有时间等待皇上亲授斩杀之权呢？”

刘后急忙奔到李存勖处，让他下令斩杀郭崇韬。李存勖当时没有相信刘皇后的话，表示：“传闻之言，未知虚实，怎能这么快就下命令呢？”

那么，李存勖最终会做出什么决定呢？

大好蜀地又变天

话说刘皇后决心要杀郭崇韬，但当时后唐庄宗李存勖觉得不妥，没有答应。刘后不得已，回宫后亲笔书信，命魏王与众太监杀掉郭崇韬。孟知祥走到石壕，马彦珪半夜叩门宣诏，催促孟知祥尽快赴镇上任。孟知祥窃叹：“大乱将作矣！”于是昼夜兼行，心知对郭崇韬救死不得，只能希望及时赶到成都，安定众心，静观其变。

公元926年正月，马彦珪至成都，以刘皇后密敕示魏王李继岌。李继岌虽然年轻，却也知此事关系重大：“郭崇韬没有任何叛逆的兆端，怎能行此负心之事！而且皇上也无敕令，以皇后敕信杀招讨使，怎能行得通！”太监李从袭等人泣劝道：“此事已发，万一郭崇韬知晓，中途为变，大事去矣！”

不得已，魏王李继岌以手书召郭崇韬来府议事。郭崇韬见魏王来请，不敢怠慢，快马加鞭，刚至府邸，埋伏的杀手就从后跃上，用铁锤击碎郭崇韬的脑袋，并杀其二子。

郭崇韬为人，以天下为己任，忠贞不贰，诚为后唐忠臣。可惜他武人出身，刚愎自用，不体人情，轻言不慎，使得庄宗和魏王身边的太监们窥伺其隙，最终不明就里地一命归西。

不久，孟知祥赶到成都。魏王李继岌等人杀了郭崇韬后，怕引起兵变，一直封锁消息。于是，孟知祥对外宣布郭崇韬死讯，慰抚吏民，赏赐将卒，这才使蜀地保持安定，没有妄起兵端。

马彦珪回洛阳后，添油加醋，指陈郭崇韬罪大恶极。庄宗皇帝大怒，遍诛郭崇韬洛阳诸子，又派人杀掉其女婿、保大节度使李存乂。众太监一不作二不休，连进谗言，又下诏族诛义成节度使李继麟。一时间，朝野骇惊，人心大乱。当时，洛中诸军饥窘，谣言四起，有传闻说“郭崇韬在蜀中自立为帝，已杀魏王李继岌”，又有传闻说“刘皇后怪魏王之死责在皇上，已经在宫内弑掉皇帝”，谣言种种，不一而足。不久，后唐多部军卒叛乱，皇甫晖、赵在礼等乱兵乱将拥兵攻掠，连李存勖左右的御林军王温等也趁机作乱。庄宗慌忙派自己一直心存忌讳的义兄李嗣源去征讨邺都的叛兵。正当集军于城下将要进攻之际，兵士哗变，反而里外合兵，一起劫持李嗣源，逼他带军队反攻洛阳。李嗣源想束身归朝自明，被女婿石敬瑭劝阻。李存勖众叛亲离，率两万五千御林军亲征，结果兵士逃亡殆尽，不得已半路掉头，回军洛阳。喘息过后，他本来想继续御驾亲征。伶官出身的从马直指挥使郭从谦率兵叛乱，乱兵攻入内殿，李存勖中流箭而死。他临死前，口渴至极，求刘皇后给他找口水喝。刘皇后不看他一眼，自己逃命去了（一说喂给他乳酪，使其速死）。

这位后唐皇帝，英武、荒唐集于一身，是个非常复杂的人物，特录其小词二首，以窥其心智一二：

其一《如梦令》：“曾宴桃源深洞，一曲清歌舞凤。长记别伊时，和泪出门相送。如梦，如梦，残月落花烟重。”

其二《阳台梦》：“薄罗衫子金泥缝，困纤腰怯铢衣重。笑迎移步小兰丛，亸金翘玉凤。娇多情脉脉，羞把同心拈弄。楚天云雨却相和，又入阳台梦。”

李存勖死后，李嗣源为众人所推，称监国（代理皇帝）。刘皇后与李存勖的弟弟申王李存渥一起逃跑，逃亡途中还不忘私通。不久，申王李存渥、永王李存霸都被所部军士所杀，薛王李存礼和李存勖的四个幼子皆不知所终，估计是被忠于李嗣源的军士所杀。魏王李继岌从成都出发，回师至渭南，庄宗败讯传来，部下大惊，士兵骇散，得胜振旅之师，顿成奔亡溃败之兵。太监李从袭劝说魏王：“时事已去，王宜自图。”李继岌徘徊流涕，乃自伏于床，命仆夫李环缢杀自己。天日昭昭，诚不虚言。

由此可见，帝王子弟大多如笼中之鸟，遇乱自危，彷徨无计，只得听凭太监、军士宰割。刘皇后在晋阳削发为尼，不久也被杀掉。李存勖兄弟子侄多人，只有邕王李存美一人因半身不遂得免，被软禁于晋阳。至此，后唐开国皇帝李克用后代几乎被杀光。李存勖自食其言，杀光王衍一族，王衍的母亲徐太后临死愤言诅咒。只不过几十天的工夫，便成为现实！

后唐同光四年（926）李嗣源继位，是为后唐明宗。明宗继位后，马上为郭崇韬等被冤杀的大臣平反。此时，远在蜀地的孟知祥已有自立为王的念头。为了约束孟知祥，明宗一面任孟知祥为显官侍中，一面派客省使李严为监军，来蜀地监视孟知祥。李严在庄宗时，朝廷派他到蜀国结好，他回国后却力劝李存勖伐蜀，蜀人因此深恨他。

李严以名士自居，又有明宗手令在身，大摇大摆地来到成都，以为会受到孟知祥礼敬。但在迎客宴上，酒还没喝上一口，就被人拿下，斩于军门前。后唐明宗闻讯无可奈何，就做个顺水人情，派人把孟知祥妻、子等家属一同送去蜀地。此举本意是想“以恩信怀之”，不料正解除了孟知祥的后顾之忧。

后唐明宗李嗣源对外用兵，屡屡遣使让孟知祥出钱出兵支援，孟知祥阳奉阴违，搪塞敷衍。不久，据兵东川的大将董璋与孟知祥一起兴兵反唐。明宗派女婿石敬瑭等人讨伐，大败而回。之后，明宗诛杀与孟知祥不合的重臣安重诲，并下诏赦免孟知祥和董璋，以示柔远。

朝廷赦令到达成都，孟知祥遂通知董璋，要他一起听命向朝廷致歉。董璋气愤回复道：“朝廷把我在洛阳的家属杀个精光，孟公您宗属独存，我凭什么道歉！”孟知祥以此为借口，派大兵进攻川东，消灭了董璋的部队，并有东川。董璋死后，孟知祥对向后唐明宗道歉一事不再提起。

李嗣源派使臣到成都谕示招抚，孟知祥乘机派人来朝，请封蜀王。明宗知孟知祥遥不可制，派工部尚书卢文纪入蜀，在长兴四年（933）五月封孟知祥为蜀王。同年十一月，明宗李嗣源病死。

后唐应顺元年（清泰元年，934）正月，孟知祥登基称帝，国号“蜀”，史称后蜀。孟知祥称帝没几个月，就患脑出血死去。他在位期间，轻徭薄赋，吏治较为清明，修缮不少农田水利设施，促进了西川地区的经济和农业发展。孟知祥死后，孟昶继位，他就是历史上以荒唐著称的后蜀末帝了。

后蜀后主孟昶在位期间，中原正值多事之秋。后唐明宗李嗣源死后，他的儿子李从厚不久就被李嗣源义子李从珂推翻。李从珂称帝不久，又被李嗣源女婿石敬瑭借契丹兵打败。石敬瑭割燕云十六州给契丹，建立后晋。数年后，石敬瑭的儿子石重贵又被契丹军队俘虏，后晋大将刘知远乘机建立后汉。没过多久，后汉末帝因残暴不仁被枢密使郭威推翻，郭威建立后周。郭威由于几个儿子被后汉隐帝所杀，所以他死后帝位由内侄（其妻柴后之侄）柴荣继承，即后周世宗。柴世宗聪察如神，南征北讨，军政严明，有一统天下之志。可惜天不假年，三十九岁正值壮年，却暴疾而崩。后周幼主继位，不久陈桥兵变，赵匡胤黄袍加身，建立宋朝。在三十年左右的时间中，中原波澜不断，孟昶的后蜀却一直没有什么大事发生。

孟昶是孟知祥第三子，继位时年仅十六岁。同前蜀末主王衍不同，孟昶姿质端凝，少年老成，个性英果刚毅。孟知祥在蜀地称帝之后，深知得国艰难，对故旧将属非常宽厚。这些大将大臣们呢，依恃是辅佐孟知祥称帝的“老人”，放纵横暴，为害乡里。

那么，孟昶是如何驾驭这些老臣老将呢？

前明后昏难为帝

孟昶继位时才十六岁，朝中大臣大将都很轻视他。这些人都是军人出身，非常骄蛮，往往夺人良田，毁人坟墓，欺压良善，全无顾忌。诸人之中，以李仁罕和张业名声最坏。

李仁罕是后蜀皇帝孟知祥的创业勋臣，他与赵季良、赵廷隐、张业、李肇，并称后蜀开国五节度。李仁罕曾率军讨平康延孝，使得孟知祥保住了西川之地；他还帮助孟知祥攻取武信军（治今四川遂宁）、宁江军（治今重庆奉节）两处重要军镇，使得孟知祥军事实力得到极大发展。孟知祥死后，他自恃是功臣宿将，要求总判六军，即宫廷禁卫军全部兵马由他指挥。李仁罕重兵在握，孟昶只得下诏，加授其为中书令、判六军诸卫事（即禁军最高统帅）。李仁罕不放心，甚至亲自到学士院探听是否已在起草诏书。但是，孟昶也留了一手，任命赵廷隐为六军诸卫副使，暗中掣肘李仁罕。不久后，李仁罕又和后蜀另一位大将张公铎争权，张公铎与宫中常受李仁罕欺负的医官使韩继勋、丰德库使韩保贞、茶酒库使安思谦等人联手，弹劾李仁罕造反。朝中大臣王处回和赵廷隐，也都劝孟昶除掉李仁罕，以免他日后生乱。孟昶虽然年轻，却很有决断，他和几位大臣合谋，趁李仁罕入朝觐见的机会，敕令武士把老李当场逮捕，斩首处决。随后，又下诏把李仁罕的儿子李继宏和亲信宋会从等数人全抓起来杀掉，而后族灭其家，下诏公开李仁罕的罪名。

张业本名张知业，年轻时就以骁勇著称。孟知祥称帝后，张知业被任命为右匡圣步军都指挥使，与李仁罕、赵廷隐、侯洪实共同掌握军权，同时兼任宁江军节度使。因避后蜀皇帝孟知祥的名讳，改名张业。中原地区后唐内乱发生之后，后唐山南西道节度使张虔钊、武定军节度使孙汉韶举镇归附后蜀。孟知祥命张业率一万军队屯兵大漫关，接应张虔钊、孙汉韶入蜀。当年（934）七月，孟知祥病逝，太子孟昶继位，张业被拜检校太尉。十月，孟昶设计诛杀李仁罕，张业虽是李仁罕外甥，但他执掌禁军没有造反的迹象，没有受到牵连。为了安抚张业，孟昶任命他为武信军节度使、同平章事。

后蜀广政元年（938），张业从遂州（治今四川遂宁）入朝，担任尚书左仆射兼中书侍郎、同平章事，成为后蜀的当朝宰相。广政三年（940），孟昶又加拜张业为司空，并和同列宰相的赵季良、毋昭裔分判三司，负责度支司事务。也就是说，后蜀的财政大权由张业掌管。张业担任宰相期间，他的儿子张继昭官至尚书左仆射，如此一来，父子二人专权跋扈，政出私门，甚至在府中私设监狱，蜀地百姓因此大为怨愤。张氏一门权大势大，朝中官员多有不满。张业的儿子张继昭喜爱剑术，四处寻访剑士，在家中训练和表演，非常张狂。时任后蜀左匡圣都指挥使孙汉韶暗中向孟昶告发，说张业父子意图谋反，希望能够尽快把他们除掉。

广政十一年（948），孟昶和大臣李昊、安思谦合谋，趁着张业父子入朝之时，忽然宣布诏令，命令宫中武士逮捕父子二人即刻斩首，而后公开他们的罪状，籍没家产。接着，孟昶又下诏黜退了大权在握的枢密使王处回，迫使卫圣都指挥使赵廷隐也交出兵权。至此，孟知祥时代的故将旧臣彻底退出朝堂，孟昶本人终得亲政。

之前，后蜀的藩镇大将李肇先自恃是前朝重臣，倚老卖老，往往拄拐入见，称有病不能下拜，闻知李仁罕等人被诛的消息，再见孟昶时，远远就扔掉拐杖，跪伏于地，大气也不敢喘。

孟昶降服父亲孟知祥的一帮老臣旧将后，开始躬亲政事，在朝营设“举报箱”以通下情。宋代史臣所作《新五代史》等史书，常言孟昶荒淫不堪，实际上是为宋太祖伐蜀背书。根据逸史笔记记载，孟昶天性明敏，孝慈仁义，能文章，好博览，有诗才。他在继位初期，可谓一个不错的皇帝。他曾亲写“戒石铭”，颁于诸州邑，戒令官员：“尔俸尔禄，民脂民膏。为民父母，莫不仁慈。勉尔为戒，体朕深思。”由此可见孟昶爱民之心，在五代十国昏暴之主层出不穷的年代，难能可贵。

孟昶虽好文学，但殷鉴不远，继位初期他还多次以王衍为戒，常常对左右侍臣讲：“王衍浮薄，而好轻艳之词，朕不为也。”

为了能使儒家经学广泛传播，孟昶令人在成都立石经，又刻版大量印刷古代典籍。宋代刻本最早兴起于蜀，后世人言及“宋版”，都以蜀本为上品。值得一提的是，中国人新春贴对联，也始于孟昶，他撰写了中国历史上第一副春联：“新年纳余庆，佳节号长春。”

后晋被契丹所灭之后，孟昶曾想趁后汉刘知远立足未稳时染指中原，但大败而归，终未遂人愿。周世宗柴荣在位时，由于孟昶上书言辞不逊，周军伐蜀，蜀军大败，丢掉秦、成、阶、凤四州土地。情急之下，孟昶忙与南唐、北汉等周边小国联合，以谋抵御。

孟昶在位后期，特别是中原后晋、南汉、北汉、后周交替迭兴，无暇顾及川蜀之际，孟昶外部压力减轻，遂据险一方，关起门来做皇帝。此后，他年轻时被压抑的“打球走马”“好房中术”的坏习惯全部释放出来，逐渐奢侈放纵，连尿盆都嵌满珍珠宝玉，豪侈至极。

孟昶有个宠臣名叫王昭远，狡黠阴柔，自小就伺候孟昶，两人一起长大，深受孟昶亲狎。枢密使一职权高位重，孟昶竟让王昭远补缺，事无大小，一以委之。国库金帛财物，任其所取，从不过问。

如果王昭远仅是智识庸下，也不会惹出多大事端，偏偏他平素好读兵书，处处以诸葛亮自诩。山南节度判官张廷伟知道他的“志向”，居间拍马屁献计：“王公您平素没有什么勋业，一下子就担当枢密使的要职，应该建立大功以塞众人之口，可以约定汉主（北汉）和我们同时举兵以夹击宋兵，使中原表里受敌，肯定能尽得关右之地。”

王昭远大喜，禀明孟昶，获得同意，派出三个使臣携带着蜡丸、帛书去和北汉密约。不料，其中一个叫赵彦韬的使臣，带着蜡书偷偷逃往宋朝，献密于宋太祖赵匡胤。立国不久的赵匡胤正愁攻讨蜀国师出无名，得到赵彦起所献密书后大笑："吾西讨有名矣！"

北宋乾德二年（964）十一月，宋太祖命忠武节度使王全斌为主帅，率六路大军分路进讨蜀国，同时命人在汴梁的右掖门为蜀主孟昶修建宅邸，待其归降，显示出宋朝伐蜀必克的决心。此时的孟昶，依旧沉浸在温柔乡里，觉得在外有王昭远镇抚，可安枕无忧。听说宋兵来伐，他派大臣李昊在郊外为王昭远饯行。王昭远手执铁如意，一派儒将派头，酒至半酣，对李昊道："我此行出军，不仅仅是抵御敌兵，而是想率领这两三万虎狼之师一直前进，夺取中原，易如反掌！"

王昭远出发后，孟昶派太子孟玄喆率数万兵守剑门（在今四川省广元市剑阁县）。大军从成都出发时，太子爷用豪华的绣辇抬着好几个爱姬随行，并携带大批乐师和乐器，蜀人见者，皆窃笑不已。随行大军，仗甲灿烂，旌旗招展，像是一支巨大的戏班。

如此皇帝如此臣，能够躲过宋朝军队的进攻吗？

国破人亡致贻笑

话说 964 年十一月，宋太祖以王全斌为主帅，率六路大军分路进讨蜀国。此时的孟昶没有任何担心，觉得自己有王昭远这个“诸葛亮”镇抚，大可安枕无忧。王昭远出发后，孟昶还不放心，派太子孟玄喆率数万兵守剑门。大军出发之时，这位太子爷让人用豪华的绣辇抬着几个爱姬随行，又携带了大批乐师和乐器，随行大军仗甲灿烂，旌旗招展。

此时的孟昶，浑然不知灾祸将至。他做了近三十年的太平天子，以为有天佑神庇，加之蜀道险远，定能使宋军无功而返。蜀中清夜之时，他与美人花蕊夫人云雨一度，作《玉楼春》一首抒怀：“冰肌玉骨清无汗，水殿风来暗香满。绣帘一点月窥人，欹枕钗横云鬓乱。起来琼户启无声，时见疏星渡河汉。屈指西风几时来，只恐流年暗中换。”情景交融，意境香艳撩人。

这边后蜀末主正在温柔乡中，那边宋军节节进取。王全斌等人连取兴州（治今陕西略阳）等地，一路深入，修治被蜀军烧毁的栈道，直取天险大漫天寨（在四川省广元市北）。王昭远迎击宋军，三战三败，退逃到利州。宋军尾随而至，王昭远继续退逃至剑门，恃天险拒敌固守。

宋军从小路急行军，忽然出现在蜀军身后，双方猝然交战，王昭远惊惧交加，瘫倒在胡床上不能起身。剑门失陷，王昭远免胄弃甲而逃，没多久就在东川被宋军抓获。后蜀太子孟元喆一路游山玩水，忽然剑门败讯传来，吓得他和几个随从即刻弃军西奔，逃归成都。至此，孟昶如梦方醒，知道宋军已兵临城下。惶骇之间，他忙召群臣询问退敌之策。良久，才有一个老将出主意："东兵（宋军）远来，势不能久，请聚兵坚守以敌之。"

孟昶思忖半晌叹息道："吾父子以丰衣美食养士四十年，一旦遇敌，不能为吾东向发一矢。如今要拒守孤城，谁会为我们卖命呢！"蜀国司空李昊劝孟昶"封府库请降"，孟昶无奈只能听从，让李昊替自己起草降表。当初，前蜀王衍灭亡时，降书也是这位李大人所写，因此有人连夜在李昊大门上写下"世修降表李家"的字样。此时距离前蜀灭亡已经四十一年，李昊文思不减当年，抖擞精神，笔走龙蛇，模仿孟昶的语气，书写投降书，极尽恭顺、惶恐之意和求生之情，活灵活现，并以刘禅和陈叔宝自比，求宋太祖能保全"微命"。王全斌大军至成都升仙桥，孟昶备齐亡国之礼，跪于军门，呈上降表。降表内容如下：

> 三皇御宇，万邦归有道之君；五帝垂衣，六合顺无为之化。其或未知历数，犹昧死亡。致兴貔虎之师，实惧雷霆之怒。敢祈英睿，俯听哀鸣。伏念臣生自并门，长于蜀土，幸以先臣之基业，获从幼岁以纂承，只知四序之推迁，不觉三灵之改卜。爰自大明出震，盛德居尊，声教被于遐荒，庆泽流于中夏。当凝旒正殿，亏以小事大之仪；及告类圜丘，旷执贽奉琛之义。素居遐僻，久阻声明，曾无先觉之心，固有后时之责。今则皇威电赫，圣略风驰，干戈所指而无前，鼙鼓才临而自溃，山河郡县半入于提封，将卒仓储尽归于图籍。且念臣中外骨肉二百余人，高堂有亲，七十非远，弱龄

侍奉，只在庭闱，日承训抚之恩，粗勤孝养之道。实愿克修甘旨，保此衰年，次望免子孙之睽离，守血食之祭祀，敢冀容之如地、盖之如天，特轸（zhěn）仁慈，以宽厄辱，臣辄援故事，上渎严聪。窃念刘禅有安乐之封，叔宝有长城之号，皆自归款，尽获生全。愿眇昧之余魂，得保家而为幸，使先臣寝庙不为樵采之场，老母庭闱尚有问安之所。已令缄封府库，肃靖军资，用付典司，将期临照。今则车书混其文范，正朔奉以灵台，敢布腹心，恭听赦宥。臣昶谨率文武见任官望阙再拜，上表归命，披沥肝胆以闻……

从宋朝发兵汴京，到孟昶归降，后蜀亡国，总共才六十六天。宋朝从后蜀共得四十六州、二百四十县、五十三万四千户。965年五月，孟昶家族至汴京，于明德门外素服待罪。六月，宋太祖下诏释罪，赐孟昶冠带、袭衣，并封他为开府仪同三司、检校太师兼中书令、秦国公。但是七天后，孟昶就暴卒于家，或谓宋太祖深知孟昶年轻时勇毅英果，恐为后患，派人以毒酒、毒药暗害。

孟昶作为亡国之君，怯懦不能死社稷，是文人皇帝的通病。王衍、李煜、赵佶等都是如此。锦绣阵里，玉臂交绕，浅斟低唱，消解了帝王应有的一腔壮志和“宁为玉碎不为瓦全”的气节。

为了保全性命，后蜀数十万精兵放下武器，束手就缚。千里迢迢之后，孟昶如果像刘禅和陈叔宝那样能安享后半生，也不失为苟活富贵荣华。然而，遥遥路途之苦还未尽消，只七天就归阴曹地府。孟昶倘知如此，还不如当初举剑自裁，既可保全一城生灵，又可免去亡国献俘之辱。话虽如此，“平日慷慨成仁易，事到临头一死难”，让一个享受三十年奢华生活的帝王逞英杰之烈，绝非我们臆想的那么容易。

孟昶的宠姬花蕊夫人，在逸史笔记中多有记载。花蕊夫人姓费，青城人，不仅相貌清丽，且善作宫词。孟昶死后，宋太祖召花蕊夫人入宫。此前，太祖已闻花蕊夫人才名，命其作诗。花蕊夫人随口成诵，赋《国亡》诗一首：“君王城上竖降旗，妾在深宫哪得知。十四万人齐解甲，宁无一个是男儿。”

赵匡胤品玩久之，心中大悦。这花蕊夫人也是冰雪聪明，一方面说“妾在深宫哪得知”，摆脱自己女色误国的嫌疑；一方面说后蜀“十四万人齐解甲”，而宋兵实际才五六万，反衬出了大宋天朝的气运正隆，以少胜多。宋太祖大悦，忙拥着这位才貌双全的佳人同赴巫山。

宋人笔记《铁围山丛谈》记载，宋太祖得花蕊夫人后，迷恋不已，致误政事。太祖兄弟赵光义（后来的宋太宗）借打猎机会，忽发一箭将花蕊夫人射毙马下，太祖赵匡胤对此一笑置之，也不加以责备。这段记述多属小说家之言，不足征信，如真有此事，正史必会浓墨重笔，对宋帝的“轻色重国”大书特书。

若干年后，王安石的弟弟王安国在北宋坊市间发现花蕊夫人所作《宫词》三十二卷，共百余首，名噪一时，洛阳纸贵，情景仿佛这些年张爱玲被重新“发现”般轰动。后来战乱中，花蕊夫人的诗词再次散佚，以下略举四首为例，一则显示花蕊夫人才华，二则凭借花蕊夫人的纪写，重温后蜀君王孟昶浮华孟浪又不失温柔的帝王生活：

其一：“东内斜将紫禁通，龙池凤苑夹城中。晓钟声断严妆罢，院院纱窗海日红。”

其二：“立春日进内园花，红蕊轻轻嫩浅霞。跪到玉阶犹带露，一时宣赐与宫娃。”

其三：“殿前宫女总纤腰，初学乘骑怯又娇。上得马来才欲走，几回抛鞚抱鞍桥。”

其四：“月头支给买花钱，满殿宫人近数千。遇着唱名多不语，含羞走过御床前。”

第十七章

小国生存有法则：十国之吴越、南楚、闽国、荆南

乱世桃源在吴越（上）

五代十国的南方九国中，吴越是存活最久的一个政权。吴越又称“义忠国”，统治者是临安钱氏，历三代五王，存续时近百年，是五代十国中名副其实的不倒翁。吴越统治下的两浙，是五代时期难得的桃花源，国都杭州更是乐土中的天堂，而这一切都要从首代吴越王钱镠（liú）说起。

凡成大事者，出生时必有异象。钱镠生于唐宣宗大中六年（852），据说他出生时，红光满室，但他爹钱宽看到初生儿奇丑无比，觉得十分晦气，眉头一皱，杀心顿起，当场就想把孩子丢到井里淹死。好在被奶奶一把抢走，钱镠这才保住一条小命，于是取“阿婆留其命”之义，乳名“婆留”，后来又以音同“镠”字，取名钱镠。钱镠从小便喜欢舞枪弄棒，练就了一身好武艺。他还是孩子时，就显示出领袖之才，常有一群小孩子供他驱使，听他号令。

成年后，钱镠偷贩私盐，凭一己之力，白手起家。他在一

边躲官府、一边斗劫匪的贩盐过程中，不但武艺越来越高，还学会了用兵之法。由于他很讲义气，逐渐有一批人数可观的追随者，成为带头大哥。后来，他觉得贩卖私盐没有出路，于是应征入伍，跟随镇将董昌到处平乱。平定黄巢之乱时，钱镠曾经用计吓退一支黄巢的部队。当时黄巢攻略浙东，一直打到了临安（今杭州）。钱镠分析形势后，带着二十多个好汉伏击黄巢的先头部队，然后快速撤到八百里（地名）。后撤路上，钱镠还特意设计，叮嘱路边的一个老妪说："后有问者，告曰'临安兵屯八百里矣'。"黄巢追兵来，老妪转告钱镠的话。黄巢追兵不知道八百里是个地名，还以为临安屯有八百里的营兵，连忙撤离而去。自此之后，钱镠声名鹊起。

后来，董昌派钱镠攻打越州（治今浙江绍兴）节度使刘汉宏，事前承诺，只要能够灭掉刘汉宏，他就把杭州给钱镠。钱镠出兵，一举拿下了刘汉宏，董昌兑现诺言，把杭州交给钱镠管理。自此，钱镠拥有了自己的战略根据地。随后的几年间，钱镠四处平乱，逐渐占据浙西数州之地，势力不断发展壮大，罗隐、顾全武等文武人才也相继投靠他。后来，唐廷封他为镇海军（初治润州，即今江苏镇江，后治杭州）节度使，正式承认他对浙江西道的统治权。

再后来，钱镠老领导董昌造反，在越州自立为帝。董昌当了皇帝，没忘拉小弟一把，让钱镠和自己一起造反。钱镠力劝道："与其闭门作天子，与九族、百姓俱陷涂炭，岂若开门作节度使，终身富贵邪！”董昌权欲膨胀，听不进忠言，与钱镠彻底决裂。钱镠奉唐廷之命前去征讨，董昌兵败自杀。眼光高远的钱镠从此占据两浙之地，正式形成一方割据势力。事后，唐昭宗非常高兴，赐予钱镠免死铁券。铁券上明确镌刻着：“卿恕九死，子孙三死，或犯常刑，有司不得加责。”这块铁券也是中国目前唯一存世的古代丹书铁券实物，因为属于钱镠，又称“钱镠铁券”。

钱镠这免死金牌前脚刚拿到手，后脚唐朝就灭亡了。907 年朱温篡唐建梁后，进拜钱镠为“吴越王”。幕僚罗隐曾劝钱镠拒绝：“王唐臣，义当称戈北伐，纵无成功，犹可退保杭、越。自为东帝，奈何交臂事贼，为终古羞乎？”（大王您是唐朝之臣，理应进兵北伐，纵然不能成功，也可退保两浙，自立为帝。绝不能向贼梁称臣，贻羞千古！）钱镠是一个乱世豪杰，不愿错过做孙权的机会，还是接受了后梁册封。

钱镠选择投靠后梁，其实是考虑到自身实力不足，想借中原王朝来牵制强邻南吴。当时吴越国地盘并不大，总共十三州，除了现在浙江省的全境外，还有苏州和上海两地，战略回旋余地实在有限。由于隔壁的南吴国主杨行密虎视眈眈，两国屡动干戈，大打出手。杨行密让人用绳子把铜钱穿成一串，美其名曰“穿钱眼”。钱镠听说后不甘示弱，让人每年都用大斧砍掉杨树的枝头，称为“斫杨头”。双方争斗持续二十多年，时而通好，时而交恶。直到降将徐绾引发“武勇都”之乱后，钱镠儿子钱传瓘迎娶杨行密的女儿，钱杨两家联姻，这种幼稚的“穿眼斫头”游戏才停止。

在二十多年时间中，前蜀、南吴、南汉、闽等地的统治者先后建国称帝，为此群臣都劝钱镠据吴越称帝，但钱镠却说："此儿辈自坐炉炭之中，又踞吾于上邪。"钱镠的外交政策非常明确：绝不称帝，做中原大国的外藩，扩展自己的战略生存空间。他始终奉行对外尊奉中原，对内守境安民的政策，偏安东南一隅。

虽然表面恭顺，但钱镠并不是什么恪守臣节的"恭顺之臣"。后来中原局势混乱，朝廷诏命难以到达吴越。后梁末帝朱友贞龙德三年（923），钱镠被册封为"吴越国王"。钱镠正式建立吴越国，改府署为朝廷，设置丞相、侍郎等百官，一切制度都按照皇帝规格，还曾三次改元（宝正、天宝、宝大）。不久之后，李存勖率领大军灭亡后梁，建立后唐，改元同光。钱镠马上转向，遣使向后唐朝廷进贡，并求取玉册。对此，郭崇韬等后唐大臣极力反对，认为只有皇帝才可以使用玉册。中国古代用玉版制作的册书，也称为天书玉册，是天子即位的凭证和受命于天的"任命书"。钱镠作为地方藩王求赐玉册，显然是对新朝廷的试探。李存勖思之再三，最终还是赐予钱镠玉册、金印。从此，钱镠底气十足，自行与新罗、渤海等国使者往来，又给这些小国国王行制册、加封爵，俨然他自己就是中原皇帝。

创业容易守业难，由于吴越三面环敌，钱镠时刻保持警惕。为了不让自己睡得太熟，他特制了一个叫"警枕"的圆木小枕，只要圆木稍微滚动，人就会被惊醒。同时，他还在床头放一个粉盘，夜里想起什么事，就随手记在上面。另外，钱镠每晚还安排了专人值班，一有事就摇铃警示。为防止侍卫夜间贪睡失职，他还会在半夜起来时，故意朝外发射弹丸，以此提高侍卫的警惕性。钱镠这些事迹传开后，竟演变成他整宿不睡觉枕戈待旦的事迹，就连远在北方的契丹人也听说此事，传为奇谈。钱镠因此得了个“江南不睡龙”的绰号。

钱镠统治下的吴越一直比较安定，政治安定、经济繁荣、文化兴盛，出现了五代时少有的繁荣景象。晚唐僧人贯休曾写过一首《献钱尚父》给钱镠，其中“满堂花醉三千客，一剑霜寒十四州”一句，被后人广为推崇，赞为千古绝句。不过据学者考证，贯休献诗时，钱镠还没封王，地盘也没有十四州之多，这首诗更多是他预先写给钱镠的祝词。钱镠居然狮子大开口，要求贯休将“十四州”改为“四十州”。不料贯休脾气甚大：“州亦难添，诗亦难改。余孤云野鹤，何天不可飞！”说完便拂袖而去。

钱镠功成名就后，多次衣锦还乡。他在临安故里建造豪宅，大会宾客，山林树木都用锦缎覆盖，排场宏大。钱镠毕竟是武人出身，他荒唐的将儿时玩耍的大树封为“衣锦将军”，石镜山改名为“衣锦山”，大官山改成了“功臣山”，还作了一曲《还乡歌》：“三节还乡兮挂锦衣，父老远来相追随。牛斗无孛人无欺，吴越一王驷马归。”诗中“斗牛无孛兮民无欺”的意思是：天象没有异常变化，人民就不会受到欺凌。钱镠喜欢衣锦还乡，他妻子庄穆夫人吴氏也爱回娘家，每年的寒食节必归临安。有一年省亲吴氏迟迟未归，钱镠想得不得了，特意写信道："陌上花开，可缓缓归矣。"相比他之前的《还乡歌》，他随意写下的这句情话，反倒成为流传千古的名句，被清人王士禛评为"艳绝千古"。

作为一方统治者，要搞政绩，自然离不开城建和水利工程，在这两点上，钱镠做得非常出色。甚至可以说，正是因为钱镠，才有今天"上有天堂，下有苏杭"的杭州。

那么，他是怎么做的呢?

乱世桃源在吴越（下）

俗话说："上有天堂，下有苏杭。"浙江之盛，始自吴越王钱镠治理浙江。钱镠一边积极依附中原王朝保证吴越政权稳定，同时十分注重内部建设。

钱镠定都杭州后，曾三次修筑、扩建杭州城。当时的杭州，因为城建历史较短，等级和规模远不如越州。出于军事防御的需要，钱镠第一期筑城工程便是筑造夹城。当时的钱镠还是杭州刺史，在总结和刘汉宏的作战经验后，他认为杭州的城防应该先解决江防，于是在隋朝旧城基础上，组织士兵和百姓在钱塘江北岸兴筑了全长五十多里的新夹城。第二期工程则是修造罗城，也就是所谓的外城。工程规模宏大，周长七十里，堪称大手笔。钱镠为此特意征用了二十多万民夫，还不惜动用"十三都"的军事力量。罗城修成后，杭州城的面积扩大了一倍以上，杭州自此形成了一座完整的城池，是现代杭州城的前身。第三期工程是兴筑子城，也就是内城，钱镠将原钱塘县、盐官县等部分地区划出新设钱江县，从此杭州市区的建置便基本奠定格局。钱镠前前后后差不多花了十四年时间，终于把杭州建成了“地上天宫”，为后来南宋建都杭州打下了基础，杭州也因此名列六大古都行列。

钱镠如此大兴土木，势必遭到百姓抱怨。百姓不敢当面提出，于是就写了个字条，大半夜偷偷地贴在城门上：“没了期，侵早起，抵暮归。”钱镠看到后，不但没有生气，还非常高兴，让人在旁边加了一句：“没了期，春衣才罢又冬衣。”钱镠这种幽默的回应，不仅舒缓了百姓的怨恨情绪，还向百姓传达了一个信息：他明白百姓的辛苦，但希望百姓能够理解支持他的决策。

众所周知，钱塘江大潮素有“天下第一潮”之称，许多文人慕名前来。李白感慨：“海神东过恶风回，浪打天门石壁开。浙江八月何如此，涛如连山喷雪来！”苏轼更是在《观浙江涛》中称赞：“八月十八潮，壮观天下无。”此言一出，千古流传。

钱塘潮虽然壮观，但给浙江百姓带来水患之灾。为此，钱镠发动民夫在钱塘江修建捍海石塘，用木桩把装满石块的巨大石笼固定在江边，形成坚固的海堤，一来保护江边农田不再受潮水侵蚀，二来是蓄水提供灌溉便利。钱塘江涌潮汹涌澎湃，开始时工程难以推进，总是海堤刚略具雏形，就被潮水冲垮，于是便有了“钱王射潮”的传说。捍海石塘的筑成，是一项值得后人赞叹的伟大工程。

钱镠不仅治潮，还治湖。他为了改善民生，开凿了九十九眼井（又称“钱王井”），引入西湖水供城中百姓使用，为此特意组建了一支号称“撩湖兵”的施工队，专门负责清理西湖中的淤泥，保持西湖的清澈。有风水师建议钱镠填埋西湖建造宫殿，以延续国祚千年。但钱镠哈哈大笑道：“焉有千年而其中不出真主者乎？奈何困吾民为！”继续让人疏浚西湖，兴修水利。据记载，除了西湖，钱镠还疏浚了太湖、南湖和鉴湖。只要是当时吴越境内的湖泊，无一不及。可以说，正是钱镠对于吴越地区的悉心治理，才使江南地区变成真正的鱼米之乡，也才有了“淡妆浓抹总相宜”的西湖胜景。

当然，不管是维修、扩建杭州城，还是治潮治湖，都需要大量的资金投入。因此，吴越的税收项目很多，如西湖渔民每日都需向钱镠缴纳一定数量的鲜鱼，名曰“使宅鱼”。此事还被罗隐作诗讽刺：“吕望当年展庙谟，直钩钓国更何如；若教生在西湖上，也是须供使宅鱼。”意思是说，如果姜太公来到西湖垂钓，也得每天给钱镠送鱼。这显然是在讽谏钱镠。钱镠从善如流，随即下令取消了“使宅鱼”。吴越虽然税目繁多，但大多都用之于民。因此，老百姓对钱镠的总体评价不错。两浙百姓还曾上表朱温，请求在两浙各州给钱镠立生祠，其风评可见一斑。钱镠晚年与僚属谈起杭州城的变化，众人各种拍马屁奉承，赞扬钱镠的功绩。钱镠却很清醒地说：“千百年后，知我者以此城，罪我者亦以此城。苟得之于人而损之己者，吾无愧欤！”

后唐长兴三年（932），钱镠病逝，终年八十一岁，在位四十一年，是五代十国享年最久的君主。钱镠治国有略，修身治家也十分严谨，他临终前订立了治家“十训”。这“十训”代代相传，世世因循，一直激励着钱氏后人。

《旧五代史》从正统史学角度出发，在批评钱镠晚年穷奢极欲的同时，也承认钱镠的历史功绩：“（钱）镠在杭州垂四十年，穷奢极贵。钱塘江旧日海潮逼州城，镠大庀（pǐ）工徒，凿石填江，又平江中罗刹石，悉起台榭，广郡郭周三十里，邑屋之繁会，江山之雕丽，实江南之胜概也。镠学书，好吟咏。……镠虽季年荒恣，然自唐朝，于梁室、庄宗中兴以来，每来扬帆越海，贡奉无阙，故中朝亦以此善之。”

钱镠之后，继承人钱元瓘（guàn）、钱弘佐、钱弘倧（zōng），谨遵循钱镠遗训，始终贡奉中原王朝；第五代掌门人钱弘俶（chù）更是顺应时势，最终“纳土归宋”。在这几十年间，中原纷争不断，群魔乱舞，吴越国内却鲜有百姓造反、兄弟失和、争权夺位的乱况出现。稍有波折的也就第四代掌门人钱弘倧，此人过于刚直，继位不到一年就被吴越大将胡进思囚禁，改立钱弘倧的异母弟钱弘俶继承王位。

钱弘俶继位后，为避讳宋太祖赵匡胤父亲名讳，改名“钱俶”。钱俶笃信佛教，在统治两浙期间，吴越境内建造佛塔无数，他重修灵隐寺，建造六和塔、保俶塔、雷峰塔，在烟霞洞、慈云岭、天龙寺、飞来峰等地开窟造像，使得吴越国成为当时名副其实的“东南佛国”。现如今，很多人去杭州旅游都会去看“保俶塔”，这座塔又叫“保叔塔”，后世讹传这座塔与钱俶被迫入宋有关。“保俶塔”的名称最早出自明代文人韩邦奇《登保俶寺》一诗，其中提到钱俶纳土归宋后，宋太祖召钱俶进京，杭州当地百姓害怕他不能平安归来，所以建塔祈福：“封疆吴越百年传，一渡长江竟不还。北望犹存萧寺塔，南归曾见御函笺。秋深宫殿迷寒草，日落湖山起暮烟。千古兴亡回首梦，清尊相对重悽然。”这首诗是韩邦奇出游杭州之作，可见，在明朝正德之前，保俶塔是为保佑钱俶所建的传闻就已经在民间流传。之后，明朝朱国祯《涌幢小品》、张岱《西湖梦寻》等书，都延续这种传说。随着这些著作广为流传，保俶塔就和钱俶联系在一起。

在真实历史中，保俶塔初建成于五代吴越时期的968年，最早叫“应天塔”。宋朝太平兴国三年（978），钱俶才被迫去开封。所以，所谓杭州百姓建塔为他祈福之说并不成立。北宋咸平年间（998—1003），一个叫永保的和尚重修此塔。根据《咸淳临安志》载：“僧永保建，故名保叔塔。”永保和尚当时年老，人尊称为“保叔”，所以叫保叔塔。南宋到元代，保俶塔几次毁坏，几次重修。到明代之后，根据田汝成《西湖游览志》记载，明代成化、弘治、正德、嘉靖年间，保俶塔屡毁屡建。万历七年（1579），保俶塔重修为七层重檐楼。入清之后，又历经数次维修。如今我们所看到的保俶塔，如果仔细观察的话，可以发现塔身第一层北面嵌有《重修宝石塔记》，上面记载保俶塔在民国二十二年（1933）重修。这次大修，保俶塔外观保持八面七层楼阁式塔身，但因为经费问题没有添建古塔外檐木构，仅留下了塔身砖心，所以塔的形状非常奇怪，远远望去像一个很瘦高的烟筒。

北宋太平兴国三年（978），钱俶审时度势，决定纳土归宋，将吴越国十三州、一军、八十六县、五十五万户悉数献给宋朝，成就了一段顾全大局、中华一统的历史佳话。临别故土前，钱俶祭拜钱陵庙，不禁失声痛哭："嗣孙俶不孝，不能守祭祀，又不能死社稷。"五代十国中，吴越国可谓一方乐土。钱氏五代掌门人个个追求善治，百姓得以生活安稳，无灾无险。北宋大文豪苏轼曾评价道："其民（吴越国百姓）至于老死，不识兵革，四时嬉游，歌鼓之声相闻，至今不废，其有德于斯民甚厚。"开创吴越国的钱氏家族，更是秉承祖训，一直绵延至今，代代都有人才涌现，被公认为"千年名门望族，两浙第一世家"。

五马争槽说南楚（上）

说到五代十国时期马殷以及他所创建的南楚，现在许多人可能不太清楚，但说到湖南长沙的马王堆汉墓，大家肯定有所耳闻。这个马王堆，就位于马殷家族的楚王墓葬群中。马殷所创建的南楚，更是历史上唯一一个以湖南为中心建立的政权，史称"马楚"，以潭州（治今湖南长沙）为国都。

中国历史上当过木匠的皇帝，大家都知道明朝的荒淫天子朱由校；另一个便是马楚的国主马殷。朱由校当木匠只是玩票，而马殷确实是木匠出身。此人出生困苦，年纪轻轻，以木匠维生。但在五代乱世，木匠无法维持生计，于是他转而投军，在五代第一吃人狂魔秦宗权麾下大将孙儒手下做偏将。后来，秦宗权派弟弟秦宗衡夺取淮南。不过这支南下军团很快就发生内讧，野心勃勃的副帅孙儒杀了秦宗衡，自己做了主帅。之后，孙儒又和先行来江南的杨行密发生冲突，孙儒战败被杀，旗下部众大都投靠了杨行密。当时的马殷和刘建峰等人不愿投降杨行密，就带着七千多残兵四处流窜。途中，刘建锋被推为主帅，马殷为先锋指挥使，兵马渐渐扩充到十多万。

一开始，他们在江西地区攻城略地，结果发现此地难以立足，于是转进湖南。当时湖南境内几乎没有强兵，地方贼首各自据郡为帅，势力单薄，非常适合进军夺取。所以，刘建锋几乎没费什么力气，就除掉了潭州刺史邓处讷，成为长沙之主。不过刘建锋胸无大志，恋酒贪色，并与手下陈赡的妻子私通。陈赡一怒之下，杀死刘建锋。潭州无主，众人推张佶为主。张佶坚请让位马殷道："马公勇而有谋，宽厚乐善，吾所不及，真乃主也。"老实人马殷从没想过要自己当老大，听到众人推举自己做老大，竟然不知如何是好。最后在亲信姚彦章劝说下，马殷这才走马上任，做了湖南地界的一把手。

掌握地方军政大权后，马殷开始开疆拓土，整个过程无比顺利，不仅讨平了衡（治今湖南衡阳）、永（治今湖南永州）、道

（治今湖南道县）、郴（治今湖南郴州）、连（治今广东连州）等五州的割据势力，统一了湖南全境，还攻占了岭南的桂、宜、岩（治今广西贵港）、柳、象等五州之地。尽管这些地方并非富庶之地，但胜在地盘广大，很有发展潜力。马殷虽然拥有不小的地盘，但是身处四战之地，北有后梁朱温，东有南吴杨行密，南有南汉刘龑，西边还有荆南、前蜀等势力，但凡一个不小心，就有灭顶之灾。于是，马殷和幕僚高郁商量对策。

高郁从实力对比入手，向马殷指出周边真正的对手只有杨行密，别的力量不足挂齿，并建议："不若上奉天子，下奉士民，训卒厉兵，以修霸业，则谁与为敌矣。"唯今只有去拜中原王朝的码头，获得名分地位，让杨行密等人不敢轻易动作，然后再励精图治壮大自身实力，才能在乱世中立足不倒。高郁这一策略，其实与吴越钱镠不谋而合。

马殷定策之后，他先是抱后梁朱温的大腿，后来李存勖建立后唐，他又第一时间遣使纳贡，终于在后唐明宗李嗣源时被正式封为"楚王"。这一年，马殷七十六岁。马殷既称楚王，遂效仿天子之制，改都城潭州为长沙府，修宫殿、置百官，史称"南楚"或"马楚"。马殷是个开拓型帝王，南楚最盛时辖有一府、一监、二十七州、一百零六县，置武安（驻今湖南常德）、武平（驻今湖南长沙）、静江（驻今广西桂林）等五个节镇，境土相当于今天湖南全省、广西大部和贵州、广东的一部分。建国之初，南楚奉行"上奉天子"的政策，不兴兵戈，保境安民，很少主动对外交战。

虽然打下湖南很轻松，但如何“赚钱养家养国”是一个大问题。在五代十国之前，湖南还是一个贫穷落后的蛮荒之地。当时，中原的后梁与杨吴势不两立，不仅称呼对方为“贼”，后梁还对杨吴实行经济制裁，禁绝江南茶叶卖入中原，以打击杨吴的经济民生。高郁看到其中商机，力主马殷大力发展丝、茶，设置官营茶监，组织商人收购茶叶，然后转销中原地区，以此交换战马和丝织品等南方缺少的物资，同时鼓励全民种茶，让百姓制茶卖给往来商旅，官府每年的税金收入超过百万。南楚靠茶叶贸易迅速发财，潭州也成为当时南方最大的茶市，还打出了自己的茶品牌，名号“八床主人”。

为了向全国各地招商引资，马殷大笔一挥，除茶叶之外，所有进出湖南的商品一律免税。于是，各地客商巨贾纷纷萃集三湘，往来贸易。有人可能奇怪，没有商税，南楚怎么赚钱？原来湖南盛产铅和铁，高郁针对这一特点，推出铅钱、铁钱。十文铅钱、铁钱可抵一文铜钱。铅钱、铁钱在湖南境内有非常好的信誉，但在湖南境外却不能流通。而南楚偏偏又规定，境内只许以官方铸造的铅钱、铁钱交易。这样一来，商人在湖南赚到的钱，不能出境使用，只能换购成湖南地方的特产后易地二次出售。这种做法和现在的“购物返券”有异曲同工之妙。马楚靠着“以境内所余之物，易天下百货，国以富饶”，经济迅速发展起来。

南楚的富强，招来了隔壁“荆南”土皇帝高季兴的嫉恨，对于出谋划策的高郁，更是欲除之而后快。高季兴先是派细作贿赂南楚内部嫉妒高郁的大臣，在马殷面前诬告高郁心怀不轨，意欲夺权。但马殷很清醒，直言道：“成吾功业，皆（高）郁力也！”高季兴不死心，转头找上了马殷的次子马希声，说高郁一向看不上马家子孙，暗存反志，南楚江山迟早要落入他手。马希声信以为真，逼着马殷解除了高郁的兵权。高郁闻讯愤怒道：“猘子（zhì zǐ，小疯狗，比喻凶暴之徒）渐大，能咋人矣！”（疯狗崽子长大了，会咬人了。）马希声得知后怒火中烧，一不作二不休，矫诏诬陷高郁谋反，将高郁一家老小及其同党全部族灭。

这时的马殷病重在床，高郁被害那天，长沙满天大雾，马殷颇感怪异，不禁对侍从说：“吾昔从孙儒渡淮，每杀不辜，多致兹异。马步院岂有冤死者乎？”（我从前跟着孙儒时，孙儒每次滥杀无辜，上天都会降下大雾。难道我南楚也有冤死的人吗？）第二天，高郁被害消息传来，年近八十的马殷听说此事，痛哭流涕道：“吾老耄，政非己出，使我勋旧横罹冤酷！”接着又绝望地说：“吾亦何可久处此乎！”此时，老迈的马殷确实权力尽失，只是名义上的一国之主，南楚的大权早已攥在次子马希声手中。没过几个月，马殷在气病中去世，终年七十九岁，谥号“武穆”。

在五代十国众枭雄中，马殷并不起眼，但他能在乱世赤手空拳打出一片天地，自有其过人之处。马殷性格中庸，但这并不代表软弱，他有智略，会用人，能伸能屈，为南楚的繁荣奠定了坚实基础。只不过老子英雄，儿子未必好汉。至于马殷的儿子们是怎么亡国的，后面接着说。

五马争槽说南楚（中）

话说马殷建立第一个湖南地方政权：南楚。马殷治下的湖南，经济发展蒸蒸日上。只不过南楚建国时，马殷已经是七十五岁高龄，可谓“夕阳无限好，只是近黄昏”，他不得不考虑接班人的问题。

老马生有三十多个儿子，史书留名的就有十五人。按照封建礼法，应由嫡长子马希振继位。马希振虽有贤才，但老马偏爱袁德妃，因此越序立老二马希声为世子。对此，马希振非常看淡，转头当了道士。老二马希声子凭母贵，当上了世子，但成天疑神疑鬼，总感觉有人要夺他的王位，于是趁着马殷病重，先是架空老爹，接着族诛功臣高郁，大权在握。马殷病逝之后，临终前遗命诸子“兄终弟及”，并将一把宝剑放在祠堂内，立誓：“违吾命者戮之！”这样，马希声就顺当地承袭了南楚王位。

南楚次帝马希声，可谓恶评如潮。根据记载，马希声特别崇拜朱温，刻意效仿朱温对吃鸡的爱好！马希声不吃则已，一吃惊人，他在广泛调研的基础上，确定了每天必吃五十只鸡的食单，不论口感，只求数量，少一只都不行。这可苦了楚王府的厨子们，每天绞尽脑汁，变着花样做鸡。实在想不出新花样，就把五十只鸡一股脑儿全倒在一口大锅中熬汤，能吃多少吃多少，能喝多少喝多少，只要凑齐五十只鸡即可。

即便在老爹发丧期间，马希声还不忘记吃鸡，他一连吃下数盘鸡肉，再一口气喝下几碗鸡汤，这才起身带领送葬队伍上路。如此有违礼法的不孝行为，引来南楚官员潘起的讥讽：“昔阮籍居丧食蒸豚，何代无贤！”西晋竹林七贤之一的阮籍是历史上有名的孝子，母亲下葬时，他先前没有表现出特别的悲痛，先是吃了一只蒸猪，喝了两斗酒，然后抚着母亲的灵柩号啕大哭道：“太让人难过了！”而后吐血几升，整个人顿时虚弱不堪。虽然阮籍的行为不符合当时礼法，但他是真孝子，真实地为母亲悲痛。马希声和阮籍不一样，父亲死后他面无异色，自始至终没掉一滴眼泪。所以，潘起说他是和晋代阮籍一样，是父母死后能吃能喝的贤才，其实就是讽刺他不孝。

作为吃鸡狂人，马希声没活多久，只当了两年多国主就死掉了，被后唐末帝追封为衡阳王。按他每天五十只鸡的数量，三年内能吃掉五万多只鸡，这样的吃法，即便没得肠胃炎之类的疾病，胆固醇、血压等各项指标肯定都会飙升。马希声虽然一门心思学偶像朱温吃鸡，却也算得上是个安分守己的国君，治国上随波逐流，既没做成什么好事，也没干什么大的坏事。即便被人诟病的“吃鸡”壮举，实际上也吃不垮一个国家。

马希声之后，第三代南楚王是老三马希范。巧的是，马希范和马希声同一天出生，两人同父异母，所以马希范对马希声先一步继位非常不服气，更因为母亲陈氏不如马希声母亲袁德妃得宠而羡慕嫉妒恨。马希范即位后就开始报复，马希声刚咽气，马希范就开始找袁德妃和马希声同母弟弟老四马希旺的晦气，处处刁难。袁德妃爱子心切，请求免去马希旺的官职，让他跟着老大马希振一块出家入道。马希范解除马希旺的军职后，把他软禁在竹屋中，禁止他参与兄弟间的任何活动。不久，袁德妃忧郁而终。没多久，马希旺也因忧愤而死。马希范另一个异母弟弟马希杲以贤能著称，由于监军裴仁煦的谗言，被贬至朗州。马希杲到了朗州后深得当地人心，马希范得知后更加不安，马上派人前去窥探。马希杲害怕，称疾求归，被马希范断然拒绝，派自己的御医前往“诊病”，趁机毒杀马希杲。

马希范比起马希声，还算有点本事，他执掌湖南大权十五年，虽然在内政外交上无足称道，但他终究将南楚马氏一脉维持到五代末期。他还有个治家得法的好妻子彭氏。彭氏是土家族官家之女，虽然长相较丑，但自幼受家庭的影响，通情达理，精明能干，在治家理事方面很有章法，把马希范也整治得服服帖帖。彭氏坚持以勤俭持家、量才用人、德政治国的治国安邦之道，一定程度压制了马希范的胡作非为。她在世时，也是南楚国势较为强盛的时期，她对马希范的国内政治多有匡助，尤其是在调停土家族首领彭士愁与南楚王庭的矛盾方面起到了很大作用，因为彭氏就是当时湘西土家族酋长彭士愁的堂姐。

彭氏逝世后，彭士愁便和马希范公开决裂，后晋天福四年（939）南楚爆发了湘西历史上著名的“溪州之战”。这场战争持续了两年之久，最终双方选择议和，还为此铸造了巨大的六角形铜柱立于溪州会溪坪。根据“溪州铜柱”的约定，彭士愁与南楚划江而治，酉水之南归南楚，酉水之北二十余州归彭士愁。双方和约中还规定，南楚军民不能随意进入溪州，不能在溪州辖区内征兵；彭士愁属下的部落酋长，如有冒犯南楚的，只能由彭士愁惩治，南楚不能发军讨伐；溪州辖区的官吏由彭士愁任免，等等。从这些条约来看，溪州虽重新纳入南楚版图，但也获得了半独立的政治地位，开创了当地彭氏湘西土司八百余年基业。直到清朝雍正年间“改土归流”，彭氏家族在当地的统治才告结束。

解决了溪州土著问题之后，马希范就开启了声色犬马、夜夜笙歌的荒淫奢侈生活，可谓“酒色财赌”四毒俱全。哥哥马希声爱吃鸡，弟马希范则爱盖楼，后晋天福七年（942），马希范开始建造天策府，楼宇宏伟高大，门窗栏槛都用金玉装饰，光涂刷墙壁用的朱砂粉就用了几十万斤；铺盖地面用地衣，春天和夏天用竹篾编织的席子，秋天和冬天用木棉纺织的布匹，极尽奢华。另外，他还修建了会春园、嘉宴堂等多处豪华建筑作为陪衬。平日里，马希范与他的子弟以及僚属游乐饮宴在其间，姬妾莺歌燕舞，好不快活。马希范建造九龙殿，用沉香木雕刻了八条龙，都用金银珠宝作饰物，长十多丈，绕柱相向，栩栩如生；马希范自己呢，坐在其中，把自己当作真龙天子。为此，他戴上一丈多长的头巾，用来象征长长的龙角。

楚国境内多产金银，茶叶利润丰厚，一直以来财用富足。马希范贪欲无尽，还喜欢炫耀夸示，他命令军队制作黄金装饰的长枪大槊，又沉又重，只可以执举，不能实战。他从湖南各地富家子弟中募集八千多人设“银枪都”为御林军，选拔之人个子必须高大，长相必须丰满润泽。每次出行，这些“银枪都”军人排场盛大，像演戏一般。

荒唐之外，马希范还非常淫暴。某次，马希范看到一个外地商人的妻子非常貌美，竟然找借口杀了人家的老公，然后把美人唤入殿中欲行强暴，岂料商人妻子性格刚烈，不堪受辱，毅然上吊自杀了。

马希范纵情声色，奢侈无度，没几下就把老马积累下来的家底，花得七七八八。

接下来，马希范会怎么做呢?

五马争槽说南楚（下）

话说马希范上位后，一开始还能内修德政，外御强敌。但这位仁兄后劲不足，很快就开始穷奢极欲起来，今天胡吃海喝，明天巧取豪夺，后天大兴土木，老马留下的家底，愣是被他挥霍得所剩无几。

没了钱，马希范便开始从老百姓身上搜刮，他采用孔目官周陟的建议，在平常的租税之外额外征收大县贡米二千斛，中县一千斛，小县七百斛，没有米的县就输纳布帛。他还常常派使者到田间地头查核田亩，这些人以增加顷亩为己功，时间一长，老百姓就因负担不起租赋，纷纷逃走。天策学士拓跋恒曾上言劝阻，但马希范却不以为然，还说："但令田在，何忧无谷！"为了赚钱，马希范还听任庶人捐钱拜官，按出钱多少定明官职高低等级。老百姓要是犯了罪，有钱的捐财，强壮的服役，贫穷体弱的只能受刑罚，导致南楚民怨沸腾。更有甚者，他还设立举报台，让老百姓投匿名信相互告发，以致有人因诬告遭到族诛的惩罚。

后来契丹军队攻打后晋，中原大乱，南楚的牙将丁思觐劝马希范乘机北伐中原，成就霸业："先王起卒伍，以攻战而得此州，倚朝廷以制邻敌，传国三世，有地数千里，养兵十万人。今天子囚辱，中国无主，真霸者立功之时。诚能悉国之兵出荆、襄以趋京师，倡义于天下，此桓、文之业也。"结果马希范表示说楚国到处都在兴建府署宫殿，暂时没钱没人去攻城略地。这一番回话，把丁思觐给气坏了。他回到家，对手下人说："古人疾没世而名不称，今遭逢扰攘，不能立功于天下，反顾恋数间屋子乎！诚可痛也。"

马希范当了十五年的南楚国君，后晋开运四年（947）病逝，享年四十九岁，谥号"文昭王"。这时的南楚，已经开始日落西山。临终前，马希范不按常理出牌，绕过兄弟年序最长的马希萼，传位给最疼爱的胞弟马希广，使马希萼非常不满。马希萼的胞弟马希崇，更是心怀鬼胎。要知道，老马实在有太多儿子，虽然说兄终弟及，上位的机会似乎人人都有，但年岁不饶人，排在前边的兄弟还能过过瘾，排在后边的可能就是终生陪跑。于是，马希崇表示马希范废长立幼，违反父亲兄终弟及的遗命，挑拨马希萼造反，并自告奋勇做内应，随时给哥哥传递情报。

马希范死后，马希萼率领部队从朗州赶来奔丧。率军奔丧，必有所谋；当断不断，必受其乱。大臣周廷诲、张少敌嗅到危险的气息，力劝马希广除掉马希萼，没想到马希广懦弱心软，说：“吾何忍杀兄，宁分潭、朗而治之。”话虽如此，马希广并没有与马希萼分地而治，而是半路阻拦，用一大堆豪礼把马希萼礼送回朗州。

马希萼自然并未就此罢休，他暗中遣使到汴梁，向后汉隐帝刘承祐请旨封王。刘承祐此时正全力平定三镇叛乱，根本没心思管南楚的事，只是发了一道玺书安慰马希萼，希望他能就此打住。马希萼觉得后汉朝廷偏袒马希广，愤而向隔壁的南唐称臣，公然起兵夺位，率军进攻南楚都城潭州。临行前，他媳妇苑氏劝他道：“兄弟相攻，胜负皆为人笑。”但马希萼根本不听。

马希广得知马希萼造反，吓得要主动让位，在大臣刘彦瑫等人力劝下，才鼓起勇气，挥师迎战。没多久，楚军大获全胜，还缴获了三百艘战舰。正想乘胜追击时，马希广再次心软，以不愿伤其兄为由，传令收兵。马希萼划着一条小船狼狈逃回朗州。苑氏听闻战败，又羞又愤，选择了投井自杀。

夹着尾巴逃跑的马希萼并没有放弃夺权，很快又卷土重来。这一次，他没选择正面硬碰硬，而是巧妙地利用辰州、梅山一带的“蛮族”力量，扰乱南楚后方，牵制马希广的兵力，同时请南唐李璟出兵相助。马希广得知消息后派军讨伐，却遭惨败。得知兵败后，马希广大惊失色，遣使向刘承祐求援。然而当时的后汉，正是泥菩萨过河自身难保，无力救援。马希崇见状，除了暗中给马希萼通风报信外，还在马希广军中制造谣言扰乱军心，结果被人揪出。众人劝马希广杀马希崇以稳军心，马希广心软含泪道："吾弟也，焉忍杀之？"放走了马希崇。

很快，马希萼自称"顺天将军"，率兵沿江而上，屯驻在湘江西岸，与马希广的楚军隔岸对峙。马希广情急无策，竟求助神佛，不仅穿着僧服日夜祷告，还在江边立起几个巨大的怒目金刚像直指对岸。这时，大将彭师暠（hào）献计："武陵兵骄，杂以蛮蜑（dàn），其势易破。请令可琼等阵山前，臣以步兵三千，自巴溪渡江趋岳麓，候夜击之。"（马希萼等骄纵轻敌，中间又夹杂着一些蛮夷士兵，破绽百出。只要许可琼领兵在山前摆开阵势，我率三千步兵抄到岳麓山后，趁夜偷袭，必可一举而定。）彭师暠这计划虽然不错，只可惜许可琼早已暗通马希萼，极力反对。眼看许可琼吃里爬外，彭师暠劝马希广除掉这个的叛徒。但希广念及他爹许德勋往日功勋，始终犹豫不决。

马希萼可不会再给马希广翻盘的机会，全力猛攻长沙的长乐门，许可琼随即倒戈，牙将吴宏、杨涤见状弃城而逃。马希广见大势已去，带着全家老小躲进祠堂。马希萼率兵找到马希广，看他吓得瑟瑟发抖，不由起了恻隐之心，毕竟这个异母弟弟心地善良，一直以来一心与自己讲和，如今成为阶下囚，对自己再无威胁，于是就说：“希广懦夫，为左右所制耳，吾欲生之，可乎？”结果手下人无人表态，一片沉默，马希萼无奈狠下心，下令将马希广缢死。随后，马希萼自行即位，当上了楚王。

然而，马氏兄弟相残的故事还远没结束。上位后的马希萼志得意满，杀光了马希广的旧臣心腹，然后日日纵酒荒淫，军政大事全部交给同胞弟弟马希崇处理。马希萼信任弟弟马希崇，弟弟却不甘人下，觊觎哥哥的王位，一直暗中与大将徐威等密谋作乱。马希萼仅当了八九个月的楚王，就被弟弟马希崇政变推翻，囚禁于衡山。此时的南楚，已是支离破碎，内有朗州节度使刘言裂土分疆，南有南汉中宗刘晟入境侵边，东有南唐中主李璟虎视眈眈。马希崇称王之后，荒淫无度，人心不附。被囚在衡山的马希萼，被几个南楚旧将乘乱放出，拥立为“衡山王”，南楚再次陷入兄弟阋墙的混乱之中。

南楚两王并立，互相攻杀，哥俩不约而同向南唐求救，结果引狼入室，公元 951 年，南楚被南唐灭亡。之后，马希萼作为一个没有利用价值的政治废物，被南唐封了个江南西道观察使的虚衔，仍封“楚王”。之后他在入京觐见时，被南唐元宗李璟扣留，两年后在南唐都城金陵病死，谥“恭孝王”，实际他既不恭也不孝。至于马希崇，南唐大将边镐率军进入湖南之后，他马上率领马氏全族投降。南楚灭亡后，老马家一度被带到金陵做寓公，随后又被送到扬州监视居住。马希崇被南唐封为永泰节度使，但实际也只是个虚职。后周世宗显德三年（南唐元宗保大十四年，

956），后周攻打南唐，占领扬州，把马氏家族都迁往后周都城大梁。后周世宗封马希崇为“羽林统军”，也是一种给高级俘虏的虚职。至于马希崇后来的经历与生死，史书没有特别记载。

南楚自从马殷死后，几个儿子为了王位你争我夺，引发内乱，史称“众驹争槽”或“五马争槽”。南楚灭亡后，湖南地区一直在折腾。先是刘言将南唐大将边镐赶出湖南，然后是刘言的部将王进逵杀掉刘言，潘叔嗣杀王进逵，周行逢杀潘叔嗣，始终战乱不休。北宋乾德元年（963），宋朝大将慕容延钊率兵杀入朗州，湖南才完全并入北宋版图。

混沌大闽几多难（上）

五代十国时期，在南方九国中，除前蜀和南吴较早灭亡外，其余政权中最先被灭的是闽国。闽国坐拥福、建、泉、漳、汀五州，地盘与今天的福建省大致相当。秦汉以前，中国经济的重心始终在黄河流域，南方一带则是人烟稀少的蛮荒之地。安史之乱后的中晚唐时期，江南才有了较大的发展，今广东、湖南、福建这些曾经的“后进生”纷纷逆袭，一跃成为经济发达地区。

说起古代福建的发展，有一个人注定绕不过去，可以说没有他，就没有现在经济发达的福建。这人便是王审知，闽人尊称他是“开闽尊王”。王审知出生在河南固始的一户农户家中，据说他祖上是有名的世族琅琊王氏，远祖可追溯至秦朝名将王翦。王审知在家排行老三，老大王潮，老二王审邽（guī）。这哥仨都体形魁梧、才艺过人，在当地小有名气，人称“王氏三龙”。

唐末黄巢起义，天下大乱，很多人跟风造反。安徽寿州一个叫王绪的杀猪匠，也拉起一支五百人的队伍，竟然一路打进了河南光州（治今河南潢川）。王绪听说王氏三兄弟有才，便招揽他们入伙，委派老大王潮做了粮草官。王绪在光州一带横行，地盘被大佬秦宗权盯上。王绪实力不足，不敢与秦宗权对抗，只好南下发展，从河南流窜到今天的福建漳州，队伍也发展到了数万人。

福建远离中原，山多地少，物产不丰，当时属于兵家不争之地。咱们都说蜀道难，但其实闽道之难胜于蜀道。闽道难在福建山多，可以用“地无三里平”来形容，陆路特别难走。历史上很长一段时间，中原人去福建，或福建人去中原，大多走海路，因此许多人错以为福建是一个岛屿。中原王朝虽然后来为开发福建开通了几条闽道，但道路还是非常艰险，悬崖林立，稍有不慎就会掉进万丈深渊。而这种地理劣势，后来却成为闽国能在五代乱世偏安一隅的一大原因。

进入福建后没多久，王绪就借口路险粮少，下令抛弃所有老弱病残。当时，只有王潮兄弟带着老母随军，王绪命人杀王母，在众将求情下才作罢。后来，王绪变得敏感多疑，总是找借口除掉那些比自己厉害的人，就连妹夫刘行全也没放过，导致军中头目人人自危。王潮担心被害，决定先下手为强，便游说前锋诸将，反过来把王绪干掉了。此后，王潮被拥戴为主帅。王潮接任主帅后，兄弟三人同心协力，大力整顿军队。路过泉州时，泉州军民派代表请他驱逐当时横征暴敛的泉州刺史廖彦若。泉州当时是福建的一座大城，也是个良港，海上贸易发达，比较富庶。王潮觉得这是一个立足的机会，便顺应民意，率军一举攻陷泉州。唐朝福建观察使陈岩也顺应民意，表奏王潮为泉州刺史。自此，王潮有了自己的战略根据地。

五年后，陈岩病重，深知王潮德才兼备，又得百姓爱戴，打算把福建军政托付给王潮。不料陈岩的妻弟范晖反对，趁机夺取了政权。范晖当政后，骄横不法，不得人心。陈岩的旧部纷纷投奔王潮，劝王潮出兵福州，统一福建地区。范晖、王潮双方开战，王审知领兵出战，最终以围困之策兵不血刃夺取福州，其他州县望风而降，尽得福建全境。随后，王潮入主福州，被唐廷封为福建观察使，王审知因军功被封为副使，朝廷正式承认王氏兄弟对福建的统治，奠定了闽国基础。之后王潮病逝，王审知继任。朱温篡唐称帝后，又加封王审知为闽王，闽国正式成立，成为福建历史上唯一一个割据政权。

王审知继位后，摆在他面前的头等大事，就是稳定局势。闽国在地缘格局上，缺乏发展空间。当时的福建，东临大海，北有吴越，西有杨吴，南有南汉，几乎被各路诸侯锁死。加之福建土地贫瘠，人口不到百万，交通不便，经济落后。所有这些因素，不足以支撑王审知走扩张的道路。因此王审知和吴越王钱镠一样，宁可做开门节度使，也决不当关门天子，始终奉行对中原王朝称臣纳贡的政策。闽国先后奉后梁、后唐为正朔。对相邻的小国，更是以和为贵，同邻居吴越、南汉结为姻亲，通过联姻手段实现睦邻友好。所以，闽国成为五代乱世之中少有的安全区。

没有了外扰，王审知一门心思埋头搞发展：他以身作则，厉行节俭；整顿吏治，任人唯贤；轻徭薄赋，与民休养；延揽人才，发展教育。另外，他和吴越、岭南一样，不遗余力地发展海外贸易，还根据福建临海的地缘特点，大力建设甘棠港、福州港、泉州港。当时福建最重要的对外通商口岸就是泉州，所以泉州的海外贸易在五代十国时期非常发达，是与广州齐名的中国南方两大贸易口岸。当时朝鲜、印度、苏门答腊等地常有商船往来，可谓赚足了银子。

国库充盈，王审知就有足够的资金搞基建。他扩建福州城，兴建沿海大堤，围海造田。他下令铸造铁钱、铅钱，和铜钱并行境内。铜钱当时是第一等货币，相当于现在的黄金储备。王审知造铅钱、铁钱的动机，和湖南马殷差不多，都是为了保护境内的经济发展，减少铜钱外流，同时带动福建的商贸发展。在以上政策之下，闽国虽小，但经济实力迅速发展，很快跻身五代十国的第一梯队。

王审知主政闽国近三十年，其间福建得到了快速发展，出现了“时和年丰，家给人足”的景象，闽国国力强盛一时。在王审知在位期间，福建基本上没有发生重大战事，“三十年间，一境晏然”。后唐同光三年（925）十二月，王审知在福州病逝，享年六十四岁。为了纪念王审知的治闽功绩，福建百姓建祠立庙进行祭祀，闽王祠、忠惠庙、护国尊王庙等祭祀王审知的祠庙大批涌现。每逢王审知祭日，福建地区到处人山人海，致祭者络绎不绝。

王审知辛苦开创了闽国基业，闽国繁荣一时，却没有选好接班人。王审知在世时，长子王延翰还能服从管教，有所作为。但老王逝世之后，即位的王延翰就放纵天性，胡作非为。他尤其喜欢选秀，到处挑选美女，纳为后宫。王延翰好美色是有其原因的。王延翰是个美男子，欧阳修《新五代史》记载："（王）延翰为人长大，美皙如玉。"但他嫡妻崔氏却是个丑陋、善妒、剽悍的女人。崔氏出身博陵崔氏大族，凶悍跋扈，王延翰拿崔氏一点办法都没有，他纳了多少美人，崔氏就折磨虐杀了多少美人。这个变态丑女将那些貌美姑娘统统幽禁起来，用刑具束缚，甚至刻木为人手，用来抽打美女的脸颊，还用铁锥刺她们，听她们的哀嚎以为乐事。短短一年内，崔氏就折磨死了八十四个美女。恶有恶报，一天崔氏正在花园玩耍，天降神雷，劈死了这个恶妇。

王延翰的其他兄弟，只看到大哥日子过得美滋滋，心里实在羡慕眼馋。天成元年（927）十二月，老二王延钧秘密联合王审知的养子王延禀，忽然起兵造反。王延禀率领一百多壮士直奔福州西门，乘梯进入城内，接着攻入内宫，抓住王延翰。十二月初八日早晨，王延禀对外宣布，王延翰与妻子崔氏合谋毒死父王王审知，然后在紫宸门外公开斩首王延翰。当天，王延钧到达城南，王延禀打开城门，宣布王延钧为威武军（驻福州）留后。王延钧就此成为第三代国君，改名王鏻（lín）。

王鏻继位之初，首先面对的是王延禀的挑战。王延禀帮助王鏻夺得王位后返回建州（治今福建建瓯）时，王鏻特意到郊外饯行。临别前，王延禀态度嚣张地对王鏻说："善守先人基业，勿烦老兄我再来！"没过几年，王延禀不请自来，出兵围困福州城，准备干掉王鏻自己上位。结果王延禀高估了自己的实力，反被王鏻生擒。王鏻看着王延禀灰头土脸的样子，讥讽道："予不能继先志，果烦老兄复来！"王延禀无言以对，乖乖跪地等待斩首。

根除王延禀这一大隐患后，王鏻本性逐渐暴露，可谓五毒俱全。为啥这么说呢?

混沌大闽几多难（中）

话说王鏻是第三代闽王，他崇信鬼神、玄幻之说，为了修仙飞升，对巫蛊方士言听计从。他非常信任道士陈守元，特意给他盖了一座"宝皇宫"。一次，陈守元对王鏻说："宝皇命王少避其位，后当为六十年天子。"王鏻欣然退位，让长子王继鹏暂代朝政。不久，王鏻复位，问陈守元道："六十年后将安归？"陈守元虔诚回道："六十年后，当为大罗仙人。"王鏻对此回答非常满意。

吴越王钱镠病逝，王鏻垂涎钱镠被中原王朝加封的"尚书令”头衔，上书李嗣源求赐。唐朝自太宗李世民任尚书令之后，即不设此专职，五代十国时期也只会授予德高望重的老臣，而论资质、功劳，王鏻都没有资格得到这个官衔。王鏻眼见事不如愿，恼羞成怒，开始断绝给后唐的贡赋。而后，在后唐长兴四年（933），他自己在宝皇宫正式称帝，改元龙启，国号大闽。由此，闽国正式升格为“国家”。

王鏻在位时，宠信小人，枉杀忠良。由于闽国疆域、资源有限，国库时常枯竭，王鏻提拔中军使薛文杰为国计使，负责在境内捞钱。薛文杰专抢大户，谁家有钱就诬指造反，没收家产充公，为此得罪了许多地方豪强。为了转移火力，薛文杰向王鏻推荐妖巫徐彦，并对他说：“陛下左右多奸臣，不质诸鬼神，将为乱。”王鏻言听计从，马上让徐彦在宫中做法，察看是否有奸臣。

薛文杰和枢密使吴勖不和，拿他开刀，趁着吴勖告病，薛文杰特地设了一个连环套。他先是假惺惺地对吴勖说：你经常请假，皇帝不开心，要把你撤了。吴勖一听饭碗要丢，连忙请教对策。薛文杰为他支招，让吴勖说自己没别的病，只说是头痛，吴勖信以为真。第二天，王鏻派妖巫“开天眼”，查看吴勖的病情。妖巫施法后对王鏻说，我看到神灵在拷问吴勖谋反之案，正用金锥刺吴勖脑袋。王鏻觉得不可思议，把妖巫的话告诉薛文杰。薛文杰装作毫不知情。王鏻派人到吴勖家中询问，吴勖按薛文杰的建议，表示说自己只是头痛而已。王鏻一听，更觉得是上天显灵，二话不说将吴勖下狱，然后派薛文杰严加审讯。吴勖受不了酷刑，自诬谋反，结果自然是全家被杀。

吴勖是闽国军队的中坚，深得军心，薛文杰设计陷害吴勖，将士听说吴勖被杀，愤怒不已，恨不得活剥了薛文杰。恰好这年，杨吴军队进攻建州，闽国北方边境陷入战乱。王鏻派大军前去支援，士兵们在行军中拒绝前进，要求惩治薛文杰。王鏻本舍不得薛文杰这个财神，但长子王继鹏劝说他以战事为重，遂将薛文杰交给士兵们发落。薛文杰擅长占卜，临行前给自己算了一卦，笑对家里人说："我三日后灾可自消。"不巧此话被负责押送的人听到，于是铆足了劲，两天内就把人送到军队。士兵们看到薛文杰群情激愤，立刻给他来了个五马分尸，尸体更是被愤怒的百姓分食一尽。

王鏻是个少见的"双性恋"。他正妻早死，继室金氏性情贤惠，却不受宠。他最宠爱的人竟然是他爹曾经的婢女陈金凤，后来更被王鏻立为皇后。两人欢爱毫无顾忌，王鏻特地在寝宫中摆了张超大龙床，四周装饰着水晶屏风和粉红纱帐，称为"九龙帐"。每当夜深人静，他便让人点上几百支金龙烛，将整个寝宫照得亮如白昼，然后和陈金凤就在九龙床上颠鸾倒凤，还让侍女们在旁观看。龙床超大，王鏻就让侍女们一块光着身子躺着，玉体横陈，狂蜂浪蝶，好不快活。王鏻并不满足于女色，还喜好男风，特别宠爱一个叫归守明的，亲昵地称他为"归郎"。

沉溺淫欲的王鏻，终有吃不消的一天，由于私生活过于糜烂，年龄渐老后他身患风疾，瘫痪在床，从此对后宫的男女尤物有心无力。王鏻不行了，陈金凤、归守明两人按捺不住放荡本性，竟然搞在一起。一个“归郎”满足不了陈金凤，归守明又引荐百工院使李可殷代劳。说来也巧，王鏻的九龙帐就是由李可殷监工的。闽人吃瓜群众有心恶搞，将此事编成歌谣，到处传唱：“谁谓九龙帐，惟贮一归郎！”

王鏻好色，儿子王继鹏有样学样。王鏻搞老爹婢女陈金凤，王继鹏就搞王鏻的婢女李春燕，真是不是一家人不进一家门。李春燕长得比陈金凤更漂亮，王鏻特地为她精心打造了一个“东华宫”，从上到下从里到外，全是珍贵的装饰。李春燕狐媚技艺比陈金凤略逊一筹，逐渐被王鏻冷落，她耐不住寂寞，就和王继鹏搞在一起。王鏻病重时，王继鹏借机向他讨要这个婢女。王鏻虽然怏怏不乐，但还是赐给了儿子。对此，王鏻次子王继韬看不下去，联合百工院使李可殷密谋诛杀王继鹏，王继鹏又联合皇城使李仿共同对付二弟。

永和元年（935）十月十八日，王鏻强撑病躯，升殿犒赏将士。几杯酒之后，突然眼前一花，大呼看见王延禀找他索命。李仿以为王鏻病入膏肓，不经请示就把对头李可殷杀了。结果隔天上朝，王鏻活得好好的，质问李仿为什么杀李可殷，李仿惊慌而出。王继鹏决定先下手为强，马上带兵攻入宫中。王鏻被兵士们堵在了九龙帐内，一通乱刺后，肚破肠流，但辗转不死，宦者不忍见他受苦，就用绳子把他勒死。王鏻二儿子王继韬和陈金凤、归守明等人，随即也被李仿杀掉。

王鏻以杀死兄弟得位，以被儿子杀死收场，冥冥之中，报应不爽，死后谥号“惠皇帝”。他在位近十年，笃信乱神怪力，在败家子的路上越走越远，好在与邻国关系尚好，所以在位期间，闽国百姓的日子还算安定。

王继鹏杀掉老爹后，继位改名王昶。不久之后，篡弑“功臣”李仿也被王昶设计杀死。婢女李春燕顺势成为皇后，王昶还特意为她建造了一个比东华宫更豪华的“紫微宫”。王昶不是什么贤能之君，他的迷信和奢侈比父亲更甚，他比老爹更宠信道士陈守元，事无大小全和陈守元商议，还耗费数千斤黄金修建豪华的三清台，供奉道教诸神。王昶如此败家，国库很快就底朝天。于是，他一边让人到处搜刮民财，一边又加重赋税，百姓养的鸡鸭、种的果蔬全都课以重税，人人叫苦不迭。

可能是因为得位不正的缘故，王昶对待宗室更为刻薄。他先是把叔父王延武、王延望和他们的五个儿子一起杀害；后又罢免了弟弟建王王继严。王继鹏这一通乱作，最终引发了一场兵变。这又是怎么一回事呢，咱们后面继续。

混沌大闽几多难（下）

话说王昶弑父得位，恐惧宗室效仿，开始忌杀王姓宗室。他喜欢夜宴，强制群臣喝酒，然后趁人酒醉寻找过失。堂弟王继隆醉后失礼，直接被斩。叔叔王延曦为了保命，只得装疯卖傻，整天装作神志不清。王昶不知真假，把他发配到武夷山当道士，随后又觉得不保险，又把他押回宫关在小黑屋中。小黑屋暗无天日，孤寂难挨，王延曦开始酗酒，用酒精麻醉神经，渐渐被人遗忘。

王鏻在位时，曾对王审知的亲兵进行改组，设拱宸、控鹤二都。这两支队伍先后参与了两次兵变，一次是杀薛文杰，一次是杀死王鏻。王昶不信任拱宸、控鹤二都亲兵，担心兵变再次发生，于是重新招募了两千心腹亲军。王昶对待自己的亲军“宸卫都”非常慷慨，给予的俸禄、赏赐比拱宸、控鹤二都都高得多，他还数次公开轻侮拱宸、控鹤两大都头朱文进和连重遇。当时甚至有传言，王昶想把拱宸、控鹤二都调出京城福州，全部下放为地方军。因此，引起连重遇和朱文进等人的强烈不满。

不久之后，有巫士预言宫中有灾，王昶暂时移居南宫。几日后，宫中果然发生火灾，王昶派连重遇带人清理火灾现场，不得要领，王昶怀疑是连重遇部下纵火，想借机烧死自己。内廷学士陈郯（tán）私下将此事转告连重遇。连重遇决定孤注一掷，率先发难，纵火焚烧皇宫。眼见四面火起，王昶带着李春燕等人逃离都城，半路被堂兄王继业俘获，灌醉后被绞杀，李春燕及王昶的几个儿子，包括他弟弟王继恭也都被杀死。王昶死后，连重遇和朱文进将被王昶囚禁的王延曦释放，拥立为君。王延曦上位后，改名王曦。

在历任闽王中，王曦是口碑极差的一个。他骄奢淫逸，酷苛暴虐，猜忌宗族比侄子王昶更甚。他继位之后，侄子王继严、王继业、王继柔接连被杀。除了诛杀宗室，他还多寻旧怨，刻意报复。王昶在任时，闽国同平章事王倓（tán）说新罗国进献的宝剑可以斩杀不忠之臣。当时王曦已怀有叛心，被吓得不轻。王曦即位后，命人刨开王倓的坟，把尸体扒出来用剑狂刺，直至面目全非才罢手。闽国校书郎陈光逸觉得王曦这么做没有道德，冒死进谏。王曦怒不可遏，将陈光逸鞭挞数百下，见人未死，又让人用绳索将他吊死在树上。王曦爱钱如命，以嫁女儿为由，收取大臣的份子钱，但凡不送礼的统统挨打；一些大臣犯了罪，花钱就可以消灾。王曦也同样好男色，竟然和外甥李仁遇鬼混在一起，甚至还让外甥担任闽国宰相。

王曦虽然不迷信巫术，但十分好酒且酒品极差，喜欢强迫人喝酒不说，醉了还要把陪酒的人拉出去杀头，隔天酒醒了又后悔。为此，每当他醉酒要杀人时，左右侍从见怪不怪，先把人拉下去装装样子，等到第二天再放出来，仿佛什么事都没发生过。时间一久，陪酒的翰林学士周维岳练出了酒量。王曦好奇，想看看他的酒肠和自己有什么不同，好在当时被人劝止，说周维岳被剖腹了，日后就没人陪着畅快痛饮了，周维岳这才逃过一劫。王曦醉酒，有人胆战心惊，也有人渔翁得利。他的宠妃尚贤妃经常趁王曦醉酒吹枕边风，想杀谁就杀谁，想赏谁就赏谁，对朝臣拥有生杀予夺权力。皇后李氏曾陪王曦同甘共苦，一起待过小黑屋，那时两人感情笃厚，如今尚贤妃受宠，自己遭到冷落，恨得咬牙切齿。

不光李皇后有气，王曦外任建州节度使的弟弟王延政也很生气，多次上书劝谏王曦。结果，不仅遭到王曦的斥骂，王曦还多次派人到建州刺探军情。随后，闽国内战打响，战事持续了三年，王延政索性在后晋天福八年（943）在建州自立称帝，国号“大殷”。从此，闽国正式一分为二。虽说王延政掌握着军权和政权，可辖区仅有五个县，所以又被称为“五县天子”。由于打仗需要军资，所以王延政横征暴敛比起哥哥王曦更狠。眼见王氏内讧，福建地区一片混乱，南唐担心吴越趁机渔利，对己不利，急忙遣使劝和。王氏兄弟不听，依然互相攻伐，导致福建一带“暴骨如莽”。

王延政自立称帝，使得王曦更加猜忌宗亲，在福州大肆诛杀王氏宗亲，一些有功之臣也难以幸免，就连拥立他上位的连重遇、朱文进两个人也逐渐感到害怕。王曦早就对两人的“从龙之功”心怀忌惮，话里话外多次敲打。一次酒兴正浓时，王曦故意对两人吟诵白居易的诗：“惟有人心相对间，咫尺之情不能料。”此话一出，吓得两人痛哭流涕，俯身跪拜，直呼自己绝无异心。这两人的党羽魏从朗，被王曦借酒醉处死。李皇后妒忌尚贤妃的受宠，又担心儿子王亚澄皇储地位不保，于是先下手为强，暗中联合朱文进、连重遇两人一起颠覆王曦，扶儿子王亚澄为帝。

后晋天福九年（944），适逢李皇后的父亲李真生病，王曦前去问候老丈人，免不了又是一场拼酒大会。王曦大醉而归，被左右扶回宫，随行扈卫的朱文进、连重遇趁机指使拱宸马步使钱达刺死王曦。王曦共在位四年，庙号“景宗”。兵变成功后，李皇后的儿子王亚澄并没有登上皇位，反而是朱文进被乱兵拥为主上。之后，朱文进屠杀包括王亚澄在内的王氏宗族五十余人。李皇后的“太后梦”破碎了，就连自己的性命也没保住。

建州的王延政听说王曦被杀、朱文进夺位后，喜出望外，立即起兵讨伐。由于朱文进弑主自立，不得人心，被打得节节败退。朱文进的好兄弟连重遇为了自保，派人暗杀毫无防备的朱文进，不料副将李仁达反过来又杀死连重遇，转向王延政投降。先前一分为二的闽国再次合二为一。王延政改殷国为闽国，自称闽帝，国都仍旧设在建州，以福州为东都，派次子王继昌坐镇福州。

由于长期的骨肉相残和内战，闽国实力大大削弱。南唐李璟不想浪费兼并邻国的大好机会，趁机发兵攻打闽国。当时南唐国力强盛，王延政无力抵挡，躲进建州城当了缩头乌龟。建州危在旦夕，福州也后院起火，王延政的儿子王继昌为人愚昧懦弱，嗜酒成性，不关心将士，部下对他多有怨恨。先前杀死连重遇的福州将领李仁达趁乱擒杀王继昌，他本想自立为王，又怕众人不服，就请当时福州很有声望的高僧卓俨明出面拥他为帝。卓俨明生有异相，面有重瞳，双手过膝，信徒众多。等到军权在握，人心稳定，李仁达就派人刺杀了卓俨明，自立为“威武留后”，随后以福州城归附吴越国。至于王延政，孤立无援，不久之后城陷而降。闽国就此灭亡，国祚三十六年。王延政作为俘虏，后来被送往南唐都城金陵，没多久就病死了，被南唐追封为“福王”，谥号“恭懿”。

后来，镇守泉州的留从效驱逐南唐势力，割据泉州、漳州自立，成为事实上的独立小朝廷。留从效与他的继任者陈洪进一直周旋于北宋、南唐之间，割据二州长达三十多年。直到太平兴国三年（978），陈洪进主动纳土降宋，宣告北宋对闽南地区完全统一。

闽国的建立得益于王潮、王审知三兄弟的精诚团结，结果最后又亡于内部兄弟相残。王氏兄弟为了争权夺利，一轮接一轮上演骨肉相残的悲剧，弟杀兄、子弑父、叔杀侄，短短三十余年就换了六个君王。更不幸的是，这几任君主都是暴君和昏君，不是喜欢滥杀无辜，就是重用奸臣，执政理国混乱不堪。所以，闽国走向灭亡，实属情理之中，理所应当。

无赖荆南夹缝存

一般来说，大国周边的小国，往往成为大国争霸的炮灰，但五代十国之一的荆南却是个例外。荆南又称南平、北楚，地盘不过三州十七县，人口不过数十万，在十国之中虽然面积最小、实力最弱，却打败了实力和地盘远强于它的岐国和桀燕，被列为十国之一。当然，荆南的创始人高季兴要感谢两个人：一个是他的干爷爷朱温，另一个是撰写《新五代史》的欧阳修。没有朱温，就没有高季兴主政荆南；没有欧阳修把荆南列入十国世家，他的荆南小王国早就被历史的黄沙所淹没。

高季兴，本名高季昌，幼年时在汴梁富商李让家为奴。朱温收李让为养子，改名朱友让；又见高季兴面貌不凡，便让养子朱友让收他为养子。高季兴就这样改姓朱，成了比朱温小五岁的干孙子。之后他跟着朱温一起征伐四方，屡立战功，累功升至颍州防御使，恢复了高姓。高季昌后来投靠后唐，为避李家祖宗李国昌的名讳，改名高季兴。

唐末时，荆南先被大军阀成汭占据，后被朗州雷彦恭乘虚抢占，之后雷彦恭又被赵匡凝逐走，接着赵匡凝又被朱温打跑，荆南最后落在朱温手里。荆南地处战略要冲，北控中原，西临巴蜀，东接吴、唐，南邻马楚，是各方势力觊觎的宝地。于是，朱温便派干孙子高季兴前往把守，朱温称帝后高季兴正式担任荆南节度使。不过这时所谓的荆南也就只是荆州（治今湖北荆州）一州，其他如夔（治今重庆奉节）、忠（治今重庆忠县）、万（治今重庆万州区）、归（治今湖北秭归）、峡（治今湖北宜昌）等州早已被相邻势力分割占据。多年战火荼毒，荆州城池破败，百姓流散，可谓要啥没啥，穷得要死。好在高季兴是个能干的人，他四处网罗人才，招抚百姓，恢复生产，荆南逐渐恢复了元气。

朱温在世时，高季兴还有所忌惮，恪守臣道，但一直暗中积蓄实力。梁末帝即位后，后梁日渐衰微，无暇顾及荆南，便采取优容政策，封高季兴为渤海郡王。高季兴对此并不在意，假装出兵助梁攻晋，实则想趁机袭取襄州（治今湖北襄阳），结果行动败露，便索性断绝对后梁的贡赋，向杨吴和前蜀称臣。因此自朱温去世后，荆南就不再是单纯的臣属藩镇，而是逐渐向独立政权演变，割据趋势日趋明显。后来，后唐灭掉后梁，高季兴果断投靠了李存勖，被封为“南平王”，荆南又称“南平”由此而来。高季兴亲赴洛阳朝见李存勖，险遭后唐扣留，让高季兴看清了李存勖的狂妄自大，也看清了后唐潜伏的乱象，他对外扩张的心思日益膨胀。

后唐伐前蜀时，高季兴从中窥见有机可乘，便攻取归州和峡州。后唐灭前蜀，从蜀中地区搜罗了价值四十万贯的财物转运到中原。不久，后唐发生“兴教门之变”，李存勖被杀，后唐天子更替，高季兴半路截留了这批财物，狠狠大捞了一把。然后，他又趁机讹诈后唐，请求将夔、忠、万三州划为自家地盘。后唐被他接二连三的小动作激怒，派出大兵讨伐。高季兴见风使舵，便以荆、归、峡三州转向南吴称臣。这就是高季兴的生存之道，谁强大就跟谁混，不需立场，也不需遵守任何道义。

后唐天成四年（929），高季兴因脚气病发死去，终年七十一岁，长子高从诲继任。高从诲不愧是高季兴的儿子，深得老爹真传，始终奉行“事大以保其国”以及交好邻国的双重策略。从当时形势来看，后唐实力更为强大，又是中原正统（号称大唐后裔），而且距离荆南更近。高从诲于是重金请南楚国王马殷出面调和，派大臣刘知谦前往洛阳，奉表进献赎罪银三千两，修复与后唐的关系。从此以后，两国关系和好如初。不过，南吴和后唐是敌对关系，荆南既然臣服了后唐，就需要与南吴断绝关系。高从诲对外表示，由于高家祖坟在北方，害怕被后唐发掘暴尸，所以暂时中断和南吴的来往。

后唐覆灭之后，后晋建立，高从诲马上转向石敬瑭称臣。石敬瑭特派翰林学士陶谷担任“生辰国信使”，给高从诲贺寿。高从诲设宴款待，席间把石敬瑭说成是天降圣人，说只要皇帝陛下统一天下，为臣愿尽犬马之劳云云。石敬瑭听到汇报后，心花怒放，又遣使赠送数百匹战马给荆南。荆南本来就没啥战马，所以这份大礼对高从诲来说非常珍贵。后来契丹大军杀入中原，高从诲又拜倒在耶律德光之下，遣使称臣。耶律德光大喜，赏给高从诲一些马匹。不久，高从诲眼见刘知远势力逐渐壮大，于是两边下注，积极劝说刘知远速登帝位，并希望刘知远称帝后把郢州（治今湖北钟祥）赐给他。刘知远嘴上痛快答应，但称帝后严词拒绝了这个请求。高从诲只好自己发兵夺取，结果被后汉军队暴打一顿，无功而返。

当然，除中原大国外，高从诲也没有忽视与周边各个小国的关系，因此荆南与南吴、南唐、马楚和后蜀之间，鲜有战事发生。甚至在南吴权臣李昪（徐知诰）尚未登基之前，他就遣使劝他早日上位。李昪称帝后，他多次遣使朝贺，维持两家良好关系。

荆南虽地狭兵弱，却处在南北交通要冲之上，北与中原五代政权接壤，东与杨吴（后南唐）比邻，西与蜀地唇齿相依，南与马楚咫尺相连，可谓被夹在众大国之间的一个弹丸小国。因此，荆南也成为一个各国之间的军事缓冲地带。谁要单独吞掉荆南，不但得不到什么好处，还会激起周围几个大国的强烈反弹。假如哪个王朝要灭荆南，蜀国肯定会担心东线门户被封堵，马楚政权会担心北面门户洞开，南吴（南唐）会担心西线门户失去战略屏障。所以，荆南孤立其间，无论是中原的五代王朝，还是南方的杨吴（南唐）、马楚、两蜀，都愿意把它作为战略缓冲地带。即使是后周皇帝柴荣在南征北伐之时，也从不把荆南作为用兵目标。

高季兴、高从诲两父子就利用这个优势，游走于列强之间，没事就派出军队武装抢劫路过荆南的各国财物贡品，胜了见好就收，败了就谢罪乞和，还像叫花子一样厚脸皮地向四方称臣，骗取赏赐。高家父子这一套路和耍无赖的本事，在十国中独树一帜。虽然常被各政权掌门人看不起，被尤情嘲讽为“赖子”，但高氏父子甘之如饴，毕竟这正是荆南应对四面强国林立最有效的外交手段。

高从诲死后，继任的高保融、高保勖、高继冲三人，依旧保持前代的外交策略，只不过这三人的才干和智识都远不及前两任国主。尤其是高保勖，在位期间大兴土木，建造亭阁，致使国库空虚，百姓怨声载道。而且作为一国之主，他放纵荒淫，完全没有节制，大白天召娼妓到府中，让手下侍卫随便调戏淫谑，自己则搂着姬妾垂帘观看，是历史上一个著名的“观淫癖”的君王。

至北宋乾德元年（963），高继冲不得已纳地归宋。荆南就此宣布灭亡，传五王，历时五十多年。

荆南作为十国中最小的政权从未称帝，始终保持着藩镇的级别和建制，却比唐末藩镇割据性更强，自主权更大。实际上，它与马楚、吴越二国并无本质区别。荆南之所以能在列强环伺中屹立不倒数十年，除了高氏明智的外交策略，善于在夹缝中求得生存以外，更得益于高氏一直坚持保境息民、发展经济的内政方针。经济上有了保障，百姓才会安居乐业，从而巩固政权。到荆南政权归宋时，辖境人口高达十四万户，这个数字接近雄踞两广的南汉，可见成就斐然。

史籍中一般多说高氏的无赖行径，极尽嘲笑之能事，却忽略了荆南小国背后的生存智慧。仔细研读历史，我们会发现高氏一族也算是励精图治，施惠民生，具有相当的历史贡献。所以，嘲笑荆南是“叫花子国”，不仅是正统观念下的偏见，也是对历史事实的片面解读。

第十八章

乱世奇葩当属它：十国之南汉

割据一方也称帝

南汉小国的开创者是刘隐，他在南汉立国之后被追尊为“烈宗襄皇帝”。南汉之所以能立国，和唐朝末年的大乱紧密相关。

唐僖宗乾符五年（878），黄巢起义军攻破广州。当时刘隐、刘龑（yǎn，最早叫刘岩）兄弟的父亲刘谦，因率部和黄巢作战有功，被委任为封州（治今广东封开）刺史、贺江镇遏使。不到一年多的时间，刘谦就发展为兵马一万多人，舰船百艘。刘谦的上位和妻子有很大关系。刘谦祖上据说是上蔡人（《旧五代史》又说他是彭城人），父亲刘安仁是潮州（治今广东潮州）长史（类似今天的政府秘书长），也就是那时，刘氏举家迁往岭南。刘谦颇有才识，唐懿宗咸通年间，宰相韦宙出镇南海（今广州），当时的刘谦只是南海的一个牙校，官职地位很低。刘谦虽然官不大，但人长得好，相貌堂堂。韦宙见而奇之，把自己侄女许配给他。

刘谦生有三子，长子刘隐。唐朝乾宁元年（894），刘谦去世，广州官员纷纷上表，希望朝廷委任刘隐代替刘谦担任封州刺史。乾宁三年（896），唐朝的清海节度使刘崇龟去世，宗室薛王李知柔接替他的职务，前往广州上任。李知柔走到湖南时，广州牙将卢琚、谭弘玘忽然作乱，据守广州，抗拒李知柔入境。薛王胆小，不敢前往。之后，谭弘玘率领一哨人马固守端州（治今广东肇庆）。谭弘玘深知刘隐军力不弱，很想结交他，许诺将女儿嫁给刘隐。刘隐很有心机，马上答应婚事，然后以娶亲为名，乘坐几艘巨船，暗藏士兵和武器，连夜进入端州，一举斩杀谭弘玘。之后，刘隐乘胜进袭广州，斩杀了盘踞在那里的卢琚。刘隐整顿军容，大摆仪仗，迎接薛王李知柔进入广州。李知柔大喜，上表朝廷请功，任命刘隐为行军司马。此后，唐朝又委派徐彦若代替李知柔担任清海军（治所在今广州）节度使。徐彦若很喜欢刘隐的忠勇和能干，上表朝廷任命刘隐为清海军节度副使，一切军政要务，全部委托给刘隐掌管。天复元年（901）十一月，徐彦若因病去世，临终之前，向朝廷荐举刘隐代理清海留后，也就是担任代理节度使。

刘隐代理节度使几年后，中原地区形势大变。唐昭宗天祐元年（904），刘隐派遣使者，带着金银财宝，结交当时的权臣朱温。朱温奏请朝廷，以刘隐为清海军节度使，总领岭南地区军政要务。转年，唐廷加任刘隐为同平章事。后梁开平元年（907），朱温废唐帝自立，建立梁国。同年五月初三，朱温加任刘隐为检校太尉，兼任侍中。十月二十三日，后梁任命刘隐兼任静海军（治安南都护府，今越南河内）节度使、安南都护 。开平三年

（909），又加检校太师、兼中书令，封为南平王。

唐朝末期中原大乱，特别是唐僖宗以后，各个节度使割据自立，唯独岭南地区尚无藩镇割据，给刘氏家族割据岭南创造了条件。刘隐在今天广东、广西地区东征西杀，占据了不少地方。开平三年（909）十二月，刘隐派弟弟刘龑攻打高州（治今广东高州），结果被刘昌鲁击败。刘昌鲁事后估计自己不是刘隐的对手，于是向楚王马殷归附。没多久，刘龑荡平岭南地区的许多小军阀，并把高州刺史刘昌鲁也杀了，向西扩展，和马殷争夺容州（治今广西容县）、桂州两地。刘隐、刘龑兄弟自接受后梁封爵后，一直奉后梁为正朔，同时暗中扩展自己的领地。乾化元年（911）三月，刘隐病危，上表朝廷，希望后梁委任自己的弟弟、时任节度副使的刘龑主持留后事务。三月初三日，刘隐病逝，时年三十八岁。他死之后，弟弟刘龑就接替他原先的位置。

刘龑的母亲段氏唐龙纪元年（889）在封州生下他，当时刘龑的父亲刘谦已经是封州刺史。刘谦的正妻韦氏是宰相韦宙的侄女，韦氏嫉妒刘谦对段氏的宠爱，见段氏又生出一个男孩，更是恼怒，就想把娘俩弄死。当韦氏正要下手之时，看到还是婴儿的刘龑，觉得他骨相非常，有大富大贵之相，日后定非凡俗，于是三天之后，韦氏杀掉刘龑的生母段氏，亲自收养刘龑。刘龑长成之后，身长七尺，垂手过膝，擅长骑射，可谓乱世豪杰。

后梁乾化二年（912），后梁封刘龑为清海节度使、检校太保、同平章事。后梁乾化三年（913），又加封他为检校太傅。后梁末帝即位之后，将他哥哥刘隐所有官爵都授给刘龑，袭封为南海王。

中原后梁、后唐大战不休，刘龑趁机在岭南逐步消灭了各个割据势力，并在后梁贞明三年（917）称帝，初立国号“大越”，后改元“乾亨”，追尊祖父刘安仁为文皇帝、父亲刘谦为圣武皇帝、兄长刘隐为襄皇帝，建立三庙。

南汉乾亨二年（918），刘龑亲自在南郊祭天，大赦境内，正式改国号为“汉”，史称南汉。南汉乾亨三年（919），刘龑正式册封越国夫人马氏为皇后，马氏是楚王马殷的女儿。乾亨四年（920）春天，刘龑按照唐朝旧例在国内设置选部贡举，选拔进士、明经等人才。

南汉乾亨七年（923），后唐庄宗李存勖攻入汴京，后梁末帝自杀，后梁灭亡。刘龑得知消息后，非常畏惧，派出宫苑使何词出使后唐，窥探虚实，携带的国书题款“大汉国主致书大唐皇帝”，自降一格。何词返回南汉后，说后唐日后必生内乱，不足为虑。得知这个消息，刘龑总算舒了一口气。

刘龑喜好炫耀自己，岭北的商贾到达南海，大多都要接受他的召见，刘龑会向他们展示自己多年搜罗的金银财宝，作为夸耀。南汉乾亨八年（924），刘龑建造南宫，改名为刘陟（zhì）。乾亨九年（925），据说一条白龙出现在南宫的三清殿，刘龑认为是祥瑞，于是改年号为“白龙”，并改名为“刘龚”。

刘龚坐稳帝位之后，也是四面出击。南汉白龙四年（928），雄踞湖南的南楚马氏军阀派水军攻打南汉的封州。刘䶮派人用《周易》占卜吉凶，得“大有”之卦，于是大赦南汉境内，改年号为“大有”。不久，南汉大将苏章大败楚军。南汉大有三年（930），刘䶮派遣将领李守鄘、梁克贞攻打交趾（今越南中北部），擒获唐朝委任的静海军节度使曲承美等人。曲承美被押到南海后，刘䶮登上义凤楼受俘，笑着对曲承美说：“你这混蛋，经常对外宣称我的朝廷是伪朝廷，如今你为我所俘，服不服吧？”曲承美也是人精，马上顿首伏罪，刘䶮赦免他的死罪。南汉军队攻占占城（位于今越南中北部），大肆劫掠珍宝财物。

南汉大有四年（931），爱州（今越南清化）杨廷艺反叛南汉，发兵攻打交州（治今越南河内）刺史李进，李进败逃回南汉。刘䶮派遣大将程宝攻打杨廷艺，最终程宝战死。南汉大有九年（936），刘䶮派将军孙德晟攻打蒙州（治今广西蒙山），但最终未能攻克。

大有十年（937），交州牙将矫公羡杀死南汉叛将杨廷艺自立，杨廷艺部将吴权率领人马攻打交州，矫公羡向南汉求援。刘䶮封其子刘洪操为交王，率军从白藤出发，对吴权进行讨伐。刘䶮则率军驻扎海门作为后援。吴权军势强盛，杀死矫公羡，又派人设伏，杀掉了刘䶮的儿子刘洪操，刘䶮无奈只能率部回撤。

荒唐自是有传承

晚年的刘䶮，年高志逸，“见北人必自言世居咸秦，耻为南蛮王，呼中朝天子为洛州刺史”。也就是说，他自称祖籍乃中原贵族，对来岭南的北方人说他自己耻于接受蛮夷的封王（指当时本属沙陀族的后唐统治者），还称后唐皇帝为“洛州刺史”。由此可见，这位南汉皇帝确实狂妄自大。

追根溯源，刘龑祖父、父亲一系，只是岭南豪强出身，因此刘龑内心对自己皇位的合法性缺乏自信。于是，他极尽奢侈，向天下人炫耀自己的富贵。刘龑在政局稳定之后，生活非常奢侈，大肆修建宫殿楼宇。而且，他生性苛酷，亲自炮制刀锯、铁锅等刑具，设计“灌鼻、割舌、肢解、跨剔、炮炙、烹蒸”等种种酷刑。每次观看杀人的时候，他都喜不自胜，口水直流，好像在享受美味一般。刘龑统治晚期，开始排斥士大夫，认定士大夫拖家带口，不会真正忠心朝廷。因此，刘龑就开始亲近宦官，使南汉宦官势力逐渐成长，最后到了不可收拾的地步。

大有十五年（942），刘龑病死，时年五十四岁，庙号高祖。他死后，他的儿子刘玢（bīn）继位，改元“光天”，以晋王的弟弟刘弘熙辅政。刘玢原名刘弘度，他继位之后，骄奢淫逸，荒淫无度，政事废弛。刘玢为了敛财，任由南汉各地的地方官员四处搜刮百姓，使得南汉辖境内百姓困苦不堪。

光天元年（942），张遇贤率众在正州（治今广东惠州）起义，虽然最后起义被镇压，但给南汉统治以沉重打击。之后，刘玢没有任何反省，继续长夜欢歌，玩得不亦乐乎。刘玢的四弟晋王刘弘熙，眼见这位哥哥不是当皇帝的料，便想篡位，与弟弟越王刘弘昌暗中联合。第二年，刘玢和刘姓诸王举行宴会。酒宴上，刘弘熙让心腹指挥使陈道庠带领刘思潮等几个大力士表演角力，众人看得高兴，刘玢喝得烂醉。宴会结束后，刘弘熙乘机派陈道庠、刘思潮把刘玢拥入内宫，活活掐死，然后自己称帝，改名刘晟，改元“应乾”，对外追谥哥哥刘玢为“殇帝”。

刘弘熙称帝后，委任弟弟越王刘弘昌为兵马元帅，总管政事，弟弟刘弘杲为副元帅，有功的刘思潮等人都被封为护国功臣。刘晟弑兄刘玢称帝，名不正言不顺，怕众人不服，就用酷刑来压服大众。循王刘弘杲多次劝刘晟杀掉刘思潮以消除非议，刘晟大怒，派使者半夜召刘弘杲进宫。刘弘杲自知此去难免一死，沐浴更衣，在佛像前跪倒说：“弘杲一念之差，投生王宫，今天就要被杀了！愿后代投胎民家，免遭残酷屠杀。”他挥泪与家人诀别，入宫后被绞死。

乾和二年（944）夏天，刘晟派弟弟刘弘昌到海曲拜祭襄帝陵，半路派人假扮强盗杀死刘弘昌。刘晟诸弟之中，刘弘昌最有才干，刘龚在世时曾想立刘弘昌为接班人，刘晟因此十分忌恨这个弟弟，所以对他下手。刘晟另外一个弟弟镇王刘弘泽镇守邕州（治今广西南宁），政绩卓著，深得民心，民间传说有凤凰在邕州现形，刘晟闻讯恼怒，派人毒死刘弘泽。乾和三年（945），刘晟杀死弟弟刘弘雅。为了灭口，他又派人杀掉帮助自己弑帝的刘思潮等五人。刘思潮等死后，先前帮助刘晟杀刘玢的陈道庠十分害怕。朋友邓伸送给他一本荀悦的《汉纪》，陈道庠不知其用意，邓伸骂道："蠢材！韩信被杀，彭越被剁，内容都在这本书中！"陈道庠猛然醒悟，内心更加害怕。刘晟听说此事大怒，立刻把陈道庠、邓伸抓进监狱，不久就把二人碎剐凌迟，诛灭九族。乾和五年（947），刘晟在一日之内，下令把弟弟刘弘弼、刘弘道、刘弘益、刘弘济、刘弘简、刘弘建、刘弘暐（wěi）、刘弘昭全部杀害。刘晟一共有十八个兄弟，其中大哥邕王刘耀枢、二哥康王刘龟图因病早逝，九弟交王刘弘操战死。从943年到955年，刘晟竟然把其余的十五个兄弟尽数杀害。在整个中国历史上，像刘晟这样不顾手足之情残忍杀害兄弟的皇帝，怕是找不出第二个。

乾和九年（951）冬天，刘晟派潘崇彻攻打郴州，在宜章大败南唐兵，夺取郴州，占有南楚的岭南之地。听到得胜消息，刘晟十分得意，派巨舰指挥使暨彦赟带兵入海，到处掠夺海上商人的金帛，充实自己的宫殿。当时南汉共有宫殿几百座，如南宫、大明宫、昌华宫、甘泉宫、玩华宫、秀华宫、玉清宫、太微宫等。刘晟是一个酒徒，常常夜间痛饮至烂醉。一次，他酒后忘形，把一个西瓜放在他最喜欢的伶人尚玉楼的脖子上，然后斩瓜试剑，结果一剑落下尚玉楼身首分离。第二天，刘晟酒醒叫尚玉楼唱曲，左右跪禀："陛下，昨夜您喝酒之后试剑，尚玉楼脑袋被您砍掉了。"得知心爱的伶人已被自己杀了，刘晟长声叹气。

后周显德三年（956），刘晟听说后周世宗柴荣平定江北，感到非常恐慌，马上派人到后周京师朝贡，但中间的道路被世仇南楚截断，南汉使者无法到达，刘晟为此忧虑万分。刘晟通晓占星术，当年六月，他在甘泉宫观天象，看到牛女星间有月食，叹息道："自古以来，有谁能不死呢！"从此，他开始彻夜放纵饮酒，夜夜狂欢。乾和十六年（958）秋，刘晟病死，终年三十九岁，谥号是"武光圣明孝皇帝"，庙号中宗，他的儿子刘鋹（chǎng）即位。

刘晟虽然是一个暴虐的皇帝，但在扩张疆土方面尚有一番作为。南汉乾和六年（948）刘晟派军队进攻贺州，不久之后，攻克离贺州不过三百余里的昭州（治今广西平乐）。南汉乾和九年（951），南汉将领吴怀恩轻而易举占据蒙州，然后引兵进逼桂州。当时正值南唐出兵灭南楚之际，南汉趁乱出兵。乾和九年（951）十一月，南汉大将吴怀恩先攻下桂州，而后连续攻克宜、连、梧、严、富、昭、柳、龚、象等州，将南楚马氏家族势力彻底赶出岭南地区。此后，南汉军队还攻取了郴州。至此，南汉疆域达至最广，辖境逾岭，进入湖南属地。

更加值得一提的是南汉与交州（治今越南河内）的关系。南汉与交趾地方政权从南汉乾亨元年（917）直到大宝十四年（971），有着长达五十五年的交往。从唐朝末年开始，由于中央政权无力管辖，交趾各地武装力量纷起，各自割据统治一方。乾亨元年，唐末至后梁静海节度使、交趾豪族曲颢派儿子曲承美为"欢好使"到达广州，在试探南汉虚实同时，又想保持与后梁的关系，试图形成彼此牵制的态势。曲颢病死之后，曲承美向后梁进贡求封，得到静海军节度使之职，专有交趾十二州之地。后梁这个册封，彻底激化了刘氏与曲氏政权的矛盾。但当时南汉刚刚立国，暂时没有和曲氏家族撕破脸。

南汉大有三年（930），刘䶮派梁克贞与李守鄘领兵攻交州，曲承美兵败被俘。南汉当时国力有限，不足以把整个交趾吃掉，就对当地采取羁縻政策。可惜，没过多久，大有四年（931），杨廷艺忽然起兵叛乱，突袭交州。南汉出兵镇压未果，丧失了对今越南的直接控制权。同年，杨廷艺手下属将矫公羡杀死杨廷艺，割据一方。矫公羡割据越南期间，表面上依然臣服于南汉。不久，杨廷艺另一属将吴权领兵攻打矫公羡，矫公羡求救于刘䶮。刘䶮封儿子刘弘操为交王，然后领兵进攻吴权。结果，南汉军队在白藤江（位于今越南北部）被吴权打败，刘弘操阵亡，南汉想要控制静海地区的计划落空。此后，吴权占有交州，也就是今天越南的大部分地区，他自立为王，逐渐脱离了中原王朝的控制。

白藤江战役之后，南汉再也没有出兵交趾的记录。此后将近十五年时间里，双方也没有来往。直到刘晟在位的乾和十二年（954），交趾内部在十多年的动荡之后，吴权后代势力逐渐衰退，被迫放弃王位，再次向南汉遣使称臣。刘晟大喜，册封吴氏子弟为静海军节度使兼安南都护。

刘鋹为帝更疯狂

南汉后主刘鋹，原名刘继兴，是南汉皇帝刘晟的长子。刘晟去世，刘鋹继位，时年不到十六岁，改年号为大宝，史称“南汉后主”。如果说南汉皇帝荒唐的始作俑者是首任皇帝刘龑，那么南汉皇帝荒唐之集大成者，就是这个刘鋹刘继兴。

刘鋹少年继位，性情昏懦无知。中国历史上正统王朝的皇家子女教育，大多是严肃、认真的，即便是著名的暴君昏君隋炀帝、完颜亮，对于儿子的教育都非常上心，严选师长，进行正统的儒家教育。南汉刘氏家族一代不如一代，在皇子的成长过程中，没有深谋远虑，放纵玩乐，疏于教导。刘鋹在孩提时代和青少年时代，左右不是宫女就是宦官，正所谓“生于深宫之中，长于妇人之手”。因此，刘鋹继位之后，最信任两个与他亲近的宫女，一个叫卢琼仙，一个叫黄琼芝。这两个宫女都被刘鋹封为“女侍中”，不仅帮助刘鋹参决政事，甚至在宫内外穿戴特制的朝服到处招摇，把持朝政。随着时间的推移，刘鋹越来越觉得两个姐姐能干，封她们为“内太师”，大小政事，“必先禀托而后行”。

除此之外，刘鋹还信任宦官龚澄枢。龚澄枢，广州南海人，自幼就进入南汉宫廷当差，刘龑时期任内廷供奉，善于窥伺人主心意，深得刘龑欢心，后来升官为“内给事”。当时，刘龑最信重的宦官叫林延遇，这个太监非常阴险，刘龑“倚信之”，对他近乎言听计从。刘龑杀掉自己十几个弟弟，都是林延遇为他谋划。林延遇临死前推荐龚澄枢顶替自己的职务，刘龑马上照办，擢升龚澄枢为“知承宣院及内侍省”，内廷大权尽在掌握。刘龑死后，刘鋹继位，对这位父执辈的太监更加信重。南汉的台省官员，实际都是这位大太监林延遇和两个宫内女官的奴才而已。

大宝二年（959）底，刘鋹想起从前在自己王府中当过僚属的钟允章，觉得此人不错，遂提拔为尚书右丞、参政事，让他处理外廷事务。钟允章是邕州人，士大夫出身，看到皇帝如此信任自己，不避权贵，请求皇帝下令诛杀乱法者以正纲纪。刘鋹接到这份疏奏没有什么反应，他身边那些宦官却都慌了，毕竟在南汉国内最大的“乱法者”就是他们这些人。从此，宦官们对钟允章欲除之而后快。刘鋹将要进行圜丘祀礼，祭礼前三日，钟允章与礼部官员亲自登坛，筹划指挥祭品摆放和仪式事宜。内侍监的宦者许彦真对手下讲：“钟允章怎敢登上祭坛四处瞭望观看，肯定是要谋反！”于是带剑登坛，直视钟允章。看到许彦真带剑登坛，钟允章也不客气，大声斥责驱离。许彦真随即飞驰入宫，向刘鋹诬告钟允章要在郊祀日作乱，准备刺杀皇帝。刘鋹自然不信：“朕待允章不薄，他怎么可能干出此等事！”谁料想，许彦真的同僚玉清宫使龚澄枢和内侍监李托都附和许彦真的说法。刘鋹信以为真，下诏逮捕钟允章，绑在含章楼的栏杆上，命宦者和礼部尚书薛用丕一起审讯。

薛用丕和钟允章是老朋友，他解开钟允章身上的绳索，含泪说道：“今日之祸，您恐怕是活不了了！”钟允章也心中豁然，答道：“老夫我今日如同案板上的肉，肯定会被此辈阉人所烹煮。只可惜我的儿子钟邕、钟昌还小，不知道我的冤枉从何而来。等他们长大了，请您把我今日之冤告诉给我两个儿子。”太监许彦真得知此事后，大骂道：“这个反贼难道要他儿子日后为他报仇吗！”又向刘鋹进言：“钟允章带着两个儿子一起登坛，共同诅咒陛下！”刘鋹听后大怒，立刻下诏将钟允章和他两个儿子一起斩首。从此之后，百官惶惧，再也不敢惹恼宦官。不久之后，刘鋹委任龚澄枢为左龙虎观军容使、内太师，南汉的军国大事完全由这个大太监说了算。

刘鋹当了皇帝之后，笃信怪力乱神。南汉国内有一个女巫叫樊胡子，非常招摇，对外宣称自己曾被玉皇大帝附体。太监陈延寿将这个女巫推荐给刘鋹，刘鋹听说樊胡子如此神奇，马上在内殿设置华丽无比的幄帐，大陈宝器，隆重迎接女巫入宫。樊胡子相貌不凡，头戴远游冠，身穿紫袍，径入不拜，直接坐在帐中坐床之上，直接管刘鋹叫“太子皇帝”，然后举止怪异，胡说八道，使刘鋹神魂颠倒，笃信不疑。从大宝四年（961）底开始，刘鋹便将樊胡子视为第一心腹，她一下子成了南汉国最有权势的人，连内太师龚澄枢、女侍中卢琼仙等人都要向她低头巴结。太监许彦真也日益恣横，想到自己被龚澄枢压制，心内愤愤不平。这惹怒了龚澄枢，于是派手下小宦者向刘鋹揭发许彦真和先帝刘龑的李丽妃私通。许彦真得知此事后，十分恐惧，和几个义子谋划杀死龚澄枢。结果龚澄枢先发制人，派心腹向刘鋹告发许彦真谋反。刘鋹相信龚澄枢，大宝五年（962）十二月许彦真被捕下狱，随后被族诛！许彦真虽然是太监，但他得宠之后，原先的穷亲戚都来认亲，结果一大家族几百人全部陪他上了法场。

南汉国最奇葩的规定是，但凡有才之士，或士子中了进士、状元，都要先行阉割，才能上朝为官。即便是被刘鋹看中的和尚道士，如果要入宫和皇帝谈禅论道，也要先阉割了才能进宫。我们先前讲过，刘鋹的爷爷刘龑在执政后期就认为士大夫有家室、有私心，不可信用。但刘龑只是说说，没有动真格。到了刘鋹当皇帝，他在宦官们的影响和撺掇下认为，文武百官们有妻儿老小，不能对皇帝尽忠，要想得到重用，就必须净身。为此，南汉国内竟然有趋炎附势之人，为了向皇帝表示忠心，自行阉割，头顶小盒子跪在宫门外请求皇帝任用。一时之间，当宦官求富贵蔚然成风。由此可见，权力不仅仅是春药，有时候还是媚药。当时的南汉官场，未受阉割的人被称为“门外人”，已经被阉割或者自行阉割的人被称为“门内人”。

其中有个宦官陈延寿，此人原本是个无赖之徒，后来因奸淫妇女被处以阉割之刑。谁知否极泰来，他居然因此入宫当上伺候刘鋹的宦者，逐渐获得刘鋹的信任。为了显示自己的与众不同，陈延寿将女巫樊胡子举荐到宫内。樊胡子每次入宫，都说自己被玉皇大帝“附体”，然后夸赞刘鋹是玉皇大帝太子下凡，此后定能扫平诸国，统一天下，又说樊胡子、卢琼仙、龚澄枢、陈延寿等都是天上神仙降临人世，辅佐太子皇帝，即使不慎犯了过失，也绝不能惩治。对此，刘鋹每次都俯伏在地，诚惶诚恐，虔信不疑。

刘鋹笃信乱神怪力，其结局如何呢?

要想灭亡必先狂

话说刘鋹少年登基，这个人五迷三道，迷信怪力乱神，但一般来说有宗教信仰的人，肯定坏不到哪里去。现实却完全相反，这孩子坏到骨子里了。

刘鋹当了皇帝之后，身边都是狐朋狗友，加上家族遗传的荒淫，形成刘鋹畸形变态的心理，特别爱看男女交欢“真人秀”。他让宦者们从宫外搜罗许多无赖青年入宫，让他们脱得一丝不挂，躺成一排，然后命令宫内的宫女和这些男子进行集体淫乱。刘鋹则和一个外号“媚猪”的波斯女人在一旁观赏点评，还给这种活动命名为“大体双”。这还不算，每场“大体双”中，刘鋹和“媚猪”都手持小本本记录表现。如果哪个男子精力旺盛、生龙活虎，就能当场得到绫罗绸缎的赏赐；如果哪个男子中途力竭、败下阵来，刘鋹便会暴跳如雷，痛骂他是个不中用的废物，气氛荒诞至极。但凡遇到刘鋹发怒，就会有男子遭殃，轻则被阉割，重则扔入大锅慢火熬煮，刘鋹和“媚猪”则亲手剥下煮熟的肉，用刀叉着喂宫中的猛兽，以此作为娱乐。

“媚猪”这个女人，正史中没有特别记载，北宋文人陶穀所著《清异录》中记载，她“黑腯（tú，形容猪肥壮）而慧艳，善淫，曲尽其妙”。既然绰号“媚猪”，且“黑腯而慧艳”，可以想见这个波斯女人虽然又黑又胖，但风采迷人，带有异域风情，最重要的是她擅长房中术，能够“曲尽其妙”。不仅如此，她还有特制的春药秘方，所以受到刘鋹特别的宠爱。

南汉的太监不仅仅骄横跋扈、贪污受贿，还特别喜欢中伤朝内外的大将。太监李托为了获得刘鋹宠信，把自己的两个绝色养女送入后宫，刘鋹将姐姐封为贵妃，将妹妹封为美人。李托因此得到刘鋹重用，加为特进开府仪同三司、六军观军容使、骠骑上将军、内太师。李托就和龚澄枢、蒋崇誉三个太监狼狈为奸，常常无事生非陷害老将，使得不少南汉老将被刘鋹下诏杀害。

南汉大宝十三年（970），宋太祖派大将潘美攻南汉。南汉旧将多因宦官谗毁被刘鋹杀掉，刘鋹的宗室也被翦除殆尽，当时执掌兵权的都是宦官。宋朝大将潘美是宋朝“平岭表、定江南、征太原、镇北门”的大功臣，他戎马一生，战功赫赫。潘美扬早在后周时期就已经崭露头角。当年，后周世宗柴荣刚刚继承帝位，北汉和契丹联军乘人之危，尽锐来攻，在高平大战中被柴荣打得大败。当时不满三十岁的潘美是柴荣手下军将之一，出力甚多。他在江猪岭一带扼守险隘要道，阻击辽军，成功遏制了辽国援军对北汉进攻，因功晋升。

宋朝建立之后，潘美单骑入东京，不避危险，把赵匡胤黄袍加身的消息通知后周大臣，显示了他无比的勇气和对赵匡胤的忠诚。接着，潘美跟随宋太祖下扬州，平定后周淮南节度使李重进之乱，立下战功。而后，潘美领军扫平湖南地区，使得宋朝获得西窥后蜀、南胁南汉的有利形势。此后，潘美驻兵湖南多年，积极为宋朝统一南方做准备。最终，北宋开宝三年（970），宋太祖决定让潘美为主帅，率领军队平灭蕞尔小国南汉。在平灭南汉过程中，潘美的勇武智谋，表现得淋漓尽致。

得知宋朝大将潘美率领宋军进攻南汉，刘鋹不知天高地厚，以太监李托为主帅，派出十五万大军在韶州（治今广东韶关）负隅顽抗。宋军自从开战以来连连大捷，对于南汉军队的战斗力很是不屑。结果，宋军前军到达韶州时，遇到了南汉军队的象阵。中原士兵只在寺庙的绘画或雕像中见过大象，面对这些庞然巨兽十分恐惧。而且，南汉的战象身披竹制象铠，背上坐有南汉士兵，手持强弓硬弩，居高临下向宋军射击，战力惊人。宋军将士不敢抵抗，立刻后军变前军，慌忙后撤。但步兵腿脚再快，也不如大象速度快，许多士兵被踩死。有胆大的宋军对着大象发射箭矢或者用刀矛砍刺，根本没有任何效果。结果宋军前锋大败，不少士卒被象军的箭弩射死，更多的被大象践踏而死。

潘美听闻前军失败的消息，赶忙让宋军结垒扎营，深挖壕沟，然后亲自与南汉军队对阵，观察敌情。南汉军队的战象庞大狰狞，披着竹铠，浑身铁链，令人毛骨悚然。看到手下军将惊慌失措，潘美笑道：“象阵这种阵法，三国时诸葛亮平南就遇到过，他当时制作‘怪兽车’，涂以五彩，遇到象阵，蜀国军士从车中往外喷火油惊吓大象，自可破之。而且我们军中有强弩，大象皮再厚，顶不住我们的床子弩！”

潘美如此一说，宋军将士人心稍定。第二天，宋军和南汉军皆摆好阵势，潘美率先派出几千步兵发起冲锋。南汉军将暗自好笑，心想宋朝将帅真是记吃不记打，令旗一挥，数百头大象再次发起进攻，象阵之后的南汉军队摆好马步军阵，一待大象入阵后马上大举压上。看到南汉象阵启动，宋军惊惶后撤，南汉的士兵驱象紧追。宋军越过壕沟，撤走浮桥，大象冲锋陷入壕沟之中，早已守候多时的宋军忽然现身，将装满煤油的陶罐砸在大象和士兵身上，然后火箭齐发。顷刻间，起火的大象胡乱奔跑。象背上的南汉士兵纷纷掉落，或被宋军杀死，或被火烧死，或被大象踩死。

在潘美指挥下，宋军不仅纵火，还多人为一组，抬着巨大的战鼓，朝着大象们大力敲打。战鼓齐响，声音惊天动地，南汉战象受惊，许多掉头就跑，发疯一般横冲直撞，把南汉的马步军阵冲了个稀烂，踩死士兵无数。当然，最终还是有几十头大象冲过壕沟，向宋军杀来。面对这些战象，潘美有什么招儿呢？

降王班头立宋廷

话说宋朝大将潘美用火攻、鼓吓战法，大败南汉战象，但还是有几十头大象越过壕沟，直扑宋军战阵。潘美镇定自若，命令宋军用集结在一起的床子弩，齐射大象。皮糙肉厚的大象，一般的箭矢对它毫发无伤，但床子弩的粗劲弩箭它却承受不了，没被射死的，也狂奔折返，惨嚎而去。象阵一破，南汉军队招数用尽，大败之下，十多万人被擒杀，太监李托逃回广州。潘美占领韶州后，乘胜前进，直攻广州。

得知南汉军队大败，刘鋹连忙派出身边最得力的“诸葛亮”龚澄枢到贺州前线慰问将士，并亲自指挥作战。南汉士兵听说龚公公前来慰问，以为会有大笔赏赐，结果竟然是一大沓空白委任状，凡有将士立功马上就升官。宋军已近城外，三军将士命在旦夕，委任状与废纸无异，南汉将士们愤怒异常，斗志全无。不久，龚澄枢听说宋朝前锋已经到芳林（今广西贺州以北），惶惧不安，乘小船逃回了广州。

眼见宋军兵临城下，刘鋹派人网罗十几艘巨舰，把美女、金宝塞满其中，准备从海上逃走。但他还没来得及上船，一名太监率一千多名禁卫军捷足先登，扬帆而去，盗走了满装美女和金银财宝的大船，其中就有刘鋹宠爱的波斯美女“媚猪”，留下刘鋹叫苦不迭。

回到广州之后，龚澄枢、李托与薛崇誉等太监，不向刘鋹汇报军情，而是私下商量：“北兵此来，主要贪图我国的财宝，不如我们把城内库藏一把火都烧掉，敌人占据空城，必不能久驻，肯定很快就回军撤走。”于是，众太监找来一帮军士，四处纵火，把广州所有的府库、宫殿全部投火点着，熊熊大火烧了一整夜，南汉所有的宫殿和府库都变成一堆灰烬。

情势危急，这几个太监确实脑洞大开，他们不考虑如何集军退敌，反而把宫殿、府库烧了。城中大火刚灭，潘美已率领宋军攻入城中，眼看插翅难飞，刘鋹只得率众臣投降。望着大火过后的宫殿残迹，潘美大怒，立刻下令杀掉平日作威作福的宦官一百多人，把南汉皇帝刘鋹当作战利品押回开封，向宋太祖报捷。北宋开宝四年（971）二月，南汉灭亡，宋朝又得六十州境土，共二百四十县，潘美立下赫赫功勋。为此，宋太祖升潘美为山南东道节度使。

潘美在广州显示出杰出的军事领导才能，陆续讨平岭南各地包括海上的南汉残余势力，巩固了宋朝在南方的统治。之后，宋太祖命令大将曹彬为主帅，潘美为副帅，带领精兵十万，战舰数千艘，攻取以大词人李煜为国主的南唐。虽然曹彬是宋军主帅，但真正在城下督战直接指挥的还是潘美。潘美指挥宋军一路势如破竹，攻城陷地，最后攻破南唐金陵城，迫使李煜率领宗族集体投降。

平灭南汉之后，潘美押送刘鋹和南汉的宗室、官属到汴京献俘。刘鋹一行走到公安（今湖北公安县），当地官驿一个叫庞师进的主管对着刘鋹下跪行礼。当时刘鋹身边，还有南汉的学士黄德昭。刘鋹疑惑地问黄德昭："这个庞师进为什么对我行礼啊？"黄德昭回答说："他本来就是南汉人。"刘鋹更糊涂了："他为什么在这里啊？"黄德昭说："荆州曾是南汉境土，您的祖父为了和中原天子交好，派人送去礼物，所有辎重车辆，都从荆州路过，所以派庞师在此建造官驿。"听黄德昭这一席话，刘鋹叹道："我在位十四年，从来没听说这个事情，今日才知道祖宗打下的山河境土有这么广阔。"

刘鋹一行到达开封后，先被集体关押在玉津园。宋太宗派遣参知政事吕馀庆审问刘鋹等人，责问为何焚烧府库。刘鋹对此事不知情，说是龚澄枢、李托、薛崇誉三个太监所为。官员审问龚澄枢等三人，三人不敢说话，只是叩头不已。南汉被俘的谏议大夫王珪在场，怒喝李托道："从前你们几个人在广州，朝政大事都是你们几个人说了算，难道事到如今还要把罪行推给别人吗？大火是从宫内烧起来的，肯定就是你们干的坏事！"王珪义愤填膺，对着李托、龚澄枢和薛崇誉三人脸上又是唾沫，又是耳光。

五月间，正式举行献俘礼，宋朝士兵用白帛捆着刘鋹和南汉宗室、官员，在太庙和太社行礼。宋太祖高坐明德门城楼，刑部尚书卢多逊宣诏，列举斥责刘鋹举兵抵抗大宋天军的罪过。刘鋹跪地回告："臣僭位之时，年方十六，龚澄枢、李托等，皆先朝旧人，朝政大事都由他们做主，臣不得自专，所以臣在广州，龚澄枢等人才是国主，臣反似臣子一般，还求陛下垂怜！"史称刘鋹口才极好，如此寥寥数语，就将责任全推得一干二净，可见史载不虚。

看着跪在面前的南汉皇帝，居然说得一口纯正中州口音，宋太祖非常得意，心情大好，便赦免了刘鋹的罪行，给了他一个"右千牛卫大将军"的虚衔，封"恩赦侯"。之后，宋太宗下令将祸国殃民的南汉太监李托、龚澄枢、薛崇誉押往千秋门外斩首。

刘鋹成为宋朝俘虏之后，变得特别会察言观色、拍马溜须，他一有机会就大拍宋朝皇帝的马屁，让对方高兴。刘鋹当皇帝的时候，但凡恼怒哪个大臣，就以毒酒赐死。一次，宋太祖在宴会上赐刘鋹美酒，他以为赵匡胤要毒杀自己，连忙跪下大哭道：“臣承祖父基业，违拒朝廷，劳王师讨致，罪固当诛。陛下既待臣不死，愿为大梁布衣，观太平之盛。臣未敢饮此酒！”宋太祖听后大笑道：“我以赤心待人，岂有此事！”说完端起酒杯一饮而尽。刘鋹已经吓得半死，忙不迭磕头赔罪。为了讨宋太祖欢心，手艺灵巧的刘鋹亲自用珍珠、宝石结成一个龙形的马鞍献给宋太祖。望着华丽工巧的马鞍，宋太祖对左右大臣叹息道：“刘鋹好工巧，习与性成，若能移治国家，何致灭亡！”

太平兴国四年（979），宋太宗发兵进攻北汉，出发前在长春殿宴请将领。刘鋹和先前归降的前吴越王钱俶、前平海军节度使陈洪进都在受邀之列。刘鋹几杯美酒下肚，跪下恬不知耻地说：“朝廷威灵远播，四方窃位僭主的君王今天三位在座，陛下此行，必能平定太原，到时候刘继元也会在这里。为臣我作为伪主率先进入汴京，到时候请您允许我执掌仪仗队的大棍，作为各国降王的班头排在第一位！”

看到曾经南汉国主如此卖力讨好自己，宋太宗哈哈大笑。最终，刘鋹当了降王班头。太平兴国五年（980），刘鋹去世，宋太宗赠授他太师头衔，追封“南越王”，以王礼下葬。后人都觉得刘鋹是善终，其实刘鋹和李煜的生日和死日都是同一天，这意味着刘鋹和李煜一样，都是在生日这天被宋太宗派人赐酒毒死的！

跟随兄长刘知远征战。后唐年间，他在虢州官至军校；后晋时期，刘知远被任命为河东节度使，水涨船高，刘崇升任河东步军都指挥使。之后，刘崇又历官麟州刺史、河东马步军都指挥使兼三城巡检使。刘知远在太原称帝建立后汉政权之后，刘崇成为皇亲，被拜为特进、检校太尉、太原尹。刘知远没有关起门来做皇帝，当年就率军南下夺取汴梁城，委任弟弟刘崇担任北京留守，留守太原重镇（太原是后汉的北京），不久又加授河东节度使、同平章事。刘知远称帝没多久就病死了，儿子刘承祐继位，即后汉隐帝了。刘崇作为皇叔，被加授检校太师，兼任侍中，不久改兼中书令。

刘承祐年少继位，朝中大权掌握在宰相杨邠、枢密使郭威等人手中。刘崇和郭威一直不和，又远离朝廷，心怀不安，于是就以防御契丹为名在河东修缮兵甲、选募勇士，扩充兵力，以图日后自保。950 年，后汉隐帝刘承祐逼反郭威，结果被乱兵所杀。郭威完全控制后汉朝政后，没有立即称帝，而是迎刘崇的儿子、时任后汉徐州节度使刘赟入京为帝。刘崇得知刘承祐被杀，本来想举兵南下，得知儿子要当皇帝，高兴坏了，马上撤回军队。没过多久，发生了“澶州军变”，郭威黄袍加身被拥立为帝，建立周朝，史称“后周”。至于刘赟，早就被郭威派人弄死了。

刘崇悲怒之余，951 年在太原称帝，改名为刘旻（mín），依旧以“汉”为国号，还继续沿用汉隐帝刘承祐“乾祐”年号，史称北汉。在河东地区，刘崇当时拥有并州（治今山西太原）、汾州（治今山西汾阳）、忻州（治今山西忻州）、代州（治今山西代县）、岚州（治今山西岚县）、宪州（治今山西娄烦）、隆州（治今山西祁县）、蔚州（治今河北蔚县）、沁州（治今山西沁源）、辽州（治今山西左权）、麟州（治今陕西神木）、石州（治今山西吕梁市离石区）十二州之地，地方不大。北汉地小民贫，无力抗衡后周，刘崇只得依附辽国，向辽朝皇帝称侄，奉送无数金银珠宝，希望辽国援兵讨伐后周。辽国对称臣来者不拒，册封他为“大汉神武皇帝”。虽与辽国结盟，但刘崇多次率领军队进攻后周，结果都是以失败告终。公元952年，刘崇又派军攻打府州（治今陕西府谷），后周的府州防御使折德扆不仅击退北汉军，还趁势夺取了北汉治下的岢岚军（治今山西岢岚县）。刘崇大惧，不敢大举入侵后周境地。北汉当时既要供养军队，又要对契丹进贡，财政负担沉重，所以国内赋税苛重，民不聊生，不少北汉百姓流亡后周境内。

公元954年正月，郭威病逝，养子柴荣即位，史称后周世宗。刘崇为人不厚道，趁人居丧，遣使向辽国借兵，联手攻打后周。北汉、辽国联军军力强大，辽国杨衮统领七万军队入援北汉，刘崇起兵三万，委派张元徽为前锋大将，会同辽军南攻潞州（治今山西长治）。周世宗柴荣御驾亲征，在高平之战中大败北汉契丹联军，从此之后，北汉元气大伤，刘崇再也无力南下。刘崇兵败之后，忧愤成疾，一病不起，于954年病死，庙号“世祖”，儿子刘承钧（刘钧）继位 。

刘钧继位之后，拜辽帝为“父皇帝”，依旧与中原政权后周为敌。刘钧为人知书达理，他在位时，中原已为赵宋的天下，辽国和宋国开始接触通好，刘钧为此和辽国产生矛盾。辽国不仅强迫北汉进贡，还时常驱赶边境居民，甚至俘虏北汉军人，刘钧当政十二年间，双方关系非常紧张。因此，北汉政权虽然表面上依存于契丹，但和契丹辽国也存在复杂的矛盾。契丹君王贪得无厌的例子很多，石敬瑭的后晋就是典型。石敬瑭虽然把燕云十六州割让给契丹，但他一死，骨灰未寒，契丹皇帝耶律德光就出兵攻入开封，灭掉了后晋。所以，对于北汉这个蕞尔小邦，契丹必然想取而代之。杨家将的老家主杨业在北汉为将时就对刘钧说过："契丹贪利弃信，他日必破吾国！"

赵宋取代后周，标志着五代的结束，同时也预示了十国的终结。赵匡胤采取“先易后难”的策略，由南向北开始统一中国。他灭掉南方几个小国后，自然要对北汉下手。北汉割据河东十二州，背靠契丹，对于凭依黄河、胸怀大志的赵匡胤来说，如鲠在喉。

宋太祖赵匡胤武将出身，能征善战，勇谋兼备，在赵普、曹彬、潘美等文臣武将辅佐下，征伐南方诸小国，摧枯拉朽，势不可遏。同时，他还派人给刘钧传话："君家与周国（后周）为世仇，思图报复也在理。你我无冤无仇，为何龟缩割据一地，让当地人民蒙受兵灾人祸呢？如果不服，希望你能率军下太行山，我们一决雌雄！"

刘钧不服，让人捎话给赵匡胤：“河东土地兵甲，不及中原十分之一，我们刘氏并非叛将割据，如今守此土地，不过是要维持刘氏祭祀权而已。”他派出大将杨业（当时叫刘继业）等人安排守御，积极备战。杨业受命，多次和宋军激战，每每杀得宋军铩羽而归。

公元969年，宋太祖赵匡胤荡平南方后，下诏全国，率领十多万大军，御驾亲征北汉。那么，这次战斗结果如何呢？

御驾亲征宋皇来

话说赵匡胤登基称帝后，誓言收取河东之地，御驾亲征北汉，十余万大军气势汹汹向太原杀来。宋军一路摧城破寨，很快就抵达太原城下。太原城池巩固，宋军久攻无果。太原由于在晋水之南，又称“晋阳”。从唐朝起，太原就是仅次于长安和洛阳的全国第三大都会。据《晋阳记》记载，太原“城周四十里，东西十二里，南北八里二百三十二步”。当时的太原横跨汾河，由西、东、中三座城池组成，仅城门就有二十四座。主城中有晋阳宫城、仓城、大明城三座内城，城外则有汛期防洪、平时防卫的罗城。可谓城中有城、城外有城、群城丛峙。由于太原城池坚固，唐以后的五代，多次被野心家当作割据称雄的堡垒。每当国内一统，太原就是中原王朝的北疆重镇，是遏制马上民族南下的屏障；一旦中原分裂动荡，太原马上便成为各方势力角逐的中心。只要占据太原，就有了称雄称霸的资本，可以进一步图取中原。所以历代占据太原的军阀，都在不断加强这个城市的防护，使之固若金汤。

宋太祖亲临太原城下，决心平灭北汉。他派出数员大将，四面攻城，自己手执令旗坐镇中军，亲自督战。城如孤岛，战阵如云，太原岌岌可危。但是，由于有杨业这员猛将在太原城内主持防守，宋军数次攻城皆不克！杨业为了报答刘崇对自己的知遇之恩，忠心耿耿，誓死捍卫太原城。宋军久攻不下，师老兵疲，于是在城外扎营，准备持久作战，等待时机破城。出乎宋军意料的是，一天晚上，一直处于守势的北汉守军，竟然趁天黑冲出来一支军马，偷袭城外的宋军，杀得宋军措手不及，匆忙抵抗。

但赵匡胤时期的宋军，是一支既凶悍善战又军纪严明的队伍，加上有皇帝在军中，宋军很快就稳住了阵脚。一番激战，打退了这支半夜偷袭的北汉队伍。火炬照耀下，在回撤的北汉军队中，宋军发现了殿后的是一名身材魁梧的北汉大将。他骑在马上，有条不紊地指挥队伍撤回城内——此人正是杨业（刘继业）！他之所以偷袭宋军，目的一是试探宋军虚实，二是在心理上威吓宋军。结果，杨业的偷袭不仅没有吓到宋军，反而更加惹怒了赵匡胤。

太原城久攻不下，山西一带忽然气候反常，暮春时节就热得让人发慌。宋太祖赵匡胤是个怕热的大黑胖子，酷热之下，他再也按捺不住，誓要一举攻破太原城！他绞尽脑汁，热急智生，最后想出“灌城”一计。流过太原城边的汾河，是黄河第二大支流，宋太祖刚到太原时，已经安排大臣在汾河边修筑堤坝，囤积洪水。大水“灌城”，城中土地、人民百姓免不了遭殃，但太原城久攻不下，赵匡胤被逼无奈，只得出此下策。

宋军挖掘堤坝，引汾河水灌城，咆哮声中，蓄积多时的洪水破堤冲出，化为怒潮，一下子就把南城的一段城墙冲倒。同时，宋军箭如飞蝗，将守城的北汉射手几乎全歼。宋军蜂拥而上，跳上早就预备好的小船，手拿大刀，划着小船，船上安放着攻城用的强弓硬弩，直奔城墙的缺口。他们怒吼着，举着硕大的盾牌，人人奋勇，个个争先，准备抢占城墙。就在太原城即将陷落时，杨业及时出现，不惧锋镝，跋涉在水深及膝的城中，命令北汉士兵把硕大的草堆推到城墙缺口处堵住城墙缺口。同时，城内弓箭手预备队也及时赶到，一阵箭雨之下，宋军好几员大将当场阵亡，城墙缺口竟然被堵住了。赵匡胤气得火冒三丈，却无可奈何。

几天后，烈日之下，心急如焚的赵匡胤以皇帝之尊，逞匹夫之勇，亲自骑马督战。北汉军队一直龟缩城内，赵匡胤趁着一阵箭雨压盖的间隙，身先士卒，骑马在距离城墙很近的护城河边，指挥宋军进攻。

城墙之上的杨业看得真切，知道指挥进攻的大黑胖子是赵匡胤。射人先射马，擒贼先擒王。太原城门忽然大开，一员大将拎刀拍马，如风一般冲出，身后只有几百名骑兵跟随，直向宋太祖飞奔而来。黄罗伞盖下，赵匡胤瞠目结舌，眼瞧明晃晃的大刀朝自己砍来。说时迟，那时快，宋朝大将党进挺身而出，冲到杨业和赵匡胤之间护主。要不是党进及时救驾，宋太祖就要当场被打死或者生擒！杨业不要命的突袭和宋太祖险过剃头的遭遇，让宋军上下对杨业留下了深刻的印象。

一方面杨业等北汉将领英勇抵抗，另一方面辽军从白马岭夜袭宋军，再加上宋军集体闹痢疾苦不堪言，使赵匡胤进退两难，思虑再三，最后只得撤退，无功而还。

宋太祖御驾亲征北汉，被大将杨业等北汉大将所阻，只得悻悻返归开封。宋太祖回去之后，一气之下，先后灭掉南汉、南唐，吓得吴越国主钱俶带着大笔金银财宝亲赴开封觐见，可谓盛极一时。数国俯首称臣，使赵匡胤信心再起，他巡视洛阳后返回汴京，开始筹划再征北汉的军事部署。当时，赵匡胤年仅五十，正值盛壮之年，但开宝九年（976）冬十月，忽然暴死在宫内。有关宋代的史书中对此有“帝不豫”的记载。其间内情，如“烛影斧声”的传说，已为人们所熟知，在此不作赘述。

躲过宋太祖再度亲征一劫之后，北汉苟延残喘。光阴荏苒，日月如梭，十年之后，宋太宗继位，由于得位不正，为了展现自己的统治才能，安抚天下人心，他效仿哥哥，也率军亲征北汉。皇帝哥哥死了，皇帝弟弟来了，而太原主将依旧是杨业。

公元979年四月，大宋新皇帝赵光义御驾亲征，到达了北汉太原城下。实际上，在宋太宗自己亲征之前，北宋大将潘美已经率领几万大军在攻打太原城。潘美望着又厚又高的太原城墙，心里发寒，脑子发麻。太原自古城池坚厚，里面又有个杨业，着实难缠。但令宋军想不到的是，此时杨业并未备战迎敌，而是做出了一个出人意料的举动——劝降！这究竟是怎么一回事呢？

太原城下赵光义

话说宋太祖赵匡胤死后，弟弟赵光义继位，率领大批宋军，御驾亲征北汉。此时的北汉，守城主将依旧是杨业，但北汉的皇帝已经变成刘继元。

北汉第一位皇帝刘崇死后，儿子刘钧继位。当了皇帝之后，刘钧给辽帝上表时自称“男”，辽帝下诏时称他为“儿皇帝”。即便如此，刘钧人品不坏，勤政爱民，礼敬士大夫，任用郭无为做宰相，减少南侵的军事活动，境内百姓生活还算安定。公元968年，刘钧病逝，享年四十三岁，庙号“睿宗”，刘继恩作为刘钧养子继承帝位。

刘继恩原本姓薛，父亲薛钊武将出身，是刘崇的女婿。薛钊为人暴躁，一次酒醉后把刘崇的女儿刘氏刺伤，酒醒之后惊骇至极，竟然畏罪自杀了。薛钊和刘氏所生儿子刘继恩年纪尚小，刘崇看儿子刘钧无子，就把失去父亲的刘继恩过继给儿子刘钧。刘钧继位之后一直无后，所以他死后，由养子刘继恩继位。刘继恩继位时年纪很轻，资质平庸，北汉宰相郭无为认为他没有治国之才，君臣之间互相猜忌。半年之后，刘继恩在皇宫宴请文武百官。宴会结束后，刘继恩回到勤政阁休息。忽然之间，供奉官侯霸荣带着十几个人闯入勤政阁，个个面目狰狞，手持大刀。刘继恩顿感不妙，拔腿就跑，没跑几步，就被紧追而来的侯霸荣一刀给砍死。刘继恩刚刚被杀，郭无为即率人“救驾”赶到勤政阁，把侯霸荣和手下十几个人全部杀掉。刘继恩作为堂堂一国之主，在皇宫中轻易被人杀死，不可思议，背后的主谋自然就是郭无为。他先是指使侯霸荣杀刘继恩，然后又杀侯霸荣灭口。

刘继恩死后，郭无为拥立刘继元为皇帝。刘继元和刘继恩是同母异父的兄弟，刘崇的女儿刘氏先嫁薛钊生子刘继恩，后嫁何姓将领生了刘继元，兄弟两个都做了舅父刘钧的养子。刘继元继位时，十国仅存南汉、北汉、南唐、吴越，其中南唐、吴越已向北宋称臣，只有北汉靠着辽国的支持继续与北宋抗衡。北汉虽然危在旦夕，但内部倾轧却有增无减。刘继元即位不久，就听信马峰谗言杀死大将郑进，又宠信宦官卫德贵，解除吐浑军统帅卫俦的军职，调任辽州刺史。吐浑军数千人不服，请求收回成命，刘继元坚执不允。刘继元听说卫俦在背地里发牢骚，怕他搞兵变，就派人将他杀掉。大将李隐为卫俦抱不平，卫德贵便鼓动刘继元把李隐送到岚州管制，不久又把李隐杀死。吐浑军主要由降附北汉的吐谷浑军士组成，是北汉军队的主力，统帅相继被杀，导致军心瓦解，刘继元这种做法无异于自毁长城。宋太宗赵匡义御驾亲征北汉时，皇帝正是刘继元，宰相郭无为想出城向宋军投降，结果被刘继元派人杀死。

北汉皇帝刘继元，从辈分上讲，是刘崇的外孙、刘钧的养子，但其实是刘钧的外甥。刘继元非常残暴阴险，他继位后，先是把外祖父刘崇的几个儿子也就是他的舅舅杀死，接着又派人勒死对自己有养育之恩的舅母即先帝刘钧的皇后。他虽然残暴昏庸，但就像厕所里的石头又臭又硬，无论宋太祖赵匡胤，还是宋太宗赵光义，他就是不投降。北汉都城太原几次侥幸得脱，让他固执地认为太原城最后总会转危为安。主将杨业鉴于实力对比悬殊的现实，建议刘继元向宋军投降，刘继元便怀疑杨业的忠诚，但此时太原防守尚离不开杨业，因此他还不敢杀掉杨业。既然皇帝不肯投降，杨业遂率领北汉士兵，继续死守城池，以尽臣节。

那么，杨业素来对北汉忠心耿耿，十年前差点亲手斩杀宋太祖，为何在宋太宗围城之时，劝刘继元投降呢?《宋史·杨业传》中记载:“既而孤垒甚危,（杨）业劝其主（刘）继元降，以保生聚。”

杨业劝降皇帝刘继元的具体内容，史书虽然没有详细的记载，但我们可以合理想见，无非是不能继续指望契丹援军，为了太原百姓，应该向宋军投降之类。杨业很清楚，从宋太祖开始，宋王朝曾几次招降刘继元，宋太宗亲征太原时，又两次以诏书形式谕降，说明宋朝一直想要和平解决北汉政权。且宋朝帝王对降王多从宽优待，比如南平国王高继冲、后蜀国王孟昶、南汉国王刘鋹、南唐后主李煜、吴越王钱弘俶等，归顺后一般都获得封官，继续享受荣华富贵（后蜀孟昶到开封后七日而卒是个例外）。所以，如果刘继元投降宋朝后，日子不会太差，如今太原危如累卵，北汉与其继续给契丹人当傀儡附庸，不如向中原王朝投附。

宋太宗赵光义攻城不下，愤怒之余，效仿哥哥赵匡胤，一身盔甲整齐，亲自督战。这一次强攻太原，辽军来援被阻截，在皇帝御驾督阵的感召下，十多万宋军信心大振，不计生死，全力攻城！杨业则舍生忘死，纵马驰骋，在四城往来不歇，指挥北汉军队反击，坚守太原城。宋军拼死攻城，城堞上箭如猬毛，但杨业没有丝毫畏怯，从容指挥，苦苦抵抗，杀得城下宋军尸首几乎与城墙相平。

很多人可能会疑惑，杨业等北汉将士为何会为北汉这样一个傀儡政权，为刘继元这样一个昏君卖命？宋朝人为什么对这样一个小国久攻不下？原来，北汉自建立以来，国势就危如累卵，但北汉将士的斗志却一直非常旺盛。宋太祖、宋太宗两次亲征，北汉将士英勇作战，死守太原。特别是宋太宗亲征，在辽国援救无望的情况下，依旧有杨业这样的孤忠之士奋勇苦战。原因除了太原城坚兵利外，就是北汉君臣一直以来对北汉政权的高度认同。北汉所在的河东地区，自唐末以来就是北方的政治中心，即所谓的“龙兴之地”。后汉高祖刘知远称帝前在太原经营七年之久，称帝后立刻派自己弟弟刘崇镇守，悉心操持。后周取代后汉，刘崇抱杀子之仇、夺鼎之恨，在太原建立北汉，如此家国一体，绵延三十多年，使北汉君臣对中原政权一直怀有同仇敌忾之心。而且，这种心态具有强烈的惯性，即使赵宋篡夺后周，北汉依旧无法忘怀旧恨。这样一种“悲情意识”，支撑着北汉君臣的族群认同和向心力，所以，杨业等北汉将领即使在国势江河日下、辽国援军无望的不利形势下，依旧怀有强烈的保家卫国意志。

那么，太原城能否再次脱难，北汉能否苟延残喘续命呢？

兵临城下无路逃

杨业在北汉多年，他是否亲近辽国契丹人呢？答案是否定的。

实际上，杨业和北汉的许多高级将领一样，十分仇恨契丹人。他的青少年时代，都是在契丹入侵的烽火中度过的，他目睹过契丹军队对汉人的烧杀抢掠。杨业家族以勇武著名，他的父亲杨信一直和契丹人打仗。刚加入后汉政权之时，杨业便跟着刘知远弟弟刘崇抵御契丹军队。不过，由于郭威在开封取代后汉建立后周，原本为后汉防御契丹的刘崇马上向契丹纳贡称臣。作为臣下的杨业，只能看着刘崇和契丹人握手言和。北汉和契丹的关系，从始至终都是利益关系，不是真正的亲密和睦。史书当中虽然没有清楚记载杨业和契丹人交战的过往，但从日后耶律斜轸俘虏杨业后的那句“汝与我国角胜三十多年”，还是可以看出些端倪，证明杨业确实一直和契丹军队斗争过。但如果说杨业在北汉时和盟友契丹军队有过大规模的战斗和冲突，也显然不是历史的事实。

杨业对北汉是忠心耿耿，而宋太宗赵光义却是势在必得！

宋太宗继位之初，沿袭哥哥宋太祖时期的对辽政策，与辽朝表面上保持友好往来，每年互相派遣使臣向对方庆贺新年，同时还在边境地区开榷场展开贸易。但要平定北汉，宋朝必须考虑到它的干爹辽朝。

公元 977 年冬，宋太宗诏令宋汉边界州县抓紧修缮兵器和攻城工具，囤积转运粮草。北汉皇帝刘继元得知消息，十分恐慌，赶紧派出儿子作为人质到辽朝献上无数财宝，请求辽朝帮自己抵御宋军。979 年正月，辽朝使臣来到东京城庆贺新年，软中带硬地“建议”宋朝不要攻伐北汉。宋太宗不给辽国使者面子，大声说道：“河东逆命，所当问罪。若北朝（指辽朝）不援，和约如旧；不然，则战。”意思是即使你们辽国派军队救援太原，我们大宋也不惜一战！

虽然一切准备就绪，宋太宗的心里还没有百分之百的把握，毕竟周世宗、宋太祖两代雄主都搞不定北汉的太原城。于是，他向名将曹彬咨询：“周世宗及我太祖，皆亲征太原而不能克，岂城壁坚完，不可近乎？”彬对曰：“世宗时，史超败于石岭关，人情震恐，故师从。太祖顿兵甘草地中，军人多被腹疾，因是中止。非城垒不可近也。”帝曰：“我今举兵，卿以为何如？”彬曰：“国家兵甲精锐，人心欣戴，若行吊伐，如摧枯拉朽耳。”（《续资治通鉴》）

听了曹彬这番分析，宋太宗大喜，下定决心攻灭北汉。宋军开拔之前，宋太宗特意派遣使者去高丽，希望高丽国军队在后方牵制辽朝。979 年二月七日，宋太宗下诏亲征太原，皇弟齐王赵廷美、皇侄武功郡王赵德昭、皇长子赵德崇以及宰相等诸多官员从军随征。出发前，宋太宗派出先头部队进攻北汉，替宋军主力扫清障碍。二月十五日，宋太宗率军离开东京，取道河北挺进太原。北汉皇帝刘继元得知消息，急忙遣使向辽朝求救。由于先前周世宗、宋太祖都在太原城下铩羽而归，所以辽国并没有特别重视这次战争，估摸着宋军的结果逃不脱在太原城下师老兵疲，撤军而去。但毕竟北汉求救，二月十八日，辽景宗派遣南府宰相耶律沙为都统、冀王耶律敌烈为监军，率契丹军队从燕京出发救援北汉，同时命令南院大王耶律斜轸率领本部将士为后军接应。从辽国援军规模来看，辽朝对宋太宗这次御驾亲征缺乏足够的重视。二月十九日，宋太宗在澶州渡过黄河后，经大名府（治今河北大名）、洺州（治今河北邯郸市永年区）、邢州（治今河北邢台）等地，于三月一日到达镇州（治今河北正定），之后停留在当地，指挥各地宋军分路攻击北汉。宋太宗在河北地区行进缓慢，目的是让契丹方面产生宋军有可能声东击西北伐燕云地区的错觉。果然，辽景宗得知宋太宗一直在河北逗留，非常紧张，增调兵马驻守燕云之地，防止宋军忽然北伐。由于北汉方面不断告急，辽景宗又增派兵马从西京大同南下救援太原。

十六日，辽朝援军按计划赶到白马岭（在今山西阳曲东北关城）附近，宋军大将郭进率领兵马早已在此等候多时。耶律敌烈与耶律抹只轻敌冒进，被早有准备的宋军打得大败。宋军击败辽朝援军后，自然放开手脚对北汉发起全线进攻，北汉境内的大多数州县要么投降，要么被攻克，太原再次变成一座孤城。宋太宗见形势大好，四月十四日离开镇州西进，四月二十二日来到太原城下。二十四日，天还未亮，宋太宗就亲自来到城西督率诸军攻城。由于有杨业等北汉大将坚守城上，宋军伤亡惨重，宋朝大将荆嗣、李汉琼等人都身受重伤。即便重创宋军，北汉守军仍渐渐不支。赵光义派人传诏劝谕太原城内的刘继元和守军即刻投降："越王、吴王献地归朝，或授以大藩，或位列上将，臣僚、子弟皆享官封，继元但速降，必保始终富贵！"

五月初，宋太宗连日到城下督战，宋军越攻越急。太原军队感到守城无望，不少人开始自谋退路。北汉宣徽使范超忽然出城投降，宋军士兵已杀红了眼，突然看见范超率领数人翻城而出，以为是北汉反攻，遂蜂拥而上，不由分说，把范超和手下全部杀死。城内的刘继元得知范超出降，愤怒至极，下令将城中范超家人不分老幼全部斩首，然后让守城士兵将一筐头颅抛出城外，宣称这就是叛贼和他们家属的下场，宋军这才知道被杀的范超是来投降的，懊悔莫及。即便范超一家被杀，北汉将领和士兵还是源源不断出城投降，太原城显然已无法再坚守。太原外无援兵，内部厌战，刘继元也绝望了，心知大势已去，在老臣马峰的劝说下，五月初五派出使者，向宋太宗表示投降。五月六日清晨，宋太宗赵光义率领诸将在太原城北连城台上举行受降仪式，刘继元率领所有官员，身着白衣纱帽在台下俯伏跪地，叩首请罪，至此北汉灭亡。赵光义很高兴，当即封刘继元为特进、检校太师，右卫上将军、彭城郡公，还赐给他京师甲第一座。此后，刘继元每年都获得宋朝皇帝的大笔赏赐，悠游度日，直到 991 年才寿终正寝。昏君如此，竟得好死，令人唏嘘。

杨业一直誓死抵御，伤痕累累，出乎意料的是，刘继元已向宋军投降。得知刘继元投降的消息，杨业肝胆俱裂，不得已下跪向城内军门三拜，向北汉宫阙方向三拜，恸哭良久，解甲弃刀，向宋太宗投降。

由于太原城在五代时期出过四位开国皇帝（李存勖、石敬瑭、刘知远、刘崇），加上宋军始终未能用武力正面攻破城池，因此宋太宗对太原城的“王气”十分忌惮。为了消灭“王气”，宋太宗下令焚毁太原城，第二年又用水淹。就这样，千年古城太原（即古晋阳城）湮没在历史长河中。

专题四

十国经济文化南胜北

在中国历史上，经济、文化重心的南移是一个重要事件，五代十国时期也是其中一个重要的时间节点。在五代十国时期，战乱的主战场在北方中原，王朝迭代速度非常快，往往十几年便发生朝代更替。

相比较于北方中原的战乱，南方的各个政权，无论是实力较为强大的南唐、马楚，还是偏居一隅的吴越、后蜀、荆南，各国的掌门人好像都没有太大的野心。即便南唐和吴越偶有战事，南唐曾趁着荆南势弱搞兼并，但都是小范围争斗。其他大部分时间，南方各个政权都贯彻“保境安民、善和邻好”的战略方针，恢复生产，奖励农桑，招徕商旅，专心地在自家境内搞发展。

由于南方相对和平稳定，中原人民大批南移：有随黄巢起义军南下留居各地的，有避秦宗权等游寇杀掠逃向南方的，有避契丹铁骑蹂躏奔投南方的。这些人分别迁于江浙、闽粤、川蜀、湘楚诸地，给南方带来了先进的生产技术；再加上南方土地肥沃，各小国重视兴修水利、对外通商，百姓能够安居乐业，人口不断增殖。因此，五代时期南方户口迅速超过北方。南方农业、手工业得到迅速发展，丝织、制茶、造纸、印刷、陶瓷等行业都有显著进步。蜀绣、吴绫、越锦等丝织品驰名全国。蜀中雕版印刷业发达，文学兴盛。南唐“文房三宝”（澄心堂纸、龙尾砚、李廷珪墨）为天下之冠。江南两淮制茶业最为发达，湖广商贾云集。明州（治今浙江宁波）、福州、泉州、广州都是重要的外贸港口，吴越、南吴和南唐都从海外输入“猛火油”（石油）使用，还从海道转输往别国，东至日本，西至大食，南及占城、三佛齐，商业兴盛。至此，南方已完全代替北方，成为中国的经济中心。

对于南方当时各地经济的发展，我们不能得出割据促进经济竞争和发展的结论。当时各小国经济的发展，实际上是建立在更小的割据势力被兼并，形成地区性统一的基础之上。割据成国之后，各地经济的发展中仍然存在病态和畸形的因素，割据政权对经济发展的阻力，始终客观存在。

南方诸国无论称帝与否，都有一套皇室内廷、朝堂百官的统治系统，维持这套系统运转的人员和费用支出，需要一大笔金钱，尤其是有些国主大兴土木、穷奢极欲。再加上身处乱世，各国国主都会养兵自保。比如后蜀灭亡时，约有二十万兵、五十三万户，相当于两户养一兵，无疑是一大笔费用。所有这些，无不加重了老百姓负担。至于商业，能够在乱世中赚得暴利的往往是有权有势之人。至于一般的商贾，不仅面临被人劫掠的危险，生命安全没有保障，还得花重金打点各个关卡官吏。凡此种种，都足以说明南方小国的割据从根本上来说，并不利于经济、文化的交流和发展。

五代时期经济重心南移的同时，还伴随着文化的南移。南方诸国除了闽、楚两国因诸子握兵、同室操戈导致覆灭外，其他政权大多倾向于任用文人来管理州郡。大批中原文人为了躲避战祸，视南方为乐土，竞相投奔，尤其以巴蜀和江南地区居多。这些文人的到来，对南方文化的繁荣发展起到了积极的推动作用。

五代诗文继承大唐遗风，一些诗句流传后世，成了妇孺皆知的谚语。但可惜的是，大多属于诗红人不红，比如后梁杜荀鹤笔下“世乱奴欺主，时衰鬼弄人”；吴越罗隐的“今朝有酒今朝醉，明日愁来明日愁”；后唐冯道“但知行好事，莫要问前程”；以及后蜀孟昶那开创春联先河的“新年纳余庆，嘉节号长春”；等等。

在五代诗坛中，吴越罗隐是一个值得一说的诗人。罗隐的名字大家也许陌生，但他的诗句如“今朝有酒今朝醉，明日愁来明日愁”“采得百花成蜜后，为谁辛苦为谁甜”“时来天地皆同力，运去英雄不自由”“若教解语应倾国，任是无情亦动人”大家或许熟悉。罗隐的诗，在气势和境界上与前辈李白、杜甫没法比，论起唯美和雅致不如同时代的李商隐、杜牧，却胜在通俗易懂、朗朗上口，所以罗隐不少佳句能够流行千年而不衰。

罗隐是唐末至五代十国初年的海内名士，诗文双绝，备受吴越王钱镠、邺王罗弘信的推崇与礼遇。但在早年间，罗隐还是一个屡试不第的学子，史称“十上不第”，还因此改名为“隐”。罗隐几次落第后，愤世嫉俗，曾写过一本《谗书》。他在“自序”中这样说道：“他人用是以为荣，而予用是以为辱；他人用是以为富贵，而予用是以为困穷。苟如是，予之书乃自谗耳！”罗隐的这段自序，不仅仅是发泄对科场失意、恃才傲物的愤慨，更是对文坛的揭露和讽刺，以及对朝政的抨击。如《谗书》中的寓言《说天鸡》，罗隐用“鸡”作暗喻，借此来讽刺当时的文人不过是“峨冠高步，饮啄而已”，堪称晚唐版的吐槽大会集锦。

相比诗文，五代词作的成就更大，影响后世也最为深远。五代长期割据战乱，文人难以实现治国平天下的人生理想，转而寄情声色，所以花间酒宴成为他们逃避现实的避风港。尤其是在西蜀、南唐，前蜀国主王衍、后蜀国主孟昶都是溺于声色享乐之人，南唐则首推李璟、李煜父子。由于君主对声色之事的包容和支持，使得属下臣众日益沉迷于花间樽前的酒色生活。《韩熙载夜宴图》一画，将当时声色犬马、奢靡享乐之风，体现得淋漓尽致。

需要注意的是，五代文人的声色之好，和晚唐花间派始祖温庭筠有所不同。温庭筠更多是个人怀才不遇的宣泄，而五代文人沉迷声色，则是一种普遍性现象，这与当时的享乐风气和酒文化有密切关联。当醉入花间成为文人的普遍行为后，出现大量展示柔靡世界的词作成为必然，尤以蜀地为盛。前蜀王衍轻浮，好轻艳之词，后蜀孟昶也同样如此。当时，许多臣子为了迎合君主，也纷纷创作、进献靡艳之词。比如欧阳炯（jiǒng），他就曾奉命创作宫词，词作非常淫靡；李坦虽为名士，也私下用一些艳藻之词来取悦孟昶；毛文锡、欧阳炯、韩琮、鹿扆（yǐ）、阎选等五人，更是创作小令词来供奉后主，时人戏称为“五鬼”。由此可见西蜀、南唐君臣对艳词的热衷。后蜀文人赵崇祚精选了十八位文人的词作，编成了我国文学史上第一部文人词总集《花间集》。词作者中除了温庭筠、皇甫松、和凝、孙光宪、张泌外，其余十三人都生活在前蜀或后蜀，充分说明了西蜀词坛的繁荣。

南唐君臣也醉心于作词，内容虽不离宫廷与风月，但词风比较清丽委婉，艺术风格上有所创新。特别是李煜在国亡被俘后的词，突破了晚唐以来专写风花雪月、男女之情的束缚，在内容和意境两方面都有创新，为北宋词的发展开拓了新的领域。冯延巳的词清丽典雅、以景见情，对宋初词风也很有影响。

总而言之，五代十国时期，既是唐朝灭亡后的混乱与动荡期，也是宋朝建立前的重要准备阶段，具有承上启下的重要作用。特别是伴随人口、经济和文化重心的南移，南方经济、文化得以迅猛发展，对后世的宋朝影响深远。当时的史家文人大多出自南方，积极引领了中国古代文化发展的方向，促进了宋词的繁荣与昌盛。

结束语

有家有国皆是梦　为龙为虎也成空

前面给大家详细讲述了五代十国的历史过程，基本梳清了这段复杂历史的脉络。按通行的说法，五代十国的起讫时间是从公元 907 年到 960 年，也就是从朱温灭唐开始，一直到赵匡胤建宋结束。如果以十五个政权实际建立的时间作为划分标准，五代十国的时间就应该向上推到 891 年前蜀建立，向下延展到 979 年北宋消灭最后一个北方割据政权北汉。

通过前面讲述，我们明晰了这样的主要线索：五代十国的开始，要从唐朝倒霉蛋皇帝唐昭宗说起。888 年，唐昭宗继位之初，意识到皇权衰弱是因为中央军力量薄弱。为此，他组建了一支十多万人的中央军。同年十二月，唐昭宗派军南下，讨伐割据西川地区的藩镇陈敬瑄，同时又派黄巢手下降将朱温组建联军，讨伐盘踞河东地区的李克用。西线战事开始比较顺利，但在征战过程中，唐朝高层将领王建独揽军权，迅速扩充私人势力；东线方面，战事胶着僵持不下。为确保东线战役的胜利，唐昭宗下令停止西线作战，调遣西征军援救东线；但是羽翼已丰的王建抗命不遵，切断了西川与唐帝国的联系，独占西川。王建的这个政权后来改国号为“蜀”，史称前蜀，是五代十国的第一个“国”。

昭宗皇帝在西线为人作嫁衣，指挥不动王建，只能硬着头皮把东线战役打下去。但这一轮战役的胜利者，竟然是桀骜不驯的李克用。他的河东军队骁勇善战，把昭宗皇帝苦心经营的中央军打得落花流水。唐昭宗、李克用君臣角力较量，结果使朱温渔翁得利。他趁着中央军和河东军相互消耗之际，见缝插针，迅速崛起，军事实力逐渐超过了李克用。

公元 892 年，即王建控制西川的次年，割据江淮地区的杨行密被唐昭宗任命为淮南节度使，后来被唐廷封为“吴王”，所以这个政权被称为吴国，这是十国的第二个“国”。杨行密控制淮南地区的第二年，也就是公元 893 年，割据福建的军阀王潮被唐昭宗任命为福建观察使。王潮死后，他弟弟王审知被唐廷封为“闽王”，这个政权就被称为闽国，这是十国的第三个“国”。

王潮控制福建的这一年，割据浙西的钱镠被唐昭宗任命为镇海军节度使，后来被封为“吴越王”，这个政权就被称为吴越，这是十国的第四个“国”。三年之后，也就是公元 896 年，割据湖南的马殷被朝廷任命为潭州刺史，后来被唐廷封为“楚王”，所以这个政权史称南楚，这是十国的第五个“国”。

杨行密、王潮、钱镠，马殷，一个接一个，独霸一方，建立割据政权。当时的唐帝国朝廷似乎已经麻木，只得一个一个承认这些军阀对地方的割据，别无他法。九年之后，也就是公元 905 年，割据岭南的刘隐被朝廷任命为清海军节度使。之后，刘隐的弟弟刘䶮称帝，改国号为“汉”，史称南汉，这是十国的第六个“国”。

当中国南方军阀纷纷割据自立时，北方军阀们正在争抢大唐社稷的衣钵。在相当长时间里，中国北方较大的割据势力主要有四个：晋王李克用、梁王朱温、岐王李茂贞，以及燕王刘仁恭。其中朱温和李克用势同水火，打得你死我活。李茂贞和刘仁恭的割据政权之所以能够存活，正是得益于朱、李二人的争斗。他们和朱温、李克用的关系，既是利用，也是反利用。

公元 907 年，朱温打着禅让的幌子篡唐，改国号为“梁”，史称后梁。由于梁国继承的是唐帝国家产，不少史学家就把 907 年作为五代十国的开始，朱梁政权就是五代的第一代。朱梁的开国皇帝朱温想一统天下，挡住他南下的南方政权有三个：杨行密的吴国、马殷的南楚，以及王建的前蜀。杨行密自然不承认朱温政权的正统性，几次迎头痛击朱温军队。而王潮（闽国）、钱镠（吴越）、马殷（南楚）、刘隐（南汉）之所以能够保住自己的割据小政权，恰恰是因为杨行密的存在，他的吴国成为南方几个小国阻挡朱梁入侵的最大屏障。

朱温称帝的同年，任命手下部将高季兴出任荆南节度使。这个政权的国名叫荆南，就是由它所处地理位置而来，这是十国的第七个“国”。至此，“十国”出场了七国：前蜀、吴国、闽国、吴越、南楚、南汉、荆南。与此同时，除了朱温梁国之外，中国北方还有三个主要的割据势力：李克用、李茂贞、刘守光（刘仁恭之子）。对于篡唐自立的朱温，这些割据小国态度不一。闽国、吴国、吴越、楚国、南汉、荆南，以及盘踞河北的刘守光，害怕朱温军威，不得不承认后梁的正统地位；前蜀王建、河东李克用，以及凤翔李茂贞，依然奉唐朝为正朔，视朱温为逆贼，曾一度谋划共同出兵围剿朱温。但这些人各怀心事，最后没能真正联合展开军事行动。此后，前蜀王建自己登基称帝，开始关起门来做天子。

公元 908 年，李克用去世，儿子李存勖承袭父爵。纵观五代十国，李存勖是最为璀璨发光的战神。朱温和李存勖的父亲李克用是一对生死冤家，最初朱温一直压制着李克用。李克用病死之后，李存勖率军连战连捷，在朱温死后不久就消灭了后梁，登基称帝，建立后唐，这是五代的第二代。李存勖的后唐大体上延续了后梁的对外策略，同时对巴蜀地区采取了一些硬性手段，在 925 年消灭了前蜀，任命孟知祥为西川节度使，镇守当地。如果此时李存勖能够励精图治，中国硝烟不断的大混乱局面可能会提前结束。可惜，这位爱唱戏的伶官天子肆意挥霍自己的运气，穷奢极欲。926 年，李存勖被叛乱的宫廷禁卫军射死。趁着中原大乱，先前被李存勖派往蜀地的孟知祥脱离后唐控制，割据蜀中地区称帝，国号为“蜀”，史称后蜀，这是十国的第八个“国”。

李存勖死后，后唐帝国在李嗣源、李从珂掌管下又存活了十年。936 年，后唐明宗李嗣源的女婿石敬瑭联合契丹军队消灭后唐，登基称帝，改国号为“晋”，史称后晋，这是五代的第三代。

第二年即937年，南方的吴国发生政变，权臣李昪强迫吴主禅位，改国号为“齐”，后来又改为“唐”，史称南唐，这是十国的第九个“国”。在南方诸国当中，南唐的势力一度非常强大。945年，南唐出军消灭闽国，从而成为南方第一强国。

后晋石敬瑭在位期间，对契丹人过于奴颜婢膝。石敬瑭去世之后，他侄子石重贵想摆脱契丹人的控制，双方关系恶化。947年，契丹国主耶律德光出兵灭掉后晋。由于契丹军队到处烧杀抢掠，中原百姓反抗不断，耶律德光最后被迫撤离。盘踞太原的石敬瑭旧将刘知远趁乱自立为帝，改国号为“汉”，史称后汉，这是五代的第四代，也是国祚最短的一代。从兴到亡，后汉只有短短四年。951年，由于后汉末帝刘承祐诛杀功臣，滥杀无辜，天雄军节度使郭威发动兵变，登基称帝，改国号为“周”，史称后周，这是五代的第五代。不久，刘知远之弟（一说堂弟）刘崇割据河东十二州称帝，继续沿用后汉国号，史称北汉，这是十国的第十个“国”。同年，南唐消灭南楚马氏政权，但不久南唐军队又被楚国残余势力驱逐。南楚大将周行逢投靠后周政权，被北周封为武平节度使。至此，在中原地区后周立朝之后，十国政权只剩下六个：后蜀、吴越、南唐、荆南、南汉、北汉。

后周帝国创立后，郭威和柴荣兢兢业业积蓄国力，数次打败北汉、契丹联军。特别是柴荣继位之后，在吴越和荆南协助下猛攻南唐，迫使南唐国主李璟去掉皇帝尊号，奉表称臣。柴荣接着出师北伐，攻打契丹，准备收复燕云十六州。连战连捷之际，三十九岁的柴荣却忽然染病，逝世于回京途中。第二年，也就是960年，宋太祖赵匡胤发动陈桥兵变，篡夺后周政权，登基称帝，改国号为“宋”。大宋建立之后，收拾旧日山河。赵匡胤、赵光义兄弟率军四面同击，摧枯拉朽，势如破竹。963年，荆南、武平节度使相继归降；965年，宋军进灭后蜀；970年，击灭南汉；975年，南唐李煜和残闽的王延政相继归降；978年，吴越钱氏归降；979年，北汉被灭。至此，五代十国宣告彻底结束。

有家有国皆是梦，为龙为虎也成空！

图书在版编目（CIP）数据

天命无常 ： 五代十国 / 梅毅著. -- 广州 ： 广东人民出版社, 2025. 8. --（“梅毅说中国史”系列）.

ISBN 978-7-218-18818-8

Ⅰ. K243.09

中国国家版本馆CIP数据核字第2025GY0431号

TIANMING WUCHANG: WUDAI SHIGUO

天命无常：五代十国

梅　毅　著

出 版 人：肖风华

丛书策划：肖风华　钱飞遥

策划编辑：钱飞遥　黄佳梦

责任编辑：黄佳梦

责任技编：吴彦斌

出版发行：广东人民出版社

地　　址：广州市越秀区大沙头四马路10号（邮政编码：510199）

电　　话：（020）85716809（总编室）

传　　真：（020）83289585

网　　址：https://www.gdpph.com

印　　刷：广东信源文化科技有限公司

开　　本：880毫米×1240毫米　1/32

印　　张：29.625　　字　　数：680千

版　　次：2025年8月第1版

印　　次：2025年8月第1次印刷

定　　价：138.00元（全三册）

如发现印装质量问题，影响阅读，请与出版社（020-85716849）联系调换。

售书热线：（020）87717307